Kathy Jones

Avalon

Der Pfad der Göttin

Alte Mysterien und moderne Wege

Arun

Widmung

Den Priesterinnen von Avalon,
die einst auf der heiligen Insel weilten.
Allen, die heute
von der Lady von Avalon gerufen werden,
um die heilige Tradition der
Priesterinnenschaft von Avalon zurückzugewinnen
und die Rückkehr der Göttin
in die Welt zu beschleunigen.

Copyright © 2012 by Arun-Verlag für die deutsche Ausgabe. 2. Auflage 2015
Arun-Verlag, Engerda 28, D-07407 Uhlstädt-Kirchhasel,
Tel.: 036743-233014 Fax: 036743-23317
e-mail: info@arun-verlag.de, www.arun-verlag.de
Titel der englischen Originalausgabe: Priesstess of Avalon. Priestess of the Goddess. © 2006 by Kathy Jones. Originally published 2006 by Ariadne Publications, Glastonbury, Somerset, UK.
Gesamtgestaltung: Arun-Verlag.
Übersetzung: Hildegard Kirchweger.
Umschlagmotiv: © The Palmer (Roberto Sanchez), „female sorcerer in the woods", istockphoto.com
Gesamtherstellung: Hubert & Co, zeitbuch, Göttingen.

Alle Rechte der Verbreitung in deutscher Sprache und Übersetzung, auch durch Film, Funk und Fernsehen, fotomechanische Wiedergabe, Ton- und Datenträger jeder Art und auszugsweisen Nachdrucks sind vorbehalten.

ISBN 978-3-86663-071-0

Vorwort zur ersten deutschen Ausgabe

Ich freue mich für all die wundervollen Menschen aus dem deutschsprachigen Raum, die im Lauf der letzten Jahre oft darum gebeten haben, dass „Avalon" nun auf Deutsch übersetzt wurde. Ich bin Hildegard Kirchweger sehr dankbar, die sich dieser Herausforderung angenommen hat, während sie selbst an der Ausbildung zur Priesterin von Avalon in Glastonbury, England, teilnimmt und lernt eine hingebungsvolle Priesterin der Göttin zu werden. Es ist nicht einfach all die Schichten von Bedeutung in den Texten eines anderen zu übertragen, aber sie hat ihre Sache ausgezeichnet gemacht. Ich möchte auch Stefan Ulbrich und Dirk Grosser vom Arun-Verlag dafür danken, dass sie die Veröffentlichung leicht gemacht haben.

Seit das Buch im Jahr 2006 erstmals in England veröffentlicht wurde, hat es viele Menschen angezogen, um die Wege von Avalon mit uns zu studieren und sich tiefer auf die Lady von Avalon und ihre Mysterien einzulassen. Das Gefühl des Mysteriums, das im Namen der Göttin und der heiligen Insel Avalon bewahrt wird, reicht über die Ozeane und Lande hinaus zu Individuen auf der ganzen Welt, die sich von der Göttin angezogen fühlen. Ich bete dafür, dass dieses Buch dir hilft auf den Ruf der Göttin in deinem eigenen Leben zu antworten – auf die Weise, die für dich stimmig ist, wo immer du lebst. Ich hoffe, es hilft dir Wege zu finden, in denen du der Göttin aus deinem Herzen heraus antworten kannst, und mithelfen kannst sie in unser Bewusstsein und ihre Welt zurückzubringen.

Dieses Buch ist eine Grundlage für die Ausbildung zur Priesterin von Avalon in Glastonbury, England, die 1998 zum ersten Mal angeboten wurde. Die Ausbildung hat sich im Laufe der Jahre weiterentwickelt und ist gewachsen. Die Teilnehmerinnen an der vollzeitlichen Ausbildung und dem E-Mail-Kurs kommen aus der ganzen Welt, um das Mysterium der Göttin und ihrer Wege zu studieren. Wenn du mehr über diese Ausbildung oder andere von mir verfasste Göttinnen-Bücher wissen willst, besuche bitte meine Internetseite: www.kathyjones.co.uk

Ich wünsche dir Inspiration und große Freude auf deiner Reise mit der Göttin.

Kathy Jones
Glastonbury, Insel Avalon
November 2011

Vorwort zur zweiten deutschen Ausgabe

Seit dieses Buch erstmals in Englisch herausgegeben wurde, hat es viele Entwicklungen innerhalb der Ausbildung zur Priesterin von Avalon in Glastonbury gegeben. Dies ist ein evolutionärer spiritueller Pfad, der sich verändert, während wir lernen mit den Herausforderungen umzugehen, die dadurch aufkommen, dass wir nach Jahren der Vergessens Göttinnen-Spiritualität zurück in die Welt bringen.

Die Erste und Zweite Spirale der Ausbildung zur Priesterin von Avalon werden nun von Erin McCauliff (alias Ren Chapman) gelehrt, die von mir, als Begründerin der Ausbildung, beraten wird. Ich unterrichte die Dritte Spirale der Ausbildung sowie andere fortgeschrittene Priesterinnen- und Heilerinnen-Ausbildungen. Wir bieten die Ausbildung zur Priesterin jetzt auch als Fernkurs per E-Mail an, für diejenigen, die aus Gründen wie etwa der Entfernung oder der Kosten nicht acht Mal im Jahr nach Glastonbury reisen können.

Viele hunderte Menschen haben mittlerweile an der Ausbildung zur Priesterin von Avalon teilgenommen und viele haben das erworbene Wissen in die Welt hinaus getragen. Ausgebildete Priesterinnen bieten im Rahmen der „Goddess Temple Teachings" (www.goddesstempleteachings.co.uk) heute auch die Ausbildung zur Priesterin von Rhiannon und zur Priesterin von Brighde an. Weitere Priesterinnen-Ausbildungen sind im Entstehen. Priesterinnen erforschen und gewinnen die Göttinnen ihrer heimatlichen Landschaften und Gemeinschaften zurück. Sie sind in diesen Gemeinschaften als Priesterinnen tätig und gestalten neue Göttinnen-Tempel, Ausbildungen und Konferenzen. Dazu gehören Priesterinnen in Deutschland, der Schweiz, Österreich und anderen deutschsprachigen Gemeinschaften.

Diese ganze Kreativität hat sich aus dem ursprünglichen Impuls entfaltet, den die Lady von Avalon, die Göttin der heiligen Insel Avalon, erzeugt hat. Sie ist die Quelle all ihrer Schöpfung und ihrer sichtbaren Rückkehr ins menschliche Bewusstsein. Gesegnet sei die Lady!

Kathy Jones
Glastonbury, Insel Avalon
Frühjahr 2015

Die paradiesische Insel

Die Insel Avalon glitzert im Licht der Morgensonne. In den Senken, die noch dunkel und feucht vom Tau sind, hängen tief die Nebelbänder, umkränzen die uralten Steine, winden sich um die heiligen Quellen, die unerschöpflich aus dem Leib der Mutter fließen. Mit der aufgehenden Sonne heben sich auch die Nebel durch die Bäume hinauf zu den Hängen des steilen Hügels, wie Fahnen im blassblauen Himmel wehend. Die Vögel singen das Kommen des Tages herbei, Füchse machen sich auf ihren Weg aus der Nacht nach Hause, halten an, um die Luft zu wittern und eilen weiter, kleine Rehe ziehen sich in den Schutz der Bäume zurück, die Krähen der Morgenen fliegen krächzend herbei. Rund um die Insel hüllt der nebelige See die Sommerlande in dichtes Weiß. Gesegnet sind wir in dieser abgeschiedenen Welt.

Durch die Nebel ertönt eine Glocke und ruft die Priesterinnen der Göttin zu ihrem Tempel von Avalon. Aus den kleinen Behausungen, die sich unter die Bäume ducken, erscheinen einzeln und zu zweit Gestalten, schlüpfen auf den gepflegten Pfaden zu dem heiligen Platz. Ihre weichen, wollenen Roben von violetter und blauer Farbe tauchen ein in den Nebel und wieder auf, verfließen und treten wieder hervor.

In der Stille der heiligen Halle brennt vor dem Bildnis von Nolava, unserer Lady von Avalon, die ewige Flamme bald ruhig, bald flackernd, wie von einem unsichtbaren Atem bewegt. Auf dem Altar, der umringt ist von einem Kreis von Räucherschalen, wird das heilige Wasser der Quelle in den Kelch gegossen. Die Glocke ertönt, ein neuer Tag im Paradies bricht an. Der Gesang hebt an, Stimmen singen das Loblied der Göttin. Es ist ein wundervoller Klang aus der Mitte des Herzens, der mit dem Atem anschwillt und abfällt.

Die Priesterinnen erzeugen den heiligen Raum der Göttin, erfüllen ihren Tempel mit der Ruhe, die das Herz öffnet und weitet. Die Anrufung der Lady in ihrem Tempel beginnt. Die Stimmen erheben sich und rufen sie aus den neun Richtungen des Heiligen Rades, rufen ihre Anwesenheit an diesem Morgen herbei. Mit erhobenen Armen weben die Finger der Priesterinnen Muster in die

Luft. Ihre Köper sind in Bewegung, sie öffnen das Rad mit ihrem Atem. Die heiligen Worte sind gesprochen, die Energie der Göttin in ihrem Tempel ist aktiviert.

Unscheinbar und sanft zunächst flackern Regenbogenlichter um die Wände des Tempels, bleiben einen Augenblick in der Luft hängen und entpuppen sich als tanzende, schemenhafte Formen. Vom Zentrumsaltar aus erglüht das violette Leuchten der Göttin und erfüllt den Raum mit ihrem Strahlen. Sie wird mit jedem Moment heller und verströmt sich in ihren Tempel, während der Gesang seinen Höhepunkt erreicht. Ihr Glanz sättigt die Luft mit violetten Strahlen. Überfließend erstrahlt sie in alle Richtungen der geweihten Lande von Avalon. Pulsierende Lichtströme breiten sich wellenförmig über den nebeligen See aus bis zum Festland. Hier verbindet sich ihre göttliche Energie mit den Funken und den ätherischen Fasern, die innerhalb aller Geschöpfen wirken, und erneuern das Netz der Wunder und des Zaubers, das seinen Weg durch das Land webt.

Alles ist gut. Ein neuer Tag im Paradies ist angebrochen.

Drei Spiralen

Dieses Buch beschreibt die Reise, eine Priesterin von Avalon, eine Priesterin der Göttin in der heutigen Zeit zu werden. Teilweise ist es eine Autobiographie, die Geschichte meines eigenen Weges der Verwandlung, teilweise ist es eine Anleitung für die Frauen und Männer auf dem Weg zur Priesterinnen- oder Priesterschaft. Dieses Buch setzt sich aus dem Exordium und den drei Spiralen zusammen. Es umfasst viele Aspekte der Göttin und weiblicher Spiritualität und Kreativität, und ist aus meiner direkten Verbindung mit der Lady von Avalon und ihrer Landschaft über die letzten 30 Jahre hervorgegangen. Diese Reise entfaltet sich und entwickelt sich weiter. Ich reise gemeinsam mit anderen inspirierten Frauen und Männern. Sie sehnen sich ebenfalls danach, die Göttin zurückzugewinnen und sie wieder an ihren rechtmäßigen Platz in der Welt zurückzubringen.

Das Exordium ist der Kettfaden ihres Gewebes, eine Einführung in die Qualitäten, das Wesen der Lady von Avalon und der neun Morgenen, die auf der Insel Avalon weilen, sowie ihre Verbindung zu der heiligen Landschaft der kleinen ländlichen Stadt Glastonbury im Südwesten von England. Die Erste Spirale umfasst eine detaillierte Darstellung des zeremoniellen Kreislaufs von Britannias heiligem Jahresrad, in dem wir etwas über die vielen Gesichter der uralten und doch immer neuen Göttin in Brigits Inseln lernen, über ihre Landschaften, Jahreszeiten und ihr Wesen. Dieser Abschnitt ist die Grundlage für die Erste Spirale, das erste Jahr der dreijährigen Ausbildung zur Priesterin von Avalon, die derzeit in Glastonbury von der Priesterin Erin McCauliff[1] gehalten wird. Diese Ausbildung steht Frauen und Männern offen, die die Göttin lieben. Nach Abschluss der Ersten Spirale weihen die Teilnehmerinnen ihr Leben der Göttin, und initiieren sich selbst als Schwestern und Brüder von Avalon.

Die Zweite Spirale baut auf den Erfahrungen aus der Ersten auf und beinhaltet, was es wirklich bedeutet, eine Priesterin der Göttin und eine Priesterin von Avalon zu werden und die entsprechenden Fähigkeiten und Praktiken zu lernen. Diese Spirale umfasst das Kreieren und Durchführen von Göttinnen-Zeremonien für alle Gelegenheiten, das Reisen zwischen den Welten, die Suche nach Visionen, Weissagung, das Verkörpern der Göttin, das Erteilen ihres Segens und das Leiten des Weges durch ihr Labyrinth. Am Ende der Zweiten Spirale initiieren sich erfolgreiche Teilnehmerinnen selbst als Priesterin oder Priester der Göttin.

Die Dritte Spirale beinhaltet eine neunmonatige tägliche spirituelle Praxis der Präsenz der Lady von Avalon, die mit der Zeit intensiver wird. Erfolgreiche Absolvierung der Praxis und aller Drei Spiralen führt zur Selbstinitiation als Priesterin oder Priester von Avalon.

Dieser Lehrstoff ist die Basis der Ausbildung zur Priesterin von Avalon in Glastonbury. Er ist so gestaltet, dass er angehenden Priesterinnen und Priestern der Göttin und von Avalon hilft, das Wesen des Engagements, das sie eingehen, vollständig zu verstehen und zu begreifen. Auch bietet es einen Zugang zu einigen dieser Mysterien für jene Menschen, die eine tiefe Verbindung zu Avalon spüren, denen es aber aus einer Vielzahl von Gründen, wie etwa Entfernung, Kosten und Gesundheit nicht möglich ist, hierher zu reisen, um am regulären Training teilzunehmen. Es ist für jene, die lernen wollen, sich erinnern wollen, und ihre eigene priesterliche Bindung zur Göttin und der Lady von Avalon erneuern wollen. Diese Lehren werden für Einzelne und Gruppen angeboten, die erfahren wollen, wie man Priesterin wird, und etliche Male innerhalb von drei Jahren nach Avalon reisen, um über das geweihte Land zu gehen und an Zeremonien im Göttinnen-Tempel und bei der Göttinnen-Konferenz teilzunehmen. Hier bietet sich die Gelegenheit von bereits selbstinitiierten Priesterinnen von Avalon unterstützt zu werden. Wenn du daran interessiert bist, dich mit unserer Hilfe und diesen Lehren auszubilden, dann findest du die Kontaktdaten am Ende des Buches.

---

[1] Erin McCauliff ist der neue Name von Ren Chapman, den sie im Januar 2011 angenommen hat.

Inhaltsverzeichnis

Danksagung	13
Einleitung	15
Exordium – Der Kettfaden ihres Gewebes	
Die Lady von Avalon	29
Die neun Morgenen	45
Die heilige Landschaft von Glastonbury Avalon	61
Die Entstehungsgeschichte der Insel Avalon	75
Erste Spirale – Eine Schwester oder ein Bruder von Avalon werden	
Der Kreislauf der Jahreszeiten ihrer Natur	93
Das Dunkelwerden – Samhain: Jahreskreisfest der Göttin als Greisin	97
Die Stille – Yule: Jahreskreisfest der Mutter der Luft	121
Das Erwecken – Imbolc: Jahreskreisfest der jungfräulichen Göttin	149
Das Sprießen – Ostara: Jahreskreisfest der Mutter des Feuers	173
Das Blühen – Beltane: Jahreskreisfest der Göttin als Liebende	199
Das Glitzern – Litha: Jahreskreisfest der Mutter des Wassers	225
Die Fülle – Lammas: Jahreskreisfest der großen Mutter	255
Die Ernte – Mabon: Jahreskreisfest der Mutter der Erde	283
Im Zentrum des heiligen Rades – Die Göttin des Zentrums	307
Zweite Spirale – Eine Priesterin der Göttin werden	
Die Weihe zur Priesterin der Göttin	335
Göttinnen-Zeremonien und heilige Rituale gestalten	353
Arten von Göttinnen-Zeremonien und Beispiele	377

Die Kraft des Schleiers – Zwischen den Welten reisen	403
Wahrsagen – In der Gegenwart präsent werden	425
Eins sein mit der Lady – Orakel und Verkörperung der Göttin	451
Selbstinitiation als Priesterin der Göttin im Glastonbury Tor Labrynth	465

Dritte Spirale – Eine Priesterin von Avalon werden

Die Praxis der Präsenz der Lady von Avalon. Samhain – Imbolc	505
Intensivierung der Praxis der Präsenz der Lady. Imbolc – Beltane	521
Vertiefung und Selbstinitiation als Priesterin von Avalon. Beltane – Lammas	465

Persönliche Erfahrungen damit, eine Priesterin von Avalon zu werden   543

Im Herzen der Göttin - Priesterinnern-Ausbildungen   577

Nachwort der Übersetzerin   579

Danksagung

Dieses Buch ist aus der Erfahrung der vielen Jahre entstanden, die ich mit der Lady im geweihten Land von Avalon zugebracht habe und das Mysterium ihrer Wege kennengelernt habe. Viele Menschen haben mir mit ihrer Unterstützung und Ermutigung auf dieser Reise geholfen. Ich danke euch allen. An erster Stelle danke ich meinem Lebenspartner Mike Jones, der meine Liebe zur Göttin immer aus voller Kraft mit seiner eigenen unterstützt hat. Danke Liebster.

Besonders dankbar bin ich allen Menschen, die an der *Im Herzen der Göttin* – Ausbildung zur Priesterin von Avalon der Isle of Avalon Foundation in Glastonbury teilgenommen haben. Dazu gehören die tapferen Seelen, die im Jahr 1998 das erste Ausbildungsjahr begonnen haben, um Millenniums-Priesterinnen von Avalon zu werden, und all die weiteren Jahrgänge bis hin zu der derzeitigen Gruppe von Ausbildungsteilnehmerinnen. Ich habe so viel von euch gelernt, sowohl als Lehrerin als auch als jemand, die die Wege der Göttin lernt. Über zweihundert Menschen haben an der Ausbildung teilgenommen, und ich kann nicht alle aufzählen, aber ich möchte einigen Menschen einzeln danken.

Ich danke allen Priesterinnen, die zum letzten Kapitel beigetragen haben, indem sie erzählten, was es für sie bedeutete eine Priesterin von Avalon zu werden. Ich danke Rose Flint, einer wundervollen Dichterin, die am ersten Jahr der Priesterinnen-Ausbildung teilgenommen hat, und mir seither immer eine Freundin auf dem Pfad zur Göttin war. Ich bin Geraldine Charles dankbar, die im Laufe der Jahre viele wunderschöne Webseiten für mich, die Glastonbury Goddess Conference und den Goddess Temple erstellt hat. Ich danke ihr auch für das Korrekturlesen einer früheren Version dieses Manuskripts. Ich danke Erin McCauliff, meiner Priesterinnen-Schwester, für ihre Hingabe und ihre Begeisterung für unsere jahrelange gemeinsame Göttinnen-Arbeit. Erin leitet jetzt die Erste und Zweite Spirale der Ausbildung zur Priesterin von Avalon in Glastonbury. Ich danke Sally Pullinger, einer anderen langjährigen Einwohnerin von Glastonbury, für ihre Unterstützung und ihre Liebe auf unserer Göttinnen-Reise.

Avalon

Ich danke Koko Newport für ihre Freundschaft und ihren inspirierenden Sinn für Kleidung. Ich danke der wunderschönen Katinka Soetens für ihre Begeisterung und ihre Freundschaft, und ich danke Jacqui Woodward Smith, die jetzt den Tribe von Avalon in London leitet, für ihre großartigen Gedichte und dafür, dass sie den Kreis für die Flamme von Avalon geschaffen hat.

Ich danke den hunderten von Menschen, die zum Erfolg der Glastonbury Goddess Conference beigetragen haben, unter ihnen Tyna Redpath, die zehn Jahre lang meine Mitorganisatorin war und mich bestärkte, im Ausdruck von Göttinnen-Spiritualität wagemutig zu sein. Ich danke allen Zeremonial-Kreisen der Konferenz, die in die Magie der Göttin gereist sind, darunter sind Aine Carey, Charis Cave, Cheryl Straffon, Leona Graham, Sandra Brant und Sophie Pullinger, genauso wie die Priesterinnen Annabel Allen, Carol Morgan, Elin Hejll-Guest, Hana Evans, Hazel Loveridge, Pamela Gaunt, Rosamund Vining, Rosie Elflain, Ruth Morgan, Sarah Potter, Sharlea Johnson, Steve Wilkes, Tammy Furey und Tegwyn Hyndman. Ich danke den Musikerinnen aus Glastonbury, die für die Göttin singen und spielen, unter ihnen Oshia Drury, Lydia Lite, Jana Runnalls, Kat Brown und der Vocalana Chor.

Ich danke all den Menschen, die zum Wachstum und der Entwicklung des Glastonbury Goddess Temple beigetragen haben, der seit tausend Jahren oder länger der erste öffentlich anerkannte einheimische Göttinnen-Tempel in Europa ist. Insbesondere danke ich Georgina Sirett-Hardie für ihre Hingabe und ihr Organisationstalent genauso wie Bridge Williams, Emma Knight, Patten, Shoshana und Tony Horobin und all den vielen Priesterinnen und Melissas, die freigiebig ihre Zeit und Energie zur Verfügung stellen, um die Göttin nach Glastonbury und in die Welt zurückzubringen.

Ich danke den Priesterinnen, die bei mir in Ausbildung waren und dieses Wissen nun in ihre eigenen Gegenden und Kulturen mitgenommen haben. Sie entwickeln ihre eigenen Göttinnen-Gruppen, Priesterinnen-Ausbildungen, Konferenzen und Festivals, die zu den Göttinnen ihrer eigenen Landschaften in Beziehung stehen. Dazu gehören Camilla Emmet, Carolyn Brown, Diane Summer, Jane Redhawk und Tiziana Stupia in Großbritannien, Sandra Roman in Argentinien, Suthisa Hein und Sandra Warmerdam in den Niederlanden, Kriszta Veres in Ungarn sowie Heather Adams und Samantha Linasche in den USA.

Wie man es in einer patriarchalen Welt erwarten würde, gab es auch viele Menschen, die der Idee einer Göttin, dem Göttlichen in weiblicher Form, mir persönlich und meiner Arbeit Widerstand oder direkte Feindseligkeit entgegenbrachten. Ohne euch wäre ich in meiner Liebe zur Lady nicht so stark geworden. Ihr habt mir geholfen, mein persönliches Erleben der Göttin zu vertiefen und mir über meine Überzeugungen klarer zu werden. Ich danke euch allen.

Einleitung

Oft beginnt unsere Liebe zur Lady damit, dass wir zum ersten Mal ihren Namen hören – Lady von Avalon, Lady der heiligen Insel Avalon, Dame vom See, Herrin des nebeligen Sees. Diese Titel der Göttin ertönen wie eine ferne Trompete, schallen durch unser Leben und erwecken lang vergessene Erinnerungen in uns. Ihr Name schlägt eine Saite in unserer Seele an, die in jedem Teil unseres Seins wiederhallt. Tief drinnen kennen wie sie bereits.

Im Herzen fühlen wir uns durch eine Faser mit der Lady von Avalon verbunden. Diese Faser mag zart und hauchdünn sein, aber sie ist lebendig und vibriert. Wir wollen diese Faser stärken und ihr folgen. Wir wollen uns der Lady weihen, so wie es nach unserer Vorstellung in alter Zeit einst die Priesterinnen dieses Landes taten. Manche von uns erinnern sich daran, in früheren Leben diese Priesterinnen gewesen zu sein. In Vorstellungen und Visionen sehen wir Frauengestalten, die in Roben gekleidet, über das geweihte Land schreiten. Sie erklimmen die Hänge eines steilen Hügels, um Zeremonien abzuhalten und die Göttin neben den heiligen Brunnen zu verehren. Wir sehen wie sie ihrem Volk dienen, als Zeremonienleiterinnen, Heilerinnen, Dichterinnen und Wahrsagerinnen, als Hebammen für Geburt, Leben und Tod, ihr Leben dem Lobpreis und der Hingabe an die Lady gewidmet. Wir wollen heute ein solches Leben führen, obwohl wir uns kaum vorstellen können, was das für uns bedeutet.

Wir sehnen uns danach, der Göttin geweihte Priesterinnen und Priester von Avalon unserer Tage zu werden. Wir hören, wie uns ihre Stimme ruft und wir antworten:

„Ja, Lady, ich bin dein. Kann ich deine Priesterin sein?", ohne wirklich etwas über sie zu wissen, oder darüber, welche transformierende Wirkung der Dienst an der Göttin hat.

Wer ist die Lady von Avalon, deren Name bedeutungsschwanger und geheimnisvoll ist, die Lady, die wir instinktiv kennen und lieben? Es ist unmöglich, Fakten über sie herauszufinden. Es gibt keine Geschichte, keine Gewissheit, nur ein oder zwei Absätze obskurer Legenden und einen Priesterinnentitel in einem modernen Roman. Und doch ist unser Herz so voll von Verlangen danach zu wissen, wer sie als Göttin in all ihrer Majestät und Pracht ist.

Die Lady von Avalon kehrt zurück aus den Nebeln des Vergessens, als die eine Göttin, die die Insel Avalon regiert. Ihr Name hat sich im großen Spiegel von Avalon als Nolava offenbart, die Göttin, die uns alles spiegelt, das existiert. Die Umrisse ihres Körpers formen das geweihte Land, ihre liebenden Energien strahlen von Avalon aus durch die ganze Welt. Sie ist eine Ehrfurcht gebietende Göttin der Liebe, der Schönheit, des Mitgefühls und der Weisheit, eine Königin des Lichts und der Dunkelheit, die in dem Raum zwischen den Welten regiert. Sie ist die eine Göttin, die sich durch die Jahreszeiten ihrer Natur als Jungfrau, Liebende, Mutter und Greisin, als Herrin der Erde, des Wassers, des Feuers, der Luft und der Leere ausdrückt. Sie ist die Spiralgöttin von Geburt, Heilung, Tod und Wiedergeburt. Sie ist die Mutter der Verwandlung.

Ihre Priesterin zu werden heißt, die Lady von Avalon von ganzem Herzen, mit ganzem Verstand, Emotionen, Körper und Seele zu lieben, zu ehren und ihr zu dienen. Es bedeutet, ihrem Volk, ihrer Natur und ihrer Erde zu dienen, so gut die eigenen Fähigkeiten und die eigene Kraft es ermöglichen.

Ihre Priesterin zu werden heißt, in ihrem Namen öffentlich aufzutreten, hervorzutreten und wahrgenommen zu werden, als ihre Zeremonienleiterin, Heilerin, Visionärin, Sprecherin, Praktizierende, als ihre Verkörperung, so wie sie es wünscht. Diesen Pfad einzuschlagen ist nicht leicht. Dieser Weg ist nicht für jede oder jeden gangbar.

Die Reise zu ihrer Priesterinnenschaft bedeutet fortwährende Hingabe an sie. Sie bedeutet unser Verlangen nach Kontrolle, danach immer wissen zu wollen, was passiert, aufzugeben und Platz zu machen für die Weisheit, die die Lady für uns bereithält. Wir lernen ihrer Stimme die Führung in uns zu überlassen. Ihrer Stimme, die uns immer auffordert, liebevoller, großzügiger, kreativer und warmherziger zu sein, als wir es sind. Es ist eine Reise, auf der wir ständig unser Schattenselbst konfrontieren, jene Anteile, die weder uns noch ihr dienen, und die fortwährend zu Verrätern an der wahren Bestimmung unserer Seele werden. Sie ruft uns auf, die Wunden unserer Konditionierung und unseres Karmas zu heilen, über uns hinauszuwachsen, unser Bewusstsein zu seiner wahren Möglichkeit auszudehnen. Sie fordert uns auf, unserer Bestimmung zu folgen und erneut ihre Priesterinnen und Priester zu werden. Sei dir dabei dessen bewusst, dass ihr Pfad einer der Liebe, der Herausforderung und der Veränderung ist.

Avalon bedeutet der *Ort der Äpfel* und die Insel Avalon ist die mythische Paradies-Insel, die jenseits des westlichen Ufers liegt, wo man die goldenen, Unsterblichkeit bringenden Äpfel der Göttin finden kann. Die Lady von Avalon regiert die Insel. Sie heißt auch Avallonia, Göttin der Äpfel, der Frucht der Verwandlung. In Legenden war Avalon schon immer ein Ort der Frauen, wo weibliche Werte, Überzeugungen und Erfahrungen geehrt und geteilt werden. Es ist der Platz, an dem die neun Morgenen weilen, jene neun Schwestern, die die Es-

Einleitung

senz des Weiblichen in der Natur, in den Frauen und im Wetter sind. Heute steht Avalon Frauen und Männern offen, die hierher reisen, um diese zutiefst weiblichen Energien zu erleben. Die Insel Avalon ist auch bekannt als die westliche Insel der Toten. Dorthin werden Seelen innerhalb und außerhalb ihrer Inkarnation zur Heilung ihrer Krankheiten gebracht, und um viele Tode zu erfahren – mental, emotional und manchmal physisch – und um auf ihre Widergeburt zu warten und sie später zu erleben.

Für viele Jahrhunderte wurde die kleine ländliche Stadt Glastonbury in Somerset, England als physischer Ort der geheimnisvollen Insel Avalon anerkannt. Einstmals vom Wasser umgeben, ist die Landschaft Glastonburys das außerweltliche Gegenstück zum innerweltlichen Avalon. Wenn wir durch die Wiesen und Felder der Hügel gehen, die Glastonburys heilige Landschaft ausmachen, ist Avalon immer nur einen Hauch entfernt, eine Verschiebung des Bewusstseins, eine Öffnung in eine andere Dimension der Realität, die durch den Schleier erspäht wird. Die Wesenheiten, die Avalon bewohnen, offenbaren sich in den Bewegungen, die wir aus dem Augenwinkel wahrnehmen oder durch die Nebel schimmern sehen, die das geweihte Land mitunter verschleiern. Glastonbury Avalon ist diese einzigartige Verbindung der darunter liegenden physischen und energetischen Landschaft Glastonburys, die tiefgehend mit der Anderswelt von Avalon verbunden ist, so dass die beiden nicht getrennt werden können. Während Glastonbury einen der am leichtesten erreichbaren Zugänge zu Avalon bietet, wo die Geheimnisse dem Land selbst innewohnen, kann Avalon auch überall anders auf Brigits Inseln gefunden werden – und darüber hinaus überall dort, wo unsere Herzen offen sind für die Lady.

Für viele Menschen sind die Wörter Priesterin und Avalon mit Bedeutung aufgeladen. Sie sprechen von alten, vergessenen Tugenden, von der Kraft der Frauen und dem Feiern unserer Mysterien, von verborgenem, geheimem Wissen, von geweihten Landen, von Feen, von Heiligkeit, Inspiration, Magie, Verzauberung und Offenbarung. Sie sprechen zu einem Anteil in uns als Frauen und Männer, die sich danach sehnen, Bedeutung in unser weltliches Leben zurückzubringen, die nach wahrer Spiritualität dürsten. Einer Spiritualität, die direkt verbunden ist mit dem Land, auf dem wir leben oder in vergangenen Leben gelebt haben. Ländern, in denen wir auf natürliche Weise die Göttin als die Quelle allen Seins geliebt haben.

Viele Menschen wurden auf die Titel *Lady von Avalon* und *Priesterin von Avalon* durch Marion Zimmer Bradleys Roman *Die Nebel von Avalon* aufmerksam. Dieses inspirierte Buch ist eine Nacherzählung der Arthus-Sage vom Gesichtspunkt der involvierten Frauen aus, einschließlich Morgen la Fey oder Morgaine und Königin Guinevere. In traditionellen patriarchalen Legenden wird Morgen la Fey oft als *böse* Frau dargestellt, die ein Komplott schmiedet, um ihren Halbbruder Arthur zu stürzen. Alles, was im Land schief geht, wird ihr und Königin Guinevere angekreidet, einer weiteren *bösen* Frau, die Arthur betrogen haben soll, indem sie mit seinem besten Freund geschlafen hat. Wir wissen je-

Avalon

doch aus der Erforschung patriarchaler Legenden, dass immer dort, wo eine mächtige Frau als böse dargestellt wird, dieser Darstellung eine dämonisierte gute Frau zugrunde liegt. Eine Frau, die einen archetypischen Energiestrom trägt, der direkt von der uralten, wohlwollenden Göttin selbst ausgeht. Beide, Morgene die Fee und Guinevere, die die walisische Dreifachgöttin Gwenhywfar (weißer Geist oder Phantom) ist, sind ursprünglich mächtige, uralte britische Göttinnen.

In der Handlung von *Die Nebel von Avalon* wird Morgaine einigermaßen rehabilitiert, als eine Frau, die von Geburt an die Gabe des Hellsehens hat, die Fähigkeit durch den Schleier der Mysterien in die Zukunft und in die Vergangenheit zu sehen. Von Kindheit an auf der magischen Insel von Avalon unterwiesen, wird sie eine Priesterin und strengt sich aufrichtig an, auf die Hohepriesterin, die die Titel Lady von Avalon und Herrin vom See trägt, zu hören und ihr zu dienen. Manchmal gelingt es ihr, manchmal scheitert sie, bis sie selbst an der Reihe ist, diese Rolle der Priesterin und die Titel anzunehmen. Ihr ganzes Leben strebt sie danach, der großen Göttin, die sie ehrt, aufrichtig zu folgen. Ihr Ringen darum, der Lady mit ihrem Leben und in Liebe zu dienen, ist vielen Frauen der heutigen Zeit vertraut.

In ihrem Roman beansprucht Marion Zimmer Bradley, die aus der Sicht Morgaines im Avalon des 5. Jahrhunderts schreibt, die kraftvollen Titel *Priesterin von Avalon, Herrin vom See* und *Lady von Avalon* als Rollen der Priesterin im Dienste der großen Göttin. Ich wiederum behaupte, dass Lady von Avalon, Dame vom See und Morgen la Fey, gemeinsam mit ihren acht Schwester-Morgenen, auch Namen der Göttin sind, die sich aus der Vergangenheit einen Weg durch die Zeit gebahnt haben und in der Gegenwart wieder mit Bedeutung erfüllt werden. In vielen Kulturen wurden Frauen, die einst auf Erden lebten, später als Göttinnen anerkannt, oder als Inkarnationen oder Emanationen bereits existierender Göttinnen. Dazu gehören beispielsweise die chinesische Prinzessin Kong-j´o, die im 7. Jahrhundert in Tibet lebte und als Emanation der Göttin Tara anerkannt wurde, und die junge Prinzessin Kia Wahine auf Maui, Hawaii, die im 17. Jahrhundert die Eidechsengöttin der Quellwasser, der Empfängnis und der Ahnenlinie wurde.

So glaube ich, dass auch die Lady von Avalon und die neun Morgenen bereits existierende Göttinnen des geweihten Landes und der Natur sind, die sich möglicherweise auch in Form von Frauen zu verschiedenen Zeiten der Geschichte inkarniert haben. An die neun Morgenen erinnert man sich im speziellen als einen Kreis von neun Priesterinnen, die einst der Göttin in Avalon dienten, wobei Morgen la Fey die bekannteste ist. Heute ehren wir sie als Erscheinungsformen der Göttin, der wir als Priesterinnen dienen können.

Der Name *Avallonia* wurde in dem klassischen 1970er-Jahre-Kultfilm *The Wicker Man*[1] erwähnt, als der Name der Göttin jener abgelegenen schottischen Insel, auf der die Geschichte spielt und welcher der Weidenmann zusammen mit den Tieren und Menschen darin geopfert wird. Der Film selbst war eine Gruselgeschichte, und es ist sehr wichtig zu wissen, dass die Lady von Avalon *niemals*

Einleitung

Menschen- oder Tieropfer verlangt, weder tatsächlich noch symbolisch. Dennoch habe ich Avallonia als einen anderen Namen der Lady von Avalon gehört und ich erhebe als solche Anspruch auf sie. Sie ist Avallonia, Göttin der Äpfel.

Die Fäden, die uns durch unsere Ahnen mit der vorgeschichtlichen in Liebe der Göttin geweihten Priesterinnenschaft in diesem Land verbinden, wurden vor vielen Monden zerrissen, als patriarchale Kräfte begannen, Brigits Inseln unseren neolithischen Vorfahren, die die Göttin liebten, zu entreißen. Als ein Inselvolk, das am westlichsten Rand des großen europäischen Kontinents lebte, waren wir eine der letzten einheimischen europäischen Gesellschaften, die ihre Verbindung zur Göttin und ihren spirituellen Vorfahren verloren. Für tausende von Jahren feierten unsere Gemeinschaften auf diesen Inseln die jahreszeitlichen Zyklen der Göttin, die Bewegungen der Erde, des Mondes, der Sonne und der Sterne am Himmel. Wir erkannten die Göttin als Erde, Wasser, Feuer, Wind und den Raum dazwischen an, als Geberin von Geburt, Leben und Tod. Wir zeigten ihr unsere Liebe und unseren Respekt, indem wir kleine und große Ritualstätten schufen, die ihr und den Ahnen, die aus ihrem Körper geboren worden waren, geweiht waren. Wir bauten riesige Hügel aus Erde und Steinen, die wie ihr Körper geformt waren, wir errichteten einzelne Steine und große und kleine Kreise aus Holz und Steinen, wo wir sie und unsere Ahnen, die vor uns gelebt hatten, ehrten.

Im Laufe der letzten 5.000 Jahre haben verschiedene patriarchale Kulturen Brigits Inseln betreten. Manche kamen in friedlichen Wellen der Veränderung, andere kamen als Plünderer und Eroberer und brachten Krieg und Zerstörung. Im Laufe der Zeit verwandelten sie das, was wir für eine im Großen und Ganzen friedliche, heidnische, göttinverbundene Gesellschaft halten, in die heutige auseinanderbrechende Bastion der christlichen Religion, die ihren Ursprung nicht in diesem grünen und freundlichen Land und seiner einheimischen Spiritualität hat, sondern in einem heißen, trockenen Wüstenland, das tausende Meilen entfernt im Südosten liegt.

Die Fasern ihres Andenkens sind zerschnitten. Die Tradition ist verloren. Wir können nicht als Tatsache, als Weisheit die wir von unseren Vorfahren empfangen haben, als überliefertes Wissen, das uns durch die Zeitalter weitergegeben wurde, erfahren, wie wir in diesem Land Priesterinnen der Göttin und von Avalon sein können. Es gibt niemanden, der es uns sagen kann. Es gibt einige, die behaupten, einer erblichen Hexenstammlinie anzugehören, aber meines Wissens gibt es keine Erb-Priesterinnen – noch niemand hat behauptet, genetisch von einem Priesterinnengeschlecht abzustammen. Die meisten spirituellen Frauengemeinschaften, die in den anerkannten Religionen dieses Landes Klöster genannt werden, sind männlichen Göttern und der Keuschheit verpflichtet, keine der Göttin und ihrer wunderbaren Fruchtbarkeit.

Und doch zeigt sich heute, zu Beginn des 3. Jahrtausends, eine außergewöhnliche Veränderung in der menschlichen Spiritualität, die von der kulturellen Hauptströmung nahezu unbemerkt bleibt. Zehntausende von Frauen und einige Männer reisen quer durch die Welt, besuchen die Ruinen antiker Stätten der Göttin, fahren zu neuen Göttinnen-Tempeln, suchen die Göttin hier und dort und wollen mit anderen göttinliebenden Menschen in Kontakt kommen. Viele dieser Frauen und einige Männer reisen nach Glastonbury auf der Suche nach der Lady von Avalon, ihren Priesterinnen und ihrem Tempel. Um ihrem Ruf zu folgen, legen sie hunderte und tausende von Meilen über das Land und das Meer zurück, reisen zu dem physischen Platz des uralten Avalon, der Glastonbury ist, so als würden sie zu ihrem Ursprungsort zurückkehren, einem Zuhause, wo die Göttin lebt und heute verehrt wird.

Einstige Priesterinnen, deren Erinnerung durch patriarchale Prägungen getrübt ist, inkarnieren sich und warten darauf, sich an ihre Bestimmung zu erinnern. Manche inkarnieren sich speziell dafür, die Göttin zu Beginn des 21. Jahrhunderts wieder ins Leben zurückzubringen. Wir entwickeln unseren Charakter und unsere Kreativität und helfen mit, das große Erwachen hervorzubringen, indem wir die Gegenwart der Lady in unser tägliches Leben rufen. Der Schleier von Avalon wird immer durchsichtiger bis die Zeit kommt, wenn ihre Paradies-Insel des Friedens und der Liebe wieder aus den Nebeln auftaucht.

Wenn die Fasern der Erinnerung durchschnitten werden, geht viel Gutes verloren, aber es hat auch Vorteile. Alte Gewohnheiten, veraltete Denk- und Lebensweisen, Wissen, das eher übernommen als erlebt wurde, Verhärtungen, Verfälschungen, persönlicher und kollektiver, an überholten Vorgehensweisen festhaltender Widerstand, gehen alle ebenfalls in der Flut des Vergessens unter. Wenn von der physischen Vergangenheit nur noch Gebeine und Steine übrig sind, beginnen wir von neuem zu hören wie die Göttin direkt zu uns spricht, im Wispern des Windes, im Knistern des Feuers, im Donnern der Wellen, im Murmeln der Bäche, in den Felsen ihres Körpers, im Vogelgesang und in den Tierstimmen, in der Stimme unserer Intuition, unserer inneren Lehrerin und direkten Verbindung zur Göttin. Wir fangen an zu hören, wie die Göttin zu uns spricht. Ohne einen menschlichen Vermittler zwischen uns und ihr, ohne einen Priester, der zwischen uns und dem Göttlichen steht, ohne ein Buch, in dem steht, was wir glauben sollen, wer wir sind und wie wir sein sollen, müssen wir alle aus unseren Seelen heraus gegenwärtig wirklich kreativ werden. Wir müssen alle unsere von der Göttin gegebenen Ressourcen der Aufgabe widmen, unsere innewohnende Göttlichkeit auf diesem, ihrem wunderschönen Planeten Erde, ins Leben zu bringen. Wir müssen uns letztendlich wahrhaft inkarnieren.

Auf dieser Reise der Erinnerung an sie und ihre Priesterinnenschaft beginnen wir damit, zu den Grundlagen des Lebens auf diesem Planeten zurückzukehren. Wir hinterfragen alles, was wir kennen und was uns lieb und teuer ist, um herauszufinden, ob es in der Dunkelheit des Unwissens und in der Helligkeit ihres Lichtes immer noch als wahr erscheint.

Wer ist die Göttin, die wir instinktiv lieben? Wie können wir sie in der heutigen Welt ehren und verehren? Wie gestalten wir Zeremonien, die es uns ermög-

Einleitung

lichen, ihre Liebe und Weisheit zu erfahren? Wie schaffen wir neue Formen der Spiritualität, anstatt nur deshalb die alten hierarchischen Muster zu wiederholen, weil sie uns vertraut sind, und wir nicht wissen, wie wir es anders machen könnten? In den Industrieländern sind die meisten von uns in patriarchalen Kulturen aufgewachsen – wir sind die Töchter und Söhne unserer Väter und was wir erstreben, ist eingebettet in maskuline Ideale und Werte. Wie erschaffen wir eine neue Welt der Gleichwertigkeit von Frauen und Männern innerhalb der dynamischen, liebenden Matrix der Göttin?

Im Wesentlichen müssen wir alles ausmerzen, was das Leben und die Liebe nicht fördert, und es gibt viele verborgene Fallstricke und viele Fallgruben auf diesem Weg. In der Ersten Spirale werde ich auf einige dieser Themen eingehen, während wir erforschen, was es bedeutet zunächst einmal eine Schwester oder ein Bruder von Avalon zu werden, die ihr/der sein Leben der Göttin weiht. Wir werden uns die persönliche spirituelle Reise einer zukünftigen Priesterin/ eines zukünftigen Priesters anschauen und auch, wie wir auf dieser gemeinsamen Reise des Lebens am besten füreinander als Seelen und menschliche Wesen da sein können. Offenkundig habe ich nicht alle Antworten. Ich taste mich so gut es geht voran. Ich bin genau wie du, eine Frau oder ein Mann, die/der die Göttin liebt, die ihren Weg zurück in die Welt macht.

Eines meiner Ziele ist es, feministische Ideen und Denkweisen in die Göttinnen-Spiritualität einzubringen, und ich beginne damit, die Sprache den Klauen des Patriarchats zu entreißen. Ich setze weiß, rechts, Macht, hoch, höher, obere Chakren und so weiter nicht mit dem Guten gleich und schwarz, dunkel, tief, niedrig, niedriger, untere Chakren und so weiter nicht mit dem Bösen. Die Göttin umfasst die Polaritäten. Sie ist die Schöpferin und die Zerstörerin. Sie ist die Dunkelheit und das Licht. Sie ist das Hohe und das Niedere. In ihrer Welt besteht alles aus Energie, die sich in unterschiedlicher Gestalt manifestiert, und es sind unsere menschlichen Beweggründe und Absichten, die das Gute oder das Böse erschaffen, nicht die Farbe unserer Haut, unsere soziale Stellung, unser Reichtum oder unsere Armut, oder unsere Positionen auf einer imaginären Leiter des Fortschritts. Sie ist Liebe, Großzügigkeit, Wahrheit und Schönheit in vielen Formen und sie will nichts zu tun haben mit dem Übel, das innerhalb patriarchalischer Gesellschaften erzeugt wurde.

Ich glaube, dass wir alle gleich sind vor der Göttin, als menschliche Wesen und als ihre Priesterinnen und Priester. Als Teil unserer spirituellen und kulturellen Erfahrung lernen wir, in Kreisen und Gemeinschaften in neuer und aufregender Weise zusammenzuarbeiten. Wir haben nicht alle die gleichen Erfahrungen und auch unsere Unterschiede und Talente müssen als bedeutsam anerkannt werden in einer echten Anarchie, wo wir alle Verantwortung für unsere Handlungen und unsere Moral übernehmen. Es gibt einen Platz für Führungsqualitäten und Fachkompetenz, genauso wie Gelegenheiten, bei denen alle mitwirken und beitragen können.

Avalon

Weil ich in der heutigen Zeit eine der Ersten bin, die den Titel Priesterin von Avalon für sich in Anspruch nimmt, würden mich manche eine Hohepriesterin nennen. Ich führe diesen Titel nicht und glaube nicht an ihn. Ich glaube nicht, dass ich höher bin als irgendjemand anders. Ich betrachte mich eher als eine Priesterin der Tiefe, eingeweiht durch die Riten der schwierigen Unterweltsreisen, die ich in meinem Leben unternommen habe. Ich beschäftige mich damit, die Welt neu zu erschaffen, nicht damit, Gott und ein unterdrückerisches Patriarchat durch die Göttin und ein neues von Frauen geleitetes, machtdominiertes Matriarchat zu ersetzen. Ich möchte mithelfen, eine erneuerte Welt zu schaffen – mit der Göttin im Zentrum, dem Gott an ihrer Seite und einer in ihrer Matrix geborgenen Welt gleicher materieller, spiritueller und kultureller Möglichkeiten für Frauen und Männer. Ich setze mich dafür ein, die Göttin ins Bewusstsein zurückzubringen, und dafür, dass sie in der Welt wieder anerkannt wird, wenn möglich, ohne neue Dogmen oder starre Glaubenssysteme zu erzeugen. Es ist die Aufgabe anderer, Gott in seinen vielen Gestalten aus der Kontrolle des Patriarchats zurückzugewinnen.

Nach meinem Verständnis sind die spirituellen Praktiken von Frauen grundsätzlich anders als die der Männer. Sie sind, nicht besser oder schlechter, einfach anders und dieser Unterschied wird innerhalb der männlich dominierten patriarchalen Religionen in keinster Weise anerkannt. Als Frauen ist unsere spirituelle Weisheit in unserem weiblichen Körper verankert, in den Geheimnissen unserer Natur, in der uns angeborenen Fähigkeit, Leben zu empfangen, auszutragen, zu gebären und zu nähren. Sie ist in der Natur der Göttin verwurzelt, in den spiralförmigen Zyklen des Lebens auf dem Planeten, auf dem wir leben, in der Sonne, die uns Licht und Leben gibt, im Mond, der unsere inneren Zyklen widerspiegelt, und in den Sternen, die unser Karma spiegeln, und unsere Zukunft reflektieren. Unsere spirituellen Praktiken folgen dieser Weisheit.

Lange Zeit ging man davon aus, dass Frauen dasselbe spirituelle Erleben haben wie Männer, weil wir dieselbe Seelenenergie teilen. Ich glaube nicht, dass das wahr ist. Unsere Seelen mögen eins sein, aber wir bewohnen ganz gewiss verschiedene Körper und erleben das tägliche Leben, die Seele, Göttin und Gott sehr unterschiedlich, genau deshalb, weil wir inkarnierte Wesen sind. Wir sind keine körperlosen Seelen. Wir wirken innerhalb unserer Körper und unsere Körper sind verschieden.

In vielen Bereichen des Lebens sind die Erfahrungen von Frauen und Männern nicht dieselben. Diese Unterschiede wollen gefeiert werden, anstatt das Weibliche immer unter den männlichen Arten des Seins und Tuns einzubeziehen. Viel zu lange haben wir Frauen zugelassen, dass patriarchale Glaubenssysteme die Führung übernehmen. Diese verstärken hierarchische, machtdominierte, religiöse und politische Strukturen, die wirklich gar nichts mit der Weisheit zu tun haben, die den Frauen innewohnt, und ihnen von der Göttin gegebenen wurde. Praktisch alle spirituellen Abhandlungen, die jemals von Männern oder Frauen geschrieben wurden, sind aus einer männlichen Perspektive geschrieben worden. Die Göttin und weibliche Spiritualität sind ungeschriebe-

Einleitung

ne Bücher und ich bin eine der Frauen, die zurzeit versuchen, dem abzuhelfen. Glücklicherweise haben wir in der modernen westlichen Welt heute wesentlich mehr Freiheit, um unsere Spiritualität befreit von Dogmen zu erforschen, damit wir neue Wege finden, wie wir die Göttin erfahren können.

Als ich vor 30 Jahren erstmals meine bewusste Reise mit der Göttin begann, kamen meine Informationen über sie aus den wenigen Göttinnen-Büchern, die damals erhältlich waren, aus uralten Legenden und aus den offenbarenden Erfahrungen, die ich beim Durchführen von Zeremonien und beim Erschaffen heiliger Dramen über sie hatte. Zu dieser Zeit kannte ich in Großbritannien keine spirituellen Lehrerinnen, die die Göttin liebten. Es gab Akademikerinnen, die die Geschichte der Göttin studierten und als Frauengeschichte[2] zurückeroberten. Eine davon war die 2005 verstorbene Asphodel Long von der Matriarchy Study Group (Matriarchats-Studien-Gruppe). Es gab Göttinnen-Künstlerinnen wie die ebenfalls 2005 verstorbene Monica Sjoo, Phillipa Bowers, Jill Smith und Chesca Potter, die neue Bilder der Göttin malten. Es gab einige, die vor uns den Weg der Priesterin gingen. Wir waren gemeinsam auf einer Reise mit der Göttin als unserer Lehrerin unterwegs. Zu dieser Zeit habe ich mich gefragt und ich frage mich bis heute, warum nahezu alle großen anerkannten spirituellen Lehrer der Welt Männer waren. Frauen sind nicht weniger spirituell als Männer oder weniger entwickelt oder fähig, also wo waren sie?

In allen Bereichen der Gesellschaft, wo patriarchale Systeme und Werte regieren, haben die Frauen kaum Machtpositionen inne. Der Grund ist, dass bis auf einige Ausnahmen, Frauen es nicht schaffen, sich längere Zeit für machtdominierte Politik, Kriege oder Angelegenheiten, die es erfordern, das Leben anderer Leute zu dominieren, zu interessieren. Wir haben zu lange als das schwache Geschlecht in männlich-dominierten Gesellschaften gelebt, um weniger zu wollen als Freiheit und Ermächtigung für alle. Insgesamt schätzen wir die Ideale und Ziele des Patriarchats einfach nicht. Egal wie sehr wir uns auch bemühen, ein Teil des Systems zu werden und darin bis zur gläsernen Decke aufzusteigen, diese Bemühungen werden immer in wundervoller Weise untergraben, von unseren Körpern, von unserer angeborenen Sehnsucht nach Liebe zum richtigen Partner, von unseren Kindern, unserer innewohnenden Weiblichkeit, die mit absoluter Sicherheit weiß, dass patriarchale Werte und Ideale unwirklich sind und für uns nicht funktionieren. Sie dienen weder uns, noch unseren Familien, noch dem Planeten auf dem wir leben.

Frauen sind und waren immer spirituell kraftvoll und unsere spirituelle Veranlagung ist ein sehr innerkörperliches Erleben. Wir sind durch unsere menstrualen Zyklen und unsere karuna-verströmende Sexualität direkt mit dem Göttlichen verbunden. Karuna ist die liebende Güte der Göttin, die wir in der Kindheit zuerst als Mutterliebe erleben, und die sich, während wir erwachsen werden, ausdehnt, bis sie alle Arten der Liebe umschließt: Berührung, Zärtlichkeit, Mitgefühl, Sinnlichkeit und Sexualität. Durch die uns angeborene Fähigkeit, in unserem Körper neues Leben auszutragen und zu gebären, sind wir direkt mit der Göttin verbunden. Wir sind mit ihr verbunden, wenn wir unsere Kinder

Avalon

an unseren milchgefüllten Brüsten nähren, wenn wir heilen und für andere sorgen, wenn wir Sterbende begleiten, wenn wir uns selbst durch Schönheit, Kunst und Musik ausdrücken, wenn wir unser tägliches Leben leben, kochen, putzen, für unsere Familien sorgen, erforschen, schreiben, malen, darstellen. Diese zutiefst innerkörperliche spirituelle Verbindung, die jede Frau hat, wird von nahezu allen Gesellschaften ignoriert oder als unwichtig abgetan.

Nehmen wir zum Beispiel die Tabus gegen menstruierende und gebärende Frauen. Wir werden, wenn wir bluten oder geboren haben, aus Kirchen, Synagogen und Schwitzhütten als unrein und schmutzig ausgeschlossen. Wir werden angeklagt, unseren unheilvollen Einfluss auf Männer und andere Frauen wirken zu lassen. Unsere Gegenwart macht angeblich Milch sauer, tötet Vieh, stört Zeremonien und lädt das Böse ein. Im Gegensatz dazu weiß jede aufrechte Göttinnen-Frau, dass wir während der Menstruation und während wir gebären in Wirklichkeit am tiefsten mit der Göttin als Mutter von Leben und Tod und mit unseren verborgenen weiblichen Kräften verbunden sind. Wir sind nicht bedrohlich, weil wir unrein sind, sondern genau im Gegenteil, weil die Kraft der Göttin zu diesen Zeiten auf natürliche Weise in unserem Körper ist und sie von anderen wahrgenommen werden kann. Ihre Gegenwart kann bewirken, dass sich jene, die nicht wissen, wie man diese innerkörperliche göttliche Erfahrung macht, unbedeutend und machtlos fühlen.

Viele männliche spirituelle Praktiken basieren darauf, die natürlichen Bedürfnisse des menschlichen Körpers und Wesens zu verleugnen: durch Zölibat, durch Askese, durch Kontrolle von Bewegung und Atmung, durch erzwungene Trennung von Frauen, durch Unterdrückung der Emotionen, durch das Hemmen und Bestrafen einer schwachen, niederen Natur, die veredelt werden muss zu der so genannten höheren Kraft des Geistes. Ziel ist es, dass das Bewusstsein sich über den Körper erhebt und auf diese Weise eine Person spirituelle Erleuchtung erreichen kann. Das ist ein grundsätzlich gegensätzlicher Ansatz zu der den Frauen eigenen innerkörperlichen Spiritualität, obwohl wir darin übereinstimmen, dass wir im Wesentlichen formlose Energiewesen sind, deren Aufgabe es ist, sich für eine oder für viele Lebensspannen vollständig in der materiellen Realität zu inkarnieren.

Für die meisten Frauen haben patriarchale Religionen die einzigen anerkannten Methoden zur spirituellen Entwicklung bereitgestellt und viele Frauen haben versucht, sich einen männlichen Zugang zu Eigen zu machen, der im Widerspruch zu unserer eigenen Natur steht. Ich glaube, dass die Zeit reif ist, unser angeborenes spirituelles Erleben als Frauen aus eigenem Recht anzuerkennen, gleichberechtigt mit dem männlichen Zugang und in gewisser Weise auch auf die spirituelle Entwicklung von Männern anwendbar. Aber dadurch, dass wir unser spirituelles Erleben als Frauen wertschätzen, sind die Gebäude und Kontrollsysteme des Patriarchats direkt bedroht, und beginnen in sich zusammenzufallen. *Es bedeutet, alles zu verändern.*

Frauen sind deshalb nicht zu bekannten spirituellen Lehrerinnen aufgestiegen, weil uns als solche anzuerkennen bedeuten würde, dass wir etwas Wichti-

Einleitung

ges und Einzigartiges zu lehren haben, das sehr verschieden ist von der überlieferten Weisheit männlicher Religionen und diese untergräbt. Auf dem Weg zu einer Welt der Gleichberechtigung, denn es gibt für unsere Welt keinen anderen Weg, müssen wir die Tatsache anerkennen, dass die Spiritualität der Frauen ganz anders ist. Wir werden die Formen und Konturen dieser neuen und gleichberechtigten Lebensweise erst sehen können, wenn Frauen in jedem Bereich, vom Zuhause bis zum Arbeitsplatz, der Regierung und der Religion, vom Persönlichen zum Spirituellen an der Macht teilhaben.

Ich rufe meine Schwestern auf, in unsere Kraft zu treten, uns zurückzubesinnen, dass unsere Körper wahre Tempel der Göttin sind. Ich rufe sie auf, an den heiligen Stätten zu bluten, in den Schwitzhütten und auf die Erde; geehrt zu werden als Mädchen, Schwestern, Töchter, Geliebte, Frauen, Mütter, Königinnen, Großmütter und Greisinnen; das Mysterium unserer Sexualität und unserer Fähigkeit, Leben zu schenken, zurückzugewinnen; unsere Kinder in der Öffentlichkeit zu stillen; sicher jede Straße entlangzugehen; frei zu sein von der Angst vor Vergewaltigung und physischer Gewalt; unser weibliches Selbst freudvoll auszudrücken; wieder ihre Priesterinnen zu werden; gesehen zu werden als die, die wir sind; unsere Weisheit zu lehren, unser tiefgehendes weibliches Wissen der Zyklen des Lebens in unseren Körpern und in der Erde selbst; die neuen spirituellen Lehrerinnen der Welt zu werden.

Dieses Buch basiert auf meiner eigenen Erfahrung, eine Priesterin von Avalon, eine Priesterin der Göttin zu werden. Es basiert auf der Reise, die mich zu dem Punkt geführt hat, an dem ich gewagt habe, diesen Anspruch für mich selbst zu erheben und dann begonnen habe, andere zu lehren, wie sie das gleiche tun können. Es beinhaltet meine Erfahrungen mit der *Im Herzen der Göttin* Serie von Priesterinnen-Ausbildungen für die Isle of Avalon Foundation (Insel Avalon Stiftung), einem esoterischen Lehrzentrum in Glastonbury. Es beinhaltet meine tägliche Erfahrung davon, in Glastonbury zu leben, im Austausch mit Nolava und ihrem geweihten Land und mit den neun Morgenen. Erst gestern, als ich dachte, das Buch sei nahezu vollständig, sah ich die schimmernde Gestalt der Lady, wie sie sich in den Flutwassern, die die Insel umgeben, widerspiegelte. Während ich die Schönheit ihres Bildes im Wasser bewunderte, übermittelte sie mir neue Ideen, die eine Neugestaltung der Ersten Spirale zur Folge hatten. Ihre Inspiration dauert an. Dies ist eine Entdeckungsreise, die jedem Menschen offen steht. Alles, was hier aufgeschrieben wurde, befindet sich im Entstehungsprozess. Nichts ist in Stein gemeißelt.

In den folgenden Kapiteln treffe ich gewisse grundlegende Annahmen. Für mich ist die Welt von Avalon der Göttin geweiht. Sie ist ein Ort der Frauen und weiblicher Mysterien. Innerhalb dieses Rahmens als ein Ort des Dienstes an der Göttin, glaube ich, dass Avalon heute für Frauen und Männer offen steht, die ihre Priesterinnen und Priester von Avalon und der Göttin werden wollen. Im Gegensatz zu Denkformen, die uns ermutigen zu glauben, dass der Kaiser Kleider trägt, wenn er es nicht tut, und indem ich direkt darauf achte, wie Wörter ge-

Avalon

schrieben werden, verstehe ich *Priesterin* als ein zusammengesetztes Wort, das Priester beinhaltet. Ich lese *woman* (Frau) als Wort, das *man* (Mann) beinhaltet, *female* (weiblich) beinhaltet *male* (männlich), *she* (sie) inkludiert *he* (er), und *Göttin* lese ich als Gottheit, die *Gott* inkludiert, und nicht umgekehrt.[3]

Ich verwende gewisse Wörter in spezieller Weise *remember* (erinnern) bedeutet für mich *re-member*, das Wieder-Zusammenfügen von Teilen oder Stücken (members); *research* (erforschen) verwende ich als *re-search*, noch einmal suchen (search); *tri-via* oder *trivia*, bedeutet die dreifache Wegkreuzung zwischen den oberen, mittleren und unteren Welten; *disease* (Krankheit) bedeutet *dis-ease* oder Fehlen von Leichtigkeit (ease); und *healing* (Heilung) bedeutet *make whole* (vollständig machen). Ich schreibe die Namen der Göttin groß, um sie zu ehren.[4]

Dieses Buch konzentriert sich auf die Reise, eine Priesterin von Avalon zu werden, aber viel von dem, was hier gesagt wird, kann auch auf andere Ausbildungen für Priesterinnen, die sich anderen Göttinnen weihen, angewendet werden, da alle Wege zur Göttin eins sind. Wenn der Pfad nach Avalon nicht der deine ist, hoffe ich, dass du auf diesen Seiten Weisheit für deine eigene Reise finden wirst. Obwohl sich dieses Buch hauptsächlich mit weiblichen Mysterien und Erfahrungen beschäftigt, hoffe ich, dass es auch viele Männer, die die Göttin wirklich lieben, ansprechen wird. Ich hoffe es wird dir Freude bereiten.

---

[1] Anmerkung der Übersetzerin: Der Original-Film kam im deutschsprachigen Raum nicht in die Kinos. 2006 wurde der Stoff neu verfilmt und kam unter dem Titel *Ritual des Bösen* auch in deutscher Sprache heraus.

[2] Anmerkung der Übersetzerin: Im englischen Originaltext wird hier der Begriff „herstory" verwendet. Dieses Wort wird als Gegenstück zu „history" (= Geschichte) verwendet, um die Geschichte aus weiblicher Perspektive zu bezeichnen. „his-story" kann wörtlich als „seine Geschichte" übersetzt werden, während „her-story" dann „ihre Geschichte" bedeutet.

[3] Anmerkung der Übersetzerin: Dieser Sprachgebrauch funktioniert mit den entsprechenden deutschen Wörtern im Großen und Ganzen nicht. Und so, wie ich es schon oft andersrum als Anmerkung gelesen habe, erlaube ich mir hiermit mit einem ironischen Augenzwinkern anzumerken, dass die Verwendung der weiblichen Formen in diesem Buch auch die männlichen Leser inkludiert.

[4] Anmerkung der Übersetzerin: Wiederum sind diese sprachlichen Feinheiten nicht ins Deutsche übertragbar.

Exordium

Der Kettfaden ihres Gewebes
(Ein Anfang, aus dem Lateinischen)

Die Lady von Avalon

Ich bin Nolava, Lady von Avalon, Göttin des geweihten Landes,
Der Paradies-Insel, die jenseits der westlichen Ufer liegt.
Ich bin Avallonia, Göttin der Äpfel,
Herrin der Liebe, Transformation und des Mitgefühls,
Königin des Lichts und der Dunkelheit.
Ich bin die Unschuld im Gral der Jungfrau,
Ich bin die Sinnlichkeit im Pokal der Liebenden,
Ich bin das Karuna im Kelch der Mutter,
Ich bin das Ichor im Kessel der Greisin.

Ich zeige dir Wahrheit, ich lehre Unterscheidung,
Die Geheimnisse der irdischen Inkarnation sind mein.
Ich enthülle den Schmerz vergangener Tage,
Entschleiere dein Karma, ich bin deine Heilerin.
Als Initiierende führe ich dich durch das Labyrinth des Lebens,
Leuchte vor dir in der Nacht und am Tag.
Ich bin Hebamme der Seelen, Gebärende,
Hüterin der Mysterien von Leben, Beziehung und Tod
Ich erwarte dich im Jenseits.

Meine Stimme wird gehört im Wispern des Windes, in den Wassern
* der Quellen,*
In den Nebeln, die über dem Sommerland aufsteigen,
In der Stille des Herzens, in der Ruhe.
Ich drücke mich aus in der Fülle meiner Natur.
Unsichtbar, sehen mich jene, die mich jenseits des Schleiers von
* Avalon suchen.*
Versteckt durch die Zweige der Apfelbäume in den Obstgärten,
Liege ich in den von süßem Duft erfüllten Wiesen.

Avalon - Exordium

Ich tanze im Wind und im Regen, im Flackern der Flammen,
Mein Vorbeigehen wird deutlich durch Synchronizität und Sinn.
Ich existiere jenseits allen Wissens und doch weile ich in den Herzen aller.
Ich zeige meine vielen Gesichter durch die Zyklen meiner Jahreszeiten,
In der Pracht meiner Natur.
Ich spreche zu dir in deinen Worten und Taten,
Ich bin im Sehnen deines Herzens nach seiner Erfüllung in mir.
Tief verwurzelt in der Erde, die mein Körper ist,
Üppig, fruchtbar, unbezwingbar und schwanger mit allem Leben.

Erkenne mich, suche mich,
Finde mich in der Schönheit meiner Schöpfung,
Im Heilen deiner lebenslänglichen Wunden,
In den Tiefen deiner Seele,
In den Mysterien der Transformation.
Denn ich bin die Lady, die du suchst,
Ich bin der Ursprung und das Ziel.
Ich bin die Eine, die Liebe ist
Ich bin die Eine, die dich liebt.

Trefft einander in Kreisen, jede in ihrer eigenen Kraft und Energie, ihrer eigenen Präsenz,
Des Erlebens, wer sie ist, verkörpert, lebendig auf meiner Erde,
Inkarniert, physisch, spirituell, emotional, mental,
Alles in meinem Namen erzeugt.

Frau, Mann, ihr die ihr Priesterin, Priester von Avalon sein wollt,
Schwingt euer Herz empor auf den Flügeln eurer Sehnsucht,
Umkränzt es mit Bewusstheit,
Füllt es mit meiner Liebe,
Seid geweiht, seid geliebt, seid Liebe, Geliebte.
Denn ich bin die Liebe, die durch alles fließt,
In allem ist,
In dir ist als Atem,
Als violette Flamme,
Als Leben.

Die Lady von Avalon

Es gibt keinen geschichtlichen oder auch nur mythischen Bericht darüber, wer die Lady von Avalon ist. Während eine überlieferte Geschichte von den neun Morgenen die die Insel Avalon bewohnen, erzählt, ist die Lady von Avalon eine Göttin, die erst in den letzten Jahren deutlich hervorgetreten ist. Weil sie als historische Persönlichkeit unbekannt ist, kann ich nur meine eigenen Erfahrungen, die sich im Laufe der Zeit vertieft haben, mitteilen. Ich kann darüber erzählen, wie sie mein Leben beeinflusst hat, und über die Inspirationen, die ich von ihr bekommen habe.

Während ich sie kennengelernt habe, hat sich mein Verständnis davon, wer sie ist, verändert. Zum Beispiel dachte ich einige Jahre lang, dass die Lady von Avalon die Göttin wäre, die sich durch die neun Morgenen ausdrückt, deren Identität mit Morgen la Fey vermischt war. Nun sehe ich die Lady als eine einzigartige und markante Göttin der Insel Avalon. Sie gibt sich im Land und den Jahreszeiten ihrer Natur in Avalon zu erkennen und in den kraftvollen, transformativen Erlebnissen, die wir als Individuen und als Gemeinschaft hier in Glastonbury haben. Die Lady von Avalon ist Nolava, Göttin der Liebe und der Transformation. Sie ist Avallonia, Göttin der Äpfel. Die neun Morgenen, die ebenfalls in Avalon weilen, sind eher elementare Dakinis, teils Göttin, teils in der Art von Devas oder Feen.

Im Laufe der Zeit hat mir die Lady von Avalon viele verschiedene Gesichter gezeigt, manche wahrhaft wundervoll und manche erschreckend, aber immer erfüllt von ihrer Liebe. Sie hat sich meinen Priesterinnenschwestern und Priesterbrüdern gezeigt und ihre Erfahrungen haben die meinen ergänzt. Du magst sie in anderer Weise erfahren haben. Ich behaupte nicht, die alleinige Quelle der Wahrheit zu sein, die weiß, wer sie ist. Wir sind gemeinsam auf dem Weg, sie zu enthüllen. Die Reise, auf der wir die Lady von Avalon kennenlernen, entfaltet sich weiter. Alle, die es wünschen, können dazu beitragen.

Viele Göttinnen kommen vollkommen ausgeformt zu uns. Wir wissen aus der Geschichte, und aus Kulturen des Altertums und der Gegenwart, wer sie sind. Wir wissen, wie sie aussehen und was ihre Eigenschaften sind. Wir kennen ihre Geschichten und Legenden und wir können an den Feierlichkeiten zu ihren Ehren teilnehmen. Wenn die Lady von Avalon uns erstmals erscheint, ist sie nur ein inspirierender Name ohne Gestalt, oder die Vision von einer Göttin ohne Namen. Ein Teil der Reise zu ihrer Priesterinnenschaft besteht darin, sich an sie zu erinnern. In dem Sinn, dass wir feine Gedächtnisfäden aus Erinnerungen der Vergangenheit und kreative Fasern aus der Zukunft ziehen und beide in die Gegenwart bringen. Dort verweben wir sie zu dem Bildteppich, der zeigt, wer sie jetzt ist, und wie wir ihre Liebe zu uns erfahren können.

Im Laufe der Zeit, die ich in Glastonbury auf der Insel Avalon gelebt habe, habe ich mich dahin entwickelt, die Lady von Avalon in all ihrer Majestät und Kraft wahrhaft zu lieben. Ich habe größten Respekt und Ehrfurcht vor ihr, vor ihren Gaben von endloser Liebe, Unterscheidungsfähigkeit, Wahrheit und Transformation. Vor allem, was sie mir gegeben hat und was ich sie anderen geben gesehen habe. Als ich erstmals hierherkam, um hier zu leben, war ich ihren

Gepflogenheiten gegenüber völlig ahnungslos. Sie nahm mich und schüttelte mich liebevoll durch. Sie brach meinen Panzer auf, und begann den langen Prozess, meinen Schmerz, meine Angst und meine lebenslänglichen Wunden zu heilen. In den Jahren, die ich hier gelebt habe, habe ich viele kleine und etliche größere persönliche Transformationen und Initiationen erlebt. Es war kein leichter Weg. Sie hat mir Liebe, Stärke, Inspiration, Vision, grenzenlose Kreativität, Freude und Frieden gebracht. Für mich ist sie die erhabenste Göttin und ich bin mit ihr im tiefsten Kern meines Wesens inniglich verbunden durch meine vergangenen und heutigen Erfahrungen. Ich beanspruche sie als Heilige Urmutter und Ahnin und Göttin meines Herzens.

Eines der ersten Dinge, das uns auffällt, wenn wir anfangen das Wesen der Lady von Avalon zu ergründen ist, dass sie aufs Engste verbunden ist mit einem bestimmten mythischen Ort, der Insel Avalon. Andere Göttinnen, die wir nennen können, so wie Isis, Ceres oder Artemis sind keine Göttinnen bestimmter Orte, obwohl sie verbunden sind mit gewissen Ländern und Kulturen, wo sie vorwiegend verehrt wurden: Isis in Ägypten, Ceres bei den Römern, Artemis in Ephesus und so weiter. Auf Brigits Inseln gibt es auch universelle Göttinnen, die im ganzen Land geehrt werden, so wie Britannia, Brigit oder Ana, deren Namen in vielen anderen gefunden werden. Es gibt Göttinnen, die mit bestimmten physischen Orten wie Bergen, Flüssen und Seen verbunden sind. Dies schließt etliche Riesinnen ein, die die Landschaft mit ihren eigenen Körpern geformt haben, oder dadurch, dass sie große Felsblöcke vom Himmel fallen ließen, so wie die Hag von Bheare in Irland und Schottland, Skathac auf Skye oder die Cailleach na Mointeach (Alte Frau vom Moor) in Schottland. Manche Göttinnen weilen in und unter Seen wie Nelferch, die Dame des Lyln y Fan Fach in Wales, die aus den Wassern des Sees aufgetaucht ist, um eine Zeit lang in dieser Welt zu leben, oder Keridwen, die an verschiedenen Stellen in Wales gefunden wird. Von ihr heißt es, dass sie unter dem See Tegid (Bala) in Nordwales lebt oder in Ceredigion in Westwales.

Die Lady von Avalon ist eine der wenigen Göttinnen, die über eine mythische Landschaft, die Insel Avalon, herrscht. Nolava ist verwandt mit dem Feenvolk, den Sidhe, die an speziellen Plätzen in der Landschaft, im Inneren heiliger Anhöhen, neben hohlen Hügeln und in Steinkreisen, Menschen dazu einladen können, mit ihnen in die Anderswelt der Natur der Göttin zu reisen. Wenn wir ihre Schwellen überschreiten, müssen wir darauf achten den Regeln in ihrem verzauberten Reich zu folgen. Denn wenn wir von den Wassern ihrer Natur trinken oder uns nichtsahnend an ihren Äpfeln laben, dann können wir Avalon möglicherweise nicht mehr verlassen, wenn wir es wollen. Möglicherweise sind einhundert Jahre schnell wie ein Wimpernschlag vergangen. Möglicherweise entspricht ein Tag in ihrem Reich einem Jahr und einem Tag in unserer Welt, so dass bei unserer Rückkehr in die alltägliche Welt niemand mehr da ist, den wir erkennen könnten. Möglicherweise haben unsere Erfahrungen uns einen solchen Schock versetzt, dass unser Haar über Nacht weiß geworden ist. Möglicherweise sind wir übergeschnappt und toben. Aber möglicherweise haben wir uns auch in Priesterinnen, Dichterinnen, Heilerinnen und Seherinnen verwandelt, in ihre Prophetinnen in der Welt. Wenn wir uns entscheiden Priesterinnen von Avalon zu werden, ist es wichtig zu erkennen, dass wir uns genauso wie der Göttin als Lady von Avalon auch den transformativen Energien der mythischen Insel Avalon weihen.

Das heilige Jahresrad der Lady von Avalon

Die Lady von Avalon, Nolava, ist die weibliche Energie der Insel von Avalon. Ihr zu Eigen ist die unschuldige Liebe des Kindes, dessen Herz völlig offen dafür ist, Liebe zu geben und zu empfangen. Ihr zu Eigen ist die leidenschaftliche Liebe der Liebenden, die uns einlädt, uns in ihrer Liebe zu verlieren. Ihr zu Eigen ist die nährende Liebe der Mutter, die wirklich für uns sorgt und uns immer in ihrer liebevollen Umarmung hält, egal was wir tun. Ihr zu Eigen ist die weise Liebe der Großmutter, die alles gesehen und erlebt hat.

Avalon - Exordium

Nolava ist auch die Luft der Liebe, die bedingungslose Liebe, welche durch ihren umfassenden Weitblick die menschliche Natur vollständig versteht. Sie ist das Feuer der Liebe, das uns in ihrer feurigen Natur verzehrt und unseren Widerstand gegen die Liebe dahin schmilzt. Sie setzt die Schlacke frei, die uns nicht länger nützt. Sie ist das Wasser der Liebe, das uns aufwühlt. Sie berührt uns in den Tiefen unserer Gefühle, bis sie deutlich werden und mit Leichtigkeit dahinfließen. Sie ist die Erde der Liebe. Ihre Berührung erdet unsere Hoffnungen und Träume und bringt Liebe in unser alltägliches Leben. In unserer Mitte ist Nolava der Raum der Liebe, der uns allen innewohnt als eine endlose Quelle der Liebe.

Nolava ist die weibliche Essenz der Insel Avalon. Sie ist in der Landschaft von Glastonbury Avalon abgebildet. Sie offenbart sich in den Formen der Hügel und Täler als riesige Schwanenmaid, als lebenssprühende Liebende, als gebärende Mutter und als uralte Greisin. Sie ist gegenwärtig in allen Elementen ihrer Natur in Raum, Luft, Feuer, Wasser und Erde. Sie ändert ihr Aussehen mit den Jahreszeiten ihrer Natur.

Wenn wir durch die heilige Landschaft gehen, kommt Nolava in Visionen durch den Schleier von Avalon zu uns. Sie zeigt sich in Gestalt einer schönen Frau, jung wie ein Mädchen, als reife oder alte Frau. Sie erscheint in einer Flamme aus glitzerndem, regenbogenfarbigem und violettem Licht oder als durchscheinende, nebelige Gestalt, die für das menschliche Auge nur teilweise sichtbar ist. Sie taucht auf in unseren Meditationen, in unseren inneren Reisen. Wir treffen sie in unseren Träumen und unserer Vorstellung. Sie teilt sich uns mit durch Klänge, Worte, Gefühle, Wahrnehmungen, Musik, Tanz und Kunst. Wo immer wir auch auf dem geweihten Land, das Glastonbury Avalon ist, hingehen, können wir sie finden. Sie erscheint auch in anderen Gegenden in England, Wales, Schottland und in anderen Ländern, in Großstädten und Kleinstädten, überall dort, wo wir sie aus tiefstem Herzen anrufen.

Die Lady von Avalon kommt zu uns als eine sanfte Brise an einem Sommertag, während wir durch die Obstgärten von Avalon schlendern. Als Avallonia ist sie gegenwärtig im süßen Duft der Apfelblüten, im Summen der Honigbienen, im Ruf der Tauben, im Krächzen der kreisenden Krähen, in den großen Starschwärmen, die sich wie eins über die Wasserwiesen bewegen, im Klopfen des grünen Spechts auf die Rinde der Bäume des Sommerlandes. Sie ist die Schönheit ihrer Natur, das sinnliche Wunder ihrer natürlichen Formen, die sanften Rundungen der Hügel, der baumumsäumten Kluften. Sie ist die Erleichterung, die wir spüren, wenn wir aus den rauen Stürmen des Lebens im 21. Jahrhundert in ihr ruhiges Paradies reisen, denn sie ist unsere Erde, die Grundlage unseres Seins. Sie ist unsere Heimat.

Sie ist das heilende Wasser der roten und der weißen Quellen, die alchemistische Mischung, die in dem geheimen Tal zwischen dem Tor und Chalice Hill entspringt. Sie wird in den vielen Quellen gefunden, die allerorts aus ihrem Erdkörper sprudeln und wässrige Emotionen an die Oberfläche des Landes bringen. Sie ist das Gefäß weiblicher Kraft und sie ist die Stille, die im Zentrum jedes

Die Lady von Avalon

Behälters zu finden ist. Der Heilige Gral der Unschuld, der Pokal der Liebenden, der Kelch der Mutter und der Kessel der Greisin, sie alle gehören ihr. Sie ist die Quelle und das Gefäß von allem was ist.

Sie ist die Göttin der Äpfel in den Obstgärten von Avalon. Sie ist die weiße Frau, der weiße Nebel, der das Land im Herbst und Frühling überzieht, und ihr Gesicht vor allen verbirgt, die sich unwissentlich durch ihren Schleier nach Avalon wagen. Sie ist die Herrin vom nebeligen See. Sie ist die Lady, die wir treffen, wenn wir in der Barke durch die Nebel nach Avalon reisen.

Wenn wir sie treffen, spricht sie zu uns über das Leben in der Welt und die großen Mysterien der Geburt, des Lebens, der Beziehungen, des Todes und des Jenseits. Sie ist besonders verbunden mit dem weiblichen Aspekt dieser Mysterien, mit dem Tragen des neuen Lebens, dem Nähren des Lebens, mit der Fürsorge für alles Leben, mit den Beziehungen zwischen allen Formen des Lebens, mit dem Ende des Lebens im Tod und dem Leben nach dem Tod. Sie nimmt uns mit in die Welten jenseits von Form, in die inneren Welten, in die körperlosen Welten. Sie bringt uns in die Essenz dessen, wer wir als Energiewesen sind, als ungebundene Seelen. Denn sie ist die Wildheit, die alle Fesseln löst, und uns dazu befreit, zu sein wer wir sind, beseelte Wesen, die heute auf ihrem wunderschönen Körper leben.

Nolava ist der Wind der Wandlung, der plötzlich durch unser Leben rasseln kann, wann immer wir die heilige Stätte Glastonbury betreten. Sie kann uns Unruhe, Angst und mächtige Widerstände bringen. Sie setzt Ereignisse in Bewegung, die Veränderung und Verwandlung in unser Leben bringen. Sie enthüllt unsere uralten Wunden und katalysiert deren Heilung. Sie zeigt durch den jährlichen Kreislauf ihrer eigenen Natur, wie wir uns entfalten können in die Schönheit dessen, wer wir sind, wie wir entzückt sein können, über ihre Gegenwart in unseren Körpern, wie wir ihren Reichtum und ihre Großzügigkeit teilen können. Sie zeigt uns wie wir alte Gewohnheiten, die uns nicht mehr nützen, loslassen können, wie wir für das Alte sterben und jedes Jahr ins Neue wiedergeboren werden können. Sie zeigt uns, dass sie die Spirale in Bewegung ist, die spirituelle DNA des Lebens, ewig und immerdar, sich immer verändernd und doch immer beständig.

Nolava regiert die drei Reiche der verzauberten Mittelwelt, der göttlichen Oberwelt und der transformierenden Unterwelt. Sie ist hier in der Mittelwelt, immer nur einen Hauch entfernt von der normalen Realität, wo sie darauf wartet, dass wir sie wahrnehmen und darauf hofft, dass wir sie bitten für uns stehen zu bleiben, während wir unser geschäftiges Leben führen. Sie ist präsent in der Oberwelt als eine reine und strahlende violette weibliche Essenz, die die dickste Rüstung unserer Herzen und Körper aufbrechen und unsere größten spirituellen Sehnsüchte hervorrufen kann. Sie führt uns zu unserem eigenen Besten hinunter in die Unterwelt, um mit ihr in der Dunkelheit zu sitzen, um für lange Zeit mit ihrem Leiden mitzufühlen. Sie nimmt uns immer tiefer mit bis hinunter zum Grund der Unterwelt, wo es nichts gibt als Verzweiflung.

Avalon - Exordium

Wenn wir Glück haben, zeigt sie uns dann einen Weg hinaus, der nicht im Aufsteigen besteht, nicht darin, dass wir uns über unsere Emotionen erheben, sondern darin, dass wir uns tiefer hinunter in die Unterwelt graben, bis wir schließlich den massiven Fels am Grund durchbrechen. Unter dieser Felsschicht liegt ihr unerschöpflicher Fluss der Kreativität und Lebenskraft. Wenn wir in die wirbelnden Wasser eintauchen, denn es gibt keinen anderen Weg, trinken wir ihre Süße. Wir werden mitgerissen durch die Strudel und Strömungen, unterstützt von deren Energie und werden wieder hinauf gespült an die Oberfläche der Mittelwelt, ohne auch nur einen Blick zurückzuwerfen. Einmal davon berührt, bleibt ihr Fluss immer bei uns, fließt in unserem Inneren und wird ein Teil von uns.

Heute ist Glastonbury Avalon ein kraftvolles energetisches Zentrum. Pilger aller Glaubensrichtungen zieht es dorthin, um die Stadt und die Gegend rundherum zu besuchen. Manche Menschen, die kommen, fühlen sich sofort abgestoßen von der Hippie-Atmosphäre der High Street, den New Age Kristall-Läden, der manchmal trüben energetischen Schwingung der Stadt. Sie verlassen sie schnell wieder und schwören, dass sie niemals wiederkehren werden. Andere fühlen sich, als wären sie nach Hause gekommen, und genießen die Möglichkeit über die heilige Landschaft zu gehen und die heiligen Stätten zu besuchen, sich die Tarotkarten legen zu lassen, sich massieren und heilen zu lassen und spirituelle Bücher und Sammelobjekte zu kaufen.

Innerhalb weniger Stunden ihres Aufenthaltes haben jene, die sich von den Schwingungen angezogen fühlen, oft erstaunliche, lichterfüllte Erfahrungen vom Wesen der Göttin, die das Herz öffnen und leidgeprüften Seelen Hoffnung bringen. Die Einwohner von Glastonbury sind im Großen und Ganzen freundlich und entgegenkommend, bereit spirituelle Kenntnisse und Erlebnisse mit den Besuchern zu teilen. Die heiligen Stätten sind lebendig und einladend und erfüllt von göttlichem Geist. Die Zeit dehnt sich und viele Dinge passieren in einer kurzen Zeitspanne. Häufig kommt es zu Synchronizitäten. Wir finden das Buch, das wir gesucht haben, vergessene Erinnerungen werden wach, wir knüpfen Verbindungen oder stoßen mit alten Freunden zusammen. Wir treffen neue Seelenfreunde und Seelenpartner, Menschen, die uns so vertraut sind, dass wir uns sicher sind, sie früher schon gekannt zu haben. Diese Zusammentreffen fühlen sich bedeutungsvoll und wichtig an. Mit offenen Herzen schauen wir durch den Schleier von Avalon und sehen die Feen, das kleine Volk, die Priesterinnen des Altertums, Wesen aus einer anderen Dimension der Realität. Die Lady strahlt uns mit ihrem wohlmeinenden Gesicht an und unsere Herzen öffnen sich ihrer Liebe. Sie zeigt uns wie schön unsere Seelen sind, wie grenzenlos und frei wir sein können. Wir fühlen uns zentriert und ganz.

Dann innerhalb kurzer Zeit, manchmal nach nur ein paar Stunden oder Tagen, finden wir uns Auge in Auge mit unserem Schattenselbst. Dinge, die sich wundervoll und ekstatisch angefühlt haben, beginnen im Tageslicht zu verblassen. Haben wir hinsichtlich dieser Person oder dieses Ereignisses einen

Die Lady von Avalon

schrecklichen Fehler gemacht? Waren unsere starken Gefühle, die sich zu der Zeit so richtig angefühlt haben, in Wahrheit falsch? Das Herz, das sich geöffnet hat, erreicht die Grenzen seiner Erweiterung und verschließt sich. Wir fühlen uns verwundet bis ins Mark durch genau jene Erlebnisse, die unser Herz geöffnet haben. Treffen mit Menschen, mit neuen Geliebten, die von wunderbarer Verzauberung kündeten, die Erkenntnis, dass sich eine alte Freundschaft erneuert hat, all das wird auf einmal schal. Der Boden der Gewissheit wurde unter unseren Füßen weggezogen. Wir verlieren unsere Mitte. Wir verlieren den Glauben an uns selbst. Wenn wir uns nicht auf unsere Gefühle und unsere Intuition verlassen können, worauf können wir vertrauen?

Wir fühlen uns verletzt, geschockt, verlassen, betrogen. Wir sind wütend, aufgebracht, missverstanden und deprimiert. Starke Uremotionen brechen in unser Bewusstsein ein. Wir reagieren wie Kinder auf Herausforderungen für Erwachsene. Wir haben Angst verrückt zu werden. Die Energien von Avalon, die uns so wohlmeinend vorkamen, erschrecken uns jetzt. Sind sie schlecht? Ist Böses am Werk? Wie konnten wir so schnell in diese schreckliche Situation kommen? Wir dachten alles wäre gut, nicht perfekt, aber in Ordnung. Das Gesicht der Göttin hat sich verfinstert. Der Spiegel, den sie uns jetzt vorhält, offenbart unsere Verfehlungen, unsere uralten Verletzungen, alles, was wir lieber nicht über uns selbst wahrhaben wollen. Wir versuchen wegzulaufen. Unglücklicherweise hört der Prozess, wenn er einmal angefangen hat, nicht mehr auf, wenn wir Glastonbury verlassen, er folgt uns nach Hause.

So beginnt die Veränderung. Um unsere Bestimmung zu erfüllen, um uns vollständig auf diesem Planeten zu inkarnieren, um zu werden, wer wir als lebendige Seelen in dieser Welt sind, muss sich unser Bewusstsein ausdehnen, damit wir größer werden können, als wir waren. Die Lady von Avalon ist die Göttin, die uns Auge in Auge damit bringt, wer wir wirklich sind. Ihre Wege sind kraftvoll, liebevoll, dynamisch und nichts für Zaghafte. Sie sind besonders kraftvoll für jene, die sich dazu berufen fühlen, ihre Priesterinnen zu werden. Sie bringt jene, die willens dazu sind, in die emotionalen und spirituellen Brandfelder, wo die Schlacke, die uns und ihr nicht länger nützt, in den Feuern ihrer Mysterien verbrannt wird, bis sich das Gold unserer Seelen enthüllt. Sie führt uns in die Initiation, nicht in eine, die von außen gegeben wird, sondern in eine, die aus dem Inneren kommt, aus ihr.

Unser tiefes Bedürfnis unsere innerlichen und äußerlichen Wunden zu heilen, ist oft der Anstoß, der uns dazu bringt, nach etwas zu suchen, was anders ist als der Mainstream, der uns verletzt hat. Während wir anfangen, uns nach etwas anderem umzusehen, hören wir wie sie uns ruft, damit wir uns an sie erinnern. Zu dieser Zeit inkarnieren wir uns, die verwundeten Heiler der Welt, um eine große Bestimmung zu erfüllen, nämlich mitzuhelfen, das Göttinnen-Bewusstsein in diese aus dem Gleichgewicht geratene und selbstzerstörerische patriarchale Welt zurückzubringen. Während wir uns heilen, wird ihre Welt mit uns geheilt.

Avalon - Exordium

Wir kehren zurück nach Avalon, wir kommen wieder. Der Prozess, in dem wir dem Licht begegnen und von der Dunkelheit auseinandergenommen werden, wiederholt sich. Wir werden durch unsere Erfahrungen stark angezogen von ihren Mysterien und abgestoßen durch unsere eigenen Unzulänglichkeiten. Manche fühlen sich zu ihrer Priesterinnenschaft berufen, egal was passiert und fangen an, sich bewusster mit ihren Mysterien auseinanderzusetzen. Wir nehmen teil an Zeremonien an den heiligen Stätten von Avalon, auf dem Tor, bei Chalice Well, im Göttinnen-Tempel, bei der Göttinnen-Konferenz. Wir beginnen die Wege der Göttin zu lernen. Wir entscheiden uns für die Ausbildung zur Priesterin von Avalon und gehen eine tiefere Verbindlichkeit ein, uns auf den Weg zu machen, sie kennenzulernen.

Lady von Avalon

Wohin soll ich mich wenden, wenn nicht an dich?
Wo sonst finde ich Arme, die mich besänftigen wie deine?
Welches andere Herz könnte die Tiefen meines Schmerzes aushalten?
Welche anderen Tränen könnten mich reinigen wie der strömende Regen?

Ich wende mich zu dir, meine Lady
Mutter der nördlichen Winde
Hüterin des östlichen Sternenfeuers
Wo die See und die Erde beginnen

Welche anderen Augen können mich nackt in meiner Schande sehen
und meinen Aufschrei hören, wenn ich niemand anderem die Schuld geben kann?
Wer wird kommen und mich halten, wenn es so viel zu vergeben gibt,
und mir süßes Leben einhauchen, wenn ich nichts mehr zu geben habe?

Ich wende mich zu dir, meine Lady
Mutter der südlichen Meere
Hüterin des westlichen Erdschoßes
Göttin der tiefen Mysterien

Wohin kann ich gehen, wenn alle Liebe mich genarrt hat?
Wo kann ich ausruhen, wenn Schmerz in meine Knochen eingraviert ist?

Die Lady von Avalon

*Wer wird meine Fragen zum Schweigen bringen, wenn ich keine
Antworten mehr habe?*
Wer wird mir Trost bringen, wenn meine Tränen sich in Stein verwandelt haben?

Ich wende mich zu dir, meine Lady
Mädchen, Geliebte, Mutter, Greisin
Kriegerin des Herzens und des Verstandes
Hüterin der heiligen Gebeine

*Wessen Namen soll ich singen, wenn meine Seele sich zu den
Sternen erhebt?*
Für wen soll ich tanzen, wenn ich überwältigt bin von Freude?
Wessen Lied ist es, welches mein pulsierendes Blut singt?
Wessen Land ist es, wo meine Priesterinnen-Seele gehalten wird?

Ich wende mich zu dir, meine Lady
Und ich werde mich niemals einsam fühlen
Denn dein Lied macht mich frei
Und deine Stimme führt mich heim

Jacqui Woodward-Smith, October 2003-September 2004

Manche Menschen entscheiden sich hierher zu kommen und inmitten der Energien Avalons zu leben. Damit beginnt ein einleitender Verwandlungsprozess, der zwischen 18 Monaten und zwei Jahren oder länger dauern kann. Denen gegenüber, die nach Glastonbury ziehen, nennen es die Einheimischen, die diesen Prozess durchlaufen haben, *„eine Glastonbury-Erfahrung machen"*. Das ist eine nervige Phrase, wenn wir uns gerade mitten in einer solchen Erfahrung befinden. Typisch dafür sind starke Emotionen, Unbehagen, Dukkha[1], Gefühle von Wut, Angst, Ausgeschlossen-Sein, Trauer, Verrat, sowie gleichzeitig Unzulänglichkeit und Aufblähung des Egos, und all das ausgeglichen durch mystische Erfahrungen des Göttlichen. Einwohner, die das durchgemacht haben, nicken weise mit dem Kopf, und versuchen uns zu unterstützen und zu trösten, während wir von den astralen Stürmen durchgeschüttelt werden.

Wenn wir Glück haben, werden manche unserer Herausforderungen von uns gemeistert, manche Wunden geheilt, und es folgt eine Periode der Ruhe, in der wir dankbar werden für alles, das uns bisher widerfahren ist. Wir wissen, dass wir von ihrer Magie berührt wurden und uns verändern. Wir begreifen, was diesen Ort für viele Menschen auf unterschiedlichen spirituellen Pfaden so anziehend macht. Dann mit der Zeit, im Laufe der Monate und Jahre, führt sie uns tiefer in unsere eigene Seele und unser Schattenselbst, und enthüllt dabei Lage um Lage von Verletzungen aus diesem und vergangenen Leben. Erstarrungen kristallisieren sich und werden fest, bis sie in großen Trümmern auseinanderfal-

Avalon - Exordium

len, um Sanftheit und menschliche Verletzlichkeit darunter zu enthüllen. In dieser Verletzlichkeit liegt unsere wahre Stärke. Demut kommt auf mit der Erkenntnis, wie Ehrfurcht gebietend unsere von der Göttin gegebenen Erlebnisse sind. Der Prozess wiederholt sich auf immer tieferen und tieferen Ebenen.

Auf meiner eigenen Reise mit ihr habe ich einige der dunkelsten, schmerzhaftesten und erschreckendsten Orte in meiner Psyche erfahren. Ich habe vollkommene Einsamkeit gefühlt. Ich bin am Boden zerstört gewesen. Ich habe mich verlassen gefühlt, verloren, betrogen. Ich fühlte mich verrückt. Ich habe Suizid in Erwägung gezogen. Ich bin in die Unterwelt hinabgestiegen, gerichtet und für schuldig befunden worden. Ich hing wie Inanna für drei Tage und Nächte (monatelang) an dem Haken an der Wand, wartend, darauf hoffend, dass jemand oder etwas mich vor mir selbst retten könnte. Ich wurde viele Male von einer Gemeinschaft, die ich liebe, zum Sündenbock gemacht. Ich wurde beschuldigt eine Männerhasserin und Männerzerstörerin zu sein, und nach Macht um ihrer selbst willen zu streben. Ich war eine geeignete Zielscheibe für Projektionen und Hohn, ein Brennpunkt für Wettbewerb, Eifersucht und Machtkämpfe. Dafür, dass ich einen eigenständigen Pfad zur Göttin gewählt habe, bin ich viele Male verhöhnt und geschmäht worden. Ich hatte eine gefährliche Form von Brustkrebs, an der ich hätte sterben können. Ich habe viele Jahre mit der Angst vor dem Tod und dem Leben gelebt. Ich bin immer noch dabei, meine Ängste zu heilen.

Dennoch leuchtet durch all das weiterhin das Licht ihrer Weisheit über mir, so wie Arianrhods Silberrad im Himmel über uns leuchtet. Sie leuchtet meinen Pfad aus und hält immer eine lodernde Fackel, so dass ich einen Blick auf den Weg vor mir erhaschen kann. Als Ariadne legt sie ihren roten Faden aus, so dass ich ihr durch das große Labyrinth des Lebens folgen kann. Als Nolava hält sie mich allezeit in ihrer liebevollen Umarmung. Die Lady hat mir gezeigt, dass Schätze in meiner Dunkelheit verborgen sind. Durch ihre große Liebe und ihr Mitgefühl ist es mir gelungen, einige meiner wesentlichsten Lebenswunden zu heilen. Sie hat aus mir einen besseren Menschen gemacht, als ich war. Sie hat mein Herz geöffnet. Sie hat mir Liebe gebracht. Sie hat mir wundervolle Kinder gegeben und einen wunderbaren Mann, mit dem ich mein Leben teilen kann. Meine Kinder und mein Mann gehören zu meinen wichtigsten persönlichen Lehrern. Sie hat mich gelehrt, Mitgefühl für mich selbst und andere zu haben. Sie hat mir gezeigt, dass ich nicht sterbe, wenn ich einen Fehler mache, wenn es mir nicht gelingt meine hohen Ansprüche zu erfüllen. Sie hat mir gezeigt, dass ich geliebt werde und dass sie mich immer lieben wird, ganz egal was ich tue, so wie sie jede und jeden von uns liebt. Sie zeigt mir, dass Liebe die Angst überwindet.

Ich habe kürzlich über die herausfordernde Natur dieser avalonischen Reise nachgesonnen. Wäre es möglich, das leichter für uns zu machen? In alter Zeit wurden Göttinnen täglich in den Wohnstätten und Tempeln verehrt, von Einzelnen und Gemeinschaften lobgepriesen. Es wurden ihnen Gaben wie Blumen und Früchte, Milch, Wein und Korn dargebracht. Das ist in bestehenden Göttin-

Die Lady von Avalon

nen-Kulturen auf der Welt immer noch allgemein üblich, beispielsweise in Südindien, wo die Göttin seit über tausend Jahren ohne Unterbrechung verehrt wird. Auf der großen Insel von Hawaii ist es Tradition Pele, der Göttin des Vulkans, des neuen Landes, Gaben darzubringen. Ihre Lieblings Ohelo[2]-Beeren, Gin und Brandy nimmt sie gerne an.

Die Lady von Avalon war für eine sehr, sehr lange Zeit vergessen. Auch sie braucht unsere Gaben der Anerkennung, der Ehrerbietung und des Respekts. Als Einzelne und als Gemeinschaft haben wir den Brauch wieder eingeführt, ihr täglich Gaben von Blumen und Früchten, Äpfeln, heiligem Wasser, Milch und Korn darzubringen. Dies sind Geschenke unserer Herzen und Seelen, die wir ihr freigiebig darbringen in Dankbarkeit für alles, was sie uns gibt. Diese spirituelle Praxis, Dankbarkeit zu zeigen, öffnet die Herzen und macht es ihr möglich, uns mit ihrem Wohlwollen zu überhäufen.

Wenn wir ihre Priesterinnen werden, ist es wichtig zu verstehen, was für eine Art Göttin die Lady von Avalon wirklich ist. Nolava ist eine Göttin der Liebe und der Transformation. Sie verändert unser Leben. Egal wie oft wir das auch gesagt bekommen, wir verstehen üblicherweise nicht, was das bedeutet bis wir selbst den Prozess der Verwandlung durchlaufen und die Tiefen ihrer Liebe erfahren haben. Es ist von entscheidender Bedeutung, dass wir diesen Prozess durchlaufen, denn woher sollten wir sonst wissen, wer sie ist. Und woher sollten wir wissen, wie wir andere unterstützen können, die gerade erleben, wie diese dunkle lichte Göttin ihr Leben quert, und noch dazu oft ohne, dass sie sich dessen bewusst sind. Das ist eine unserer vielen Rollen als Priesterinnen von Avalon.

Als die Lady erstmals zu mir gesprochen hat und noch einige Jahre danach, wusste ich nicht wie sie aussieht. Mein Wissen über sie war ein inneres Wissen, ein Fühlen und Wahrnehmen, keine sichtbare Form. Aber es ist gut zu wissen, wie die eigenen Lieblingsgöttinnen überhaupt aussehen, in all der Vielfältigkeit ihres Wesens und ihrer Gestalt. Ja, es gibt nur eine Göttin und sie hat tausend und abermals tausend verschiedene Namen und Erscheinungen, doch wir Menschen beziehen uns gerne auf individuelle Erscheinungsformen.

Einer der größten, durch patriarchale Religionen verursachten Schäden an der Menschheit, war es zu behaupten, dass es nur einen männlichen Gott gibt, und dass es keine Darstellungen von ihm geben darf. Über 5.000 Jahre lang haben patriarchale Eroberer Statuen der Göttin niedergerissen, in Ägypten, Israel, Anatolien und Griechenland ihre Bildnisse verstümmelt, ihre Tempel und wundervollen Kunstwerke in Europa und darüber hinaus zerstört. Ihr Bildnis aus den Religionen zu entfernen war gleichbedeutend damit, ihren Einfluss aus den Gemeinschaften zu entfernen. Wenn wir sie nicht als tägliches Erlebnis sehen konnten, konnte sie keine Macht in unseren Leben haben. So wie wir visuell von ihr getrennt wurden, haben wir uns spirituell von ihr entfremdet, und so kamen die Hierarchien von Priesterschaften an die Macht, um als Vermittler zwischen uns und dem Göttlichen zu wirken.

Avalon - Exordium

Eine der Arten, in der wir Menschen Göttlichkeit erfahren, ist durch inspirierten kreativen Ausdruck. Künstlerischer Ausdruck - Zeichnen, Malen, Bildhauerei, Muster zeichnen und Gestalten, nährt auf natürliche Weise unsere menschliche Seele, weil wir uns in unserer Vorstellung mit der Göttin verbinden, wann immer wir diese Darstellungen sehen. Wenn sie auch nicht das Göttinnen-Bildnis selbst ist, fungieren Darstellungen von ihr als Fokus unserer Aufmerksamkeit und Verehrung, bieten uns einen Weg, unser Herz für sie zu öffnen. Bildnisse inspirieren uns und bringen uns näher an sie heran. Es kann dazu kommen, dass sie von ihr bewohnt werden. Sie sind wichtig für unsere spirituelle Entwicklung.

Im Gegensatz zu der Vorstellung, dass alle Menschen nach dem Bild des einen männlichen Gottes geschaffen sind, visualisieren wir in der Spiritualität der Göttin unsere Göttinnen oft in unserem eigenen Abbild als göttliche Frauen, als Seelen-Frauen oder als mythische Tierfrauen, als eine Überhöhung der Vielfältigkeit des weiblichen Wesens und der weiblichen Eigenschaften. Das macht es uns möglich, einiges über ihre unendlichen Ausdrucksformen herauszufinden, ihre Allgegenwart und Pracht, die wir sonst nicht begreifen oder mit Bedeutung füllen könnten. Es hilft uns zu erkennen, dass sie in uns ist und wir in ihr. Bildnisse verbinden uns auf sehr reale Art mit dem Göttlichen.

Vor etwa sieben Jahren begann ich die Lady von Avalon zu sehen, nicht deutlich, aber mit erahnbaren Konturen. Ich bin keine geborene Künstlerin und muss mich auf jene verlassen, die die Gabe haben ihr Bild in die physische Realität zu bringen. Dennoch weiß ich einiges über ihr Aussehen. Ich weiß als etwas Wesentliches, dass so wie bei vielen buddhistischen und hinduistischen Göttinnen ihre Haut nicht fleischfarben sondern violett ist, dass uns in ihrer Gegenwart ihr violettes Licht einhüllt. Als wir das erste Mal den ersten Göttinnen-Tempel in Glastonbury geschmückt haben, war das Einzige was ich darüber wusste, wie er aussehen sollte, dass er violett sein musste, mit violetten Wänden, violetter Decke und violettem Boden, so dass wir den visuellen Effekt erleben konnten in ihrer violetten Ausstrahlung gebadet zu sein. Wir alle verstehen die Namen der Farben unterschiedlich, nehmen sie unterschiedlich wahr. Wenn ich violett sage, meine ich damit eine ganze Palette von Farben von einem blassen Lavendel über Lila bis zu einem dunklen Violett.

Eines der ersten Bilder der Lady von Avalon wurde für die Göttinnen-Konferenz in Glastonbury von der hier ansässigen Künstlerin Willow Roe auf ein großes Banner gemalt. Als wir das Bild planten, sprachen wir über verschiedene Eigenschaften der Lady, aber ich hatte ihre violette Haut nicht erwähnt. Die großartige Synchronizität war, dass Willow ohne Absprache die Eingebung hatte, die Haut der Lady in einem blassen Violett zu malen. So sind die Wege der Lady.

Ich weiß auch, dass obwohl die Lady von Avalon manchmal als eine alte Frau und manchmal als ein junges Mädchen erscheint, sie sich am häufigsten in der Gestalt einer reifen Frau zeigt, die vor und zwischen dem sinnbildlichen Tor und Chalice Hill steht. Sie erscheint auch als still stehend in einem

Die Lady von Avalon

Kessel voller Bewegung oder auf dem Rücken ihres Erddrachens reitend. Die Nebel, die im Herbst und Frühling aus den flachen Wiesen des Sommerlandes aufsteigen sind Strähnen ihres Haares, weiß, silbergrau und blass-lila. Zu anderen Zeiten ist ihr Haar schwarz, so wie die Morgene-Krähen, die über das Land fliegen. Ihr Kleid ist mit ihren heiligen Symbolen verziert. Die Farbe des Kleides wechselt mit den Jahreszeiten. Im Herbst ist es orange-braun, im Winter silber und grau, im Frühling ist es grün und gold, im Sommer blau und türkis. Ein breiter Schein, der in allen Farben des Regenbogens schillert, umgibt ihren Körper. Egal welches Gesicht sie uns zeigt, ihre Schönheit erstrahlt immer.

In ihrer linken Hand trägt sie einen Apfelzweig, einen goldenen Apfel der Unsterblichkeit, oder einen roten Apfel der Transformation, den sie uns anbietet. So wie die Alte in den Märchen fordert sie uns auf, von ihrem magischen Apfel abzubeißen und verwandelt zu werden. Manchmal segnet uns ihre rechte Hand oder sie trägt eine Ähre oder eine Garbe Weizen, Getreide oder Korn, so wie sie viele Korngöttinnen bis zurück ins neolithische Zeitalter getragen haben. Manchmal hat sie ein Hirschgeweih auf ihrem Kopf durch das die lebensspendende Sonne oder der silberne Mond scheint. Schwarze Krähen umflattern sie manchmal, so als wäre sie in einen Umhang von schwarzen Flügeln gehüllt. Eine schwarze Katze sitzt zu ihren Füßen. Auf ihrer heiligen Insel wachsen Apfelbäume, Weiden und Dornenbäume in Fülle. Es gibt Schwäne, Schwärme kleiner Vögel, grüne Spechte, weiße Tauben, Habichte, Bussarde, Dachse, Füchse und Hirsche.

---

[1] Dukkha ist ein Begriff aus dem Buddhismus und steht für Leiden, Kummer und Elend (Anmerkung der Übersetzerin).

[2] Spezielle Beerenart, die auf Hawaii wächst. „Ohelo" bedeutet dort „Beere" (Anmerkung der Übersetzerin).

Avalon - Exordium

Die neun Morgenen

Die neun Morgenen sind neun Schwestern. Sie sind die Essenz des Weiblichen in der Natur, im Wetter und in den Frauen. Sie sind Dakinis, auch bekannt als Himmelstänzerinnen, Weltraumwanderer, himmlische Frauen, Wolkenfeen, Feen, Walküren und Furien. Es heißt, dass diese Elementargeister unberührt und partnerlos sind. Sie sind das weibliche Prinzip der Weisheit, das sich zum Wohle aller menschlichen Wesen in weiblicher Form manifestiert. Sie sind Hüterinnen der Weisheit und sie locken uns durch Schwingungen und Klänge an. Sie helfen uns, unsere Widerstände auf dem spirituellen Weg zu überwinden. Sie lassen uns die unbeschreibliche Wirklichkeit oder göttliche Gnade erfahren. Sie tragen die Sterbenden über die Schwelle zum Tod. Im Buddhismus sind sie bekannt als Strahlungen eines erleuchteten Bewusstseins, die das Bodhisattva Gelübde bewahren. Der Bodhisattva strebt nach Erleuchtung nicht nur für sich selbst, sondern zum Wohle aller fühlenden Wesen. Es gibt in der Buddhistischen und der Hindu Tradition ausführliche Informationen über das Wesen der Dakinis. Weitere Informationen sind auf der Webseite www.khandro.net/dakini_khandro.htm zu finden (in Englisch).

In Avalon sind die neun Morgenen speziell mit Bäumen und Pflanzen, mit Tieren, Insekten und Vögeln verbunden, und mit dem Spiel des Wetters über der Landschaft, in Form von Wolken, Sonnenschein, Wind, Regen, Eis und Schnee. Manchmal wird Nolava, die Lady von Avalon, in der Gestalt von Morgen la Fey oder Morgana gesehen, aber jede der neun Morgenen stellt einen anderen Aspekt des weiblichen Wesens dar. Die Kombination ihrer Tugenden lehrt uns etwas über die Bewegung und den Fluss der Energie und darüber, wie wir spirituell und praktisch in Kreisen und in der Gemeinschaft zusammenarbeiten können. Durch das Erforschen der wundervollen Eigenschaften und Qualitäten der neun Schwestern, können wir mehr über das Göttliche und das Wesen der Göttin lernen.

Der Legende nach weilen neun Morgenen auf der Insel Avalon. Sie sind neun Schwestern von Avalon, neun Priesterinnen, Feenköniginnen und Greisinnen. Die Morgenen wurden erstmals in Geoffrey von Monmouths im 12. Jahrhundert verfasster Vita Merlinii von dem mythischen walisischen Poeten Taliesin beschrieben. Die Geschichte wurde von nachfolgenden Dichtern und Geschichtenerzählern ausgeschmückt. Als Namen werden in verschiedenen Varianten Thitis, Cliton, Thetis, Gliten, Glitonea, Moronoe, Mazoe, Tyronoe und Morgen la Fey genannt. Viele dieser Namen sind uns nicht vertraut, außer Morgen la Fey[1] – Morgene die Fee und Morgene das Schicksal, die in Legenden als Feenfrau, Priesterin und Göttin auftaucht.

So wie andere Kreise von neun Jungfrauen, Druidinnen, Seherinnen, Heiligen, Schicksalsweberinnen und Göttinnen, deren Andenken überall in Westeuropa existiert, und die dort gefeiert werden (siehe *The Quest for the Nine Maidens* von Stuart McHardy, Luath Press), sind die neun Morgene Schwestern eine reichhaltige Quelle der Inspiration. Sie umfassen alle Qualitäten der Göttin im Spektrum zwischen Licht und Dunkelheit, süß und bitter, positiv und negativ, sexuell und asketisch, kreativ und zerstörerisch. So wie die griechischen Musen sind sie bekannt für ihre Gelehrtheit und ihr Wissen über die sieben Geisteswissenschaften, speziell Astronomie/Astrologie, Mathematik und Physik. In der Frauengeschichte sind die Morgenen bekannt als Priesterinnen und Heilerinnen. Sie sind berühmt für ihr Geschick mit Heilkräutern, für ihre Schönheit und Sinnlichkeit, für ihre Musik und ihren Tanz, für ihre Gabe der Weissagung und ihre Fähigkeit, sich zu verwandeln und innerhalb eines Augenblicks an verschiedenen Orten zu erscheinen.

Wir können sie uns als neun Frauen vorstellen, deren Alter vom Mädchen bis zur Greisin reicht. Zu jeder Lebensdekade gehört eine der Morgenen. Thitis ist das Mädchen bis zum zehnten Lebensjahr, Cliton die Jugendliche zwischen zehn und zwanzig Jahren, Thetis ist in den Zwanzigern, Gliten in den Dreißigern, Glitonea in den Vierzigern, Moronoe in den Fünfzigern, Mazoe in den Sechzigern und Tyronoe in den Siebzigern und älter. Morgen la Fey im Zentrum ist die Gestaltwandlerin, die ewig junge, die reife Frau oder die uralte Greisin. Die Morgenen sind drei dreifache Göttinnen, die die Mondphasen wiederspiegeln. Sie sind neun Königinnen des Landes, neun Feenfrauen, neun Elfen, neun Sidhe. Sie sind neun dunkle, verhüllte Gestalten, die im Kreis rund um den Kessel der Inspiration, Unsterblichkeit und Wiedergeburt sitzen. Dieser Kessel ist in einer Höhle tief im Glastonbury Tor verborgen. Unter ihren Umhängen tragen sie hell strahlende Farben. Die neun Morgenen sind auch neun riesige, schimmernde Wesen, die im Äther rund um die Spitze des Glastonbury Tor sichtbar sind.

Jede der Morgenen ist mit einem anderen Aspekt des Wetters verbunden, jede Art von Wetter im geweihten Land wird durch ihr Spiel miteinander erschaffen. Thitis ist Schnee, Cliton ist Sonnenschein, Thetis ist Wolken, Gliten ist Regen, Glitonea ist Hitze, Moronoe ist Wind, Mazoe ist Blitz und Donner, Tyronoe ist Frost und Eis und Morgen la Fey ist Nebel. Indem sie miteinander über die Landschaft tanzen, erschaffen sie den Sonnenschein und die Regenschauer des Frühlings, die lauen Sommertage, die Windstöße und Stürme des Herbstes und die hellen, kalten Wintertage.

Die neun Morgenen

Manchmal kann man ihre Schemen in den Stämmen der Weiden sehen, die die magische Insel bewachen, oder man erblickt sie als schattenhafte Gestalten, die sich hinter den Apfelbäumen in den Obstgärten von Avalon verbergen. Gelegentlich können die Morgenen von Sterblichen gesehen werden, wie sie in die Nebel entschwinden, die oftmals die heilige Insel umringen. In der naturbelassenen Landschaft Glastonburys tauchen sie in bedeutenden Augenblicken auch in der Form schwarzer Krähen, weißer Tauben, grüner Spechte und als Habichte auf. Während ich diesen Teil schreibe, kreisen Morgene-Krähen im Wind vor meinem Fenster, das über das Tal von Avalon hinausschaut.

Als der legendäre König Arthur wegen seiner tödlichen Wunden aus der Schlacht von Camlan im Sterben lag, wurde er zu den Ufern des Sees gebracht, der die Insel von Avalon umgab. Dort wurde er in die Barke von Avalon gelegt und vom Bootsmann Barinthus, der die Muster der Sterne am Himmel kennt, durch die Nebel gefahren. Auf dieser Überfahrt nach Avalon wurde Arthur von drei Feenköniginnen begleitet: der Königin von Northgalis, der Königin der verwüsteten Lande und Morgen la Fey, seiner Halbschwester. In ihrer Rolle als Hebamme der Seelen hilft Morgen la Fey den Sterbenden hinüberzugehen zur anderen Seite des Lebens. Arthur reiste nach Avalon, damit seine karmischen Wunden geheilt werden, die Morgenen sind selbst mächtige Heilerinnen.

Der Name Morgene stammt vermutlich aus derselben Wurzel wie das irische Morrigan oder Mor Rigan – Große Königin, so wie das walisische Rhiannon von Rigantona stammt, einer anderen Großen Königin. Die walisische Sprache hat gemeinsame Wurzeln mit der Sprache des alten britischen Volkes, die wir in diesen Landen einst alle gesprochen haben. Im walisischen bedeuten Morgen, Modron oder Madron alle Mutter. Morgen bedeutet auch meergeboren. In modernen Romanen ist Morgen la Fey auch bekannt als Morgaine und Morgana, was bedeutet, dass sie auch Morg-Ana ist, die Große Ana, eine der ältesten namentlich bekannten Göttinnen der Britischen Inseln (siehe *Spinning the Wheel of Ana*, Kathy Jones, Ariadne Publications). Wenn ich ihren Namen schreibe, bevorzuge ich die walisische weibliche Form, nämlich Morgen, während Morgan die männliche Form ist.

Die Morgenen weilen in den filigranen Grenzbereichen gleich auf der anderen Seite des Schleiers von Avalon, so nahe, dass wir ihre Schritte im Gras hören oder einen Blick auf sie erhaschen können, wie sie durch die Nebel schlüpfen. Sie sind so nahe, dass sie uns, wenn wie wollen, mit ihrem Segen berühren können. Als Dakinis sind sie inniglich mit der inneren Matrix des Lebens verbunden. Sie halten die ätherischen Fasern, die allen Formen der Schöpfung zugrunde liegen. Während andere Göttinnen für die äußeren Welten der Erscheinungsformen verantwortlich sind, sind die Morgenen eins mit den inneren Kräften, die Erscheinungsformen erschaffen, erhalten und zerstören.

Avalon - Exordium

Die neun Morgenen erleben

Mein Verständnis von den neun Morgenen und meine Beziehung zu ihnen hat sich auf einem anderen Weg entwickelt als das eher persönliche Erleben der transformierenden Energien der Lady von Avalon. Die neun Morgenen waren eine Inspiration für Theaterstücke und Auftritte, und dafür, zu lernen wie man spirituell in Gruppen arbeiten kann. Des Weiteren haben sie mein Verständnis der Landschaft und der andersweltlichen Realitäten geprägt. Dieses Verständnis hat mich in meinem Schreiben, Lehren und in meiner Kreativität beeinflusst.

Die Morgenen haben sich erstmals vor über 10 Jahren bei mir bemerkbar gemacht. Während ich mit unserem Hund Smudger in den Apfelgärten der nördlichen Hügel Avalons spazieren ging, konnte ich aus dem Augenwinkel sehen, wie sich ihre Schemen und Gestalten hinter den Bäumen bewegten. Ich konnte sie nie wirklich sehen, wenn ich direkt hinsah, aber es wurde mir bewusst, dass sie da waren und hinter den Bäumen hervorschauten und beobachteten. Ich fing an Ihnen Gaben von Korn und Samen neben einer großen Esche darzubringen, wo ich sie am häufigsten sah. Ich begann ihre Stimmen zu hören und Botschaften von ihnen zu empfangen. Es waren inspirierende Botschaften, die mir mitteilten, wohin ich mich in meinem künstlerischen Leben als nächstes wenden sollte. Zuerst war ich mir nicht sicher, ob ich mir das alles nur ausdachte, ob das alles *nur* meine Einbildung war, aber langsam fing ich an zu glauben, dass sie wirklich da waren und mit mir sprachen.

Nach einigen Jahren dieser Kommunikation spürte ich, dass sie mich baten, auch von anderen in der Außenwelt gewürdigt zu werden. Sie waren für hunderte von Jahren von allen, außer einer Handvoll Leuten vergessen gewesen, und sie sind lebende Wesen. Sie wollen von uns zur Kenntnis genommen werden.

Im Jahr 1994 schrieb ich ein heiliges Drama mit dem Titel *„And They Call Her Name Wisdom"* (Und sie nennen sie Weisheit). Es ist eine Liebesgeschichte, die dem alchemistischen Muster der Transformation folgt, die zur Herstellung des Steines der Weisen (der Weisheit des Steines von Sophia, Göttin der Weisheit) führt. Ein Splitter des Steines der Weisen kann die prima materia oder den Urstoff unseres menschlichen Zustandes in Gold verwandeln. In dem Stück verlieben sich zwei junge Menschen unserer Tage, Jasmine und Ted, und finden sich, so wie es vielen passiert, unbeabsichtigt auf einer Reise durch den Schleier Avalons wieder. Angetrieben von einem inneren Bedürfnis, einem Verlangen, von Liebe und manchmal Drogen, wandern oft Leute durch den Schleier, der die physische Welt von der Innenwelt von Avalon trennt. Dort treffen wir einige der verschiedenen mythischen Gestalten, die in Avalon weilen. Auf ihrer Reise werden Jasmine und Ted voneinander getrennt, weil so wie im Leben ihre spirituellen Wege verschieden sind. Bei ihrer Initiation in die Anderswelt begegnet

Die neun Morgenen

Jasmine den neun Morgenen. Sie unterrichten sie über die Blutmysterien der Frauen, über die sie noch nichts gelernt hat und bedauernswert unwissend ist.

Als ich so weit war, Texte für die Morgenen zu schreiben, musste ich Entscheidungen über ihre Charaktere treffen, darüber wer sie als Individuen sind genauso wie als Kreis Gleichgestellter. In Geoffrey von Monmouths Legende gibt es nur sehr wenig Informationen darüber, wie sie sich unterscheiden, abgesehen von Morgen la Fey, von der es heißt, dass sie die Anführerin unter den neun ist, die Gabe des Gestaltwandelns hat und an mehreren Orten gleichzeitig erscheinen kann. Ein anderes Unterscheidungsmerkmal ist es, dass Thetis eine Zither spielt.

Im Jahr 1992 habe ich *„Spinning the Wheel of Ana: a Spiritual Quest to find the British Primal Ancestors"*[2] herausgebracht. Aus dieser Forschung hat sich das heilige britische Medizinrad des Jahres für dieses Land entwickelt. Es basiert auf den Qualitäten und Charakteristika der uralten Göttin Ana, so wie sie sich durch den Zyklus ihrer Jahreszeiten ausdrückt. Durch die Verwendung in Zeremonien hat sich das Rad weiterentwickelt zum Rad von Brigit-Ana oder Britannia. Auf Britannias heiligem Rad werden acht verschiedene britische Göttinnen mit den acht Jahreskreisfesten in Verbindung gebracht, beginnend mit Bride, der jungfräulichen Göttin zu Imbolc[3]. Auf der Reise rund um das Rad erblüht die Göttin zu Beltane[4] als Liebende, zu Lammas[5] als Mutter und zu Samhain[6] als Greisin. Im Unterschied zum Wicca-Rad regiert die Mutter der Luft zu Yule (Wintersonnenwende), die Mutter des Feuers zu Oestre (Frühjahrs-Tag-und-Nachtgleiche), die Mutter des Wassers zu Litha (Sommersonnenwende), und die Mutter der Erde zu Mabon (Herbst-Tag-und-Nachtgleiche). Diese Festlegung basiert auf der wesentlichen elementaren Natur der Göttinnen, die traditionell zu den acht Jahreskreisfesten gefeiert werden. Britannia selbst wird im Zentrum des Rades als die Schutzgöttin der Britischen Inseln und der Schoß von Allem geehrt.

Ich erkannte, dass acht von den neun Morgenen ebenfalls rund um das Rad angeordnet werden können, mit der jüngsten Morgene zu Imbolc und der ältesten zur Wintersonnenwende. Die neunte, Morgen la Fey (die altersmäßig irgendwo in der Mitte als reife Frau steht) ist im Zentrum des Rades. Thetis als die Musikerin habe ich Beltane zugeordnet, wo häufig Liebe und Sinnlichkeit und Musik ausgedrückt werden. Dann folgte ich meiner Intuition und dem Klang ihrer Namen und ordnete die Morgenen auf dem Rad dort an, wo ich spürte, dass sie hingehören. Thitis (thin – dünn) zu Imbolc, Cliton (clitoris, fire – Klitoris, Feuer) zu Oestre, Thetis zu Beltane, Gliten (für die Sonne, die auf dem Wasser glitzert – glistening) zu Litha, Meisterin (sie möchte so angesprochen werden) Glitonea[7] als die Muttergöttin zu Lammas, Moronoe zu Mabon, Mazoe zu Samhain und die uralte (es schien mir passend) Tyronoe zu Yule. Andere mögen sie anders anordnen, aber mit dieser Eingebung begannen ihre Charaktere deutlich zu werden.

Als ich das Stück schrieb, nahte das neue Jahrtausend heran. Thitis war das junge Mädchen, das sich mit dem Träumen der Zukunft befasst, mit dem Er-

Avalon - Exordium

schaffen des Neuen. Sie war auch zuständig dafür, die einstmalige Glorie der Insel Avalon wieder herzustellen, und sie wieder als einen heiligen Ort spiritueller Verwandlung sichtbar zu machen. Cliton war energiegeladen, feurig, eine Heilerin und Kräuterkundige. Tethis war die Musikerin und Gliten hatte etwas von einer Darstellerin, die wollte, dass man die schimmernden Fäden ihrer funkelnden Kleider sieht. Meisterin Glitonea war die liebevolle, nährende Mutter, die sich um Geburt, Mütter und ihre Kinder kümmert. Moronoe war die Lehrerin und Mazoe eine mürrische, griesgrämige dunkle Göttin. Tyronoe wusste alles über Tod, Regeneration und die Welten jenseits des Lebens, während Morgana die weise Initiatorin war. Sie war auch vertraut mit den Mysterien und konnte ihre Gestalt wandeln.

Ich schrieb ein Lied für sie, das von einer Musikerin aus Glastonbury, Jana Runnalls, vertont wurde.

> *Neun Morgenen auf der Insel Avalon*
> *Neun Schwestern spinnen das Rad der Zeit*
> *Neun Frauen verbergen sich hinter dem leuchtenden Schleier*
> *Neun Morgenen weben das Netz des Lebens*
>
> Refrain *Moronoe, Mazoe und Meisterin Glitonea*
> *Gliten, Cliton und uralte Tyronoe*
> *Thitis und Thetis, bekannt für ihre Zither*
> *Und Morgen la Fey, berühmteste von allen*
>
> *Neun Morgenen regieren die Insel von Avalon*
> *Undeutliche Erinnerungen eines verhüllten Landes*
> *Einst geehrt für ihre Heilkünste*
> *Nun nahezu vergessen im geweihten Land*
>
> *Neun Morgenen, kehrt zum Leben zurück*
> *Enthüllt euch wieder der Welt*
> *Zeigt uns nun die Mysterien von Avalon*
> *Rührt den heiligen Kessel, erneuert uns alle.*

1993 empfing ich von der Lady erstmals die Idee, eine Göttinnen-Konferenz in Glastonbury zu organisieren. In den 1980igern gab es eine wundervolle und inspirierende Göttinnen-Ausstellung in den Glastonbury Assembly Rooms mit Göttinnen-Künstlerinnen, so wie der feministischen Pionierin, Malerin und Schriftstellerin Monica Sjoo, der Bildhauerin Phillipa Bowers, der Dichterin und Malerin Jill Smith und der Künstlerin Chesca Potter. Es gab auch einen Göttinnen-Tag mit britischen Schriftstellerinnen und Vortragenden, so wie der verstorbenen Asphodel Long, die weithin als Großmutter der Göttinnen-Bewegung in Großbritannien anerkannt wird. Mir kam die Eingebung, wie großartig es wäre, eine mehrtägige Konferenz von göttinliebenden Frauen und Männern abzuhalten mit Vorträgen, Zeremonien, Ausstellungen und Musik, alles ihr gewidmet. Zu dieser Zeit gab es keine solche Veranstaltung in Großbritannien.

Die neun Morgenen

Tyna Redpath hatte kürzlich ihr eigenes Geschäft in Glastonbury eröffnet, dass *The Goddess and Green Man* hieß und alle möglichen Kunstwerke, Bücher und Sammelobjekte führte, die die Göttin und den grünen Mann zum Thema hatten. Es war das erste seiner Art im Land. Eines Tages erwähnte ich Tyna gegenüber meine Idee einer Göttinnen-Konferenz. Es stellte sich heraus, dass Tyna an eine ähnliche Veranstaltung gedacht hatte, und Künstlerinnen und Handwerkerinnen miteinschließen wollte. Wir knüpften in diesem Moment eine Verbindung zueinander und wir beide behielten für die nächsten paar Jahre den Traum von dieser Konferenz in unserem Hinterkopf. Wir dachten nicht, dass es wirklich passieren würde, und unternahmen nichts dafür.

Ich schrieb den ersten Entwurf des heiligen Dramas *And They Call Her Name Wisdom* 1994 und dachte, dass es im nächsten Jahr aufgeführt werden würde. Als ich es schrieb, hatte ich nicht viel bewusstes Wissen über Alchemie, aber ich hatte einige Bücher gelesen, darunter den Alchemisten Nicholas Flamel, und erfasste intuitiv, wie der Prozess für ein junges verliebtes Paar laufen würde. Ich las auch über Sophia, die Göttin der Weisheit, und entdeckte kraftvolle Worte, die von ihr und über sie geschrieben worden waren in den Büchern der Bibel, im Buch der Weisheit Salomons, im Buch der Sprüche und in „*Der Gedanke unserer großen Kraft*"[8] und anderen frühen Texten. Ich war zufrieden mit dem Stück, so wie ich es geschrieben hatte.

Im Juli 1995 leitete ich zu Lammas für eine große Gruppe von Menschen eine zeremonielle Pilgerfahrt hinein ins und hinaus aus dem großen Göttinnen-Labyrinth, welches die Hänge des Glastonbury Tor umkreist. Während wir diese beindruckende Route entlang wanderten, widmete ich mein persönliches Hingabe-Mantra den Göttinnen des Torlabyrinths: der Lady von Avalon, Ariadne, Göttin des roten Fadens und Arianrhod, Göttin des Silber-Rades. Ich betete zur Göttin, während ich den langen, gewunden Pfad entlang ging und bat sie, mich nach ihrem Willen zu verwandeln.

Einige Tage nachdem ich durch das Labyrinth gegangen war, hörte ich wie ihre Stimme mir sagte, dass jetzt die Zeit gekommen war, um damit zu beginnen die Göttinnen-Konferenz für das nächste Jahr, für Lammas 1996, zu planen. Plötzlich fühlte ich mich bereit. Es war machbar. Eines Tages ging ich in das Geschäft und sagte ohne viel darüber nachzudenken zu Tyna:

„*Ich werde für das nächste Jahr eine Göttinnen-Konferenz organisieren.*"

„*Kann ich mithelfen?*", fragte Tyna.

„*Ja. Großartig!*", antwortete ich und von da an entfaltete sich alles.

Ich wollte den Inhalt und die Redner für die Konferenz organisieren und Tyna sagte, sie würde gerne die Ausstellungen organisieren. Wir entschieden uns, es eine Konferenz zu nennen, statt eines Festivals oder Treffens, weil wir wollten, dass sie mehr Bedeutung bekam, gewichtiger war, als nur ein lockeres Zusammentreffen von Heiden. Wir spürten, dass es Anspielungen auf die Geschichte von der Konferenz der Vögel gab, als Vögel aller Gestalten, Größen und Gefieder (!) zusammenkamen, um miteinander zu sprechen. Elf Jahre später, in der Zeit zu der ich dieses Buch schreibe, nachdem wir gemeinsam zehn fabelhafte Göttinnenkonferenzen organisiert haben, hat Tyna entschieden, dass es für sie Zeit ist, ihre persönliche Kreativität weiterzuentwickeln. Die elfte Göttinnenkonferenz wird von einem größeren Kreis von Frauen kreiert – mit mir als Hauptweberin.

Einige Wochen nachdem ich den Entschluss gefasst hatte, zum nächsten Lammas eine Göttinnen-Konferenz zu veranstalten, fand ich einen Knoten in meiner Brust, der sich als ein sehr gefährliches Krebsgeschwür entpuppte. Die ganze Zeit über, in der wir die Göttinnen-Konferenz planten und organisierten, reiste ich durch einen persönlichen, alchemistischen Heilungs-Prozess, und erlebte eine Operation, Chemotherapie und Strahlentherapie und die ganzen damit verbundenen Schrecken und Traumata. Meine Reise der Auflösung, Heilung und Verwandlung ist in *„Breast Cancer: Hanging on by a Red Thread"* (Ariadne Publications)[9] beschrieben.

Wegen meiner Krebserkrankung wurde die Aufführung des heiligen Dramas *„And They Call Her Name Wisdom"* und das Erscheinen der neun Morgenen als verkörperte Charaktere eingefroren. In Wirklichkeit wurde es aufgeschoben bis ich das wahre Wesen der alchemistischen Reise als eine persönliche, körperliche und spirituelle Erfahrung, die jeden Teil meines Seins betraf, erfasst hatte. Im Laufe der Jahre habe ich herausgefunden, dass dies das Wesen heiliger Dramen ist, die die Gegenwart und den Ausdruck mächtiger, transformierender Göttinnen hervorrufen. Jede, die daran teilnimmt, wird bis zu einem gewissen Grad in den transformativen Prozess, den diese mythischen Charaktere verkörpern, hineingeworfen, und als Autorin, Regisseurin und manchmal Darstellerin muss auch ich meinen Teil erleben.

Nach dem Erfolg der ersten Lammas Göttinnen-Konferenz im Jahr 1996 kamen im folgenden Dezember vierzig Menschen zusammen, und nahmen zur Yulezeit an der Gemeinschaftsproduktion des heiligen Dramas *„And They Call Her Name Wisdom"* als Darstellerinnen, Musikerinnen, Tänzerinnen, Sängerinnen und als Produktionsteam teil. Es waren sowohl Laien als auch professionelle Talente mit dabei. Die Produktion wurde in den Assembly Rooms geprobt und aufgeführt. Die Assembly Rooms gehören einer Gemeinschaft. Zu dieser Zeit dienten sie mit den Einrichtungen und den Leuten, die dort arbeiteten, als Fokus für die alternative Gemeinschaft. Wir nutzten das Gebäude regelmäßig, ebenso wie andere in der größeren Gemeinde Glastonburys.

Im Drama heißt Jasemine, die junge Heldin, unabsichtlich in den magischen Apfel einer Greisin und begibt sich in das geheimnisvolle Land Avalon, wo die neun Morgenen sie finden, wie sie verloren und allein herumwandert. Die Morgenen wurden bei ihrem ersten Auftritt auf der Bühne von einheimischen Frauen aus Glastonbury gespielt. Sophie Pullinger war eine junge Thitis, die Tänzerin Dalia Bishop war Cliton, Buchhalterin und Sängerin Vivienne Andreae war Thetis, die sprühende Susy Joy war Gliten, die Künstlerin Josephine Fryer war Glitonea, die Malerin Jill Smith war Moronoe, die feurige Johanna Modzelewska war Mazoe, die stille Pauline Gibbs war Tyronoe und Joanna Griffen war Morgana. Was für eine fantastische Gruppe von Frauen!

Die neun Morgenen

Pauline stellte ein wundervolles Set neun identischer, schwarzer Kapuzenumhänge her, die die Morgenen trugen, als sie das erste Mal im Kreis um den Kessel erschienen. Wir tragen diese Umhänge bis zum heutigen Tag, wann immer die Morgenen in Erscheinung treten. Bei der Aufführung wurden diese Umhänge geöffnet und die individuell gefärbten, farbigen Kostüme darunter enthüllt. Das Auftauchen der schwarzen Göttin kann düster und erschreckend sein, wenn wir sie das erste Mal treffen, aber wenn wir sie besser kennenlernen, öffnet sie ihr Gewand, um die farbenfrohe Schönheit zu enthüllen, die sich in der Dunkelheit verbirgt. Wir tragen diese schwarzen Morgene-Umhänge bei der Eröffnungs- und Abschlusszeremonie jeder Göttinnen-Konferenz und verbergen wunderschöne Kostüme darunter.

Im Jahr 1999 begann ich „*In the Nature of Avalon: Goddess Pilgrimages in Glastonbury´s Sacred Landscape*" (Ariadne Publications)[10] zu schreiben. Dieses Buch ist der Lady von Avalon gewidmet und es soll den Menschen helfen, die Göttin in den vielen Formen zu finden, in denen sie in Glastonburys heiliger Landschaft erscheint. Es enthält spezielle Pilgerrouten mit Gebeten, Mantras und Vorschläge für Visualisierungen und Meditationen, die selbständig ausgeführt werden können, während man durch die Gegend wandert.

Wieder einmal fingen die Morgenen an mit mir zu sprechen, während ich schrieb, besonders wenn ich mit dem Hund durch die Felder von Stonedown ging. Das sind die Hänge der Hügel nördlich vom Tor. Ich entwickelte den Morgene-Mäander, eine Pilgerroute, die uns von den geschäftigen Straßen Glastonburys wegführt, hinaus in ruhigere Felder und Nebenpfade. Dort treffen wir möglicherweise die Morgenen, wenn wir uns für ihre Gegenwart öffnen. Die Pilgerfahrt beginnt mit einem Gebet an die Morgenen auf dem Hügel oben am Windmill Hill. Das ist einer der heiligen Hügel von Glastonbury, der in der Landschaft der Göttin der Kopf und die Krone von Nolava der Greisin ist. Dieser Hügel wird oft als heiliger Platz ignoriert, weil Häuser darauf stehen.

In seinem Buch „*Energy Secrets of Glastonbury Tor*" (Green Magic Publishing), hat Nicholas Mann gezeigt, dass der Hügel ein Aussichtspunkt für ein wundervolles astronomisches Phänomen ist. Wenn man am Morgen der Wintersonnenwende vom Hügel aus schaut, kann man sehen, wie die Sonne beim Aufgehen den nordöstlichen Hang des Glastonbury Tor hinauf rollt. Nicholas neuere Arbeiten enthalten zusätzliche Hinweise, die vermuten lassen, dass der Hügel ein mehrere tausend Jahre alter Grabhügel sein könnte, der als Marker für einige solare und lunare Phänomene dient.

Avalon - Exordium

Der Morgene-Mäander beginnt mit diesem Gebet:

Morgenen von Avalon, neun Schwestern
Am Beginn meiner Pilgerreise zu euch
Ehre ich die Greisin von Avalon
Auf deren irdischer Krone ich stehe
Ich ehre dich Nolava, alte Frau.

Ich bitte um eure Führung, eure Vision, eure Weisheit,
Helft mir durch den Schleier von Avalon zu gelangen
Während ich durch die Schönheit eurer Natur wandere.
Ich bete, dass ich offen genug bin, alles zu sehen,
Was in eurem geweihten Land verborgen ist.

Gebieterinnen des Lichts und der Dunkelheit
Hüterinnen der Mysterien
Königinnen der Geisteswissenschaften,
Der Astrologie, Mathematik und Physik
Göttinnen der Kräuter und allen Handwerks,

Heilerinnen der karmischen Wunden,
Liebliche Musikerinnen, Gestaltwandlerinnen,
Gebieterinnen der Zeit, Feenköniginnen,
Jungfrauen, Liebende, Mütter, Greisinnen
Ich ehre euch, die ihr die Neun seid

Morgenen, erleuchtet meine Sicht, damit ich euch sehe
Erweckt mein inneres Ohr, damit ich eure Stimmen höre
Und die Zeichen eures Vorbeigehens erkenne.
Zeigt mir den Weg in euer leuchtendes Reich.
Öffnet mein Herz für eure Liebe, jetzt und immerdar.
Seid gesegnet

Die Pilgerroute führt nach Norden die Old Wells Road hinunter zur Holy Well Wiese, dann über die Felder zur Paddington Farm und weiter zu Gog und Magog, zwei 2.000 Jahre alten Eichen. Der kürzere Morgene-Mäander führt dann über die Paradise Lane zu Wick Hollow und zurück zum Windmill Hill. Der längere Mäander geht von Gog und Magog weiter, macht einen Bogen um die Ostseite des Glastonbury Tor zur Ashwell Lane und führt dann in Spiralen zur Spitze des Tor. Die Route geht weiter hinunter zur Wellhouse Lane, dann durch die schöne Bulwarks Lane und zurück zum Hügel am Windmill Hill. Auf diesen Pilgerfahrten kann man die neun Morgenen treffen.

Im Jahr 2001 leitete ich, als Teil meiner Lehrtätigkeit, zum ersten Mal ein Retreat mit dem Titel *Das Mysterium der neun Morgenen*. Während dieser vier Tage

Die neun Morgenen

schufen wir einen wunderschönen Altar für die Neun und riefen ihre Gegenwart an. Wir erforschten ihr heiliges Rad der neun Richtungen. Bei einer Phantasiereise trafen wir sie in der Höhle unter dem Glastonbury Tor. Wir wanderten die Morgene-Mäander Pilgerroute entlang und nahmen mit ihnen in der Landschaft Verbindung auf. Wir verkörperten die Morgenen und sprachen füreinander ihre Worte der Weisheit. Gekleidet in schwarze Umhänge flogen wir durch die nächtlichen Straßen Glastonburys hinauf zum Tor, wo wir mit den Neun kommunizierten. Wir legten uns schlafen, um von den Morgenen zu träumen und mit ihnen Rat zu halten. Am Ende der vier Tage wussten wir alle, dass die Morgenen real waren, mit unterschiedlichen Charakteren und Persönlichkeiten, neun Schwestern, die als Kreis zusammenarbeiteten.

Im Juni 2002, einige Wochen vor der Göttinnen-Konferenz, sprachen die Morgenen wieder. Sie wollten, dass die Göttinnen-Konferenz im darauffolgenden Jahr, 2003, ihnen gewidmet sein sollte. Als wir später die Konferenz rund um die Neun planten, wurde ich nervös. Sie sind so ein esoterischer Haufen von Göttinnen, so verborgen vor der alltäglichen Welt. Würde es uns gelingen sie so ins Bewusstsein zu bringen und sichtbar zu machen, dass andere sie sehen und als real erkennen konnten? Aber so geht es uns allen, wenn wir versuchen uns an Göttinnen zu erinnern, die einstmals wohlbekannt waren, geehrt und verehrt wurden und nun nahezu vergessen sind. Es ist fast wie eine Prüfung unserer Überzeugung, dass sie existieren. Wir handeln in dem Glauben, dass sie real sind und erscheinen werden, wenn wir sie einladen. Ich fing an Schlüsselwörter zu schreiben, die die Eigenschaften jeder der neun Morgenen beschrieben, ihre Farben, Qualitäten und Wesenheiten, so wie ich sie sprechen hörte.

Avalon - Exordium

Das heilige Rad der neun Morgenen

Norden/Wintersonnenwende
LUFT/SILBER
Eule/Bussard
Vogelschwärme/Luftdrache
Federfächer
Dame der Luft
Lady des winterlichen Tor
Alte Frau des Winters
Cailleach
Tyronoe
Stechpalmenfrau

Nordwesten/Samhain
SCHWARZ
Sau/Fledermaus/Habicht
Sichel/Schere
Lady von Samhain
Greisin, Beansidhe
Eibenfrau, Mazoe

Nordosten/Imbolc
WEISS
Schwan/Phönix/Einhorn
Gral/Spindel/Spinnrad
Jungfrau, Lady von Imbolc
Erweckerin
Lady der Weissagung
Thitis, Weidenfrau

Westen
Herbst-Tag-und-Nachtgleiche
ERDE/BRAUN-ORANGE
Fuchs/Maulwurf/Dachs/Amsel
Erddrache/Stein/Kugel/Kristall
Lady der Erde, Moronoe
Lady der Obstgärten
Buchenfrau

Morgen la Fey
Hüterin der Mysterien
Zauberin/Apfelfrau
Zentrum/VIOLETT
Krähe/Rabe
Kessel

Osten
Frühjahrs-Tag-und-Nachtgleiche
FEUER/GRÜN-GOLD
Hase/Katze/Feuerdrache
Grüner Specht/Stab/Rute
Lady des Feuers, Cliton
Lady des Ergrünens
Haselnussfrau

Südwesten/Lammas/GELB
Drossel/Weiße Hirschkuh
Eschenfrau
Nährende
Lady von Lammas
Muttergöttin, Glitonea

Süden/Sommersonnenwende
WASSER/BLAU/TÜRKIS
Meerjungfrauen
Wassergeister/Selkies
Kelch/Graureiher/Nymphen
Eichenfrau
Dame vom See
Lady der Quellen & Brunnen
Königin der Tiefe
Lady des Wassers
Gliten

Südosten/Beltane/ROT
Stute/Pferd/Kleine Vögel
Zither/Kamm/Spiegel
Souveränität, Weißdornfrau
Lady von Beltane
Jungfräuliche Göttin
Thetis, Liebende

Die neun Morgenen

Im Winter traf sich die Zeremonialgruppe der Konferenz etliche Male, um den zeremoniellen Raum für die Konferenz zu entwickeln. Es ergab sich, welche Priesterinnen zu verschiedenen Zeiten in der Konferenz die Rollen der neun Morgenen spielen sollten. Die Konferenz sollte sowohl die neun Morgenen feiern, als auch die Kraft von Gruppen von Frauen und Männern, die in Kreisen arbeiten. Die Grundidee war, dass einige verschiedene Gruppen von neun Leuten in verschiedenen Situationen die Rollen der Morgenen spielen würden.

Ich wusste, dass die Morgenen insbesondere verkörpert werden wollten, damit sie ihre Worte der Weisheit der ganzen Konferenz mitteilen konnten. Für eine frühere Konferenz hatte die Priesterin von Avalon Suthisa Hein aus Holland ein wundervolles Göttinnen-Alphabet kreiert. Es bestand aus Präsentationen, in denen Priesterinnen verschiedene Göttinnen aus der ganzen Welt mit bestimmten Worten, Bewegungen und Gesten verkörperten. Es war so eine Art Göttinnen-Yoga. Ich stellte mir vor, dass wir etwas Ähnliches mit den neun Morgenen machen konnten, und hoffte, dass die Menschen dadurch ihre Energie und Gegenwart erfahren würden.

Den ganzen Frühling hindurch fanden sich allmählich die Priesterinnen der Zeremonialgruppe zusammen, die die zeremonielle Energie für die ganze Konferenz halten würden, und diejenigen, die die neun Morgenen repräsentieren würden. Alle begannen ihre Morgene-Präsentationen zu schreiben, die auf den Schlüsselworten, die die Morgenen vorgegeben hatten, und auf ihren eigenen Eingebungen basierten. Während sie ihre Reden entwickelten, hörten wir ihnen zu und Schauer liefen uns dabei den Rücken hinunter, als jede der Frauen die Essenz ihrer Morgene einfing. Besonders schlau hatte ich versucht, die Priesterinnen nach ihrem Alter den Morgenen zuzuordnen, die Jüngste sollte Thetis sein und die älteste Tyronoe. Doch während des ganzen Prozesses kam ich irgendwie durcheinander und ihr Alter folgte nicht ansteigend aufeinander. Als es um ihre Darbietung ging, waren wir uns jedoch alle einig, dass jede die richtige Rolle hatte. Die Göttinnen wirken ihre Magie aus, ungeachtet unserer menschlichen Versuche die Kontrolle zu haben!

Als sich die Morgenen versammelten, machte sich die Göttinnenmalerin und Bildhauerin Foosiya (Freddie) Miller mit Hilfe der Künstlerin Diane Milstein an die gewaltige Aufgabe neun Morgene Statuen aus Weide zu entwerfen und herzustellen. Die Statuen sollten während der Konferenz der Fokus für Verehrung und Zeremonien sein. Als die Konferenz näher kam, arbeiteten sie unermüdlich daran neun wunderschöne Göttinnen herzustellen. Jede war 1,80 Meter groß mit ähnlich gestalteten Körpern, ausgebreiteten Armen und noblen Gesichtern. Die Dekoration rund um jedes der Gesichter war bei jeder Morgene in einer anderen Farbe – der ihr zu eigenen, individuellen Farbe. Die Materialien wurden von Koko Newport speziell dafür gefärbt. Sie sahen atemberaubend aus. Während der Konferenz tauchten sie in unendlichen Kombinationen auf, in kleineren und größeren Kreisen, rund um einen Tanzplatz, in Reihen von

Farben und als ein Bogen, der die Künstlerin Monica Sjoo bei ihrer besonderen Heilzeremonie umgab.

Sophie Pullinger, die Thitis in *And They Call Her Name Wisdom* gespielt hatte, war bei der Konferenz wieder Thitis. Damit wurde eine Verbindungsfaser lebendig gehalten. Aine Carey, eine junge amerikanische Frau, die eine meiner spirituellen Töchter/Schwestern ist, und die viele Male bei der Konferenz geholfen hat, war Cliton. Die Priesterinnen von Avalon Heather Adams und Carol Morgan teilten sich die Rolle von Thetis. Heather, eine weitere schöne Amerikanerin, stellte Thetis in der Zeremonialgruppe dar und Carol war Thetis in der Morgene-Präsentation. Dort zeigte sie uns eine sexuelle Seite, die sich sehr von ihrer üblichen ruhigen Art unterschied. Die Priesterinnenschwestern Sandra Brant und Geraldine Charles spielten Gliten, Sandra in der Zeremonialgruppe, Geraldine in der Präsentation. Ich war in der Zeremonialgruppe Glitonea und mein Gegenpart in der Morgene Präsentation war Juliet Yelverton, die im letzten Moment dazukam und die Rolle so gut spielte. Die quirlige Sally Pullinger war Moronoe und Ren Chapman war eine gruselige Mazoe. Meine alte Freundin und Priesterinnenschwester Leona Graham spielte die Greisin Tyronoe und die Dichterin und Priesterin von Avalon Rose Flint war eine unwiderstehliche und geheimnisvolle Morgen la Fey.

Während der Konferenz war geplant, dass im Rahmen der *Heart of the Mysteries Ceremony* (Herz der Mysterien-Zeremonie) die Konferenzteilnehmerinnen ein Orakel von den neun Morgenen empfangen sollten. Jede Person sollte sich zufällig einer anderen unbekannten Morgene nähern, um ihre Worte der Weisheit für sie zu hören. Jede Frau in der Präsentation und in der Orakel-Gruppe stimmte sich auf ihre Morgene ein, indem sie mit ihr auf ihre eigene Art und Weise Zeit verbrachte. Vor und während der Konferenz blieb die Morgene-Gruppe unter Roses wachsamer Führung dicht beisammen, reiste zum Tor, um die neun Morgenen anzurufen, und traf sich jeden Tag, um sich miteinander zu verbinden.

Zu Beginn der Konferenz war uns allen bewusst, dass die Morgenen sich näherten. Bei der Eröffnungs-Zeremonie kamen sie in ihrer Gestalt schwarzer Krähen geflogen und trugen die schwarzen Umhänge und den Krähen-Kopfputz, der speziell für diese Gelegenheit von Sandra Brant angefertigt worden war. Es gab einen Moment großartiger Synchronizität für Sandra, die auf jede der Morgene-Masken einen Sichelmond in einer anderen Farbe appliziert hatte. Als sie die Morgene-Statuen von Freddie sah, erkannte sie, dass sie und Koko exakt denselben Farbton für jede der Morgenen gewählt hatten, ohne je miteinander darüber zu sprechen. Als die Zeremonie-Teilnehmerinnen ihre Krähen-Umhänge ablegten, leuchteten ihre individuellen Farben unter wunderschönen, nebelhaft transparenten, violetten Umhängen hervor, die speziell für uns von Irene Sheppard angefertigt worden waren. Damit gaben sie ihre Energie frei, so dass alle sie erleben konnten.

Am zweiten Morgen der Konferenz war die Präsentation der neun Morgenen ein geheimnisvolles und erstaunliches Ereignis. Kaum hatten die Morgenen den Tempelraum in der Stadthalle betreten, weinte ich über ihre Erscheinung. Tränen rollten meine Wangen hinunter, als die neun Frauen das Mysterium der neun Morgenen verkörperten. Ich war so ergriffen von ihren Bewegungen, ihrer Energie, ihrem Aussehen und den inspirierten Worten, die sie sprachen. Jede der neun Frauen hatte die Worte selbst geschrieben. Ich weinte während der Vorführung die ganze Zeit hindurch, denn es war so viel mehr als eine Vorführung. Es war eine Verkörperung der Neun. Der Damm der Nervosität in mir, ob es klappen würde, war gebrochen, und die Morgenen schwebten herein. Ich entspannte mich, alles würde sehr gut laufen. Sie waren wirklich da.

Die Worte jeder der neun Frauen, die an diesem Tag die Morgenen verkörperten, stehen in jedem der folgenden Kapitel über das Rad des Jahres. Es ist nahezu unmöglich das Erscheinen einer Göttin auf Papier festzuhalten, aber in ihren Worten liegt ein Teil der Essenz jeder dieser mysteriösen neun Damen.

Wir haben bei jedem Morgene-Retreat, das jedes Jahr zu Samhain stattfindet, etwas Wesentliches über die Morgenen gelernt. Viele Göttinnen, über die wir etwas herausfinden, kommen als Individuen zu uns, während die Morgenen als Individuen oder als eine Gruppe von neun zu uns kommen können. Sie zeigen uns einen neuen Archetyp dafür, wie wir spirituell in Gruppen Gleichgestellter zu dieser Zeit zusammenarbeiten können, so wie sie als eine Gruppe gleichgestellter Göttinnen mit unterschiedlichen Kräften zusammenarbeiten. Ein Teil des Morgene-Retreats besteht in der Verkörperung der Morgenen von neun Frauen und Männern. In dieser Praxis lernen wir ein Netz von Beziehungen zwischen uns zu schaffen, so dass wir uns mit der Göttlichkeit in jeder von uns verbinden, und als Teil eines Kreises für die Morgenen sprechen. Wir verkörpern verschiedene Aspekte der Göttin, und tauchen gemeinsam tiefer in das Mysterium der Morgenen ein, um Offenbarungen und Heilung zu empfangen. Und das auf eine Weise, die uns nicht möglich ist, wenn wir alleine arbeiten.

Im Göttinnen-Tempel bieten wir nun an manchen Vollmonden heilende Morgene-Orakel an, bei denen neun Priesterinnen für die neun Morgenen weissagen. Dies sind erstaunlich kraftvolle Orakel, bei denen die Neun tief in den Kern der Leiden eines Individuums eintauchen und dem Fragesteller auf wirklich bemerkenswerte Weise Liebe, Empathie, Weisheit und Einsicht anbieten.

Durch die Lady von Avalon erlernen wir direkt Liebe und Transformation für uns und andere als Individuen. Durch die neun Morgenen lernen wir, wie wir in Liebe und als Gemeinschaft beisammen sein können.

Avalon - Exordium

[1] Im deutschen Sprachraum sind am geläufigsten die Formen Morgana, Morgaine oder Morgan le Fay.

[2] Dieses Buch ist bisher nur in englischer Sprache erhältlich. Der Titel bedeutet übersetzt: *Das Spinnen des Rades von Ana: eine spirituelle Suche nach den britischen Urvorfahren.*

[3] Lichtmess, 1./2. Februar, Mittelpunkt zwischen der Wintersonnenwende und der Frühjahrs-Tag- und-Nachtgleiche.

[4] 1. Mai, Mittelpunkt zwischen der Frühjahrs-Tag-und-Nachtgleiche und der Sommersonnenwende (im deutschen Sprachraum bekannt ist die Walpurgisnacht, die Nacht vor dem 1. Mai).

[5] 1. August, Mittelpunkt zwischen der Sommersonnenwende und der Herbst-Tag-und-Nachtgleiche.

[6] 31. Oktober/1. November, Mittelpunkt zwischen der Herbst-Tag-und-Nachtgleiche und der Wintersonnenwende.

[7] *Mystress Glitonea* im englischen Original.

[8] Ein Text der Nag-Hammadi-Schriften, frühchristliche Texte gnostischer Orientierung, die 1945 nahe dem kleinen ägyptischen Ort Nag Hammadi gefunden wurden.

[9] Dieses Buch ist bisher nur in englischer Sprache erhältlich. Der Titel bedeutet übersetzt: *Brustkrebs – An einem roten Faden hängend.*

[10] Dieses Buch ist bisher nur in englischer Sprache erhältlich. Der Titel bedeutet übersetzt: *In der Natur von Avalon: Göttinnen-Pilgerrouten in der heiligen Landschaft von Glastonbury.*

Die heilige Landschaft von Glastonbury Avalon

Die alten Pfade zur Insel Avalon sind verloren und es gibt heute keine formell anerkannte Tradition, die ins zeigt, wie wir Priesterinnen der Lady von Avalon werden können. Wir haben nur unsere Träume, unsere Vorstellung und ihre Inspiration. Um die Göttin wiederzufinden, beginnen wir damit uns an sie in der Landschaft, die ihr Körper ist, zu erinnern. Wir lernen, wie wir uns durch die Landschaft von Glastonbury Avalon wieder mit der Insel Avalon verbinden können.

Göttinnen-Spiritualität ist ein körperlicher spiritueller Weg. Um die Lady von Avalon zu finden, beginnen wir damit, unsere Augen für die physische Welt zu öffnen, für die Gestalten und Formen der Insel von Glastonbury Avalon, seine Konturen, Höhen und Tiefen. Wir werden uns der ewig wechselnden Jahreszeiten ihrer Natur in diesem Land bewusst – des Frühlings, der Grün auf die Insel bringt, das sich in den umgebenden Flutwassern spiegelt; des Sommers, wenn die Große Mutter sich im Hitzedunst, der über dem Land liegt, aalt; des Herbstes, wenn in der Morgen- und Abenddämmerung die Nebel aufsteigen und das Land und seine Geheimnisse verhüllen; und des Winters, wenn der Weiße Schwan sich in den Raureif und Schnee bedeckten Hügeln enthüllen kann. Wir lernen die Luft, die wir atmen, das Wasser, das wir trinken, das Feuer, das uns wärmt und die Nahrung, die wir essen, wieder zu würdigen. Dies alles gibt die Göttin uns großzügig. Wir sehen alles mit neuen Augen. Das ist der Ursprungsort, von wo aus wir beginnen.

Wir erleben die Göttin unterschiedlich, je nachdem, wo in der Welt wir leben. Es kann sein, dass wir auf Bergen leben, neben Vulkanen, auf flachen Ebenen oder sanften Hügeln, neben Seen, Flüssen oder Meeren, in Regenwäldern oder Feldern, in Wüsten oder endlosen Steppen. Es mag uns nicht bewusst sein, wo wir leben. Viele von uns leben in Städten und haben wenig Vorstellung davon, wie unsere natürliche Umgebung aussehen könnte. Alle Orte beeinflussen die Art, wie wir sie wahrnehmen.

Eine mächtige Fluss-Göttin zeigt uns den sich stets verändernden, fortwährenden Fluss ihres Lebens. Es kann sein, dass sie jährlich unsere Häuser und Täler mit Flutwassern überschwemmt, die das Alte wegwaschen und dem Land Fruchtbarkeit und Erneuerung bringen. Ihre Qualitäten sind anders als die der sanfteren spiegel-artigen Reflexionen der Dame vom See. In den Wäldern treffen wir sie als die Grüne Dame und Herrin der Pfade, am Meer als die Mutter der Meere, Königin der Tiefe, Quelle allen Lebens, Mutter der Wirbelstürme und Orkane. In den Wüsten ist sie eine heiße, strahlende Königin des Feuers. In den Bergen ist sie die Berg-Mutter, deren hohes Alter uns die Äonen zeigt. Wir verehren die Vulkangöttin, damit sie uns nicht von ihren Berggipfeln hinunter wirft. In Städten müssen wir unsere Vorstellungskraft weit öffnen, um einen Blick auf ihre Gestalt, die unter Betonschichten verborgen ist, zu erhaschen.

Die Göttin erscheint oft als weibliche Formen in der Landschaft, so wie die Cailleach na Montaigne (die alte Frau vom Berg) auf den Hebriden in Schottland. Hügel und Berge sind oft geformt wie ihr schwangerer Schoß oder ihre vollen Brüste, so wie die Paps von Anu in Irland, oder die Paps von Jura in den westlichen Inseln. Bewaldete Täler und Klüfte im Fels sind ihre geheimen, intimen Vulva-Öffnungen. Rote Wasser fließen als ihr Menstruationsblut und weiße Wasser sind heilsam und erfüllt von schöpferischer Kraft. Ihre Gestalt zeigt sich überall, wenn wir Augen dafür haben, sie zu sehen.

Nicht anders ist es hier in Avalon. Um die Göttin zu finden erforschen wir die Formen der außerweltlichen Landschaft Glastonburys, um einen Blick auf die Gestalt der Innenwelt Avalons zu erhaschen. Vor vielen Jahren, als ich meine Suche nach der Göttin in Glastonbury begann, forschte ich jeden Tag nach ihr, wenn ich durch ihre Hügel und Täler wanderte, auf ihrer Erde oder unter ihren Bäumen saß und zum Horizont blickte, während ich den Geräuschen ihrer Natur an diesem heiligen Ort lauschte. Meine früheren Bücher beschreiben die Ergebnisse dieser Forschungen. Darunter sind „*The Goddess in Glastonbury*"[1] und „*In the Nature of Avalon*"[2] (Ariadne Publications). Ich empfehle allen, die Priesterin von Avalon werden möchten, Zeit damit zu verbringen, durch Glastonburys heilige Landschaft zu wandern und ihre uralten Geheimnisse zu entdecken, die hier im Land verborgen sind.

Die Landschaft Glastonburys besteht aus einer Anhäufung kleiner Hügel, die einst ein Vorgebirge waren, das sie mit dem Festland der Mendip Hills verbunden hat. Sie waren umgeben vom Wasser eines großen Sees. Noch früher war Glastonbury eine Insel, die von einem Binnenmeer umgeben war. Viel früher, vor Millionen von Jahren, soll eine rote eisenreiche Quelle erstmals einem sandigen Plateau entsprungen sein. Über die Äonen saugte der Sand die roten Wasser auf und verhärtete sich nach und nach zu rotem Sandstein. Im Laufe der Zeit, insbesondere nach dem Ende der letzten Eiszeit vor etwa 11.000 Jahren, schmolzen die dicken Eisplatten, die im Norden lagen, und Wasser ergoss sich über das Land, wusch den weicheren Sand weg und ließ den härteren ro-

Die heilige Landschaft von Glastonbury Avalon

ten Sandstein zurück. Wir sehen das heute im roten Sandstein von Glastonbury Tor und den umgebenden kleineren Hügeln. Erstaunlicherweise fließt die rote Quelle immer noch bei Chalice Well, genauso wie viele andere kleinere Quellen, die überall in der Gegend verteilt sind.

Heute erheben sich die Hügel der Landschaft Glastonburys über die flachen Wiesen der Somerset-Ebenen. Für hunderte von Jahren waren diese Ebenen bedeckt von wässrigen Marschen, Teichen und Seen. Davor drangen die Wasser des atlantischen Ozeans ins Land ein. Sie umgaben die kleinen Hügel der natürlichen Landschaft Glastonburys und schufen eine charakteristische westliche Insel, die sich aus dem Meer erhob. Vor über tausend Jahren begannen die Mönche der Abtei von Glastonbury damit, Barrieren zwischen den Flüssen Axe und Parret achtzehn Meilen westlich zu bauen, um das Meer im Zaum zu halten. Sie gruben große Entwässerungsgräben, um das Wasser, das von den umgebenden höheren Hügeln fliest, in den Bristol Kanal abzuleiten. Außerdem gruben sie Rhynes, das sind tiefe Gräben, rund um die neu erschaffenen Felder. Die Somerset-Ebenen begannen auszutrocknen und erhoben sich allmählich aus dem Meer, während die Kontinentalplatte selbst sich hob.

Heute ist die Insel mit ihrem herausragenden, hohen Tor von ebenen, grünen Feldern umgeben. In einigen Meilen Entfernung ist sie auf drei Seiten von Hügeln umgeben und auf der Vierten vom Wasser des Bristol-Kanal, der in den Atlantischen Ozean fließt. Diese kesselartige Landschaft mit ihrem herausragenden zentralen Hügel findet man auch an anderen uralten Göttinnen-Stätten rund um die Welt, so wie Phaistos auf Kreta und Ephesus in der Türkei. Antike Völker erkannten, dass diese natürlichen Landschafts-Kessel kraftvolle spirituelle und Erdenergien enthielten. Sie bauten Göttinnen-Tempel, Schreine und Heiligtümer an solchen Orten. Die umgebenden Hügel stellten Markierungspunkte für die Beobachtung astronomischer Ereignisse vom Zentralhügel aus zur Verfügung und umgekehrt. Solche Ereignisse waren das Auf- und Untergehen der Sonne, des Mondes und der Planeten oder von bestimmten Gruppen von Sternen zu verschiedenen Zeiten des Jahres. Die Bewegung der Sterne reflektierte das Leben und die Mythologie der Stämme, die unter ihnen lebten, und dienten dazu, Geschichten von den Ahnen zu erzählen und die Zukunft des Volkes vorherzusagen. Das ist eine Kunst, die wir mit all unserer fortgeschrittenen modernen Technik nahezu vollständig verloren haben, wodurch unsere Kulturen deutlich ärmer geworden sind.

Eine persönliche Suche nach der Göttin in Glastonbury

Auf meiner persönlichen Suche nach der Göttin in meiner Heimat suchte ich zuerst nach ihr in den Formen der Hügel, die die Landschaft Glastonburys mit seinen fünf Hügeln und schmalen Tälern ausmachen. Ich spürte, wenn sie

Avalon - Exordium

hier irgendwo ist, dann muss sie in den Formen der natürlichen Landschaft sein. Ich nahm eine amtliche Landvermessungskarte der Umgebung zur Hand und begann gemeinsam mit meinem Partner, Mike Jones, die Höhenlinienkonturen der Hügel anzusehen. Das erste, was mir auffiel war, dass die fünf Hügel Glastonburys – der Tor, Chalice Hill, Wearyall Hill, Windmill Hill und Stonedown – gemeinsam einen Blumenstrauß zu formen scheinen, ein Bouquet der Schönheit. Dann sagte Mike:

„Sieh doch, es ist ein Vogel, der über die Landschaft fliegt."

Und auf dem Plan war die Form eines Schwanes mit ausgestreckten Flügeln und einem langen Hals, der von Nordost nach Südwest über die Landschaft flog und alle heiligen Hügel Glastonburys umfasste, zu sehen. Es war ein Heureka-Moment.

In meinen Forschungen über Verbindungen zwischen Glastonbury und der Göttin, hatte ich herausgefunden, dass St. Bridget oder St. Bride angeblich im 5. Jahrhundert n. Chr. Glastonbury besucht haben soll. Sie kam aus Kildare in Irland und hielt sich auf einem kleinen Hügel südwestlich von Glastonbury auf, der als Beckery, der Beckery Salmon[3] und Klein-Irland bekannt wurde. Heute wird dieser Hügel Bride's Mound genannt. Das Vorbild für die heilige Bridget war die frühere Feuergöttin Brigit, Brigid, Bride, Brighde, Bridie, Bree-je oder Brid[4], deren Namen wir in Brigits Inseln ehren. Sie ist die uralte Göttin all dieser Länder und ihr Name bedeutete ursprünglich Göttin. Sie herrscht über die Elemente Erde, Wasser, Feuer und Luft und alle Richtungen. So wie viele andere Göttinnen wurden ihre Macht und ihr Stellenwert innerhalb patriarchaler Religionen vermindert. Sie, die zuvor die mächtige Herrschergöttin der Natur war, wurde auf eine Rolle als Heilige reduziert.

Traditionell wird Brigit mit vier oder mehr Tieren und Vögeln in Verbindung gebracht. Ihr erstes Tier ist die weiße Kuh mit den roten Ohren, ein andersweltliches Geschöpf. So wie die heilige Kuh in Indien wird Brighde als die universelle Muttergöttin verehrt, deren Milch die Milchstraße am Himmel erschaffen hat. Wie die ägyptische Göttin Hathor wird sie als eine Kuh dargestellt und später mit einem Frauenkopf mit Kuhohren. Dann wurde sie wie Isis eine Frau mit Kuhhörnern auf dem Kopf, die die Sonne oder den Mond umrahmen. In ihrer früheren Form als Feuergöttin wurde die heilige Bridget des 5. Jahrhunderts mit einem feurigen Schein dargestellt. Es hieß, dass sie viel Grundbesitz auf dem Curragh nahe bei Kildare hatte, wo ihre Rinder weideten. Sie grasen dort noch bis zum heutigen Tag. Auf der Fassade des St. Michaels Turmes auf der Spitze des Glastonbury Tor und in der Abtei von Glastonbury ist St. Bridget nach dem Vorbild der ursprünglichen Kuh-Mutter dargestellt, wie sie eine Kuh melkt. Auf diese Art werden die Kräfte weiblicher Gottheiten in der patriarchalen Gedanken- und Vorstellungswelt reduziert.

Das zweite Tier, das mit Bridie in Verbindung gebracht wird, ist die Schlange der Regeneration, die sich unter dem Omphalos oder Orakelstein verbirgt. Dies ist der Ort an dem ihre Priesterinnen, die von ihr beseelten Worte der Dichtkunst sprachen. Der Wolf, der dunkle, einsame Hüter der Verwandlung, gehört

Die heilige Landschaft von Glastonbury Avalon

ebenfalls zu Bride. Brigits viertes heiliges Tier und die Ursache für meine Begeisterung über sein Auftauchen auf der Landkarte ist der wundervolle weiße Schan, der auf dem Wasser schwimmt, über das Land geht und durch die Luft fliegt.

Die Haupt-Umrisse der Landschaft von Glastonbury Avalon

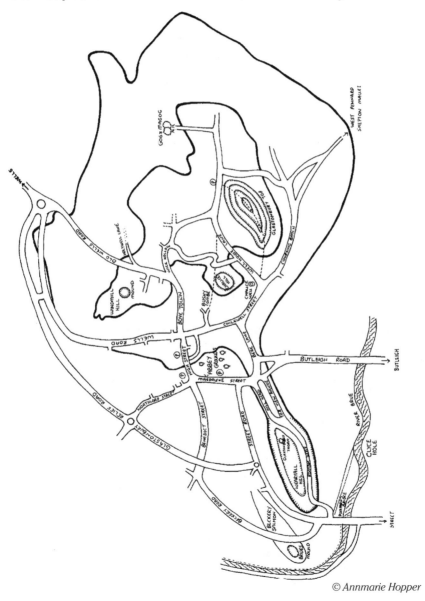

© Annmarie Hopper

Avalon - Exordium

**Nolava der Schwan und Nolava die Greisin
in der Landschaft von Glastonbury Avalon**

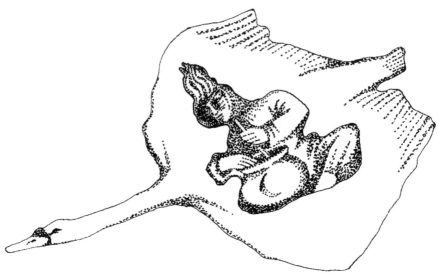

© Foosiya Miller

Natürlich war die Göttin hier in Glastonbury. Sie musste einfach da sein. Sie ist im Land selbst in der Gestalt ihrer Schwanenform, wie sie mit ausgestreckten Flügeln über die Landschaft fliegt und ihre Erscheinung mit den Jahreszeiten ändert. Meistens ist sie eine grüne Schwänin, die über einen grünen Hintergrund fliegt, oder wenn die Ebenen überflutet sind über einen gläsernen blauen Hintergrund. Im Winter und oft an ihrem Jahreskreisfest Imbolc wird sie durch Frost und Schnee zur weißen Schwänin. Und rund um die heilige Insel nisten Schwanenpaare in den Wassergräben und Flüssen, die sich kreuz und quer durch das Sommerland ziehen. Dort brüten sie ihre Jungen aus.

Einige Zeit nach dieser Entdeckung, während ich Philip Ratzs Buch *Glastonbury* (English Heritage) las, fiel mir auf, dass die zugrundeliegenden geologischen Formationen ebenfalls wie ein Schwan im Flug geformt sind, ein Schwan mit erhobenen Flügeln. Es gibt in diesem Land einige Mysterien für uns zu erforschen.

Heute wird Bridie meistens mit der jungfräulichen Göttin in Verbindung gebracht und hauptsächlich zu Imbolc gefeiert, obwohl sie sich ursprünglich als Jungfrau, Liebende, Mutter und Greisin ausdrückte und über das ganze Rad des Jahres herrschte. Ein anderer interessanter Aspekt ihres Erscheinens in der Landschaft ist, dass in höheren Lagen auf der Karte die Gestalt einer alten Frau sichtbar wird, die in einer Picasso-artigen Perspektive auf dem Rücken des

Die heilige Landschaft von Glastonbury Avalon

Schwanes hockt. Sie kniet mit gebeugtem Rücken, Chalice Hill ist ihre gerundete Brust und der Tor bildet ihren eingefallenen Kessel/Schoß. Ihr gekrönter Kopf wird von der Spitze von Windmill Hill geformt. Sie ist die dunkle Göttin, und alle beschweren sich darüber, dass sie ihr auf ihren Glastonbury Reisen begegnet sind.

Eine synchrone Bestätigung ereignete sich am Tag, nachdem wir diese Entdeckungen gemacht hatten. Ich fuhr aus dem St. John´s Parkplatz heraus, in Richtung der Bibliothek Glastonburys. Dort sah ich auf dem Fenster eine riesige dreidimensionale Konturenkarte der Landschaft Glastonburys, die der hier beheimateten Künstler Simant Bostock gestaltet hatte. Er hatte für die Darstellung Lagen von weißem Holz auf dem grünen Hintergrund der Somerset Ebenen verwendet. In dieser dreidimensionalen Abbildung war die weiße Schwänin, so wie sie über die Landschaft flog, gut sichtbar. Die Greisin war ebenfalls in Weiß auf ihrem Rücken erkennbar. Das Timing war makellos.

Nun, da die Jungfrau als Schwan und die Greisin in der Landschaft gefunden waren, gab es auch die Liebende/Mutter, um das überlieferte Göttinnen Triplett/Quartett zu vervollständigen?

Nolava die Liebende in der Landschaft

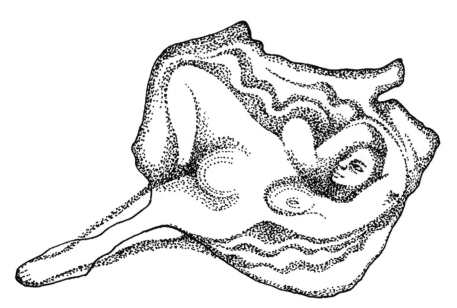

© *Foosiya Miller*

Avalon - Exordium

Geoffrey Ashe, der Arthurianische Gelehrte, der in Glastonbury lebt, hatte erwähnt, dass die Gestalt einer gigantischen auf ihrem Rücken liegenden Göttin in der Landschaft gesehen werden kann, wenn man sich der Insel aus dem Südosten von Baltonsborough nähert. Ich fuhr hinaus ins Sommerland und betrachtete die Insel aus allen Richtungen. Mit ein bisschen Phantasie kann man sie sehen, wie sie auf und in der Erde liegt. Der Tor ist ihre hochaufragende linke Brust, der Turm der zerstörten St. Michaels Kirche bildet jetzt passenderweise eine Brustwarze. Chalice Hill ist ihr schwangerer Bauch, Wearyall Hill ihr ausgestrecktes und leicht gebeugtes linkes Bein, wobei der Fuß sich tief in die Erde eingräbt. Ihre Schultern liegen bei Stonedown auf der Erde und ihr Kopf fällt nach hinten ab in die Erde.

Nolava die Mutter in der Landschaft

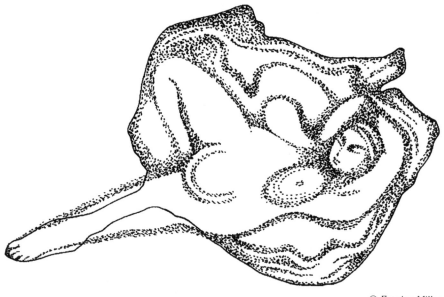

© Foosiya Miller

Als ich wieder von oben auf die Landschaft und die Konturenmappe schaute, wurde ihre rechte Brust erkennbar, die neben ihren Körper rutscht, so wie die Brust einer Frau, die flach wird und zur Seite sinkt, wenn sie sich auf ihren Rücken legt. Windmill Hill kann als ihr rechtes Bein gesehen werden, dass angewinkelt und untergehakt ist. Als die Liebende liegt sie mit weit gespreizten Beinen auf ihrem Rücken. Ihre Vulva öffnet sich der westlichen See. Es fiel mir auf, dass bemerkenswerterweise die Benediktiner Abtei von Glastonbury mit ihrem einstmals hohen Turm an einer sehr heiligen Stelle gebaut worden war, nämlich zwischen den Beinen der Göttin als Liebende, genau unterhalb ihrer Vul-

Die heilige Landschaft von Glastonbury Avalon

va. Wenn man darauf aus war, Macht über die Landschaft einer Göttin und ihrer Kultur zu gewinnen, wo sonst würde man seine phallische Erektion platzieren. Als die Muttergöttin gebiert Nolava fortwährend die Stadt zwischen ihren Beinen. Sie ist wahrlich eine Mutter.

Ich hatte schon einige Jahre lang Tonskulpturen von Göttinnen angefertigt und beschloss diese Göttinnen-Landschaften aus Ton zu formen. Ich schuf eine dreidimensionale Landschafts-Schwänin auf deren Rücken eine schwarze Greisin ritt, um sie deutlicher sichtbar zu machen. Außerdem fertigte ich eine einzelne Skulptur der knienden Greisin und eine der Liebenden/Mutter Göttin an. Das Gestalten dieser Skulpturen erweckte die Bilder von Jungfrau, Liebender, Mutter und Greisin für mich zum Leben.

Weil Glastonbury das außerweltliche Gegenstück zur Innenwelt von Avalon ist, ist es sehr wichtig uns mit der physischen Landschaft, der jetzt vom Land umschlossenen Insel vertraut zu machen, wenn wir nach Avalon reisen wollen. Eines der Geheimnisse, das sich hier offenbart, ist, dass uns das Wissen um die äußere Landschaft nach Avalon und zur Lady selbst führen wird. Ich kann die Bedeutung dessen für zukünftige Priesterinnen gar nicht genug hervorheben. Das Land birgt die Geheimnisse von Avalon.

Es gibt überall auf der Insel Orte, die Pforten zwischen den Welten sind. Dort ist der Schleier, der die sichtbaren und unsichtbaren Welten trennt, besonders dünn und wir können durch ihn hindurch nach Avalon gehen. Manche Menschen, die Glastonbury für einen Tag oder länger besuchen, wandern unabsichtlich durch den Schleier. Oft werden sie tief inspiriert von diesen Erfahrungen, die die spirituelle Entwicklung katalysieren, oder sie sind von dem, was sie sehen schockiert und eilen davon in weniger herausfordernde Gegenden. Die Praxis einer Priesterin von Avalon besteht darin, sich des Schleiers bewusst zu werden und zu lernen, wie sie willentlich durch ihn hindurchgehen kann.

Spezielle Pforten zwischen den Welten befinden sich auf Chalice Hill, dem Tor, Wearyall Hill, Stonedown, Bride´s Mound und in den Abteigründen. Einer der kraftvollsten Punkte der Insel befindet sich in der Krypta unter der Marienkapelle (Mary Chapel), neben dem wieder zurückbenannten Maria oder St. Josefs Brunnen. Dort wurde das älteste Mauerwerk der Abtei gefunden. Diese uralte heilige Quelle ist durch Chalice Hill mit dem Tor verbunden. Vermutlich ist sie der Grund, warum an dieser Stelle die erste christliche Kirche aus Flechtwerk gebaut wurde. Nämlich in der Nähe einer heiligen Quelle, die schon lange bevor die ersten Christen ankamen, geehrt worden war.

Wissen über die materielle Landschaft Glastonburys ist auch der Schlüssel zu spirituellen Reisen nach Avalon. In Meditationen und bewussten Visualisierungen sehen wir uns selbst, wie wir über die physische Landschaft von Glastonbury Avalon gehen. Dabei zeigen sich uns andersweltliche Wesen an den aus der körperlichen Realität vertrauten Orten. Als Priesterinnen von Avalon ist es für uns wichtig, dieses Wissen und diese Erfahrungen nachdrücklich in unserem Bewusstsein zu verankern.

Die äußeren Schleier

Die ganze Insel liegt in der Mitte des umgebenden Landschaftskessels. Sie kann als umgeben von äußeren Energieschleiern wahrgenommen werden. Egal aus welcher Richtung wir uns Glastonbury nähern, an bestimmten Stellen auf dem Weg spüren wir, wie unsere Aufmerksamkeit von der Insel angezogen wird. Diese Stellen sind energetische Pforten. Dort bemerken wir erstmals die charakteristischen Formen des Tor und anderer Hügel. Sie verändern sich, je nachdem aus welcher Richtung wir kommen. Wenn wir von Pilton kommen, sieht der Tor steiler und bergiger aus, als wenn wir uns von Meare aus dem Westen nähern. Auf diesem Weg fühlen wir, wie uns die Beine der Muttergöttin umarmen, während wir in ihren Körper reisen.

Wir biegen um eine Ecke, nähern uns der Insel und spüren wie unsere Augen von der mythischen Landschaft angezogen werden. Wir haben das Gefühl nach Hause zu kommen, zu einem Ort des Mysteriums und der Freude.

Pilgerreisen zur Lady von Avalon

Für Priesterinnen ist die Pilgerfahrt zur Lady von Avalon eine spirituelle Praxis. Wir reisen dabei zu ihren heiligen Stätten innerhalb der geweihten Landschaft Glastonburys, die die äußere Gestalt der inneren Welt der Insel Avalon ist. Unsere Pilgerreisen sind Ausdruck der Verehrung und der Liebe zu ihr. Es ist eine äußere und innere Reise gleichzeitig, die wir alleine unternehmen können oder gemeinsam mit anderen.

Es gibt bei jeder Pilgerreise fünf Phasen. Die erste besteht darin, die Entscheidung zu treffen, mit spiritueller Absicht zu einem der heiligen Orte der Göttin zu pilgern. Die zweite Phase ist unsere Pilgerreise zu dem heiligen Ort selbst. Wenn wir auswärts leben, ist dies die Reise von unserer Heimat nach Glastonbury. Wenn wir hier leben, ist es die Reise von unserem Heim in Glastonbury aus. Die dritte Phase ist unser Eintritt in den abgegrenzten Tenemos, das umschlossene Heiligtum. Dies ist die heilige Landschaft von Avalon. Wir nehmen deutlich den Moment wahr, wenn wir von dieser Welt hinüber nach Avalon gelangen. Die vierte Phase beinhaltet all unsere persönlichen Gebete zur Lady und unsere Andacht an den verschiedenen Energiezentren, Kraftorten und den natürlichen und von Menschen gemachten Altären innerhalb des Heiligtums. Die fünfte und letzte Phase ist unsere Rückkehr in die alltägliche Realität. Wir bringen dabei die Früchte unseres Austausches mit der Göttin zurück in die Welt.

Wir unternehmen unsere Pilgerreise um die Lady von Avalon in jener Gestalt zu treffen, die sie auswählt, um sich uns zu offenbaren. Wir können unsere Route so planen, dass sie Pfade und Straßen, Obstgärten und Weideland einschließt. Wir können uns aber auch von ihrer Stimme leiten lassen, und uns

Die heilige Landschaft von Glastonbury Avalon

im Augenblick entscheiden, diesen oder jenen Weg zu gehen. Während wir absichtsvoll über ihren Körper wandern, können rund um uns zarte und manchmal auch lebhafte Farben und Gestalten auftauchen. Während wir hören, wie ihre Vögel in den Obstgärten singen oder ihre Morgene-Krähen auf dem Tor krächzen, haben wir manchmal das Glück, sie neben ihnen sitzen zu sehen. Es kann sein, dass wir im Flüstern des Windes die weisen Worte der Lady vernehmen. Die Lady kann uns auch bei den Zeremonien erscheinen, die wir für sie gestalten. Dazu müssen wir nur unser Herz öffnen und unsere Absicht darauf konzentrieren sie zu treffen. Dann fangen wir an, das zu sehen und zu hören, was normalerweise unsichtbar und unhörbar ist.

Beim Eintritt nach Avalon geht es um Bewusstheit, Achtsamkeit und Wahrnehmung. Es geht darum, das Herz für andere Dimensionen der Realität zu öffnen, während wir durch die Stadt und die Landschaft Glastonburys wandern. Es geht darum, zu erkennen, dass mehr hinter dem Leben steckt. Es geht darum, das Mysterium unter der Oberfläche des Offensichtlichen zu suchen und zu finden.

Für jede Art der Pilgerreise zur Göttin in Avalon gibt es folgende einfache Ratschläge:

- Öffne deine Augen und Ohren, während du durch die Landschaft reist. Achte auf die Vögel, die kommen um mit dir zu sprechen, auf die Tiere und die Menschen, die zu bedeutsamen Augenblicken auftauchen. Achte auf das, was du aus den Augenwinkeln siehst und gestatte, dass es sich dir offenbart. Lass Schemen und Gestalten deutlicher hervortreten, so dass du die Feen, die Priesterinnen der Vorzeit oder die Lady selbst sehen kannst.

- Visualisiere die leuchtenden Fasern im Gewebe des Schicksals, die alles innerhalb des Heiligtums und der Landschaft verbinden und erlaube deinen Visionen wirklich zu werden. Sieh, wie du selbst eine Spur von strahlendem Licht erzeugst, während du dich in der Landschaft von einem Ort zum anderen bewegst.

- Öffne deine Ohren während du unterwegs bist oder still in der Landschaft sitzt. Erlaube den Sätzen und Worten, die dir in den Sinn kommen, real zu sein. Lass zu, dass sie jemand anderer als du selbst gesprochen hat.

- Achte auf Synchronizitäten, die vorkommen, während du deine Pilgerreise machst. Synchronizität ist das Zeichen ihrer Gegenwart.

Wenn du deinen meditativen Zustand vertiefen möchtest, dann wiederhole tonlos oder laut ein Göttinnen-Mantra während du reist. Das hilft dir, dich auf die Absicht deiner Pilgerreise zu konzentrieren, und es ruft die Gegenwart der Lady hervor.

Avalon - Exordium

Ein einfaches Mantra ist:

Maiden, Lover, Mother, Crone
Lady of Avalon, bring me home.

Jungfrau, Liebende, Mutter, Greisin
Lady von Avalon, bring ´ mich heim.

In Glastonbury haben wir das Glück, dass die Göttin uns viele Gesichter zeigt. Daher können wir zu ihr in ihren verschiedenen Gestalten pilgern: zu Nolava, der Lady von Avalon; zu Bridie; zu Madron, der Großen Mutter; zur Dame der Heiligen Quellen und Brunnen; zur Dame vom See und zur Göttin des Tor Labyrinths. Etliche Pilgerrouten sind in Einzelheiten mit Gebeten und Übungen in meinem früheren Buch „In the Nature of Avalon" (Ariadne Publications) beschrieben.

Auf jeder Pilgerreise ist es für uns Priesterrinnen üblich, der Göttin Gaben darzubringen, wo immer und wann immer wir uns an sie erinnern: auf ihrem geweihten Land, bei jeder Kreuzung dreier Wege, Trivia genannt, bei ihren natürlichen und von Menschen gemachten Altären, auf Ritualplätzen, Grabstätten, Steinkreisen, heiligen Hügeln, auf den Gipfeln der Hügel und Berge, bei ihren heiligen Brunnen und Gewässern. Die Lady liebt Gaben von Blumen, Kräutern, Samen, Korn, Räucherwerk und heiligem Quellwasser. Sie werden in Dankbarkeit auf die Erde gestreut, immer wenn wir stehen bleiben, um zu beten, oder sie werden in kleinen Schalen auf ihren Altar gelegt. Alle Gaben sollten biologisch abbaubar sein, damit sie ohne Schaden anzurichten in ihren Körper zurückkehren können.

Such dir einen speziellen Beutel, um die Gaben aufzubewahren, die du ihr geben möchtest. Eine meiner Lieblingsmischungen besteht aus Lavendel, Rosmarin und Rosenblättern.

Eine Pilgerreise zur Göttin innerhalb jeder Landschaft kann unerwartete und weitreichende Folgen haben. Die Pilgerin wird inspiriert und ihre Vorstellungskraft beflügelt. Bei der Göttinnen-Konferenz in Glastonbury im Jahr 2004 konzentrierten wir uns hauptsächlich darauf, Bridie und die jungfräuliche Göttin in ihren vielen Gestalten zu feiern und mit ihr die Mädchen in unserer Gemeinschaft. Einer alten Tradition folgend planten wir, als einen Teil der Konferenz eine Pilgerprozession zu den vier Kraftzentren innerhalb Glastonburys heiliger Landschaft zu machen und dort mit Gesang das Land zu erwecken. Wir beabsichtigten Bridies Heilungsenergie anzurufen und sie dann von Avalon aus über die gesamten britischen Inseln und darüber hinaus zu schicken. Wir planten, spiralförmig durch das Land zu wandern und die Elemente zu verbinden, Erde auf dem Chalice Hill, Luft am Gipfel des Tor, Wasser bei Chalice Well und Feuer in Bushey Combe. Bei jeder Zeremonie wollten wir die Göttinnen auf dem Rad von Britannia anrufen, Energie aufbauen und durch die zentralen Kraftlinien, durch Luft, Wasser und Feuer Heilung hinaus in die Welt schicken.

Die heilige Landschaft von Glastonbury Avalon

Als ich am Morgen der Pilgerreise den Konferenzteilnehmerinnen beschrieb, was wir später am Tag gemeinsam vorhatten, spürte ich, wie die ersten Ahnungen eines Schöpfungsmythos der Insel von Avalon in meinem Bewusstsein auftauchten. Nach acht Stunden einer wundervollen Pilgerreise und Zeremonie auf dem geweihten Land empfing ich in dieser Nacht eine ausführlichere Geschichte. Während des folgenden Jahres entfaltete sie sich in einen neuzeitlichen *Schöpfungsmythos der Insel Avalon und des geweihten Landes Glastonbury*, der auf der Vergangenheit, der Gegenwart und der Zukunft beruht.

Ich biete dir diesen Mythos als ein heiliges Geschenk dar.

---

[1] Dieses Buch ist mittlerweile vergriffen und wird von Kathy Jones auf ihrer Internetseite als online-Version gratis zur Verfügung gestellt unter: www.kathyjones.co.uk/books/glastonburygoddess.html

[2] Beide Bücher sind bisher nicht in deutscher Sprache erschienen. Die Titel bedeuten „Die Göttin in Glastonbury" und „In der Natur von Avalon".

[3] Salmon bedeutet Lachs oder lachsfarben.

[4] Kathy Jones verwendet stets verschiedene Namen der Göttinnen, um deren unterschiedliche Aspekte hervorzuheben. Im Falle der Göttin Brigid steht Bridie für die Jungfrau, Bride für die Liebende, Brigit für die Mutter und Brighid für die weise Alte.

Die Entstehungsgeschichte der Insel Avalon

Es war einmal vor langer, langer, langer Zeit, da war Ertha, unsere Mutter Erde, noch ein junges Mädchen, ein blau-grüner Planet. Sie drehte sich im Weltraum, umkreist von Luna, ihrer Mondin. Eines Frühlings, als Luna voll wurde, spürte Ertha eine neue Zuversicht in ihrem Körper aufsteigen. Tief drinnen in ihrer Quelle spürte Ertha ein Rumpeln, als das Erste ihrer vielen Eier des neuen Lebens zu reifen begann. Es hatte seit ihrer eigenen Empfängnis geschlummert. Das erste Ei wuchs mit der Mondin und füllte sich mit Lebenspotenzial. Als es voll war, tauchte es aus der Quelle auf und reiste durch lange unterirdische Gänge bis es Erthas riesigen, wartenden Schoß erreichte. Das erste Ei rollte über die Schwelle in die gewaltige Höhle. Es erforschte den großen, felsigen Schoß und während es das tat, wurden eisenreiches Lebensblut und Wasser von den Wänden abgesondert. Sie erzeugten eine dicke rote Auskleidung. Das erste Ei wurde von den blutroten Wassern eingehüllt.

Nach der Hälfte von Lunas langem Zyklus spürte Ertha wie sich Druck in ihrem Körper aufbaute. Es begann als dumpfer Schmerz und wurde stärker bis er gewaltig und nahezu unerträglich wurde. Ihr Bauch begann zu zittern. Ertha ächzte vor Unbehagen, als ihr Schoß sich zusammenzog und sich schüttelte. Ihre Erde bebte und öffnete sich. Aus den Tiefen stiegen feurige, geschmolzene Steine hervor und ergossen sich über den Boden. Berge explodierten und brachen zusammen. Neues Land hob sich aus den Tiefen des Meeres empor. Neue Ozeane wogten, wo einst Land gewesen war. Bei Dunkelmond lösten sich in einer Flut von Rotem Blutwasser das erste Ei und die rote Auskleidung des Schoßes, die es umhüllte, von ihrem geschützten Platz. Das Lebenspotenzial verließ das erste Ei und gelangte in das Rote Wasser.

Am südlichen Rand des riesigen Kontinents Laurasia öffnete sich Erthas jungfräuliche Vulva und ihr erstes Blut barst aus ihrem innersten geheimen Kern als Rote Quelle hervor. Es sickerte zuerst aus der Erde hervor und wurde

Avalon - Exordium

rasch zu einem Strom. Es sammelte sich in einem rostroten Becken, das überfloss und einen roten Strom bildete. Dieser mäanderte den abschüssigen Boden hinunter zum fernen Ozean. Als sich die Rote Quelle aus ihrer Vulva ergoss, ließ der Druck in Erthas Körper nach. Sie entspannte sich und fühlte sich angenehm erleichtert. Das Rote Quellwasser war erfüllt vom Lebenspotenzial des Ersten Eis und enthielt starke Heilungsenergien. Als es über das Land floss, tranken kleine Pflanzen und Tiere durstig den Roten Met und wurden belebt und von ihren Krankheiten geheilt. Mit der Zeit keimten Samen und Pflanzen und begannen rund um die Rote Quelle zu wachsen. Die grüne Oase, die hier entstand, wurde als der Paradiesgarten bekannt.

Aufgrund des gigantischen Fassungsvermögens ihres Schosses, versiegte das Rote Blutwasser nicht, nachdem sich das Erste Ei gelöst hatte, sondern floss mit nahezu gleichbleibender Stärke in wundersamer Weise weiter aus ihrer Vulva. In periodischen Abständen tauchten Eier aus ihrer Quelle auf, verbrachten einige Zeit in ihrem riesigen Schoß und übertrugen dann ihr Lebenspotenzial auf ihre Blutwasser, die zur Oberfläche flossen. Mit der Zeit verbreitete sich das Wissen um die Kräfte der Roten Quelle über ganz Laurasia und viele Geschöpfe kamen, um von ihren Krankheiten geheilt zu werden. Seit diesem ersten Tag ihrer Menarche vor Äonen bis zum heutigen Tag fließen Erthas Blutwasser in einem unendlichen Strom der Schöpfungskraft und Heilung weiter aus ihrer Quelle.

Durch die Wechsel in Erthas Leben veränderte der Kontinent Laurasia mit der Zeit seine Form, aber die Rote Quelle floss weiterhin. Zeitweise war das umgebende Land warm und von grüner Vegetation erfüllt, zu anderen Zeiten kühlte es ab und war mit Schnee bedeckt. Manchmal floss die Rote Quelle in einem paradiesischen Garten und zu anderen Zeiten trat sie unter einer dicken Eisschicht hervor. Die gewaltige Landmasse von Laurasia teilte sich allmählich und die Kontinente trieben auseinander. Wasser floss zwischen die Glieder des Landes, die Welt, so wie wir sie heute kennen, mit ihren sieben Kontinenten, von denen einer Europas Land ist, nahm allmählich Gestalt an. Viele Arten von Tieren und Pflanzen entwickelten sich, lebten für eine gewisse Zeit auf Erthas Körper und starben dann durch Eis, Sturm, Flut und Feuer wieder aus.

Die Rote Quelle floss auch, als die letzte geschichtlich aufgezeichnete Eiszeit das Land überzog. Die nördlichen Teile von Europas Kontinent waren mit Schnee und Eis bedeckt. An manchen Stellen war die Eisschicht mehrere Meilen dick. Das Gewicht des Eises drückte auf das Land, ebnete Hügel und Berge, lies die Ozeane gefrieren und senkte den Meeresspiegel. Die meisten Lebewesen verließen das Land und zogen sich in den Süden zurück. Nur die widerstandsfähigen Bären, Wölfe, Füchse, Hasen und Schneehühner blieben und stellten sich den eisigen Öden. Für tausende von Jahren war das Land mit Eis bedeckt.

Nach einer langen, langen, langen Zeit flog eines Morgens, als Imbolc herannahte, Nolava, die Schwanenmaid über das schneebedeckte Land. Bei ihrer Umrundung des Globusses folgte sie der gebogenen Drachenlinie in Erthas

Die Enstehungsgeschichte der Insel Avalon

Körper, die von Nordosten nach Südwesten verläuft. Die Erde unter ihr war kalt und unwirtlich, aber sie konzentrierte sich auf ihre Absicht. Ihre Mutter Brigit hatte sie zu einer Initiationsreise ausgesandt. Sie sollte zu Erthas Vulva, zur Roten Blutquelle, pilgern. Sie sollte nach dem grünen, fruchtbaren Paradiesgarten, der zu Erthas Quelle führte, suchen. Wenn sie ihn gefunden hatte, sollte sie für die Rückkehr von Wärme und Licht in die ganze Welt beten.

Nolava flog hoch über der gefrorenen Landschaft. Manchmal flog sie durch klare, kalte Luft und manchmal unter dicken, schneegefüllten Wolken. Weit, weit weg konnte sie den westlichen Rand von Europas Land mit seinen Vorinseln, die von gefrorenen Meeren umgeben waren, sehen. Während der winterliche Nordwind sie voran blies, sprach Nolava zum Wind und zu allen, die sie sonst noch hören könnten:

> *„Zu Ehren meiner Mutter taufe ich diese Lande Brigits Inseln, denn wenn das Eis und der Schnee geschmolzen sein werden, wird man sie hier als Mutter von Luft, Feuer, Wasser und Erde verehren. Sie wird als Banbha bekannt sein, Herrin des Landes vor der Flut, als Brigantia, Dame dieses Landes und als Britannia, sie, die Brigit Ana ist, die Große Mutter und Schutzgöttin dieser Lande."*

Nolava flog weiter und bog ihren Hals mal nach dieser mal nach jener Seite. Sie war müde, hungrig und fror. Ihr Federkleid war zerzaust und mit Eiskristallen überzogen. Sie war viele Tage lang geflogen und suchte nun einen sicheren Landeplatz. Während sie über den Südwesten von Brigits Inseln flog, blickte Nolava hinunter und erspähte etwas Merkwürdiges in der unermesslichen weißen Weite unter ihr. Unter einer Eisschicht sah sie einen großen roten Fleck. Ein roter Faden ging von dort aus. Angezogen von der Farbe flog sie hinunter, um die Sache zu untersuchen. Sie kam näher und landete schlitternd und rutschend auf dem Eis. Auf der aalglatten Oberfläche war sie tollpatschig, weil ihre Füße mit Schwimmhäuten versehen waren. Sie hörte unter dem Eis das Geräusch von fließendem Wasser und bemerkte, wie durstig sie war.

Sie pickte mit ihrem Schnabel auf das Eis, aber es war sehr dick. Sie pickte wieder, diesmal etwas fester, und etwas Eis splitterte weg. Sie spürte, wie das Eis begann nachzugeben. Sie pickte noch stärker und das Eis zersprang. Es entstand ein kleines Loch. Als Nolava hineinsah, erblickte sie Rotes Wasser, das unter dem Eis dahinfloss. Es schien trinkbar zu sein. Sie machte den Spalt mit ihrem Schnabel weiter und schlängelte ihren langen Hals durch das Loch. Sie trank von den Roten Wassern. Sie schmeckten gut und kräftig. Durstig trank sie. Während sie trank, spürte sie heilende Energien in ihren Körper einströmen, die ihre Erschöpfung linderten.

Rund um die Öffnung begann unter Nolavas Gewicht das Eis aufzubrechen. Splitter lösten sich und fielen in das Rote Wasser. Als das Loch größer wurde, sah Nolava unter sich eine Rote Quelle aus der gefrorenen Erde sprudeln und in ein Rotes Becken fließen. Aus dem Becken floss ein Roter Strom unter dem

Eis in Richtung des gefrorenen Ozeans. Mit wachsender Begeisterung erkannte Nolava, was sie gefunden hatte. Ihr Herz füllte sich mit Dankbarkeit.

> *„Ich bin gesegnet, denn ich habe die Rote Blutquelle gefunden. Ich habe Erthas heilige Vulva gefunden, den Eingang zu ihrem Schoß und die Quelle allen Lebens. Ertha, ich danke dir für deine heiligen Blutwasser. Ich bete für die Rückkehr von Licht und Wärme in die Welt, für die Rückkehr deines Lebens in vielen Formen des Seins."*

Das Loch im Eis war noch immer nicht groß genug, damit Nolava sicher auf dem Wasser schwimmen konnte. Deshalb beugte sie ihren Hals noch einmal durch die vergrößerte Öffnung und trank mehr von dem Roten Wasser. Sie trank sich satt und ruhte dann auf dem Eis neben der Blutquelle. Die Schneegeschöpfe, das Schneehuhn, Schneehasen und Füchse, die lange in der eisigen Einöde gelebt hatten, und die sich von der Roten Quelle nährten, hatten mit großer Ehrfurcht beobachtet, wie der Weiße Schwan landete. Aus ihren Nestern und Bauen wisperten sie einander zu:

> *„Die Weiße Dame ist gekommen! Gesegnet sei dieser Tag, an dem sie gekommen ist, um unsere Prophezeiungen zu erfüllen. Sie ist gekommen, um uns zu retten."*

Greinne, die Sonnengöttin, ließ ihre goldenen Strahlen durch die Wolken schimmern. Als sie auf Nolavas erschöpften und schmutzigen Körper hinunter sah, teilte sie die Wolken und lächelte ihr wundervolles goldenes Lächeln. Die Schwanenmaid hatte sich beharrlich durch viele Prüfungen gekämpft, um Erthas Vulva zu erreichen, und Greinne war mit ihr zufrieden. Als Nolava hinaufsah, fühlte sie die zärtliche Wärme von Greinnes Blick und ihr Körper fing das erste Mal seit vielen Tagen an, sich zu entspannen. Sie schüttelte die Eiskristalle ihrer Reise aus ihren Federn und kuschelte sich auf dem Schnee zusammen. Rund um sie begannen in der Hitze des strahlenden Blicks der Sonnenmutter der Schnee und das Eis zu schmelzen. Der Schnee und das Eis, die das Land bedeckten, fingen an, in Rinnsale abzufließen. Die Rinnsale ergossen sich in Bäche, diese mündeten in Flüsse, die zum fernen, immer noch zugefrorenen Ozean flossen.

Als die Luft und das Land ringsumher sich erwärmten, beschloss Nolava ihr feuchtes Federkleid abzulegen, damit es unter den Strahlen der Sonnenmutter besser trocknen konnte. Sie zog ihren Schwanenmantel aus und breitete ihn auf dem schmelzenden Schnee aus. Unter den Federn war ihre Haut blass-violett und ihr Körper verströmte in alle Richtungen eine violette Strahlung. Diese Strahlung segnete das Land und alle, die darauf lebten. Ihre violette Essenz breitete sich aus, berührte alles in ihrem Weg und verwandelte es durch ihre Liebe

Die Enstehungsgeschichte der Insel Avalon

und ihr Mitgefühl. Die Essenz sprühte dabei Funken in die ätherischen Fasern, die sich durch das Land zogen.

Nolava breitete ihre Schwanenflügel und ihren Schwanenkörper auf dem Boden aus und streckte ihren Hals, so dass ihr Federkleid ausgebreitet dalag als würde es von Nordosten nach Südwesten fliegen. Sie bog ihren Flügel vorsichtig um die Rote Quelle. Nackt saß die Jungfrau Nolava mit ihrer bleichen violetten Haut da und badete in der Wärme von Greinnes Strahlen, während rund um sie der Schnee und das Eis als Wassertropfen wegschmolzen und ihr Schwanenmantel in der Sonne trocknete.

Bald wurde Nolava wieder durstig und beugte sich hinunter zur Quelle. Sie formte mit ihren Händen eine Schale, um das Rote Wasser zu trinken, das wärmer als das Eis zu sein schien. Dann erinnerte sie sich an ihren allerkostbarsten Besitz, ihren Jungferngral. Sie nahm ihn heraus und tauchte ihn in die Rote Quelle. Sie füllte ihren Gral mit dem Roten Blutwasser und labte sich an dem erfrischenden Roten Met. Wieder und wieder füllte sie ihren Gral. Dann hob sie ihn zum Himmel und rief:

„Mutter Erde, ich danke dir für deine lebensspendenden Blutwasser. Ich danke dir, Greinne, Sonnenmutter, deren Lächeln das kälteste Eis schmilzt. Ich danke meiner Mutter Brigit, die mich gebar, ich danke meiner Schwanensippe und allen meinen Ahnen und Verwandten durch alle Zeitalter hindurch.

Geliebte Ertha, ich biete dir meinen heiligen Jungferngral dar. Ich bin bereit, Lady. Möge es wie ein Segen für alle sein, die kommen, um nach deiner Quelle zu suchen."

Achtsam senkte Nolava ihren Jungferngral in die Rote Quelle und in diesem Moment begannen ihre eigenen ersten Blutwasser ins Rote zu fließen, wo sie sich mit Erthas Blut vermischten. Ihr Gral tauchte hinunter in die Roten Tiefen. Ihre Gabe war dargebracht und empfangen worden.

Nolava war nach ihrer langen Reise sehr müde. Sie brauchte Schlaf. Der einzige trockene Platz war ihr eigener Schwanenmantel, der auf dem schmelzenden Schnee lag. Sie legte sich unter Greinnes goldenem Blick mit dem Rücken auf ihren Mantel aus Federn. Das linke Bein streckte sie entlang des Halses ihrer Schwanenhaut aus. Ihr rechtes Bein winkelte sie auf ihrem rechten Flügel an. Den Rest ihres Körpers legte sie auf ihre breiten Schwingen. Kaum hatte sie sich hingelegt, war sie auch schon eingeschlafen.

Während sie schlief, kamen kleine Geschöpfe des Landes in ihren weißen Winterfellen aus ihren tiefen Bauen hervor, um einen Blick auf die wunderschöne Schwanenmaid zu werfen, die auf dem Eis gelandet war und sie dann in ihrem liebevollen violetten Licht gebadet hatte. Sie brachten Samen als Geschenke, die sie tief in der Erde verborgen gehabt hatten, um ihr dafür zu danken, dass sie das Leben zurück in ihr schneebedecktes Ödland gebracht hatte.

Avalon - Exordium

Es waren Samen grüner Vegetation, von Kräutern und Blumen. Sie legten die Samen neben ihren Körper.

Die Wasser der Schneeschmelze vermischten sich mit den eisenreichen Wassern der Roten Quelle. Der Rote Teich wurde tiefer und breitete sich unter Nolavas Federmantel aus. Die sandige Erde saugte das Wasser auf. Nolava schlief weiter. Sie fühlte keine Feuchtigkeit, weil sie von ihrer Schwanenhaut geschützt war. Während Nolava durch die Jahrtausende schlief, saugte die Erde ihres Schwanenkörpers das eisenreiche Rote Blutwasser auf. Die weiche, sandige Erde verhärtete sich zu felsigem Sandstein. Nolava wurde zur Erde.

Während sie schlief, träumte Nolava. Sie träumte von ihrer Mutter Brigit und sie träumte von ihrer Familie, ihrer Schwanensippe. Sie vermisste deren Wärme und Liebe. Als sie voll Trauer an jene dachte, die sie zurückgelassen hatte, weinte sie im Schlaf. Während sie schluchzte, bebte die Erde. Sie träumte von der Vergangenheit und der Gegenwart. Sie träumte die Zukunft und im Traum rief sie nach ihrer Schwanenfamilie, sie solle von allen Gegenden auf Erthas Körper zu ihr fliegen.

Während Nolava schlief, schien Greinne jeden Tag auf sie und den ganzen Körper Erthas hinunter. Der Schnee und das Eis schmolzen weiterhin und die gewaltigen Gletscher, die einst das Land im Norden der Roten Quelle bedeckt hatten, fingen ebenfalls an zu schmelzen und langsam zurückzuweichen. Tosende Sturzbäche von Schmelzwasser ergossen sich aus den Gletschern über das Land. Die Sturzbäche glätteten Hügel, erweiterten Täler, spülten weiche Erde weg und ließen Felsen zurück. Tosende Flüsse trugen die Erde rund um die Konturen der Schwanenmaid ab und ließen sie hoch und trocken über den Wassern zurück. Auch die gefrorenen Ozeane schmolzen und begannen hundert Meter und mehr anzusteigen. Die Große Flut kam und überall rundherum war Wasser. Bald war Nolavas Erdenkörper eine schwanenförmige Insel, die vollkommen vom Meer eingeschlossen war. Während all dieser Zeit floss die Rote Quelle weiterhin aus Erthas ergiebigem Schoß quer durch das Land zu dem nun angrenzenden Ozean.

An einem Beltane-Morgen, als Greinne früh am Himmel emporstieg, erwachte Nolava umgeben vom Rauschen des Meeres, das gegen die Ufer ihres nackten Körpers plätscherte. Sie lag versunken in süße Träumereien und spürte die Wärme der Morgensonne und die Weichheit ihrer Erde unter ihrem Körper. Eine sanfte Brise wehte über ihre nackte Haut. Sie sah sich um und rund um sie war das Land grün und fruchtbar. Sie war im Paradies erwacht. Während sie dalag, lauschte sie dem lieblichen Gesang der Vögel, die einander riefen, und dem Rascheln der sanften Brise, die ihren Körper umspielte.

Als er seine Delphine durch die Wellen des Ozeans ritt, erblickte Nodens, der Gott des Meeres, die wunderschöne junge Frau mit der violetten Haut, die auf der Erde lag. Wer war sie? Ihr Körper strahlte in der Morgensonne, ihre nackte linke Brust ragte nach oben und berührte den Himmel. Schwarze Krähen tanzten in der Brise und umkreisten im Sturzflug den Gipfel der Brust. Ihre weiche, dralle rechte Brust war zur Seite geglitten. Ihr linkes Bein lag ausgestreckt

Die Enstehungsgeschichte der Insel Avalon

nach Südwesten und ihr rechtes Bein war Richtung Nordwesten untergehakt. Zwischen ihren kräftigen und einladenden Schenkeln versteckten dichte Büsche ihre Vulva. Ihr Bauch mit seinem heiligen Hügel war sanft gerundet. Von ihrem Kopf strömte der Wald ihres Haares zurück in die Fluten.

Nodens war hocherfreut, als er sie vom Rande des Meeres aus sah, und sang für Nolava. Er sang ihr etwas über seine Wasserwelt vor, über das Schimmern des Meeres, über die großen Tiefen des Ozeans, über die Stürme und ruhiges Wasser, über donnernde Wogen und die stille, unermessliche Weite. Er sang für Nolava über seine Mutter Domnu, die Herrin des Ozeans, Königin der Tiefe, Mutter des Wassers, Mutter der Emotionen, die Quelle allen Lebens auf der Erde. Er sang über ihre große Liebe und ihr Mitgefühl und über die Freuden in ihr mystisches Reich einzutauchen.

Wie sie auf der Erde lag und sich in den Wellen seiner Aufmerksamkeit sonnte, erfreute sich Nolava an Nodens Gesang. Sie war so lange allein gewesen. Sie wendete ihren Kopf, um ihn anzusehen und ihre Blicke begegneten einander das erste Mal. Als sie ihn in seiner Pracht sah, öffnete sich ihr Herz voller Freude ganz weit. Sie sang ihrerseits für Noden von ihrer Mutter Brigit und ihrer Herkunft vom Schwanenclan, den Hüterinnen der heiligen Flamme. Sie sang von Unschuld, von Hoffnung und Heilung. Sie sang auch über Greinne, die Sonnenfeuer-Mutter, die des Tags über die Welt wacht, die den Schnee geschmolzen hatte und alles Leben spendete. Sie sang über die Sternenfeuer-Mutter, die jede Nacht die Himmel erhellt und die Welt mit ihrem Segen überschüttet. Sie sang über Mutter Danu, die Mutter der Luft, die Mutter von Wind, Eis und Kälte, die alte Frau des Winters, die die Mutter der Seele aller Dinge ist.

Als Antwort darauf sang Nodens über seine Dankbarkeit an Banbha, die Herrin des Landes vor der Flut, auf der Nolava Ruhe gefunden hatte. Er sang seinen Dank an Britannia, die Herrin von Brigits Inseln. Er dankte ihr für ihr Auftauchen aus dem Schnee, dem Eis und dem Ozean. Schließlich sang Nolava für Ertha, die Erdmutter, deren Rote Blutquelle sie geheilt hatte, und der sie ihren Jungferngral gegeben hatte.

Als Noden und Nolava einander ansahen, entzündete sich das Feuer der Liebe zwischen ihnen. Leidenschaft erglühte in ihrer Brust und beide wurden erregt. Ein mächtiger Wind erhob sich zwischen ihnen. Der Wind stürmte über ihre Körper, ließ die Haarlocken über ihre Gesichter flattern, und blies Pflanzen und Wasser in alle Richtungen. In freudiger Erregung rief Nolava Nodens zu sich und Nodens stieg aus dem Meer und verströmte sich in sie. Nodens liebte Nolava, seine Wellen tosten gegen ihre Ufer und ergossen sich in ihr Land. Nolava reagierte, indem sich ihre Erde hob und lustvoll bewegte. Die See liebkoste die Erde und die Erde bewegte sich und liebte die See. Tag und Nacht liebten sie einander.

Das Feuer ihrer Liebe loderte zwischen ihnen und strahlte nach außen durch die ganze Welt. In der Hitze ihrer Leidenschaft dampfte Wasser aus dem Land und hüllte ihre Körper in violetten Nebel. Als Nolava ihren Höhepunkt erreichte, staunten das Feenvolk und die Lebewesen des Landes über das Erscheinen der Nebel, die aus dem Land und dem Meer aufstiegen. Sie riefen:

„Die Weiße Dame kommt! Sie kommt!"

Auf den Rundungen von Nolavas fruchtbarem Körper wuchsen Pflanzen im Überfluss. Gräser, Büsche und Bäume bedeckten die Oberfläche ihrer Erde. Wie sie einst eine Jungfrau war, blass und lieblich, so war sie nun die Liebende, grün und fruchtbar, gerötet durch ihre Leidenschaft, ihre Vulva offen für das westliche Meer. Aus dem Inneren ihres Körpers entsprangen Quellen mit weißem und rotem Wasser, die mit den Zyklen der Mondin flossen. Ihre unterirdischen Flüsse wuschen Tunnel und Höhlen aus, so dass die Hügel, aus denen ihr Körper bestand, als die Hohlen Hügel bekannt wurden. Beim Aufleuchten ihrer Strahlen füllten violette Schatten die von den Bächen gegrabenen Rinnen und Mulden. Vögel und Wasserwesen kamen zuerst an ihre Ufer, gefolgt von größeren Tieren, die durch die seichten Wasser schwammen, um auf ihrem grünen Weideland zu grasen. An den Hängen ihres Körpers wuchsen Apfelbäume in schönen, grünen Obstgärten.

Während aus den pinkfarbenen Apfelblüten rote und goldene Früchte wurden, war Nolava entzückt über ihre Fülle.

„Ich taufe diese Insel den Ort der Äpfel, die Insel Avalon. Sie soll als Nolavas Insel bekannt sein, die heilige Paradiesinsel und als Garten der Hesperiden, wo für immer die goldenen Äpfel der Unsterblichkeit wachsen werden."

Viele Tage und Nächte liebten Nolava und Nodens einander und eines Nachts, als die Mondin voll war, füllte sich Nolavas Liebespokal mit neuem Leben. Sie empfing ein Mädchen aus ihrer Vereinigung, das in ihrem Schoß zu wachsen begann. Das Mädchen war eine Tochter des Landes, des Meeres, des Windes und des Feuers. Nolavas Körper war erfüllt von dem neuen Leben, das in ihrem Schoß wuchs, und als ihr Bauch größer wurde, kehrte Nodens ins Meer zurück, doch seine Wasser plätscherten stets gegen ihre Ufer. Zufrieden legte sich Nolava zurück auf die Erde. Neben der Roten Blutquelle schwoll ihr Kelch in ihrem Bauch an und wurde ein sanft gerundeter Hügel.

Eines Tages spürte Nolava wie sich das Baby in ihrem Schoß bewegte. Sie dachte an Nodens und erinnerte sich an die Ekstase ihrer Vereinigung. Beglückt legte sie segnend ihre Hand auf ihren Bauch und flüsterte:

„Wenn du geboren bist, werde ich dich Bride taufen, Enkelin von Brigit, und in Erinnerung an die Braut[1], die deine Mutter für Nodens, ihren Bräutigam, war. Der Ort, an dem du liegst, soll Bride´s Mound genannt werden, das Tor nach Avalon."

Die Enstehungsgeschichte der Insel Avalon

Nodens ritt auf den Wellen heran, um bei der Geburt seiner Tochter zu Imbolc dabei zu sein, doch Nolavas erste Geburt war lang und langsam und dauerte Tage. Als das Baby schließlich in der dritten Nacht geboren wurde, kam das Mädchen in eine dicke Eihaut gehüllt hervor. Sie lag bewegungslos auf der Erde und atmete nicht. Erschöpft von ihren Wehen war Nolavas Kraft verbraucht und ihr violettes Licht war erstmals gedämpft. Die Eihaut war zu dick, als dass sie sie zerreißen konnte. Sie konnte ihre Tochter nicht von der sie umhüllenden Haut befreien.

Sie rief um Hilfe. Sie rief nach Brighde, der Hebamme, doch sie war weit weg in den Hebriden beschäftigt, wo sie anderen Töchtern bei der Geburt half. Sie rief nach Greinne der Sonnenmutter, doch auch sie schien auf der anderen Seite der Erde und konnte nicht kommen. Sie rief nach Mutter Danu, doch sie war weit weg, jenseits des Nordwindes. Sie rief nach Domnu, doch sie schwamm in der Tiefe. Sie rief nach Ertha, doch sie schlief tief und fest.

Nolava rief nach Nodens, der mit seinem Messer an das Ufer heranbrauste, doch es war nicht stark genug, um die Hülle zu durchbrechen. Sie rief nach den Fischen, doch sie konnten nicht an Land kommen. Sie rief nach den Tieren, doch ihre Zähne waren nicht scharf genug. In ihrer Verzweiflung über die regungslos daliegende Tochter rief sie schließlich nach dem Wind, den Wolken, dem Regen, dem Sonnenschein, nach Donner und Blitz, Hitze, Hagel, Eis und Schnee. Sie hörten Nolavas Ruf und erhoben sich gemeinsam in einem machtvollen Sturm, der über das Land und die See tobte. Aus dem wirbelnden Wetter strömten neun schwarze Krähen. Aus dem Himmel flogen sie zu Nolavas Rettung herbei.

Mit rasiermesserscharfen Schnäbeln und gekrümmten Klauen rissen sie an der Eihülle und hatten bald das neugeborene Mädchen befreit. Bride nahm ihren ersten Atemzug und öffnete ihre Augen. Sie erblickte neun glitzernde schwarze Augenpaare, die segnend auf sie hinunter sahen. Sie schnappte nach Luft, gluckste und lächelte. Dann glitt sie aus der Eihülle, wie ein Lachs durch die Strömung. Nolava und Nodens blickten bewundernd auf ihre wunderschöne Tochter und dankten für ihre glückliche Geburt.

Nolava sagte sanft:

„Habt Dank, Krähen, dafür, dass ihr meiner Tochter ins Leben geholfen habt. Ohne euch wäre sie gestorben, noch bevor sie geboren war."

Die neun Krähen reckten sich stolz und krächzten und waren sehr zufrieden mit sich. Eine sprach für sie alle:

„Kleine Bride, sei willkommen auf dieser heiligen Insel Avalon, denn dieser Paradiesgarten wird dein Heim auf der Erde sein."

Avalon - Exordium

Und während das violette Licht wieder von Nolavas Haut erstrahlte, feierten ringsumher in den Bauen und Nestern der Hohlen Hügel die Feen, Elementare und Geschöpfe des Landes die Anwesenheit all dieser erstaunlichen Wesenheiten. Nur die kleineren Vögel und Tiere zitterten vor Angst, dass die schwarzen Aaskrähen herumstreunen und sich im geweihten Land an ihren Körpern laben könnten.

Nolava blickte ihre neugeborene Tochter voll Freude an und sah ihr tief in die Augen. Sie spürte intensiv wie sich ihre Erste Milch in ihrer Brust bildete und als süße, nährende, milchige Weiße Quelle hervor strömte. Nolava stillte ihr erstgeborenes Kind bis es satt war und legte das Mädchen dann sanft neben ihren Fuß, damit es schlief.

Nolava wandte sich an die neun Krähen.

"Ich kann euch nicht genug danken, ihr Neun, die ihr mein Kind gerettet habt. Wer seid ihr?"

"Wir sind die neun Morgenen des Lebens und des Schicksals. Wir spinnen jeden Tag die Welt zum Leben, wir spielen im strahlenden Leben, wir sind die vielen Gesichter der Natur, des Wetters und der Frauen. Wir begleiten die Toten ins Leben und die Lebenden in den Tod. Wir verändern alles, was wir berühren."

Während sie sprachen, begannen die Neun sich in ihre vielen Formen zu verwandeln. Ihre blauschwarzen Krähenfederkleider ablegend, enthüllten sich neun Frauen von jung bis alt. Mit ihren schönen und verschiedenartigen Gesichtern und Körpern umfassten sie das ganze Spektrum der Weiblichkeit, wobei jede auf ihre eigene Art überwältigend war. Sie verwandelten sich erneut und umkreisten Nolava in ihrer Wettergestalt, in einem Moment warm und mild und im anderen einem stürmischen Wind gleich. Sie verwandelten sich in viele Arten von Vögeln, in einen Hain von Bäumen, eine Gruppe von Weiden, eine Blumenwiese, in schimmernde Wesenheiten und in neun Ströme farbigen Lichts, ehe sie sich schließlich wieder als weibliche Morgenen manifestierten. Mit Lächeln und Knicksen stellten sie einander der Reihe nach vor:

"Wir sind Thitis, Cliton, Thetis, Gliten, Glitonea, Moronoe, Mazoe, Tyronoe und Morgana, Morgene die Fee, Morgene das Schicksal."

Die neun Morgenen verwandelten sich wieder in ihre Krähengestalt und flogen freudig hinauf zum Himmel. Krächzend flogen sie zur Spitze von Nolavas milchgefüllter Brust und umkreisten ihre steilen Hänge. Während sie über dem Tor flogen, sahen sie unter sich die Große Mutter Nolava mit Bride, ihrem Baby, neben ihrem Fuß auf der Erde liegen. Sie sahen die Schwanenmaid, wie sie mit ausgebreiteten Flügeln über das Land flog und den Lachs (der später als Beckery Salmon bekannt wurde), der zu ihrem Kopf sprang. Als später der

Die Enstehungsgeschichte der Insel Avalon

Abend hereinbrach, flogen die Morgenen zu Bride´s Mound und ließen sich dort auf dem kleinen Hügel neben dem Wasser zum Schlafen nieder.

Nolava kam bald wieder zu Kräften und ihre transformierenden violetten Strahlen segneten das Land und seine Geschöpfe. Nodens brandete noch viele Male gegen Nolavas Küste. Bei Vollmond, bei den Frühlings- und Herbstfluten, an ruhigen sonnigen Tagen und in stürmischen Nächten liebten Nolava und Nodens einander. Das Land und das Meer machten Liebe miteinander.

Die Lady von Avalon gebar viele Kinder. Manche von ihnen haben sich dem Land eingeprägt und die Namen von manchen anderen sind uns in Mythen und Legenden überliefert. In einer dunklen Samhain-Nacht gebar Nolava einen schreienden Sohn, Gwyn ap Nudd, den Weißen Sohn von Nudd (ein anderer Name von Nodens), der nach seinem Vater und dem Glitzern der Vollmondin, die in dieser Nacht über dem Meer schien, benannt ist.

An einem schönen Lammas-Morgen gebar Nolava leicht und sanft eine zweite Tochter, Madron. Als sie erwachsen war, wurde sie die Mutter des Geschlechts von Avallach. Sie gebar neun Töchter, die Priesterinnen auf der Insel Avalon wurden. Sie waren im ganzen Land berühmt für ihre Heilkunst, ihr Wissen über Kräuterkunde und die Geisteswissenschaften, über Mathematik und Physik und ihre Kenntnisse über die Sterne am Himmel, die Vergangenheit und die Zukunft. Sie konnten ihre Gestalt verwandeln, von Frau zu Tier, zu Vogel, zu Göttin und sie konnten gleichzeitig an verschiedenen Orten sein. In einer Zeremonie tauften sie sich nach den neun Morgenen Thitis, Cliton, Thetis, Gliten, Glitonea, Moronoe, Mazoe, Tyronoe und Morgen la Fey. Die große Tradition hatte begonnen.

Während die Jahre vergingen, sah Nolava voller Stolz wie ihre Kinder heranwuchsen und ihr eigenes Leben führten. Langsam alterte sie und schließlich kamen ihre fruchtbaren Jahre zu einem Ende. Sie ließ sich in der Landschaft von Avalon nieder, als ihr Rücken sich beugte, und ihre Brüste und ihr Bauch einfielen. Während Erthas Roter Blutstrom unverändert weiterfloss, füllte sich der Kessel in Nolavas alterndem Schoß mit Weisheit. An kalten Tagen hüllte sie sich in einen warmen, dunklen Umhang, um über die Insel Avalon zu wandeln. Gelegentlich lüftete sie einen Zipfel des Umhangs, so dass ihre violette Strahlung weiterhin über das Land strömte. An Sommertagen spazierte sie gemächlich mit den ihr vertrauten Krähen durch die Obstgärten von Avalon und verströmte ihr violettes Licht. Wenn ihre Gelenke schmerzten, blieb sie ab und zu stehen und ruhte sich kniend auf dem Rücken ihres jüngeren Schwanenselbst aus.

Zu den Gewässern, die die heilige Insel umgaben, strömten Schwanenmaiden und Schwanenprinzen, um dort zu nisten und in Sicherheit ihre Jungen auszubrüten. Brigit kam mit ihrem Schwanenclan aus dem Nordosten und beanspruchte das Land über das sie flog als das ihre, so wie ihre Tochter es vorhergesagt hatte. Von überallher auf Brigits Inseln und von Europas Land kamen Schwäne, um Nolava zu besuchen, und sie war glücklich im Kreis ihrer Familie.

Avalon - Exordium

Jedes Jahr, wenn Samhain nahte, zog sich Nolava aus der äußeren Welt in eine von der Weißen Quelle ausgewaschene Höhle tief im Inneren des Tor zurück. Dort im Inneren des Hohlen Hügels verbrachte sie die Wintermonate, saß neben dem Feuer und rührte ihren Kessel der Transformation. Jeweils zur richtigen Zeit gab sie Kräuter und Gewürze hinzu und strahlte Ihr violettes Licht tief in der Erde aus. Wer zum Tor blickte, sah die violette Aura vor dem Himmel glühen, besonders in Vollmondnächten. Den Eingang zu diesem unterirdischen Reich bewachte der nun vollkommen erwachsene und stattliche Gwyn ap Nudd. Manchmal nahmen die neun Morgenen Nolavas Platz in der Höhle ein und hüteten das Feuer und den Kessel, wenn sie über das Land wanderte. Zu anderen Zeiten gesellten sie sich am Herd zu ihr und an vielen Abenden saßen sie alle gemeinsam beisammen, lachten und erzählten Geschichten über die Vergangenheit und spannen und webten dabei die Fäden der Zukunft.

Vorgeschichtliche Völker, die zurückgekehrt waren, nachdem die Große Flut verebbt war, erkannten, dass die Insel, die sich aus der westlichen See erhob, ein Portal zur geheimnisvollen Anderswelt war. Sehr behutsam näherten sie sich der heiligen Insel Avalon und kamen zunächst nur über das Wasser, um ihre Toten zu einer Himmelsbestattung auf die Spitze des Tor zu bringen. Die Insel wurde als die Westliche Insel der Toten bekannt. Aasvögel, die Morgene Krähen, Adler und Bussarde stürzten herab und labten sich an den Körpern der Toten. So entließen sie deren Seelen ins Paradies. Einmal im Jahr zu Samhain ritt Gwyn ap Nudd mit seinen schwarzen Hunden mit roten Ohren über die Hügel der Insel und sammelte die Seelen jener ein, die reif waren zur Verwandlung, bereit für den Kessel der Göttin.

Jahre nachdem Madrons Töchter, die neun Priesterinnen von Avalon, hinübergegangen waren ins Größere Leben, kamen nach und nach andere Frauen alleine oder zu zweit an. Sie folgten dem Ruf von Erinnerungen an eine Zeit, als Priesterinnen von Avalon gelebt und die Lady auf der Insel Avalon verehrt hatten. Sie weihten sich als Hebammen der Seelen, Fürsorgerinnen für jene, die Heilung und Verwandlung brauchten, für die Sterbenden, die Toten und die Wiedergeborenen. Die Priesterinnen von Avalon halfen kürzlich freigegebenen Seelen dabei, vom Leben in den Tod hinüberzugehen und auch wieder zurückzukehren. Sie lernten die Kunst der Verwandlung durch direkte Kommunion mit Nolava und dem Land, das ihr Körper ist, und durch Kommunion mit den neun Morgenen.

Die göttinliebenden Menschen des neolithischen Zeitalters pilgerten zur Insel Avalon, um die Jahreskreisfeste zu feiern. Sie wussten, dass dies die allerheiligste Erde war und kamen um Nolava, die Lady von Avalon, die neun Morgenen und Erthas Vulva zu ehren. Sie überlieferten die Erzählung ihrer Ahnen, die berichtete wie Nolava das Land und die Völker von Avalon geschaffen hatte. In jeder Jahreszeit sangen sie das Land wach und schickten die liebenden und verwandelnden violetten Strahlen der Göttin über die Energielinien und Meridiane der Erde hinaus, dorthin, wo auch immer sie gebraucht wurden, für Heilung und für das Wohl der Menschen, der Geschöpfe und des Landes.

Die Enstehungsgeschichte der Insel Avalon

Sie bauten einen heiligen Hügel auf dem Haupt von Nolava der Greisin in der Landschaft. Von dort aus verfolgten sie den Lauf der aufgehenden Sonne, wenn sie am Morgen der Wintersonnenwende den nördlichen Hügel des Tor hinaufrollte. Es war ein wunderbarer Anblick, den man heute noch sehen kann, wenn Greinnes strahlender Lichtball sich aus der dunklen Wintererde in den blauen Himmel der Wiedergeburt erhebt.

Sie gestalteten ein großes Zeremonial-Labyrinth auf den Erdhängen der linken Brust von Nolava als Liebende/Mutter. Ariadne legte ihren Roten Faden durch das Labyrinth, dessen Pfad den heiligen Berg hinaufführt nach Caer Sidi, Arianrhods Spiral-Schloss in den Sternen. Es ist auch bekannt als das Silberrad, Corona Borealis und Krone der Ariadne. Das Zentrum des Labyrinths liegt tief im Inneren des Tor verborgen, in der Höhle von Nolavas Kessel, zugänglich durch einen verborgenen Eingang auf der Südseite. Dort in der Mitte des Labyrinths können speziell vorbereitete Initianden ihr Schattenselbst treffen, um begleitet von der Greisin transformiert und verwandelt zu werden.

Mit der Zeit wagten es immer mehr menschliche Wesen die heilige Insel zu betreten. Sie reisten über das Wasser nach Avalon, um die violetten Emanationen zu spüren. Die Fähigkeiten der Priesterinnen wuchsen, um den Bedürfnissen der Ankommenden gerecht zu werden. Sie boten Gastfreundschaft, Heilung, Unterweisung in Kräuterkunde, Astrologie, Astronomie, Mathematik und Physik, Poesie und Erzählkunst, Weissagung, Orakel, Musik, Tanz, Reisen und Gestaltwandeln an. Sie lehrten die Mysterien von Nolavas Avalon.

Im Laufe der Zeit trafen sich die Kontinentalplatten und drückten gegeneinander, wodurch sich das Land am Rande des Ozeans langsam, Zentimeter für Zentimeter aus dem Meer zu erheben begann. Das Meer zog sich gegen Westen zurück und hinterließ große Seen, mit Brackwasser gefüllte Teiche – den Roten, den Weißen, den Schwarzen, Torf-Sümpfe und Feuchtgebiete. Die Insel Avalon ragte nun aus der Mitte eines großen Sees empor und Nolava wurde als die Dame vom See und die Lady von Avalon bekannt. Sie wurde von den Menschen verehrt, die auf Pfahlbauten in Seedörfern lebten und die feuchte Landschaft auf uralten hölzernen Straßen durchquerten. Die neolithischen Völker hatten diese Holzstraßen erstmals erreicht. Die heilige Insel Avalon spiegelte sich oft in der glatten Oberfläche des Sees, der sie umgab, und wurde als die Glas-Insel bekannt, die in der Sonne und im Mondlicht schimmert und glänzt. Später, als zur Zeit der Sachsen Menschen auf der Insel lebten, wurde sie Glass Town Burg oder Glastonbury genannt.

Viele verschiedene Gruppen von Suchenden kamen im Lauf der Jahrhunderte nach Glastonbury. Jede von ihnen brachte ihre eigene Wahrheit mit und legte sie auf Nolavas Körper. Vor über zweitausend Jahren kamen die Druiden und errichteten zwischen den Bäumen des großen Eichenwaldes, der das Haar auf Nolavas Kopf bildet, ein bedeutendes Kollegium, wo sie ihr Wissen über Poesie, Gesang und Vision lehrten. Nach dem Tod Jesu in Palästina kamen die ers-

Avalon - Exordium

ten Christen, geführt von Joseph von Arimathäa, nach Avalon und behaupteten, dass die Rote und die Weiße Quelle das Blut und den Schweiß Jesus am Kreuz repräsentierten. Joseph erbaute aus Flechtwerk eine runde Kirche mit Einsiedler-Zellen neben der heiligen Quelle, die Nolavas Vulva entsprang. Heilige kamen, unter ihnen war auch Brid aus Irland, die auf Brides Mound weilte. Sie erkannte die Große Mutter in der Landschaft.

Der tapfere König Arthur kam und fand seine Liebe in der kleinen Kapelle, die auf Bride´s Mound errichtet worden war. Später kehrte er sterbend nach Avalon zurück. Bei der Überquerung des Großen Wassers wurde er von Morgen la Fey und ihren Schwestern begleitet. Christliche Mönche behaupteten, dass sie seinen Körper und den der wunderschönen Königin Gwenhyfar gefunden und sie in Nolavas Erde begraben haben. Es heißt, dass sie hier immer noch ruhen, und bis zur Zeit ihrer Wiedergeburt schlafen.

Viele Pilger kamen, um den Ort zu besuchen, an dem die erste christliche Kirche auf Brigits Inseln erbaut worden war. Eine große Benediktinerabtei wurde neben der heiligen Quelle in Nolavas Vulva gebaut. Im Zuge des Baus der Abtei legten die Mönche auch die Seen und Sümpfe trocken, die die Hohlen Hügel umgaben. Nach einiger Zeit war die heilige Insel statt von Wasser von grünen Feldern umgeben. Jedes dieser Felder war eingeschlossen von wassergefüllten Rhynes und Gräben, die bis zum heutigen Tag vorhanden sind und das Wasser zum Meer leiten.

Als die patriarchale Religion und Gesellschaft die Vorherrschaft über die einheimische britische Kultur übernahmen, gerieten Nolava und ihr heiliger Körper völlig in Vergessenheit. Sie wurde als das Böse abgelehnt, mit Weihwasser besprengt und mit dem Zeichen des heiligen Kreuzes gebannt. Der Schleier von Avalon wurde errichtet, um seine Mysterien vor den Augen der Weltlichen und Ungläubigen zu verbergen. Die heilige Insel verschwand in den Nebeln unseres Vergessens. Das violette Licht, das einst von allen, die mit ihren Strahlen in Berührung kamen, so geliebt wurde, ging verloren in der Düsternis der Amtsfarben. Doch Erthas Rote Blutquelle und Nolavas Weiße Quelle flossen weiterhin.

Hunderte Jahre später kehrte auch die berühmte Abtei in die Erde zurück, als Folgeerscheinung der Auflösung der Klöster durch Henry den VIII. im Jahr 1539. Sie besteht noch als friedvolle Ruine, und die Natur der Göttin wuchert, wo einst Steine waren. Die heilige Quelle fließt noch immer hier in Nolavas Vulva und buschartige Bäume bekleiden wieder ihre yonische Pforte.

Im Laufe der Jahre reisen alle wichtigen Personen im Land irgendwann nach Glastonbury und suchen Avalon und seine Mysterien. Sie alle kommen – Königinnen, Könige, Heilerinnen, Lehrerinnen, Dichterinnen, Seherinnen, genauso wie gewöhnliche Sterbliche, und suchen nach der verwandelnden Berührung der Lady. Unbewusst und unwissend baden sie in ihren violetten Emanationen. So wie die Schwanenmaid selbst, kommen Gläubige verschiedener Glaubensrichtungen oder gar keiner, hierher auf der Suche nach Erthas Quelle. Sie kommen auf der Suche nach dem heiligen Jungfrauengral, um aus dem

Die Enstehungsgeschichte der Insel Avalon

Pokal der Liebenden zu trinken, um ihren Durst nach Wahrheit im mit Liebe gefüllten Kelch der Mutter zu stillen und um in den Kessel der Greisin zu tauchen, der Verwandlung und Weisheit bringt.

Gegenwärtig reisen wöchentlich viele hunderte Menschen hierher. Manche reisen mit Absicht zur Insel Avalon und gelangen hinter den Schleier, kommen in Kontakt mit diesem Ort der Magie und des Mysteriums und erleben Nolavas verwandelndes violettes Licht. Andere stolpern unabsichtlich durch die Nebel an die Küste von Avalon und werden wachgerüttelt. Manchmal werden wir von ihrer Ekstase erfüllt, während wir auf ihrem heiligen Körper Liebe machen. Danach kann sie uns manchmal viel zu schnell den schockierenden Spiegel, der unser Schattenselbst zeigt, vorhalten. Wir laufen vor dieser hässlichsten aller Spiegelungen davon und suchen nach Schutz. Von ihrem Mitgefühl eingehüllt, heilen wir langsam unsere karmischen Wunden.

Manche wagen sich geradewegs in den Hohlen Hügel, nur um Jahre später zu Tode erschrocken und verrückt, mit weiß gewordenem Haar wieder aufzutauchen und umherzuirren. Oder sie wurden erfüllt von der Gnade der Göttin, inspiriert als Seherinnen, Prophetinnen und Dichterinnen. Mutige Seelen reisen hierher, angezogen von einem Ruf, der tiefer geht als das Leben selbst. Sie kommen von überall auf Brigits Inseln oder von noch weiter weg auf der Suche nach Erthas Quelle. Sie sehnen sich danach Nolava, der Lady von Avalon, in all ihrer Pracht zu begegnen und streben danach, heutige Priesterinnen und Priester ihres transformierenden Wesens zu werden. Sie sehnen sich danach, die Morgenen, die Essenz des Weiblichen in der Natur und in den Frauen, zu treffen.

An Frühlings- und Herbsttagen, wenn die bleichen Nebel aus dem Land hochsteigen, erinnern wir uns an Nolava und ihren Geliebten Nodens und ihre Leidenschaft füreinander. Wenn die Nebel dichter werden, sagen die Einheimischen im Sommerland immer noch:

„Die Weiße Lady kommt! Sie kommt!"

Wir sind glücklich und dankbar, weil wir hier jeden Tag auf dem Land, das der Körper der Lady ist, wandeln können. Wir können von Erthas heilendem Roten Blutwasser trinken und wir können von Nolavas süßer Weißer Quelle trinken. Wir können uns mit der Quelle unseres Lebens verbinden. Wir können die Gegenwart der Neun Morgenen im Wetter und in allen Formen der Natur spüren. Wenn wir Nolava in unseren Meditationen und Visionen anrufen, können wir sehen und spüren, wie ihr violettes Licht unter ihrem vielfarbigen Mantel hervorquillt und von ihrer Haut zu unserer ausstrahlt, von ihrem Herz zu unserem. Jeden Tag, an dem wir uns an sie erinnern, wird der Schleier von Avalon dünner. Die heilige Insel und ihre Mysterien tauchen auf aus den Nebeln unseres Vergessens. Die Lady von Avalon kommt zurück.

---

[1] Bride bedeutet im Englischen Braut.

Erste Spirale

Eine Schwester oder ein Bruder von Avalon werden

Avalon - Erste Spirale

Der Kreislauf der Jahreszeiten ihrer Natur

Die Erde ist der Körper der Göttin und sie drückt verschiedene Aspekte von sich durch den Zyklus der Jahreszeiten ihrer Natur aus. Unsere Wahrnehmung und unser Verständnis davon, wer die Göttin ist, wird unmittelbar dadurch beeinflusst, wie wir ihre Natur erfahren, wo immer wir auf ihrem Körper leben. Hier, auf Brigits Inseln und auf der Insel Avalon, lernen wir sie kennen, indem wir uns auf ihre Natur einstimmen, während sie sich vom Frühling zum Sommer zum Herbst und zum Winter verwandelt und spiralförmig weiter zum nächsten Frühling.

Nach dem Winter erwärmen die zunehmenden Sonnenstunden die Erde, die Luft und das Wasser und ermöglichen es zahllosen Vögeln, Tieren, Insekten und Pflanzen geboren zu werden, zu sprießen und zu wachsen, zu gedeihen und zu blühen. Sie erfüllen die Welt der Göttin mit Farbe, Vielfalt, Schönheit und Überfluss. Diese Jahreszeit des Wachsens erreicht ihren Höhepunkt zur Sommersonnenwende, wenn die Sonne am Himmel ihren Zenit erreicht. Nach der Sommersonnenwende nehmen die Sonnenstunden langsam ab, obwohl sich im Land, im Wasser und in der Luft immer noch Hitze aufbauen kann und zwar bis Mitte August. Junge Vögel sammeln sich in großen Schwärmen, junge Tiere wachsen heran, Insekten vermehren sich zu Milliarden, spinnen Kokons und bereiten sich auf kälteres Wetter vor. Weiterhin blühen Pflanzen, bringen dann Früchte hervor, und bilden Samen. Winde wehen, der Regen kommt, die Samen werden verbreitet, die Bäume verlieren ihre Blätter und die Pflanzen sterben ab und ziehen sich in die Erde zurück, wo sie während der kalten Wintermonate unter dem Frost, dem Eis und dem Schnee ruhen, und ihre Wiedergeburt erwarten.

Durch diesen sich wiederholenden Kreislauf ihrer Natur können wir uns die Göttin in Brigits Inseln jedes Jahr als eine wunderschöne junge Frau vorstellen, die zu einer fruchtbaren und sexuellen Liebenden heranwächst, dann zu einer freigiebigen Mutter reift und Nachkommen gebiert und schließlich zur Greisin altert, die verfällt und stirbt, wobei sie zur Erde zurückkehrt aus der sie im nächsten Frühling wiedergeboren wird. Dies ist eine endlose, fortwährende Spirale von Wandel und Transformation. In den vier Jahreszeiten sehen wir diese vier grundlegenden Gesichter ihrer Natur, die in Großbritannien jeweils etwa gleich lange regieren. Durch die globale Erwärmung könnten sich diese derzeit gleich langen Regierungszeiten in der Zukunft ändern.

Menschen, die in anderen Teilen der Welt leben, erleben andere Gesichter der Natur der Göttin, die wir vielleicht nicht sehen. Gegenden nahe am Äquator, wo Dschungel und Regenwälder üppig wachsen, haben meist nur zwei Jahreszeiten, heiß und trocken und warm und nass. Dort wird die Göttin als wohlmeinende, lebensspendende Sonnen- und Regen-Mutter wahrgenommen, so wie Yoruba in Afrika oder Mutter Ganges in Indien. In Wüsten leben nur wenige Pflanzen und Tiere. Sie gedeihen in einer kurzen Jahreszeit bevor sie in der Hitze ausdörren und dann für den Großteil des Jahres schlafend unter dem heißen Sand ruhen. Hier ist die Sonnengöttin, wie etwa Sekhmet in Ägypten, mit ihrer sengenden Hitze gleichzeitig lebensspendend und todbringend. Menschen die näher am Süd- und Nordpol leben, haben lange Winter voll Dunkelheit und eine kurze Jahreszeit langer Tage, wenn die Sonne niemals untergeht. Dort drückt sich die Göttin hauptsächlich als Wintergöttin aus, so wie Hel, Holle und Sedna. Sie ist verbunden mit dem Schnee und dem Eis, der Dunkelheit und kalten Winden und einer kurzen, warmen Jahreszeit in der sie ihr helles, wohlmeinendes, lebensspendendes Gesicht zeigt.

Wir können über die Göttin in Brigits Inseln und Avalon viel dadurch erfahren, wie sich ihre Natur während der acht gleich langen und unterschiedlichen Phasen des Jahres verändert. Diese Phasen sind der Überlieferung gemäß durch die acht Jahreskreisfeste markiert. Vier dieser Feste sind astronomisch begründet und beziehen sich unmittelbar auf die Stellung der Erde in Bezug auf die Sonne. Das sind die zwei Sonnenwenden – Winterbeginn (Yule), der kürzeste Tag des Jahres, wenn die Sonne ihren Tiefststand hat, und Sommerbeginn (Litha), der längste Tag des Jahres, wenn die Sonne ihren Höchststand erreicht; und die zwei Tag-und-Nacht-Gleichen – Frühlingsbeginn (Oestre/Ostara) und Herbstbeginn (Mabon), wo es gleich lange hell und dunkel ist. Die vier Element-Mutter-Göttinnen, die Mütter von Luft, Feuer, Wasser und Erde, werden zu diesen vier Jahreszeiten und bei den Sonnenwendfesten und den Tag-und-Nacht-Gleiche-Festen gefeiert.

Zwischen den vier Jahreszeitenfesten liegen ebenfalls vier Feste – Imbolc, Beltane, Lammas und Samhain – sie liegen am Mittelpunkt zwischen den Sonnenwenden und den Tag-und-Nacht-Gleichen und stehen in Beziehung zu landwirtschaftlichen und gärtnerischen Ereignissen, dem Sähen der Samen, dem Anbau und der Ernte. Auf diesem Sonnenrad sind die vier Zwischenjahreszeitenfeste traditionell die Zeiten, zu denen die Göttin sich am lebhaftesten als die vierfaltige Jungfrau, Liebende, Mutter und Greisin ausdrückt, im Gegensatz zur dreifaltigen Mondgöttin. Die Zwischenjahreszeitenfeste waren weiter-

Der Kreis der Jahreszeiten

hin lebendige Kristallisationspunkte zur Feier der Göttin, als sich das Christentum ausbreitete und darauf konzentrierte, die offensichtlicheren Sonnenfeste des Jahres zu übernehmen. Yule wurde die Zeit der Geburt Jesu und Ostara wurde mit seinem Tod in Verbindung gebracht.

Brigits Inseln als Ganzes werden von der Göttin Britannia regiert, von ihr, die Brigit-Ana ist, eine Kombination der althergebrachten Brigit und der Muttergöttin Ana, deren Namen von frühester Zeit an gefunden werden. Im Laufe des Jahres drückt sich Britannia durch viele Göttinnen aus, von denen uns manche möglicherweise bereits vertraut sind, während uns andere unbekannt sind. Indem wir Britannia ehren, holen wir die alte Schutzgöttin dieser Inseln aus der kriegerischen Rolle zurück, in die sie von kriegswütigen Patriarchen gedrängt wurde. Wir würdigen sie in ihrem ursprünglichen friedliebenden, sonnenbezogenen, ländlichen und schützenden Wesen.

Das Rad von Britannia unterscheidet sich vom traditionellen Wicca-Rad, und ich habe in *„The Ancient British Goddesses"* (Die alten britischen Göttinnen) und *„Spinning the Wheel of Ana"*[1] (Das Rad von Ana spinnen) ausführlich über das Rad von Britannia und seine Ursprünge geschrieben. Basierend auf den Eigenschaften und Qualitäten der Göttinnen, die traditionellerweise zu den acht Jahreskreisfesten gefeiert werden, sind die Element-Mütter an anderen Stellen auf dem Rad. Die Mutter der Luft ist im Norden, die Mutter des Feuers ist im Osten, die Mutter des Wassers ist im Süden und die Mutter der Erde ist im Westen.

Britannia regiert die äußere Welt der Inseln Brigits. Nolava, die Lady von Avalon ist ein innerer Gegenpart zu Britannia. Sie regiert die innere Realität von Brigits Inseln, die die mythische Insel Avalon ist. In den folgenden Kapiteln werden wir Nolavas heiliges Jahresrad erforschen. Wir werden durch die Erfahrung mit den Göttinnen auf Britannias Jahresrad auch etwas über die Lady von Avalon lernen. Wir werden etwas über die transformierenden Qualitäten dieser Göttinnen lernen, so dass wir dieses Wissen auf die innere Welt von Avalon anwenden können. Hinzufügen können wir unser Verständnis der Qualitäten auf dem Rad der neun Morgenen.

Während der Ersten Spirale der Ausbildung zur Priesterin von Avalon erleben die Teilnehmerinnen die vielen verschiedene Arten wie sich die Göttin in Brigits Inseln ausdrückt, so wie sie durch ihr Jahresrad offenbart werden. Sie nehmen an einer Reihe von jahreszeitlichen Zeremonien teil, die mit der Absicht gestaltet wurden, die Veränderung im persönlichen, spirituellen und kreativen Leben jeder Teilnehmerin zu katalysieren. Das Ziel für das Ende der Ersten Spirale der Ausbildung ist es, dahin zu kommen, dass wir bereit sind unser Leben der Göttin zu weihen und eine wahre Herzensschwester, ein wahrer Herzensbruder von Avalon zu werden. In den nächsten Kapiteln konzentrieren wir uns auf die zeremonielle Reise und den Prozess der Verwandlung, die Individuen während der Ersten Spirale auf ihrem Pfad zur Priesterinnenschaft durchmachen.

Avalon - Erste Spirale

Das heilige Rad der Nolava, der Britannia & der neun Morgenen

In der britischen heidnischen Tradition beginnt das neue Jahr nicht im Januar, sondern zu Samhain, dem Jahreskreisfest der Greisin oder dunklen Göttin, die zu Hallowe´en, am 31. Oktober gefeiert wird. Unsere Reise um Britannias Rad beginnt zu dieser Zeit, wenn das alte Jahr sich in das Neue verwandelt. In den nächsten Kapiteln werden wir das Rad drehen und dem zeremoniellen Kreis der Ersten Spirale der Ausbildung zur Priesterin von Avalon folgen.

---

[1] Beide Bücher sind bisher nicht auf Deutsch erschienen.

Das Dunkelwerden

Samhain: Jahreskreisfest der Göttin als Greisin

In allen Göttinnen, die zur Zeit des Dunkelwerdens zu Samhain gefeiert werden, drückt sich die Greisin aus, der vierte Aspekt der Jungfrau-Liebenden-Mutter-Greisin-Vierergruppe. Sie regiert Verfall, Dunkelheit und Tod. Wir ehren Nolava als die Greisin, das alte Weib und die dunkle Göttin, als schwarze Nolava. Sie ist es, die uns hinunter in die Unterwelt mitnimmt, um unserem Schattenselbst zu begegnen. Wir ehren Mazoe, die dunkle Morgene von Samhain. Wir begegnen der Greisin als Keridwen, der großen weißen Sau, die den Kessel von Tod, Transformation und Wiedergeburt hütet. Wir gehen unter der klaffenden Vulva der Sheela na Gig hindurch, die Beschützerin und Hüterin der Pforten zu den Welten jenseits des Lebens ist.

In Großbritannien und in anderen nördlichen Breitengraden kennzeichnet Samhain das Ende des alten Jahres und den Beginn des neuen. Zu dieser Zeit sinkt der Sonnenbogen im südlichen Himmel, die Tage werden kürzer und alles in der Natur der Göttin kehrt sterbend zur Erde zurück. Die Luft wird kälter, die Säfte sinken in die Wurzeln der Pflanzen hinunter, Blätter fallen von den Büschen und Bäumen und bedecken das Land mit einem allmählich schwarz werdenden orangen, roten und braunen Teppich. Während des Winters wird dieser Teppich kompostieren und Nährstoffe an die Erde zurückgeben. Tiere füllen sich ihre Bäuche mit Früchten und legen als Vorbereitung auf den Winterschlaf und die Entbehrungen des Winters Futter- und Nussvorräte an. Vögel bilden Schwärme, Wacholderdrosseln und Stare fliegen in großer Zahl und kreisen in der Morgen- und Abenddämmerung über Avalon, wenn sie zu und von ihren nächtlichen Ruheplätzen in den Marschen des Sommerlandes ziehen. Die sommerlichen Besucher, Schwalben und Mauersegler, sind bereits zu ihrem langen Flug in wärmere Gefilde aufgebrochen. Die Morgene-Krähen spielen auf ihren Flügen mit dem Wind. Kleine Vögel schlemmen Beeren und ziehen in die Gärten, wo sie im Winter gefüttert werden.

Samhain ist die Jahreszeit in der wir der dunklen Mutter ins Gesicht sehen und ihre Unterweltkräfte der Transformation und Regeneration würdigen. Es ist die Zeit, in der wir als Vorbereitung für einen neuen Anfang alles weggeben, was uns nicht länger nützt. Wir ehren die Todmutter und anerkennen die Tatsache, dass alles Materielle eines Tages sterben wird, einschließlich unseres eigenen Körpers. Wir begeben uns in der heiligen Landschaft von Avalon auf eine Pilgerreise zu ihr. Wir gedenken unserer Toten, all jener, die wir gekannt und geliebt haben, und die hinübergegangen sind ins Größere Leben. Samhain ist auch die Zeit, zu der wir unsere Samen der Absicht für das kommende Jahr pflanzen.

Nolava die Greisin, das alte Weib, ehren

Zu Samhain ehren wir Nolava als Greisin, altes Weib und Großmutter. Sie ist alt und ihre Liebe ist endlos und dauerhaft. Sie hat so lange gelebt, dass sie alles im Leben gesehen hat und ihr nichts Menschliches fremd ist. Sie versteht die Zwickmühlen und Herausforderungen, mit denen wir konfrontiert sind und spricht zu uns mit der Weisheit des Alters.

Wir können die Greisin in Glastonburys heiliger Landschaft finden. Ihr Umriss ist in den höheren Konturen des Landes sichtbar. Wir pilgern zu ihr und wandern den Umkreis ihres Körpers entlang um den Tor, Chalice Hill, Windmill Hill und Stonedown herum. Unser Mantra für den Weg ist:

*„Old Woman of Avalon, Nolava, Crone,
Protect me, guide me, bring me home"*

*„Alte Frau von Avalon, Nolava, Greisin,
Schütze mich, führe mich, bring mich heim"*

Zu Samhain schlägt die Greisin mit ihrem schwarzen Stab auf das Land und alles in der Natur beginnt sterbend zur Erde zurückzukehren. Die Blumen, Gräser, Sträucher und Bäume verlieren allmählich ihre Farbe und Substanz und sterben, als ob es sie niemals gegeben hätte. Das Leben verlässt das Land unter der Berührung des schwarzen Stabes der Greisin. Auf dem Weg in den Winter verliert auch der schwarze Stab seine Farbe und wird silbern durch Frost und Schnee, wenn ihn die Cailleach aufnimmt. Im Laufe des Winters verblasst er zu weiß und zu Imbolc übernimmt die Jungfrau den weißen Stab von der Cailleach. Indem sie die Erde berührt, erweckt sie das Leben, das in den Samen und Wurzeln schläft. Durch den Kreislauf der Jahreszeiten wird der Stab von Göttin zu Göttin weitergegeben, wobei sich seine Farbe zum grünen Stab des Frühlings verändert, dann zum Roten der Liebenden, zum Blauen der Mutter des Wassers, dem Goldenen der großen Mutter, dem Orange/Braunen des Herbstes und der Mutter der Erde und schließlich wieder zum Schwarzen der Greisin.

Die Greisin ist die alte Frau, aus der heraus immer das Neue geboren wird, in einem fortwährenden Kreislauf von Leben, Tod und Wiedergeburt. In Märchen ist sie die hässliche Alte, die Männern Rätsel stellt. Wenn sie ihr die richtige Antwort geben, verwandelt sie sich in eine wunderschöne, junge Maid und belohnt deren Einsicht und Weisheit mit sexuellen Freuden. Nolava die Greisin ist immer eine Gestaltwandlerin, die Junge, die von der Alten umarmt wird, die Frau mit einem Tier in ihrem Inneren oder an ihrer Seite. Als altes Weib schreit sie unsere Ängste in die dunkle Nacht hinaus. Sie erschreckt und ängstigt uns durch ihr Vorbeigehen. Ihr ausgezehrtes Gesicht enthüllt die vielen Lasten, die sie trägt, die Tiefe ihrer Erfahrungen und den Umfang ihres Mitgefühls. Sie winkt uns ihr zu folgen und fordert uns auf, alles loszulassen, das uns oder ihr nicht länger dient.

Nolava die Greisin ist auch unsere freundliche, liebevolle Großmutter, die uns alle Wege der Göttin und ihrer Natur lehrt. Sie verfügt über Weisheit und Lebenserfahrung, die sie mit allen teilen will. Sie bewahrt die gemeinschaftlichen Lehren und Geschichten unserer Kulturen. Sie bewahrt die Ahnenlinie der Priesterin, Schamanin, Heilerin und Sybille und sie gibt dieses Erbe an zukünftige Generationen weiter. Es ist ihre Pflicht über die Liebe zur gesamten Erde zu sprechen und für alle Wesen zu sprechen, die auf der Erde leben, für das Land, die Gewässer, die Feuer und die Luft und sie vor dem Missbrauch, der Verschmutzung und der Gier des Patriarchats zu schützen.

Als Praxis erweise den Greisinnen, die du persönlich kennst, Ehre. Lobpreise sie. Unterstütze sie. Ermutige sie, ihre Weisheit mit ihrer Gemeinschaft zu teilen.

Zu Samhain gestalten wir Abbilder der Greisin, um sie zu ehren. Höhle einen Kürbis oder eine Rübe aus und schnitze ihr Gesicht hinein. Zünde darin eine Kerze an und lass ihr Gesicht in der Dunkelheit leuchten, so dass alle es sehen können.

Die schwarze Nolava, die dunkle Göttin, ehren

Samhain ist die Zeit, zu der wir die schwarze Nolava, die dunkle Göttin, ehren. Es ist nicht notwendigerweise die Zeit in der wir ihr von Angesicht zu Angesicht gegenüber stehen, aber es ist die Zeit, in der wir ihre mächtige Existenz anerkennen. Wir können davon ausgehen, dass wir ihr auf dem Weg eine Priesterin von Avalon zu werden, hin und wieder begegnen werden, meistens mehr als einmal. Sie wird uns mit Ereignissen und Umständen herausfordern, die anscheinend zu schwer zu ertragen sind. Sie wird uns mit hinunternehmen in ihre Höhle tief im Inneren der Erde. Sie wird uns ihr schreckliches Gesicht zeigen. Ihre starke Liebe wird Dinge enthüllen, die wir in der Vergangenheit verschüttet und versteckt haben, weil sie uns zu sehr schockiert haben und zu sehr schmerzen. Es kann sein, dass sie uns in der Höhle allein lässt, so dass wir uns von ihr und allen anderen verlassen fühlen. Es kann sein, dass wir dort einige Zeit bleiben, für Wochen, Monate oder sogar Jahre. Dann eines Tages wird sie völlig unerwartet mit all ihrer Liebe zurückkommen und die Schönheit enthüllen, die tief in der Dunkelheit der Unterwelt verborgen liegt. Wir werden verstehen, was passiert ist und wie es uns zum Besseren verändert hat. Wir werden erfüllt von Dankbarkeit dafür, dass sie in unserem Leben erschienen ist.

Göttinnen-Spiritualität ist eine ganzheitliche Erfahrung, von Tiefen genauso wie von Höhen. Die Göttin umfasst beides, Schöpfung und Zerstörung, positiv und negativ, so wie in dem chinesischen Yin-Yang Symbol, das die fortwährende Balance zwischen Gegensätzen darstellt. Sie ist das Leben und der fruchtbringende Sommer, aber sie ist auch der Tod und Verfall des späten Herbstes. Sterbende Pflanzen zerfallen zu dem dunklen Kompost, auf dem im Frühling wieder neues Leben wachsen wird. Im Gegensatz zu patriarchalen Religionen, die ihre Verehrung auf das Licht konzentrieren, die Dunkelheit sublimieren und alles, was nicht Licht ist, als böse dämonisieren, umfasst Göttinnen-Spiritualität beides, das Licht und die Dunkelheit, und sieht beide als notwendig für die Existenz des jeweils anderen an.

In der natürlichen Welt, die der Spiegel ist, in dem das Wesen der Göttin sichtbar wird, wird jedes neue Leben aus der Dunkelheit geboren – der Dunkelheit der Erde, des Schoßes, der Nacht. Es gibt keine Regeneration ohne Dunkelheit, keine Wiedergeburt ohne Tod. All die wunderschönen Kristalle auf der Welt werden in der Dunkelheit unterhalb der Erdoberfläche geschaffen. Jedes tierische und menschliche Leben wird in der Dunkelheit eines Mutterschoßes getragen. Wir selbst sind jeden Morgen erneuert nach der Dunkelheit, die uns umfängt, wenn wir unsere Augen vor dem Licht verschließen und schlafen. Wenn die Nacht hereinbricht, bewegt sich unsere Welt in die Dunkelheit und wird jeden Morgen mit den Sonnenstrahlen erneuert. Dunkelheit bringt uns Erholung und Erneuerung. Wir vergessen diese Dinge, wenn wir versuchen, die Dunkelheit mit elektrischem Licht zu töten. Diese Lichter brennen die Nacht hindurch und bei unseren Versuchen, unsere eigene Dunkelheit zu ignorieren, konzentrieren wir uns auf das Licht.

Die dunkle Göttin ist eine Initiatorin und eine, die uns durch Streiche überlistet. Oft initiiert sie das Neue durch einen Trick oder eine scheinbar schlechte Tat. Sie ist das alte und üblicherweise hässliche Weib, das oft in Märchen

Das Dunkelwerden - Samhain

auftaucht, und uns einen Biss von ihrem wunderschönen, aber giftigem, roten Apfel anbietet, der Mädchen ins Frausein initiiert. Sie ist die böse Stiefmutter, die unseren Untergang plant und uns lehrt mit den Emotionen anderer Leute genauso gut umzugehen wie mit unseren eigenen, damit wir uns das Erwachsensein erobern. Sie ist die gruselige alte Hexe, die uns hundert Jahre oder länger mit Zaubersprüchen gefangenhalten kann.

Sie ist auch die Göttin, die fruchtbare Frauen jeden Monat während ihrer Menstruation erleben. In einem monatlichen Zyklus trachtet ihre Energie danach, sich durch unsere Träume und unsere Kreativität auszudrücken. Wenn wir sie nicht würdigen, wird sie sich trotzdem in unserem Schmerz ausdrücken, unserer Wut, unserer Frustration und unserem Leid. Unsere Mondzeit ist eine der besten Zeiten, um unsere tiefsten Emotionen kreativ auszudrücken, in einem monatlichen Zyklus des Loslassens und der Erneuerung. Anstatt zu leiden, während wir bluten, fordert sie uns auf, ihre Gegenwart wahrzunehmen und regelmäßig ihre Energie auszudrücken, damit diese Energie sich nicht hinter einem großen Damm aufstaut, der dann eines Tages fürchterlich zerbersten wird. Wenn zu jeder Mondzeit unser Blut fließt, wird die kreative Spannung, die sich in den Wochen davor aufgebaut hat, gelöst und es geht uns durch dieses Loslassen besser.

Die moderne Gesellschaft verlangt, dass Frauen so tun als wäre nichts los wenn wir bluten, dass wir diese Tatsache ohne Flecken und Geruch verstecken. In früheren Zeiten zogen sich Frauen für einige Zeit in eine Menstruationshütte oder eine Höhle zurück, um mit der dunklen Göttin zu kommunizieren. Sie nahmen sich eine Auszeit von ihren sozialen Verpflichtungen, um zu schlafen, zu träumen und kreativ zu sein, bevor sie mit erneuerten Lebensgeistern in ihre Gemeinschaften zurückkehrten. Während dieses Aufenthaltes empfingen sie Inspirationen von der dunklen Lady, die sie zum Wohle ihrer ganzen Gemeinschaft teilten. In unserer geschäftigen Welt ist es uns vielleicht nicht möglich, dieses Recht auf monatlichen Rückzug zu beanspruchen. Wir können aber für uns in Anspruch nehmen zu schlafen, die Zukunft der Göttin zu träumen, und uns selbst durch Musik, Schreiben und Kunstwerke aller Arten auszudrücken. Dies ist das Geschenk der dunklen Göttin an uns, nicht nur als ein wesentlicher Bestandteil des menschlichen Zyklus der Fruchtbarkeit, sondern auch im Zyklus der Kreativität.

Wenn sich in den Tagen vor deiner Menstruation die Spannung in dir aufbaut, schreibe, zeichne, male oder forme aus Ton wie du dich fühlst, deine Ängste und Sorgen. Drücke dich aus. Gestatte dir länger zu schlafen. Wenn du aufwachst, schreibe deine Träume nieder. Beginne ein Traumtagebuch.

Blute unmittelbar auf die Erde oder sammle etwas von deinem Blut und gib es als einen Segen der Fruchtbarkeit für das Land, auf dem du lebst, an die Erde zurück. Male alleine oder gemeinsam mit anderen Frauen mit deinem eigenen Lebensblut Zeichen auf dei-

nen Körper, deine Brüste, dein Gesicht, deine Hände, deine Arme, deine Beine und deine Füße und gib dir damit selbst den kraftvollen Segen der dunklen Göttin. Sei stolz auf dein fruchtbares, lebensspendendes Blut.

Dem dunklen Gesicht von Nolava zu begegnen ist ein wesentlicher Teil auf unserer Reise, Priesterinnen von Avalon zu werden. Sie wird uns mit hinunter in ihre Tiefen nehmen, damit wir uns mit unseren dunkelsten Ängsten und unseren tiefsten Schmerzen konfrontieren. Wir müssen lernen, wie wir an diesen Orten verweilen können, wo die wahre Transformation stattfindet, in den Tiefen unseres Schattenselbst. Ich selbst habe mit der Vorstellung gehadert, dass die tiefgehendsten Veränderungen anscheinend aus dem Leiden kommen. Ich habe mich gegen die Göttin aufgelehnt. Warum kann es nicht leichter sein? Warum kann Transformation nicht aus der Freude kommen? Das kommt auch vor, es gibt viele Veränderungen aus dem Licht, aber die meisten von uns haben zu dieser Zeit sehr große innere Dilemmas zu lösen. Wir leben in rauen, trostlosen Stadtlandschaften, wir erleben die Wüste unseres Gefühlslebens, wir scheitern in unseren eigenen Augen kläglich, ganz zu schweigen von den Augen anderer, bevor wir durch die Tiefe unseres eigenen Schmerzes gezwungen werden, uns für einen Richtungswechsel zu entscheiden, damit wir neu geboren werden und unser Leben wahrhaft leben.

Unserer Widerstand gegen Veränderung, unsere Sturheit, wenn es darum geht loszulassen was wir glauben, wer wir sind, ist ein Zeichen unserer inneren Stärke, die in diesem Fall gegen uns statt für uns arbeitet. Unser verzweifeltes Verlangen, um jeden Preis zu überleben, ist instinktiv und beschützt uns, aber es ist da, um durch die fortdauernde liebevolle Gegenwart der Göttin aufgelöst zu werden. So werden wir gezwungen, ins Zentrum unserer eigenen Dunkelheit zu blicken. Die dunkle Lady von Avalon ruft uns dazu auf, sich ihr und ihren transformierenden Kräften zu ergeben – und letztendlich geben wir uns ihr hin.

Als Priesterinnen von Avalon müssen wir alle diese Erlebnisse in unserem Inneren, innerhalb unserer eigenen Körper, Emotionen und Seelen erfahren haben, damit wir wissen wie ehrfurchterregend ihre Transformationen sind, wie groß ihre Liebe zu uns ist und wie weise sie ist. Auch müssen wir diese Erfahrungen gemacht haben, damit wir wirklich mit anderen mitfühlen können, die mit der dunklen Göttin reisen. Damit wir ihnen beistehen können, in der Dunkelheit mit ihnen atmen und stöhnen können und damit wir uns in ihr Leiden einfühlen können.

Die Gegenwart der dunklen Nolava bringt unsere Ängste vor Schmerz, Tod und Verlust hervor und katalysiert diese Reise der Veränderung. Sie bringt uns Tragisches, Verrat und den Verlust des Vertrauens. Sie lehrt uns Unterscheidung, Urteilsvermögen und das Wesen der Kreativität. Sie hilft uns unseren inneren Entschluss zu stärken, dem Pfad unserer Seele zu folgen. Vor allem aber lehrt sie uns Mitgefühl mit uns selbst zu haben und mit allen die leiden.

Das Dunkelwerden – Samhain

Mazoe, die greise Morgene, ehren

Ich bin die Morgene Mazoe
Ich bin die dunkle Göttin, die dunkle Lady, die Greisin
Ich bin die Herrin der Nebel
Ich bin die Hüterin der Pforten zur Unterwelt

Mein Habicht wacht von oben
Meine Sau, meine Kröte und mein Frosch reisen an meiner Seite

Jede von euch wird mich kennenlernen, jede wird meine Umarmung spüren
Ich werde euch lehren über Angst und Vergessen, Trauer und Mitgefühl

Denn ich bin die Verwandelnde
Ich halte die Sichel, die den Faden des Lebens durchtrennt

Ich bin der dunkle Abgrund, in den du fällst
Ich bin das dunkle Weib, das in deinem Schatten weilt
Ich bin die schreiende Banshee in deinem schlimmsten Alptraum

ICH BIN MAZOE

Ren Chapman (Erin McCauliff)

    Mazoe ist die Morgene von Samhain. So wie Nolava ist sie die große Verwandelnde, die uns in die Unterwelt mit hinunternimmt, die unterhalb des Glastonbury Tor liegt. Sie nimmt uns mit in unser Schattenselbst, um alles anzusehen, das verborgen und uneingestanden ist. Sie ist die beansidhe, das kreischende alte Weib, das wir im Wind und in unseren Träumen hören und das uns in Schrecken versetzt. Sie ist Donner und Blitz. Sie erschreckt uns, wenn ihre Elektrizität durch den Himmel prasselt, feurige Schlangen zu Boden wirft und ihre Stimme über uns und durch das Land donnert. Wann immer sie zu irgendeiner Jahreszeit mit ihren Schwestern spielt, toben wilde Stürme über die Insel Avalon und das Sommerland und bringen Angst, freudige Erregung und manchmal Zerstörung.
    Mazoe ist der sterbende Mond. Ihr letzter Silberstreif ist kurz vor der Morgendämmerung sichtbar. Mit ihrer Mondsichel schneidet sie im Moment des Todes den Lebensfaden durch. Zu ihren heiligen Kreaturen gehören die Sau, die die Erde durchwühlt, und die Fledermäuse, die in der Abenddämmerung hervorkommen und durch Gärten und Felder jagen. Ihr Vogel ist der Habicht der über dem Eingang zur Unterwelt auf den Hängen des Glastonbury Tor kreist.

Avalon - Erste Spirale

Ruhig fliegt sie im Auge des Windes, kreisend, darauf wartend, dass sie ihre Krallen in den Ahnungslosen schlagen kann, der unter ihrem wachsamen Blick hindurchgeht.

Als Frau ist Mazoe zwischen 60 und 70 Jahren alt. Sie ist alt, aber nicht uralt. Sie hat noch Energie und Lebenskraft, aber ihre Glieder beginnen zu schmerzen und ihr Körper zeigt Zeichen des Alterns. Sie scheint oft der Wege der Menschen müde zu sein und kann feindselig und unfreundlich sein, wenn wir sie treffen. Sie liebt es, unsere Absichten zu prüfen, unsere Ausdauer und unser Bestreben, sie kennenzulernen. Hinter ihrem scheinbaren Ärger ist sie von erstaunlicher Liebe erfüllt.

Mazoes Farbe ist schwarz, die Farbe, die alle anderen Farben absorbiert und kein Licht abstrahlt. Sie ist die Dunkelheit und die Nacht. Wir erhaschen ihre dunkle, schattenhafte Form, wenn sie in die Herbstnebel entschwindet, die in der Dämmerung aus der feuchten, tiefliegenden Erde aufsteigen. Sie ist die Eibenfrau, die lange als Greisin lebt. Ihre Eiben wachsen langsam, hunderte und tausende von Jahren lang. Ihre Bäume mit der dunklen Rinde kommen an vielen heiligen Orten als Hüter und Beschützer vor. In Glastonbury führte in alter Zeit eine Prozessions-Allee von Eiben zu der roten Blutquelle des Chalice Well, des Ortes, wo Erthas rotes Menstruationsblut aus der Erde fließt. Die roten Beeren und der Saft der Eibe sind giftig und werden heute in den Antikrebsmedikamenten Taxol und Taxotere verwendet.

Bete auf den Hängen des Tor und neben dem Chalice Well zu Mazoe, dass sie freundlich zu dir sein soll und dass sie dir erlauben möge, sie ohne Angst zu sehen. Spaziere bei Wind, im Regen, im Sturm und durch die Nebel und rufe sie zu dir. Begrüße ihre Gegenwart wissend, dass eine kleine homöopathische Dosis ihres Giftes deine Wunden heilen und dir neues Leben schenken kann.

Den Schatten konfrontieren

Auf unserer Reise zur Priesterinnenschaft wird uns die dunkle Lady von Angesicht zu Angesicht mit den Aspekten unseres Schattenselbst bringen, die in unserem Unbewussten verborgen sind, weil sie zu schmerzhaft und zu schwierig sind, als dass wir uns an sie erinnern. Dies umfasst Erinnerungen an traumatische Ereignisse, an Missbrauch, Misshandlung, Aggression, Ärger den wir abbekommen oder ausgeteilt haben, Scham, Schmerz, Schuld und Trauer. Nur weil diese Erinnerungen versteckt sind, heißt das nicht, dass sie uns nicht beeinflussen. Unser Verhalten wird von dem Bedürfnis unseres Schattenselbst sich zu verstecken genauso gesteuert wie von unseren bewussten Absichten. Unsere Priesterinnen-Reise wird diese schmerzhaften Erinnerungen an die Oberfläche unseres Bewusstseins bringen, damit sie geheilt werden können und wir mehr und mehr wahrhaft wir selbst werden.

Das Dunkelwerden - Samhain

Wenn vergessene Erinnerungen auftauchen, manchmal das erste Mal in vielen Jahren, werden die damit verbundenen schmerzhaften Gefühle üblicherweise zunächst nach außen projiziert, auf andere Menschen, auf die Lehrgangsleiterinnen, andere Kursteilnehmerinnen, Familie und Freundinnen, wer immer zu dieser Zeit zufällig in unserer Nähe ist. Wir gestalten die schmerzhaften Szenen unserer Vergangenheit in neuer Form nach und projizieren unsere unannehmbaren Gefühle nach außen auf andere. Das Leben wird zu einer Herausforderung, wenn wir unsere vergrabenen Gefühle auf unangemessene Weise Menschen gegenüber ausdrücken, die unsere Wunden nicht verursacht haben, aber Schmerzhaftes in uns auslösen. Auf unserer Priesterinnen-Reise lernen wir uns selbst zu reflektieren und wahrzunehmen was passiert, wenn wir merken, dass wir uns mit Menschen überwerfen, weil wir andere wegen unseres eigenen projizierten Schattenbenehmens kritisieren, ihnen Schuld zuweisen und sie angreifen.

Ihrem Wesen entsprechend ist eine Ausbildung zur Priesterin grundsätzlich eine zeremonielle Reise, die spirituelle Ziele, Kreativität und die Verbindung zur Göttin erweckt und entwickelt. Die Ausbildung ist keine Psychotherapie, aber sie wird Veränderungen in allen Teilen der Persönlichkeit katalysieren, während die Einzelne sich der Göttin öffnet und selbstachtsamer und kraftvoller wird. Wunden werden bewusst, um geheilt zu werden, und wir müssen uns darauf einstellen, dass das passieren wird. Während der Priesterinnen-Ausbildung gibt es so viel über die Fertigkeiten des Priesterinnen-Seins zu lernen, das schlicht und einfach nicht genügend Zeit dafür vorhanden ist, auch die persönliche psychologische Heilung jeder Teilnehmerin unterzubringen. Für angehende Priesterinnen ist es sehr empfehlenswert, neben der Priesterinnen-Ausbildung ihre eigene Psyche zu erforschen, um ihre emotionalen Wunden zu heilen, und bei Bedarf persönliche Beratung oder Psychotherapie in Anspruch zu nehmen. Um unsere wunderbaren Seelen zu manifestieren, müssen wir uns auch mit unseren Schatten konfrontieren und die Juwelen, die sie verbergen, ans Tageslicht bringen.

Auf unserer Reise mit der dunklen Göttin Unterstützung in Anspruch nehmen

Während jeder Spirale der Ausbildung zur Priesterin von Avalon gibt es für die Teilnehmerinnen mehrere Stufen von persönlicher Unterstützung auf ihrer Reise der Verwandlung. Sie haben die Unterstützung ihrer Lehrgangsleiterinnen und die der Lovelies, das sind die Assistentinnen der Lehrgangsleitung in den Lernkreisen. Sie haben die Unterstützung der anderen Teilnehmerinnen. Bei jedem Treffen gibt es eine Zeit, in der die Teilnehmerinnen über ihre persönlichen Erfahrungen sprechen. Zu Beginn des Lehrgangs werden die Teilnehmerinnen auch in kleine Unterstützungsgruppen von etwa vier bis fünf Personen aufgeteilt. Diese Gruppen werden durch zufällige Wahl der Göttin eingeteilt und bieten den Teilnehmerinnen die Möglichkeit, ihre Erfahrungen intimer miteinander zu teilen. Die Mitglieder der Unterstützungsgruppe werden ermutigt, zwischen den Treffen regelmäßig miteinander zu kommunizieren, einander zu unterstützen und einander wenn möglich zu treffen, um gemeinsam heilige Plätze zu besuchen, gemeinsam die Göttin zu feiern, und so weiter. Die Gruppen entwickeln eine starke Bindung zueinander und bleiben oft auch zusammen, wenn sie zu einem Lehrgangswochenende nach Glastonbury kommen. Aus dieser Verbindung sind schon tiefe Freundschaften entstanden.

Persönliche Unterstützung ist für uns sehr wichtig während wir eine Zeit spiritueller Veränderung und Entwicklung durchmachen. Viele von uns müssen erst lernen, wie sie um Hilfe bitten und diese auch annehmen können. Wir können sehr fähig sein anderen Menschen Unterstützung zu geben, wenn sie diese brauchen, sind aber selbst so gewohnt, alleine mit den Dingen fertig zu werden, dass wir erst wieder lernen müssen, wie wohltuend es ist von einfühlsamen Menschen unterstützt zu werden, ganz besonders dann, wenn wir der dunklen Göttin gegenüberstehen. Wir haben rund um uns Schutzhüllen errichtet, hinter denen wir unsere Bedürfnisse und Unsicherheiten verbergen und wir müssen lernen, diese Mauern herunterzulassen und Liebe einzulassen, damit unsere Wunden heilen können.

Es kann auch sein, dass wir, weil es für uns ungewohnt ist, in unserem Leben Unterstützung zu haben, selbst nicht sehr gut darin sind, sie anderen zu geben. Die Teilnehmerinnen müssen daran erinnert werden, einander anzurufen, miteinander per E-Mail, Brief oder Telefon in Kontakt zu bleiben. Vielen Menschen fällt das nicht leicht. In unserer geschäftigen Welt sind wir oft isoliert und müssen die Kunst der freundschaftlichen Kommunikation und Anteilnahme erst wieder lernen. Wir lernen einander echte Seelenfreunde zu sein.

Keridwens Unterwelt-Transformation

Keridwen ist die große weiße Sau, die sich von den Seelen der Toten nährt. Ihre große Masse wächst jeden Monat mit dem zunehmenden Mond. Wenn der Mond voll wird, werden die Seelen zur Wiedergeburt in andere Reiche transformiert, wenn der Mond abnimmt, ziehen die Seelen weiter.

Für Priesterinnen lehrt Keridwen den Pfad der Transformation, der eines Tages zur Initiation führt. Ihre Legende sagt, dass sie in der Unterwelt unter dem See Tegid (See Bala) in Nordwales lebt. Um ihrem hässlichen Sohn Afagddu zu helfen, braut sie in einem riesigen Kessel über dem Feuer ein Jahr und einen Tag lang einen magischen Ichor. Das Feuer wird durch den Atem von neun Jungfrauen am Glühen gehalten. Das ganze Jahr hindurch gibt sie verschiedene Arten von Kräutern, die zur rechten Zeit gesammelt wurden, in den Kessel dazu. Dies zeigt uns, dass alles auf unserer Reise der Transformation im richtigen Augenblick passiert. Gewisse Pflanzen, Aspekte unserer selbst, blühen nur

Das Dunkelwerden – Samhain

im Frühling oder Sommer oder Herbst und das ist die Zeit, wenn es notwendig ist, sie der Mischung im Kessel der Transformation hinzuzufügen. Transformation kann nicht übereilt werden.

In der Legende heißt es, dass gegen Ende des Jahres Gwion, der Junge, der mithilft den Kessel umzurühren, sich unabsichtlich etwas von dem heißen Ichor auf seine Finger spritzt. Er hält sie an seine Lippen um sie zu kühlen und kostet das magische Gebräu. Sofort erlangt er ein tiefes Wissen über die Vergangenheit und die Zukunft. Keridwen weiß, dass Gwion von dem Trank gekostet hat, der für ihren Sohn bestimmt war. Gwion läuft davon und Keridwen jagt ihm nach, wobei sie kreischt wie eine Beansidhe. Gwion hat nun die Fähigkeit des Gestaltwandelns und bewegt sich in Gestalt einer Reihe von Tieren durch das Jahresrad, verfolgt von Keridwen. Er wird ein Hase und sie jagt ihn in Gestalt eines schnelleren Windhundes. Er taucht in den Fluss und wird ein Fisch, sie wird zu einem Otter. Er verwandelt sich in einen Vogel und sie jagt ihn als Habicht. Er verwandelt sich in ein einzelnes Korn in einem Getreidehaufen und Keridwen wird zu einer schwarzen Henne, die den Haufen durchsucht, bis sie ihn findet und auffrisst. Gwion bleibt für neun Monate und einen Tag in Keridwens Körper. Dann gebiert sie einen Sohn, aber sie erkennt ihn nicht als ihren eigenen an. Sie bindet ihn in eine Ledertasche und wirft ihn in den nahen Fluss. Als die Tasche sich flussabwärts in einem Wehr verfängt, wird er vom Prinzen Elphain gerettet, für den er poetische und prophetische Reime spricht. Er wird als Taliesin bekannt, der berühmte Dichter und Rätselsteller, der die Zukunft vorhersagt.

Keridwens Geschichte sagt uns, dass der transformative Prozess nicht geradlinig ist, sondern verschiedene Stadien hat. Das erste dauert mindestens ein Jahr, in dem wir viele unterschiedliche Impulse von Wissen und Erfahrungen erhalten, die mit den Jahreszeiten in Bezug stehen. Am Ende des Jahres kosten wir die Magie, die wir suchen, wir weihen unser Leben der Göttin, aber wir sind noch nicht ganz bereit dafür, ihr gegenüber verantwortlich zu sein. Dann finden schnelle Veränderungen statt und wir verlieren den Sinn dafür, wer wir sind. Wir erschrecken und laufen vor den Veränderungen davon, die wir zuerst begrüßt haben. Wir laufen ein Jahr und einen Tag lang vor ihr und ihrer Weisheit des alten Weibes weg. Wir laufen davon, aber sie folgt uns. Dann schluckt sie uns und bewahrt uns für mindestens neun Monate in ihrem dunklen Schoß, bevor wir wiedergeboren werden. Selbst dann erkennt sie uns nicht an. Wir sind durcheinander, wir fühlen uns verlassen, verloren, verraten. Dann wachsen wir langsam aus eigenem Recht in unsere Kraft hinein. Wir lernen unsere Wahrheit zu sagen, an uns selbst und an die Göttin zu glauben und ihre Worte der Inspiration, ihre Poesie und ihre Visionen der Zukunft auszusprechen.

Bete zu Keridwen, wenn du zum anschwellenden Vollmond emporschaust. Bitte sie deinen Pfad der Transformation leicht und klar zu machen. Bitte sie dir dabei zu helfen, Veränderung, Kreativität und Selbstausdruck willkommen zu heißen. Bitte sie, dir ihr Gesicht zu zeigen, wenn du dich verloren und einsam fühlst. Bitte darum, dass sie dich in der Wärme ihres Schoßes bewahrt. Bitte sie darum, aus ihr wiedergeboren zu werden.

Sheela na Gig ehren

Sheela na Gig ist die am weitesten verbreitete uralte Darstellung der Göttin, die auf Brigits Inseln zu finden ist. In Stein gehauen taucht sie an den Wänden der ältesten christlichen Kirchen und auf Burgen auf, wo sie als Schutz vor dem Bösen platziert wurde. Bei manchen Kirchen ist ihr Bildnis über dem Eingangstor, so dass die Gläubigen ihre offene Vulva als Glücksbringerin berühren konnten, wenn sie die Kirche betraten. Häufiger sind diese Bildnisse auf hohen Decken, auf der Rückseite der Kirchen oder in den Kellern der Museen versteckt. Obwohl sie hunderte von Jahren alt ist, hat sie noch immer die Macht das Establishment zu schockieren.

Nahezu alle diese Bildhauereien zeigen sie als alte Frau, meistens mit einem dünnen Körper, einem vorstehenden Brustkorb, einem nahezu kahlen Haupt und hängenden Brüsten. Sie sitzt mit weit geöffneten Beinen und enthüllt ihre beeindruckende „Gig" oder Vulva, den Ort der Sexualität, den Ort aus dem wir alle geboren werden und wohin wir im Tod zurückkehren. Sie ist die Hüterin der Pforte zur Sexualität, zur Ekstase, zum Tod und zur Wiedergeburt. Sie enthüllt die Macht der Sexualität, die kleinen Tode des Egos hervorzurufen, die mit dem Orgasmus kommen, und die unsere Persönlichkeit verändern können, indem sie uns für die Liebe der Göttin öffnen.

Auf dem Jahresrad liegt Samhain gegenüber von Beltane, der Zeit zu der wir die Göttin der Liebe und der Sexualität feiern. Zu Samhain ehren wir das dunklere Gesicht unserer Sexualität. Wir ehren die Hure, die ihre Karuna-erfüllte Sexualität mit allen, die zu ihr kommen, teilt. Sie, die keine Grenzen dessen, was akzeptabel oder geschmackvoll ist, einhält. Sie lockt uns zu Taten, bei denen wir unsere wahren Gefühle und Sehnsüchte verraten, nur um einen Liebhaber festzuhalten. Sie zeigt uns auf welche Art wir dabei mitwirken, unser eigenes Elend zu schaffen. Im Laufe der Zeit lehrt sie uns Unterscheidungsfähigkeit, Urteilsvermögen, wie wir für uns selbst gerade stehen können, für unsere Gefühle, für unsere Hoffnungen auf wahre Liebe. Sie zeigt uns, wie wir stark werden können.

Sheela na Gig ist eine Beschützerin. Wir können sie anrufen, wenn wir in Gefahr sind. Wir können uns ihr Bildnis vor uns oder überall rund um uns vorstellen, um Böses abzuwenden. Wir können in ihrer weit geöffneten Vulva sitzen und wissen, dass sie uns beschützen wird.

Besuche die vielen Orte, an denen es Sheela na Gigs gibt, von Hereford bis Irland. Berühre ihre Gig Vulva als Glücksbringerin, wenn du unter ihrem Bild hindurch in die Kirchen und zu den heiligen Plätzen gehst. Lies gute Bücher, die es nun über sie gibt, bei-

spielsweise das ausgezeichnete Werk von Joanne McMahon und Jack Roberts, „The Sheela-na-Gigs of Ireland and Britain" (Mercier Press). Rufe Sheela an und sie wird dich beschützen, wenn du Angst hast. Zeichne ihr kraftvolles Bild.

Die Todmutter ehren

Im neolithischen Zeitalter, vor etwa fünf- bis sechstausend Jahren, ging es im Leben viel mehr um physisches Überleben, als in unserer modernen Welt. Es gab gefährliche Tiere in den Wäldern, Hungersnöte und Überflutungen waren natürliche Risiken, Unfälle und Krankheiten konnten leicht tödlich sein, und die menschliche Lebensspanne war wesentlich kürzer als heute. Daraus folgend hatten unsere Vorfahren eine wesentlich tiefere Verbindung zur Todmutter, als wir sie heute haben. Sie ehrten sie und ihre Toten, indem sie kleine und große Hügel aus Erde und Steinen errichteten, die geformt waren wie die Mutterbrust oder ihr schwangerer Bauch. Diese großartigen Ritualstätten zeigen ihren Glauben, dass wir alle aus der Mutter geboren werden und wenn wir sterben in ihren Schoß zurückkehren, um uns zu regenerieren und auf die Wiedergeburt zu warten.

Die ältesten Begräbnisstätten, von denen wir auf Brigits Inseln wissen, sind kleine Erdhügel, errichtet über Erd- oder Stein-Zistas, in denen die Gebeine der Toten beigesetzt wurden. Im 4. und 5. Jahrhundert vor Christus wurden Langgräber gebaut, die geformt sind wie der verlängerte Körper der Todmutter mit einem Eingang und Schoß-Kammern an einem Ende im Inneren. Langgräber wurden etwa alle zwanzig Meilen überall auf Brigits Inseln errichtet, und die Archäologen glauben, dass jede Gemeinschaft ihr eigenes Langgrab hatte. Dort wurden die Gebeine der Toten beigesetzt und zu speziellen Zeiten des Jahres, vielleicht zu Samhain, wurden die Ahnen angerufen, um mit ihnen zu sprechen. An Orten wie Avebury, sind die Überreste vieler Langgräber über eine weites Gebiet verteilt und markieren, nach Ansicht des Autors Michael Dames, den Umriss des Körpers einer riesigen Mutter-Göttin in der Landschaft (*The Avebury Cycle*, Thames & Hudson). Viele Langgräber sind von Bauern weggepflügt worden und verschwunden, besonders in der östlichen Hälfte von Brigits Inseln. Die Überreste vieler Langgräber sind noch an den abgelegeneren westlichen Ufern, in Wales, Schottland und Irland zu finden.

Überall auf Brigits Inseln hat sich der Bau größerer Hügel, die der Todmutter geweiht waren, mit der Zeit weiterentwickelt, wobei unterschiedliche Regionen ihre eigenen Formen geschaffen haben. Bei vielen sind die Eingänge und inneren Kammern nach dem Sonnen- oder Mondaufgang oder -untergang an bestimmten Tagen des Jahres wie Samhain, Imbolc, den Sonnenwenden oder Tag- und-Nachtgleichen ausgerichtet. Zu diesen Zeiten, glaubte man, rückten die Göttin selbst und die Vorfahren näher an die Lebenden heran.

Avalon - Erste Spirale

Das offene Langgrab, das Glastonbury am nächsten liegt, ist einige Meilen weit weg in Stoney Littleton. Dort wurde ein wunderschönes Langgrab restauriert. Auf dem Hang eines Hügels in einem ruhigen Tal nahe Bath gelegen, ist es ein wunderbarer Platz, um mit den Ahninnen und der Todmutter zu kommunizieren. Von einem höher gelegenen Ort aus betrachtet, zeigt der steinerne Eingang ihre offene Vulva, die nach dem Sonnenaufgang zur Wintersonnenwende ausgerichtet ist. In der tiefen Stille ihres Schoß-Grabes spricht sie zu uns.

Es gibt einen spätneolithischen Grabhügel bei Compton Dundon, das innerhalb des Glastonbury-Tierkreises liegt. Es gibt einige runde Hügel auf den nahen Mendip Hills bei Priddy Nine Barrows und es gibt den heiligen Hügel am Windmill Hill in Glastonbury. Samhain ist eine ideale Zeit, um Langgräber und Hügelgräber zu besuchen und dort mit der Todmutter zu kommunizieren, die wir eines Tages alle treffen werden.

Die Toten ehren

Samhain ist das Jahreskreisfest, an dem wir unsere Toten feiern, insbesondere jene, welche vor kurzem in die Anderswelt hinübergegangen sind. Es ist die Zeit in der wir über die geliebten Menschen sprechen, die wir im vergangen Jahr oder den Jahren davor verloren haben. Wir stellen Fotos von ihnen und spezielle Gegenstände auf einen Ehrenplatz auf dem Altar. Wir drücken unsere Trauer und unseren Verlust aus und wir lauschen ihren weisen Worten für uns.

> *Benenne deine geliebten und ungeliebten Vorfahren, die hinübergegangen sind. Danke ihnen für alles, das sie dir in deinem Leben gegeben haben, das Gute und das Schlechte. Sie haben dich geliebt und dir im Leben geholfen. Sie waren Spiegel, die dein eigenes unvollkommenes Bild wiedergegeben haben. Sie waren die Hüter deiner Schlachtfelder. Bitte darum, dass du ihre weisen Worte hören kannst. Lausche, was sie dir zu sagen wünschen, nun da sie frei von ihren sterblichen Körpern sind. Teile ihre Weisheit mit anderen.*

In westlichen Kulturen sind die meisten von uns von der Realität des Todes entfernt. Wir leben nahezu unser ganzes Leben ohne jemals wirklich dem Tod zu begegnen, außer als Fantasie in den Fernsehnachrichten und in Filmen, wo jede Menge Ketchup verspritzt wird. Das ist etwas, was für unsere Vorfahren, die die Göttin liebten, undenkbar gewesen wäre. Für sie war Tod ein wesentlicher Teil des Lebenszyklus. Heutzutage hat die Angst vor unserer eigenen Sterblichkeit die Erfahrung des Todes aus unserem Leben verdrängt. Sie wurde aus unseren Wohnungen in Krankenhäuser verlagert, als unappetitliche Angelegenheit aus unseren Wohnzimmern verdrängt. Die Folge davon ist, dass wir die bedeutende energetische Erfahrung verlieren, die es ist, dabei zu sein, wenn ein von uns geliebter Mensch stirbt.

Das Dunkelwerden – Samhain

Wenn bei der Geburt ein neues Baby zur Welt kommt, bleiben die Tore zur Anderswelt eine Zeit lang geöffnet. Wenn wir Glück haben, erleben wir einige Tage rund um die Geburt die göttliche Gegenwart, wenn die Göttin in der Pforte erscheint. Dieselbe Erfahrung kommt beim Tod vor, wenn sich wiederum die Tore zur Anderswelt öffnen, um die Seele der sterbenden Person zu empfangen. Alte Freunde und Vorfahren sammeln sich auf der anderen Seite, um die neu befreite Seele willkommen zu heißen. Die Göttin in ihrer ganzen Pracht wird sichtbar, zusammen mit anderen Wesen, die für die sterbende Person bedeutsam sind. Wiederum kann diese göttliche Gegenwart einige Stunden und Tage lang anhalten und uns, den Lebenden, eine lebensverändernde Erfahrung geben. Geburt und Tod sind die großen Momente der Initiation, die in allen anderen menschlichen Initiationszeremonien nachgeahmt werden.

Als Priesterinnen von Avalon ist es unser Aufgabe, gemeinsam mit anderen wieder ins Bewusstsein zu bringen, welchen Platz der Tod im großen Kreislauf der Göttin einnimmt. Dieser Kreislauf ist grundlegend für den Fortbestand allen Lebens auf der Erde. Wir alle werden eines Tages sterben. Ich habe nahezu fünfzig Jahre meines Lebens in dem Glauben verbracht, dass ich unsterblich sei. Ich bin durch die Erfahrung meiner Brustkrebserkrankung Auge in Auge mit meiner Angst vor dem Tod gebracht worden, als mir bewusst wurde, dass ich so leicht sterben hätte können. Ich entdeckte, dass ich panische Angst vor dem Sterben hatte. Diese Angst hatte ich aus einer früheren Inkarnation mitgebracht, in der ich einen schmerzhaften Tod erlitten habe. Das Ausdrücken dieser Angst und dieses Schmerzes durch meine Krankheit hat mir geholfen eine tiefe, alte Wunde zu heilen und damit auch meinen Krebs. Nun glaube ich, dass mein Wesenskern nicht sterben wird, sehr wohl aber mein Körper.

Als Teil meiner Reise zur Heilung haben mir Freunde geholfen, eine Tod- und Wiedergeburt- Zeremonie zu gestalten, in der mein Tod dadurch symbolisiert werden sollte, dass mir die Haare auf dem Kopf ausrasiert werden. Mein Haar hatte wegen der chemotherapeutischen Medikamente, die ich einnahm, bereits begonnen auszufallen. Ich wollte meine Haare nicht verlieren, aber ich musste der Tatsache ins Auge blicken, dass sie alle ausfallen würden, genauso wie wir der Tatsache ins Auge blicken müssen, dass wir sterben werden. An der Zeremonie nahmen über dreißig Freundinnen und Freunde von mir teil. Zwei ganz besondere Menschen, Pauline Watson und Chris Makepeace, unterstützten mich, indem sie sich ebenfalls den Kopf rasieren ließen und Geld für wohltätige Zwecke sammelten. Als unsere Köpfe rasiert wurden, merkte ich zu meinem Erstaunen, dass ich mich tatsächlich glücklicher und glücklicher fühlte als mein Haar dahinging. Nach einiger Zeit war es ganz weg und ich war kahl. Ich strahlte und war mit mir selbst im Reinen. Ich habe an diesem Abend etwas sehr Wesentliches gelernt. Obwohl ich mich möglicherweise immer noch vor dem Vorgang fürchte, der zum Tod führt, werde ich frohen Herzens in den Tod gehen. Ich werde zur Göttin zurückkehren. Ich habe auch begriffen, dass es einer der besten Wege zu sterben ist, von Familie und Freunden umgeben zu sein, die uns auf dieser Seite des Todes bis zu seiner Schwelle begleiten können. Wir müssen nicht alleine und angsterfüllt sterben. Unsere Ängste auf eine zeremonielle Weise auszudrücken, ist eine heilsame Erfahrung.

Zwei andere Freundinnen haben uns großartige Vorbilder dafür gegeben, wie man mit Tod und tragischem Verlust umgehen kann. Die erste ist Andrea Rogers, eine örtliche Homöopathin. Als ihr Schwiegervater mehrere Wochen lang im Sterben lag, brachte sie Dad im Wohnzimmer in der Mitte ihres einstöckigen Hauses unter. Um von einem Teil des Hauses in einen anderen zu kommen, musste man durch das Wohnzimmer gehen. Während Dad immer schwächer und schwächer wurde, leisteten ihm fast immer ein oder mehrere Familienmitglieder und Freunde, alte und junge, Gesellschaft. Sie saßen bei ihm, schauten neben ihm fern, fütterten ihn, gaben ihm schluckweise Wasser zu trinken als er nicht mehr essen wollte, wuschen seinen Körper, berührten ihn liebevoll und waren einfach bei ihm. Auch die Kinder sahen bei seinem Sterben zu, sie wurden nicht von diesem natürlichen Vorgang ferngehalten. Es wurde ihnen erlaubt, das Loslassen der Inkarnation zu erfahren, wodurch es ein weniger furchteinflößendes Ereignis wurde.

Tegwyn Hindman hat einen fürchterlichen Verlust erlitten, als ihre erste Tochter Elkana im Alter von sieben Jahren bei einem Autounfall getötet wurde. Zu dieser Zeit lebten Tegwyn und ihre Familie gemeinsam mit anderen in Wohnwagen und Unterschlüpfen aus Holz und Planen auf einem Feld im Süden Glastonburys. Außer sich vor Kummer wurde Tegwyn von ihrer Gemeinschaft umarmt, die ebenfalls den fürchterlichen Schmerz des Verlustes fühlte. Tegwyn war außergewöhnlich in der Art, in der sie jeder, die zu ihr kam, erlaubt an einer Reihe von Zeremonien teilzunehmen, die den Übergang ihrer Tochter kennzeichneten. Nach ihrem Tod wurde Elkies Körper mehrere Tage zu Hause auf einem Bett aufgebahrt. Unter ihr war Eis aufgeschichtet, sie war bedeckt mit Blumen und umgeben von den Kindern, die im Leben ihre engsten Freunde gewesen waren. Auch hier wurde ihnen gezeigt, dass Tod ein Teil der Lebenserfahrung ist. Während der ersten Woche gab es viele kraftvolle Zeremonien, bei denen jede und jeder einschließlich Elkies Eltern ihren Kummer, nicht nur für diesen Tod sondern auch viele andere unausgesprochene Verluste, ausdrückte. Freunde fertigten einen hölzernen Sarg für Elkie, der von den Kindern geschmückt und zur Feuerbestattung verwendet wurde. Jede Phase dieses entsetzlichen Erlebnisses war durch persönliche und gemeinschaftliche Zeremonien gekennzeichnet und wurde so transformativ für die größere Gemeinschaft genauso wie für die unmittelbar Betroffenen.

> *Denke als Übung über deinen eigenen Tod nach, wie er für dich kommen könnte. Nimm deine Ängste in Bezug auf das Sterben oder vor dem Schmerz, den du auf dem Weg zum Tod erleiden könntest, wahr. Wie würdest du dir deinen Tod wünschen? Denke daran, was mit deinem physischen Körper geschehen soll, wenn du stirbst. Möchtest du begraben oder eingeäschert werden? Oder*

möchtest du das Fundament eines Baumes in einer grünen Begräbnisstätte werden? Verfasse dein eigenes Begräbnis oder deine Gedenkzeremonie. Welche Musik sollte es begleiten, was sind deine Lieblingstexte? Auf welche Weise soll man sich an dich erinnern?

Stelle eine spezielle Todesschachtel zusammen und bewahre darin wichtige Nachrichten und kostbare Dinge auf, die du deinen Kindern, deinen Geliebten, deiner Familie und deinen Freunden hinterlassen möchtest. Schreibe ein Testament, dass deinen Nachkommen mitteilt, was mit den materiellen Dingen geschehen soll, die du zurücklässt. Tue dies, egal wie jung du heute bist. Wir können in jedem Augenblick unerwartet sterben. Denke darüber nach, deinen eigenen Sarg zu machen oder zu kaufen, als ein Möbelstück, dass du mit Bildern der Göttin, die für dich im Leben bedeutsam sind, gestalten und bemalen kannst.

Avalon, Westliche Insel der Toten

Genauso wie sie die Paradies-Insel ist, ist die Insel Avalon auch bekannt als die westliche Insel der Toten. Zum Zeitpunkt unseres Sterbens werden wir mit der Barke über das Wasser nach Avalon gebracht, begleitet von Morgen la Fey oder Mazoe oder anderen der neun Schwestern. Unser Tod kann physisch sein, aber sehr oft ist es ein emotionaler und mentaler Tod oder Zusammenbruch. Wir reisen nach Avalon, um von unserem Leiden geheilt zu werden, um Transformation zu erleben und um wie der berühmte König Arthur die Wiedergeburt zu erwarten, ehe wir zurück hinaus in die alltägliche Welt reisen.

Nach Avalon werden unsere Seelen gebracht, wenn wir physisch sterben. Dort reisen wir durch das, was im Tibetischen Buddhismus die Bardo-Zustände des Bewusstseins genannt werden, die zwischen Tod und Wiedergeburt liegen. Die Tibeter haben ein komplexes Verständnis dieser Bardo-Zustände und ein Großteil ihrer spirituellen Praxis besteht darin, sich auf die Reise durch diese Nach-Tod-Stadien vorzubereiten. Ihr Ziel ist es die Erleuchtung zu erreichen, wenn sie sterben, um das Rad des Karma hinter sich zu lassen oder eine gute Wiedergeburt zu erreichen. Ich beginne gerade selbst damit, diese Bardo-Zustände und wie sie auf Avalon zutreffen, zu erforschen. Nicht damit ich das Rad des Lebens auf der Erde verlassen kann, denn ich liebe es hier zu sein, sondern um das Wesen der Insel Avalon besser zu verstehen.

Als Insel der Toten ist Avalon der Platz, an dem die Ahninnen weilen. In vielen indigenen Kulturen gilt die Welt der Ahnen als fortwährende Quelle von Weisheit und Inspiration für die Lebenden. Sie werden bei bestimmten Gelegenheiten zu Rate gezogen, wenn Einzelne oder die Gemeinschaft die Antwort auf Fragen brauchen, wenn nach dem Ursprung von Problemen gesucht wird, sowie für persönliche und gemeinschaftliche Heilung und wenn Wissen über die Zukunft gebraucht wird. Begabte Priesterinnen und Schamaninnen kommunizieren mit den Ahninnen indem sie mit ihnen sprechen, wie wenn sie noch am Leben wären, durch Gebete, in Trance, in Träumen, durch das Erscheinen von Zeichen und Symbolen und in veränderten Zuständen der Wirklichkeit, die durch Entbehrung, durch das Einnehmen natürlicher Kräuter oder Ausdehnung des persönlichen Bewusstseins erreicht werden.

Die Ahninnen, die unmittelbar hinter der Schwelle der alltäglichen Wirklichkeit weilen, haben Persönlichkeiten und Eigenschaften, die ähnlich ihrem Charakter im Leben sind. Nicht alle sind gut, manche sind missgünstig und verschlagen, so wie sie es einst im Leben waren. Viele aber sind befreit von den Fesseln, die ihr Karma ihnen im Leben auferlegt hat. Sie haben die Lektionen aus den Leben, die sie gelebt haben, gelernt und Weisheit erlangt.

In vielen Teilen der Welt werden die Ahninnen mit bestimmten Tieren und Vögeln in Verbindung gebracht, deren Erscheinen in der Natur die Gegenwart der Ahninnen anzeigt. In Gegenden wie Australien sind die Urvorfahren als Gebilde und Formen in der Landschaft selbst sichtbar, und sind Teil der Entstehungsgeschichte. So ist es auch in dem modernen Mythos der Entstehung von Avalon, der in diesem Buch dargeboten wird. Darin formt Nolava das Land von Avalon und Glastonbury. In vielen Kulturen wird kein Unterschied zwischen verehrten Vorfahren und Göttin oder Gott gemacht.

Leider ehren wir in unseren westlichen Kulturen unsere Ahninnen nicht als andauernde Quelle von Weisheit, die für die Lebenden zugänglich ist. Als Folge davon haben wir so viel verloren. Als Priesterinnen von Avalon ist es ein Teil unserer Rolle den Vorrat an Weisheit, den unsere Ahninnen bewahren, wieder ins Bewusstsein zurückzubringen und uns wieder damit zu verbinden. Dies können genetische Vorfahren sein und auch spirituelle Vorfahren, die uralte Linie der Priesterinnen, zu der wir uns im Geiste verbunden fühlen. Wir müssen zunächst unsere persönliche Ahnenreihe erforschen, um herauszufinden, wer unser Blutsvorfahren waren.

Heutzutage leben viele von uns in einer Welt, in der die Menschen leicht von Ort zu Ort ziehen können, und relativ wenige von uns bleiben an dem Ort, wo wir und unsere Vorfahren geboren wurden. Selbst wenn unsere Familie seit hundert oder mehr Jahren in derselben Gegend gelebt hat, kann es sein, dass unsere fernen Vorfahren ursprünglich von woanders kamen. Sie könnten in der Vergangenheit aus Europa oder Skandinavien nach England ausgewandert sein. Wenn wir in Amerika oder Australien oder einem anderen Gebiet, das eine Zeit lang eine Kolonie des alten britischen, spanischen oder portugiesischen Reiches war, leben, könnten unsere Vorfahren Europäer sein. Es kann auch sein, dass sie aus Südamerika oder Afrika gekommen sind. Wenn wir Europäer sind, kann es sein, dass wir ursprünglich aus der russischen Steppe gekommen sind. Wir leben nicht in den Landen, in denen die Wurzeln unserer Vorfahren eingebettet sind.

Unsere Reise mit den Ahninnen beginnt damit, unseren Stammbaum zu verfolgen, herauszufinden wer unsere Vormütter und Vorväter waren, so weit zurückzugehen wie möglich. Wir würdigen dabei die physischen und kulturellen

Das Dunkelwerden - Samhain

Wurzeln, die uns zu der gemacht haben, die wir sind. Wenn wir den Erdball bereisen und zu den Orten kommen von denen unsere Vorfahren stammen, erleben wir ein tiefes, nährendes Gefühl von Heimkommen. Ein Teil des Puzzles unseres Wesens ordnet sich an seinem Platz ein und diese Erfahrung macht uns ganz. Wir freunden uns mit der Tatsache an, dass es in unserer Vergangenheit Hexen und Piraten, Köchinnen und Soldaten, Königinnen und Siedler gegeben haben könnte. Wir beginnen den Heilungsprozess und leisten Wiedergutmachung für die Wunden in unserer Vergangenheit, für diejenigen, die uns zugefügt wurden, und für diejenigen, die wir anderen zugefügt haben. Wir fangen an, uns selbst im Körper der Erdmutter zu verwurzeln anstatt uns fremd und abgetrennt von ihr zu fühlen, so als kämen wir von einem anderen Planeten. Jetzt können wir uns wahrhaft inkarnieren.

Internationaler Verkehr hat die Welt für immer mehr Menschen besser zugänglich gemacht, und diese Öffnung der Welt ist eine äußere Reflexion einer inneren Realität. Wir inkarnieren uns nicht mehr für Generationen nur innerhalb einer Rasse und einer Kultur, wie es für viele indigene Stammesvölker der Fall zu sein scheint. Seit der chinesischen Invasion in Tibet in den 1950igern und der Unterdrückung der tibetischen Bevölkerung und ihrer Kultur, inkarnieren sich viele tibetische Lamas jetzt bewusst in westlichen Körpern. Die Bedingungen für eine fortwährende spirituelle Tradition sind innerhalb von Tibet selbst derzeit nicht vorhanden. Stattdessen findet eine Diaspora statt, nicht nur der Lehren, sondern auch wiedergeborener menschlicher Wesen. Wir verteilen uns rund um den Planeten. Dasselbe gilt für Inkarnationen aus anderen im Untergang befindlichen spirituellen Kulturen.

Ich habe meine eigene persönliche Inkarnationsgeschichte erforscht und herausgefunden, dass ich frühere Leben in vielen verschiedenen Kulturen hatte. In einigen davon war ich als Mönch in Tibet, als Priesterin im antiken Kreta und anderen Göttinnen-Kulturen, und genauso hatte ich viele gewöhnliche Leben. Ich bin nicht außergewöhnlich. Ich denke, dass viele von uns ähnliche Erlebnisse haben, wenn wir rund um die Welt zu Orten reisen, die uns sofort vertraut sind, während andere uns ziemlich unbekannt sind. In der Gegenwart bin ich eine Frau der heutigen Zeit, die auf Brigits Inseln lebt, walisische, irische und nordbritische Vorfahren hat, sowie wiedergeburtliche Verbindungen zu vielen Kulturen auf der Welt. Ich habe meine Ursprünge zurück in der Zeit bis zu den Einwohnern des alten Avalon wiedererlangt, zu den Priesterinnen von Avalon, die in der Vergangenheit auf dieser Erde weilten, zu den neun Morgenen, zu Madron, Ahnin und Mutter der Linie von Avallach, zu Nolava der Göttin und Urahnin, die im Land selbst als Schwanenmaid, als lebenssprühende Liebende als die große Mutter und die alte Greisin, verkörpert ist.

Ich glaube, dass viele von uns wegen der Bandbreite unserer vergangenen Erfahrungen an verschiedenen Orten der Erde, genau zu dieser Zeit geboren werden. Tief im Inneren und aus Erfahrung wissen wir, dass alle menschlichen Wesen im Grunde genommen eins sind, trotz aller Unterschiede im Erscheinungsbild, der Rasse und der Kultur. Wir werden jetzt geboren, um dabei zu helfen, ein multikulturelles und universelles Weltbild herbeizuführen, das die Gesellschaften, in denen wir leben, durchdringen wird. Zu dieser Zeit großer Veränderung inkarnieren wir uns und bringen Achtung für die Erde, sowie emotionale, intellektuelle und spirituelle Weisheit mit, die wir in früheren Inkarnationen gesammelt haben. Es ist notwendig, dass all das im Kontext des heutigen 21. Jahrhunderts zum Ausdruck kommt. Wir sind die Rückkehr der Göttin an ihren rechtmäßigen Platz in der Welt und wir bringen die Weisheit der Ahninnen, die mit und in uns verkörpert ist.

Ins Samhain-Feuer loslassen

Auf unserer Priesterinnen-Reise erreichen wir das Neue, indem wir für das Alte sterben. Eine unserer ersten Prüfungen besteht darin, uns der Göttin anzuvertrauen, Vertrauen in sie zu entwickeln, wenn wir uns fürchten, wenn wir uns nicht ganz sicher sind, an wen oder woran wir glauben, wenn wir nicht wissen, wohin sie uns führt.

Denke an all die Dinge in deinem Leben, die für dich nicht funktionieren. Mach eine Liste dieser Dinge. Darunter können unbefriedigende Beziehungen, Unsicherheit, Hemmungen, Mangel an Selbstvertrauen, Mangel an Glauben, an Geld, an einem sicheren Heim, an Arbeit und Kreativität sein oder Machtlosigkeit, Aufblähung des Egos, Wut, Aggression, Angst, Kummer, Trauer, Abhängigkeiten aller Art, alles was dich davon abhält, wirklich du selbst zu sein. Während du über das Land gehst, sammle Zweige, die von den Bäumen heruntergefallen sind und von denen jeder für etwas steht, das du aus deinem Leben entlassen möchtest.

Baue an einem speziellen Ort ein heiliges Samhain Feuer, klein oder groß, und wirf einen nach dem anderen die gesammelten Zweige darauf, von denen jeder deine Herzenssehnsucht nach Veränderung repräsentiert. Mach das real. Lass deinen Tränen freien Lauf, während du die Zweige ins Feuer gibst… Beobachte wie die Zweige von den Flammen der Göttin verzehrt werden. Öffne dein Herz für ihre transformierende Kraft, vertraue ihr, dass sie dir zeigen wird, wie du wirklich loslassen kannst.

Eine Variante dieses Weggebens ist es, dir zu Samhain eine große Gal Puppe aus Stöcken und Lumpen zu machen, so ähnlich wie Guy Fawkes[1], aber nach dem Bild der Göttin gestaltet. Auf Sumerisch bedeutet Gal(a) Vulva (Geraldine Charles). Die Puppe kann ebenfalls für alles stehen, das du ins Feuer entlassen möchtest, und auch für die greise Göttin, die zu Samhain stirbt. Verbrenne sie zeremoniell in deinem Samhain Feuer.

Die Reise der Seele

Es liegt in der Natur unseres menschlichen Daseins, dass wir von der Empfängnis an durch unser genetisches Erbe konditioniert sind und durch unser Karma, die widerhallenden Erfahrungen aus unserer Kindheit und unseren früheren Leben. Diese Konditionierung formt unseren Charakter, erschafft unsere Persönlichkeit und gibt uns ein „Ich"-Bewusstsein. Diese Person, die „ich" ist, die dieses mag und das nicht, die sich so oder so fühlt, die Glück und Unzufriedenheit erlebt, die ich bin.

Spirituelle Entwicklung führt uns auf eine Reise zu einer anderen Erfahrung, wer „ich" wirklich bin. Wenn wir psychologisch und spirituell wachsen, beginnen wir uns mit einem anderen „ich" zu identifizieren, einem Selbst, das nicht durch die Vergangenheit geprägt ist, einem Selbst, das ewig, kreativ, einschließend, großzügig, kraft- und liebevoll ist, alles Eigenschaften, die es mit der Göttin teilt. Dieser Teil ist üblicherweise als Seele bekannt und wird mit dem Göttlichen, mit der Göttin, identifiziert.

Auf unserer Priesterinnen-Reise kommen wir in eine immer tiefere Verbindung mit der Göttin und damit mit unseren eigenen Seelen. Was kommt zuerst? Das Erkennen unserer eigenen Seele oder das Erkennen der Göttin? Es geht Hand in Hand, es ist dasselbe. Unsere Seele ist jener Teil von uns, der die Energie der Göttin in uns ist. Während wir die eine kennenlernen, erleben wir auch die andere.

So wie wir uns mehr und mehr nach der Göttin statt nach unserem konditionierten Selbst ausrichten, kommt unsere Persönlichkeit mehr und mehr in Übereinstimmung mit unserer Seele. Ihre Absicht für uns wird unsere Absicht, ihr Wille unser Wille, ihre Liebe zur Welt, unsere Liebe ihrer Welt, die sich in unseren Entscheidungen und unseren Handlungen ausdrückt. Wenn wir in Übereinstimmung kommen mit der Energie unserer Seele, kommen wir in Übereinstimmung mit der Göttin und unsere Persönlichkeit wird das Medium für den Ausdruck ihrer Energie. Für kurze Momente können wir sie verkörpern und ihre Erfahrung und Weisheit teilen.

Es gibt viele Dinge, die uns daran hindern können die Energie unserer Seele auszudrücken: unser Unbewusstes, unser Egoismus, unsere Gier, Neid, Eifersucht, tatsächlich einige der sieben Todsünden des Jüdisch-Christlichen Glaubens. Dennoch unterscheidet sich der Weg der Göttin sehr stark vom patriarchalen Pfad. In der Göttinnen-Spiritualität werden wir nicht voller Sünde geboren. Es muss kein Opfer erlitten werden, um Erlösung zu erlangen. Jede von uns muss die schmale Linie der Balance finden – die zwischen dem Sorgen für uns und für andere, zwischen Selbstsucht und Stärke, Dankbarkeit und Gier, Geben und Empfangen liegt – und entlanggehen. Dadurch kommen wir in die Ganzheit dessen, wer wir individuell und universell als menschliche Wesen sind.

Avalon - Erste Spirale

Die Reise zur Priesterinnenschaft besteht darin, die Mysterien der eigenen Seele zu entdecken. Eine Priesterin von Avalon dient definitionsgemäß der Göttin und Avalon, der Seele im Inneren, die mit der Göttin identifiziert wird, und der Seele des Landes, das ihr gehört.

Samen der Absicht

Zu Samhain fallen die Samen von den Bäumen und Pflanzen auf die Erde oder werden absichtsvoll im Boden gepflanzt. Sie liegen mehrere Monate in der kalten Erde vergraben, ehe sie im folgenden Jahr zum Leben erwachen. Für ihr natürliches Wachstum ist es notwendig, dass sie eine gewisse Zeit schlafen, ehe sie im Frühling vom erneuerten Leben aktiviert werden. In einer Zeremonie sammeln wir die Kerne, die wir in der Mitte der Äpfel von Avalon finden. Sie repräsentieren die Samen unserer Absicht auf unserer Reise zur Priesterinnenschaft. Wir pflanzen sie in die Erde, so dass sie eine Zeit lang in der Stille liegen und warten bis sie zu Imbolc vom weißen Stab der Göttin katalysiert werden.

Nachdem wir die Dinge, die uns nicht länger nützen, zu Samhain losgelassen haben, verbringen wir Zeit damit über die Dinge nachzudenken, die wir während dieser Ersten Spirale auf unserer Reise zur Priesterinnenschaft zu erreichen hoffen. Wir spielen traditionelle Halloween-Spiele. Dabei tauchen wir unsere Köpfe in einen Eimer voll kaltem Wasser, das die magischen Göttinnen-Äpfel von Avalon der neuen Jahreszeit bedeckt. Ohne unsere Hände oder andere trickreiche Vorrichtungen zu benützen, müssen wir unser Gesicht ins Wasser tauchen und zubeißen, um einen Apfel zu schnappen. Wir bringen ihn mit unseren Zähnen an die Oberfläche, damit wir die Apfelkerne erlangen können, die Samen der Wiedergeburt, die sich im Zentrum des Apfels befinden.

Das ist nicht so leicht, wie es sich anhört und sehr oft bringt dieses Spiel Erinnerungen an die Geburt und die Kindheit an die Oberfläche, und damit den ersten Ausdruck von Widerstand auf dieser Reise eine Priesterin zu werden. Jene, die in Widerstand gehen, projizieren ihr Schattenmaterial auf Lehrerinnen und Teilnehmerinnen und sehen sie als die Autoritätspersonen ihrer Kindheit, die ihr Leben kontrollieren wollten. Jene, die so lange darum gekämpft haben, sich aus ihrer frühen Opferrolle zu befreien, sind nicht gewillt, anderen die Kontrolle über ihre Handlungen zu überlassen. Wenn sie nicht nach Äpfeln schnappen wollen, dann tun sie es nicht. Aber wie wollen sie sich der Göttin hingeben, wenn sie immer die Kontrolle haben wollen? Es sind doch nur Äpfel und Wasser, oder?!

> *Tauche nach Avalon-Äpfeln im Wasser. Sobald du deinen Apfel erlangt hast, schneide ihn quer in der Mitte durch und beachte, dass sich in der Mitte das fünfblättrige Muster eines Pentagramms zeigt, das durch die Lage der Kerne geformt wird. Das Pentagramm ist der Tradition nach ein Symbol für die dunkle Göttin. Iss das Frucht-*

fleisch deines Apfels und nimm die Apfelkerne als deine Samen der Absicht heraus. Pflanze sie in einen mit Erde gefüllten Topf. Während du sie der Reihe nach in die Erde gibst, sprich deine Absicht zur Lady von Samhain. Bitte um ihren Segen für die kommende Dunkelheit des Winters. Kümmere dich das ganze kommende Jahr hindurch um deine Apfelbäume und setze sie in die Erde, wenn es Zeit ist. Damit sie starke Apfelbäume werden können, müssen sie auf geeigneten Wurzelstock aufgepfropft werden.

Von Samhain bis Yule

Wenn von Samhain bis Yule die Stunden der Dunkelheit zunehmen, ziehen wir uns nach innen zurück, in unser Heim, in unser Leben. Wir ziehen uns in unser Inneres zu uns selbst und zur Göttin zurück. Unser natürlicher Instinkt ist es, in den Winterschlaf zu gehen, wenn das Licht abnimmt, und so wie die Tiere, die Igel und Eichhörnchen, die ihre Bäuche mit Früchten und Nüssen füllen und Fettreserven für den Winter anlegen, essen wir mehr. Die Blumen verwelken und sterben dahin, die Bäume verlieren ihre Blätter. Regen strömt vom Himmel herab, die Luft kühlt sich ab. Kältere Winde aus dem Osten und Norden lösen die bisher vorherrschenden, wärmeren, südwestlichen Winde ab. Unsere Samen der Absicht liegen vergraben in der Stille der Erde. Genauso wie wir sie zu ihren Jahreskreisfesten feiern, lernen wir die Göttin jeden Tag zu ehren.

Gestalte zu Samhain einen Altar, der Nolava der Greisin und der dunklen Göttin sowie Mazoe, Keridwen und Sheela na Gig gewidmet ist. Finde Dinge, die diese Göttinnen repräsentieren – Statuen, Kessel, Frösche, Fledermäuse und Säue, Herbstblätter, sterbende Vegetation, was auch immer sie für dich bedeutet. Finde Objekte, die die vier Elemente Erde, Wasser, Feuer und Luft darstellen und stelle sie auf deinen Altar.

Zünde für die Greisin jeden Tag eine Kerze auf deinem Altar an und verbrenne Räucherwerk. Bete zu ihr um Hilfe, um Führung, aus Dankbarkeit, für Heilung für dich selbst und für andere, die Hilfe brauchen, um Visionen, und so weiter. Gestalte einmal pro Woche deinen Altar neu.

Schreibe und/oder zeichne jeden Tag deine Gefühle, Träume, Inspirationen, Eingebungen und Visionen – also deine inneren Vorgänge – in dein Tagebuch.

Zünde zu Samhain zu Ehren der Greisin ein Feuer an und verbrenne darin Gartenabfälle und alles, was dir nicht länger dient.

Avalon - Erste Spirale

Wirf Apfelhälften über das Feuer zu deinem Liebsten, als ein Versprechen, dass ihr gemeinsam mit der dunklen Göttin reisen werdet, durch die schweren Zeiten genauso wie durch die leichten.

Erinnere dich zu Neumond selbst an deine Absichten für das kommende Jahr und gieße die Samen, die du gepflanzt hast.

Gestalte zu Vollmond eine Zeremonie, um die Greisinnen in deinem Leben zu ehren, entweder die alten Frauen in deiner Familie und unter deinen Freundinnen, oder die greise Göttin.

Mache eine Pilgerfahrt zu Nolava der Greisin in Glastonbury Avalon, wandere auf ihrem eingefallenen Schoß, ihrer Brust, ihrem Kopf und ihrer Krone. Stimme dich auf ihre Energie ein und lausche auf ihre weisen Worte für dich. Finde ihre heiligen Plätze im Land.

Besuche andere heilige Orte, an denen die Göttin der Unterwelt weilt. Das sind neolithische Langgräber und Ritualstätten, heilige Hügel mit Eingängen in die Unterwelt, Höhlen, Brunnen, der See Bala, und so weiter. Wandere nachts unter den Sternen über das Land. Stelle dich deiner Angst vor der Dunkelheit. Singe, tanze und bete zur dunklen Göttin.

Fange an, deine persönliche Abstammung zu erforschen. Finde die Namen deiner Vormütter und Vorväter heraus und wo sie gewohnt haben. Verfolge die Muster deiner Familienherkunft. Fange an dich an deine Inkarnations-Abstammung zu erinnern, das Umfeld zu erforschen, von dem du glaubst, dass du dort in früheren Inkarnationen gelebt haben könntest.

---

[1] Dies bezieht sich auf die in England gebräuchliche Feier der „Bonfire-Night" (Freudenfeuer-Nacht) am 5. November, bei der Puppen verbrannt werden, die Guy Fawkes darstellen, dessen Sprengstoffattentat auf das englische Parlament am 5. November 1605 verhindert wurde. Auch im deutschen Sprachraum gibt es zu verschiedenen Anlässen vielerorts Bräuche, bei denen eine (Stroh-)Puppe verbrannt wird.

Die Stille

Yule:
Jahreskreisfest der Mutter der Luft

Zur Wintersonnenwende in der Stille rund um den 21. Dezember ehren wir die Mutter der Luft in ihren vielen Gestalten als Nolava der Luft, Cailleach, alte Frau des Winters, die Gebeinfrau und Steinfrau. Wir ehren Tyronoe, Morgene der Luft und der Weihnachtszeit. Wir feiern Danu, die Göttin der Tuatha de Danann, des alten Volkes der Göttin. Wir ehren die Vögel der Göttin, die inkarnierten Engel, die die Fähigkeit haben, durch die Luft zu fliegen. Wir feiern Arianrhod vom Silberrad, die in der oberen Welt der Sterne der Corona Borealis weilt. Wir feiern unsere entfernten Ahnen, jene Wesen des Feuers, des Eises, der Erde und des Wassers, die das Land, auf dem wir leben, gemacht haben. Sie sprechen zu uns mit dem Wind, und wir können sie erreichen, indem wir ihnen entgegenfliegen.

Die Wintersonnenwende ist die Zeit, zu der die Sonne am Horizont die am weitesten südlich gelegenen Aufgangs- und Untergangspunkte erreicht hat. Sie bleibt dort eine Zeit lang, ehe sie sich wieder Richtung Norden bewegt. Der 21. Dezember ist der kürzeste Tag des Jahres und hat daher die längste Nacht. Heutzutage zeigt die Wintersonnenwende in Brigits Inseln üblicherweise den Beginn des Winters an, nicht dessen Mitte. Kalte Winde wehen und es regnet in Strömen. Der Himmel wird klar und Frost bedeckt die Felder. Der Frost tötet Pflanzen, Insekten, Tiere und Vögel, die Alten und Gebrechlichen. Die Farben der Landschaft verblassen zu grauen und beigen Farbtönen. Die Rinde wird von den Bäumen geschält und das Fleisch von den Knochen, um das Skelett aller Dinge zu enthüllen. Den Mustern ihrer Natur folgend, kommen wir zur Weihnachtszeit für Feiern und Zeremonien, welche den Anfang der zweiten Phase des Winters kennzeichnen, in der wir uns bis Imbolc in die Stille des Winterschlafs und der Innenschau zurückziehen.

Zu Mittwinter gestalten wir Zeremonien, welche Nolava der Luft, Tyronoe, Danu und Arianrhod ehren. Wir erforschen unser spirituelles Leben, wir lernen Gebete und wie wir Altäre zu Ehren der Göttin gestalten können. Wir beginnen ein Traumtagebuch. Wir lernen, wie wir unsere Aura reinigen und uns selbst mit Luft segnen können. Wir lernen etwas über psychischen Schutz. Wir wandern über die heilige Landschaft der Ahnen. Wir fahren fort, unsere Abstammung zu erforschen und unsere Ahnenlinie zurückzugewinnen.

Die Nolava der Luft ehren

Die Nolava der Luft ist der spirituelle Atem der Insel Avalon. Sie ist die unsichtbare liebende Essenz, die allen erschaffenen Wesen zugrunde liegt, sowohl in der alltäglichen Welt als auch in der Anderswelt von Avalon. Sie ist die Gebeinfrau, die Steinfrau, die Cailleach, die alte Frau des Winters, die all ihr Fleisch verloren hat und leicht und substanzlos geworden ist. Während die Greisin uns in den Tod führt, ist die Cailleach der Tod selbst, der Raum zwischen Tod und Wiedergeburt. Sie ist die vollkommene Stille, die Erfahrung des Geistes ehe er Gestalt annimmt. Sie ist die immaterielle Ahnfrau des Landes und der Menschen von Avalon. Sie verbindet uns mit unseren ursprünglichen Ahnen, den Wesen des Feuers und des Eises, der Luft und der Erde, die diese wundervolle Welt geschaffen haben, in der wir leben. In unserer Vorstellung, in Visionen und in Trance können wir wie die Vögel der Luft von dieser Welt nach Avalon fliegen, um unsere entfernten Ahnen zu treffen und mit ihnen zu kommunizieren.

Genauso wie der Stillstand des Todes ist Nolava das ewige Leben, das zwischen den Inkarnationen fortdauert. Sie ist die Luft und der Wind. Sie ist die Bewegung des Unsichtbaren. Sie ist Atem. Sie ist die Idee und die Inspiration. Sie ist die Weisheit und alles, was sie bewirkt.

Wenn wir uns Avalon nähern, wehen oft Nolavas Winde durch unser Leben, blasen die Spinnweben in unserem Geist fort und verändern dadurch unsere Sichtweise der Dinge. Sie kann so sanft sein, wie eine Brise an einem milden Sommertag, die Abkühlung in der übergroßen Hitze bringt, sie kann aber auch erschreckend sein, wie der Hurrikan, der uns umwirft und gebietet, dass wir ihre endlose Kraft zur Kenntnis nehmen. Sie stürzt die Bäume um, hebt die Dächer über unseren Köpfen hinweg und lässt uns zitternd und verletzlich zurück. An den meisten Tagen des Jahres können wir ihre Berührung spüren, wenn wir die Hänge des Glastonbury Tor erklimmen. Wenn wir den Kamm des Drachenrückens entlang zur Spitze gehen, kann es sein, dass sie versucht, uns hinunter zu blasen. Wir müssen uns ihren Windstößen beugen und uns in ihre Umarmung lehnen, um aufrecht und zentriert bleiben zu können. Manchmal können wir fast mit ihr fliegen, und unsere Mäntel breiten sich aus wie Flügel.

Die Vögel der Luft gehören zu Nolava. Bei Nacht fliegen ihre Eulen durch den Sternenhimmel und jagen über das Sommerland. Bei Tag steigen die Bussarde auf den Luftströmungen über der Insel empor. Ihr gehören die Schwärme kleiner Vögel, die in unseren Gärten schwatzen und Beeren und die Körner, die wir ihnen anbieten, fressen. Der König der britischen Vögel, der winzige Zaunkönig, gehört zu ihr. An den meisten Tagen des Jahres fliegen ihre Geflügelten in ihren Strömungen, steigen empor, schießen wieder zur Erde hinab und inspirieren uns mit ihrer magischen Kraft des Fliegens.

Luft ist das feinstofflichste der vier natürlichen Elemente und symbolisiert unsere spirituelle Natur. Luft ist das Element, das uns alle miteinander verbindet. Pflanzen, Insekten, Vögel, Tiere und menschliche Wesen atmen alle dieselbe Luft. Wir können uns mit der Nolava der Luft durch unseren Atem und durch Verwendung von Tönen verbinden.

Atme durch deine Nase ein und durch den Mund aus und lass zu, dass dein Atem langsamer wird. Zähle 20 Atemzüge lang deine Atemzüge. Beginne dann damit, Nolavas Namen langsam mit dem Ausatmen zu tönen. Lass dabei den Klang ihres Namens in deinem Mund und deiner Kehle herumrollen.
No......laaaa......vaaaaa.........
Wiederhole ihren Namen. Spüre wie sich dein Bewusstsein verändert.
Diese Übung kann auch mit anderen Namen von Göttinnen gemacht werden, Danu, Anu, Ana, Bridie, und so weiter, ...
und mit Aaa....va....lonn....

Morgene Tyronoe, die Morgene der Luft ehren

Tyronoe, die greise Morgene der Insel Avalon, grüßt dich
Sie, die die westliche Insel der Toten regiert
Sie, die aus dem sternenklaren Norden kommt und die helle, silberne Weisheit mitbringt
Sie, die das Silberrad dreht, Wissende über Sterne und Sonne

Sie, die das Wissen der Ahnen bewahrt, Herrin des Gebeins und der Schale
Sie, die über die Sande der Zeit und die Geister der Luft und des Windes gebietet

Sie, die die suchende Elevin durch die Schleier mitnimmt hinunter in die Unterwelt
Sie, die dich tief ins Herz der Bedeutung von Tod ... und Leben bringt
Sie, die dir die Fragen stellt, die den Nerv der Sache treffen
Sie, die unsere dunkelsten Ängste und tiefsten Geheimnisse spiegelt

Sie, die verwandelt
Sei dir gewahr mir und meiner Gaben, blanker Gebeine und Schalen, meine Juwelen

Initiationen des Herzens und des erweckten Geistes

Leona Graham

Tyronoe ist die älteste der neun Morgenen, deren Gebrechlichkeit über ihre unbeugsame Stärke hinwegtäuscht. Sie ist sehr, sehr alt. Sie hat alles kommen und gehen sehen. Ihre uralten Augen schauen vom Anbeginn der Zeit alles, was passiert ist. Sie hat Kenntnisse vom Ursprung und der Entfaltung des Universums. Sie ist die Astronomin/Astrologin im Kreis der Morgenen, der die Muster der Sterne vertraut sind. Sie kann in der Vergangenheit lesen und die Zukunft vorhersagen. Sie ist die Dame des Labyrinths und Meisterin des Gewebes von Leben und Tod.

Im geweihten Land ist sie als Eis und Frost sichtbar, die im Winter die Bäume, Pflanzen, das Gras, die Rhynes und Flüsse mit einem glitzernden weißen Überzug bedecken. Sie verwandelt das Land über Nacht. Sie ist die Kälte des Winters, das Entblößte, das Entkleidete. Ihr fehlen Wärme und Hitze. Ihr zu Eigen sind die beständigen Gaben der Ahnen: Weisheit, Einsicht und Vision. Sie ist die Dunkelheit des Mondes, die Nacht, in der es kein Licht gibt, außer dem Licht einer Milliarde Sterne.

Als Frau ist sie über 70 Jahre alt und älter. Ihre Farben sind Silber und Grau. Wir erleben sie in den kalten Winden, die über das Sommerland wehen und die uns bis auf die Knochen frieren lassen, wenn wir den Tor erklettern oder über Windmill Hill wandern. Manchmal sehen wir ihre Sylphen, deren bewegte Körper die Luft formen, die wir atmen. Manchmal sehen wir ihre Winddrachen, die am stürmischen Himmel herumtollen und in die Wolken Bilder von Vögeln, Tieren und heiligen Wesen malen.

Tyronoe ist auch die Stechpalmenfrau, die immergrüne Dame, deren helle Blätter uns sagen, dass die Göttin lebt, sogar in der Tiefe des Winters. Ihre roten Beeren, mit denen das Grün gesprenkelt ist, nähren die Vögel und erinnern in der Dunkelheit des Winters an ihr lebensspendendes Blut. Heutzutage beginnt die Herrschaft der Stechpalmenfrau zur Wintersonnenwende und hält

Die Stille - Yule

den Frühling und den frühen Sommer hindurch an bis Litha, der Sommersonnenwende. Dann übergibt sie ihre Lebenskraft an die Eichenfrau, die zu dieser Zeit Blüten und Blätter bekommt.

Wenn du in der Tiefe des Winters durch ihre Landschaft wanderst, bitte Tyronoe sich dir als Sylphe und Drache, als Gebein und Schale zu offenbaren. Bitte sie dich zur Bedeutung der Dinge, die dir widerfahren, zu führen, in die Essenz dessen wer du bist. Wandere über ihre heilige Winterlandschaft, erkenne sie in den kahlen Ästen der Bäume, in der Spärlichkeit der Natur, in der Ruhe und Stille. Gehe durch Stechpalmen-Wälder und schmücke dein Heim und deinen Tempel zur Feier der ewiggrünen Lady mit Stechpalmenzweigen.

Danu ehren

Danu, Anu, Anu Danaa, Ana oder Aine ist die Mutter-Göttin der Tuatha de Danann, des Volkes der Göttin Danu. Sie waren die Strahlenden, die in der keltischen Legende verewigt wurden, besonders in Irland. Es heißt, dass Danu und ihr Volk auf einem Hang in Irland gelandet sind, nachdem sie von jenseits des Nordwindes aus dem magischen Land der Hyperboreer gekommen sind, aus dem auch einige unserer eigenen entfernten Verwandten stammen könnten. Zu der Zeit, zu der sie uns überliefert wurden, sind die Geschichten über die Tuatha de Danann, in denen gleich viele Frauen und Männer vorkamen, stark reduziert worden auf Erzählungen über eine kriegsführende, heroische, hauptsächlich männliche Rasse. In Wales und England wurden die ursprünglichen göttinliebenden Geschichten von Mönchen und patriarchalen Geschichtenerzählern noch weiter verändert zu den Erzählungen über die Nachkommen des männlichen Gottes Don. Diese Erzählungen können im walisischen Mabinogion nachgelesen werden, an dessen Anfang wir immer noch einen Hauch der Erinnerung an eine wesentlich ältere Verehrung der Göttin erhaschen können.

Aufgrund meiner Nachforschungen meine ich, dass es die Tuatha de Danann waren, die die neolithischen Steinkreise gebaut haben. Diese Steinkreise ehren die Göttin und verbinden die Erde und den Himmel. Die Überreste dieser uralten Ritualstätten können noch immer überall auf Brigits Inseln gefunden werden.

Besuche zur Weihnachtszeit Danus Steinkreise in der Landschaft. Stell dich in die Mitte des Kreises und neben einzelne Steine und töne ihren Namen.
Daaaa...........nuuuu..............
Spüre wie der Ton zwischen und in den Steinen widerhallt. Man ist heute der Meinung, dass viele der kleineren Steinkreise als Ton-

Räume kreiert wurden und dass in ihnen Töne verwendet wurden, um den Bewusstseinszustand zu verändern. Probiere es aus und schau was mit dir passiert.

Arianrhod ehren

Arianrhods Geschichte steht in der Erzählung von Math ap Mathonwy, die etliche alte Göttinnen einschließt, Arianrhod, Blodeuwedd und Keridwen. Jede von ihnen wird dabei auf eine eigene Art in einer Geschichte schlechtgemacht, die danach trachtet, die männlichen Darsteller zu verherrlichen. So wie andere Erzählungen, die von christlichen Mönchen niedergeschrieben wurden, erzählt die Geschichte vom Untergang der Göttinnen in unserem Land.

In diesem Mythos wird Arianrhod als eine Tochter von Don bezeichnet, was heißt, dass sie ursprünglich eine Tochter von Danu war. Sie ist die jungfräuliche Göttin in ihrem eigenen Recht, die, nachdem sie über König Maths Stab gestiegen ist, auf wundersame Weise Zwillinge gebiert, einen goldblonden Jungen und einen dunkleren Sohn, Dylan von der Welle. Im Laufe der Geschichte erleben wir, wie der König und sein Ratgeber Gwydion Arianrhod eine Reihe von Streichen spielen, zuerst indem sie sie dazu bringen wollen, ihrem Sohn einen Namen zu geben, und dann indem sie ihn für die Schlacht ausstatten wollen. Schließlich erschaffen sie eine Frau für ihn, Blodeuwedd, die Blumen-Maid und Eulen-Göttin. All dies sind natürlicherweise die Gaben der Göttin, die sich das Recht vorbehält, uns diese Gaben zuteilwerden zu lassen, ungeachtet dessen, was Menschen versuchen zu erzwingen. Sie gibt uns unseren wahren Namen, wenn wir bereit sind ihn zu empfangen. Sie bewaffnet uns, wenn wir ihre Farben in den Kämpfen des Lebens tragen, und sie kann wahre Liebe in unser Leben bringen.

Arianrhods Verbindung zu Glastonbury ist in dem großen dreidimensionalen Labyrinth verankert, das sich auf den Hängen des Glastonbury Tor befindet. So wie alle klassischen Labyrinthe mit sieben Umgängen ist auch dieses Ariadne mit dem roten Faden geweiht. Ihr, die einen roten Faden als Spur in den Gängen des Labyrinths hinterlässt, damit wir unseren Weg hinein ins und hinaus aus dem Labyrinth des Lebens finden. Der spiralförmig aufsteigende Pfad des Tor Labyrinths führt zu Caer Side, das auch als Caer Arianrhod bekannt ist, das sich drehende Schloss von Arianrhod vom Silberrad. Am Himmel ist dieses Schloss die Corona Borealis, die Nördliche Krone, die ebenfalls zu Ariadne gehört. Es heißt, dass sie ihre Hochzeitskrone ist, die in den Himmel geworfen wurde, als sie Dionysos, den Gott der Liebe und des Weines, heiratete. Mythologisch sind Ariadne und Arianrhod dieselbe Göttin. Ariadne regiert die mittlere Welt, während Arianrhod die obere Welt regiert. In Avalon ist ihre Schwester in der Unterwelt Nolava die Greisin oder Morgen la Fey, Hüterin des Kessels der Transformation. Die drei Welten sind verbunden durch die axis mundi, die Weltenachse, die manchmal als heiliger Berg dargestellt wird, der hier in Avalon der

Glastonbury Tor ist. Siehe dazu auch das Kapitel über die Initiation im Glastonbury Tor Labyrinth weiter hinten im Buch.

In Avalon ist Arianrhod unsere sternenhelle Inspiration. Sie ist die Weberin des unsichtbaren Lebensfadens und erschafft die Muster, die alles zusammen halten. Sie ist Arachne, die Spinne, in der Mitte ihres Netzes und Ariadne ist der Pfad hindurch.

Finde die Corona Borealis am Himmel. Ehre Arianrhod als Quelle der Inspiration, während du das Labyrinth des Lebens durchschreitest. Beobachte im Winter wie die Spinne ihr Netz webt, das im Frost glitzert. Werde dir der schimmernden ätherischen Fasern gewahr, die alle Dinge der Natur der Göttin verbinden.

Die Kraft der Luft und des Geistes

Die natürlichen Elemente Erde, Wasser, Feuer, Luft und Raum sind physische Symbole für fünf verschiedene Energiezustände. Das dichteste ist natürlich Erde und das am wenigsten dichte ist Raum. Wasser ist weniger dicht als Erde, Feuer ist weniger dicht als Wasser, Luft ist weniger dicht als Feuer und Raum ist weniger dicht als Luft.

Esoterisch werden die Elemente verwendet, um fünf verschiedene Ebenen des Daseins zu symbolisieren: die physische/ätherische materielle Ebene (Erde), die emotionale Ebene (Wasser), die mentale Ebene (Feuer) und die spirituelle Ebene (Luft) als Ausdruck von immer feinstofflicher werdenden Energien. Das fünfte Element des Raumes ist die weiträumige Leere der Göttin, aus der heraus jegliche Schöpfung hervorgeht. Dieses System unterscheidet sich von anderen Traditionen, in denen Feuer das Spirituelle repräsentiert und Luft den Verstand. Ich bevorzuge das vorher dargestellte System, weil es die physische Dichte mit der symbolischen Dichte verknüpft und die spirituelle Energie höher wertet als die mentale.

Als das am wenigsten dichte der vier Element steht Luft oder Wind für die spirituelle Energie, den unsichtbaren Lebenshauch, der vor allen Dingen kommt und innerhalb jeglicher Erscheinungsform gegenwärtig ist. Bei menschlichen Wesen umfasst unsere spirituelle Natur alle Werke unserer Seele, jenes unsichtbaren Kerns, der liebevoll und großzügig, voll Mitgefühl und Weisheit ist und uns mit jedem anderen Lebewesen auf diesem Planeten verbindet. Als Priesterinnen von Avalon ist es unser Ziel, spirituelle Wahrheiten der weiträumigen Leere ins Bewusstsein und die alltägliche Realität zu bringen.

Die meisten patriarchalen Religionen haben anerkannte spirituelle Ziele, nach denen ihre Anhänger streben, zum Beispiel von Jesus gerettet zu werden, zu sterben und in den Himmel einzugehen, erleuchtet zu werden, siddhis (Kräfte) oder das Nirvana zu erlangen, sich selbst aus dem endlosen Rad des Lebens zu befreien oder einen Märtyrertod zu sterben. Viele religiöse Ziele sind eher mit dem verbunden, von dem wir glauben, dass es mit uns geschehen wird, wenn das Leben vorbei ist, als damit wie wir unser Leben hier auf der Erde leben. Jede der großen patriarchalen Religionen hat ihr eigenes Glaubenssystem, das von hierarchischem Wesen ist und in dem das Hauptziel nur von den wenigen erreicht wird, die die Macht haben und sie anwenden über die vielen, die sich durchs Leben kämpfen müssen.

Innerhalb der Göttinnen-Spiritualität gibt es meiner Überzeugung nach kein einzelnes Ziel, dass von jeder erreicht werden muss, Ich glaube, dass es nahezu so viele spirituelle Ziele wie menschliche Wesen gibt. Manche Ziele haben wir gemeinsam und andere gehören nur uns und sind einzigartig. Für ein menschliches Wesen sind auf diesem wunderschönen Planeten viele spirituelle Erfahrungen möglich, und die Ausdehnung der Seele ist riesig und uns größtenteils unbekannt. Wir wissen so wenig darüber, wer wir als energetische und spirituelle Wesen sind, dass die Festlegung universeller Ziele, die über die grundlegende Kommunion mit der Göttin hinausgehen, als große Einschränkung erscheint.

Wir haben tatsächlich viele und unterschiedliche spirituelle Sehnsüchte und als solche sollten sie auch anerkannt werden. Es kann sein, dass wir inneren Frieden erfahren wollen, dass wir liebevoller werden wollen oder dass wir der Göttin in der Art dienen wollen, die sie uns zeigt. Es kann sein, dass wir mit der Göttin verschmelzen wollen, dass wir eins werden wollen mit ihrer unendlichen Weisheit, oder das wir sie von Angesicht zu Angesicht treffen und in ihrem Glanz baden wollen. Oder wir wollen ganz einfach ein besserer Mensch werden, uns selbst und andere heilen oder wir haben eine Vielzahl anderer Ziele. Alle diese Ziele sind berechtigte spirituelle Ziele, und es ist keines höher oder niedriger als ein anderes. Wenn wir ein einzelnes Ziel für jeden setzen, das auf einem hierarchischen Glaubenssystem beruht, begrenzen wir die Bandbreite und Ausdehnung der spirituellen Erfahrungen, die wir im Leben haben können und zu denen uns die Göttin führen wird, wenn wir Glück haben.

Als ich im Alter von 29 Jahren erstmals von meinem spirituellen Hafen in Wales nach Glastonbury zog, fing mein Leben fast sofort an auseinanderzufallen, als ich mich nach einer langen Periode der Enthaltsamkeit erneut auf emotionale und sexuelle Beziehungen mit Männern einzulassen begann. Es war eine schockierende Erfahrung, denn die spirituelle Ruhe, die ich nach einigen Jahren intensiver Meditation und Praxis erreicht hatte, erwies sich als nutzlos um meine Emotionen zusammenzuhalten, als mein Herz sich erneut in Liebe einem Mann öffnete. Ich hatte geglaubt, dass ich durch meine spirituelle Praxis meine Emotionen transzendiert hatte, ein traditionelles männliches religiöses Ziel. Ich dachte, ich hätte mich darüber erhoben. Ich stellte fest, dass das, was ich wirklich getan hatte, war, meine Emotionen zu unterdrücken. Sie brachen mit voller Kraft heraus, sobald sie katalysiert wurden.

Als Folge von großem emotionalem Schmerz und Leid entschied ich mich alle meine früheren Glaubenssysteme loszulassen und zu schauen, was passieren würde, sobald ich keine vertrauten Stützen mehr hatte, die meine Überzeugungen untermauerten. Würde ich ohne ein Glaubenssystem noch ein spirituelles Leben haben? Zunächst fühlte ich mich beraubt ohne meine vertraute tägliche Praxis, meine esoterische Kirche, meine bequemen Überzeugungen, aber ich fand glücksstrahlend heraus, dass meine Spiritualität weiter bestand, als ich meine gewohnheitsmäßigen Praktiken los ließ. Eine Zeit lang gab es eine spirituelle Leere in meinem Leben, es passierte nichts. Doch aus dieser Leere heraus trat die Göttin hervor und sie brachte eine ganz andere Art Dinge zu tun mit sich. Ihr Weg basierte nicht auf religiösem Dogma und darauf, empfangene Weisheiten zu wiederholen, er gründete sich in einer unmittelbaren, lebendigen Verbindung zu ihr, Tag für Tag. Sie fing an zu mir zu sprechen, so wie sie es heute tut, und ich höre ihre Stimme und folge ihr, so gut ich es kann.

Diese direkte Verbindung zu ihr als einer innewohnenden Göttlichkeit, die innerhalb unseres eigenen Bewusstseins und Körpers erfahren wird, und die gleichzeitig transzendent und universell ist, ist für mich eines der Kennzeichen von Göttinnen-Spiritualität. Beim Erforschen unserer Entwicklung als Priesterinnen, werden wir uns mit der Kraft von Gebet und Meditation befassen und mit Methoden, unsere spirituelle Erfahrung zu erweitern.

Gebet, magische Sprüche und Hingabe

Für Priesterinnen ist das Gebet ein Gespräch mit der Göttin, es ist unsere Art mit ihr zu kommunizieren. Wer sprechen eins zu eins unmittelbar zu ihr, von Herz zu Herz, ohne Vermittler. Diese offene Herzenskommunikation verleiht unseren Gebeten magische Kraft. Wir ermutigen andere, ebenfalls direkt mit ihr zu sprechen. Unsere spirituelle Praxis besteht darin, unsere Dankbarkeit für alles auszudrücken, dass sie uns auf ihrer freigiebigen Erde schenkt, für alle Gaben ihrer Natur, für die Nahrung, die wir essen, für das Wasser, das wir trinken, für die Luft, die wir atmen, für das Wetter, für Tiere und Vögel, für ihre Schönheit rings um uns. Wir danken ihr für unsere Familien und Freunde, für die Lektionen, die wir von ihr empfangen, von denen manche leicht und manche sehr schwer sind. Wir danken für unsere Feinde, die unsere Wunden spiegeln.

Wir bitten sie auch um Hilfe in schweren Zeiten. Wir sprechen zu ihr über unsere Hoffnungen und Träume und bitten sie um ihren Segen für all unsere Unternehmungen. Wir beten für andere in dem Wissen, dass alleine dadurch, dass wir in der Gegenwart der Göttin an sie denken, ihr Segen zu ihnen fließen wird. Wir beten um Heilung für uns selbst und andere, die sie brauchen, für die, die wir kennen, und für jene Millionen auf der Erde, die wir nicht persönlich können, von denen wir aber wissen, dass sie leiden. Wir legen alles vor ihre Weisheit und ihr Mitgefühl.

Ein magischer Spruch ist eine Anrufung bei der, so wie beim Gebet, den Worten magische Kraft gegeben wird. Magische Sprüche beziehen unsere Sehnsüchte und die bewusste Beeinflussung der materiellen, astralen und mentalen Welten ein, um das Ziel unserer Wünsche zu erreichen, ob es nun ein Seelenpartner ist, jemanden zu heilen, der krank ist, oder Weltfrieden zu bringen. Magie hat einen anderen Schwerpunkt als die Praktiken von Dankbarkeit und Kommunion mit der Göttin.

Innerhalb der Kunst der Magie gibt es Sprüche, die mit einer guten Absicht zum Wohle für uns und andere gesprochen werden und Sprüche, die mit einer negativen Absicht gesprochen werden, um anderen zu schaden. Die Wirkung jedes magischen Spruches hängt von der Konzentration und der Gedankenklarheit der Sprechenden ab und nicht von ihrer Motivation. Sich in negativer Magie zu versuchen, ist eine gefährliche Beschäftigung, die effizient sein kann, aber üblicherweise weder glücklich macht, noch das Bewusstsein der Seele erweitert, noch zum menschlichen Wohle insgesamt beiträgt. Priesterinnen beschäftigen sich niemals mit negativer oder schwarzer Magie. Ich verwende diese Phrase nur widerwillig, da schwarz sowohl verwendet wurde, um die schwarze oder dunkle Göttin als auch die dunkelhäutigeren Völker auf diesem Planeten zu dämonisieren. Aber wir verstehen, was diese Worte bedeuten.

Gebete und magische Sprüche, in denen wir darum bitten, dass bestimmte Dinge passieren, befinden sich an gegensätzlichen Enden eines Spektrums von Bitten. Die Unterschiede zwischen den beiden genannten Praktiken vermischen sich in der Mitte. Eine weit gefasste Definition des Unterschiedes ist es zu sagen, dass ein Gebet eine Bitte an die Göttin ist, welches das Ergebnis und die Art, wie es erreicht wird, völlig in ihren Händen lässt. Ein magischer Spruch hingegen zielt auf ein bestimmtes Resultat und beinhaltet die Beeinflussung von Energie und Materie durch die Sprechende, um dieses Resultat zu erreichen. Zum Beispiel könnten wir zur Göttin beten und sie bitten, uns den idealen Partner zu bringen. Oder wir könnten uns entscheiden, einen Liebestrank herzustellen, für den wir Kräuter und zu Vollmond gesprochene Anrufungen verwenden, wobei wir eine bestimmte Person im Auge haben und darauf abzielen, dass sich diese Person von uns angezogen fühlt. Im ersten Fall des Gebets vertrauen wir darauf, dass die Göttin uns bringen wird, was wir brauchen, die wahre Liebe, die die bestmögliche Person für uns ist. Im zweiten Fall wollen wir unseren eigenen Partner wählen. Das sind zwei verschiedene Arten Dinge zu tun.

Es ist nicht so, dass Gebet gut oder besser ist und magische Sprüche schlecht oder böse sind, es sind nur unterschiedliche Arten etwas zu tun. Magische Sprüche stehen im Zusammenhang mit Hexenkunst, der Weisheit weiser Frauen, die durch die Zeitalter hindurch den Armen, Bedürftigen und Kranken geholfen haben, indem sie magische Sprüche verwendet haben, um sie zu heilen und ganz zu machen. In den Jahren der Inquisition sind zehntausende Frauen und einige Männer gehenkt, oder auf dem Scheiterhaufen verbrannt worden, weil sie erfolgreiche Magierinnen waren und weil sie Frauen mit spiritueller Kraft waren, in einer Welt, in der Männer die weltliche Macht hatten. Hexerei und magische Sprüche erfreuen sich derzeit einer populären Wiederauferstehung. Es gibt hunderte von Büchern über Wicca, Hexen, Hexerei, Zaubersprüche und

Die Stille - Yule

Magie, und eines der beliebtesten Kinderbücher handelt von dem jungen Harry Potter, der eine Schule für Hexerei und Zauberei besucht.

Es gibt viele Gelegenheiten bei denen sich der Unterschied zwischen Gebet und magischen Sprüchen verwischt. Wenn ich zum Beispiel zur Göttin um Heilung für jemanden bete und dann den Namen der betreffenden Person auf ein Stück Papier schreibe und es auf den Altar lege, ist das ein Gebet oder ein Mini-Spruch? Wenn ich zum Abschluss eines magischen Spruches, der gestaltet wurde um ein neues Heim zu finden, alles in ihre Hände lege und sage: *„Nach deinem Willen, Lady"*, hebt das dann meinen Wunsch auf, die Umstände und andere Leute zu beeinflussen, um zu bekommen was ich will?

Man kann nicht so einfach sagen, dass Gebet eine selbstlose Handlung ist, während Magie vom Ego gesteuert wird. Sowohl das Gebet als auch magische Sprüche können von den Wünschen unseres Egos angetrieben sein, von dem, was wir erreichen wollen. Der Versuch unsere persönlichen Sehnsüchte zu erfüllen, ist eine der Arten, auf die wir von der Göttin durchs Leben geführt werden, damit wir ihr begegnen können, sowohl durch unsere Niederlagen als auch unsere Erfolge.

Dennoch glaube ich, dass magische Sprüche karmische Konsequenzen haben, mit denen ich persönlich mich nicht einlassen will. Ich denke, dass Sprüche funktionieren, aber üblicherweise nicht auf die Art, wie wir uns das vorstellen. Es gibt die fragwürdige Geschichte von der Person, die einen magischen Spruch wirkt, um Geld zu bekommen. Darauf stirbt plötzlich die Lieblingstante dieser Person und hinterlässt ihr Geld, während sie einen Lottogewinn bevorzugt hätte. Der Preis erfolgreicher Sprüche kann zu hoch sein, und ich bin nicht weise genug, um alle Konsequenzen vorherzusehen. Ich lehre keinerlei Art magischer Sprüche und bevorzuge das Gebet, die Anrufung der Göttin und Hingabe an die Göttin als Mittel um die Welt zu verändern. Siehe dazu die späteren Kapitel über Zeremonie und Anrufung. Es ist durchaus möglich beides zu sein, eine Priesterin und eine Hexe, unsere Ausrichtung ist jedoch unterschiedlich.

Eine Priesterin von Avalon zu werden war und ist für mich eine Reise der fortwährenden Hingabe an und des Vertrauens in die Göttin. Es ist mein Weg, ihr so wie ich es kann zu dienen. Nach vielen Jahren freudvoller und manchmal schmerzhafter Erfahrungen ihrer Wege vertraue ich ihr heute, dass sie vollkommen weiß, was das Beste für mich ist und mir alles bringen wird, was ich in meinem Leben zur Erfüllung brauche, wenn ich es ihr gestatte. Sie wird mich genau dort hinbringen, wo ich hingehen muss. Je mehr ich mich ihr hingeben und mir von ihr den Weg voran zeigen lassen kann, umso ganzheitlicher und kreativer wird mein Leben. Je mehr ich auf ihre Stimme höre und desto spontaner ich nach ihren Anweisungen handle, desto glücklicher bin ich. Diese Reise der Hingabe nimmt mir nichts von meiner persönlichen Kreativität und Autonomie, da ich viele Ideen habe und nach ihnen handle. Hingabe bedeutet nicht Unterwerfung oder Passivität. Ich bin die Handelnde in der Welt mit meinen Energien und meiner Persönlichkeit, aber die Göttin führt mich zu den Plätzen, vor denen ich mich zu sehr fürchten würde, als das ich alleine dorthin gehen würde. Ich sehe, dass dieser Prozess auch in anderen stattfindet.

Ich glaube, dass der wahre Pfad einer Priesterin von Avalon einer der Hingabe an die Lady ist, so vollkommen wie wir es vermögen. Wenn wir mit ihr in Übereinstimmung kommen, begeben wir uns in den Fluss ihrer Energie und ziehen Erlebnisse und Ereignisse an, die mit der Absicht unserer Seele übereinstimmen. Ein neuer und ebenbürtiger Partner taucht plötzlich in unserem Leben auf, wir finden die richtige Arbeitsstelle, wir ziehen ins richtige Haus, und so weiter. Wir haben weniger Bedürfnis danach, die Umstände zu manipulieren, um zu erreichen, was wir wollen. Die Göttin und ihr Leben werden uns das bringen, was wir zu unserer Heilung und Erfüllung brauchen.

Raum schaffen, um zu hören und zu sehen

So wie wir aus Dankbarkeit beten und für das, was wir uns wünschen, geht es beim Gebet auch darum, Raum für das Zuhören zu schaffen, unsere inneren und äußeren Ohren für die Stimme der Göttin zu öffnen. Wenn wir ihr eine Frage stellen, wenn wir sie um ihre Weisheit bitten, müssen wir auf ihre Antworten lauschen. Wir können ihre Stimme als ein Flüstern hören, als ein inneres Wissen, als einige Worte, die wir in unserem Kopf und unserem Herzen hören, als neue Ideen, die uns plötzlich einfallen, und die uns auffordern Größeres zu tun. Wir können die Göttin auch als die Stimme unserer Intuition hören, die uns dazu anregt, uns in neue Richtungen zu bewegen, die unser rationaler Verstand ungemütlich findet, die uns aber an einen besseren Platz bringen werden.

Meiner Erfahrung nach kommt die Göttin, wenn wir sie bitten zu uns zu kommen. Wenn wir sie um Hilfe bitten, erscheint sie unverzüglich. Wenn wir sie bitten, uns ein Zeichen zu geben, wird sie uns eines geben. Aber oft spricht sie zu uns, und wir hören nicht zu. Wir bitten sie um ein Zeichen, und wenn es kommt, ignorieren wir es. Wir tun es als Zufall ab, wenn es auftaucht. Wir handeln mit ihr – wenn du das tust, werde ich das tun, aber wenn sie ihren Teil tut, halten wir uns nicht daran, unseren zu tun. Wir haben es nicht wirklich so gemeint, und so halten uns unser Ängste von den Pfaden in ein neues Leben ab.

Träume und Visionen

Oftmals wird die Göttin mit uns durch Schlaf- und Wachträume und Visionen kommunizieren, genauso wie durch Worte oder ein inneres Wissen. Vielen Menschen fällt es schwer, sich an ihre Träume zu erinnern. Doch für die angehende Priesterin können Träume wichtige Informationen enthalten. Eine der einfachsten Methoden, uns besser an unsere Träume zu erinnern, besteht darin

Die Stille - Yule

Träume und Visionen, sofort nach dem Aufwachen in ein Tagebuch zu schreiben. Das Tagebuch sollte gemeinsam mit einem Stift gleich neben unserem Bett liegen, bereit, die letzten entschwindenden Bilder einzufangen und sie ins Wachbewusstsein zu bringen. Viele Träume sind alltägliche Erinnerungen an die Aktivitäten des Vortages. Andere teilen uns etwas über unsere sich wiederholdenden Muster, unsere Kindheitsängste oder Erfahrungen aus früheren Leben mit. Wenn wir Glück haben, beinhalten manche Träume direkte Mitteilungen von der Göttin, bei denen wir sie sehen und mit ihr sprechen. Ich erinnere mich an einen Traum, den ich hatte, nachdem ich schon viele Jahre lang die Grüne Tara, die tibetische Göttin des Mitgefühls, verehrte. In diesem Traum erschien eine ganz gewöhnlich aussehende Frau und teilte mir viele wichtige Dinge mit. Im Traum wusste ich, dass es die Grüne Tara war, weil sie durchscheinende grüne Haut hatte.

Eines unserer Ziele ist es, bewusst zu träumen, uns im Traumstadium unserer selbst bewusst zu werden, fähig unsere Erfahrungen zu steuern. Siehe dazu auch das Kapitel über Wahrsagen in der Zweiten Spirale.

Eine einfache Übung ist es, damit zu beginnen, dass du versuchst, im Traum deine Füße oder deine Hände zu sehen, und sie dann zu bewegen.

Auf der Reise zur Priesterinnenschaft, ist es gut, die ganze Zeit hindurch täglich deine Träume, Visionen und Erfahrungen in ein Tagebuch zu schreiben. Dies hilft dir all die Veränderungen zu verankern, die uns passieren. Sie niederzuschreiben hilft dabei uns besser daran zu erinnern und das, was unbewusst war, aus der Traumwelt ins Bewusstsein zu bringen. Dadurch gewinnen wir praktische Erfahrung darin, wie wir unser Bewusstsein weiter öffnen können, um uns durch den Schleier in die unsichtbaren Welten zu bewegen. Des Weiteren ist es sehr wichtig, dass wir in unserem Journal unsere tiefsten Gefühle und Sehnsüchte wahrnehmen und ausdrücken können, wenn sie auftauchen.

Gesprochene Gebete

Am häufigsten werden Gebete spontan gesprochen, laut oder leise. Meinem Verständnis nach legt die Göttin keinen Wert auf antiquierte Sprache. Wir leben im 21. Jahrhundert und können Poesie in unsere Gebete bringen. Wir sind alle Dichterinnen, fähig der Göttin die Gefühle in unserem Herzen mitzuteilen.

Die Gebete können der Göttin stehend, sitzend, kniend oder mit Bewegungen dargeboten werden. Ihr ist jede Art recht. Die Gebete können auch gesungen werden. Es gibt viele schöne Göttinnen-Lieder, die wir gemeinsam singen können. Diese Lieder wurden von göttinliebenden Menschen aus allen Teilen der Welt komponiert. Als Priesterinnen lernen wir ein Repertoire von Liedern für alle Gelegenheiten. Es wird uns dabei helfen, uns und andere mit der Göttin zu verbinden. Es ist nicht wichtig, dass wir wie Primadonnen singen, es genügt, dass wir unsere Gebete der Liebe für die Göttin singen können und andere dazu ermutigen mit einzustimmen.

Ein Gebet kann auch formal sein und es gibt viele sehr schöne niedergeschriebene Gebete, die wir vielleicht alleine oder gemeinsam sprechen wollen. Wir können von überall her Inspirationen für Gebete bekommen und ganz besonders, wenn wir durch die Natur gehen. Das folgende Gebet ist dazu gedacht, mit Bewegungen versehen zu werden, wenn man auf der Spitze des Glastonbury Tor steht und sich für die Göttin in der Landschaft öffnet.

(Mit ausgebreiteten Armen stehend)
Nolava, Schwanenmaid, die über die Erde fliegt
Trage mich auf den Schwingen der Vision
Hinauf in deine himmlischen Gefilde
Um deine Freuden zu erleben

(Die Erde berührend)
Nolava, Greisin von Avalon,
Tief in der Erde unter meinen Füßen
In deiner Schoß-Höhle der Transformation
Ich spüre deine Macht mich zu verändern

(Hände auf den Brüsten)
Nolava, Mutter von Allem
Da ich auf deiner heiligen Insel Avalon stehe
Auf den Brüsten deines heiligen Körpers
Erfülle mich mit der Milch deiner liebevollen Güte

(Hände am Herzen)
Nolava, Lady von Avalon
Göttin dieses heiligen Landes
Ich öffne mich deiner transformierenden Kraft
Umarme mich mit deiner Liebe.

Das folgende Gebet tauchte kurz vor der Göttinnen-Konferenz im Jahr 2002 auf, als ich neben dem River Brue entlangging, einem Fluss der nach Bride benannt ist, und an der südlichen Seite des Glastonbury Tor vorbei fließt. Es gibt etliche Göttinnen-Gebete und –Lieder, die weiterhin das männliche *Halleluja* verwenden, dass eigentlich *Hail (Sei gegrüßt) Jahweh* oder Jehovah, der große Patriarch, bedeutet. Ich wollte eine gute Alternative für die Göttin und erfand *Alleluma*, das für mich *Hail Ma* oder *Sei gegrüßt Mutter* bedeutet, und einen viel weicheren, runderen Klang hat. Der Rhythmus des Gebetes lädt zur Teilnahme ein und wir können andere Verse einsetzen, als die vorgegebenen.

Alleluma

Alleluma, Alleluma, Göttin
Preist deine heiligen Namen
Alleluma, Alleluma, Göttin
Preist deine heiligen Namen
Im Sonnenschein und Regensturm, Göttin
Preist deine heiligen Namen
Im Glücklich Sein und in Traurigkeit
Preist deine heiligen Namen
Wenn der Mond dunkel ist, neu, voll und schwindend, Göttin
Preist deine heiligen Namen
Wenn ich blute und wenn mein Blut inne hält, Göttin
Preist deine heiligen Namen
Alleluma, Alleluma, Göttin
Preist deine heiligen Namen
Alleluma, Alleluma, Göttin
Preist deine heiligen Namen
Zu Samhain und zu Imbolc, Göttin
Preist deine heiligen Namen
Zu Beltane und zu Lammas, Göttin
Preist deine heiligen Namen
Zur Sonnenwende und zur Tag-und-Nachtgleiche, Göttin
Preist deine heiligen Namen
In der Wahrheit deiner Liebe, Göttin
Preist deine heiligen Namen
Im Entschleiern deines Gesichts, Göttin
Preist deine heiligen Namen
In der Offenbarung deiner Gegenwart, Göttin
Preist deine heiligen Namen
Alleluma, Alleluma, Göttin
Preist deine heiligen Namen
Alleluma, Alleluma, Göttin
Preist deine heiligen Namen.

In den patriarchalen Religionen gibt es viele schöne Gebete, und ich habe damit herumgespielt, einige von ihnen so zu verändern, dass sie für mich Bedeutung haben.

Avalon - Erste Spirale

Gebet zur Mutter Erde

Unsere große Mutter, Ertha, dein Körper ist die Erde
Auf der wir leben, uns bewegen und existieren
Wir preisen deine heiligen Namen.
Mögen wir dich ehren und dir dienen,
Mögen wir wieder wahre Hüter deiner Natur werden,
Die alles lieben und für alles sorgen, was du geschaffen hast
Fahre fort uns so wie stets die Früchte deiner Fülle zu geben,
Vergib unsere Fehler, wie wir uns selbst und einander für unsere
  Fehler vergeben,
Führe uns auf unserer Lebensreise auf diesem deinem Planeten,
Beschütze uns vor Leid und Gefahr,
Denn dies ist deine Welt, mit ihrer Schönheit und ihrem Überfluss
Für immer und ewig.
Segne uns, große Mutter,
Sei gesegnet.

Die Redewendung *Sei gesegnet*[1] wird oft als Antwort oder Ende für Göttinnen-Gebete verwendet, wie das *Amen* in der christlichen Religion. Ein anderer Ausdruck, der verwendet wird, ist *Awen*, was so viel wie göttlicher Geist bedeutet.

Göttinnen-Meditation und das Erschaffen von heiligem Raum

Göttinnen-Meditation ist eine Aktivität, bei der wir Raum in unserem schnatternden Verstand schaffen, damit die Göttin hereinkommen und in uns gegenwärtig sein kann. Es gibt viele Formen der Meditation und wir können uns die aussuchen, die uns gefallen. Die Absicht einer Meditation ist es immer, Raum in uns zu schaffen, in dem wir die Energie der Göttin, die unserer eigenen Seelen und die von anderen Dimensionen der Realität erfahren können.

Mir ist erst kürzlich bewusst geworden, dass wir, wenn wir davon sprechen, einen heiligen Raum zu schaffen, wir nicht nur über einen äußeren physischen Raum sprechen, der förderlich für Gebet und Meditation ist. Tatsächlich sprechen wir darüber, einen inneren Raum zu schaffen. Heiliger Raum ist eine Energie der Seele, die geschaffen und von anderen wahrgenommen werden kann. Es ermutigt sie, ihren eigenen Platz der Stille zu betreten.

Eine der einfachsten Meditationen, die ich als Vorbereitung für eine Zeremonie oder ein Ritual genauso wie jede Heilungspraktik oder kreative Aktivität, wie singen, malen, sinnieren, und so weiter empfehle, ist das Erden und Zentrieren in unserer Seele. Diese Übung stellt sicher, dass wir positiv auf andere eingestellt sind und aus unserem Herzen Energie ausstrahlen.

Erden und Zentrieren in der Seele

Die Energie der Seele kann unmittelbar erfahren werden oder, indem wir in Einklang mit ihrer speziellen Energiefrequenz kommen. Die detaillierten Anweisungen, die hier gegeben werden, sind eine Richtlinie für Anfänger. Wenn die Fähigkeit die Aufmerksamkeit willentlich zu fokussieren und präzise zu visualisieren zunimmt, kann der Kontakt mit der Energie ganz schnell, in wenigen Augenblicken, hergestellt werden.

1. *Sitze bequem und lass zu, dass sich dein Körper entspannt. Lass die Sorgen der alltäglichen Welt davongleiten. Achte auf deinen Atem, wie er durch deine Nasenlöcher ein- und ausströmt und zähle zwanzig Atemzüge.*
2. *Atme tief ein, fülle deine Lungen und gehe mit deiner Aufmerksamkeit zu deinem Herzen. Halte den Atem an und sieh das elektrische blaue Herzchakra, das sich in der Mitte deines Körpers nahe bei deinem physischen Herzen befindet und im Rhythmus des Herzschlages pulsiert. Atme aus. Wiederhole das drei- bis viermal.*
3. *Atme ein und halte den Atem an. Visualisiere eine Lichtfaser, die sich von deinem Herzchakra ausgehend durch den Körper bewegt bis zum Basischakra, welches eine matt-rote Farbe hat, die heller wird, wenn sich die Energie hindurchbewegt. Das Basischakra befindet sich auf dem Damm zwischen der Vagina oder dem Hodensack und dem Afterschließmuskel. Atme aus.*
4. *Atme ein, halte den Atem an und visualisiere wie sich die Lichtfaser von deinem Basischakra nach unten ausdehnt durch deine Beine und Füße hindurch und durch den Boden, auf dem du sitzt, bis hinunter in die Erde. Sieh wie sie sich durch die Erde bewegt, auf den magnetischen, energetischen Kern von Mutter Erde zu. Visualisiere die Erde so detailliert, wie du kannst, angefangen vom Erdreich an der Oberfläche, durch verschiedene Schichten der felsigen Kruste, durch den rotglühenden, geschmolzenen, feurigen Körper der Erde bis zum Zentrum. Stelle dir die Beschaffenheit der unterschiedlichen Schichten, ihre Masse und ihre Dichte vor, während die Energiefaser hindurchgleitet. Atme aus. Fahre fort, in dieser Weise zu atmen bis diese Visualisierung stabil ist.*
5. *Atme ein, halte den Atem an und fühle das Pulsieren der Energie, während sie sich von deinem Herzchakra zum Zentrum der Erde bewegt. Atme aus.*

6. *Atme ein, halte den Atem an und visualisiere wie Energie entlang des Lichtfadens zurückkommt, aus dem Mittelpunkt des Körpers der Mutter durch alle seine Schichten hinauf. Visualisiere, wie diese Energie durch den Boden über dein Basischakra in deinen Körper strömt, und von dort durch den Körper hinauf ins Herzchakra. Atme aus.*
7. *Atme ein, halte den Atem an und spüre wie die Energie der Erde, die durch die Faser hereinströmt, das Herzchakra belebt und es dabei öffnet, so dass sich in deinem Herzen Seelenenergie bewegt. Atme aus.*
8. *Atme ein, halte den Atem an und visualisiere eine Lichtfaser, die sich vom Herzchakra aus durch deinen Körper nach oben bewegt, durch den Nacken und den Kopf hindurch zu dem glitzernden weiß/regenbogenfarbigen Kronenchakra am höchsten Punkt deines Kopfes. Atme aus.*
9. *Atme ein, halte den Atem an und visualisiere, wie sich die Lichtfaser ausdehnt, aus deinem Kronenchakra hinaus in die Luft über deinem Kopf, durch die Decke hindurch und hinaus durch das Dach des Gebäudes, in dem du bist (wenn du in einem bist). Sieh wie sie in den Himmel hinaufschießt, durch die Wolken und die Atmosphäre und weiter hinauf ins tiefe Indigo-Blau des Weltraums. Sieh, wie sie sich durch das Sonnensystem hinausbewegt, weg von der Erde und der Sonne. Visualisiere, wie sie durch die Galaxie und das Universum reist und sich nach dem weitesten, funkelnden Stern streckt, den du dir vorstellen kannst, deinem Mutterstern. Atme aus. Fahre fort so zu atmen, bis das Bild stabil ist.*
10. *Atme ein, halte den Atem an und sieh, wie die Energie durch die Faser pulsiert, während sie sich von deinem Herzchakra zu deinem Mutterstern bewegt. Atme aus.*
11. *Atme ein, halte den Atem an und visualisiere, wie strahlende Energie von deinem Mutterstern zurückkommt, durch das Universum hindurch, durch die Galaxie hin zu unserem Sonnensystem. Sieh, wie sie sich an den äußeren Planeten vorbei zum blauen Planeten hinbewegt. Sieh, wie sie sich durch die Erdatmosphäre zu dem Platz, an dem du sitzt, bewegt, wie sie durch die Decke des Gebäudes hereinströmt, in dem du bist, in den Raum über deinem Kopf und dann durch das Kronenchakra an deinem Scheitel hinunter ins Herzchakra. Atme aus.*
12. *Atme ein, halte den Atem an und spüre wie diese Energie deines Muttersterns dein Herz belebt, und sich dort mit der Energie der Mutter Erde trifft und vermischt. Nimm wahr wie sich dein Herzchakra öffnet und deine Seelenenergie anfängt von deinem Zentrum aus in alle Richtungen horizontal nach außen zu strahlen. Atme aus.*

13. *Atme ein, halte den Atem an und visualisiere dich selbst, wie deine Chakren als funkelnde Perlen auf einem Lichtfaden erscheinen, eine Kette, die das Zentrum von Mutter Erde mit deinem Mutterstern verbindet. Atme aus.*
14. *Atme ein, halte den Atem an und fühle, wie Liebe und Mitgefühl, die Energie deiner Seele und der Göttin selbst, beginnen, aus deinem Herzchakra zu strömen. Fühle, wie diese Energie horizontal in alle Richtungen ausstrahlt. Atme diese Energie durch deinen Körper hinaus.*
15. *Atme ein, halte den Atem an und stabilisiere die auswärts fließende Herzenergie als eine Strahlung, die von einem Platz der Stille ausströmt.*
16. *Halte dein Herz offen und komm tiefer in deine Mitte, in den Platz von Frieden und Gelassenheit, der Stille ist.*

Sobald du dich in deiner eigenen Seele zentriert hast, kannst du das Szenario der Energieverbindungen, die dich dorthin geführt haben, in den Hintergrund deines Bewusstseins verschieben. Du bist jetzt bereit für kreative Tätigkeiten, für das Heilen oder für Zeremonien. Du kannst mit der Visualisierung fortfahren und liebende, mitfühlende Energie in die Welt rund um dich hinaus atmen, zu deinem Heim und deiner Familie, deinem Dorf oder deiner Stadt, zu dem Kontinent, auf dem du lebst, und zum ganzen Planeten, um alle zu heilen, die Schmerzen haben oder leiden.

Die Absicht dieser Übung ist es, dir die Erfahrung zu ermöglichen, wie es sich anfühlt, wenn die Energie deiner Seele und der Göttin sich in das Fahrzeug deiner Persönlichkeit ergießen. Wenn du einmal weißt, wie sich diese Energie anfühlt, kannst du beginnen, sie willentlich hereinzurufen.

Göttinnen-Altäre und -Statuen

Altäre sind wichtige Elemente beim Entwickeln von Göttinnen-Spiritualität. Für Priesterinnen dienen sie verschiedenen Zwecken. Altäre dienen der Zentrierung unserer Aufmerksamkeit und unserer Gebete. Sie helfen uns dabei, uns aus unseren geschäftigen Leben heraus nach innen zu richten. Sie helfen uns dabei, in die Gegenwart zu kommen, ins Jetzt. Sie helfen uns dabei, uns durch die Darstellungen darauf mit der Göttin zu verbinden.

Wir können Statuen der Göttin auf unsere Altäre stellen. Diese Statuen sind Symbole für die Göttin, die uns inspirieren, wenn wir sie anschauen. Sie sind selbst keine Göttinnen, aber ich finde, dass sie eine Verbindung zur Göttin öffnen, wenn ich sie anschaue. Ich habe überall in meinem Heim Altäre, in jedem Zimmer. Ich mag es, dass wohin auch immer mein Blick fällt, er auf einem Bildnis der Göttin in der einen oder anderen Gestalt ruhen kann. Dadurch ist mein Gemüt immer durch Energiefasern mit ihr verbunden und kann so in ihrer Gegenwart sanfter werden. Ich sehe das Bildnis der Göttin an, und mein Bewusstsein öffnet sich ihr. Es ist so, als würde sie durch meine Aufmerksamkeit in ihr Bildnis gerufen werden. Dadurch wird das Bildnis selbst mit ihrer Energie aufgeladen, die andere dann spüren können.

Altäre sind Orte, an denen wir beten und einen Tagesrhythmus von Gebet und Kontemplation entwickeln. Dabei zünden wir Kerzen und Räucherwerk vor dem Bildnis der Göttin an und bieten ihr zu jeder Jahreszeit Gaben von Blumen, Früchten und Korn dar. Wir können dort auch Trankopfer von Quellwasser, Milch, Honig und Wein darbringen. Täglich verwendet, sind die Altäre Empfänger unserer Gaben und Gebete für die Lady. Sie werden mit ihrer Energie aufgeladen, die dann in den übrigen Teil unserer Heime und Tempel ausstrahlt.

Die Altäre sind auch ein wesentlicher Fokus für unsere Kreativität, da wir sie mit den Jahreszeiten schmücken und verändern und so ihre sich ständig wandelnde Natur reflektieren. Altäre sind nicht dazu gedacht, statisch in einer bestimmten Form zu bleiben. Sie sind Werkzeuge für spirituelle Entwicklung und verändern sich so wie wir und ihre Natur rings um uns sich verändern.

Altäre können jede beliebige Form haben – rund, quadratisch, rechteckig, klein und groß. Sie können feststehend sein, der Fokus für einen heiligen Raum, oder sie können transportierbar sein und in eine Schachtel, einen kleinen Schrank oder eine spezielle Tasche passen. Sie können an einer Wand stehen, auf dem Fußboden, auf einem Regal oder auf einem Tisch. Beim Abhalten des *Heart of the Goddess*-Lehrgangs arbeite ich gerne mit einem runden Altar, der in der Mitte auf dem Boden steht und um den wir alle herum als gleichwertig vor der Göttin im Kreis sitzen, wobei unsere Aufmerksamkeit auf den Altar in der Mitte ausgerichtet ist. Dieser Altar in der Mitte ist durch verschieden farbige Stoffe in acht gleiche Segmente geteilt, von denen jedes Symbole enthält, die zu den acht Zeiten des Jahres passen. Zum Beispiel ist der Samhain-Abschnitt schwarz und enthält Darstellungen der Greisin oder der dunklen Göttin, während der Yule-Abschnitt silber-grau ist und Symbole für den Winter, Federn, Knochen und Räucherwerk enthält. Während sich der Ausbildungskreis durch das Jahr fortbewegt, ändern sich die Bildnisse, um verschiedene Gesichter der Göttin widerzuspiegeln. Dieser Altar ist immer nach den vier und acht Richtungen ausgerichtet, Norden, Osten, Süden und Westen, denen die Elemente Luft, Feuer, Wasser und Erde zugeordnet sind, so dass wir, obwohl wir uns möglicherweise in einem Raum befinden, in der natürlichen Landschaft der Göttin verwurzelt sind, die uns umgibt. Dauerhafte und zeitweise Altäre können auch im Freien geschaffen werden, in unseren Gärten oder draußen im Land, je nach Bedarf.

Reinigen und Segnen mit Luft

Wir können jedes der vier natürlichen Elemente verwenden, um anderen den Segen der Göttin zu geben, und wir können jedes Element verwenden, um uns selbst und andere, Altäre und heilige Räume zu reinigen. Darüber hi-

Die Stille - Yule

naus können wir jeden gewünschten Raum von aufgewühlten Energien reinigen. Hier werden wir uns damit beschäftigen, wie wir das Element Luft verwenden können.

Zur Repräsentation des Elementes Luft verwenden wir sichtbaren, duftenden Rauch oder unsichtbare Gerüche. Wir verbrennen natürliche Kräuter und aromatische Pflanzen oder Räucherwerk, das eine Mischung aus Kräutern, Blumen, Gewürzen und natürlichen Harzen ist, um Rauch zu produzieren und so das Element Luft sichtbar zu machen. Zu den natürlichen Kräutern gehören Salbei, obwohl er in Großbritannien nicht heimisch ist, Zeder, Wacholder, Pinie, Rosmarin und Lavendel. Räucherwerk ist in verschiedenen Formen erhältlich. Räuchersticks werden angezündet und verglimmen dann, wobei sie Rauch produzieren. Brennbares Räucherwerk, das es als Pulver und zu Kegeln gepresst gibt, wird in einen feuerfesten Behälter gegeben und dann angezündet, so dass es verglüht. Loses Räucherwerk kann, wiederum in einem feuerfesten Behälter, auf eine brennende Räucherkohle gelegt werden, und erzeugt dann wohlriechenden Rauch. Verschiedenes Räucherwerk wird zu verschiedenen Anlässen verwendet und es gibt Räucherwerk für alle Jahreskreisfeste, für die verschiedenen Sternzeichen, für verschiedene Göttinnen und so weiter.

Zur Ausrüstung jeder Priesterin gehört ein feuerfester Behälter, der nicht zu heiß wird um ihn in der Hand zu halten – eine große Muschelschale ist gut geeignet, oder eine Gefäß aus Keramik oder Metall mit etwas Hitzebeständigem an der Außenseite. Brennende Räucherkohlen können auch im Inneren des Behälters auf Sand gelegt werden. Ständige Vorsicht ist dabei sehr wichtig, da Räucherkohle leicht die Haut und andere Oberflächen verbrennen kann. Zusätzlich brauchen wir einen Federfächer, der selbst ebenfalls das Element Luft repräsentiert, um den Rauch dorthin zu fächeln, wo wir ihn haben wollen.

Sammle große Federn, die Bedeutung für dich haben, und binde mehrere davon mit einem Stück Holz als Griff zusammen. Du kannst dafür Lederschnüre oder -bänder, oder farbiges Garn verwenden. Das Holz kann nach Wunsch beschnitzt und geschmückt werden. Binde kleine Glöckchen daran, die läuten, wenn du den Fächer bewegst.

Reinige deinen Körper und dein Heim mit Räucherwerk. Wähle dazu als erstes Räucherwerk mit einem Geruch, den du magst. Kauf eine Rolle kleiner runder Räucherkohlen und lege eine Tablette in einen feuerfesten Behälter. Zünde die Räucherkohle an, lege sie in den Behälter und blase darauf bis du siehst, dass sie in einem dumpfen Rot glüht. Es wird einige Minuten dauern, bis die Räucherkohle durchgehend brennt. Sie wird dabei grau mit einem feurigen Kern. Gib dein Räucherwerk auf die glühende Räucherkohle. Rauch wird aufsteigen. Benutze deinen Federfächer um den Rauch rund um deinen Körper und den Raum, den du reinigst, zu vertei-

len. Mach dabei kreis- und spiralförmige Muster mit denen Händen und Armen. Das sind Göttinnen-Muster, die seit uralter Zeit verwendet werden und in der ganzen Natur zu finden sind.

Wenn du eine andere Person reinigst, umkreise ihre ganze Aura. Beginne an der Vorderseite auf der Höhe des Herzens und bewege deine Hand dann wieder unter Verwendung kreis- und spiralförmiger Bewegungen den Körper hinauf und hinunter und gehe dann zu den Seiten und zum Rücken über. Entferne energetische Störungen indem du mit dem Fächer hinunter streichst und so die Oberfläche der Aura glättest.

Wir können auch natürliche Öle und Duftstoffe verwenden, um einen Raum mit einem angenehmen, reinigenden Duft zu erfüllen. Aromatische Öle können in offene Schalen gegeben werden, dort verdunsten sie bei Raumtemperatur allmählich und halten den Raum rein. Ätherische Öle können auch in eine Duftlampe gegeben werden, mit einer Kerze unterhalb des keramischen oder metallischen Behälters. Darin verdunstet das Öl schneller und erfüllt den Raum mit einem milden oder scharfen Geruch, je nach unserer Absicht.

Reinigen mit Klang

Eine andere Möglichkeit einen Raum mit Luft zu reinigen ist es, Klänge zu verwenden. Wir können einen klaren Ton singen, um die Energie in einem Raum zu klären, oder wir können eine Glocke läuten oder mehrmals eine Klangschale mit einem klaren, widerhallenden Ton anschlagen. Ein etwas klirrenderer Ton kann verwendet werden, um schlafende Energien aufzuwecken und unerwünschte Energien zu vertreiben.

Finde eine Glocke oder eine Klangschale, deren Klang du magst, bevorzugt mit einem resonierenden Ton. Reinige dein Heim, indem du die in allen Räumen die Glocke läutest oder die Klangschale tönen lässt. Lausche dem Widerhall jedes Läutens bis der Ton verschwunden ist, und lass zu, dass sich dein Bewusstsein ausdehnt, gemeinsam mit den Wellen des Tons, die sich von der Quelle nach außen verbreiten.

Läute deine Glocke oder schlage deine Klangschale an, ehe du betest, um dir selbst und anderen eine Veränderung des Raumes anzukündigen.

Die Stille - Yule

Psychischer Schutz

Als Priesterinnen von Avalon fängt unser Schutz mit der Reinheit unseres Herzens und unserer Absichten an. Unsere Stärke liegt darin, eine starke Verbindung zur Energie unserer Seele zu haben, die hinaus in die Welt strahlt. Zum psychischen Schutz gehört es auch, klare Grenzen zu haben, die uns vor Verletzungen durch äußere Angreifer bewahren, welche möglicherweise ihre Negativität auf uns projizieren. Es kann sein, dass wir ein Bedürfnis nach psychischem Schutz spüren, wenn wir durch Krankheit oder Stress geschwächt und psychisch verletzlich sind. Daraus folgt automatisch, dass wir unsere Mitte verloren haben. Wir sind aus dem Gleichgewicht und können daher psychisch durcheinander gebracht werden durch die negativen Gedanken, Emotionen und Gefühle anderer Menschen, die oftmals versteckte Teile unseres Schattenselbst spiegeln.

Meistens spüren wir ein Bedürfnis nach psychischem Schutz, weil wir Angst haben, dass es da draußen etwas gibt, was uns auf irgendeine Art angreifen könnte, und versucht uns zu verletzen. Wir sind besorgt, dass uns Schaden zugefügt werden könnte von Energien oder Wesenheiten, die wir nicht kontrollieren können, und die uns überwältigen könnten. Wann immer wir das Gefühl haben, dass äußere Energien versuchen uns etwas anzutun, ist das wie ein psychisches Warnsignal für uns. Es sagt uns, dass wir zuallererst nach innen schauen sollten, in unser eigenes Inneres, denn es gibt hier etwas für uns zu lernen, über unsere Ängste, Zweifel und Unsicherheiten. Es gibt etwas in uns, das Heilung braucht, genauso wie es etwas da draußen gibt, vor dem wir Angst haben. Es läuft ein innerer Verwandlungsprozess ab, der für uns eine notwendige Erfahrung ist. Der Weg hindurch besteht immer darin unsere Mitte zu stärken, die Liebe ausstrahlt, und unsere Grenzen zu schützen.

Es gibt viele gute Bücher über psychischen Schutz. Eines der grundlegendsten Werke ist *Psychic Self Defence*[2] von Dion Fortune, der göttinliebenden Okkultistin, die in den 1930er Jahren an den Hängen des Tor lebte. Ein anderes gutes modernes Buch ist *Art of Psychic Protection*[3] von Judy Hall.

Hier sind einige einfache Methoden, die dir auf deiner Reise helfen können. Die einfachste, wirkungsvollste und manchmal, wenn wir das Bedürfnis nach psychischem Schutz spüren, am schwierigsten durchzuführende Methode ist es, unser Herz zu öffnen und Mitgefühl und die Liebe in unserer Seele in die Welt hinauszustrahlen. Alles Negative löst sich in Liebe auf. Ein guter Weg dorthin ist es, die Übung zum *Zentrieren in der Seele*, die in diesem Kapitel beschrieben wurde, regelmäßig zu machen, so dass du dich willentlich zentrieren kannst, wenn du es brauchst.

Für persönlichen Schutz

Visualisiere dich selbst in Licht gehüllt, in eine Sphäre aus Licht, einen Kegel aus Licht. Als Priesterinnen von Avalon würden wir das violette Licht der Lady von Avalon wählen. Überprüfe hin und wieder, dass du von ihrem Licht umgeben und umschlossen bist.

Wenn du dich psychisch angegriffen fühlst und Angst hast, umgib dich selbst mit Göttinnen-Spiralen. Zeichne sie mit deiner Hand in die Luft und bewege dabei deine Hand im Uhrzeigersinn rund um dich herum. Visualisiere die Spiralen in deiner Vorstellung, während du sie ganz um dich herum und über und unter dir in die Luft zeichnest. Halte die Vorstellung, dass du völlig von spiralförmiger, beschützender Energie umgeben bist. Alles, was auf dich zu kommt, wird in die spiralförmige Energie abgeleitet und aufgelöst.

Ein anderes gut geeignetes Göttinnen-Symbol ist ein aufrechtes Pentagramm. Male den fünf-eckigen Stern mit deiner Hand in die Luft, oder visualisiere das Zeichen vor deinem inneren Auge. Fange mit der linken, unteren Spitze des Sternes an, fahre hinauf zum oberen Mittelpunkt, dann hinunter zur rechten, unteren Spitze. Von dort aus fahre zur linken, seitlichen Spitze und dann gerade hinüber zur rechten, seitlichen Spitze. Gehe von dort aus zurück zur unteren linken Spitze. Das Pentagramm ist ein Symbol des Planeten Venus und auch der dunklen Göttin. Es ist ein gutes Bannsymbol, das unerwünschtes Eindringen abwehrt.

Eine andere Art mit unseren Ängsten fertig zu werden ist es, anzuerkennen, dass sich die Angst, die wir spüren, in uns befindet. Der Katalysator mag im Außen sein, aber die Gefühle sitzen in uns und wir können unsere Ängste bewusster angehen. Wir können die Angst in unserem Körper erkennen, in der Anspannung, die wir im Solar Plexus spüren, in der Starrheit unserer Gesichter, Kiefer, Schultern und Muskeln. Wir können bewusst zulassen, dass unser Körper zittert, um die Angst loszulassen. Wir können die Angst aus unseren Körpern tanzen. Wir können ein heiliges Feuer machen und unsere Ängste ins Feuer geben.

Psychischer Schutz deines Heims

Reinige dein Haus regelmäßig, indem du es physisch sauber machst, benutze danach Kerzenflammen, Duft und Klang, um unerwünschte Energien zu entfernen. Wenn du dich angegriffen fühlst, platziere Bildnisse der Göttin mit dem Blick nach außen auf den Fenstersimsen, so dass alles, was in deine Richtung kommt, zuerst auf die Göttin trifft. Wenn du dich besonders verletzlich fühlst, stelle kleine, nach außen gewendete Spiegel auf die Fenstersimse, damit alles, was auf dich gerichtet ist, einfach zurück zur Absenderin prallt.

Psychischer Schutz in Zeremonien

Bereite dich auf eine Zeremonie vor, indem du zuerst die Übung zum *Erden und Zentrieren in der Seele* machst. Habe Vertrauen darauf, dass deine Seelenenergie während der Zeremonie weiter ausstrahlen wird. Prüfe durchgehend deinen Herzraum, um zu sehen, dass du liebevolle Energie aus deiner Mitte ausstrahlst.

Psychischer Schutz bei Gruppenritualen

In dieser avalonischen Tradition arbeiten wir nahezu immer im Kreis und erschaffen heiligen Raum um einen zentralen Ruhepunkt. Wir rufen dabei die Göttinnen aus den neun Richtungen, die acht des heiligen Jahresrades und die Neunte im Zentrum. Anstatt einen heiligen Raum zu markieren, indem wir einen Kreis ziehen, wo alles, was innerhalb liegt heilig ist, und alles, was außerhalb liegt profan ist, schaffen wir heiligen Raum auf eine andere Weise.

In dieser Tradition, die sich weiterhin entwickelt, visualisieren wir, wie die Göttinnen der acht Richtungen mit all ihren Attributen, Geschöpfen und Qualitäten von weit weg auf uns zu kommen. Wir sehen wie ihre Energie in den Kreis kommt und ihn von der Mitte ausgehend bis zum Horizont und darüber hinaus erfüllt, so dass wir in ihrer Energie gebadet werden. Zuletzt rufen wir die Göttinnen des Zentrums, die von innerhalb kommen. Die Gegenwart dieser Göttinnen ist unser Schutz während der Zeremonie.

Diese rituelle Form hat sich mit der Zeit durch die Arbeit mit dem Rad von Ana und später dem Rad von Britannia entwickelt. Es war nicht so geplant, es hat sich einfach von selbst ergeben. Am Anfang einer Zeremonie öffnen wir die neun Richtungen des Rades, indem wir die Göttinnen hereinrufen. Am Ende der Zeremonie verabschieden wir sie und danken ihnen allen. Manchmal danken wir den Göttinnen nur und lassen den Kreis offen, da wir fortwährend die Göttinnen in unsere Zeremonien und unser Leben rufen.

Die Kleidung einer Schwester, eines Bruders & einer Priesterin von Avalon

Eine wichtige Frage – wie wollen wir als Schwestern und Brüder von Avalon und später als Priesterinnen der Göttin und von Avalon auftreten? Welche Kleidung sollen wir tragen, um unsere Rolle zu offenbaren. Viele von uns haben Bilder in ihrer Vorstellung, meist geschöpft aus mittelalterlicher Literatur und Zeichnungen, aus Romanen, Bildern und Hollywoodfilmen, die zeigen wie eine Priesterin aussehen sollte, aber wollen wir uns so präsentieren? Unser Auftreten

Avalon - Erste Spirale

als Priesterin ist nicht vorgegeben, es kann alles sein, was wir wollen. Unser Erscheinungsbild muss viele Faktoren berücksichtigen, von denen das Wetter auf Brigits Inseln nicht der unwesentlichste ist. Im Sommer kann es sehr warm sein, im Herbst und Winter hingegen nass und kalt. Wir brauchen Bekleidungsstücke für drinnen und draußen, die praktisch und schön sind. Wir brauchen Roben und Umhänge, Mäntel, Kleider, Hosen, Blusen, Schuhe und Handschuhe, Kopfbedeckungen, Schleier und Masken. Eine wundervolle Gelegenheit, um kreativ zu sein und um einzukaufen.

Welche Materialien sollen wir verwenden, Wolle, Baumwolle, Seide? Welche Muster und Symbole wollen wir zur Verzierung einfließen lassen? Viele, die seit ihrer Kindheit niemals irgendetwas verziert haben, erschaffen wunderschöne Verzierungen und Stickereien. Ich habe Ehrfurcht vor der Kreativität, die aus Menschen hervorbricht, die von sich sagen, dass sie nicht künstlerisch begabt seien und seit sie in der Schule waren nie etwas für sich selbst gestaltet haben.

Bis jetzt hat jede, die sich der Göttin weiht, und jede Priesterin ihre einzigartige Kleidung für die Weihezeremonie geschaffen. Entweder, indem sie es selbst gemacht hat, oder indem sie verschiedene Stücke in ihren bevorzugten Farben zusammengesammelt hat. Manche sind schlicht und edel, andere ein prächtiger Tumult von Farbe und Vorstellungskraft. Es gibt keine Regel dafür, wie wir aussehen sollen. Zu Yule beginnen wir damit, über mögliche Designs für das, was wir bei der Weihezeremonie am Ende der Ersten Spirale tragen wollen, nachzudenken.

Denke mit der Inspiration der Göttin darüber nach, wie du als Schwester oder Bruder von Avalon in Erscheinung treten willst. Wie soll deine Kleidung aussehen?

Von Yule bis Imbolc

Von Yule bis Imbolc bleibt noch für einige Wochen die Dunkelheit bei uns, mit dunklen, grauen Morgen, ehe wir allmählich die Rückkehr des Lichtes bemerken, das langsam, schrittweise zunimmt. Tiere halten ihren Winterschlaf in unterirdischen Bauten. Die Menschen bleiben drinnen, geschützt vor den kalten Winden, dem peitschenden Regen und Schnee. Samen liegen schlafend in der Erde. Vögel kommen in Schwärmen in unsere Gärten und suchen das Futter, das wir für sie auslegen. Väterchen Frost bedeckt die Hecken und Bäume mit schimmernden, silberweißen Kristallen. Überflutete Wiesen verwandeln sich in knisterndes Eis. Die alte Frau des Winters ist bei uns. Wenn wir Glück haben, fällt Schnee in diesem Sommerland, das nahe am Meeresspiegel liegt, und bleibt am Boden liegen. Die Insel Avalon wird dann weiß. Das Bild der Schwanenmaid wird sichtbar, wie sie über einem grünen Meereshintergrund gleitet.

Die Stille - Yule

Gestalte einen Altar für Nolava, die Lady der Luft, die Gebeinfrau, die Steinfrau, die Cailleach, die alte Frau des Winters und für Tyronoe, Danu und Arianrhod vom Silberrad. Finde Bildnisse oder natürliche Symbole für die Cailleach: Statuen, Gebeine von Tieren und Vögeln und Federn aller Art, und gib sie auf deinen Altar. Gestalte einmal pro Woche deinen Altar neu.

Zünde jeden Tag eine Kerze an, verbrenne Räucherwerk für die Mutter der Luft an deinem Altar, und bete zu ihr um Hilfe, für Führung, in Dankbarkeit, um Heilung für dich selbst und andere, die ihrer bedürfen, für Visionen, und so weiter.

Schreibe und/oder zeichne jeden Tag deine Gefühle, Träume, Inspirationen, Eingebungen und Visionen in dein Tagebuch.

Zu Yule gestalte eine Zeremonie zu Ehren der Mutter der Luft in ihren vielen Formen. Verbinde dich mit den entfernten Ahnen, den Geschöpfen des Feuers, des Eises, des Windes, des Wassers und der Erde, die die Welt geschaffen haben, in der wir jetzt leben. Lausche auf ihre Führung und Weisheit.

Sinne zu Neumond über alle Dinge in deinem Leben nach, die schlafend im Winterboden liegen und die lebensspendende Berührung der Lady zu Imbolc erwarten. Denke beim Einschlafen an jene Dinge, die du im kommenden Jahr zur Erfüllung bringen möchtest. Während du schläfst, träume deine Zukunft wach. Wenn du erwachst, horche im Übergangszustand zwischen Schlafen und Wachen auf die Anweisungen der Göttin. Sie wir dir alles mitteilen, was du an diesem Tag tun solltest, und was dich zur Erfüllung deiner Träume führen wird.

Gestalte zu Vollmond eine Reinigungszeremonie und verwende Räucherwerk, um dich selbst, dein Heim, deine Familie und deine Freunde zu reinigen. Lass dich von der Lady der Luft inspirieren, Gebete für sie zu schreiben und zu sprechen.

Bastle dir einen Federfächer zum Räuchern. Finde eine Räucherschale, oder stelle sie her.

Besuche heilige Plätze, an denen die Mutter der Luft und die Cailleach weilen, beispielsweise kahle Winterlandschaften, Bergspitzen, wo der Himmel groß ist, auf der Spitze des Glastonbury Tor, oder draußen auf den Sommerlandebenen. Singe für sie und bete zu ihr, alleine oder mit Freunden, und tanze auf ihrem kalten Körper. Spüre ihre Essenz.

---

[1] Im englischen Original lautet der Satz „*Blessed be*".
[2] Deutscher Titel: Selbstverteidigung mit PSI. Sicherheit und Schutz durch geistige Kraft, Dion Fortune.
[3] Deutscher Titel: Selbstschutz durch Geisteskraft, Judy Hall.

Das Erwecken

Imbolc:
Jahreskreisfest der jungfräulichen Göttin

Imbolc, das um den 1./2. Februar herum liegt, ist das Jahreskreisfest der jungfräulichen Göttin. Dies ist die Zeit des Erweckens, wenn Nolava, die Jungfrau, den weißen Stab von der Cailleach, die ihn den langen Winter hindurch gehalten hat, zurückverlangt und ihn für die Verwandlung in den grünen Stab des Frühlings vorbereitet. Zu Imbolc ehren wir Thitis, die jungfräuliche Morgene, welche die Zukunft vorhersieht.

Auf Brigits Inseln ist die jungfräuliche Göttin am besten als die vielgeliebte Bride, Brighde, Bridie, Bree-je und Brigit, Göttin des Feuers, der Poesie, der Heilung und der Schmiedekunst bekannt. Sie ist eine Sonnen- und Mondgöttin, eine uralte Göttin. Bekannt ist sie auch als St. Bride of the Kindly Fire (St. Brigit des wohlgesinnten Feuers), St. Bride of the Shores (St. Brigit der Ufer) und Mary of the Gael (Maria der Gälen). Fiona MacLeod, die mystisch begabte Stimme des Schriftstellers William Sharp, schrieb über sie:

> „Bride die Schöne, die lichte Frau des Februars, Tochter des Morgens, die den Sonnenaufgang in einer Hand hielt und eine kleine, gelbe Flamme in der anderen, die rote Blume des Feuers, ohne das die Menschen wie Tiere wären, die in Höhlen leben....
>
> Sie (ist) diese uralte Göttin, die unsere Vorfahren sahen, wenn sie die Fackeln des Sonnenaufgangs auf den Kuppen der Hügel an-

Avalon – Erste Spirale

zündete oder die niemals verlöschende Flamme über den Horizont des Meeres drängte." (Collected Works, Heinemann)[1]

Bride ist die Erweckerin, die Berührung ihres feurigen Stabes erweckt das Leben, das schlafend in den Samen in der kalten Erde liegt. Sie kündigt die Rückkehr des Frühlings an. Sie ist die Göttin, die uns alle ins Leben ruft.

Den ganzen Januar hindurch nimmt das Sonnenlicht langsam jeden Tag zu, während die Erde ihre Reise um die Sonne fortsetzt. Kleine, zarte Blumen tauchen auf, die sich anscheinend gegen jede Hoffnung ihren Weg hinauf durch die kalte, harte Erde bahnen. Die ersten Schneeglöckchen zeigen Brides Rückkehr an. Auf den Feldern lammen die Mutterschafe, die Auen, und ihre Milch beginnt zu fließen. Imbolc oder Oimelc bedeutet Auen-Milch[2]. Vögel suchen nach Futter, da die letzten Winterbeeren verzehrt wurden und nichts wächst. Es kann immer noch sehr kalt sein, mit Frost und Schneefall hier in den Sommerlanden. Während das Licht langsam zunimmt, richtet sich unsere Aufmerksamkeit allmählich nach außen. Es gibt wieder Hoffnung, die Möglichkeit für erneuertes Leben.

Wir feiern die Jungfrau Bride als Lebensspenderin und Erweckerin, Inspiratorin, Heilerin und Meisterin der Schmiede. Wir fertigen Bride-Puppen nach ihrem Bild, Brigid-Kreuze und Bridie-Augen. Wir gießen Trankopfer von Milch auf ihre Bildnisse und ihre heilige Erde. Wir backen und teilen Gersten-Kekse. Wir schreiben Gedichte und erneuern die Sprache zu ihrer Ehre.

Nolava, die Jungfrau

Nolava, die Jungfrau, ist die Unschuld des Kindes, das die Inkarnation auf diesem schönen Planeten willkommen heißt, das sich nicht vor der Zukunft fürchtet und das es aufregend findet, am Leben zu sein. Sie gibt Liebe an alle und empfängt Liebe von allen rund um sie. Sie muss von allen, die ihre inspirierende Berührung suchen, geehrt, genährt und umsorgt werden.

In Glastonburys heiliger Landschaft ist Nolava, die Jungfrau, in ihrer Erscheinung als Schwänin sichtbar. Sie taucht in den Konturen des Landes als ein riesiger Vogel mit einem langen Hals und ausgestreckten Flügeln auf, der von Nordosten nach Südwesten über das Sommerland fliegt. Diese gigantische Schwanenform kann deutlich im Umriss des Landes auf Höhenlinienkarten gesehen werden, aus dem Himmel darüber und wenn wir auf der Spitze des Tor stehen.

Nolava ist die Schwanenmaid, die junge Frau aus Volksmärchen, die gleichzeitig Schwan und Mädchen ist. Sie ist der wunderschöne, königliche Vogel, der in den Rhynes und Flüssen nistet, welche die Insel Avalon umgeben. So wie in den Märchen trägt sie Neugeborene im Schnabel zurück in die Inkarnation. Wenn wir visualisieren, wie wir auf ihrem Schwanenrücken liegen, befördert sie uns zwischen den mittleren und oberen Welten, in die vertrauten Welten, in denen die Göttin weilt. Bei besonderen Gelegenheiten zieht sie ihr Federkleid aus und offenbart darunter ihre wunderschöne, violette, ätherische Gestalt.

Im Südwesten von Nolavas schwanenförmiger Hauptinsel liegt der kleine Hügel, der als Bride´s Mound bekannt ist, und nach dem Bild von Nolavas Tochter Bride geformt ist. Dies ist der Ort, von dem es heißt, dass dort St. Bridget, die christianisierte Form der früheren Göttin Brigit, im 5. Jahrhundert eine Zeit lang gelebt hat.

Nolava, die Jungfrau, ist das Neue, das aus dem Alten wiedergeboren ist. Sie ist alles, was nach den toten Tagen des Winters und der Diskarnation wiedergeboren wird. Sie ist die Rückkehr des Lichtes nach der Dunkelheit, ihre Tage werden allmählich länger und ermöglichen es neuen Pflanzen auf der immer noch kalten Erde zu wachsen. Sie ist die neue Inkarnation, die neue Manifestation in einer Gestalt, aus dem Geist heraus. Sie ist das Neue, das schon viele Male hier in Avalon geboren wurde, und sich dann in der Außenwelt Glastonburys und darüber hinaus ausgedrückt hat. Neue Ideen, neue Konzepte, neue Denkweisen werden an diesem heiligen Ort geboren, und bewegen sich dann von dort hinaus in die Welt. Hier ist es, wo neue Vorstellungen geträumt und genährt werden, Konzepte unserer gemeinsamen Spiritualität, die sich in vielfältigen Formen ausdrückt, Konzepte für das Zusammenleben in Harmonie und Frieden, wie es sich hier manifestiert hat. Ein Beispiel dafür ist die Gründung des ersten, neuen, öffentlichen, einheimischen Göttinnen-Tempels auf Brigits Inseln seit etwa 1.500 Jahren oder mehr, der im Jahr 2.000 unserer Zeitrechnung in Glastonbury geboren wurde.

Thitis, die jungfräuliche Morgene, ehren

Ich bin Thitis ich bin
Ich bin Jungfrau ich bin
Ich bin sie, die aufsteigt wie eine Schlange aus dem Loch
Auf den Flügeln meines Schwans, meiner Huld, meiner Seele...
Ich bin der Geist des immer Neuen in dir – Ich bin das stets Wiedergeborene,
Ich bin die sanfte, weiße Milch der Aue, die jeden Frühling fließt-
Ich bin der auferstandene Phönix und das Einhorn...

Ich bin die feuchten, starken Flügel der schlüpfenden Schmetterlinge deines Herzens,
Ich bin der erwachende Funke der Inspiration aus dem jeder Neubeginn entspringt,
Alle Kinder sammeln sich in den schützenden Falten meines
Rocks um die Gedichte zu hören, die ich erzähle

Avalon - Erste Spirale

Um meine Geschichten & Klänge der Zukunft zu hören – um mein Herz und meine Stimme wie eine Glocke erklingen zu hören

Denn ich bin die sanften Pastellfarben, die wirbeln und tanzen beim Anbruch des Tages,
Mit dem Aufgehen der Sonne wird das Potenzial, das ich trage, geboren in eine neue Art und Weise...
Lass mich deinen tiefsten Brunnen mit meinem Stab erhellender Liebe rühren und deine gefrorenen Wasser befreien

Die warme Kraft von Heilkräutern und Liebe soll jede meiner Töchter tragen ...
Möge jede von euch gesegnet sein mit einem erregenden Funken, der mit jeder verstreichenden Stunde wächst

Denn die Zeit ist gekommen, so wie es in unseren Prophezeiungen vorhergesagt wurde...
Zu der diese gesegnete Insel Avalon aus den Nebeln auftaucht ... wie eine Blume...

Sophie Pullinger

Thitis ist die jungfräuliche Morgene von Avalon, die Lady des weißen Stabes. Sie ist der Schnee, der, wenn überhaupt in diesem tiefliegenden Land Avalon, oftmals zu Imbolc fällt. Üblicherweise wird nur der obere Bereich des Tor und der Hügel weiß, während das umgebende Sommerland grün bleibt. So wie Nolava und Bridie bringt auch Thitis neue Anfänge. Sie ist der Anbruch des Tages und die Dämmerung, die jeden Tag aufs Neue mit Lebenspotenzial erfüllt sind. Sie ist der Neumond, der gerade dann am Horizont aufgeht, wenn die Sonne untergeht. Sie ist eine Seherin, eine Göttin der Weissagung, die die Zukunft voraussagt, und uns ermutigt gemeinsam mit ihr in ihre hellen, neuen Tage zu gehen. Sie sagt die Rückkehr der Insel Avalon aus den Nebeln voraus, so dass sie für alle sichtbar wird. Sie ist eine Heilerin, eine Kräuterkundige und eine Dichterin.

Sie liebt Kinder und junge Menschen und schart sie um sich. Sie liebt unser verwundetes Kind in uns und bringt ihm durch ihre Liebe Heilung und Ganzheit zurück. Sie erscheint in vielen Gestalten, manchmal als ein Mädchen, das jünger als zehn Jahre alt ist. Sie erinnert uns daran, unser inneres Kind zu ehren, als eine Quelle der Erinnerung an Unschuld und Ganzheit, eine Quelle der Erneuerung. Sie lehrt uns, wie wir wieder ohne Angst spielen, das Leben genießen und Spaß haben können.

Thitis ist die Weidenfrau, ihre gekappten Stämme und hängenden Äste sind überall in den Sommerlanden, die die Insel Avalon umgeben, zu sehen, und ihre Wurzeln sind im durchnässten Torf verankert. Der Göttin heilig sind die

Wörter *wicker, witch, wicked, wicce* und *wicca*, die alle ihre Wurzel in den Wörtern „biegen" oder „zur Seite drehen" haben und die sich alle von Weide herleiten. Jedes Jahr werden Weidengöttinnen aus örtlichen Weiden für die Glastonbury Goddess Conference als Fokus für unsere Verehrung hergestellt. Zu ihren Geschöpfen gehören das weiße Einhorn mit seinem einzelnen, spiralförmigen Horn, das Symbol für den Lebenshauch aller Dinge. Sie begleitet junge Mädchen, wenn sie den hormonellen Drachen von Pubertät, Erwachsen-Werden und Menstruation begegnen. Zu ihr gehört die Schlange, die sich im Winter unter dem Omphalos-Stein versteckt, und zu Imbolc auftaucht, um die Seherin zu inspirieren.

Der Phönix, der sich erneuert aus den Flammen der Zerstörung erhebt, gehört ebenfalls zu Thitis. Laut Katherine Maltwoods *Guide to Glastonbury´s Temple of the Stars* (London 1929) kann ein großer irdischer Tierkreis in der Landschaft südlich von Glastonbury aufgespürt werden. Die Umrisse des Landes, Grenzen von Flüssen, Strömen und alten Straßen stellen die vertrauten Formen der Tierkreiszeichen dar. Katherine sah den Phönix als das Symbol für den Wassermann, geformt von Glastonburys Hügeln und Tälern.

Rufe Thitis an, bitte sie dein Leben zu erneuern, das Kind in dir zu erwecken und zu heilen. Bitte Thitis, dass sie dir dabei hilft, wieder zu spielen und Spaß zu haben. Bitte sie, dir ihre Visionen der Zukunft zu zeigen, während sie an den ihr zustehenden Platz in der Welt zurückkehrt.

Bride, die Lebensspenderin

In der ganzen Natur ist Tod nicht das Ende des Lebens, sondern es folgt darauf immer die Wiedergeburt. Blumen blühen und bilden dann bei ihrer Reife Samen, die auf den Boden fallen, und sich in der Erde vergraben. Die Mutterpflanzen sterben ab, aber ihre Samen liegen, üblicherweise einige Monate, aber manchmal auch einige Jahre oder länger, still in der kalten Erde und warten auf die besten Bedingungen für ihre Wiedergeburt. Dann kommt die Berührung von Bridies Stab, die das Leben, das schlafend in den Samen liegt, erweckt und das Keimen beginnen lässt. Wenn sich die Erde langsam erwärmt, bilden sich erst Wurzeln und dann Sprossen, so dass die Pflanzen im Frühling aus dem Boden wachsen.

So wie die Blumen sterben auch wir, wenn wir alt sind und unsere Körper durch das Leben verbraucht sind. Unsere Seelen aber werden wie die Samen der Blumen aus ihren abgenutzten Hüllen freigesetzt ins Größere Leben. In der Anderswelt liegen auch wir für eine Zeit lang im Schlaf, während unser Bewusstsein aus unseren vergangenen Erfahrungen Erkenntnisse gewinnt und sich für eine neue Zukunft vorbereitet. Dann kommt die Berührung von Bridies Stab. Sie ruft uns auf, wiedergeboren zu werden und uns abermals in menschlicher Gestalt zu inkarnieren. Wir senden unsere Fasern der Anziehung aus und unsere neuen menschlichen Eltern fangen an von uns zu träumen, und rufen uns zurück ins Leben. Wir machen uns bereit zur Wiedergeburt.

Bride, die Erweckerin

Nach drei Monaten in der Ersten Spirale der Ausbildung zur Priesterin, nachdem wir die Wintermonate damit verbracht haben nach innen zu reisen, kann es sein, dass wir unser *dukkha* spüren, unsere innere Unzufriedenheit mit uns selbst und der Art und Weise in der wir unser Leben leben. Wir beginnen den Frühling herbeizusehnen und die Wärme der längeren Tage. Jetzt aber erwarten wir die Berührung von Bridies Stab, die uns nicht nur in der äußeren Welt ihrer Natur Erneuerung bringen wird, sondern auch in unserer inneren Welt.

Bridies wiederkehrendes Licht kündigt eine Zeit des Durchbruchs und der Ausdehnung an. Wir öffnen uns in Erwartung der Berührung ihres weißen Stabes, die das Leben in den Samen, welche schlafend in uns liegen, erwecken wird. In diesen Samen unseres Karmas und Geschickes erweckt sie genauso wie in den Samen, die schlafend in der Erde liegen, das Leben. Unser Bewusstsein öffnet sich ihrer Liebe und dehnt sich über seine früheren Grenzen hinaus aus. So wie die süßen, kleinen Lämmchen in den Feldern, springen unsere Herzen vor Freude. Nun können wir mehr Liebe und Mitgefühl ausdrücken. Wir können uns selbst und andere mehr als jemals zuvor lieben, und wir müssen lernen, wie wir aus dieser Liebe heraus handeln können. Wir betrachten alles, was uns passiert, aus einer weiteren Perspektive. Das Zentrum unseres Bewusstseins rückt näher an unsere Seele heran. Allerdings beschleunigt sich unsere Transformation, wenn die Samen in uns erweckt werden. Das kann ein fließender Übergang sein, oder es kann sich schwieriger anfühlen als es unserem Gefühl nach sein sollte.

Bridies Inspiration der Poesie

Bridie ist die Göttin der Inspiration und Poesie und wird von Fiona MacLeod folgendermaßen beschrieben:

> *„...sie, deren Atem eine Flamme und das Lied einer Flamme war, sie, deren geheimer Name Feuer war und deren innerste Seele strahlende Luft war, sie, die somit die göttliche Personifizierung der göttlichen Sache, für die sie stand, war, Poesie."*
>
> *(Collected Works, Heineman)*

Das Erwecken – Imbolc

In alter Zeit trugen Bridies Poeten einen silbernen Zweig mit klingelnden Glöckchen, um anzukündigen, dass sie im Begriff waren ihre Gedichte vorzutragen und ihre Lieder zu singen. Poesie ist die kreative Form, die versucht in Worten und Tönen das Mysterium einzufangen, das jenseits der Sprache liegt.
Wir alle sind fähig Gedichte zu verfassen. Jedes Jahr haben Teilnehmerinnen an der Ausbildung protestiert und gesagt, dass sie keine Gedichte oder Lieder schreiben können. Und jedes Mal hat jede einzelne wunderschöne Verse für die Jungfrau verfasst. Hier ist ein Imbolc-Gedicht von Rose Flint, einer veröffentlichten Dichterin und Priesterin von Avalon:

Plötzlich letzte Woche sah ich Schneeglöckchen
die durch eine Schwelle von grünem Frost brachen

unter ihnen ein grün fließendes Feld
betupft mit einem Schwall Wellenenergie
der das Gras schüttelte und
ein gleitender Schwan.

Als ich lehrte
war da ein Mädchen mit einem Fluss langer schwarzer Haare
sie erzählte mir, dass sie den Geruch
von Muttermilch wählen würde um einen Jungen anzulocken und
ihn einzulullen.

Wenn Liebe mich plötzlich überströmt
prickeln meine Brüste mit Erinnerungen
an das Fließenlassen der Milch
für alle meine Winter-Babys
die Welt so still wie eine Perle

mein Körper weißer, glockiger, Blütenblätter, grün-adrig
ein Schwan, weiß wie der Himmel
in die Tage fliegend
und all diese Jahre
von Flut und Frost und Feuer.

Avalon – Erste Spirale

Hier ist ein *Lied für Imbolc* das von der Priesterin von Avalon Jane Redhawk verfasst wurde:

Refrain: Alte Cailleach – Alte Greisin
 Mutter von Eis und Gebein
 Dein Todesreich ist vorbei

Strophe: Es ist Zeit zu gebären
 Die Jungfrau des Lichts
 Genährt in deinem Winterschoß

Refrain: Alte Cailleach – Alte Greisin
 Mutter von Eis und Gebein
 Dein Todesreich ist vorbei

Strophe: Es ist Zeit freizugeben
 Träume und Visionen in mir
 in der Sonne sie erstarken zu sehn

Refrain: Alte Cailleach – Alte Greisin
 Mutter von Eis und Gebein
 Dein Todesreich ist vorbei

Strophe: Es ist Zeit Segen zu fühlen
 Der tiefsten Dunkelheit
 Deines fruchtbaren Schoßes Geheimnis

Refrain: Alte Cailleach – Alte Greisin
 Mutter von Eis und Gebein
 Dein Todesreich ist vorbei

Imbolc ist die perfekte Zeit um Gedichte und Lieder für und über die Göttin zu schreiben.

> *Schreibe dein eigenes Gedicht für Bridie. Lausche ihrer Inspiration. Sie ist die Muse für göttinliebende Menschen. Finde den Zweig einer Silberbirke oder einen kleinen, kahlen Zweig, den du silbern ansprühen kannst. Binde kleine klingelnde Glöckchen daran. Trage deine Poesie vor Publikum vor und kündige den Beginn und das Ende durch das Schütteln deines Silberzweiges an.*

Das Erwecken - Imbolc

Die Sprache zurückgewinnen

Wenn wir über Poesie nachdenken müssen wir auch die Sprache, in der sie geschrieben ist, betrachten. Alle westlichen Sprachen sind von patriarchalen Ideen und Gedankenmustern geprägt. In dem Buch *The Alphabet versus the Goddess: The Conflict Between Word and Image* (Das Alphabet gegen die Göttin: Der Konflikt zwischen Wort und Bild) von Leonard Shlain (Penguin Arkana) wird sogar angedeutet, dass es die Entwicklung von Alphabeten, des Schreibens und Lesens war, die mitgeholfen hat, dass die linke Gehirnhälfte und lineares Denken die Herrschaft über intuitivere und ganzheitlichere Kulturen übernahmen, in denen die rechte Gehirnhälfte bedeutsamer war. Schriftlose Kulturen, in denen die Göttin, weibliche Werte und Bilder gewürdigt wurden, standen unter dem Einfluss der rechten Gehirnhälfte. Dieser ging zurück, als Sprache und Schrift entwickelt wurden und lineares Denken mit der linken Gehirnhälfte, die Grundlage des Patriarchats, die Vorherrschaft übernahm. Wenn diese Theorie stimmt, dann besteht die große Hoffnung für unsere gegenwärtige Kultur darin, dass wir uns jetzt zu einem Zustand der Balance zwischen unseren rechten und linken Gehirnhälften bewegen. Jetzt, wo unsere Welt durch die Entwicklung visueller Medien, wie Film, Fernsehen, Computer und Telefon zunehmend visueller wird, und diese Medien der Mehrheit zugänglich werden.

Es ist notwendig, dass wir die Sprache sorgfältig untersuchen. Die Sprache, in der wir uns selbst ausdrücken, und deren Worte wir unbewusst verwenden, um zu beschreiben wie die Dinge sind. Ein Teil unserer Priesterinnen-Reise besteht darin, die Sprache zu unseren Gunsten zurückzugewinnen. Ich verneige mich in Ehrerbietung vor Mary Daly, der großen feministischen Denkerin und Autorin, deren Werke ich seit den ersten Anfängen meiner eigenen Reise mit der Göttin in den 1970ern lese. Die ersten ihrer bahnbrechenden Werke, die ich gefunden habe, waren *Gyn/ecology: The Metaethics of Radical Feminism* (The Women´s Press), and *Beyond God the Father: Towards a Philosophy of Women´s Liberation* (Beacon Press)[3]. Diese zwei und ihre späteren Bücher hatten einen starken Einfluss auf mein eigenes Denken. Ich bewundere ihre erstaunliche Fähigkeit die Sprache zu zerlegen, zu zeigen woher die Worte wirklich kommen, wie sie missbraucht wurden und werden, um das Gegenteil auszudrücken. Sie enthüllt dabei die Fesseln, die uns allen auferlegt wurden. Ich liebe die Art, in der sie Wörter wie *Hag* (Vettel), *Crone* (Greisin), *Spinster* (alte Jungfer) und *Whore* (Hure) und viele, viele weitere für Frauen und die Göttin zurückgewonnen hat, und wie sie dabei eine inspirierende Flut neuer und erneuerter Worte geschaffen hat. Ich kann sie als Quelle der Offenbarung und Inspiration für göttinliebende Frauen und Männer und als befreiende Kraft für Priesterinnen gar nicht genug empfehlen.

Avalon - Erste Spirale

Der Göttin in heiligen Dramen eine Stimme geben

Das Schreiben und Aufführen heiliger Dramen ist die Kunst, der Göttin durch Sprache, Poesie und Erscheinung eine Stimme zu geben, damit sie verkörpert werden kann, so dass alle sie sehen und hören. Es bedeutet auch ihre Geschichten zu erzählen, nicht nur in dem Sinne des Wiederholens uralter patriarchaler Mythen, sondern auch um ihre vergessenen Kräfte und Mysterien zurückzugewinnen. Die Mythen werden überarbeitet, um eine neue Welt der Gleichberechtigung zwischen Göttin und Gott, Frau und Mann zu schaffen. Schon vor der Zeit als Zeus das Recht beanspruchte über den Olymp zu herrschen (ursprünglich ein Sitz der Göttinnen, der Demeter und Aphrodite geweiht war), wurden die meisten Mythen in der westlichen Welt von männlichen Göttern und männlichen Werten beherrscht. Weiblichen Werten und der Göttin, die ursprünglich da waren, wurden weniger kraftvolle Rollen und Domänen zugeordnet.

In meinem Verständnis liegt die mythische Wirklichkeit allen psychologischen und physischen Manifestationen zugrunde. Sie ist die energetische Grundstruktur, aus der alle unsere kollektiven und individuellen Emotionen und Denkweisen entspringen. Wir sind von dieser mythischen Grundstruktur geprägt und tragen auch zu ihr bei, Tag für Tag, Augenblick für Augenblick. Um die Art, wie die Dinge in unserer Welt sind, zu ändern, müssen wir nicht nur die Oberflächen unserer materiellen Wirklichkeit verändern, sondern auch Veränderung innerhalb dieser mythischen Grundstruktur bewirken. Mythen zu überarbeiten und als heiligen Dramen zu wirksamen Zeiten des Jahres an heiligen Plätzen aufzuführen, trägt dazu bei, die mythische Wirklichkeit zu verändern.

Meine eigene Reise mit der Göttin in Glastonbury wurde durch das Schreiben und Aufführen heiliger Dramen, die der Göttin gewidmet waren, beschleunigt. Es begann 1983 und dauerte mehr als vierzehn Jahre lang. Die Geschichte unserer gemeinschaftlichen Reise wird in *On Finding Treasure: Mystery Plays of the Goddess*, (Ariadne Publications 1996)[4], erzählt. Das erste Stück, das ich schrieb, erzählte den Mythos von Demeter und Persephone neu. Es wurde zu Ehren von Frauen aus der Glastonbury Gemeinschaft geschrieben, die losgezogen waren, um bei Greenham Common buchstäblich im Schlamm zu leben. Das war zu der Zeit, als die Britische Regierung versuchte amerikanische Atomraketen auf dem Luftstützpunkt von Greenham Common zu stationieren. Unser heiliges Drama wurde an einem Abend aufgeführt, und die Göttin wurde darin so verkörpert, dass alle sie sehen konnten, wenn auch nur vorübergehend. Es war eine inspirierende und bewegende Erfahrung.

Im folgenden Jahr schrieb ich ein zweites heiliges Drama, das auf der Geschichte von Inanna, der sumerischen Königin des Himmels und der Erde basierte und ihre Geschichte in Bezug zu dem setzte, was in Greenham Common vor sich ging. Über einen Zeitraum von etwa fünfzehn Jahren schrieb ich,

Das Erwecken – Imbolc

manchmal alleine und manchmal mit anderen, heilige Dramen für die Gemeinschaft, die inspiriert wurden von Ariadne mit dem roten Faden, der Weißen Büffelkalbfrau, Rhiannon, Madron, Arianrhod, Blodeuwedd, Ana, den neun Morgenen, Sophia und vielen anderen Göttinnen. Es war so, als würde jedes Mal eine andere Göttin kommen, zu mir sprechen und mich bitten, zuerst etwas über sie herauszufinden, um dann ihre Geschichte auf eine neue Art zu schreiben. Jedes Mal, wenn die Göttin verkörpert wurde und auf der Bühne erschien, lernten wir mehr über ihre Energie und ihr Mysterium als wir zuvor gewusst hatten.

Ein Erlebnis, an das ich mich sehr lebhaft erinnere, fand statt, als ich an meinem Schreibtisch saß. An der Wand zu meiner Rechten hing ein Poster der Grünen Tara, der tibetischen Göttin des Mitgefühls, das ich zehn Jahre davor von einem ehemaligen Liebhaber bekommen hatte. Ich hatte es an die Wand gehängt, weil es farbenfroh war und zu den Wänden passte. Ich wusste gar nichts über sie. Während ich an meinem Schreibtisch saß, hörte ich eine Stimme von rechts, die sagte:

„Schau mich an!"

Ich wandte mich zur Wand und dort über dem Poster war ein lebendiges, dreidimensionales Bild der Grünen Tara, die sitzend die halbe Wand einnahm. Sie sagte:

„Finde heraus, wer ich bin, und schreibe ein Stück über mich."

Dann verschmolz sie wieder mit dem Poster.

Mit dieser Anweisung zog ich los, fand einige Bücher über die Grüne Tara, schrieb ein Stück über ihr Leben und brachte darin ihre Energie mit den Bardo-Zuständen des Bewusstseins, die zwischen Tod und Leben liegen, in Verbindung. Während ich schrieb, merkte ich, dass ich sie schon gekannt hatte. Ich wusste wer sie war. Ihre Energie war mir vertraut, so als hätte ich zuvor schon mehrere Leben in ihren Diensten verbracht. Das Schreiben und Aufführen dieses heiligen Dramas brachte mir Erinnerungen an meine früheren Inkarnationen in Tibet und China, und es kreierte eine Verkörperung der mitfühlenden Energien der Göttin in unserer Zeit. Diese Art von Erfahrung machte ich auch mit anderen Göttinnen, die ich nicht bewusst kannte.

Die Kreativität der heiligen Dramen, die der Göttin gewidmet sind, hat sich nun auf die größere Bühne der jährlichen Göttinnen-Konferenz in Glastonbury verlagert, bei denen das Mysterium der ewig lebendigen Göttin in vielen Formen verkörpert und als eine offenbarende, heilende und verwandelnde Kraft erfahren wird.

Bride, die Sibylle oder Prophetin

In den Geschichten über Bride, die von den westlichen Inseln Schottlands zu uns kommen, gibt es einen gälischen Reim:

Dies ist der Tag von Bride
Die Schlange wird aus dem Hügel kommen oder unter dem Stein
  hervor
Ich werde die (´Schlange oder Königin) nicht berühren
Noch wird die (Schlange oder Königin) mich berühren.

In ihrem informativen Heftchen *Brighde, Her Folklore and Mythology* (Brighde, ihre Legenden und ihre Mythologie) (Fieldfare Arts) sagt Janet McCrickard, dass dieses Lied nichts mit Brighde als der Schlange zu tun hat, sondern vielmehr von der Zeit erzählt, wenn die Ottern erstmals nach dem Winter aus ihren unterirdischen Bauen hervorkommen. Janet behauptet auch, dass dieser Reim ein Rat sei, giftige Schlangen nicht zu berühren.

Dennoch stelle ich eine Verbindung zwischen Brighde und ihrer Totem-Schlange her. In vielen Kulturen symbolisiert die Schlange Transformation, das Abstreifen einer alten Haut, um darunter einen neuen Körper zum Vorschein zu bringen. Schlangen wurden in alter Zeit auch oft mit der Rolle der Sybille oder Prophetin in Verbindung gebracht. Alte Darstellungen, so wie die der Ariadne oder Schlangengöttin von Kreta, zeigen die Göttin oder ihre Priesterin, wie sie Schlangen in ihren Händen hält, während sie Prophezeiungen spricht. Ich glaube, dass wegen Brides Verbindung zur Poesie, eine weitere Fertigkeit, die sie übermittelt, die der Prophezeiung ist, der Fähigkeit über die Vergangenheit, Gegenwart und Zukunft von einer größeren Lebensperspektive aus zu sprechen. Siehe dazu das Kapitel über das Wahrsagen in der Zweiten Spirale.

Bride, die große Heilerin

Bride ist auf Brigits Inseln eine der großen Göttinnen der Heilkraft. Sie heilt uns in dem Sinn, dass sie uns zur Ganzheit bringt, was die Rückkehr zu physischer und psychischer Gesundheit bedeuten kann und manchmal auch die Reise in den Tod. Nach meiner dreißigjährigen Erfahrung als Seelenheilerin, ist Krankheit im Wesentlichen die Art wie der Körper sich selbst von physischen, emotionalen, psychologischen und spirituellen Ungleichgewichten heilt. Bridie hilft uns zu neuen Zuständen des Gleichgewichts auf allen Ebenen zu gelangen. Da sich unsere Transformation beschleunigt, kann es notwendig sein, dass wir energetische Heilung für uns anstreben, wenn sich die Wunden unseres Karma enthüllen.

Überall auf Brigits Inseln gibt es Bride-Brunnen, und oft sind dies Heilbrunnen, wo wir von ihren heilenden Wassern trinken können. Einer der bekanntesten ist in der St. Bride´s Church in der Fleet Street in London, und es gibt viele in Irland, mit einem ganz besonderen in Kildare. Dort hat St. Bridget, eine Emanation der uralten Göttin Bride, im 6. Jahrhundert unserer Zeitrechnung eine Gemeinschaft von Nonnen und Mönchen gegründet.

Das Erwecken - Imbolc

In Avalon markiert ein wunderschön gravierter Stein neben dem River Brue und Bride´s Mound die Stelle eines St. Bride Brunnens, der heute unglücklicherweise verborgen ist. Der Tradition gemäß werden aus der Kleidung herausgerissene Stoffstücke, Bänder und spezielle Dinge an die Bäume gebunden, die neben den Bride-Brunnen oder anderen heiligen Brunnen stehen. Gebete um Heilung werden an Bridie gerichtet und so wie die Stoffstücke im Wind flattern, flattern unsere Gebete zu ihrem Ohr und sie bringt uns Heilung.

Bete neben den heiligen Brunnen der Göttin um Heilung für dich, für deine Familie und Freunde, für alle, die Heilung brauche und für alle, die leiden.

Eine der vielen Geschichten über St. Bride erzählt davon, wie sie eines Tages einer Frau begegnete, die bettelarm war und viele Kinder zu versorgen hatte, die noch dazu krank waren. Brides Herz fühlte mit der armen Frau in ihrem Leiden und sie berührte jedes der Kinder der Reihe nach mit dem Heilgürtel, den sie um ihre Hüfte trug. Die Kinder wurden völlig gesund, aber Bride wusste, dass das nicht genug war, um der Mutter auch in der Zukunft zu helfen. Sie nahm ihren Gürtel ab und gab ihn der Frau. Bride sagte zu ihr, dass sie hingehen und andere von deren Krankheiten heilen solle, und im Austausch dafür Nahrung, Kleidung und Geld annehmen solle. Die Frau ging davon und begann die Kranken zu heilen und war nun in der Lage, ihre Kinder zu versorgen und zu kleiden und ihrerseits den Überschuss den Armen zu geben.

Ich mag diese Geschichte ganz besonders, weil sie von Brides Heilgürtel erzählt, den wir für uns selbst anfertigen können. Für das Gestalten des Gürtels lassen wir uns von Bride inspirieren. Wir können ihn ihrer Heilungskraft weihen, und ihn tragen, wenn wir heilen und andere damit berühren. Ich mag die Geschichte auch, weil sie beinhaltet, dass es der Göttin sehr recht ist, wenn wir ihre Kräfte nicht nur verwenden, um Menschen zu heilen, sondern auch, damit sie uns helfen unseren Lebensunterhalt zu bestreiten.

Patriarchale Lehren vieler Kulturen besagen, dass es falsch ist für spirituelle Arbeit bezahlt zu werden. Denn diese soll großzügig, ohne etwas dafür zu verlangen, gegeben werden, obwohl Spenden angenommen werden dürfen. Unter vielen spirituell Suchenden gibt es eine Ethik, die besagt, dass spirituelle Gaben freigiebig vom Göttlichen kommen und jede, die dafür Bezahlung verlangt, auf irgendeine nicht näher definierte Weise andere übervorteilt. Das Ergebnis dieses Denkens ist es, dass auf der ganzen Welt spirituell begabte Menschen üblicherweise arm sind, und ihre Fähigkeiten nicht vollkommen ausschöpfen können. Jene, die in niedergegangen, indigenen Kulturen leben, und die einstmals von ihren Gemeinden unterstützt worden wären, müssen heute mühselig ihren Lebensunterhalt zusammenkratzen. Jene, die in der westlichen Welt leben, verbringen entweder den Großteil ihres Lebens in materieller Armut und verbringen zu viel Zeit damit, sich zu fragen, wo die nächste Mahlzeit für ihre Familie herkommen soll, oder sie arbeiten in weltlichen Berufen, um ihren Lebensunterhalt zu verdienen, und machen ihre spirituelle Arbeit nur am Wochenende. Viele andere Unstimmigkeiten resultieren aus diesem Armuts-Bewusstsein. Niedriggestellte Nonnen und Mönche müssen ein Armutsgelübde ablegen, während die Kirchenoberen zu den Reichsten der Welt gehören und Reichtümer anhäufen, die dabei helfen könnten, die Hungernden zu nähren.

Ich glaube, dass uns die Geschichte von Bride die Erlaubnis gibt, unsere spirituellen Gaben zu verwenden, um uns selbst zu erhalten. Wir können ein spirituelles Leben führen, dass weder materiell reich noch arm ist, sondern irgendwo dazwischen. Wir müssen nur auf das Ungleichgewicht des Reichtums in der Welt schauen, um zu wissen, welche Grade von Reichtum angemessen sind, und welche nicht. Wir können unser Leben spirituellen Dingen widmen, die helfen die Welt zu verändern, und in materiellem Gleichgewicht leben. Um andere nähren zu können, müssen wir uns selbst auf alle Arten nähren. In der Göttinnen-Spiritualität gibt es kein Gesetz, das besagt, dass es uns bestimmt ist, arm zu sein. Im Gegenteil, wir sollten die Großzügigkeit der Göttin selbst nachahmen. Sie hat uns ihren reichen Planeten geschenkt, um darauf zu leben, und wir sollten ihre Großzügigkeit bewusst empfangen und sie ebenso großzügig mit anderen teilen. Der Weg der Göttin ist immer ein Weg des Gleichgewichts zwischen dem Sorgen für andere und für uns selbst.

Esoterische Seelenheilung

So wie ich eine Lehrerin für Priesterinnen bin, lehre ich Menschen auch esoterische Seelenheiler zu werden, die heilen, indem sie mit den tiefsten Energien der Seele arbeiten, sowohl in sich selbst als auch in ihren Patienten. Ich habe das Heilen erstmals in meinen Zwanzigern gelernt, bei einem fünfjährigen spirituellen Retreat in Wales. Neben vielen anderen spirituellen Techniken habe ich Meditation und die Lehren von Alice Bailey studiert, insbesondere ihr Buch über *Esoteric Healing* (esoterisches Heilen)[5]. Diese Lehren sehen das Individuum als eine Seele, die sich in die physische Welt inkarniert hat. Sie handeln davon, wie wir Energie und ihre Bewegung verwenden können, um unsere eigenen und die Krankheiten anderer Menschen zu heilen. Als ich lernte, Energien zu spüren und wahrzunehmen, bemerkte ich zu meinem Erstaunen, dass meine Hände und meine Aura anscheinend Heilenergien ausstrahlen. Mit der Zeit und durch praktische Erfahrung mit vielen Menschen habe ich die Fertigkeiten der verwundeten Heilerin entwickelt.

Ich habe viele Jahre als Heilerin gearbeitet und mit der Zeit die Lehren von Alice, die in den 1940ern geschrieben wurden, an das Leben der heutigen Zeit angepasst. Im Jahr 2001 habe ich mein eigenes Buch über Heilung, *Chiron in Labrys: An Introduction to Esoteric Soul Healing*[6], herausgegeben. Esoterische Seelenheilung ist ein fundiertes Heilungssystem, das Bereiche erreicht, die von anderen Heilarten nicht berührt werden. Es ist esoterisch in dem Sinn, dass es eher durch praktische Erfahrung erlernt wird, als dadurch, dass man darüber

Das Erwecken - Imbolc

liest, obwohl Wissen und der Verstand beteiligt sind. Es beinhaltet ein tiefgehendes Verständnis für den energetischen Aufbau des menschlichen Individuums und arbeitet mit Patienten auf der tiefgehenden Ebene der Seele von beiden, der Heilerin und der Patientin.

Ein Teil der Methode besteht darin Göttinnen, Helfer und Engel anzurufen, damit sie den Heilungsprozess unterstützen. Bridie ist eine der wichtigsten Heilungsgottheiten, die zu Beginn jeder Heilungssitzung hereingerufen werden, weil sie die Fähigkeit hat, alles zu verändern, was sie berührt, und Krankheiten in einem Augenblick zu heilen.

Priesterinnen, die diesen Kurs erfolgreich abschließen, werden Priester-Heilerinnen. Für weitere Informationen über Kurse für esoterisches Seelenheilen besuche meine Internetseite: www.kathyjones.co.uk

Bride, Meisterin der Schmiede

Bride wird meistens als eine sehr liebevolle, zärtliche und segenbringende Göttin gesehen. Sie ist jedoch auch Meisterin der Schmiede, Göttin der Schmiedekunst, bei der metallische Rohsubstanzen in einer Esse auf hohe Temperaturen erhitzt werden. Bei diesem Prozess kommt die Schlacke an die Oberfläche und wird abgelöst. Zurück bleiben pures Gold, Silber oder andere kostbare Metalle. Dies ist eine Allegorie für den alchemistischen Prozess, bei dem die menschliche Grundsubstanz unserer Persönlichkeit in Brides Feuern des Lebens und der Erfahrungen erhitzt wird. Die Schlacke, alles, was uns und ihr nicht länger dienlich ist, wird abgelöst, und das pure Gold unserer Seelen wird offenbart. Dieser Prozess ist kennzeichnend für alle Begegnungen mit den Göttinnen der Weisheit, wie Sophia, deren Stein der Weisen, in welchem das Wissen von Sophia verankert ist, durch die Zeitalter hindurch von spirituell veranlagten Menschen gesucht wurde. Bride ist ebenfalls eine Göttin der Weisheit.

Als angehende Priesterinnen lassen wir uns auf ihren alchemistischen Prozess der Veränderung ein. Wir überlassen unsere Persönlichkeiten ihrem Feuer der Transformation, und bitten sie, dass sie uns hilft, das Gold unserer Seelen zu enthüllen. Das zu tun ist keine leichte Sache. Wenn die Schlacke entfernt wird und unsere harten Ecken abgeschliffen werden, leiden wir oft. Durch diesen Prozess lernen wir, mit uns selbst und anderen größeres Mitgefühl zu haben.

Auf unserer Reise, Priesterinnen der Göttin zu werden, kann es oftmals vorkommen, dass unsere Entschlossenheit unser Leben zu verwandeln unter den Feuern ihrer Esse ins Wanken kommt. Es gibt auf dem Weg viele Herausforderungen in unserem geschäftigen Leben. Können wir die Zeit aufbringen, vor unserem Altar zu sitzen, zu beten und uns wirklich jeden Tag mit der Göttin zu befassen? Es kann sich Druck aller Arten aufbauen, in unserer Arbeit, in unseren Beziehungen, in unserer Gesundheit. Es könnte sich für uns so anfühlen, als würden wir damit nicht fertig werden, als würde das alles zu viel werden. Der äußere Druck reflektiert eine innere Wirklichkeit, und es ist notwendig, dass wir uns diesem Druck gegenüber behaupten. Zu lernen, wie wir uns mit den Gezeiten der Energie bewegen, die in uns und außerhalb von uns wogen, ist ein Teil davon, eine Priesterin von Avalon zu sein.

Wir stehen im Leben immer unter dem Einfluss von Karma, insbesondere unserem persönlichen Karma, den Konsequenzen unserer Handlungen in diesem und vorhergehenden Leben, genauso wie dem Karma der Zugehörigkeit zu einem bestimmten Stamm oder einer bestimmten ethnischen und nationalen Gruppe. Wir sind auch dem Karma unterworfen, ein Teil der menschlichen Spezies zu sein, die zu dieser Zeit auf diesem Planeten lebt, wo dem Körper von Mutter Erde wenig Respekt entgegengebracht wird, die Umweltverschmutzung allgegenwärtig ist und Krankheit, Hunger und Tod bringt. Innerhalb dieses karmischen Grundgerüstes, in das sich unsere Seelen inkarnieren, lernen wir mit der Zeit für unser Leben und für alles, was uns passiert, Verantwortung zu übernehmen. Wir erkennen an, dass wir die Mitautoren unseres eigenen Geschicks sind.

Im Großen und Ganzen sind wir zusammen mit der Göttin unbewusste Mitautoren von allem, was uns passiert, auch jener Dinge, die uns scheinbar von außen zugefügt werden – Unfälle, Auswirkungen von Umweltverschmutzung, Krankheiten, und so weiter. Wir schieben die Schuld für die Welt, in der wir leben, auf andere, obwohl wir tatsächlich die Macht haben, die Welt zu verändern, wenn wir genügend betroffen sind und es uns der Mühe wert ist. Üblicherweise sind wir zu sehr in unsere eigenen Dramen und Begrenzungen verstrickt, um uns damit zu beschäftigen, und deshalb sind wir machtlos.

Die Reise zur Priesterinnenschaft ist eine Reise der Selbstermächtigung. Die Haltung unserer Persönlichkeit verschiebt sich von der Opferrolle, wo uns alle Dinge geschehen (Das hat doch nichts mit mir zu tun!) zu einer Haltung, wo wir wissen, dass wir innerhalb der Beschränkungen durch unser Karma und unsere Bewusstheit, die Ursache für alles sind, was uns passiert. Es gibt Dinge, die wir in der Welt tun können, wenn wir unser Herz und unseren Verstand der Aufgabe widmen. Wir haben uns mit einer Absicht inkarniert, mit einem Geschick, das sich erfüllen soll. Unsere Reise besteht darin, nach der Absicht unserer Seele zu suchen und sie zu finden, nach der Bedeutung, die unserem Leben auf der Erde zugrunde liegt. Wir tun dies, indem wir uns selbst wirklich gut kennenlernen, indem wir mit uns selbst vollkommen ehrlich sind, und indem wir unsere inneren Wahrheiten und unser inneres Wesen erforschen, genauso wie die Gewohnheiten und Einschränkungen unserer Persönlichkeit.

Unser Zentrum verschiebt sich von unserer Persönlichkeit in unsere Seele und damit erwächst Eigenverantwortung. Wenn wir dabei scheitern, unser Leben so schnell zu verändern, wie wir gerne würden, kann sich diese Eigenverantwortung schwer anfühlen. Wir wollen, dass jemand anders verantwortlich ist. Wir wollen jemand anderem die Schuld geben, wenn etwas schief läuft, unserem Partner, unseren Familien, anderen Ausbildungsteilnehmerinnen oder der Leiterin. Wieder ist es an der Zeit, dass wir uns gegenüber den Herausforderungen behaupten, denen wir gegenüber stehen, wenn unsere Persönlichkeit dar-

Das Erwecken – Imbolc

um kämpft, ihre Machtposition in unserer Psyche zu behalten. Unser Bewusstsein dehnt sich bis zu seinen gegenwärtigen Grenzen aus, bevor es zu einem Durchbruch kommen kann. Wir versorgen uns selbst mit Mitgefühl.

Bete zu Bride als Meisterin der Schmiede, dass sie dir hilft, die Schlacke in deinem Leben loszulassen, damit das Gold in deiner Seele zum Vorschein kommen kann.

Bridie-Puppen herstellen

Der Brauch, Puppen nach dem Bild der Göttin herzustellen ist sehr alt. Aus den frühesten Tagen neolithischer und früherer Kulturen wurden Figurinen von Göttinnen gefunden. Manche davon waren groß, manche klein und manche puppenhaft. Aus diesen Tagen sind Stein, Knochen und Tonpuppen erhalten geblieben, aber wir können mit Sicherheit annehmen, dass Göttinnen-Puppen auch aus weniger beständigen Materialien angefertigt wurden, die seither zerfallen sind. Von Alexander Carmichael wurden in *Ortho Nan Gaidheal* Geschichten davon aufgezeichnet, dass im 19. Jahrhundert auf den westlichen Inseln Schottlands in Fortführung einer uralten Tradition immer noch Bridie-Puppen gemacht wurden. Sie wurden nach dem Bild von Bride gestaltet.

In Glastonbury wurde der Brauch zu Imbolc Bridie-Puppen zu gestalten vor nahezu zwanzig Jahren von einer Gruppe von Frauen aus Glastonbury wiederbelebt, und hat sich seither über das Land zu anderen Gemeinschaften von Frauen ausgebreitet. Jedes Jahr zu Imbolc werden jetzt Bridie-Puppen von Einzelnen und von Gruppen von Frauen hergestellt. Die Puppen werden aus unterschiedlichen Materialien gemacht. In Schottland wurde traditionellerweise die letzte Hafergarbe aus der Ernte des vergangenen Jahres an der Küchendecke aufgehängt, wo sie den Herbst und den Winter hindurch trocknete. Zu Imbolc wurde eine Brideog (kleine Bridie) aus der Garbe hergestellt und mit Bändern, Kristallen, Muschelschalen und frühblühenden Blumen, insbesondere Schneeglöckchen verziert. Ein traditionelles, aus Schilf gemachtes Brigid-Kreuz wurde nahe bei ihrem Herzen befestigt. Sie bekam auch einen Stab, den Barrag Bride (die Birke von Bridie), der aus geschälter weißer Birke, Weide oder Haselnuss hergestellt wurde, und ihre erweckende, feurige Energie repräsentierte. Wenn sie am Morgen von Imbolc über das Land geht, berührt Bridie die Erde mit ihrem Stab und Pflanzen und Blumen sprießen ins Leben. Die Bridie-Puppe wird nach Ostara der Erde zurückgegeben, wenn das Korn wieder zu wachsen beginnt. So wird der Kreislauf der Natur vervollständigt.

Heutzutage werden Bridie-Puppen manchmal aus Getreide gemacht, aber öfter aus Stoff. Große oder kleine Stoffstücke werden in der Form von Bridie ausgeschnitten, zusammengenäht und dann mit Stoffresten oder anderem Material gefüllt. Beim Zusammennähen ihres Körpers, nähen wir unsere Hoffnungen und Träume für die kommenden Monate hinein. Sie bekommt ein Gesicht,

Brüste, Arme, Beine und eine Vulva. Wir machen Kleider für die Bridie-Puppe, die dann angezogen und mit Bändern, glitzernden Dingen, Schmuck, Muscheln und Kristallen verziert wird. Sie bekommt auch einen weißen Stab.

Jede Bridie-Puppe sieht anders aus und ist erfüllt von der Persönlichkeit und den Gebeten ihrer Herstellerin. Die fertiggestellten Puppen scheinen nach ihrer Einweihungszeremonie lebendig zu werden. Ihre Körper haben Substanz und Gefühl, wie echte Körper. Als wir damit begannen, die Tradition gemeinschaftlich hergestellter Puppen in Glastonbury wieder einzuführen, machten wir die Puppen nicht aus Getreide, das schnell zur Erde zurückkehren würde, sondern wir wollten Puppen mit mehr Substanz machen, die das Wissen und die Weisheit der Göttin für die wachsende Göttinnen-Gemeinde verankern sollten. Jedes Jahr werden die gemeinschaftlich neu hergestellten Puppen den Puppen des Vorjahres vorgestellt, und kommunizieren mit ihnen als Mütter und Großmütter, die ihre Weisheit teilen. Viele Bridie-Puppen aus Glastonbury leben das ganze Jahr über im Göttinnen-Tempel Glastonburys und kommen jedes Jahr bei der Imbolc-Zeremonie hervor, um die neu geschaffenen Bridie-Puppen zu begrüßen.

Der Tradition gemäß, findet am Abend von Imbolc eine Prozession der Bridie-Puppen mit den Mädchen und jüngeren Frauen der Gemeinschaft als die Banal Bride, Brides jungfräuliche Begleiterinnen, durch die Stadt statt. Die Puppen werden von Haus zu Haus gebracht, um Brides Segen zu geben und um Gaben von Essen und Getränken zu empfangen, die dazu dienen, die Göttin zu erfrischen.

Mache zu Imbolc deine eigene Brideog, deine Bridie-Puppe, und gib ihr einen besonderen Platz in deinem Herzen und deinem Bewusstsein. Nimm sie am Imbolc-Abend zu verschiedenen Heimen mit, um ihren Segen zu teilen.

Gestalte zu Imbolc Zeremonien, die Bridie in deinem Heim und deinem Tempelraum als kreative, heilende und inspirierende Kraft willkommen heißen. Die traditionellen Begrüßungsworte lauten:

„Lasst Bride herein! Lasst Bride herein!"

Die Antwort darauf lautet:

„Bride! Bride! Komm herein, dein Bett ist gemacht.
Bewahrt das Haus für die dreifache Göttin."

Am Abend von Imbolc wird Bride in einen länglichen Korb oder ein Bett gelegt, die Leaba Bride, die von den älteren Frauen der Familie geschmückt und mit Stroh gefüllt wird. Sie wird mit ihrem weißen Stab neben den Feuerplatz gestellt. Wenn das Feuer erloschen ist, wird die Asche geglättet. Am Morgen eilen die Frauen des Hauses herbei, um zu sehen, ob irgendwelche Fußabdrücke in der Asche sind, die zeigen, dass Bridie in der Nacht herumgewandert ist und den Hausbewohnern Glück bringt.

Lege in deinem Heim Bridie mit ihrem Stab neben das Feuer und schau ob sie dein Heim segnen wird.

Brigid-Kreuze und Bridie-Augen herstellen[7]

Brigid-Kreuze (Bridie-Kreuz), auch bekannt als der Stern von Bride, werden zu Imbolc aus getrockneten Binsen, Schilf oder den Stengeln von Weizen oder Gerste gemacht, die in die Form einer Swastika gedreht werden. Bevor es von den Nazis korrumpiert wurde, war das sich drehende vier-armige Kreuz in vielen indigenen Kulturen als Symbol für die Sonne bekannt, deren Strahlen in die vier Richtungen zeigen. Bridie ist eine Sonnengöttin, ihre Strahlen erwärmen die Erde und regen die Blumen zu erneutem Wachstum an.

Bridie-Augen werden aus zwei Stöckchen gemacht. Aus ihnen wird ein gleicharmiges Kreuz geformt, und dann farbige Wolle von der Mitte aus zwischen den vier Armen des Kreuzes verwoben. Bride-Augen sind ein Schutz vor dem Bösen und werden traditionellerweise in die Ecken von Häusern und Scheunen gehängt, um die Menschen und das Vieh zu schützen.

Mach zu Imbolc deine eigenen Brigid-Kreuze und Bridie-Augen. Verwende sie, um deinen Altar zu schmücken und dein Heim zu schützen.

Anleitung für das Bridie-Auge

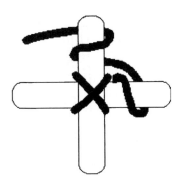

Avalon - Erste Spirale

Anleitung für das Brigid-Kreuz

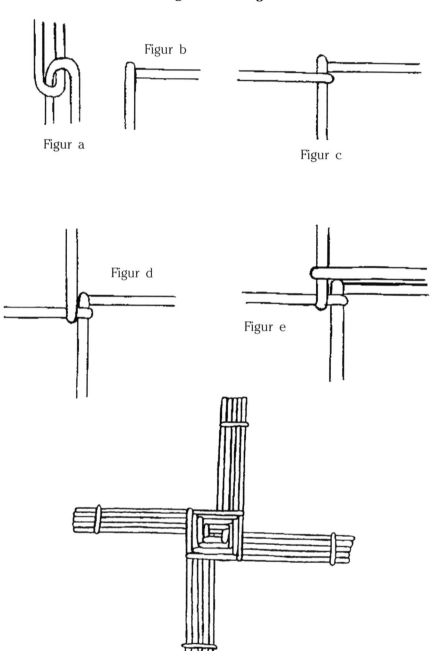

Figur a

Figur b

Figur c

Figur d

Figur e

Das Erwecken - Imbolc

Kekse für Bridie

Wir machen Kekse aus Gerste und Honig für die jungfräuliche Göttin, wobei wir jedes einfache Keks-Rezept verwenden können. Verwende statt dem Weizenmehl Gerstenmehl und statt dem Zucker Honig. Die Kekse sind süß und schwer. Viele alte Göttinnen-Figurinen wurden in Getreidebehältern neben Öfen gefunden und es scheint, dass die Tradition, Brot und Kekse für die Göttin zu backen, ebenfalls sehr alt ist.

Biete Bridie auf deinem Altar Gerstenkekse dar und teile sie in einer Zeremonie mit anderen.

Kommunion mit Schafmilch und Trankopfer

Traditionellerweise wird zu Imbolc Schafmilch getrunken, als Kommunion mit Bride, der Schäferin. Wenn wir keinen Zugang zu milchgebenden Schafen haben, können wir ihre Milch im Naturkostladen kaufen.

Wir bringen Trankopfer von Schafmilch dar. Ein Trankopfer ist eine Gabe von Flüssigkeit für die Göttin, die wir, so wie andere Gaben an sie, an ihrem Altar oder an ihren heiligen Stätten darbringen. Wir gießen Trankopfer in Schalen, auf Statuen der Göttin oder auf die Erde. Zu Imbolc gießen wir unsere Gaben von Schafmilch auf Darstellungen von Bride und auf die Erde. Wir ehren dabei den Segen der Schafmilch und der Milch aller Mütter, die wir, die Kinder der Göttin, trinken und davon als Babys und später im Leben genährt werden.

Traditionen wiederbeleben

Wenn Göttinnen-Traditionen lange verloren waren und die Lebensweisen unserer Gemeinschaften jetzt so unterschiedlich von denen der Vergangenheit sind, kann es schwierig sein Zeremonien in der Art zu rekonstruieren, wie wir glauben, dass es sie einmal gegeben hat. Im Großen und Ganzen sind wir keine Bauern, die auf dem Land leben, und tief verbunden mit den Zyklen der Jahreszeiten sind. Wir leben jetzt in Ballungsräumen, in Groß- und Kleinstädten und Dörfern. Wir leben nicht mehr in eng verbundenen, weitreichenden und zusammengehörigen Familienverbänden. Wir leben isoliertere, individuelle Leben und wissen vielleicht nicht einmal, wie unsere Nachbarn heißen. Das ist nicht notwendigerweise gut oder schlecht, es ist nur anders. Wenn wir Zeremonien und Rituale, die die Göttin feiern, rekonstruieren, beginnen wir wo wir sind, mit den Informationsfetzen, die war aus der Vergangenheit haben, in dem

Leben, das wir jetzt führen. Es gibt keine Verpflichtung, das zu wiederholen, von dem wir glauben, dass es vor langer Zeit gemacht wurde, bevor es Aufzeichnungen gab. Unsere Aufgabe ist es, bedeutsame Zeremonien für die Gegenwart zu gestalten. Denk daran, dass wir in der Göttinnen-Spiritualität große Freiheit haben. Es gibt kein Dogma, keine Regeln, es gibt keine Schrift, der man gehorchen muss, obwohl manche versuchen könnten eine solche zu schaffen, und viele Menschen die Tendenz haben, Hierarchien und Dogmen zu schaffen. Wir können jedoch die Göttin auf jede kreative Weise ehren, die wir wählen.

Wir können die Fasern dieser alten Imbolc-Rituale nehmen und sie in unser gegenwärtiges Leben weben. Wir können versuchen, unsere Nachbarn in unser Heim einzuladen, um mit uns zu feiern, und wir können uns in Gruppen gleichgesinnter Menschen versammeln. Auf Brigits Inseln haben heute viele Menschen Zentralheizung und keine offene Feuerstelle, bei der sie Bridie über Nacht in ihrem Bett lassen können. Aber wir können einen Teller mit Gerstenmehl glatt streichen, oder Papier in einem Metallbehälter verbrennen, um Asche zu erzeugen. Wir können dies als die Asche unseres Imbolc-Feuers verwenden, und Bridie in ihrem Bett daneben hinlegen. Wir können an unserem Altar eine große Kerze anzünden, die ihren Herd in unserem Heim darstellt. Wir können Bridie-Puppen des 21. Jahrhunderts gestalten und dafür die Materialien verwenden, die heute erhältlich sind. Wir können aber auch, wenn wir wollen, die alten Traditionen wiederholen.

Kleidung für die Weihe-Zeremonie

So wie wir Puppen und Handarbeiten machen, welche die Göttin feiern, ist Imbolc auch die Zeit, um mit dem Gestalten unserer Kleidung für unsere Weihe-Zeremonie am Ende des ersten Ausbildungsjahres zu beginnen. Basierend auf unseren Inspirationen aus der Yule-Zeit beginnen wir Sachen für unsere Kleidung zu sammeln – Stoffe, Materialien, Entwürfe, Fäden, Schließen und Schmuck, die wir in den kommenden Monaten für die Zeremonie, in der wir unser Leben der Göttin weihen werden, zusammentragen werden.

Zwischen Imbolc und Ostara

Zwischen Imbolc und Ostara kann immer noch Schnee fallen, und Frost kann das Land bedecken. Beißende Winde heulen aus dem Norden heran, und wärmere, feuchte Winde regnen aus dem Südwesten herein. Die Vögel brauchen immer noch zusätzliches Futter. Die ganze Zeit über nimmt das Licht zu, die Sonne steigt am Himmel höher, die Tage werden länger, die Nächte werden kürzer. Triebe beginnen auf Pflanzen, Büschen und Bäumen zu sprießen. Zarte Primeln blühen den Widrigkeiten zum Trotz, Narzissen bahnen sich ihren Weg hinauf durch die gefrorene Erde, und ihr wundervolles Gelb bringt wieder Far-

Das Erwecken - Imbolc

be in die Welt. Tiere erwachen aus dem Winterschlaf und tauchen nach und nach aus ihren Winterbauten auf, auf der Suche nach Futter. Das menschliche Bewusstsein wird von Bridies weißem Stab katalysiert und dehnt sich aus. Unser Schatten steigt empor, um das neue Licht in unserem Inneren zu begrüßen. Wir suchen Hilfe, wenn wir sie auf unserer Reise der Transformation brauchen, und drücken unsere schmerzlichen Gefühle und Erinnerungen erfahrenen Beraterinnen gegenüber aus.

Gestalte einen Altar für Nolava, die Jungfrau, für Thitis und Bridie in ihren vielen Gestalten. Finde Darstellungen oder natürliche Gegenstände, die für dich die jungfräuliche Göttin repräsentieren und stelle sie in die Mitte deines Altars. Das kann eine Statue von Bridie sein, oder die eines Schwanes, oder Schwanenfedern, Schaf- oder Kuhmilch, Schlangenhaut oder Wolfsfell.

Zünde jeden Tag eine Kerze an und verbrenne Räucherwerk für Nolava, die Jungfrau, Thitis und Bridie an deinem Altar und bete um ihre Hilfe, um Führung, in Dankbarkeit, für Visionen, und so weiter. Bete ganz besonders um Heilung für dich und für andere, die sie brauchen. Erneuere einmal pro Woche deinen Altar.

Schreibe jeden Tag deine Gefühle, Träume, Inspirationen, Intuitionen und Visionen in dein Tagebuch.

Gestalte zu Imbolc deine eigene Zeremonie für Bridie, und bringe ihr Bride-Licht in einen abgedunkelten Raum. Sitze in einem Kreis aus Kerzenflammen. Gieße Milch als Trankopfer auf eine Statue der Jungfrau oder an einen heiligen Ort. Sprich inspirierte, poetische Worte für Bridie.

Kümmere dich zu Neumond um deine inneren Samen und mache eine Standortbestimmung. Schreibe ein Gedicht oder ein Lied für Bridie und biete es ihr dar.

Mach dir zu Vollmond einen Bridie-Heilgürtel.

Beginne, Materialien für die Kleidung deiner Weihezeremonie zu sammeln.

Besuche heilige Stätten, an denen die jungfräuliche Göttin weilt, dazu gehören Bride-Brunnen, Kirchen, die St. Bridget (der Hl. Brigitte) geweiht sind, Kildare in Irland, mit dem Nonnenhaus von Solas Bride, wo jetzt Bridies ewige Flamme brennt. Gehe zu Bride´s Mound in Glastonbury, gehe die Umrisse des Schwanes in der Land-

schaft von Glastonbury Avalon entlang. Besuche die White Spring (weiße Quelle) am Fuß des Tor. Suche irgendeine klare Quelle auf und sprich dort poetische Worte für Bridie. Reise zu Orten, an denen es Schwäne, Kühe, Wölfe und Schlangen gibt. Kommuniziere mit ihnen. Singe, und bete zu Bridie, alleine oder mit Freunden, und tanze wie ein junges Mädchen. Fühle ihr kindliches Wesen in dir, glücklich, fröhlich und voll von neuem Leben.

---

[1] Auf Deutsch ist unter anderem erschienen: *St. Bride von den Inseln*, Fiona MacLeod.

[2] Auf Englisch: ewe´s milk.

[3] Beide Bücher und noch andere von Mary Daly sind auf Deutsch unter folgenden Titeln erschienen: *Gyn/Ökologie: Eine Meta-Ethik des radikalen Feminismus* und *Jenseits von Gottvater, Sohn und Co. Aufbruch zu einer Philosophie der Frauenbefreiung*.

[4] Das Buch ist bisher nicht auf Deutsch erschienen. Der Titel bedeutet übersetzt: *Über das Finden von Schätzen: Mysterienspiele der Göttin*.

[5] Auf Deutsch erschienen unter dem Titel: *Esoterisches Heilen, Bd. 4 der Abhandlung über die Sieben Strahlen*.

[6] Das Buch ist bisher nicht auf Deutsch erschienen. Der Titel bedeutet übersetzt: *Chiron in Labrys: Eine Einführung in esoterische Seelenheilung*.

[7] Brigid-Kreuze sind im englischen Sprachraum als *St. Bridget Cross* und Bridie-Augen als *God´s Eyes* bekannt.

Das Sprießen

Ostara: Jahreskreisfest der Mutter des Feuers

Ostara ist das Jahreskreisfest der Mutter des Feuers, und wird zur Frühjahrs-Tag-und-Nachtgleiche rund um den 21. März gefeiert, wenn es gleich lange hell und dunkel ist. Es kündigt die Rückkehr des Lichtes an. In Avalon ehren wir die Nolava des Feuers und des Lichts und Cliton, die Morgene des Feuers und des Frühlings. Wir feiern Artha, die große Bärin des Himmels und der Erde, deren feuriger Umriss aus Sternen, wie wir ihn von diesen Inseln aus sehen, den zentralen Pol unseres Himmels im Laufe des Jahres umrundet. Wir ehren auch Grainne, die Sonnengöttin, deren Sonnenball jeden Tag im Osten aufgeht und der Erde Licht und erneuertes Leben bringt. Ohne sie würde alles Leben auf der Erde zugrunde gehen. Wir ehren Sulis, die Sonnenfrau. Wir feiern Eostre oder Ostara, die Mutter der Wiedergeburt, deren Name für Ostern übernommen wurde.

Ostara ist die Jahreszeit, in der das Leben sprießt. Der Winter ist vorbei und obwohl es immer noch kalt und nass sein kann, werden die Tage allmählich wärmer. Zu Ostara wird die Natur der Göttin springlebendig, und alles Leben wird erneuert. Der Saft steigt in den Pflanzen und Bäume hoch, Triebe erscheinen auf den Zweigen, Knospen und Frühlingsblumen öffnen sich den Märzwinden, die wie Löwen hereinstürmen und wie Lämmer weiterziehen. Ergiebige Regenfälle und hohe Frühlingsfluten überschwemmen die tiefliegenden Gründe und die Insel Avalon tritt wieder als eine Insel, umgeben von Wasser, in Erscheinung. Da die Nächte immer noch kalt sind, die Tage hingegen wärmer, steigen die Nebel von Avalon oft auf und erfüllen die niedrig gelegenen Sommerlande. Von der Spitze des Tor aus sind dann über dem Nebel nur mehr die fernen Mendip Hills sichtbar. In Tieren und Menschen erwacht die Sehnsucht nach einem Partner. Die Vögel singen und beginnen damit, in den Bäumen und Hecken ihre Nester zu bauen. Die Tiere rufen einander und verlieren allmählich ihre dicken Winterfelle.

Zu Ostara machen wir uns magische Feuerstäbe als Symbol für Ostaras erneuerndes Feuer. Wir holen Ostern für die Göttin zurück und bemalen ihre Eier der Wiedergeburt. Wir ehren unser kreatives Feuer, indem wir unsere tiefsten Gefühle für die Göttin in materieller Form ausdrücken, als Kunst und in Kunsthandwerk. Da Ostara eine der zwei Tag-und-Nachtgleichen des Jahres ist, wenn Licht und Dunkelheit für eine kurze Zeit im Gleichgewicht sind, erkennen wir, wie sehr wir als menschliche Wesen aus dem Gleichgewicht sind, wie tief die Wunden des Weiblichen in der Welt und in unserer Psyche sind. Wir gestalten Zeremonien, die Gleichgewicht zwischen unserem eigenen Licht und unserer eigenen Dunkelheit, zwischen unseren inneren und äußeren Wirklichkeiten bringen. Wir feiern die Erhellung durch Cliton.

Die Nolava des Feuers und des Lichtes ehren

In Avalon ist Nolava die Lady des Feuers, das in allen Sternen ist, in der Sonne, die jeden Tag auf uns hinunter scheint, und in dem Feuer, das unter der Erdkruste brennt. Sie ist das Feuer im Herd, an unseren Arbeitsplätzen, in unseren Heimen und in unseren Herzen. Sie ist das Feuer, das der ganzen Welt Licht, Wärme und Leben bringt. Sie ist das Feuer der Liebe, das im Herzen von Avalon glüht, die heilige violette Flamme, die in Avalon brennt und von dort hinaus in die Welt strahlt. Sie ist das mystische Feuer, das in den Herzen aller erglüht, die sich danach sehnen ihre Priesterinnen zu werden, und das uns ermutigt weiterzumachen, wenn das Vorankommen mühsam wird. Sie ist das Licht, das vor uns auf dem Pfad zur Priesterinnenschaft leuchtet, und immer unseren Weg erhellt, wenn wir Augen dafür haben.

Feuer wird oft mit dem Geist gleichgesetzt, wegen des Kundalini-Feuers, das in unserem Körper vom Basischakra bis zum Scheitel aufsteigen kann, und uns eine Erweiterung des Bewusstseins und spirituelle Erleuchtung bringt. Allerdings gibt es einige dem Wesen nach völlig unterschiedliche Arten von Feuer. Es gibt die materiellen Feuer, die Hitze und Licht abgeben, unser Essen wärmen, und unsere Heime und Städte heizen und beleuchten. Dann gibt es emotionale Feuer, die unkontrollierbar als Wut und Hass, Leid und Kummer wüten können. Wenn sie ausgedrückt werden, erfüllen sie unseren Körper mit Hitze und können jene verbrennen, die in Kontakt mit ihren feurigen Schwingungen kommen. Es gibt mentale Feuer. Sie können mit klarer Inspiration brennen oder in den Wahnsinn führen. Und dann gibt es noch Agni, oder spirituelles Feuer, das wie ein Blitz einschlägt und alles auf seinem Pfad aufweckt und transformiert. Wir sollten vor jedem Feuer großen Respekt haben, denn Feuer kann uns verbrennen, wenn wir zulassen, dass es unkontrolliert brennt.

Am letzten Tag der Göttinnen-Konferenz im Jahr 2004 haben wir das erste Mal die Flamme von Avalon entzündet. Dafür wurden sechs verschiedene Flammen zu einer Flamme vereinigt. Zu diesen Flammen gehörte die Flamme der Göttinnen-Konferenz, die die ganze Konferenz hindurch gebrannt hatte; Brids Flamme, die von Schwester Mary und Schwester Rita Minehan aus Kildare in Irland zur Konferenz gebracht wurden; die Friedensflamme von Hiroshima, die von einer weiblichen Überlebenden an der heißen Glut entzündet wurde, nachdem die Atombombe explodiert war, und die schon seit über 50 Jahren brennt, wurde von Aine Carey zur Konferenz gebracht; Bridies Flamme aus Lewis in den Hebriden wurde von Jill Smith gebracht; die „Children´s Flame" wurde von Kay Cooksey aus Amerika gebracht; und die „Madonna Minstry Flame" wurde von Koko Newport gebracht.

Nach der Konferenz wurde die Flamme von Avalon von den Priesterinnen Tammy Furey und Jacqui Woodward Smith einige Monate lang ständig am Brennen gehalten. Dann schlugen sie vor, dass eine Gruppe von Priesterinnen von Avalon möglicherweise die Flamme kontinuierlich am Leben halten möchte. Jede Person in der Gruppe hat eine Kerze, die an der ursprünglichen Flamme entzündet wurde, und jede Person in der Gruppe hält die Flamme für jeweils 24 Stunden am Brennen. Zurzeit halten 27 Priesterinnen die Flamme von Avalon. Sie entzünden in der Morgendämmerung eine Kerze und halten die Flamme in ihren Herzen und physisch für die nächsten 24 Stunden. Den ganzen Tag hindurch strahlen die Priesterinnen durch ihre Gebete und Gedanken die Flamme hinaus in die Welt, damit Nolavas liebendes Licht sich in der Welt verbreitet.

Wir ehren die Dame des Feuers in unseren Gebeten, und jedes Mal, wenn wir in unserem Heim, unseren Gärten oder Feldern eine Kerze und ein Feuer anzünden. Wir danken ihr für das Leben, das sie uns gibt.

Cliton, die Morgene des Feuers ehren

Ich bin die Morgene Cliton
Ich bin das Feuer, das die Sterne entzündet und den Kern der Erde
  erhitzt
Ich bin der Ruhepunkt der Frühlings-Tag-und-Nachtgleiche
Ich bin die Sonne, wie sie im Osten aufgeht,
Ich bin Kreativität, Leidenschaft, Mitgefühl und klare Absicht.
Ich bin das Grünen meiner Natur und die Sonne, die mein Wachs-
  tum nährt.
Rufe mich, um das Feuer deiner Absichten, deiner Träume,
  deiner Sehnsüchte und deines Geschicks anzufachen

Ich bin die Essenz der Sehnsucht und Erfüllung
Ich bin verwirklichtes Potenzial
Erkenne mich,
Ehre mich,
Verehre mich,
Erinnere dich an mich
Ich bin in dir
Ich bin das Herdfeuer, das in deinem Herzen brennt und dein wahres Wesen beleuchtet
Ich bin der Funke der Schöpfungskraft, die sich an sich selbst erinnert
Ich bin die Lichtbringerin, vertreibe die Dunkelheit der Ignoranz
Ich bin Erleuchtung
Ich sage: ERWACHE UND SEI DAS LICHT

Aine Carey

Cliton ist die Morgene des Feuers in all seinen Formen, vom Lauffeuer über das Herdfeuer in den Heimen und Gemeinschaften bis hin zur flackernden Kerzenflamme und dem Ruhepunkt im Zentrum der Flamme. Sie ist der Ruhepunkt der Tag-und-Nachtgleiche. Hell wie eine Flamme tanzt Cliton in ihrem grün-goldenen Kleid zu Ostara durch die Welt. Grüne Triebe schießen unter ihren Füßen hervor und überall dort, wo ihre flackernde Gestalt die Äste der Pflanzen und Bäume berührt. Sie ist die Göttin des Ergrünens, des Frühlings. An ihrer Seite jagen ihr Hase und ihre Katze, Geschöpfe voll Intuition und Zartgefühl, durch das Gras, und goldene Feuersalamander verbreiten ihre lebensspendenden Feuer über das Land. Unter dem Brüllen ihrer Feuerdrachen brechen die Blüten auf.

Als Wetter ist Cliton die Sonnenstrahlen, die zu dieser Zeit des Jahres pro Tag 12 Stunden lang scheinen und Wärme und Licht auf die Erde bringen, und so alles in der Natur zum Wachsen und Blühen, zum Gedeihen und zur Frucht bringen. Sie scheint als die hellen Sonnenstrahlen des Frühlings, als die starken Strahlen der Sommersonne in einem tiefblauen Himmel und als die bleiche Wintersonne, die in einem eisblauen Himmel schimmert. Das ganze Jahr hindurch erschafft sie im Spiel mit den anderen Morgenen alle Arten des Wetters im geweihten Land.

Der grüne Specht ist Clitons Vogel und er klopft Nachrichten auf die Baumstämme, deren Echo durch die Hecken widerhallt. Sie ist die Haselnussfrau, die stark, gerad und biegsam ist, und auf die verborgenen Feuerströme in der Erde und über dem Land reagiert. Sie bietet Wärme, Begeisterung, Klarheit des Verstandes und der Absicht, und die Energie sich mit Leidenschaft nach vorn in die Zukunft zu bewegen. Sie ist der zunehmende Mond, die große Erleuchterin, die Erhellerin der Dunkelheit der Ignoranz. Sie bringt Licht und ist die Erleuchtung.

Mache ein heiliges Feuer und bete zu Cliton. Bitte sie, ihr feuriges Licht zu jedem dunklen Platz in dir zu bringen. Bitte sie, dir Mut und Begeisterung auf deinem Weg zur Priesterinnenschaft zu geben.

Artha, die große Bärin, und Grainne, die Sonnengöttin ehren

Zu Ostara ehren wir Artha, die große Bärin, und Grainne, die Sonnengöttin, als Mütter des Feuers und des Lichts. Artha ist Ursa Major, das große Sternbild, das auch als der Wagen bekannt ist und das ganze Jahr hindurch um Avalons Himmelsmitte kreist. Artha steht in der europäischen Mythologie in Zusammenhang mit Art, Artio, Ars, Ursel und Artemis Calliste, die ebenfalls die große Bärin genannt wurde. Sie ist die Bärenmutter, die der Überlieferung gemäß, menschliche Wesen geboren hat. In Sanskrit bedeutet ihr Name Überfluss, Reichtum. Arthas heiliger Sohn, Gatte und Gefährte ist der heldenhafte König Arthur, dessen Name vom walisischen Arth Vawr, himmlischer Bär, kommt. Er hat eine direkte Verbindung zu Avalon und wurde sterbend hierhergebracht, um seine Wunden zu heilen und die Wiedergeburt zu erwarten.

In *Spinning the Wheel of Ana* habe ich angedacht, dass das irische Volk der Parthalon oder P(artha)lon, Artha, die große Bärenmutter verehrt haben könnte. Dies war das Volk, das die Langgräber und Hügelgräber mit den großen Kammern gebaut hat, deren Überreste überall an den westlichen Rändern von Brigits Inseln zu finden sind. Als diese Hügel gebaut wurden, strichen Arthas Bärennachkommen noch durch die britischen Wälder. Sie wurden von frühen Menschen gejagt, und ihre Körper versorgten paläolithische und neolithische Völker mit Nahrung und wärmenden Fellen. Die Gänge in neolithischen Ritualhügeln sind oft nach bestimmten Sonnenaufgängen oder -untergängen ausgerichtet, zu denen Lichtfinger die dunklen Schoßkammern durchdringen und manchmal Göttinnen-Bilder oder Schnitzereien beleuchten. Dies sind wunderbare Plätze, um mit Artha der großen Bärin in Kontakt zu kommen, auf ihr Brummen zu lauschen und selbst zu brummen.

Zu Ostara ehren wir auch Grainne, Greinne oder Grania, die Sonnengöttin. Im schottischen und irischen Gälisch ist Greinne oder Grian ein weibliches Wort und bedeutet die Sonne. Dia Greinne ist die Sonnengöttin oder Sonnenmutter. Allen Andeutungen in den ältesten Sprachen von Brigits Inseln nach, wurde die Sonne als weibliches Wesen angesehen. Sie war bekannt als die Mutter allen Lebens auf der Erde. Am Tage schickte sie ihr goldenes Licht und ihre Wärme auf die Welt. Zu Sonnenuntergang stieg sie hinunter ins Meer, oder durch Brunnen, Teiche und Seen in die Wasser der Erde, um die Welt zu erneuern. Im Sommer segnete sie das Land mit ihrer feurigen Energie und brachte alle Pflanzen und das Getreide zur Frucht.

Avalon – Erste Spirale

Viele britische und irische neolithische heilige Stätten waren der Sonnengöttin geweiht, die das Leben gibt und erneuert. Ihre Eingänge waren so ausgerichtet, dass zu den Tag-und-Nachtgleichen oder den Sonnenwenden die Strahlen der aufgehenden und untergehenden Sonne zu einem inneren Schoßraum/Grabraum vordrangen. Die großen Hügel von Knowth und Brugh na Boinne im Boyne Tal in Irland sind zwei prachtvolle Beispiele. Die Steinverkleidungen der inneren Gänge dieser beiden heiligen Hügel sind mit vielen Symbolen der Sonnengöttin verziert – vielfache Kreise, Sonnenstrahlen und Augen.

Sulis ehren

Sulis ist die Sonnengöttin, die mit den heißen Quellen, die aus dem Inneren der Erde sprudeln, in Verbindung steht. Man glaubte, dass die Sonne, wenn sie jeden Abend im Westen unterging, tatsächlich in den Ozean sank und dort das Wasser erhitzte, das aus der Erde in Form heißer Quellen wieder emporstieg. Die Quellwasser enthielten die Göttin selbst und von fern und nah kamen Pilger, um davon zu trinken und in ihrer heilenden Essenz zu baden. Sulis, Sil oder Sicilina wird so wie Artha als Bärenmutter dargestellt und ganz besonders im Westen des Landes, auf den Scilly-Inseln und in Bath verehrt. Bath liegt dreißig Meilen nördlich von Avalon. Die heißen Quellwasser, die tief aus dem Inneren der Unterwelt der Göttin kommen, haben dort einen hohen Mineralgehalt und riechen nach Schwefel.

Die Quellen in Bath sind die einzigen heißen Quellen auf Brigits Inseln und wurden schon sehr lange als heilig angesehen. Die Römer haben in Bath große Thermalbäder gebaut und Sulis uralte Heilquellen an Minerva, die römische Kriegsgöttin, umgewidmet. So wie Sulis war Minerva ursprünglich vermutlich eine Naturgöttin, deren Eigenschaften in patriarchale Ideale gefasst wurden. Unter großen Auseinandersetzungen und der Zuführung vieler Chemikalien werden heute die heilenden Wasser der Öffentlichkeit wieder zum Eintauchen zugänglich gemacht, wobei teure Eintrittsgelder zu bezahlen sind. Was einst als ein Geschenk der Göttin völlig gratis war, ist unter die Herrschaft des Mammon geraten.

Es lohnt sich immer noch die heißen Quellen und die römischen Bäder in Bath zu besuchen. Obwohl sie jahrhundertelang überlagert war, kann man immer noch die Hitze von Sulis Feuer spüren, Sie steigt von der Oberfläche der Becken auf und ist neben den heißen, unterirdischen Strömen wahrnehmbar.

Besuche die heißen Quellen in Bath und bete zu Sulis, dass Feuer und Wärme auf eine sichere Art in dein Leben kommen.

Das Sprießen - Ostara

Das Feuer des Verstandes

Symbolisch und magisch steht Feuer für den Verstand, der fortwährend wie eine flackernde Flamme tanzt, und sich endlos von einem Gedanken zum nächsten bewegt. Die Form und Qualität jedes Feuers hängen von der Substanz ab, die brennt, und von der Menge dieser Substanz. Sie hängen auch von den Winden ab, die rund um die Flammen wehen. Genauso hängt die Qualität unseres Verstandes von der Substanz unserer Gedanken und den emotionalen und spirituellen Energien ab, die rund um die Flamme fließen. Wasser oder Emotion kann die Flammen dämpfen, oder sie sogar auslöschen, wenn zu viel davon da ist, so dass der Verstand nicht funktioniert. Die spirituellen Winde können die Flamme ebenfalls nach hier und da blasen, so dass sie alles in ihrem Pfad in einem religiösen Eifer verzehrt.

Während der letzten 5.000 Jahre befand sich die Geisteshaltung der linken Gehirnhälfte im Aufstieg, und dem Verstand wurde der Vorzug vor allen anderen Fähigkeiten gegeben, einschließlich unserer Emotionen und unserer Intuition. Der Verstand selbst neigt dazu eigennützig, kritisch, schroff und rücksichtslos gegenüber anderen und dem Planeten, auf dem wir leben, zu sein. Der Verstand wurde als König, als Herrscher über unsere Persönlichkeit und unsere Welt gesehen, aber das ist nicht der ihm zustehende Platz in unserer Psyche. Wir haben zugelassen, dass der Verstand sich selbst überschätzt. Sein richtiger Platz ist es, der Seele zu dienen, nicht ihr Gebieter zu sein.

Der Verstand ist ausgezeichnet im mechanischen Denken, beim Empfangen, Bewahren und Wiedergeben von Informationen, beim Ordnen von Dingen, beim Addieren, Multiplizieren und Dividieren, beim Einprägen der Vergangenheit und Gegenwart und dabei, sich die Zukunft vorzustellen. Er zeigt uns Bilder und Worte, die für uns von Bedeutung sind. In seinen subtileren Funktionsweisen ermöglicht uns der Verstand zwischen den Dingen zu unterscheiden, die Wahrheit darüber herauszufinden wie die Dinge beschaffen sind, und das mit immer größerer Genauigkeit. Der Verstand ist das Hauptwerkzeug unserer Wahrnehmung und Kreativität und ermöglicht es uns, unsere Intuition und unsere Inspirationen zu verankern. Er ist das Fahrzeug, durch das sich feine Energien manifestieren können, aber nicht die Quelle dieser Energien. Der Verstand an dem ihm zustehenden Platz ist ruhig wie eine ungestörte Kerzenflamme und erzeugt Klarheit und Einsicht.

Verstand und Emotionen sind oft miteinander in Denkmustern verschlungen, die fixe Ideen enthalten und emotionalen Inhalt haben. Diese Denkmuster können zu Individuen gehören oder gemeinschaftlich sein und zu der riesigen kollektiven Astral-/Mentalsuppe gehören, in der wir als menschliche Wesen leben. Unser Denken und unsere Vorstellungen über die Welt werden alle von diesen üblicherweise unbewussten universellen Denkmustern beeinflusst. Wir alle tragen durch unsere eigenen unbewussten Gedanken und Gefühle zu diesen Denkmustern bei. Es gibt viele patriarchale Denkmuster, die unsere Welt gegenwärtig prägen. Zum Beispiel besagen sie, dass Männer Frauen von Natur aus überlegen sind, dass Frauen das schwache Geschlecht sind, dass Männer herrschen müssen, dass es nur einen Gott gibt, dass Krieg ein Weg ist, um Konflikte zu lösen, dass Hunger für einige unvermeidlich ist, und so weiter. Unsere Arbeit als Priesterinnen besteht darin, diese psychischen Wolken, die uns in jedem Moment umgeben, zu entwirren. Jedes Mal, wenn wir uns etwas bewusst machen, und unsere eigenen Denkmuster klären, erleichtern wir allen anderen die Bürde.

Imagination ist der kreative Fachbereich unseres Verstandes. Anstatt unsere Visionen für reine Fantasie zu halten, ehren wir sie, weil sie wichtige Informationen der Göttin für uns offenbaren. Beim Entwickeln von Göttinnen-Spiritualität visualisieren wir die Göttin in ihren vielen Gestalten. Wir machen Fantasiereisen um sie zu treffen, und gestatten es uns, ihr Gesicht zu sehen. Die Göttin spricht zu uns in Worten, die wir in unserem Geist und unseren Herzen hören, und in vielfältiger Form auf Papier übertragen, als Text, Gedicht und Lied. Dieses Buch ist ein mentales Gefährt, das es hoffentlich ermöglicht, dir ihre facettenreiche Energie zu übermitteln.

Geistige Visualisierung ist ein wichtiges Werkzeug für unsere sich entwickelnde Spiritualität, und gestattet es uns, die Beschränkungen unserer Körper und unserer Umgebung zu verlassen und in andere Welten, so wie Avalon, zu reisen, um sie zu Erforschen und um Heilung zu finden. Wir können in die Vergangenheit reisen, um Erinnerungen zu finden, die vor Jahrzenten oder sogar hunderten von Jahren in unserem Unterbewusstsein verlorengegangen sind. Wir können die tieferen Schichten der Gegenwart untersuchen, um herauszufinden, wie unser Verstand arbeitet, damit wir Dinge loslassen können, die uns nicht länger dienen. Wir können reisen, um zu heilen, um Teile von uns selbst zurückzuholen, die verlorengegangen sind oder zurückgelassen wurden. Wir können in die Zukunft reisen, um den Pfad zu sehen, der vor uns liegt. Wir können reisen, um die Göttin in ihren vielen Erscheinungen zu treffen.

Wir können uns selbst visualisieren, wie wir zur Insel Avalon reisen, wie wir die Wasser des Sees mit der Barke von Avalon überqueren, über die heilige Insel der Göttin gehen, ihre Priesterinnen treffen, ihren Tempel betreten, ihr Allerheiligstes betreten und letztendlich sie treffen. Einige der tiefgehendsten, heilenden Erfahrungen können durch einfache Visualisierung erreicht werden. Wenn unsere Fähigkeit zu Visualisieren durch Übung und Hingabe zunimmt, können wir die Göttin detailgenau visualisieren und lernen, ihre Energie zu verkörpern.

Feuerzeremonien

Feuer wird zeremoniell verwendet, um sowohl das Feuer des Verstandes als auch das transformierende Feuer des göttlichen Geistes zu symbolisieren. Es wird bei vielen religiösen Praktiken in der Form von Kerzenflammen oder Lam-

Das Sprießen – Ostara

penflammen verwendet, oder als Feuer, das in einem Behälter angezündet wird, auf einem Herd, oder im Freien auf der Erde.

In der Tradition der Priesterinnen von Avalon zünden wir jedes Mal eine Flamme an, wenn wir die Lady von Avalon rufen, und bitten sie, in der Flamme präsent zu sein. Wir entzünden alle anderen Kerzen mit dieser einen Flamme, so dass wir sehen, wie sich ihr Licht durch den ganzen Tempel ausbreitet und den Raum mit ihrem Licht und ihrer Liebe erfüllt. Feuer bringt Wärme und Licht, und wir machen heilige Feuer in unseren Kesseln oder auf unseren Herden, um die Gegenwart der Göttin zu ehren. Auf Brigits Inseln werden traditionellerweise an jedem der Zwischenjahreszeitenfeste Feuer entzündet. Zu Imbolc gehört das Feuer der jungfräulichen Bridie und wird in einem dunklen Raum angezündet, um die Rückkehr ihres erweckenden Feuers zu symbolisieren. Zu Beltane gehört das Feuer den Liebenden, die über ein geweihtes Feuer springen, um ihre Vereinigung zu heiligen. Zu Lammas gehört das Feuer der Mutter. Es symbolisiert ihre Großzügigkeit, Wärme und Liebe. Die Stoppeln der frühen Ernte werden in den Feldern verbrannt. Das Samhainfeuer ehrt die Greisin und wir geben alles ins Feuer, was wir nicht länger brauchen.

Feuer kann als segnendes und reinigendes Element für Menschen und Tiere verwendet werden. Zu Imbolc und Samhain wurde traditionellerweise das Vieh zwischen zwei Lagerfeuern hindurchgetrieben, um Segen und Schutz für den kommenden Winter oder Frühling zu bringen, wobei auch schädliche Insekten und Bazillen entfernt wurden. Die Menschen gingen ebenfalls zur Vorbereitung auf die kommende Jahreszeit zwischen zwei Feuern hindurch.

Entzünde zu Ostara dein eigenes kleines Feuer in einem goldenen Behälter, und gib Frühlingskräuter dazu, um die Göttin zu ehren.

Es ist wichtig für uns anzuerkennen, dass genauso wie sie die Quelle des Lebens und des Lichts auf der Erde ist, die Mutter des Feuers uns auch schädigen kann. Ihre feurigen Strahlen sind für uns nur sicher, weil sie so weit weg von uns ist. Dadurch, dass die Erde ihre schützende Ozonschicht verliert, werden wir zunehmend verletzlicher gegenüber den schädlichen Sonnenstrahlen, die tödlichen Hautkrebs verursachen.

Feuer ist das wilde Element. Feuer, das nicht eingegrenzt ist, verbreitet sich schnell, zerstört alles in seinem Pfad, verbrennt unsere Haut, unser Heim und unsere Arbeitsstätte. Achte immer sorgfältig auf die Flamme der Göttin.

Feuerlauf

Über das Feuer gehen, ist eines des der transformativsten Erlebnisse, die es gibt. Über einen Zeitraum von etwa 10 Jahren, von den 1980ern bis zu den 90ern, brachte Edwene Gaines zweimal im Jahr große Gruppen amerikani-

Avalon - Erste Spirale

scher Frauen nach Glastonbury, damit sie seine magischen und verwandelnden Energien erleben. Edwene ist eine wundervolle, übersprudelnde Persönlichkeit, die im Lauf der Jahre viele Tausende von Menschen inspiriert hat. Edwene ist mehr als 25 Jahre lang eine ordinierte Priesterin der Unity-Kirche gewesen. Sie ist die Leiterin und Eigentümerin des Rock Ridge Retreat Center in Valley Head, Alabama. Sie ist auch Vorsitzende der „The Masters School" (Die Schule der Meister), in der sie über 400 „Master Prosperity Teachers" (Meister-Reichtums-Lehrer) ausgebildet hat. Außerdem ist sie eine qualifizierte Leiterin für Feuerläufe. Ich hatte das Privileg, während ihrer Reisen nach Großbritannien hunderte von Frauen durch die heilige Landschaft von Avalon zu führen und mit ihnen die Göttin zu erfahren. Im Laufe dieser Jahre half mir Edwene mein tief eingewurzeltes Armutsbewusstsein in ein Reichtums- oder Füllebewusstsein zu verwandeln, durch das Menschen einander helfen, erfolgreich zu sein.

Ungefähr fünf Jahre lang hat Edwene auch zweimal pro Jahr Feuerläufe in der heiligen Landschaft von Avalon geleitet. Manche davon wurden innerhalb der Sichtweite des Glastonbury Tor abgehalten. Es gibt nichts, was so erstaunlich ist, wie mit Blick auf den Vollmond, der über dem Tor aufgeht, über das Feuer zu gehen. Das erste Mal als wir im Begriff waren, einen Feuerlauf beim Peat Moors – Besucherzentrum in den Ebenen nahe Glastonbury abzuhalten, war ich total verängstigt. Edwene hatte aus den USA Feuerhüter mitgebracht, um ihr zu helfen. Schon Tage vor dem Ereignis krampfte sich mein Magen vor Angst zusammen, obwohl man mir gesagt hatte, dass man nicht durch das Feuer gehen muss, wenn man sich nicht dazu berufen fühlt. Der Tag brach an und ich half mit, die Teilnehmerinnen zu registrieren. Ich war panikerfüllt. Mein Mund war trocken. Ich wollte nur weglaufen. Der Vorbereitungs-Workshop begann und innerhalb von fünfzehn Minuten gingen wir nach draußen und halfen beim Aufbau des Feuers. Draußen war auf dem Boden eine rechteckige Feuergrube. Alle halfen mit, Holzscheite zu zwei Holzstößen in der Feuergrube zu stapeln. Unter der Verwendung von Salbei, Zeder und Zitronengras wurden Gaben für Mutter Erde, Vater Himmel, die Elemente und die Geister des Ortes dargebracht. Dann wurden die Feuer entzündet und Flammen schlugen in den Himmel hoch.

„Nun", dachte ich, *„auf gar keinen Fall gehe ich da drüber."*

Wir marschierten zurück in den Gruppenraum und überließen es den Feuerhütern beim Feuer zu bleiben, während das Holz verzehrt wurde und sich in heiße Kohlen verwandelte. In dem inspirierenden Workshop, der folgte, zogen wir unsere Schuhe aus und befühlten unsere verletzlichen Zehen und Fußsohlen. Wir beschäftigten uns mit unseren Ängsten verbrannt zu werden, ins Feuer zu stolpern, zu sterben.

„Angst ist eine Membran", sagte Edwene, *„alles was du tun musst, ist den ersten Schritt zu machen und durch deine Angst hindurchzugehen."*

Wir dachten an alles, dass wir ins Feuer geben wollten und schrieben es auf Papier. Wir weinten, wir schüttelten uns, wir sangen miteinander, unsere Herzen öffneten sich und wir wurden verletzlich. Einige, die schon über das Feuer gegangen waren, erzählten uns ihre Erfahrungen, und wir konnten es nicht ganz

Das Sprießen - Ostara

glauben, dass sie überlebt hatten, und nun davon erzählen konnten. Nach ungefähr zwei Stunden kam ein Feuerhüter, um uns mitzuteilen, dass das Feuer bereit war. Es war zu genügend kleinen Stücken heruntergebrannt. Wir gingen barfuß hinaus zum Feuer, und der grasbewachsene Boden fühlte sich kalt und nass unter unseren Füßen an. Zwei hohe Feuerstöße brannten in der Feuergrube. Auf gar keinen Fall würde ich in dieser Nacht über das Feuer gehen!

Wir übergaben unsere Papierstücke, auf die wir alles geschrieben hatten, was wir loslassen wollten, dem Feuer und sahen zu, wie sie restlos verbrannt wurden. Dann begannen wir singend das Feuer zu umkreisen. Wir sahen zu, wie die beiden Feuerstöße mit dem Rechen verteilt und geebnet wurden. Die heißglühende, rote Holzkohle war etliche Zentimeter dick. Wir bekamen dann die Anweisung, dass wir zum einen Ende der Laufbahn gehen sollten, und dann darüber. Edwene lehrt das Feuerlaufen derart, dass du deine Intuition fragen sollst, ob es für dich richtig ist, über das Feuer zu gehen und nicht verbrannt zu werden. Wenn die Antwort *„Ja"* ist, dann gehst du, wenn die Antwort *„Nein"* ist, gehst du nicht. Die Übung besteht darin, deiner Intuition zu folgen.

Schockierenderweise sah ich jemanden zum Anfang der Feuergrube gehen, kurz innehalten, einen Atemzug nehmen und dann auf den heißen Kohlen über das Feuer gehen, wobei die Füße offenbar nicht verbrannten. Am Ende der Laufbahn war ein Wasserbecken, um etwaige glühende Kohlen zu entfernen, die an den Füßen hängen geblieben sein könnten! Dann folgte eine andere Person. Nach einer kurzen Weile fragte ich die Göttin, ob es für mich an der Zeit sei darüber zu gehen und meine Intuition sagte: *„Ja"*. Zu meinem Erstaunen fand ich mich am Anfang der Feuergrube stehend wieder und schaute hinunter auf das Feuer. *„Schau nicht hinunter."* kam die Anweisung. Ich hob meinen Kopf, nahm einen Atemzug und machte den ersten Schritt. Einen Fuß nach dem anderen ging ich über das Feuer. Es fühlte sich wie eine kühle, weiche Wiese an. Am anderen Ende sprang ich zitternd in das Wasserbecken. Ich war begeistert. Ich konnte nicht glauben, was ich soeben getan hatte. Ich ging wie alle anderen in den Kreis zurück und ging weiter und sang, zitterte und lachte. Nach einer kurzen Zeit sagte mir die Stimme der Göttin, ich solle es noch einmal versuchen. Ich ging zum Anfang der Laufbahn und tat es noch einmal. Über 30 Leute, die es noch niemals zuvor getan hatten, gingen in dieser Nacht über das Feuer. Wir alle waren begeistert.

Ich habe in dieser Nacht so viel gelernt, für das ich dankbar bin. Ganz besonders dankbar bin ich Edwene. Ich habe gelernt, dass ich durch meine Angst hindurchgehen und am anderen Ende unversehrt herauskommen kann. Es war eine schnelle, nahezu sofortwirksame Lektion, wie ich sie mag. Ich habe gelernt, dass Angst eine Membran ist, nichts weiter. Gehe darauf zu und hindurch und sie verschwindet. Ich fing an zu lernen, dass ich meine Angst loslassen konnte, indem ich zuließ, dass mein Körper zitterte, nicht indem ich sie versteckte oder unterdrückte, indem ich meinen Körper zittern ließ, wie er wollte, und ihn ermutigte zu zittern, so dass meine Zähne klapperten und meine Gliedmaßen schlotterten. Das ist einfach die Art, wie Angst den Körper verlässt. Ich versuche das zu tun, wann immer ich mich ängstlich fühle, und ich hatte im Laufe der Jahre eine Menge Angst auszudrücken.

Ich lernte mehr über die Kraft der Intuition, uns darin zu führen, was für uns richtig ist. Folge ihr, und sie bringt dich an die unglaublichsten Orte. Wenn wir ihr nicht folgen, finden wir nicht das, was wir lernen sollen. Wenn wir gegen sie handeln, könnten wir uns wirklich schaden, denn jene, die über das Feuer gehen, wenn ihre Intuition *„Nein"* gesagt hat, verbrennen sich die Füße.

Seit damals bin ich zehn Mal über das Feuer gegangen. Jedes Mal war anders und ich habe verschiedene Dinge gelernt. Manchmal hatte ich Angst, manchmal tauchten andere Emotionen auf. Ich war auch schon völlig angstfrei angesichts der Aussicht über das Feuer zu gehen, weil ich jetzt weiß, was es mit sich bringt und was es bedeutet. Manchmal hat sich das Feuer sehr heiß angefühlt, als wir darüber gingen, manchmal kühl, abhängig vom Holz, das verbrannt wurde. Es ist eine magische, transformative Erfahrung, die ich jeder empfehlen möchte, die durch ihren Wiederstand brechen und sich vorwärts bewegen möchte.

Mehr über Edwenes erstaunliche Arbeit, das Armutsbewusstsein der Welt zu verwandeln, findest du unter www.prosperityproducts.com .

Einen Priesterinnen-Stab herstellen

Für eine Priesterin ist der magische Stab ein Symbol für ihr inneres Feuer. Es ist ein speziell gewidmetes und verziertes Stück Holz, Metall oder Kristall, das für uns einen besonderen Zweck hat. Viele Göttinnen, von Brigit über Brigantia zu Britannia, werden mit einem Stab oder Stock dargestellt, der ihre feurigen, erweckenden Kräfte symbolisiert, ihre Fähigkeit, neues Wachstum und Veränderung zu katalysieren. In östlichen Traditionen repräsentiert der Stab den geheimen Gefährten der Göttin und symbolisiert die fruchtbare Kraft ihrer Natur. Auf Kunstwerken ist der Stab üblicherweise dargestellt, wie er ruhend am Körper der Göttin lehnt, obwohl er auch als Bannwerkzeug verwendet werden kann.

In Nachahmung dieser Göttinnen suchen wir einen Stab aus Holz, Metall oder Kristall, den wir leicht in unseren Händen halten können. Er wird für uns bedeutsam sein, vielleicht auf Grund des Ortes, an dem wir ihn finden, oder der Art des Materials, aus dem er gemacht ist. Wir können ein Stück Holz zur Herstellung eines Stabes auf einer speziellen Suche in den Wäldern in ihrer Natur finden. Er kann gerade, gebogen, gegabelt oder spiralförmig sein. Wenn es für uns stimmig ist, können wir die Rinde entfernen und Göttinnen-Symbole einschnitzen. Wir können ihn mit Kristallen, Federn, Glöckchen und Bändern verzieren. Wir stellen eine spezielle, verzierte Tasche her, um den Stab aufzubewahren.

Obwohl unser Stab ein stabiles, materielles Ding ist, symbolisiert er das wilde Element Feuer. Er steht für unsere unzähmbare Wildheit, unsere Energie, unsere Leidenschaft und Stärke, das Feuer unseres Bewusstseins, unserer Kreati-

Das Sprießen - Ostara

vität, unseres Geistes. Er ist ein Ausdruck unseres inneren magischen Partners. Für Frauen kann er den Animus oder Dämon repräsentieren, der als eine innere, männliche Gestalt in unseren Träumen und Visionen auftaucht und uns Inspirationen unmittelbar von unserer Seele und der Göttin bringt. Für Männer drückt er die maskuline, potenzbringende Kraft aus. Wir sprechen mit unserem Stab als wäre er ein Begleiter. Wir geben ihm Aufmerksamkeit. Wir nehmen ihn mit uns, wenn wir heilige Plätze besuchen. Er wird ein Teil unserer Priesterinnen-Requisiten.

Wir lernen unseren Stab zu verwenden, um unsere Energie und Aufmerksamkeit auf bestimmte Stellen zu konzentrieren. Wir verwenden unseren Stab bei Heilungen, um Heilenergie zu fokussieren, oder in gewisser Weise ähnlich wie einen Laserstrahl, um überflüssiges Material herauszuschneiden. Unser Stab wird eine Verlängerung unserer Arme und Hände, wenn wir in Zeremonien die Energie der Göttin hereinrufen, ein Ausdruck unserer Wildheit. Sobald der Stab mehr und mehr in Verbindung mit uns kommt, ist es nicht ratsam, mit der Spitze direkt auf jemanden zu zeigen, weil unsere Feuerenergie durch den Stab hindurch in diese Richtung fließen wird und eine starke Wirkung hat. Verwende deinen Stab bewusst oder bewahre ihn sicher auf.

Das Feuer des kreativen Ausdrucks

Unser inneres Feuer braucht Ausdruck durch Kreativität, und in der Göttinnen-Spiritualität ist kreativer Ausdruck für uns aus vielen Gründen wichtig. Indem wir uns für die inspirierende Energie der Göttin öffnen, wollen wir automatisch in der physischen Welt kreativer werden. Wenn wir uns mehr und mehr ihrer Inspiration öffnen, fließt Kreativität herein, die sich dann in jeden Bereich unseres Lebens ausbreitet. Die Göttin ist die Quelle, sie ist die Muse, sie ist die Inspiration für alles, was wir tun und wir sind eines der Medien, durch die sich die Göttin in der Welt ausdrückt.

Wir sind Mitgestalterinnen ihrer Kunstwerke, Handwerkskunst, Poesie, Prosa, Musik, Dramen, Architektur, Industrie und jeder von Menschen gemachten dreidimensionalen Gestalt. Von der Göttin kommt eine Inspiration, eine Geschichte über ein bestimmtes Thema zu schreiben, aber wir sind es, die die Worte in Form bringen, sie auf Papier niederschreiben und ordnen bis sie sich richtig anfühlen. Sie gibt uns die Inspiration, ihre Göttinnen-Tempel zu erschaffen, aber wir müssen sie entwerfen und für sie bauen. Sie kann es nicht ohne uns tun, und wir müssen Verantwortung für unseren Teil in der Schöpfung übernehmen. Anstatt uns als passive Kanäle für ihre Energie zu sehen, sollten wir unsere mitgestaltende Rolle anerkennen.

Seit den frühesten Zeiten, zu denen die Tempel der Göttin, ihre Skulpturen und Kunstwerke, von patriarchalen Kräften zerstört wurden, sind die traditionellen Handwerkskünste der Frauen durch die Jahrtausende hindurch eine Fundgrube für die Bildsprache und Symbole der Göttin geblieben. Diese Hand-

Avalon – Erste Spirale

werkskünste waren meist auf das Heim zentriert und umfassen Nähen, Stricken, Weben, Sticken und alle Arten von Verzierungen auf Kleidung, Möbeln, Wänden und so weiter. Strickmuster sowie Designs und Muster auf Stoff, Kleidung, Keramiken und Teppichen von der Türkei bis China, von Amerika über Afrika bis Australien beinhalten durch die Jahre der Vernachlässigung hindurch noch immer Göttinnen-Symbole, die heute von Gelehrten und Forscherinnen als solche erkannt werden.

Frauen haben sich immer schon versammelt, um gemeinsam zu nähen, egal ob es das gemeinsame Gestalten von Steppdecken war, oder das Verzieren von Gebetskissen und Wandbehängen in patriarchalen Religionen. Wo immer Frauen sich versammeln, um kreativ zu sein, ist die Göttin da und weilt unter uns. Ein Teil unserer erwachenden Göttinnen-Spiritualität ist es, dass wir Kreativität als bedeutsam anerkennen und dass es noch besser ist, Kunst und Handwerksarbeiten gemeinsam zu machen. Auf unserer Reise zur Priesterinnenschaft, werden wir dazu inspiriert, alle möglichen Dinge für unseren Altar, unsere Heime und Tempel zu machen, die die Göttin feiern.

Während wir uns ins 21. Jahrhundert bewegen, werden wir dazu ermutigt, neue Göttinnen-Kunstwerke und Kunsthandwerk zu schaffen, die die Göttin ins Bewusstsein der Welt zurückbringen. Es gibt heute viele einzelne Göttinnen-Künstlerinnen und -Handwerkerinnen, deren kreative Arbeit in der ganzen Welt gezeigt wird. Auf Brigits Inseln gehören dazu Carolyn Hiller, Chesca Potter, Foosiya Miller, Jill Smith, die verstorbene Monica Sjoo, Sandra Brant und Phillipa Bowers, genauso wie viele andere, die ihre Kunst bei der Göttinnen-Konferenz in Glastonbury ausgestellt haben.

Manche Kunstwerke werden gemeinsam von Frauengruppen gestaltet und es gibt dafür einige wundervolle Beispiele, so wie *The Dinner Party*, die von der Künstlerin Judy Chicago aus den USA mit der Hilfe befreundeter Künstlerinnen und Handwerkerinnen geschaffen wurde. Ich habe das Kunstwerk vor vielen Jahren in einer großen Lagerhalle in London gesehen, und es ist seither immer eine Inspiration geblieben. In diesem Kunstwerk ist eine riesige, dreieckige Bankett-Tafel wie für ein gesellschaftliches Abendessen gedeckt, mit speziell hergestelltem Geschirr und Besteck. Jeder Teller schaut aus wie eine Vulva, eine Blume oder ein Schmetterling und repräsentiert ein weibliches Wesen, von den überlieferten Göttinnen zu besonderen Frauen der Geschichte. Die Namen von hunderten bedeutenden und manchmal unbekannten Frauen des 20. Jahrhunderts sind über den gesamten, gekachelten Boden des Kunstwerks, das die Frauen und die Göttin feiert, geschrieben. *The Dinner Party* hat jetzt ein bleibendes Zuhause im Brooklyn Museum Of Art in den USA. Unter www.judychicago.com findet man weitere Informationen über dieses und andere ihrer Kunstwerke.

Eine andere wunderbare Sammlung von Kunstwerken sind Lydia Ruyles hunderte von großartigen Bannern mit Göttinnen-Ikonen, die sie gemeinsam mit anderen im Laufe von vielen Jahren hergestellt hat. Sie haben schon über heiligen Stätten auf der ganzen Welt geweht. Darunter sind über 120 Göttinnen Banner, die bei der Göttinnen-Konferenz auf dem Glastonbury Tor geweht haben, und in Göttinnen-Ausstellungen bei der Bibliothek in Ephesus, dem Potala Palast in Tibet, in Deutschland, Polen, Hawaii, China, Australien und vielen anderen Ländern. Diese *Mädchen*, wie Lydia sie nennt, sind in ihrem wundervollen Buch *Goddess Icons: Spirit Banners of the Divine Feminine* (Woven Wood Press) oder auf www.lydiaruyle.com zu sehen.

Diese Kunstwerke haben eine enorme Wirkung, und ermutigen uns alle kreativer zu sein, um Darstellungen der Göttin in die Welt zurückzubringen.

Eostre

Die Mutter des Feuers Eostre oder Ostara ist auch Astarte, eine andere Königin der Sterne. Ihr zu Eigen ist die grüne, feurige Energie des Frühlings, die Zeit zu der sie die wartenden Lebensfeuer in den Samen in der Erde, in allem was wächst, in Tieren und Pflanzen entzündet. Wo Bridies Berührung das Leben in schlafenden Samen erweckt, entzündet Eostres Berührung die Flamme und alles explodiert ins Leben. Das helle Grün ihrer Frühlingsnatur erscheint in den Pflanzen und Bäumen. Das Gold ihres Sonnenscheins erleuchtet einmal mehr die Welt.

Als Zeit für das christliche Osterfest wird das erste Wochenende nach dem Vollmond im Widder gewählt. Eostre ist die Göttin der Wiedergeburt und ihre roten Hühnereier werden immer noch als Symbol für die Erneuerung nach den dunklen Tagen des Winters getauscht. In der Vergangenheit wurden die Eier, vor allem im östlichen Europa, meist rot gefärbt, in der Farbe des Lebens und des Menstruationsblutes. Heute bemalen wir Ostaras Eier nach unserem Belieben in allen Farben mit Mustern und Symbolen der Göttin.

Eostres tierische Gefährten sind der Bär, der Mondhase, die rote Henne und die Katze. Die rote Henne wurde mit dem Mondhasen vermischt und wurde zum Osterhasen, der auf magische Weise dazu fähig ist Eier zu legen, und noch dazu welche aus Schokolade. Von Hexen heißt es, dass sie die Gestalt eines Hasen oder einer Katze annehmen können, und Eostre/Ostara ist die Göttin der Hexen. Katzen aller Arten wurden schon lange mit der Göttin assoziiert, angefangen von Cybele mit ihren Löwen über die ägyptische löwenköpfige Sekhmet und die Katzengöttin Bast, über Britannia mit ihrem Löwen bis zur skandinavischen Mutter Freya, die in einer von Katzen gezogenen Kutsche fuhr. So wie Artemis Calliste (Artha) die große Bärin ist, wurde sie auch die Mutter der Katzen genannt und von den Griechen mit Bast identifiziert.

Dekoriere zu Ostara hart gekochte Eier, um Eostre zu feiern. Verstecke Schokoladeneier in deinem Heim und deinem Garten, damit Kinder und Erwachsene danach suchen können.

Schaue in einer klaren Nacht zu den Milliarden von Sternen am Himmel hinauf und mache Arthas Sternbild am Himmel ausfindig,

das um den Polarstern kreist. Beobachte das Jahr hindurch, wie es den Polarstern umrundet.
  Ehre die Sonnenmutter jeden Tag bei ihrem Aufgang und Untergang.

Gleichgewicht und Wiedergeburt

Wenn zu Ostara Tageslicht und Dunkelheit ins Gleichgewicht kommen, sollten auch wir uns in unserem Priesterinnen-Kreis nach der Dunkelheit des Winters ins Gleichgewicht bringen. Um dies zu tun, müssen wir den Ungleichgewichten, die in unserer äußeren Welt genauso wie in unserer inneren Welt existieren, entgegentreten. Wir alle leben in einer aus dem Gleichgewicht geratenen patriarchalen Welt, die Herrschaft, Aggression, Kriegern, Machtpolitik, Religion und Kultur, Gier, Unersättlichkeit, Neid, und so weiter einen Wert beimisst. Unsere Weltwirtschaft basiert auf einem industriellen militärischen Komplex, der sich selbst dadurch erhält, dass er Krieg zwischen den Völkern fördert, statt Frieden. Das Patriarchat ist ein ideologisches System, das den Wenigen zugutekommt – hauptsächlich reichen, weißen, amerikanischen Männern (siehe dazu Michael Moores Buch *Stupid White Men*[1], das auf erhellende Weise enthüllt, was in Amerika vor sich geht), und die Mehrheit zu Opfern macht – Frauen, Kinder und Männer aller Hautfarben und Völker.

Am Anfang des 21. Jahrhunderts leben wir alle innerhalb dieses Herrschaftssystems, das der Erde wenig Wert beimisst, sie nur als eine Ressource betrachtet, die es gewinnbringend auszubeuten gilt; das den Frauen wenig Wert beimisst, unseren Idealen und Lebensweisen, oder der Freundlichkeit, Fürsorge und Sanftheit von Männern; das Frauen und Männer ausbeutet; das die Meere, die Gewässer, die Luft, das Erdreich und die Feuer verschmutzt und die DNA von Pflanzen und Tieren manipuliert, angeblich im Namen des Nutzens für die Menschheit, tatsächlich aber nur aus menschlicher Gier der Wenigen auf Kosten der Vielen.

Um die Macht zu erkennen, die dieses Herrschaftssystem hat, braucht man sich nur die winzige Anzahl der Frauen in irgendeiner Art von Machtposition in der Welt, in Regierungen, in der Politik, im Rechtswesen, in Banken, im Militär, und so weiter anschauen. Alle diese Institutionen und Organisationen sind Ausdruck des Patriarchats. Man braucht sich nur die hauptsächlichen religiösen Institutionen (alle patriarchal) ansehen, um zu bemerken, dass die Macht in den Händen einiger weniger Männer bleibt, selbst wenn Abordnungen neben den Männern auch aus Frauen bestehen. Unsere äußere Welt befindet sich in einem gefährlichen Ungleichgewicht.

Gleichzeitig haben Frauen, die in den Industrieländern leben, seit der Zeit der sexuellen und kulturellen Revolution der 1960er noch nie dagewesene Möglichkeiten ihr Leben so zu leben, wie sie es wollen, weit mehr als irgendeine Frauengeneration in vielen tausenden von Jahren. Wir können kreativ leben,

Das Sprießen - Ostara

wenn wir es wollen. Wir können Grundstücke und Geschäfte besitzen und die Verantwortung für unser eigenes Geld tragen. Wir können in die Politik gehen oder ins Geschäftsleben einsteigen und bis zur gläsernen Decke aufsteigen, die uns daran hindert in echte Machtpositionen zu kommen, wenn wir es wollen. Wir können eine glückliche, liebevolle Beziehung zu unserem Partner haben. Wir können jene verlassen, die uns verletzen oder missbrauchen. Wir können unseren Kindern liebende Mütter sein und in der Welt arbeiten. Wir können ein volles, erfülltes Leben führen. Wir können die Göttin zurück in unser Leben bringen und eine neue Spiritualität, die voller Liebe zur Göttin ist, erschaffen.

Dennoch sind wir manchmal nicht fähig zu entscheiden, was wirklich das Beste für uns, für unsere Familien, für unsere Gemeinschaften und für unseren Planeten wäre. Die Wunden unserer Konditionierung untergraben uns bei jeder Gelegenheit, halten uns klein, beschränken unsere Ambitionen für uns selbst und einander, wenn wir versuchen ein neues Leben zu beginnen. Wir haben Angst davor, den Status Quo zu ändern, das Bekannte gegen das Unbekannte einzutauschen. Wir haben Angst davor, anders zu sein und als anders gesehen zu werden, auch wenn wir wissen, dass wir nicht wie die anderen sind. Wir lieben eine Göttin, die der Großteil der Welt nicht als real ansieht. Wir sind anders. Unsere Werte liegen nicht in der materiellen Welt, oder darin materiellen Reichtum um seiner selbst willen anzuhäufen. Unsere Werte liegen in der spirituellen Welt, darin der Göttin zu dienen, darin die Göttin an den ihr zustehenden Platz in der Welt zurückzubringen.

Die Fragestellungen mit denen wir uns als Individuen und als Gesellschaft auseinandersetzen müssen sind so vielschichtig. Wie können wir ein ethisches Leben führen, dass den Planeten erhält und niemanden ausbeutet? Wo sollen wir unsere Kleidung kaufen, wenn sie alle in ausbeuterischen Betrieben in Asien hergestellt wird und arme Menschen zu Opfern macht? Wo können wir Trinkwasser bekommen, das nicht mit Nitraten und Schwermetallen belastet ist? Wie können wir es uns leisten teure, biologische Nahrungsmittel zu essen? Wie widersetzen wir uns der Flut von Pornographie, die das Internet und Zeitschriften beherrscht, und Frauen ausbeutet und verunglimpft, die als Kinder missbraucht wurden (denn nur verletzte Frauen beteiligen sich an der Herstellung von Pornographie)? Wie können wir unsere Ersparnisse auf die Bank legen, und damit Aktiengesellschaften und Pensionsfonds finanzieren, die den tödlichen Waffenhandel fördern, oder die Errichtung von Dämmen in ungeeigneten Gegenden, oder die mehr Straßen bauen, die wiederum nur zu mehr Verkehr führen, und so weiter? Wie können wir Frauen angstfrei nachts alleine auf den Straßen unterwegs sein?

Innerhalb unserer individuellen und kollektiven Psyche, sowohl der von Frauen als auch der von Männern ist das Weibliche verletzt. Die Frau im Inneren und Äußeren wurde und wird verbal, physisch und sexuell wieder und wieder missbraucht. Sie wurde wieder und wieder betrogen, unterschätzt, zum Opfer gemacht, geschlagen, entmachtet. Ihr Selbstwertgefühl ist niedrig, am Boden. Sie hungert sich selbst aus, um ein wenig Macht in einer männerdominierten Welt zu erhaschen oder überisst sich, um sich vor der ständig präsenten Drohung des Missbrauchs zu schützen. Sie verrät bei jeder Gelegenheit ihre Schwestern. Sie tratscht und lästert über jene Frauen, die am nächsten an ihren Idealen leben, und untergräbt deren Bemühungen, damit sie sich nicht über die gewöhnliche Masse erheben und sie zurücklassen. Sie sucht ständig die Bestätigung anderer Frauen und Männer. Sie kauft ein, um die Leere in sich zu füllen, und hat Angst davor, was sie sehen würde, wenn sie in die gähnende Leere in ihrem Inneren schaut, die durch nichts gefüllt werden kann. Sie hat ständig Angst, vor Männern, vor anderen Frauen, vor der Dunkelheit, vor dem Ungewissen, vor der Zukunft und davor nicht gut genug zu sein. Sie braucht immer Reparatur. Sie ist niemals einfach in Ordnung.

Und es sind nicht nur die Frauen, die leiden. Männer werden im Patriarchat ebenfalls um ihre Männlichkeit betrogen. Der Mann ist ein Zähnchen im riesigen Rad der westlichen Zivilisation und hilft ihr sich weiterzudrehen. Er ist ein Sklave ihrer macho-männlichen und tödlichen Ideale. Auch ihm fällt es schwer sich davon zu lösen und er selbst zu sein, sanft genauso wie stark zu sein, ein Hüter der Natur der Göttin zu sein. Wie kann er es verhindern, in seiner Machtposition zu missbrauchen, wenn er bis zur Spitze des Haufens aufsteigt? Wie kann er aus der Tretmühle monotoner oder mit Adrenalin gefüllter Arbeitssucht aussteigen? Wie kann er sich weigern in einem sinnlosen Krieg zu kämpfen, oder von der Frucht solcher Kriege zu profitieren? Wenn er das Weibliche in seinem Leben ehrt, in den Frauen, die er kennt und liebt, in seiner Welt, in sich selbst, verliert er dadurch offensichtlich die Macht, die das Patriarchat ihm gibt. Wenn er sich entscheidet, die Göttin in gleichem Maße zu lieben, könnte er als Mann entmachtet werden. Er könnte ein Waschlappen werden, der von niemandem, weder Mann noch Frau, respektiert wird.

Wenn wir genau hinschauen, erscheinen die Probleme, denen wir gegenüber stehen, überwältigend. Wo fangen wir damit an uns selbst wieder ins Gleichgewicht zu bringen, geschweige denn die ganze Welt, in der wir leben?

Wir beginnen damit, anzuerkennen was ist. Wir machen uns bewusst, wie der wahre Zustand der Dinge in der Welt ist, und wo wir stehen. Das ist der erste Schritt, und es ist nicht leicht ihn zu machen. Wir wollen nicht wirklich wissen, wie furchtbar die Dinge wirklich sind, denn das kann uns noch mehr untergraben, uns so deprimieren, dass wir untätig bleiben. Aber wir müssen hinschauen, in den klaffenden Schlund der Verwüstung und Zerstörung, die unserem Planeten und seinen Bewohnern droht.

Gleichzeitig öffnen wir unsere Herzen der Göttin und lassen zu, dass ihr Leuchten uns mit Liebe erfüllt, und uns in unserem tiefsten Kern, in unsere Mitte, stärkt. Wir können das nicht alleine tun. Wir können unser Leben und unseren Planeten nicht auf uns selbst gestellt verwandeln. Wir brauchen die Hilfe der Göttin.

Wir rufen sie an, und sie antwortet uns durch unsere Intuition, unser inneres Wissen. Wir bitten sie um Hilfe, und sie bietet uns einen Funken Hoffnung

Das Sprießen - Ostara

an, der uns auf einen neuen Kurs bringen kann. Wir haben eine plötzliche Eingebung, eine Idee taucht auf, deren Kraft uns erschreckt. Sie sagt uns, dass wir eine gescheiterte Beziehung verlassen sollen, dass wir eine schlechter bezahlte Arbeit annehmen sollen, die uns mehr Zeit lässt, dass wir umziehen, ein Buch schreiben, etwas über Heilung lernen sollen, dass wir andere lehren sollen, was wir wissen. Oder es kann eine kleine Idee sein, über etwas, dass wir heute tun sollen, jetzt – zu ihrem Altar gehen und beten, ein Gedicht lesen, heute eine Göttinnen-Puppe machen, eine Freundin anrufen oder in der Landschaft der Göttin spazieren gehen. Wenn wir hinhören, wird sie uns sagen, was als Nächstes zu tun ist. Sie entfernt das geistige Geplapper aus unserer Entscheidungsfindung.

Auf ihre Inspiration zu reagieren ist der einzige klare Weg, der aus unserem Schmerz herausführt. Sie fordert uns auf, uns weiterzubewegen, uns zu verändern, zu wachsen, Farbe zu bekennen. Denn das ist es, was es bedeutet, eine Priesterin zu sein, aufzustehen und in der Welt gesehen zu werden, als die, die wir sind. Einzustehen für das, was wir glauben, für die Wahrheiten, die uns am Herzen liegen, für die Göttin. Es hat keinen Sinn, eine Priesterin von Avalon zu sein, wenn du deine Gaben in einer Ecke verstecken und nicht gesehen werden willst. Priester/innen stechen hervor in einer patriarchalen Welt.

Und woher wollen wir wissen, ob die Botschaften, die wir hören, wahr sind oder nicht? Wie wollen wir wissen, dass wir nicht von unseren eigenen Sehnsüchten und Gedanken in die Irre geleitet werden? Wie wollen wir wissen, dass die Stimme, die wir hören, die der Göttin ist? Es könnte nur eine Stimme in unserem Kopf sein.

Wir erkennen ihre wahre Stimme in uns daran, dass es sich richtig anfühlt. Nicht im Sinne von richtig als Gegenteil von falsch, sondern in dem Sinn, dass es für uns eine Wahrheit ist. Die Stimme der Göttin erwärmt das Herz, öffnet uns, ist liebevoll, aufregend, erweiternd und erhebend. Sie fordert uns niemals dazu auf etwas zu tun, dass uns oder anderen schadet. Wenn wir unserer Intuition folgen, kann es sein, dass unsere Handlungen andere aus der Fassung bringen, aber sie werden ihnen letztendlich nicht schaden. Wenn wir zum Beispiel eine gescheiterte Beziehung verlassen, besteht unsere Absicht darin, uns selbst und unseren Partner für eine neue Liebe frei zu machen. Wir wissen auch, dass es wirklich ihre Stimme ist, weil es beängstigend für uns ist, unserer Intuition zu folgen. Sie fordert uns heraus. Sie fordert uns auf, Dinge zu tun, vor denen wir Angst haben, unsere Handlungsmuster zu verändern, unsere Komfortzone zu verlassen, originell zu sein, im Leben kreativ zu sein, unsere Einzigartigkeit auszudrücken, ins Gleichgewicht zu kommen in einer Welt, die aus dem Gleichgewicht ist.

Lausche jeden Morgen beim Aufwachen, in dem Übergangszustand zwischen Schlafen und Wachen, nach den inspirierenden Worten der Göttin, wenn sie dir sagt, was du heute oder in der Zukunft tun sollst. Schreibe auf, was du hörst. Übe dich darin, heute ihrer Inspiration zu folgen und schau was in deinem Leben passiert.

Muster, die uns ins Gleichgewicht bringen

In der Göttinnen-Tradition gibt es einige uralte Muster, die so gestaltet sind, dass sie uns ins Gleichgewicht bringen, wenn wir sie physisch durchschreiten. Diese Symbole können überall in der Welt gefunden werden, in Kulturen, die sich so stark voneinander unterscheiden, wie die Völker des Neolithikums und der Bronzezeit auf Brigits Inseln, die Kelten, die amerikanischen Ureinwohner, die alten Kreter, die alten Europäer, Inder, Tibeter und die australischen Aborigines. Zu diesen Mustern gehört das Labrynth mit sieben Umgängen, das überall als Symbol der Göttin anerkannt wird.

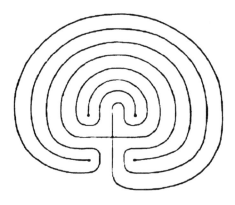

Ein Labrynth in dreidimensionaler Form auf der Erde zu gestalten und dann auf zeremonielle Weise zu durchschreiten, lässt uns Balance und Ganzheit erfahren. Die physische Handlung, diese spezielle Form abzugehen, scheint eine Wirkung auf die linke und rechte Seite des Gehirns zu haben, genauso wie auf die linke und rechte Seite des Körpers, und hilft sie ins Gleichgewicht zu bringen.

Ein zeremonielles Labrynth gestalten

Das Labrynth mit sieben Umgängen ist universell und uralt. Es taucht auf den frühesten Münzen Kretas auf, in Pompeij, auf Felsen in Tintagel in Cornwall, in Irland, in Indonesien und Sri Lanka, als Tapu´at, ein Symbol der Hopi für Mutter Erde und auf den Hängen des Glastonbury Tor. Ich schreibe Labrynth auf diese Weise, statt Labyrinth, um die Verbindung zum matrifokalen kretischen „Haus der Labrys", oder doppelköpfigen Mond-Axt, zu betonen.

Das Sprießen - Ostara

Verschiedene Kulturen messen diesem schönen, einfachen und doch rätselhaften Muster verschiedene Bedeutungen zu. Unter anderem folgende: das zyklische rückwärts und vorwärts gerichtete Muster soll die psychischen Gezeiten innerhalb eines menschlichen Wesens im Verlauf eines Mondzyklus reflektieren, das nach innen gewandte Streben zur Zeit des dunklen Mondes und das Zurückkehren nach außen, in den physischen Ausdruck, zu Vollmond. Dieses Muster steht in direkter Verbindung zum Menstruationszyklus der Frau. Für das Volk der Hopi diente das Labrynth dazu, ihre frühen Wanderungen durch den ganzen amerikanischen Kontinent darzustellen, als sie aus den vier Himmelsrichtungen zu einem zentralen Heim in Arizona kamen, und sich von dort aus wieder verteilten. Auf Kreta hieß es, dass das Muster seinen Ursprung im Paarungstanz der Kraniche hat. Es feiert die Sexualität und die Vereinigung von weiblich und männlich. Es gab auch einen Irrgarten, dass den monströsen Minotaurus, den Bullen-Gott-Mann Asterion des minoischen Kreta, im Zaum hielt. Ariadne mit dem roten Faden hatte den Schlüssel dazu. Es ist auch der Entwurf für einen Tanzboden, der von der Schlangengöttin Ariadne empfangen wurde. Dieses Muster hilft aus dem Gleichgewicht gebrachte männliche und weibliche Energie wieder ins Gleichgewicht zu bringen.

Das Muster des Labrynths ist leicht zu machen und es kann temporär oder permanent sein, und drinnen oder draußen gelegt werden. Um das Muster innerhalb eines Raumes auszulegen, können wir Bänder, Wolle, Fäden, Garn oder Klebeband (das nachher wieder vom Boden entfernt werden kann) verwenden. Für ein dauerhaftes Muster können Kacheln, Farbe, Werkstoffe und verschiedene Arten von Bodenbelägen verwendet werden. Draußen kann der Pfad dauerhaft oder zeitweise durch Hecken, Blumenbeete, gemähtes Gras, Steine, Erde, Sand, Schnur und Pflöcke, Samen, Blütenblätter, Kräuter oder Mehl markiert werden. Vielleicht möchtest du üben, das Labrynth zuerst mit Papier und Stift zu zeichnen, aber ich werde beschreiben, wie man ein echtes baut.

Der Prozess ein Labrynth zu gestalten, beginnt mit dem Reinigen und Räuchern des Platzes, den du für dein Labrynth verwenden wirst. Du brauchst einen runden oder quadratischen Bereich, der groß genug ist, um die sieben Umgänge unterzubringen, das heißt sieben Pfade auf jeder Seite eines zentralen Platzes. Außerdem brauchst du Platz für das Zentrum und Platz, um außen um das Labrynth herumzugehen. Die Gänge sollten zumindest breit genug für eine Person sein, im Idealfall groß genug für zwei oder mehr Personen. Du brauchst also eine ziemlich große Fläche. Denke über den zentralen Platz in der Mitte des Labrynths nach. Wie groß möchtest du ihn haben? Wird er leer sein, oder wirst du etwas Symbolisches hineinstellen – eine Statue der Göttin, einen Baum, Blumen, etc.?

Wenn ich ein Labrynth gestalte, stelle ich gerne einen Altar mit allen Farben, Göttinnen-Symbolen und Gegenständen in die Mitte, und einen Spiegel, in dem wir uns selbst in der Mitte sehen können. Ich habe auch schon die Rolle des Göttinnen-Orakels gespielt, das in der Mitte des Labrynths sitzt.

Avalon - Erste Spirale

Als nächstes muss die Richtung des Eingangs gewählt werden. Sie kann mit der Zeit des Jahres, zu der du das Labrynth baust, in Zusammenhang stehen und damit zur entsprechenden Seite des Rades weisen. Beispielsweise Osten für Ostara oder Südwesten für Lammas. Sie kann sich auch auf Merkmale der Landschaft beziehen, oder auf das Auf- oder Untergehen der Sonne oder des Mondes an einem bestimmten Tag. Es ist deine Entscheidung, aber finde einen guten Grund dafür.

Schau dir den Platz an, den du zur Verfügung hast, und stelle dir vor, wo dein Eingang sein wird. Stelle dir einen Punkt vor, der etwa ein Drittel der Entfernung zwischen dem Eingang und der dem Eingang gegenüberliegenden Grenzlinie markiert. Verschiebe diesen Punkt in Gedanken um eine Gangbreite nach links. Markiere diesen Punkt auf dem Boden. Ziehe die folgenden Muster mit Klebeband oder Mehl auf dem Boden. Mache als erstes ein Kreuz mit zwei gleich langen Balken, dessen Zentrum der ursprünglich markierte Punkt ist. Ein Balken des Kreuzes ist in Richtung des Eingangs ausgerichtet. Dann markiere in jeder Ecke des Kreuzes einen nach außen zeigenden Neunzig-Grad Winkel. Gib dann, so als würdest du ein Quadrat zeichnen, in jede Ecke einen Punkt, um eine quadratische Figur zu vervollständigen.

Mache nun mit Klebeband oder Mehl vom Zentralbalken aus im Uhrzeigersinn einen Bogen und verbinde ihn mit der benachbarten Linie des Winkels, der rechts davon ist.

Gehe vom Zentralbalken aus nach links und verbinde den Winkel im Uhrzeigersinn mit einem Bogen aus Klebeband oder Mehl mit dem Punkt, der rechts vom Zentralbalken liegt. Er soll zum vorhergehenden Bogen mindestens eine Personenbreite Abstand haben. Gehe zu dem Punkt ganz links vom Zentralbalken und mache mit Klebeband oder Mehl einen Bogen, der mindestens eine Personenbreite entfernt ist, und verbinde ihn mit der zweiten Linie des Winkels auf der rechten Seite.

Fahre fort Bögen mit Klebeband oder Mehl zu machen. Fange immer auf der linken Seite mit dem Winkel, dem Balken des Hauptkreuzes oder dem Punkt an und ziehe die Linie im Uhrzeigersinn nach rechts, zum Balken des Hauptkreuzes, dem Winkel oder dem Punkt, bis alle verbunden sind und das Labrynth fertig ist.

Das Sprießen – Ostara

Der letzte Bogen erzeugt den Eingang ins Labrynth. Wenn du das Muster auf ein Papier gezeichnet hast, fahre den Pfad durch das Labrynth mit deinem Finger nach. Wenn der äußerste Kreis 1 und der innerste Kreis, rund um die Mitte, 7 ist, dann achte darauf, dass das Muster des Labyrinths 3, 2, 1, 4, 7, 6, 5 ist.

Sobald das Labrynth fertig ist, wird es zu einem heiligen Raum und es ist nicht ratsam, über irgendeine seiner Linien zu steigen. Gehe immer durch den Eingang hinein und hinaus.

Durch ein Labrynth gehen

Ein Labrynth ist ein heiliger Raum. Wir können das Erlebnis, uns in diesem Raum aufzuhalten auf etliche Arten verstärken, aber am meisten dadurch, dass wir ihn mit Ehrfurcht behandeln. Beim Eingang ins Labrynth knien wir nieder und beten zur Lady, dass sie uns alles enthüllen möge, was für uns zu sehen notwendig ist, wenn wir durch ihr Labrynth gehen. Wir bitten sie um ihren Segen für unsere Reise.

Wir können auf unserem Weg durch das Labrynth laufen, hüpfen oder tanzen, es gibt keine Regeln. Eine der kraftvollsten Arten ist es aber, langsam und bloßfüßig auf meditative Weise zu gehen. Wenn wir das tun, werden wir uns unmittelbar der Bewegung unserer Füße, unserer Beine und unseres Körpers bewusst, während wir gehen. Es ist erstaunlich einfach, unsicher auf den Füßen zu werden und zu stolpern, wenn wir innerhalb der Kreise eines Labrynths gehen. Die zusätzliche Achtsamkeit beim Gehen unterstützt unsere Konzentration. Wir können in Stille gehen, oder zu Göttinnen-Gesängen und Musik im Hintergrund.

In der Zeremonie wird das Labrynth ein Symbol für unsere Lebensreise. Es gibt nur einen Pfad, den wir durch das Leben gehen, mit all seinen Windungen und Drehungen. Er bleibt nie lange gleich und ändert immer wieder die Richtung, aber wir folgen weiter unserem Pfad, bis wir das Zentrum erreichen. Während wir auf das Zentrum zugehen, visualisieren wir, wie wir die Schichten der Konditionierung in unserem Körper, unseren Emotionen und unserem Verstand loslassen, und all unsere Ungleichgewichte ausbalanciert werden. Wir tun das in jedem der Umgänge des Labrynths. Wenn wir das Zentrum erreichen, sind wir symbolisch nackt. Dort sehen wir uns selbst und der Göttin ins Angesicht. Wir bleiben einige Zeit im Zentrum und betrachten die Göttin und alles, was sie uns offenbaren mag.

Avalon - Erste Spirale

Auf unserer Reise aus dem Labrynth hinaus nehmen wir, während wir durch die sieben Kreise schreiten, alle Qualitäten und Eigenschaften auf, die wir uns in die Zukunft mitnehmen wollen. Sobald wird das Labrynth verlassen haben, knien wir wieder, beten für die Gaben, die uns offenbart wurden, und umarmen das neue Gleichgewicht, das wir gefunden haben.

Von Ostara bis Beltane

Von Ostara an beschleunigt sich die Wirkung des Feuers in der Natur. Die Sonne steigt am Himmel höher, die Tage werden rasch länger. Die Luft wird deutlich wärmer, obwohl es immer noch Wind und Regen geben kann. Der Boden erwärmt sich allmählich, die Bäume, die nackt waren, treiben Knospen, Büsche werden grün, Blätter und Blumen öffnen sich und alles in der Natur der Göttin beginnt schnell zu wachsen. Vögel und Tiere bauen ihre Nester und locken einander zur Paarung. Die Aktivität und Sexualität der Menschen nimmt mit der Rückkehr des Lichtes zu. Unsere Aufmerksamkeit richtet sich allmählich aus der dunklen Winterhöhle nach außen zum Licht.

Gestalte zu Hause einen Altar für Nolava, Göttin des Feuers, für Artha, die große Bärin im Himmel, für Grainne, die Sonnengöttin, für Sulis Sonnenfrau, für Eostre die Göttin der Frühlings-Tag-und-Nachtgleiche, die die Eier der Zukunft legt, und für die Morgene Cliton. Finde Darstellungen oder natürliche Gegenstände, die für dich die Ostara-Mutter des Feuers repräsentieren: Göttinnen-Statuen, Bären, Hennen, Katzen, Flammen, Eier.

Zünde jeden Tag an deinem Altar eine Kerze an und verbrenne Räucherwerk für Nolava, Artha, Grainne, Sulis, Eostre und Cliton. Singe und bete zu ihr um Hilfe, Führung, für andere, die Hilfe brauchen, für Heilung für dich selbst und andere, um Visionen, und so weiter. Gestalte einmal pro Woche deinen Altar neu.

Schreibe und/oder zeichne jeden Tag deine Gefühle, Träume, Gedanken, Intuitionen und Visionen – all dein Inneres – in dein Tagebuch.

Ziehe in der Morgen- und Abenddämmerung, den Grenzzeiten zwischen Licht und Dunkelheit, einen Kreis mit deinem Stab. Gib Frühlingsblumen hinein, zünde Kerzen an und sprich deine Gebete zur Göttin des Frühlings. Danke ihr für ihre Rückkehr nach der Dunkelheit des Winters. Schaue nachts hinauf zu den Sternen der großen Bärin und bete zu Artha.

Das Sprießen – Ostara

Sprich über deine Wunden mit anderen, die mitfühlen können. Unternimm Schritte auf deinem Weg zur Heilung und Wiederherstellung.

Mache dir einen magischen Stab und nimm ihn auf deinen Reisen als Gefährten mit, als Ausdruck deines inneren magischen Partners. Sprich mit deinem Stab.

Zünde zu Neumond eine heilige Flamme an, die das Licht der Göttin repräsentiert, das in dein Leben kommt. Beginne dein zukünftiges Priesterinnengewand zu nähen, oder besticke ein Kleidungsstück mit bedeutsamen Mustern und Symbolen.

Gestalte zu Vollmond deine eigene Zeremonie, um die Mutter des Feuers zu ehren. Erfülle dein Heim mit ihren Kerzenflammen, zünde ein Feuer für sie an. Gehe sehr achtsam mit ihrem Feuer um. Feuer kann verbrennen genauso wie erleuchten und inspirieren.

Gestalte dein eigenes Labrynth und begehe es zeremoniell.

Besuche heilige Stätten oder Landschaften, die mit der Frühlings-Tag-und-Nachtgleiche in Verbindung stehen. Zwischen 4.000 und 1.700 vor unserer Zeitrechnung und noch früher, im Zeitalter des Stieres, wurden viele heilige Stätten nach dem Aufgang der Plejaden ausgerichtet, die zum Sternbild des Stieres gehören. Dieses steht zur Zeit der Frühlings-Tag-und-Nachtgleiche im Westen. Ein Beispiel dafür ist Avebury. Finde andere. Besuche neolithische Hügel und lausche auf Arthas Brummen. Besuche die heißen Quellen von Sulis Minerva in Bath.

---

[1] Dieses Buch ist unter dem Titel *Stupid White Men: Eine Abrechnung mit dem Amerika unter George W. Bush* auf Deutsch erschienen.

Das Blühen
Beltane:
Jahreskreisfest der Göttin als Liebende

Beltane ist das Jahreskreisfest der fruchtbaren und schöpferischen Göttin als Liebende. Wir ehren sie als Nolava, die Liebende, und als Morgene Thetis, die gleichzeitig eine wahrhaft Liebende und die heilige Hure ist. Sie ist eine Musikerin, deren magische Töne überall im Land erklingen und die Blüten dazu ermuntern, aus den Zweigen und der Erde zu sprießen. Wir lieben die Göttin als Rhiannon mit den Vögeln, die weiße Stute der See, die Souveränität, und als Königin Gwenhwyfar, Königin des Landes. Wir feiern Blodeuwedd, die Blumenmaid, Olwen vom weißen Pfad und Elen von den Wegen, die in unseren einheimischen Gehölzen und Wäldern leben. Wir erforschen die Plätze in der Natur, an denen wir die Göttin finden können.

Beltane, das Ende April und Anfang Mai gefeiert wird, ist die Zeit des Jahres, zu der alles in der Natur der Göttin mit sinnlicher und sexueller Aktivität vibriert. Die schlichten weißen Blüten des Weißdorns schmücken schon die Hecken und erwarten die kommende Blütezeit im Mai. In den Obstgärten von Avalon bedecken zierliche, rosa Blüten die Apfelbäume. Gartenblumen öffnen sich farbenprächtig. Die Sonne steigt hoch in den Himmel, die Tage werden länger, die ganze Natur der Göttin ist rege. Die Vögel singen aus voller Kehle, um einen Partner anzulocken, bauen Nester und vereinigen sich. Die Tiere sind damit beschäftigt ihre Baue auszugraben und sich zu paaren. Auch die Menschen erfreuen sich am Ansteigen der fruchtbaren Energie und lieben einander in den

Obstgärten und Waldgebieten, während die Glockenblumen zu blühen beginnen.

Zu Beltane ehren wir die Liebesgöttinnen von Brigits Inseln, und in Visionen reiten wir mit Rhiannon zwischen den Welten. Wir ergründen, wie es uns mit unseren weiblichen Körpern, unserer Sinnlichkeit und Sexualität geht, und mit den Gaben, die sie uns bringen. Wir sprechen über unsere sexuellen Wunden und Freuden. Wir denken über den Platz der Männer in unserem Leben und innerhalb der Göttinnen-Spiritualität nach. Wir springen mit unseren Geliebten und Freunden über das Feuer und besiegeln damit unsere Vereinbarung gemeinsam durch das kommende Jahr zu reisen. Wir drücken unsere göttliche Natur durch Musik, Gesang und heilige Dramen aus. Wir fertigen einen Kopfschmuck an, der zur Kleidung für unsere Weihe passt.

Nolava, die Liebende, ehren

In der Landschaft von Avalon kann Nolava, die Liebende, als eine gigantische, entspannt mit ihrem Rücken auf der Erde liegende Frau gesehen werden. Ihre linke Brust, der Tor, ragt lustvoll in den Himmel auf, während ihre rechte Brust zur Seite gleitet. Ihre Beine sind weit gespreizt und öffnen sich zum Bristol-Kanal, der in den atlantischen Ozean mündet. Vor langer Zeit brandete dieser große westliche Ozean gegen die Ufer der Insel Avalon und brachte Nodens, den Gott des Meeres, der auf dem Rücken seiner Delfine zu Nolava heran ritt. An bestimmten Tagen, wenn der Mond voll und die Flut hoch war, besonders im Frühling und Winter, brandeten und schäumten seine Wasser in die Vulva seiner Geliebten, wenn er die Erde liebte, die der Körper der Göttin ist. Aus ihrer Vereinigung wurde alles, was jetzt auf diesem Stück Land lebt, empfangen und geboren.

Avalon ist ein Land, das von Liebe erfüllt ist. Viele zieht es zu den Ufern von Avalon, und jedes Herz wird angezogen vom Kern der Liebe, der die Göttin ist. Viele kommen, um ihre Sinnlichkeit und Sexualität wiederzuerwecken und zu feiern, aber viele zieht es auch hierher, um die Wunden ihrer Sexualität und ihrer Beziehungen zu heilen. Wunden, die durch Missbrauch verursacht wurden. Nolavas Land ist der Ort, wo solche Wunden der Liebe geheilt werden können. Die Heilung selbst kann süß und herzerweiternd sein, oder schmerzhaft und schwierig. Indem wir alte karmische Bekannte und Liebhaber treffen, wiederholen wir die uns vertrauten Muster. Indem wir uns dessen bewusst werden, erinnern wir uns daran, was uns in unseren frühen Beziehungen mit Eltern, Geschwistern und Freunden wiederfahren ist, und wir erinnern uns an Erfahrungen aus vorhergehenden Inkarnationen. Der Schmerz, den unsere Erinnerungen beinhalten, kann bewusst ausgedrückt werden, während wir versuchen uns in der Liebe der Göttin zu heilen.

Glastonbury wird oft als das Herzchakra der Welt bezeichnet, was ein ehrfurchtgebietender Titel für so einen kleinen Ort im Südwesten von Brigits Inseln ist. Doch von hier strahlt die Energie der Liebe, der Seele aller Dinge, der Göttin selbst, nach außen in die Welt. Wir können in unserem eigenen Leben und im Leben anderer, diese Ausstrahlung und auch ihre anziehende Kraft spüren. Die Kraft dieser strahlenden Liebe wirkt verwandelnd. Sie macht es möglich, dass unsere Barrieren dahinschmelzen, während wir durch die Liebe zur Göttin in Verzückung geraten. Diese Liebe enthüllt auch unsere ursächlichen karmischen Wunden, unseren Widerstand dagegen, zu lieben und geliebt zu werden. Während unser einzelnes Herz sich langsam öffnet und wir uns selbst heilen, entfaltet sich das Herzchakra, das Avalon ist. Es öffnet sich weiter und macht es möglich, dass sich mehr Liebe in die Welt ergießt.

Thetis, die Morgene der Liebe, ehren

Ich bin Thetis, Morgene der Liebe und der Sexualität
Ich bin das Herz der Romanze, ich bin Schönheit und Sinnlichkeit

Ich bin die Tochter von Feuer und Wasser
Zauberin des Karma Sutra
Ich bin die Wellen der Leidenschaft, die gegen das Ufer schlagen
Ich bin Sehnsucht, die Lust, die dich brennend und nach mehr verlangend zurücklässt

Ich bin der Maibaum, der Duft ihrer Blumen
Ich bin die Blüte, die den Zweig schmückt
Ich bin der Nektar, der Pollen, der die Biene anlockt
Ich bin der Honig am Tisch für den Tee:
Ich werfe meinen Zauber über das Land
Und erfülle mit Entzücken das Sommerland

Scharlachrote Frau, die Dame in Rot
Ich bin das billige Hotelzimmer und das Hochzeitsbett.
Mätresse, Liebste, heilige Hure
Ich bin die Frau für eine Nacht und die angebetete Ehefrau;
Ich bin die Kirsche, die reif ist zum Pflücken……

Ich bin die Geliebte, dein Mittsommernachtstraum:
Meine Musik sei die Nahrung deiner Liebe
So lass mich meine Zither spielen
Lass mich deine Versuchung sein
Verführerin und Lockende, ich kenne keine Moral
Denn ich bin Thetis, die Morgene der Liebe und der Sexualität.

Carol Morgan

Avalon – Erste Spirale

Thetis ist die Morgene der Liebe. Sie ist eine von nur zwei Morgenen, die von Geoffrey von Monmouth von den Neun hervorgehoben werden. Die andere ist Morgen la Fey. Es heißt, dass Thetis die Zither spielt. Sie ist die Dame der Musik und Hüterin der Zeit. Aus ihren Fingern fließt Musik, wenn sie die Zither spielend in den blütenbeladenen Apfel-Obstgärten von Avalon sitzt. Sie ist die Herrin der Blumen.

Sie ist auch die Wolken am Himmel, die zu dieser Zeit des Jahres Regenschauer bringen, die den Pflanzen beim Wachsen helfen. Zu anderen Zeiten des Jahres steigt Thetis hoch in den Himmel und bildet die kleinen, flauschigen Wolken des Sommers oder die großen, hochgetürmten Kumuli. Im Herbst kann sie sich zu kaltem Grau verdichten und bringt Nieselregen oder heftigen, peitschenden Regen. Im Winter bringt sie Schneeregen und Schnee.

Zu ihren Geschöpfen gehören die Schwärme kleiner Vögel, die Meisen und Waldsänger, die sich um sie versammeln, wenn sie über das Land geht. Die kleinen Vögel fliegen in Wolken in der Luft und bewegen sich als hätten sie *einen* Körper und *ein* Bewusstsein. Manchmal reitet Thetis so wie Rhiannon eine weiße Stute, manchmal auch einen schwarzen Hengst. Wo immer ihre Füße die Erde berühren, erblühen Blumen.

Sie erscheint als eine schöne junge Frau in ihren Zwanzigern. Ihre Farbe ist das Rot des fruchtbaren Lebensblutes und der Sexualität. Ihr Haar ist rotgolden und sie trägt ein leuchtendes, rotes Kleid. Sie ist die Maikönigin, die Weißdornfrau, mit ihren unzähligen kleinen weißen oder rosa Blüten, die den Duft des weiblichen Scheidensekrets verströmen. Sie ist beides, die Liebende und die heilige Hure, sie wird in tiefgehenden Beziehungen und bei Affären für eine Nacht gefeiert. Sie ist Romantik, Schönheit und Sinnlichkeit. Sie schüttet ihren Zauber über alle aus, die das Glück haben sie zu erblicken, und bringt Liebenden und allen, die das geweihte Land betreten, Glückseligkeit. Sie führt jene, die dazu bereit sind, in das Herz ihrer Mysterien. Sie bringt uns dazu, unseren größten Ängsten vor Intimität, Liebe und Bindung ins Angesicht zu blicken. Sie kann uns schnell und unmittelbar zu den Toren der Unterwelt führen.

Viele Frauen, die in Glastonbury leben oder hierher kommen, finden sich in der Rolle von Thetis wieder, die sie für Männer und Frauen spielen, die als Besucher kommen. Ahnungslos treffen wir möglicherweise zu Beltane, wenn die sexuelle Energie stark ist, erstmals unsere Geliebten, rufen die Göttin in unseren Körper und führen die Ahnungslosen zu tiefer Intimität. Verschlossene Herzen öffnen sich in Liebe und alles, was wir uns jemals erträumt haben, scheint möglich zu sein. Wenn der Druck, für Liebe offen zu sein und zu bleiben, zu intensiv wird, kann es sein, dass wir Frauen uns verlassen und schwanger vor dem Eingang zur Unterwelt wieder finden. Dort werden wir von Gwyn ap Nudd in Empfang genommen, der die Schwelle zur Höhle der dunklen Göttin bewacht.

Bete zu Thetis, dass sie in dein Leben kommen möge und dich mit ihrer Sexualität und Sinnlichkeit segnet. Bitte sie darum, ihre liebende Natur in deinem eigenen Körper zu verkörpern, wenn du

Liebe machst. Bete dafür, dass du die Weisheit hast, achtsam mit dir selbst und anderen umzugehen, wenn du dich der Liebe hingibst.

Rhiannon mit den Vögeln, die weiße Stute der See

Rhiannon ist die Göttin der Liebe und der Sexualität. Ihr Name bedeutet so wie Rigantona große Königin. Ihre Geschichte wird im ersten Zweig des Mabinogion erzählt, in dem zu Beginn ihre wundervolle göttliche Natur beschrieben wird. Die Geschichte beschreibt dann ihren Niedergang als ihre Kräfte vergessen, verspottet und missbraucht werden. Die Erzählung beginnt damit, wie sie dem walisischen Prinz Pwyll erscheint. Sie zeigt uns, wie auch wir uns der Göttin nähern sollen.

In der Geschichte geht Pwyll eines Abends nach seinem Mahl von seinem Palast in Narbeth zum Gorsedd, oder Hügel von Arberth, von dem es heißt, dass jeder, der auf dem Hügel sitzt, entweder Wunden oder Schläge bekommen oder ein großes Wunder sehen wird. Während er dort in der Dämmerung sitzt, sieht Pwyll eine Dame, die in schimmerndes Gold gekleidet ist und auf einem vollkommen weißen Pferd die Straße zum Hügel entlang reitet. Er schickt einen seiner Männer aus, um herauszufinden, wer sie ist. Der Mann läuft ihr nach als sie vorbei reitet, aber umso schneller er läuft, umso weiter entfernt scheint die Dame zu sein, obwohl sich ihre Geschwindigkeit anscheinend nicht verändert. Pwyll schickt dann einen Mann zum Palast, um ein Pferd zu holen und ihr hinterher zu reiten, aber wie vorher ist die Dame umso weiter weg, je mehr der Mann sein Pferd zur Schnelligkeit antreibt, obwohl sich die Geschwindigkeit der Dame nicht verändert.

Am nächsten Tag kehrt Pwyll mit seinen Männern und einem Pferd zum Hügel zurück. Wieder reitet die Dame in Gold vorbei und Pwyell schickt einen seiner jüngsten und schnellsten Reiter aus, um herauszufinden, wer sie ist. Der Mann folgt ihr, aber egal wie schnell er auch reitet, er kann sie nicht einholen, obwohl sie dieselbe ruhige, gleichmäßige Geschwindigkeit beibehält. Etwas Merkwürdiges geht hier vor.

Am dritten Abend nimmt Pwyell sein eigenes Pferd gesattelt und bereit zum Reiten mit zum Hügel. Die Dame erscheint wieder und als sie vorbei reitet, steigt Pwyll auf sein Pferd und folgt ihr. Er denkt, dass er sie leicht einholen kann. Doch egal wie sehr er sein Pferd auch antreibt, er kann sie nicht einholen. Nach einiger Zeit ist er erschöpft und ruft ihr zu:

„Oh Jungfrau, um Eures Liebsten willen, haltet an für mich."
„Ich halte gerne an", antwortet sie, „und es wäre besser für Euer Pferd gewesen, wenn Ihr mich schon längst gefragt hättet."

Avalon - Erste Spirale

Die Dame bleibt stehen und wirft die Kapuze zurück, die ihr Gesicht verdeckt, und offenbart ihre Schönheit.

„Meine Dame", sagt Pwyll, *„erzählt mir, was Ihr vorhabt."*
„Ich werde es Euch erzählen", sagt sie, *„meine hauptsächliche Absicht war Euch zu suchen."*

Dies sind die unverhüllten Worte der Göttin. Um sie zu erreichen, müssen wir sie an ihren geheimnisvollen Plätzen aufsuchen, auf den Hügeln und Hängen, auf denen es unheimlich für uns ist, wenn wir uns dort aufhalten. Wenn wir sie vorbeigehen sehen, müssen wir ihr folgen, und dran bleiben, auch wenn wir sie nicht ganz erreichen können. Wir rufen nach ihr und bitten sie für uns stehen zu bleiben, diejenigen, die sie am meisten liebt. Dann finden wir heraus, dass auch sie die ganze Zeit nach uns gesucht hat. Das ist eine tiefe Wahrheit für angehende Priesterinnen, deren Herzen erfüllt sind vom Verlangen, das Gesicht der Göttin zu sehen. Wir können eine lange Zeit nach ihr suchen und suchen, ehe wir sie finden und dann begreifen, dass sie schon darauf gewartet hat, dass wir sie erkennen. Wir verschmelzen mir ihr in einer glückseligen Wiedervereinigung und reiten auf ihrer Stute in die Anderswelt der Liebe.

Zu Beltane ehren wir Rhiannon als die Dame der hohlen Hügel, die mit ihrer weißen Stute zwischen den mittleren und unteren Welten reitet, und uns aus der alltäglichen Welt in die hohlen Hügel führt. Der Glastonbury Tor ist ein solch hohler Hügel, in dem es angeblich vom Wasser gegrabene Tunnel und Höhlen gibt. An nebeligen Morgen und Abenden kann man Rhiannon sehen, wie sie auf den Hängen des Tor reitet. Ihr Pferd ist das Symbol für unsere wilde, ungezähmte Natur als Frauen. In Visualisierungen reisen wir mit ihr in den hohlen Hügel des Tor, sitzen hinter ihr auf dem Rücken ihres Pferdes und fühlen ihre Taille und die Wärme ihres Körpers mit unseren Händen. Sie nimmt uns mit in die Ställe in der Unterwelt, die tief innerhalb des Tor liegt. Es gibt dort viele Pferde. Wir haben Gelegenheit, uns unser eigenes Pferd auszuwählen, eine Stute oder einen Hengst, in der Farbe unserer Wahl. Wir freunden uns mit unserem Pferd an und atmen in seine Nüstern, bevor wir uns auf seinen Rücken schwingen. Rhiannon führt uns aus dem Tor hinaus und über das Land, wo wir so langsam oder schnell reiten können, wie es uns gefällt. Wir spüren die Wildheit des Tieres zwischen unseren Beinen und reiten frei. Wir spüren die Energie und Kraft, die uns zu Eigen sind, und lernen sie zum Wohle aller auszudrücken und zu kontrollieren.

In Avalon ehren wir Rhiannon an den Triviae, den dreifachen Wegkreuzungen, die es auf vielen Wegen rund um den Tor gibt. Diese Triviae symbolisieren die Kreuzung zwischen der unteren, der mittleren und der oberen Welt. Bulwarks Lane hat insgesamt vier Triviae. Wir bieten der Göttin im Zentrum dieser Weggabelungen Gaben von Blütenblättern und Korn dar, und erinnern uns daran, dass sie uns zwischen den Welten führen kann.

Souveränität, Königin des Landes

Zu Beltane ehren wir die Souveränität, sie, die die Königin und Göttin des Landes ist, über das sie reitet. Ihre schreitenden und reitenden Füße vermessen das Land, das ihr gehört. Alle menschlichen Könige müssen sie heiraten, um wirklich in ihrem Land zu regieren. Sie ist die Dame, mit der sich alle Königinnen identifizieren und die sie verkörpern müssen, um das Recht zu haben, in ihrem Namen zu regieren. Es gibt Überreste dieser alten Hochzeitsrituale in den Krönungszeremonien der britischen Monarchie.

Ihre berühmteste Inkarnation war die Königin Guinevere in der Legende von Arthur, deren Name weißer Geist oder Phantom bedeutet. In der ursprünglichen walisischen Geschichte gab es drei Gwenhwyfars, was darauf hindeutet, dass sie ursprünglich die dreifache Göttin war, deren Kraft und Autorität beim Schaffen patriarchaler Legenden vermindert wurde. Sie wurde die Frau von König Arthur und es heißt, dass sie ihren Ehemann betrogen hat, indem sie mit seinem Freund schlief. Als Souveränität und allmächtige Göttin der Liebe hatte Gwenhwyfar das Recht so viele Liebhaber zu nehmen, wie sie wollte, und ihr selig machendes Karuna allen zuteilwerden zu lassen, die sie liebte. Die Aufgabe Guinevere zu rehabilitieren ist noch nicht vollständig erledigt. Als Göttinnen-Frauen ist es notwendig, dass wir unser Recht zurückgewinnen, zu lieben wen immer wir wollen.

Blodeuwedd

Blodeuwedd ist beides, die Blumenmaid und die Eulen-Göttin. In der Romanze von Math ap Mathonwy im Mabinogion, heißt es, dass sie von Math und dem Magier Gwydion aus Blumen beschworen wurde, als Frau für den jungen Llew Llaw Gyffes. So wie in vielen Teilen des Mabinogion sehen wir hier, wie die Kräfte der uralten Göttin von männlichen Emporkömmlingen übernommen werden.

Blodeuwedd, deren Name Blumengesicht bedeutet, ist offenbar eine alte Göttin der Beltane-Blumen, die lange bevor Math und Gwydion daherkamen existierte. Der Zauberspruch, der sie erschafft, ist tatsächlich eine Anrufung ihrer Gegenwart. Robert Graves gibt in seinem inspirierten Buch *The White Goddess*[1] eine Version des folgenden Gedichtes wieder, die ich hier adaptiert habe.

Hanes Blodeuwedd

Ich bin geformt aus neun Blumen,
Neun Blüten verschiedener Art.
Aus Primeln von den Bergen,
Ginster, Mädesüß und Kornrade,
Miteinander verflochten,
Aus der Bohne, ihn ihrem Schatten tragend.
Eine weiße geisterhafte Armee,
Der Erde, der erdartigen,
Aus den Blüten der Nessel,
Der Eiche, des Dornenbaumes und der schüchternen Kastanie -
Neun Kräfte von neun Blumen,
Neun Kräfte sind in mir vereint, (wie die neun Morgenen)
Neun Knospen von Pflanzen und Bäumen,
Lang und weiß sind meine Finger,
wie die neunte Welle der See.

Robert Graves, The White Goddess, Faber

Blodeuwedd taucht später in der *Romanze des Math ap Mathonowy* auf, wo es heißt, dass sie von Gwydion wegen ihres Verrats an Llew Llaw Gyffes in eine Eule verwandelt wurde. Verrat ist in einem Göttinnen-Mythos nahezu immer ein Synonym für eine Initiation. Wiederum war sie natürlich immer schon die Eulen-Göttin, mit dem Eulengesicht der dunklen Göttin der Weisheit. Sie fliegt in der Nacht und wird von anderen Vögeln gefürchtet. Sie bringt Initiation und Weisheit. Hier ist ein großartiges Gedicht über sie:

Blodeuwedd erhebt sich (Lied für Hazel)

Blodeuwedd, Magdalene des Frühlings
Süßes Blumengesicht mit Flügeln von Schnee
Du bist die Pforte zu den Jahreszeiten
Voll feuriger Leidenschaft mit glühenden Augen

Und du wirst dich in furchtloser Schönheit erheben
Aus Angst vor dir ändern sie dein Gesicht
Aber wir erinnern uns an deine wahre Natur;
Erlangen deine Liebe zurück, Erlangen deinen Platz zurück

In den Schmutz gezogen, verwandelt und Hure genannt
Wenn du eine Hure bist, so bin ich es auch
Als Hure werde ich deine Tempelpriesterin sein
Und du wirst mir Flügel zum Fliegen geben

Das Blühen - Beltane

Erobere die Hure zurück und erhebe dich in Schönheit
Den Geist der Göttin tief in uns
Um unsere eigene göttliche Natur wissend
Wie können sie es wagen, unsere Leidenschaft Sünde zu nennen!

Niemand kann dich fesseln oder beherrschen
Eule voller Geheimnisse, fliege frei
Keine Ketten binden deinen hungrigen Geist
Mit dir an meiner Seite halten mich keine Ketten

Und wir werden uns in tobender Schönheit erheben
Um zu sein, was wir immer schon waren
Wenn wir eigenständig und gleichwertig sind
Werden wir Blodeuwedds Lied singen

Sie haben uns hier in stillem Zorn zurück gelassen
Dachten, dass sie das Spiel gewonnen hätten
Aber wir fordern unser altes Geburtsrecht zurück
Blodeuwedd wird sich wieder erheben

Und wir werden uns in nackter Schönheit erheben
Alles enthüllen, was wir zu geben haben
Lieben auf die Weise, die wir wählen
Entscheiden, wie wir leben wollen

Sie versuchen hübsche Blumen aus uns zu machen
Verleugnen unsere Krallen, verleugnen unsere Macht
Aber wir müssen unsere Wahrheit und unsere Freiheit fordern
Um die Eule zu wählen, um die Blume zu wählen

Und wir werden uns in kraftvoller Schönheit erheben
Uns Blodeuwedds Ruf hingeben
Sie zieht uns zum Pfad des Mondlichts
Auf Eulenschwingen müssen wir lernen zu fliegen

Keiner hat das Recht uns zu verletzen,
uns mit Schimpf und Schande zu belegen, uns zu missbrauchen
*   und zu entstellen*
Nennt uns Hexen, nennt uns Schlampen,
fordert die Eule zurück, fordert die Hexe zurück!

Und wir werden uns in voller Schönheit erheben
Denn wir haben den Ruf des Blumengesichts gehört
Unsere Körper glühen mit unserer Leidenschaft
Eulen und Blumen, Priesterinnen sind sie beide!

Jaqui Woodward-Smith, 25/26. November 2003

Verwende Blumen und Knospen und binde sie zusammen, um damit Abbilder der Blumen-Göttin für deinen Altar und Zeremonien zu gestalten. Mach Blumenkränze. Wenn möglich, sammle alle neun Blumen und Knospen zusammen, die im Hanes Blodeuwedd beschrieben werden. Wandere in der Dämmerung still unter Bäumen und in den Feldern und kommuniziere mit Blodeuwedd der Eule.

Olwen vom weißen Pfad

Olwen vom weißen Pfad ist die Maikönigin und Königin des Mai und der Weißdornbüsche. Ihre Blütezeit beginnt zu Beltane und den ganzen Mai hindurch blüht sie in Kaskaden von winzigen, weißen und rosa Blüten in den Hecken. Ihr Vater ist Yspaddaden Penkawr, der Riesen-Weißdorn, von dem es heißt, dass er der Anführer der Riesen sei und der jenen, die seine Tochter heiraten wollen, Aufgaben stellt. So wie in *The Ancient British Goddess* beschrieben, wurden Weißdornblüten im patriarchalischen Denken dämonisiert. Es hieß, dass sie einem Haus oder einer Kirche Unglück bringen, besonders im Monat Mai, aber Weißdorn ist die Blume der britischen Göttin der Sexualität und Sinnlichkeit. Zu Beltane gewinnen wir Olwen zurück und schmücken unsere Altäre und Tempel zu Ehren der Maikönigin und zur Feier ihrer Freuden und der Sexualität mit Weißdornblüten.

Elen von den Wegen

Zu Beltane ehren wir auch Elen von den Wegen, die Führerin, Wächterin und Beschützerin der Fährten ist, die vor langer, langer Zeit durch die Wälder führten, die nahezu die ganzen Inseln von Brigit bedeckten. Einst waren diese Fährten die einzigen Pfade im Wald, wo gefährliche Tiere lebten, und Elen war eine wichtige Hüterin und Schutzgöttin. In unseren einheimischen Wäldern kann sie immer noch gefunden werden. Wenn das Wetter besser wird, wandern wir durch die Haine und Wälder und halten Ausschau nach ihrem grünen Gesicht innerhalb und hinter den Zweigen und Blättern der Bäume.

Die Göttin der Liebe und Sexualität

Liebe ist ein großes Mysterium. Es liegt im Zentrum von allem, das für uns als menschliche Wesen bedeutsam ist. Es ist die Quelle unseres Glücks und wenn es verleugnet oder abgelehnt wird, die Quelle großen Schmerzes. Die Göttin der Liebe und Sexualität ist eine mächtige Göttin, die uns schnell zu den Pforten der Transformation bringt. Sie öffnet unser Herz für persönliche und universelle Liebe, und durch diese Öffnung enthüllen sich unsere Wunden, um geheilt zu werden. Sie kann uns in einem Augenblick in die Unterwelt hinunterbringen.

Lied für die Göttin der Liebe

Göttin der Liebe, singe für mich
Öffne mein Herz und mach mich frei
Nimm meinen Körper und heile mich
Göttin der Liebe, fülle meine Seele

Sophia Condaris

Als Frauen sind wir empfänglich für Liebe, egal ob sie in unserem Inneren ist, oder nach außen auf einen Liebhaber projiziert wird. Es liegt in unserer Natur, dass wir die Göttin als ein liebendes, sexuelles Wesen verkörpern wollen, und uns ihrer leidenschaftlichen Natur in uns hingeben, auch wenn wir gar nicht wissen, dass es das ist, was wir tun.

Viele Frauen tragen in sich bewusst oder unbewusst den Archetyp der heiligen Hure oder Dirne, die Priesterin der Liebe und Sexualität war, und innerhalb der Mauern eines Göttinnen-Tempels lebte. Als Priesterin würde sie das mystische und sexuelle Karuna der Göttin mit jedem teilen, der nach der Göttin sucht. Diese Großzügigkeit in der sexuellen Liebe ist immer noch ein vertrautes Gefühl für viele Göttinnen-Frauen und wir können diese Großzügigkeit von Geist und Körper in unserem Bewusstsein halten, auch wenn wir verheiratet und einer Liebe verpflichtet sind.

Unser Wesen umfasst beide Gesichter von Blodeuwedd, die Blume und die Eule, die liebliche, schöne Frau und die leidenschaftliche, ungezähmte Liebende. Wir sind wie Lilith und Eva im Garten Eden. Als Lilith, eine andere Eulengöttin, fühlen wir eine machtvolle Sexualität, die sich keinem Mann unterordnet und, wenn wir sie verleugnen, tobt und schreit oder in die Wüsten von Schmerz und Unterdrückung verschwindet. Als Eva entspricht es unserem Wesen, die Früchte vom Baum der Erkenntnis von Gut und Böse unseren Liebhabern anzubieten und so ihre wahrhafte Inkarnation ins Leben zu katalysieren. Sowohl in Eden als auch in Avalon ist der Baum der Erkenntnis ein Apfelbaum, mit seinem Kerngehäuse, das ein Pentagramm zeigt, in der Mitte. Dieses symbolisiert das Wissen der dunklen Göttin. Von der Bibel und vielen anderen patriarchalen Texten als Ursache für den Fall des Menschen aus einem Zustand der Unschuld dämonisiert, sind es wir Frauen, die unsere Liebhaber zum vollständigen Ausdruck der Liebe im Leben führen können.

Dennoch gibt es auch viele Schichten der Abwehr, die uns davon abhalten können, uns für das Geben und Empfangen von Liebe zu öffnen. Es sind die unbewussten Folgen von Missbrauch in diesem und vergangenen Leben, die Wunden, die unserem Körper, unseren Emotionen und unserem Geist zugefügt wurden, und die wir oft unser ganzes Leben hindurch tragen. Es kann leicht sein, dass wir 40 Jahre und länger damit verbringen, die Auswirkungen dieses Karmas auf unsere liebende Natur und unseren sexuellen Ausdruck zu entwirren.

In meinem eigenen Leben sehnte ich mich als junge Frau danach, zu lieben und geliebt zu werden. Ich liebte es, mich zu verlieben. Ich liebte die Spannung und Erregung durch die Berührung eines Liebhabers, die meinem Leben Leuchtkraft und Bedeutung gaben. Ich war verliebt ins Verliebt-Sein. Wenn die starke Liebe, die ich in jeder Pore meines Körpers spürte, abgelehnt oder nicht geehrt wurde, konnte ich es einfach nicht glauben. Jedes Mal, wenn eine Beziehung endete, war ich am Boden zerstört durch den Verlust, den ich fühlte. Wie konnte diese Person nicht dasselbe fühlen wie ich? Wie konnte sie diese wunderbare Liebe, die wir erlebt hatten und von der ich wusste, dass sie wirklich war, zurückweisen? Hatten sie es nicht auch gefühlt? Wir waren einander so nahe gewesen, als wir Liebe machten, oder nicht?! Viele Male wurde ich durch die Liebe und ihren Verlust zu den Toren der Unterwelt geführt, wo ich unglücklich und unbewusst in die Tiefe sprang. Dort verweilte ich monatelang bis ich langsam wieder herauskletterte und versuchte wieder zu lieben. Die Beziehungen mit den Männern, von denen ich mich angezogen fühlte, funktionierten nicht und die längste Zeit, die ich tatsächlich mit irgendjemandem zusammen war, waren zwei Jahre.

In meinen Dreißigern ging ich zur Therapie und begann, meine tiefen Gefühle zu entwirren. Ich stellte den exakten Moment fest, in dem ich mich in einen Mann verliebte. Es war, wenn er in meinen Körper eindrang und ich mich im Orgasmus hingab. Zu dieser Zeit wusste ich nicht, dass die Göttin in mir war, wenn ich Liebe machte. Es fiel mir einfach leicht, mich hinzugeben und ich dachte, dass es der Mann wäre, mit dem ich zusammen war, der mir diese glückselige Erfahrung bescherte. Unglücklicherweise wusste ich nicht, dass mein Liebhaber nicht unbedingt dasselbe fühlte wie ich. Ich verliebte mich in eine Reihe unpassender Männer, die sich nicht in mich verliebten.

Die Göttin begann sich mir bemerkbar zu machen und ich hörte wie meine Tochter nach mir rief, damit ich ihre Mutter werde. Ich war 33 Jahre alt. Ich hatte keinen festen Freund, keinen dauerhaften Liebhaber, aber ich entschied mich, mein Schicksal in die Hände der Göttin zu legen. Ich hörte auf die Pille zu nehmen und bat die Göttin, den Vater meines Kindes zu mir zu bringen. Unglücklicherweise bat ich nicht darum, dass er auch mein Partner sein sollte. Im Laufe der nächsten sechs Monate machte ich mit einigen verschiedenen Männern Liebe, bevor der Vater meiner Tochter auftauchte. Ich verliebte mich in ihn, als wir Liebe machten. Sechs Wochen später war ich schwanger, obdachlos, arbeitslos und auf mich selbst gestellt. Wieder einmal war ich mit gebrochenem Herzen am Boden zerstört. Mein Gefühl war, dass ich diesem Mann eines der größten Geschenke gegeben hatte, die eine Frau geben kann, nämlich der Vater meiner Kinder zu sein, und dass er unfähig war, mein Geschenk anzunehmen.

Das Blühen - Beltane

Im Laufe der folgenden sieben Jahre lernte ich viel über die Tiefen der Liebe und die Tiefen der Unterwelt. Ich gebar zwei wundervolle Kinder, die ich seit dem Anbeginn der Zeit über alles geliebt hatte, aber ich war mit ihnen alleine und gelangte an meine emotionalen und mentalen Grenzen. Als ihr Vater kam und ging, wurde meine ganze Panzerung abgestreift und ich stieg für lange Zeiträume in die schattenhafte Unterwelt. Verloren in ihren Tiefen blickten mich die Richter, die dort weilen, an und fanden mich mangelhaft. Das Auge des Todes wurde auf mich gerichtet. Stöhnend saß ich mit Ereschkigal, der Königin der Unterwelt, in ihrem Kummer. Ich hing drei Tage und Nächte lang ohne Lebenszeichen verwesend an einem Haken an der Wand ihres Palastes. In diesem Palast der Dunkelheit ging ich immer weiter hinunter, tiefer und tiefer in die Depression, bis ich schließlich den Grund erreichte und hindurchbrach.

Dort fand ich unter den Schichten uralten, felsigen Widerstands den Fluss der Kreativität, der tief unter der Unterwelt fließt. Ich tauchte hinein und trank von seinen Wassern. Durch die Gnade der Göttin gelangte ich mit dem Fluss zurück an die Oberfläche der Mittelwelt. Ich brachte die Früchte meiner Reise mit und eine Verbindung zum Fluss, die mich niemals verließ.

Ich erkannte, dass ich in meinem Leben immer von der Liebe mitgerissen wurde, und dass ich mich immer selbst verleugnete, um Liebe zu bekommen. Ich erkannte, dass ich eine Wahl hatte, wenn es darum ging, verliebt zu sein. Ich musste meinem starken Gefühl von Sehnsucht nicht folgen, wenn ich es nicht wollte. Ich konnte die Erfahrung, mich durch meinen Orgasmus zu verlieben, durchschauen. Wenn ich jetzt Liebe machte, wusste ich, dass die Göttin in mir war, und das waren mein Geheimnis und meine Freude als Frau.

Um Liebe von jenen zu bekommen, in die ich mich verliebte, hatte ich immer tiefgestapelt, mich kleiner gemacht als ich wirklich bin. Wenn ich jemand Neuen traf, sah ich seine Seele und ignorierte die Realität dessen, wer er wirklich war. Ich projizierte all meine Hoffnungen und Sehnsüchte auf meinen Liebhaber, und war überrascht, wenn er ihnen nicht entsprechen konnte. Sobald ich fähig war, meine Projektionen zurückzuziehen und hören und sehen konnte, wer er wirklich war, war ich frei von meiner packenden Sehnsucht, die wollte, dass er anders sei, als er war. Sobald ich sah, wer er wirklich war, wusste ich, dass er nicht die Person war, mit der ich zusammen sein wollte.

Ich beschloss, mich niemals wieder der Liebe wegen selbst zu verleugnen und wenn nötig für den Rest meines Lebens alleine zu bleiben, wenn es das war, was die Göttin wollte. Ich wurde sehr kreativ und lebte mein Leben weiter. Ich bat die Göttin, den perfekten Partner zu mir zu bringen, wenn sie es wollte. Ich schrieb meine Anforderungen an ihn auf eine Liste und heftete sie an meine Küchenwand, damit ich sie sehen konnte, wenn er zufällig vorbei kam. Einige Jahre später brachte sie meinen perfekten Partner Mike zu mir. Er spielte Musik für eines der heiligen Dramen, die ich mitverfasst hatte, und wir sind seither immer zusammen. Wir lernen gemeinsam durch unsere Unvollkommenheiten und Sehnsüchte über das Leben und die Liebe.

Sexuelle Vorlieben

Ich glaube nicht, dass es der Göttin der Liebe etwas ausmacht, ob wir heterosexuell oder homosexuell oder irgendetwas dazwischen sind. Sie möchte, dass wir Liebe in vielen Formen erleben, ohne Schaden zuzufügen oder zu erleiden, und was immer das für uns bedeutet, ist aus ihrer Sicht gut. In Teilen der Göttinnen-Bewegung wurde behauptet, dass nur lesbische Frauen wirklich die intime Liebe der Göttin erleben können, weil sie von zwei göttinliebenden Frauen geteilt wird. In Teilen der heidnischen Gemeinschaft wird geglaubt, dass die Göttin nur dann vollkommen erfahren werden kann, wenn sie durch den Gott in männlicher Gestalt zum Leben erweckt wird. Das sind aber nur unterschiedliche Arten die Göttin zu erleben und keine davon ist besser als die andere. Sie fordert uns auf, unserem innewohnenden Wesen treu zu sein, zu sein wer wir sind. Das kann heißen, dass wir leidenschaftliche Geliebte sind, heilige Huren, maskuline Lesben, monogame Partnerinnen, Jungfrauen, Marketenderinnen oder jede Menge anderer Ausdrücke, die alle nicht zutreffend beschreiben, wer wir sind. Die Göttin möchte, dass wir sexuell authentisch sind, geheilt von unseren durch Missbrauch und Konditionierung erzeugten Wunden.

Sex haben und Liebe machen

Sex haben und Liebe machen sind zwei verschiedenartige Erfahrungen, die beide zur Göttin der Liebe gehören. Die moderne Kultur, Magazine, Fernsehprogramme und Filme ermuntern uns dazu, freizügig und oft Sex zu haben und unsere sexuellen Energien ohne Liebe oder Bindung auszuleben. Sex ist eine Ware, die nach Bedarf gegeben oder genommen, ja sogar gekauft und gewinnbringend verkauft werden kann. Die Medien und unsere Computerbildschirme strotzen vor Pornographie mit ihrem visuellen Kitzel, die sowohl Frauen als auch Männer entmenschlicht.

Die sexuelle Revolution, die in den 1960ern begann, brachte den Frauen sexuelle Freiheit und befreite sie von unerwünschten Schwangerschaften. Sie hat uns nicht unbedingt glücklicher oder unsere Beziehungen erfüllender gemacht, aber dankenswerterweise hat sie uns die Erlaubnis gegeben, unglückliche Beziehungen zu verlassen. Immer mehr Menschen leben heute alleine, ohne Partner. Es scheint schwieriger als jemals zuvor geworden zu sein, die richtige Frau oder den richtigen Mann zu finden. Wir schließen oft auf unsere Kosten Kompromisse, um uns begehrt zu fühlen, und haben One-Night-Stands oder geben uns mit unbefriedigenden Beziehungen zufrieden. Sex zu haben kann Spaß machen, führt aber oft dazu, dass wir uns benutzt, schmutzig, kalt, beschämt, isoliert, verlassen und alleine fühlen.

Liebe machen auf der anderen Seite, schließt ein, dass wir uns während des Sexualaktes der Liebe auf eine Art hingeben, die wirklich Liebe erzeugt, sowohl in unseren Beziehungen, als auch in der Welt als Ganzes. Wenn wir Liebe machen, teilen wir unsere Vertrautheit, unsere Verletzlichkeit und die Zärtlichkeit unserer offenen Herzen. Wenn wir Liebe machen, erhöhen wir die verfügbare Menge an Liebe in der Welt (Ich hielt das immer für einen wunderbaren Grund, oft Liebe zu machen). Es ist unser Geburtsrecht als Frauen, die Liebe der Göttin zu teilen, während wir Liebe machen. Wir haben die Fähigkeit, die Göttin in unserer Sexualität bewusst zu verkörpern und das führt uns dazu, dass wir ihre essentielle Energie auf kraftvolle, mystische Weise erleben. Wir machen Liebe, indem wir uns der Göttin immer mehr hingeben und sie während des Sexualaktes verkörpern, indem wir ihr erlauben, unseren Körper zu betreten und gegenwärtig zu sein. Wir schenken ihre Gegenwart unseren Liebhabern, und schenken ihnen damit die Erfahrung ihrer Essenz.

Tantrischer Sex

Tantra bedeutet Verkörperung des Göttlichen und tantrischer Sex ist eine Form der Sexualität, bei der wir das Göttliche verkörpern, während wir Liebe machen. Im Buddhismus, der trotz seiner wohlwollenden Erscheinung immer noch eine der größten patriarchalen Religionen der Welt ist, ist tantrischer Sex ein Teil der höchsten Initiationen, sowohl tatsächlicher Sex, als auch Visualisierungen davon. Es ist erforderlich, dass Mönche, die viele Jahre lang fern von Frauen in männlichen Gemeinschaften gelebt haben, real und in ihrer Vorstellung mit unschuldigen und verletzlichen, jungen Frauen Liebe machen. Das beste Alter der Frauen dafür soll 16 Jahre sein. Die jüngere Frau spielt eine passive Rolle im Initiationsprozess des Mönches. Dies scheint eine Fortführung einer uralten patriarchalen machtausübenden Agenda zu sein, in der die Bedürfnisse der Frauen der männlichen Erfüllung untergeordnet werden. Eine junge Frau mag Schönheit und Jungfräulichkeit auf ihrer Seite haben, aber sie hat keine emotionale Reife und keine Verständnis ihrer eigenen Sexualität. Üblicherweise verstehen Frauen ihre sexuellen, spirituellen Kräfte erst vollständig, wenn sie herangereift sind.

Das Ziel des Mannes ist es, die Energie seines Orgasmus ohne physischen Ausdruck zu kontrollieren, und sie stattdessen zurück in seinen eigenen Körper hochzuziehen, wo sie sich einen Weg durch den zentralen energetischen Kanal des Shushumna bahnt und jede interne Energieblockade durchbricht. Der Mann zielt nach Erleuchtung für sich selbst, was ein ausgesprochen selbstsüchtiger Akt ist. Die junge Frau, die an dieser sexuellen Erfahrung teilnimmt, ist nur ein Medium für die Erleuchtung des Mönches. Sie erhält keinerlei Anleitung, wie sie ihre eigene Erleuchtung durch Sexualität anstreben kann. (siehe: *Traveller in Space: In Search of Female Identity in Tibetan Buddhism*, von June Campbell, George Braziller)[2].

Liebe zu machen ist eine der kraftvollsten spirituellen Erfahrungen im Körper, die menschliche Wesen machen können. Sie öffnet uns für die Energie und die Weite des Göttlichen. Viele Menschen können diesen glückseligen Raum erreichen, wenn sie zum Orgasmus kommen, aber sie wissen nicht, was es ist, oder wie sie sich damit zu anderen schöpferischen Plätzen bewegen können. Als Frauen, die die Göttin lieben, liegt es in unserer Verantwortung, so wie in allen anderen Bereichen, in denen die Göttin verleugnet wurde oder verlorengegangen ist, unsere Sexualität als eine heilige Aktivität zurück zu erlangen. Eine Aktivität, die uns sowohl physische und emotionale Befriedigung, als auch spirituelle Befreiung und Erleuchtung für uns selbst und die Menschen, mit denen wir Liebe machen, bringen kann.

Wenn wir Liebe machen, rufen wir aktiv die Göttin in unseren physischen Körper und geben uns der Göttin in uns hin, so dass wir sie verkörpern und ihre Energie empfangen und übertragen. Wir nehmen die Göttin in unseren eigenen Körper und unser Wesen auf und drücken sie für unseren Liebhaber aus. Diese völlige Hingabe und Energieübertragung können Erweiterung des Bewusstseins und Befreiung für beide Partner bringen. Anstatt rein physische Techniken zur sexuellen Befriedigung zu lernen, ist es mein Rat, dich der Gegenwart der Göttin in deinem Körper hinzugeben und dir von ihr mitteilen zu lassen, wie du ihre Energie halten und übertragen kannst, um dich und deinen Partner zu entzücken, zu befriedigen und zu beleben.

Sexuelle Wunden heilen

Eines der Dinge, die mir während der Jahre aufgefallen sind, in denen ich Frauen und Männer über die Göttin und über Heilung gelehrt habe, ist es, dass viele Menschen, die sich zur Göttin und dem spirituellen Weg hingezogen fühlen, in ihrer Kindheit und/oder ihrem Erwachsenendasein sexuell und emotional missbraucht worden sind. Die große Mehrheit davon von Männern, obwohl auch einige von Frauen missbraucht worden sind. Manche könnten behaupten, dass die Hinwendung zur Göttin nur eine negative Reaktion auf die schädlichen Wunden, die durch Männer verursacht wurden, ist und keine wahrhafte spirituelle Richtung aus eigenem Recht. Ich bestreite diese Behauptung.

So wie ich es verstehe, hat die Missbrauchserfahrung sowohl persönliche als auch kollektive Ursachen. Wir werden oft missbraucht, wenn wir jung und verletzlich sind, und völlig außerstande uns vor unseren Peinigern zu schützen. Wir sind in keiner Weise an unserer Erfahrung schuld, aber die körperlichen und seelischen Auswirkungen dieser Übergriffe haben weitreichende Folgen, die die Form unseres gegenwärtigen Lebens bestimmen. Es gibt eine Ursache hinter diesen Erfahrungen, die in unser zukünftiges Geschick hinausreicht. Die Heilung dieser Wunden ist oft eine lebenslängliche Reise, weil unser Selbstwertgefühl und unser Selbstvertrauen durch den Missbrauch bis ins Mark verwundet sind.

Im Laufe der letzten zwanzig Jahre wurde eine Epidemie von sexuellem, emotionalem und körperlichem Missbrauch ans Licht gebracht, die über jede

Das Blühen - Beltane

Vorstellungskraft hinaus schockiert. Der Missbrauch wurde von jenen verübt, die uns am nächsten stehen, und die sich gegenüber uns Kindern in Machtpositionen befanden – unsere Väter, Großväter, Onkel, Brüder, männliche Freunde, Baby-Sitter, Liebhaber, Priester, Ärzte, professionelle Kinderbetreuer, etc., und gelegentlich von unseren Müttern, Tanten, Schwestern und Betreuerinnen. Das Versöhnliche daran ist, dass in dieser Generation erstmals Menschen laut über den erlebten Missbrauch sprechen und die Täter vor Gericht bringen. Sie enthüllen, was einst hinter verschlossenen Toren verborgen war und beginnen den langen Prozess gemeinschaftlicher und generationenübergreifender Heilung. Nahezu alle Täter wurden selbst missbraucht und es ist wichtig, dass wir beim Aufdecken der Schichten unseres eigenen Missbrauchs und dem Freisetzen unserer Wut und unseres Schmerzes davon absehen, unsere missbrauchten Missbraucher völlig zu dämonisieren. Missbrauch durch Hass zu ersetzen ist keine Lösung.

Es ist sehr wichtig, dass wir über unsere sexuellen und emotionalen Wunden sprechen, die oft unter Schichten des Vergessens begraben sind. Wenn wir über unsere Erfahrungen sprechen, und unsere Emotionen von Schmerz, Trauer, Wut und Angst aussprechen, beginnt die Heilung. Wir bitten die Göttin uns sanft zu unseren Erinnerungen zu führen, und uns zu helfen, diese am tiefsten verwundeten Stellen zu heilen. Die Energie, die es uns kostet, den Schmerz des Missbrauchs zu verhüllen, ist enorm, aber wenn sie freigesetzt ist, steht sie uns zur Verfügung und kann in einen gesunden Lebensstil, gesunde Beziehungen, Liebe und Kreativität kanalisiert werden.

Als Menschen, die die Göttin lieben, wenden wir uns zurecht von männlichen Verhaltensweisen ab, die angeborene Überlegenheit über Frauen beanspruchen, welche deswegen ungestraft missbraucht werden können, und die unsere Familien, Freundinnen und Priesterinnen-Schwestern geschädigt haben. Wir wenden uns dem mitfühlenden Antlitz der Göttin zu, die uns in all unserem Schmerz und unserem Leiden liebt. Ihre Stärke ermöglicht es uns, die Wut, die wir auf unsere Missbraucher haben, auf ungefährliche Weise heraus zu lassen. Wir lieben die Göttin dafür umso mehr. Genauso wie unsere schreckliche Lebenswunde, ist Missbrauch auch der Katalysator, der uns zu den Pforten des Tempels der Göttin und zur Heilung führt, die hier und jetzt die Serie von Leben voller Missbrauch in den Familien beendet. Ich hatte das großartige Privileg zu sehen, wie viele Frauen und Männer sich entschieden haben, das Karma von Missbrauch in ihrer Familie zu beenden, ihren Schmerz zu enthüllen und sich ihm zu stellen, ihre Wunden zu heilen und sich in ein erneuertes Leben mit der Göttin weiterzubewegen.

Unseren Körper lieben

Missbrauch jedweder Art führt oft dazu, dass wir uns für unseren Körper schämen oder ihn sogar hassen, für das Leiden, dass er durchgemacht hat. Auf der Reise zur Heilung, beginnen wir damit, unsere Körper wieder so zu lieben, wie wir es taten, bevor sie missbraucht wurden. Aber sexueller Missbrauch ist nicht die einzige Ursache für Unbehagen über unseren Körper. Wir leben in Gesellschaften, in denen der Missbrauch von Frauen und ihren Körpern vorherrscht. In unseren Kulturen werden die Normen für die Figur und das Aussehen von weiblichen Körpern durch männliche Sexualphantasien und das geheime Einverständnis der Frauen beim Erhalt dieser Phantasien vorgegeben. Auf dem Laufsteg werden jugendliche, magersüchtige Mädchen als Normalform für alle Frauen idealisiert. Sie sehen oft aus wie pubertierende Jungen, die von homosexuellen männlichen Modedesignern sehr bewundert werden. Magazine, Zeitschriften, Filme und Fernsehen zeigen Frauen mit riesigen Brüsten, Pos und Lippen, die durch Implantate und Injektionen, oftmals giftiger Substanzen, vergrößert werden. Frauen investieren große Mengen von Zeit, Energie und Geld in den Versuch, die richtige Figur, die richtige Nase, den richtigen Mund oder das richtige Kinn zu haben und scheitern daran.

Die Göttin ruft uns dazu auf, unsere Körper so zu lieben, wie sie sind, groß oder klein, anmutig oder ungelenkig, schwabbelig oder kurvenreich, mit allen unseren physischen Unvollkommenheiten. Sie fordert uns auf, unseren Körpern, die unser Heim in dem wir auf der Erde leben sind, dankbar zu sein. Sie ruft uns auf, gute energiereiche Nahrung zu essen, reine Luft zu atmen, sauberes Wasser zu trinken, zu trainieren und gesund zu sein. Unser Körper ist der Erdentempel, in dem unser Geist wohnt und wir müssen uns um diesen Tempel kümmern, genauso wie um jeden anderen physischen Tempel der Göttin. Alles, was unseren Körper missbraucht, missbraucht unseren Geist, und wir alle sind dafür verantwortlich für unseren Körper zu sorgen.

> *Stelle dich nackt vor einen Spiegel. Gestatte dir deinen Körper liebevoll und mitfühlend anzusehen; seine Formen und Kurven, seine Schwellungen und Dellen, seine Narben und Unvollkommenheiten, seine Zeichen des Alterns, die alle deinen Lebensweg kenntlich machen. Sieh die Göttin oder den Gott in menschlicher Form inkarniert vor dir stehen und erweise ihr oder ihm auf angemessene Weise Ehrerbietung und Zuneigung. Liebe dich selbst so wie du bist.*

Die Blutmysterien der Frauen

Als Frauen hat unser Sinn für das Heilige seine Grundlage in unserem eigenen Körper. Von der Menarche bis zur Menopause sind wir durch die Zyklen unserer Menstruation aufs Engste mit dem Kreislauf von Schöpfung, Bewahrung, Tod und Wiedergeburt verbunden. In einem monatlichen Kreislauf werden wir fruchtbar und haben einen Eisprung. Dann geben unsere Eierstöcke ein reifendes Ei frei. Wir machen Liebe mit unseren Männern und wenn das Ei befruchtet wird, wandert es durch den Eileiter hinunter in den Schoß, wo es

Das Blühen - Beltane

sich in die verdickte Auskleidung einnistet. Die befruchtete Eizelle teilt und vermehrt sich und wenn alles gut geht, gebären wir neun Monate später ein wunderbares, neues Baby. Es ist das Wunder des Lebens. Wenn das Ei nicht befruchtet wird, werden zwei Wochen später das Ei und die verdickte Auskleidung des Schoßes während unserer Mondzeit, unserer Blutzeit, als Menstruationsblut freigegeben und dann beginnt der Kreislauf von Neuem.

Der Zyklus der Menstruation wird von machtvollen Hormonen gesteuert, die in geregelten Mustern freigegeben werden, und nicht nur die Kraft haben, neues menschliches Leben zu erschaffen, sondern auch starke emotionale, seelische und kreative Auswirkungen auf unser persönliches weibliches Leben haben. Innerhalb jedes Monats werden wir durch einen Mini-Kreislauf von Leben und Tod geführt. Zur Zeit des Eisprungs ruft die schöpferische Göttin und unsere sexuellen Säfte steigen stark an. Wir gehen aus uns heraus, wir werden extrovertierter. Unbewusst ziehen wir Teile unserer Kleidung aus und entblößen unsere Haut und unseren natürlichen Geruch. Wir signalisieren damit, dass wir fruchtbar sind und Liebhabern zur Verfügung stehen. Unsere Kreativität in der äußeren Welt ist auf einem Höhepunkt, wir sind offen und kommunikativ. Wenn unsere fruchtbaren Tage vorübergehen, ziehen wir uns im Laufe der folgenden zwei Wochen etwas zurück und werden zu unserer Menstruation hin introvertierter. Wir wenden unser Gesicht der dunklen Göttin zu und können launisch, bekümmert und feindselig werden. Die prämenstruelle Spannung steigt an. Die Göttin fordert uns auf zu reagieren, unsere Gefühle auszudrücken, aus ihrer Dunkelheit zu kreieren. Wir drücken ihre Energie aus, während unser Blut zur Erde fließt und fühlen Erleichterung von einem inneren Druck. Wir schlafen, wir träumen die Zukunft, wir empfangen Visionen. Wir werden wieder ruhig.

An welcher Stelle deines menstruellen Zyklus bist du? Schreibe dir mindestens drei Monate lang in deinem Tagebuch auf, an welchem Zyklustag du dich befindest und wie du dich an jedem Tag fühlst, was du anziehen möchtest, wann du kreativ bist und dich selbst ausdrückst. Ziehe dich vor deiner Menstruation so weit wie möglich aus deinem üblichen Leben zurück und male, schreibe, nähe, forme Ton, ruhe, schlafe, träume deine Zukunft. Achte darauf, was passiert, wenn du im Einklang mit der Göttin und dem inneren Zyklus deines Körpers lebst.

Erst nachdem ich die Menopause hinter mir hatte, erkannte ich was für einen großen Einfluss Östrogen in meinem Leben gehabt hatte. Über dreißig Jahre lang schaukelte ich jeden Monat auf einer emotionalen Achterbahn hin und her, wobei man mir oft sagte, ich sei zu emotional und fühle alles zu tief. Nach und nach lernte ich im Laufe der Jahre mit meinem menstruellen Zyklus zu arbeiten und seine Energie durch Kreativität zu zäumen und auszudrücken. Nun, da diese Stürme vorüber sind, bin ich wesentlich weniger emotional als ich es war, und manchmal vermisse ich die Intensität der Gefühle, die ein normaler

Avalon - Erste Spirale

Teil meines Lebens waren, obwohl manchmal auf dem Weg zu meinem Dasein als Greisin etwas anderes auftaucht.

Es sind mittlerweile viele Bücher darüber geschrieben worden, wie wir unseren menstruellen Zyklus ehren können und ich werde hier nicht detailliert all die Wege beschreiben, auf die wir unsere Blutzyklen ehren können. Als Priesterinnen nehmen wir die von der Göttin gegebenen Zyklen unserer Menstruation wahr und ehren sie. Als Priester ehren wir diese Zyklen in den Frauen, mit denen wir zusammen sind und die wir treffen. Als Frauen bemerken wir, wie sich unsere Zyklen aneinander angleichen, wenn wir in einem gemeinsamen Kreis arbeiten. Wir achten darauf, wie wir uns mit den Mondzyklen synchronisieren, ob wir zu Neumond oder Vollmond den Eisprung haben oder bluten. Wenn wir geweihte Landschaften betreten, bluten wir oft unerwartet. Ich habe den Überblick über die Anzahl an Frauen verloren, mich selbst eingeschlossen, die plötzlich zu bluten begannen, wenn sie in Glastonbury ankamen, wenn sie an einer Zeremonie teilnahmen, wenn sie durch das Labrynth am Tor gingen. Die Göttin spricht zu uns durch unser Blut und fordert uns auf, wahrzunehmen, was zu dieser Zeit passiert. Unsere Körper stehen mit der Göttin in Verbindung, auch wenn unser Verstand gerade mit anderen Dingen beschäftigt ist.

Eines der größten Geheimnisse unserer Menstruation, das wir als Frauen lernen, ist die Kraft unseres Mondblutes, wenn wir mit unserem Partner Liebe machen. Das Menstruationsblut ist der heilige rote Met der Feenkönigin Mab. Es ist das Elixier des Lebens, nach dem all die Weisen suchen. Anstatt es zu vermeiden Sex zu haben, wenn wir bluten, ist dies die Zeit in der unsere Partner die beste Gelegenheit haben, zu erleben, wie die Göttin sich in physischer Form inkarniert. Es ist die Zeit, zu der sie in unseren Körpern und in unserem Blut ist.

Mache Liebe, während du blutest.

Als Priesterinnen von Avalon erschaffen wir Zeremonien, die all diese Übergänge des Blutes ehren und führen sie durch, ebenso wie andere Übergangszeremonien. Wir können auch männliche Übergangsriten leiten, wo es angemessen ist. Wir ehren die jungen Frauen, wenn sie ihre Menarche erreichen und das erste Mal bluten. Dies ist das Zeichen, dass ihre Phase als fruchtbare Frauen beginnt. Wir ehren junge Männer, die ihre Pubertät erreichen, mit männlichen Übergangszeremonien. Wir feiern den Übergang ins Erwachsenendasein mit jungen Frauen und Männern in ihren späten Teenager-Jahren. Wir feiern heilige Hochzeiten, Handfastings[3], Geburten, Namensgebungen, alle Übergänge im Leben, die die Menschen kenntlich machen wollen. Wir ehren die Veränderung im Leben, die als Midlife-Crisis bekannt ist, und Veränderungen in der Ausrichtung des Lebens bringt. Wir ehren die Menopause der Frauen, wenn der Blutfluss verebbt, wir ehren unsere Reife als Königinnen und Könige, wir ehren die Greisin und den Weisen und wir ehren die Ältesten, die aus unseren Gemeinschaften hervorgehen. Siehe dazu das Kapitel über Zeremonien weiter hinten.

Göttin und Gott – das Gleichgewicht der Geschlechter

Ich werde oft gefragt, warum ich nicht genauso wie über die Göttin auch über den Gott lehre, wenn ich wirklich daran interessiert bin, eine Welt zu schaffen, in der Gleichgewicht zwischen den Geschlechtern herrscht. Meine erste Antwort darauf ist es, dass ich mich dazu nicht berufen fühle. In diesem Buch und in meiner ganzen Arbeit, konzentriere ich mich darauf, die Wahrnehmung der Göttin als eine fortwährende, schöpferische, zerstörende, großzügige, mitfühlende, alles umfassende, liebende, heile Gottheit wieder ins menschliche Bewusstsein zurückzubringen. Ich habe viele Jahre damit zugebracht, alte Bräuche, Folklore, Landschaften, Archäologie, Namen und heutige Göttinnen zu erforschen und zu erinnern und dabei erlebt, wie ich die Göttin in meinem eigenen Leben und für andere zum Leben erweckt habe. Die Göttin war für über 4.000 Jahre abwesend von unseren westlichen Gesellschaften und es ist meine Bestimmung so gut ich es kann mitzuhelfen, sie zurück ins Leben zu bringen. Besonders am Herzen liegt mir, wie sich die Göttin auf Brigits Inseln und auf der Insel Avalon ausdrückt, und andere dazu zu ermutigen die Göttin in ihren eigenen Heimatländern zu finden.

Gott und die von Männern geschaffenen Religionen hatten die letzten 4.000 Jahre lang einen guten Lauf, man sollte meinen, das wäre genug Zeit gewesen, um uns eine klare Vorstellung davon zu geben, wer er ist. Im Großen und Ganzen sind sie darin gescheitert, die wahre Natur des Gottes als eines weisen, liebenden und mitfühlenden Wesens auszudrücken und haben es bevorzugt, ihn nach ihrem eigenen Abbild als patriarchalen und wertenden Krieger darzustellen. Genauso wie es nötig ist, die Göttin und ihr Wesen in der Gegenwart fortwährend zu erforschen und zu erinnern, so glaube ich, dass es auch notwendig ist, dass der Gott und sein Wesen denselben erlösenden Prozess durchlaufen. Ich glaube, dass dabei Männer die Hauptrolle übernehmen müssen, so wie es Frauen waren, die die Hauptrolle dabei übernommen haben, die Göttin zu rehabilitieren.

„Ah, aber was ist mit der Balance", höre ich euch rufen,
„Es muss doch ein Gleichgewicht zwischen Göttin und Gott geben."

Dieser Ruf nach Gleichgewicht ist eine große Illusion. Verwenden wir eine Waage als Analogie. Zwei Gegenstände scheinen im Gleichgewicht zu sein, wenn in den Waagschalen auf jeder Seite das gleiche Gewicht liegt. Demzufolge müssen wir die Göttin und den Gott gleichermaßen ehren, wenn wir ein Gleichgewicht erreichen wollen, oder?! Das Gleichgewicht zwischen den Dingen hängt aber auch davon ab, wo der Gleichgewichtspunkt jedweder Waage liegt. In diesen Zeiten ist der Gleichgewichtspunkt extrem zugunsten des Männlichen als Gottheit und des Männlichen in der Kultur verschoben. Das zunehmende Interesse an der Göttin macht kaum einen Eindruck auf die Mächte des Patriarchats, aber der Schrei von „*Wir müssen im Gleichgewicht sein*", ertönt wo immer die Göttin alleine verehrt wird.

Wovor haben wir denn so große Angst, was passieren könnte, wenn sie alleine gefeiert wird? Die Hauptangst scheint mir zu sein, dass Frauen Macht auf dieselbe Art gebrauchen könnten, wie es die Männer getan haben, nämlich um Macht über Männer und andere Frauen zu haben. Das ist so trotz all der Belege, die darauf hinweisen, dass Frauen und Männer Macht unterschiedlich handhaben. Frauen sind von Natur aus einschließend und wollen nicht den Eindruck machen, dass sie irgendjemanden ausschließen, ganz besonders nicht ihre Männer. Aber die Göttin zu verehren bedeutet nicht, die Männer auszuschließen. Es ist eine alle umfassende Praxis, bei der göttinliebende Männer in ihrer Runde willkommen sind. Die Göttin schließt alle in ihrer Liebe ein. Ich nenne mich gerne unbalanciert, wenn ihr darauf besteht, und werde es sein, bis sich die Welt wieder ins Gleichgewicht gebracht hat.

Wenn Menschen die Göttin und den Gott gemeinsam feiern, entdecken wir oft, dass die gleichen alten patriarchalen Systeme unter dem Deckmantel des Gleichgewichts immer noch vorherrschen. Die Ausrichtung auf gleichwertige Gottheiten bedeutet tatsächlich, dass es wenig Zeit und Raum dafür gibt, zu untersuchen auf welche Weise die Spiritualität von Frauen innerhalb aller patriarchalen religiösen Systeme missachtet und untergraben wurde. Somit fehlen auch Zeit und Raum dafür, dass zu ändern. In vielen paganen Gruppen gibt es immer noch Machtstrukturen, mit der Hohepriesterin und dem Hohepriester an der Spitze und den Novizen an der Basis. Es gibt dieselben alten Stufen und Grade der Einweihung zu erklimmen, wie in jedem kommerziellen Unternehmen. Es gibt Initiationen, die immer noch die Frauen in Positionen bringen, in denen sie Männern sexuell zu Diensten stehen. Die Männer hingegen haben über sie Macht ohne emotionale Verantwortung. Diese Praktiken wurden während der sexuellen Revolution in den 1960ern und 70ern entwickelt, wo man uns davon überzeugte, dass freie Liebe uns glücklich machen würde, anstatt uns Gefühle von emotionalem Verlust, Geschlechtskrankheiten und unerwünschte Schwangerschaften zu bringen, die die Folge davon waren.

Viele Wicca-Traditionen wurden tatsächlich in den 1950ern von Gerald Gardner erfunden, der behauptete, dass er im New Forest in einen Zirkel der alten Religion initiiert worden war. Viele seiner Ideen stammen vom *Hermetic Order of the Golden Dawn*, Alistair Crowleys *Ordo Templi Orientis* und den Freimaurern. Gardner war mit Sicherheit kein erleuchteter Feminist, obwohl er die Göttin in weiblicher Form verehrt haben mag.

Ich werde auch oft gefragt, wie ich persönlich als göttinliebende Frau zu dem Gott stehe. Ich habe kein Problem mit dem Gott, nur damit, wie ihn patriarchale Institutionen darstellen. Meine Aufmerksamkeit gilt der Göttin und ich weiß, dass der Gott sehr glücklich damit ist, dass ich die Göttin liebe, weil es keinen Wettbewerb zwischen den beiden gibt. Nach meinem Verständnis gibt es

Das Blühen - Beltane

überhaupt keine Trennung zwischen Göttin und Gott. Die Göttin liebt immer den Gott und der Gott liebt immer die Göttin. Das ist einfach so. Alles andere ist ein menschliches Problem. Meine tiefste Erfahrung von ihm habe ich, wenn ich mit meinem Partner Liebe mache und in Ekstase ausrufe: „Oh mein Gott! Oh mein Gott!"

Beltane ist das hauptsächliche Jahreskreisfest der Göttin, an dem wir den Gott als befruchtende Kraft in unsere Zeremonien und Tempel einladen. Im Glastonbury Goddess Temple feiern wir seine Gegenwart zu Beltane, indem wir einen Maibaum aufstellen, um den wir tanzen und dabei weiße, rote, gelbe und schwarze Bänder miteinander verweben, die für die vier uralten Farben der Göttin als Jungfrau, Liebende, Mutter und Greisin stehen. Wir feiern die Vereinigung von Göttin und Gott in unseren menschlichen Beziehungen und segnen sie für das kommende Jahr und einen Tag. Traditionsgemäß werfen wir unseren Liebsten Apfelhälften über das Beltane-Feuer hinweg zu und springen gemeinsam über das Feuer, um unsere heilige Verbindung zu besiegeln.

Ich glaube, dass wahres Gleichgewicht und Gleichberechtigung der Geschlechter erreicht sein wird, wenn Frauen und Männer beide das Wesen der liebenden Göttin und des liebenden Gottes tiefgehend ergründet haben. Dann können wir zusammenkommen, um mehr von unseren Erfahrungen auf kreative und erfüllende Weise miteinander zu teilen.

Männer und die Göttin

Männer haben dasselbe Recht wie Frauen, die Göttin mit ihrem ganzen Herzen, Verstand und Sein zu lieben und ihr zu dienen. Die Göttin benachteiligt niemanden aufgrund seines Geschlechts. Sie liebt uns alle. Dennoch behaupte ich, dass dabei die Göttin zu ihrem rechtmäßigen Platz in der Welt zurückzubringen, Frauen durch das Erinnern von Frauengeschichte eine führende Rolle zu erfüllen haben. So wie die Göttin im Laufe der Zeitalter schlechtgemacht und vergessen wurde, so wurden und werden in den meisten Kulturen und Gesellschaften noch immer auch die Frauen schlechtgemacht und missbraucht. Wir haben ein persönliches Interesse daran, sie eifrig in eine patriarchale Welt zurückzubringen. Männer auf der anderen Seite haben *scheinbar* viel zu verlieren, wenn sie die Göttin und die Frauen ehren. Die Gewalten, die die patriarchale Welt den Männern gibt, müssen fortwährend durch Wettbewerb, Sieg und dadurch, der Konkurrenz voraus zu sein, gefestigt werden. Dadurch sind die Männer vom Rest der Menschheit abgetrennt. Auch die Männer sind auf der langen Reise, sich selbst von dieser illusionären weltlichen Macht loszulösen, indem sie die Göttin für sich selbst zurückgewinnen. Natürlich haben Männer *in Wahrheit* alles zu gewinnen, indem sie die Göttin und die Frauen ehren.

Meinem Verständnis nach ist es die Rolle der Männer, die Göttin und alle ihre Nachkommen, das sind Frauen, Kinder, andere Männer, Tiere, Vögel und ihre ganze Natur zu lieben und ihr zu dienen. Es ist die Rolle der Männer, die

Hüter ihrer Natur zu sein. Das ist eine gigantische Aufgabe der Heilung in diesen Zeiten, zu denen ihre Erde um des materiellen Gewinns willen ausgebeutet und missbraucht wird. Es ist die Verpflichtung der Männer, den Gott in sich selbst anzurufen, ihn, der die Göttin liebt und ihr dient. Es ist die Freude der Männer, die Göttin mit dem Gott in sich selbst zu vereinigen. Es ist die Aufgabe der Männer, Priester der Göttin zu sein, und ihre Liebe und Fürsorge zu teilen, Zeremonien zu gestalten, die Heilung, Veränderung und Verwandlung für jene, die sie brauchen, bringen. Es gibt einen riesigen und gleichwertigen Platz für Männer in der Welt der Göttin.

Masken, Kopfschmuck und Schleier

Auf unserer Priesterinnenreise machen wir uns zu Beltane eine Maske und einen Kopfschmuck, um sie nach unserer Weihezeremonie zu tragen. Masken sind kraftvolle Werkzeuge zur Veränderung des Bewusstseins sowohl der Trägerin als auch derer, die die Person ansehen, die die Maske trägt. Eine Maske verändert unser Erscheinungsbild und kann viele Arten von Wirkung hervorrufen, von wohltuend über geheimnisvoll bis hin zu verstörend. Eine Maske zu tragen, trennt uns vom normalen menschlichen Kontakt und hilft uns dabei, archetypische Göttinnen-Energien zu verkörpern. Als Priesterinnen zeigen unsere Masken, dass wir in einer anderen Rolle sind, das wir nicht unser gewöhnliches Selbst sind, sondern in ein anderes Reich des Daseins befördert wurden, wo die Göttin kommen und in uns spielen kann.

Wir können zum Herstellen von Masken Gipsbandagen verwenden, die unsere Gesichtsform genau nachbilden können. Wir können Paketklebeband verwenden, um Formen zu schaffen, die nicht mit unserem eigenen Gesicht in Verbindung stehen. Wir können einfache Maskenformen kaufen und sie nach unserem eigenen Geschmack mit Farben, Glitzer und Federn verzieren. Masken, die das ganze Gesicht bedecken, sind wirkungsvoller zum Verhüllen unseres normalen Aussehens, aber es kann schwierig sein sie zu tragen und durch sie zu sprechen. Feines Material in einer passenden Farbe, Bänder, Federn oder andere Verzierungen können am unteren Ende einer Halbmaske befestigt werden, um den unteren Teil unseres Gesichtes zu verdecken.

Kopfschmuck bewirkt ebenfalls eine Veränderung unseres üblichen Erscheinungsbildes. Er kann unseren Kopf und somit unseren Körper größer aussehen lassen und uns besser sichtbar und markanter machen, wenn wir unsere zeremoniellen Aufgaben erfüllen. Er kann dazu verwendet werden, Informationen über die Göttin zu liefern, der wir dienen oder über die Jahreszeit, die wir feiern. Wir können den Kopfschmuck zu Yule mit Federn verzieren, zu Beltane mit Blumen, zu Lammas mit Früchten, und so weiter.

Durchsichtige Schleier gehören ebenfalls zu unserem Gewand als Priesterinnen von Avalon. Sie werden dazu verwendet, die ausgeprägten Merkmale unseres Gesichtes zu verbergen, so dass durch den Schleier hindurch ein Blick auf die Göttin in uns erhascht werden kann, und wir die äußere Welt durch den Schleier der Göttin sehen. Mehr über all das ist in der Zweiten Spirale zu finden.

Von Beltane bis Litha

Von Beltane bis Litha blüht die Natur der Göttin in ihrer ganzen Pracht. Pflanzen aller Art wachsen üppig, Blumen blühen, Blätter entfalten sich und öffnen sich auf den Bäumen zu ihrer ganzen Fülle. Die Sonne steigt zu ihrem Zenith am Himmel auf. Die Luft, die Erde und die Gewässer erwärmen sich. Unsere menschlichen Körper entspannen sich in der wärmer werdenden Luft. Wir genießen unsere Sinnlichkeit und Sexualität. Wir werden schwanger mit Möglichkeiten, mit erneuertem Leben. Winzige, federlose Vögel schlüpfen aus den Eiern und neugeborene Tiere machen ihre ersten Schritte in ihre wunderschöne Welt hinein.

Gestalte zu Hause einen Altar für Nolava, die Liebende, für Rhiannon, die weiße Stute der See, für Rhiannon mit den Vögeln, bekannt als Rigantona, für sie, die Souveränität ist, für Blodeuwedd, die Blumengöttin, Olwen vom weißen Pfad, Elen von den Wegen und Thetis von den neun Morgenen. Finde eine Statue und Gegenstände, die für dich die Göttin der Liebe mit ihren Pferden und Vögeln, ihren Glocken, Musikinstrumenten und Blumen darstellen.

Zünde jeden Tag eine Kerze an deinem Altar an und verbrenne Räucherwerk für Nolava, Rhiannon und Thetis. Singe für die Göttin und bete zu ihr um Hilfe, um Führung, in Dankbarkeit, für andere in Not, um Heilung für dich selbst und andere, für Visionen, und so weiter. Gestalte einmal pro Woche deinen Altar neu.

Schreibe und/oder zeichne jeden Tag deine Gefühle, Träume, Gedanken, Eingebungen und Visionen in dein Tagebuch.

Mache gemeinsam mit Freunden Musik und kreiere neue Lieder für die Göttin.

Fertige einen Kopfschmuck, eine Maske und einen Schleier an. Fange damit an, sie zu tragen, wenn du vor deinem Altar sitzt und auf deinem Pferd mit Rhiannon als deiner Gefährtin zwischen den Welten reitest.

Verfasse zu Neumond einen Entwurf für dein Weihe-Versprechen, dass du zu Mabon im September vor der Göttin ablegen wirst.

Avalon - Erste Spirale

Bringe zu Vollmond blühende Weißdornzweige in dein Heim, zur Feier der Göttin der Sexualität und Fruchtbarkeit. Rieche an den Blumen und atme den Duft weiblicher Sexualität ein. Sei vorbereitet darauf, den befruchtenden Geist eintreten zu lassen, in welcher Form auch immer du willst – physisch, emotional, mental, intuitiv oder inspirierend.

Besuche zumindest einmal – wenn nicht öfter – eine heilige Stätte oder Landschaft, die mit Rhiannon und Thetis in Verbindung gebracht wird. Das ist überall, wo es hohle Hügel, heilige Hügel, Triviae, dreifaltige Wege oder Eingänge in die Unterwelt gibt. Reite auf Pferden.

---

[1] Auf Deutsch erschienen unter dem Titel: *Die Weiße Göttin. Sprache des Mythos.* Robert von Ranke-Graves.

[2] Auf Deutsch erschienen unter dem Titel: *Göttinnen, Dakinis und ganz normale Frauen. Weibliche Identität im tibetischen Tantra.* June Campbell.

[3] Es gibt keinen deutschen Begriff für diese Zeremonie, es handelt sich um eine Art Hochzeitszeremonie, bei der die Hände des Paares rituell zusammengebunden werden.

Das Glitzern

Litha:
Jahreskreisfest der Mutter des Wassers

Litha ist das Jahreskreisfest des Glitzerns, zu dem wir am längsten Tag des Jahres die Mutter des Wassers feiern. Wir ehren die Nolava des Wassers und die Morgene Gliten, die Regen nach Avalon bringt, genauso wie Domnu, die Göttin des Ozeans, Königin der Tiefe, aus deren nassen Tiefen ursprünglich alles Leben entsprang. Wir feiern Nolava als Dame der Quellen und Brunnen, besonders in diesem Land der Quellen und Brunnen. Wir ehren Nolava als die Dame vom See, die auch Vivienne und Nimue heißt, und die den Rittern, die sich auf einer Queste befinden, die Ehre erweist, ihre Champions zu sein. Wir feiern die Göttin als Sillina oder Selene, die Vollmondin. Die Mutter des Wassers ist die Königin aller Emotionen und der großen astralen See, in der die meisten menschlichen Wesen ihr Leben leben. Sie nährt die Bedürftigen.

Die Sommersonnenwende ist rund um den 21. Juni. Es ist die Zeit, zu der die Stunden des Tageslichts in diesem Land am längsten sind, mit kurzen, dunklen Nächten. Heutzutage kennzeichnet Litha eher den Beginn des Sommers als seinen Höhepunkt. Warme Sommertage folgen, von Ende Juni, den ganzen Juli hindurch und bis in den August hinein. Es ist die Saison, zu der wir ans Meer fahren und uns an den warmen Strömungen des Golfstromes erfreuen, der an Brigits Inseln vorbeifließt. Wir ziehen unsere Kleider aus und setzen unsere Körper Grainnes Sonnenlicht aus. Wir baden in den erwärmten Gewässern der Göttin, so oft wir können. Alles in der Natur der Göttin ist lebendig und lebensprühend und drückt ihre wundervolle Vielfalt von Farben, Formen und In-

Avalon – Erste Spirale

halten aus. Die Bäume sind alle mit Blättern und Blüten bedeckt. Gräser wachsen in den Feldern und Wiesen. Pflanzen sind zu ihrer doppelten, wenn nicht sogar dreifachen früheren Größe angewachsen, und erfüllen die Hecken und Gärten mit wunderschönem Grün und Blüten. Getreide und Gemüse wächst in den Feldern. Schwärme von Vögeln fliegen aus anderen Ländern heran, um das Sommerwetter zu genießen. Junge Tiere spielen in den Feldern und Wäldern. Es ist der Beginn der Ferien oder der Feriensaison, in der wir uns ausruhen, spielen und uns vergnügen können.

Zu Litha ehren wir die Nolava des Wassers auf viele Arten. Wir reinigen uns mit Wasser. Wir lernen die Segnungen ihres Wassers zu geben. Wir öffnen unseren Emotionalkörper für Heilung. Wir erforschen die astralen Reiche, die uns ständig umgeben. Wir vertiefen unsere Erfahrung in ihre mystischen Wasser einzutauchen. Wir lernen mehr über Liebe und Mitgefühl. Wir reisen mit dem Mond, und öffnen uns für seine Fülle. Wir erinnern uns daran zu spielen, so wie wir es als Kinder getan haben, einfach nur aus Spaß.

Die Nolava des Wassers ehren

Die Nolava des Wassers ist die Mitfühlende, deren liebevolle Sanftheit uns hält, wenn wir unser Schattenselbst treffen und den Prozess seiner Heilung beginnen. Sie ist es, die unseren Emotionen dazu verhilft in Strömen von Tränen, die wir loslassen müssen, überzufließen. Die Tränen selbst heilen auf natürliche Weise unseren Schmerz. Avalon ist ein Land, in dem die Menschen oft weinen, Tränen des Leids und Tränen der Freude. In der britischen patriarchalen Kultur ist die öffentliche Zurschaustellung von Emotionen unerwünscht. Wir sind eher bekannt als ein Menschenschlag mit einer steifen Oberlippe, denn als einer mit einem zitternden und bebenden Mund. Doch die Unterdrückung von Emotionen hat keinen Platz in einer göttinliebenden Gesellschaft. Das bewusste Ausdrücken von Emotionen ist erwünscht und willkommen. Ohne diesen Ausdruck können wir leicht krank werden und uns unwohl fühlen.

Avalon ist der Ort, an dem wir den Wunden in unserem Emotionalkörper begegnen und die Chance haben, uns innerhalb von Nolavas liebevoller Umarmung zu heilen. Denn sie wird uns durch den ganzen Schmerz hindurch halten, durch die ganze Trauer, durch Wut und Kummer, und zwar so lange, wie es für uns dauert heil zu werden.

Es war einmal, vor nicht mehr als 1.200 Jahren, da waren Glastonbury und seine heilige Landschaft eine schwanenförmige Halbinsel, die auf drei Seiten von einem großen See umgeben war. Sie war mit dem Festland der Mendip Hills bei Ponters Ball verbunden, wo ein erdiger Grat immer noch den Rand des heiligen Bezirkes kennzeichnet. Noch früher war die Halbinsel eine Insel im Westen, die von der See umgeben war, und bekannt war als die Insel Avalon. Heute liegt der Bristol Channel, der zum atlantischen Ozean führt, etwa 18 Meilen entfernt im Westen. Einst floss Salzwasser zwischen den Mendip und den

Das Glitzern - Litha

Polden Hills und umgab die heilige Insel wie ein Binnenmeer. Wo heute ebene Felder sind, waren einst Seen, Marschen und den Gezeiten unterworfene Teiche mit einer Fülle an wildlebenden Tieren, Fischen und Geflügel und allen möglichen Tieren, die kamen, um sich an dem reichlich vorhandenen Wasser zu laben.

Einer der alten Namen für Glastonbury ist *Ynis Witrin*, was *Glasinsel* bedeutet. Ihr Abbild spiegelte sich in den ruhigen Wassern, die einst das Land umgaben. Heute können nach starken Regenfällen im Frühling und Herbst die Wiesengründe, die die Insel umgeben, wieder mit Wasser überflutet werden. Das kam gerade vor ein paar Tagen im Dezember vor, und das Bild der Glasinsel, das sich im ruhigen Wasser spiegelte, war atemberaubend schön und ehrfurchteinflößend. Wie wundervoll muss es in den alten Tagen ausgesehen haben, als es noch keine Gebäude oder menschliche Aktivität hier gab, und die Insel wahrhaft zur Natur der Göttin gehörte.

Vor etwa tausend Jahren bauten die Benediktiner-Mönche der Abtei von Glastonbury Dämme zwischen den Flüssen Parrett, Brue und Axe, um das Meerwasser daran zu hindern, ins Land hereinzufließen. Sie fingen an, die Seen und Marsche trocken zu legen, und gruben riesige Kanäle, so wie die King's Sedgemoor Drain, um das Wasser zur See zu leiten. Sie wollten den Ozean der Göttin formen und kontrollieren und beanspruchten das Land darunter. Die Felder und Wiesen des Sommerlandes sind bis zum heutigen Tag von wassergefüllten Gräben umgeben, die allgemein als Rhynes bekannt sind. (Das wird *Riens* ausgesprochen.) Die Rhynes leiten noch immer das Wasser zum Meer. Da der Meeresspiegel wegen der globalen Erwärmung weltweit ansteigt, kann es sein, dass die Sommerlande wieder überflutet werden und die Insel Avalon sich wieder aus den Wassern der Göttin erheben wird.

Nolava, Dame der Quellen und Brunnen

Zu Litha ehren wir Nolava als die Dame der heiligen Quellen und Brunnen, die an den vielen natürlichen Quellen in Glastonburys heiliger Landschaft zu finden ist. Regenbringende Wolken kommen mit den vorherrschenden südwestlichen Winden heran und lassen ihr Wasser auf dem langen Kalksteinkamm der Mendip Hills nördlich von Glastonbury fallen. Regenwasser sickert durch den Kalkstein und bildet Höhlen und Tunnel, unterirdische Flüsse und Teiche. Das Gewicht der Mendip Hills drückt auf die unterirdischen Wasser und durch diesen Druck steigen sie an und sprudeln als Quellen unter Glastonburys heiligen Hügeln und Tälern empor. Die berühmtesten und am meisten geehrten Quellen Glastonburys sind die rote Quelle beim Chalice Well und die benachbarte White Spring (weiße Quelle) an den Hängen des Tor.

Es gibt auch viele andere Quellen, welche in der Vergangenheit geehrt wurden. Manche sind jetzt verschüttet, oder entspringen nahezu unbemerkt aus den Hängen der Insel. Es gibt zehn oder mehr Brunnen, dazu gehören der heilige Brunnen im Norden der Insel bei Holywell Farm, Brides Brunnen westlich von Bride´s Mound, St. Mary´s Brunnen (der von Joseph zurückerobert wurde) in der Abtei, zwei und mehr St. Edmund´s Brunnen auf St. Edmund´s Hill, der Tribunal Brunnen (hinter dem Tribunal in Glastonburys High Street), der Cemetry Brunnen auf dem Windmill Hill, der Wearyall Brunnen bei einem Bauernhof auf Wearyall Hill, und andere.

Brunnen und Quellen werden als die Öffnungen im Körper von Ertha oder Mutter Erde angesehen, aus denen ihre eisenreichen, roten menstrualen Blutwasser fliesen, um die Erde fruchtbar zu machen, oder klare, reine, mineralreiche Wasser zum Trinken und um die Erde zu reinigen, oder faulig schmeckende Schwefelwasser, die aus den Tiefen ihrer Unterwelt an die Oberfläche kommen. Diese vaginalen Öffnungen sind oft geheime, versteckte Plätze, die in Spalten hinter Gebüsch verborgen sind. Die White Spring, die nun in einem Steinbecken hervortritt, entsprang ursprünglich in einer grünen, belaubten Lichtung auf den Hängen des Tor. Sie wurde in den 1870ern eingemauert, als die Stadt während einer Cholera-Epidemie einen reinen Wasservorrat brauchte. Quellen sind Orte der Rückkehr zu Erthas überfließendem Schoß, wo wir Visionen empfangen und genährt werden, oder für Erneuerung und Heilung in ihre Wasser eintauchen.

Nolava, die Dame der Quellen und Brunnen, erscheint oft als eine schimmernde, weiße Dame, eine Feenfrau, eine Wassernymphe neben Chalice Well und der weißen Quelle, aber auch draußen in den Feldern neben naturbelasseneren Gebieten und Quellen. Sogar wenn die Brunnen verschüttet sind, so wie Brides Brunnen und die St. Edmund´s Brunnen, kann man die Göttin dort immer noch finden, in gewisser Weise ist sie dort zugänglicher für uns, als an den belebteren Orten.

Die Blutquelle des Chalice Well ist einer der kraftvollsten Plätze der Insel. Die Quelle entspringt unter dem Chalice Hill als ein fortwährender, reichlicher Strom von rotem, eisenreichem Wasser. Heute in wunderschönen Gärten gelegen, hat Chalice Well eine lange Geschichte als Heilquelle. Im 18. Jahrhundert hatte ein Mann namens Matthew Challoner, der an Asthma litt, einen Traum, in dem ihm gesagt wurde, dass er sieben Sonntage lang das Wasser des Chalice Well trinken solle, um von seiner Krankheit geheilt zu werden. Er tat es und wurde geheilt. Als sich die Nachricht von seiner Heilung verbreitete, kamen Menschen von fern und nah, um zu trinken und in den heilenden Wassern der Blutquelle zu baden. Als Folge davon wurde Glastonbury viele Jahre lang eine Kurstadt, die die Menschen besonders deswegen besuchten, um das Wasser einzunehmen. Heute ist Chalice Well in den Händen eines Wohltätigkeitsfonds, der den Brunnen und die Gärten für Besucher öffnet, welche die Heilkräfte der Blutwasser der Göttin erleben wollen.

In dem schmalen Tal zwischen Chalice Hill und dem Glastonbury Tor, entspringt die rote Quelle von unterhalb des Chalice Hill und die weiße Quelle entspringt von unterhalb des Tor. Während die rote Quelle kräftig und reichhaltig schmeckt, ist die weiße Quelle süß und klar. In alter Zeit hätten sich diese beiden Quellen getroffen und wären gemeinsam in einem wundervollen Gleichgewicht von Rot und Weiß, weiblich und männlich geflossen. Heutzutage sind die beiden Quellen durch eine Straße getrennt, obwohl kleinere weiße Quellen auch in die Gärten des Chalice Well fließen und einige kleinere rote Quellen in die weiße Quelle fließen.

Dieses kleine Tal ist für viele Menschen einer der heiligsten Plätze der Insel, und ganz besonders für die Priesterinnen von Avalon. In Visionen von alten Zeiten sehen wir wie hier, neben den heiligen Quellen, die Priesterinnen ihrem Werk der Heilung und Transformation nachkommen. Heutzutage ehren wir hier Nolava als die Dame der heiligen Quellen und Brunnen und hier ist es auch, wo wir unser erstes Weiheversprechen vor der Lady von Avalon ablegen.

Zu Litha versammeln wir uns beim Chalice Well und der White Spring, um die heilenden Kräfte der roten und weißen Wasser zu erleben. Wir baden unsere Füße und Körper, und entlassen alles, was wir nicht länger brauchen, ins Wasser. Wir entlassen alle unsere Anspannungen und Beklemmungen, unsere Ängste und Sorgen, und lassen sie vom Fluss ihres Wassers wegwaschen. Wir waschen einander die Füße, als einen heiligen Dienst. Wir trinken das Wasser alleine und im Kreis, und teilen den Gral der Jungfrau, den Pokal der Liebenden, den Kelch der Mutter und den Kessel der Greisin. All dies sind symbolische Gefäße, die die Weisheit der Göttin enthalten. In schlichten Zeremonien reichen wir ihren Kelch herum und geben einander im Kreis die Segnungen ihres Wassers. Indem wir das Wasser trinken, nehmen wir die heilende Energie der Göttin auf, und reinigen unsere Körper von innen genauso wie von außen. Wir empfangen ihren Segen als im Wasser enthaltene Emanationen. Wasser ist jene geheimnisvolle Substanz, deren Struktur sich durch Gebet ändert. Experimente, bei denen die Molekularstruktur des Wassers fotografiert wird, zeigen wie sich seine Muster von Chaos zu großer Symmetrie und Schönheit verändern, wenn über dem Wasser gebetet wird. (Siehe dazu *The True Power of Water*[1] von Masaru Emoto.)

Neben der Brunneneinfassung selbst schauen wir meditierend hinunter in die Wasser des Brunnens, in den Wasserlauf oder den Teich, und beobachten die ruhige oder fließende Oberfläche. Wir lassen unsere eifrige geistige Aktivität in den Fluss ihrer Wasser gehen. Wir lauschen der Melodie des Wassers und gestatten es unserem Gehirn, sein gewohnheitsmäßiges Geplapper mit dem Fluss der Geräusche des fließenden Wassers loszulassen. In Visionen folgen wir dem aufsteigenden Strom zurück hinunter in die Erde, in die riesigen, fließenden, unterirdischen Ströme, die schließlich zurück zur See führen, zu Domnu, der großen Mutter des Wassers.

Avalon - Erste Spirale

> *Besuche zu Litha eine heilige Quelle oder einen Brunnen in der Nähe deines Heimes, und ganz besonders jene in Glastonbury. Reinige deinen Körper mit Wasser, lasse deine Sorgen los, trinke die heilenden Wasser der Dame der heiligen Quellen und Brunnen.*

Nolava, die Dame vom See

Die Dame vom See ist eine mächtige, mystische Gestalt in den Legenden um Arthus. Ihr gebräuchlichster Name ist Vivienne oder Vivian – sie, die lebt – und sie ist auch Nimue, die Merlins Verderben war, und ihn in die Kristallhöhle zauberte, wo er angeblich noch immer im Schlaf liegt. In Marion Zimmer Bradleys Buch „*Die Nebel von Avalon*" ist die Herrin vom See ein anderer Titel für die Herrin von Avalon, benannt nach dem See, der einst die Insel Avalon umgab.

Caitlin und John Matthews beschreiben neun Frauen aus der Tradition der Arthus-Sage als die Damen vom See, von denen jede einen anderen Charakter hat, und eine andere Geschichte zu erzählen hat. Siehe *Ladies of the Lake* (Aquarian Press). Es gibt neun von ihnen, so wie die neun Morgenen. Ihre Namen sind Morgen, Igraine, Nimue, Argante, Ragnell, Kundry, Guinevere, Dindraine und Enid. Diese Damen vom See erhalten ihre Macht alle aus der Unterwelt, die oft mit Wasser in Verbindung gebracht wird – um dorthin zu gelangen, müssen wir üblicherweise ein Gewässer überqueren. Wie auch immer ihre persönliche Geschichte ist, jede Dame vom See ist ein völlig eigenständiges Wesen mit einer anderweltlichen Natur. Jede ist eine Königin aus ihrem eigenen Recht und hat keinen dauerhaften Gefährten. Sie besitzt große Freiheit zu kommen und zu gehen wie es ihr gefällt. Sie taucht in den Geschichten auf und verschwindet wieder nach ihrem Belieben.

Laut den Matthews ist die bekannteste Dame vom See aus der Arthus-Sage Argante, die in verschiedenen Texten in unterschiedlichen Gestalten auftaucht als die Pflegemutter und manchmal die Geliebte von Lancelot. Sie ist es, die das Schwert Excalibur, das Symbol der Souveränität und des Rechtes des Königs das Land zu regieren, dem richtigen Kandidaten anbietet. Die *Morte d´Arthur* von Sir Thomas Mallory aus dem 15. Jahrhundert beschreibt, wie Arthur sein berühmtes Schwert, das auf der Insel Avalon geschmiedet wurde, von ihr empfängt. Als er sich mit Merlin am Ufer des Sees entlang bewegt sieht er,

„*einen in weißen Samit gekleideten Arm, der ein ansehnliches Schwert in der Hand hält...*".

Als er danach fragt, zu wem die Hand gehört, erfährt Arthur, dass sie zur Dame vom See gehört. Später erhält er das Schwert im Ausgleich dafür, dass er verspricht, der Dame jeden Wunsch zu erfüllen.

Die Dame vom See geht einen Handel mit uns ein. Sie wird uns das geben, was wir brauchen und wollen, um in ihrem Namen zu regieren, aber wir müssen versprechen, ihr zu gehorchen, wenn sie unsere Unterstützung braucht. Am

Ende wird Excalibur neben der Perilous Bridge (gefährlichen Brücke) oder Pomparles Bridge, in den See zurückgegeben. Dies ist heute eine niedrige Brücke über den River Brue, die am Ende von Wearyall Hill an der Straße liegt, die von Glastonbury hinaus nach Street führt. Dieselbe weißgekleidete Hand wird gesehen, wie sie das Schwert in den See zurücknimmt.

Heute ist der See verschwunden, obwohl er im Frühling und Herbst, wenn die Regenfälle eintreffen, wieder zum Vorschein kommt. Dann werden die Felder überflutet und es entstehen große Seen, in denen die Insel, wie in einem Spiegel reflektiert, gesehen werden kann. Im Sommer können wir uns den See in dem schimmernden Hitzedunst, der über dem flachen Sommerland liegt, vorstellen. Wir bitten die Dame, uns das Recht zu geben, an ihrer Stelle ihr Land zu regieren und versprechen, ihr zu gehorchen, wenn sie uns zu sich ruft.

Gliten, die Morgene des Wassers ehren

Ich werde mit jedem Augenblick heller.
Wir sind nicht völlig sichtbar...

In den alten Ozeanen rund um die Insel Avalon
würdest du mich als die Schimmernde sehen, blau-grün
erhaschst du einen Blick aus deinem Augenwinkel.
Glitzernd, Perl-Mutter, Gliten bin ich.

Gestaltwandlerin, ich erhebe mich aus den Wellen,
nur um im Meerschaum zu verschwinden.
War das die Flosse einer Meerjungfrau, eine Undine,
ein Selkie oder eine Robbe, ein Seepferdchen, das in die Tiefe
   taucht?

Ich bin der drückend heiße Sommer abgekühlt in verborgenen Teichen,
beschattet von meinen Eichen – grüne Tempel in einem Hain.
Ich bin die Dame vom See, für eine Münze in meinem Brunnen
werde ich deinen Kelch mit dreifachem Segen füllen,
deine bleierne Sorge in Gold verwandeln.
Meine Empathie ist grenzenlos, mein Mitgefühl wahrhaftig.
Mit echten Gefühlen werde ich dich trösten,
und mit meinen reinigenden Wassern deine Seele heilen.

Aber verwechsle ruhige Seen nicht mit leidenschaftslosen Fluten!
Gewitter und Sturm werde ich deiner Achtlosigkeit entgegen-
   schleudern,

bis die Verwandlung stattfindet – dann verändert sich die See rasch
und ich werde dir magische Schiffe mit Schätzen an Bord bringen.

Avalon ist keine Insel mehr – so denkst du?
Vor Tagen erst, so wie ich die Zeit rechne, trocknete dieses Land aus.
Und woher denkst du kommt der berühmte Nebel?
Fang eine Hand voll – alles ist Wasser, der Stoff des Lebens.

Kannst du es in deine Tasche stecken? Kannst du mich darin behalten?
Des Wassers endlose Kraft kann Gebirgszüge abschleifen.
Meine Krähenschwestern nisten auf den höchsten Bäumen; sie verstehen
Dass Gliten, wenn sie will, sogar eine Wüste überfluten kann.

Geraldine Charles

Gliten ist die Morgene des Wassers, sie, die fließt, und in deren Fluss wir unseren Widerstand gegen Veränderung verlieren. Sie lädt uns ein, mit ihr in ihren nassen Reichen zu verschmelzen. Als Wetter ist Gliten der Regen, der aus den Wolken fällt, die Erde und alle unterirdischen Speicher auffüllt und es all den Pflanzen und Tieren ermöglicht zu wachsen und zu gedeihen. Sie kann sanft sein, wie ein leichter Sommerregen, oder in riesigen Tropfen fallen, die auf die Erde platschen und klatschen. In den Sommerlanden fällt sie oft zu Litha, durchnässt die Menge, die sich beim nahegelegenen Glastonbury Music und Performing Arts Festival einfindet und erschafft riesige Schlammbäder. In den Wintermonaten bringt sie die Flüsse und Rhynes zum Schwellen. Sie überfluten das Land und erzeugen riesige Seen, die die Vision der Insel Avalon zurück in die Wirklichkeit bringen.

Gliten erscheint in Gestalt einer Frau in ihren Dreißigern, die in die Fülle dessen, wer sie ist, kommt. Sie lebt ihr Leben und lernt über die Freuden und Sorgen des Herzens. Die Farbe Glitens ist blau-grün, die Farbe des Himmels, der sich im Wasser spiegelt. Ihre Geschöpfe sind die elementaren Undinen, die Wassernymphen und Elementargeister, die Korrigans der Teiche und Springbrunnen, die Meerjungfrauen und Meermänner in der See, die Selkies oder Robben-Frauen und -Männer, die jetzt selten geworden sind an Avalons Ufern, und die Wasserdrachen, die mächtige Stürme aufpeitschen können, die das Land überfluten. Ihr Vogel ist der Graureiher, ein Überlebender aus dem Zeitalter der Dinosaurier, der immer noch an den Flüssen und Rhynes des Sommerlandes lebt. Der Reiher ist ein Pförtner, der unseren Weg in die Anderswelt öffnet. Sein Erscheinen kündigt die Ankunft einer Nachricht aus den Astralreichen an.

Das Glitzern – Litha

Gliten ist auch die Vollmondin, die das Sonnenlicht reflektiert, den Nachthimmel versilbert und unsere dunklen Orte erleuchtet. Sie ist die Eichenfrau, die zur Sommersonnenwende ihre Blüten und Blätter bekommt, und von Litha bis Yule regiert. Sie hat große, ausdauernde Stärke und zwei ihrer ältesten Nachkommen, Gog und Magog, von denen man glaubt, dass sie tausend oder mehr Jahre alt sind, sind am Fuß der nördlichen Hänge von Stonedown zu finden. Hier gab es einst einen großen Eichenwald auf der Insel, bis ins frühe 20. Jahrhundert, als alle gefällt wurden. Der Legende nach gab es eine Allee von Eichen, die einst vom Ufer bis zum Tor führte. Vor einigen Jahren wurde eine neue Reihe von Eichen von Freiwilligen der lokalen Naturschutzgesellschaft gepflanzt, die entlang der alten Paradies-Route zur Maidencroft Lane führt. Bulwarks Lane, die nördlich von Chalice Hill verläuft, wurde nach den Eichen benannt, die einst dort wuchsen und für die Wände *(Englisch: bulwarks)* hölzerner Schiffe verwendet wurden.

Als Morgene des Wassers ist Gliten die Königin aller Emotionen und die Meisterin des Mitgefühls. Sie enthüllt uns unsere tiefsten Emotionen, unsere innersten Gefühle, und bringt sie an die Oberfläche, damit sie ausgedrückt und geheilt werden können. Sie spricht für das innere Kind, das unsere wahre Kraftquelle ist, die im Wesentlichen unberührt von den Schwierigkeiten im Leben bleibt. Doch oft muss dem Kind dabei geholfen werden, ins Erwachsenendasein hineinzuwachsen. Gliten lehrt uns, wie wir wieder spielen können.

> *Bete zu Gliten neben ihren heiligen Wassern und in den Nebeln, dass deine emotionale Reise als Priesterin sanft und leicht sein möge. Bitte darum, dass deine eigene Natur ein Abbild der ihren wird, dass du lernst zu lieben, und alle, die du triffst, mit Mitgefühl zu halten. Bitte darum, dass sie dir zeigt, so zu spielen wie ein Kind.*

Domnu, die Göttin des Ozeans ehren

Zu Litha ehren wir Domnu, die Göttin des Ozeans, Königin der Tiefe, den Schoß allen Lebens. Sie ist das gestaltlose, wässrige Chaos aus dem alles Leben entspringt. Mittelalterliche Autoren bezeichneten Domnu als einen Gott des Meeres, aber früher, so glaube ich, war sie für die Fomori eine Göttin des Ozeans. Die Fomori sind ein uraltes, einäugiges Volk von Riesen, die in Irland am Meer lebten. Für sie war Domnu eine Hauptquelle für Nahrung, Fisch und Wasservögel, ein Transportmittel und eine tiefe Inspiration, manchmal beschaulich, manchmal stürmisch. In allen Traditionen wird der Ozean als weiblich angesehen, von Tiamat aus Babylon über Kali bei den Hindus bis zu Mary/Mari der See, obwohl Götter wie Neptun in ihrem Wasser leben können.

Domnu ist die flüssige Dame, ihr Körper fließt fortwährend über die Erdoberfläche. Sie nimmt den Weg des geringsten Widerstandes. Sie wird durch Erde und Steine in Grenzen gehalten, ist aber immer bereit bergab zum Ozean zu fließen, durch die oberflächlichen Erdschichten in tiefe unterirdische Seen zu sickern oder in der Hitze der Sonnenstrahlen in die Wolken zu verdunsten. Sie fließt über das Land und sammelt sich in Strömen, Rhynes, Flüssen und Ozeanen. Immer bewegt sie sich dabei zum tiefsten Punkt. Sie gräbt tiefe Gänge in Erde und Felsen und trägt im Laufe der Zeit Berge ab und alles, was ihr im Weg steht. Sie bringt alles zurück zum Ozean, der ihr Körper ist. Sie wird beeinflusst durch die Kanäle, durch die sie fließt und die Dinge, die sie auf ihrem Weg findet oder die sich durch sie hindurch bewegen. Unter der Erde gräbt sie tiefe Höhlen aus und weilt in tiefen, ruhigen Teichen. Sie steigt unter dem Druck der Hügel an, um in Quellen hervorzusprudeln, die wir als Öffnungen in die Tiefe von Erthas Körper erkennen.

Es ist ihr Wasser, dass über 75% unseres menschlichen Körpergewichtes ausmacht, jede Zelle erfüllt und die Übertragung chemischer und elektrischer Botschaften ermöglicht. Dadurch können wir Geschöpfe leben, uns entwickeln, zu unserem vollen Potential heranwachsen und uns physisch in der Welt inkarnieren. Wasser entfernt auch die Abfallprodukte der Verdauung und schwemmt Giftstoffe aus unserem Körper. Um gesund zu bleiben ist es sehr wichtig für uns ihr reines Wasser zu trinken. Die Wissenschaft hat kürzlich entdeckt, dass Wasser Erinnerungen festhält – die Schwingungen von allem, das es enthalten hat oder in dem es enthalten war. Domnu ist die Hüterin der Erinnerung.

Heutzutage verschmutzen wir unsere Ströme, Flüsse und Ozeane mit den chemischen Abfallprodukten aus unseren Haushalten und Fabriken. Wenn sich giftige Chemikalien versehentlich und absichtlich in die Ströme ergießen, sterben die Fische und Tiere, die im Wasser leben oder werden durch das Gift geschwächt. In den Flüssen vervielfältigt sich die Wirkung der Verschmutzung und es sterben mehr Lebewesen. Das Land, durch das die Flüsse fließen, wird ebenfalls mit Schwermetallen, giftigen Kunststoffen und hormonähnlichen Chemikalien belastet. In den Meeren kann die Wirkung der Verschmutzung an der Flora gesehen werden, am Plankton, den Fischen und im Wasser lebenden Säugetieren. Die Giftigkeit nimmt im Lauf der Nahrungskette zu. Ein chemisch geschwächtes Immunsystem ist anfälliger für Krankheiten. Ein Virus kann eine gesamte Spezies auslöschen. Viele der ältesten und größten Meereslebewesen der Erde sind in Gefahr durch die Umweltverschmutzung und Überfischung auszusterben.

Alle Geschöpfe der Flüsse und Meere gehören zu Domnu. Dazu gehört unser einheimischer Lachs der Weisheit, der von Haselnusssträuchern bzw. deren herunterfallenden Früchten lebt und zu seinem Geburtsfluss zurückkehrt um zu laichen, nachdem er die weltweiten Ozeane bereist hat. Dazu gehören auch all die Fische, die wir als Nahrungsmittel essen, die prächtig gefärbten Schwärme winziger Fische, die in den Korallenriffen leben, die furchteinflößenden Haie, die durch unsere Alpträume spuken und die Schalentiere, die auf dem Grund des Meeres leben. Die verspielten Delfine lassen uns die mitfühlende Natur der Göttin erleben und geben uns das Wissen, dass wir nicht die einzige intelligente Art auf dem Planeten sind. Die großen Wale gehören ebenfalls ihr, und leben ihre langen Leben, wenn sie unbehelligt durch unsere Gegenwart bleiben und nicht vergiftet werden. Sie sind die planetaren Hüter der Stammeserinnerung. Wir reisen mit ihnen und mit den Delfinen in unseren Träumen und visualisieren, wie wir über die Sterne hinaus reisen, um die Vergangenheit und Zukunft unseres Planeten zu finden und des Multiversums, das wir bewohnen.

Die Wasser von Domnus warmem Golfstrom umhüllen Brigits Inseln. Sie fließen in einem großen Kreis durch den nördlichen atlantischen Ozean und bringen warme Luft und warmes Wasser aus den Tropen an unsere Küsten. Dadurch schaffen sie das milde Klima, dass wir in den acht Jahreszeiten der Natur der Göttin erleben. Ohne den Golfstrom wäre das Klima bei uns ähnlich wie in Kanada, das auf demselben Breitengrad liegt, mit langen, kalten Wintern und kürzeren Sommern. Der Golfstrom fließt an diesen Inseln vorbei, sinkt nahe bei Grönland in den tiefen Ozean ab und fließt in einem Kreis entlang der Küste von Kanada und Nordamerika wieder zurück. Umweltverschmutzung und globale Erwärmung verändern die Bewegung des Golfstromes und es kann sein, dass er eines Tages aufhört zu fließen, so wie es in der Vergangenheit geschehen ist. Das würde Brigits Inseln in die Kälte stürzen. Die Jahreszeiten der Göttin würden sich dramatisch ändern, wenn das passiert, und dieses Land könnte die meiste Zeit des Jahres mit Eis bedeckt sein. Die Göttin würde uns wesentlich mehr von ihrem gefrorenen Wintergesicht zeigen.

Zu Litha ehren wir Domnu und erinnern uns an sie mit jedem Schluck Wasser, den wir trinken, jedes Mal, wenn wir uns waschen oder in ihren Flüssen baden, in ihren Seen planschen oder an ihren riesigen Ozeanen stehen und zum Horizont blicken, ergriffen von ihrer Unermesslichkeit und Macht. Wir zeigen unseren Respekt für sie, in dem Wissen, dass sie riesig und tief ist, und dass sie uns mit ihrem Wellenschlag verschlucken kann oder uns gestattet, in Booten sicher über ihre unermessliche Weite zu fahren. Wir ehren sie allezeit und anerkennen, dass sie die Quelle allen tierischen und menschlichen Lebens auf diesem Planeten ist. Einst lebten wir in ihrem flüssigen Körper und entwickelten uns bis wir aus den Ozeanen ans Land kletterten. Unsere Entwicklung im Körper unserer Mutter spiegelt diese evolutionäre Reise von wassergeborenen Lebewesen, die einst durch Kiemen atmeten, bis hin zu unabhängigen, luftatmenden Lebewesen mit Lungen.

Frauen sind die Hüterinnen des Wassers, durch unsere menstrualen Zyklen, durch unseren Schoß, in denen das Leben unserer Kinder und unsere Träume erschaffen und genährt werden und durch unsere Verbindung mit dem Mond. Die Anziehungskraft des Mondes hat nachweisbare Wirkungen auf alles Wasser auf der Erde. Er zieht die Ozeane jeden Tag auf seiner Kreisbahn an und erzeugt so die physischen Gezeiten des Meeres. Genauso zieht er die Wasser in unserem Körper an und erzeugt die psychischen Gezeiten, die auf uns alle wirken. Es ist wichtig, dass wir als Frauen erkennen, dass wir viele Dinge tun können, um zu verändern, was mit den Wassern dieses Planeten passiert. Wir können beten oder singen, wenn wir an einem Gewässer sind und bevor wir Wasser trinken. Wir können reines Wasser für uns selbst und unsere Familien beanspruchen. Wir können helfen Bäche, Teiche, Kanäle und Flüsse von Abfällen zu reinigen. Wir können uns für reines Wasser engagieren, wir können uns für die Geschöpfe des Meeres engagieren. Es liegt in unserer Verantwortung.

Sillina ehren

Sillina oder Selene ist die Mondgöttin, die auf den Scilly Inseln, die jenseits der südwestlichen Spitze von Brigits Inseln liegen, verehrt wird. Ihre Sonnenschwester ist Sulis, deren heiße Quellen in Bath im Norden von Glastonbury entspringen, und die im ganzen Südwesten verehrt wird. Sillina, die Mondgöttin, hat drei wesentliche Gesichter, Jungfrau – Neumond, Mutter – Vollmond, Greisin – Dunkelmond. Daher kommt die Idee der dreifachen Göttin. Zu Litha ehren wir sie als Vollmondin, deren lunare und solare Energie am Höhepunkt sind. Die Menschen machen zur Sommersonnenwende alberne Sachen. Sie drücken Sillinas lunatische Energie bei Sommerpartys und Festen, Treffen am Strand und in Gärten aus, und lassen ihre normale Zurückhaltung gehen. Das berühmte Music and Performing Arts Festival von Glastonbury, das in Pilton, fünf Meilen von Glastonbury entfernt und in Sichtweite des Tor, stattfindet, ist an dem Wochenende nach der Sommersonnenwende, und man kann dort viel Spaß haben und viel Verrücktes erleben.

In jedem Jahr mit seinen zwölf Sonnenmonaten gibt es nahezu 13 Mondzyklen und wir ehren die Mondgöttin jeden Monat, besonders wenn wir den ersten Streifen des Silbermondes bei Sonnenuntergang am Horizont aufgehen sehen, zu Vollmond und während des Dunkelmondes. Die Erscheinung des Sichelmondes ist eine Zeit, um neue Projekte zu beginnen, und die Samen für den kommenden Monat zu sähen, und dann Energie zuzuführen, während der Mond voll wird. Die fünf Tage des Vollmondes (zwei davor, einer während und zwei danach) sind die Zeit, zu der wir uns am besten kreativ und emotional in der Welt ausdrücken können. Wenn der Mond abnimmt, richtet sich unsere Aufmerksamkeit nach innen bis zu den drei Tagen des Dunkelmondes, an denen es kein Mondlicht gibt. Dies ist eine Zeit um zu ruhen, sich zu erfrischen, und Inspirationen und Visionen für den kommenden Monat zu empfangen. Nahezu alle traditionellen Initiationszeremonien imitieren diese Zeit des Dunkelmondes. Die angehenden Initianden werden drei Tage lang in der Dunkelheit einer Höhle oder Hütte eingeschlossen, um sich vorzubereiten und Visionen von den Ahnen zu empfangen. Der monatliche Zyklus des Mondes ist ein Spiegel des weiblichen Menstruationszyklus und viele Frauen zirkulieren im Einklang mit dem Mond. Der Eisprung findet zu Neumond statt und die Menstruation zu Vollmond oder umgekehrt.

Feiere Sillina bei einer Zeremonie, die an dem Vollmond stattfindet, der der Sommersonnenwende, der kürzesten Nacht des Jahres, am nächsten liegt. Am Tag erleuchtet uns ihre Sonne, bei Nacht das

Licht ihres Mondes. Bade im Mondlicht, ziehe in der warmen Sommernachtluft deine Kleider aus und bade nachts in der mondbeleuchteten See, um ihre Gegenwart zu erleben.

Mit Wasser reinigen

Wasser ist das zur Reinigung hauptsächlich verwendete Element. Wir waschen unsere Körper mit Wasser, wir waschen unsere Kleider, unsere Heime, Arbeitsplätze und Tempel. Regen fällt hinunter auf und in den Boden und reinigt unsere Gehsteige vom Schmutz, unsere Gebäude vom Dreck, unsere Gärten von Abfall und unsere Landschaften von Müll. Wasser wäscht rein. Wir verwenden Wasser, um unsere zeremoniellen Ausrüstungsgegenstände und Priesterinnen-Requisiten zu reinigen. Wir reinigen unsere Kelche, Räucherschalen und Lieblingskristalle unter fließendem Wasser, und entfernen so alte, unerwünschte Schwingungen genauso wie Schmutz. Auf unseren Altären und in unseren Tempeln stellen wir Wasserschalen in den Süden. Da der Raum für Zeremonien und zum Leben verwendet wird, nimmt das Wasser alle negativen Emotionen auf, die in den Raum entladen werden. Das Wasser muss täglich erneuert werden.

Reinige im Kreislauf des Jahres deine persönlichen und gemeinschaftlichen Priesterinnen-Requisiten regelmäßig mit Wasser, um alte Energien zu entfernen. Reinige sie insbesondere vor dem Herannahen jedes Jahreskreisfestes.

Mit Wasser segnen

Genauso wie mit Wasser zu reinigen, lernen wir als Priesterinnen auch die Segnungen der Wasser der Göttin anderen zu geben. Wir bieten Wasser in einer besonderen Schale oder einem besonderen Kelch an, den wir als einen Teil unserer Priesterinnen-Requisiten finden, benutzen und verzieren müssen. Es ist gut, einige unterschiedliche Kelche zu haben, große und kleine, erlesene für besondere Anlässe und andere, die robust genug sind, um sie zu Zeremonien und heiligen Stätten mitzunehmen, wo wir vielleicht heiliges Wasser trinken wollen. Wir sammeln heiliges Wasser aus dem Chalice Well und der White Spring. Eine ausgeglichene Mischung des roten und weißen Wassers ist gut.

Wir bieten den Menschen einen Kelch gefüllt mit heiligem Wasser an und sprechen einen Segen von der Dame der Quellen und Brunnen oder von der Mutter des Wassers. Wir besprenkeln die Erde mit Wasser als Trankopfer, einer Danksagung für das Wasser, das uns die Göttin gibt. Wir gießen Wasser als Trankopfer über ihre Statuen und Bildnisse. An unserem Altar bieten wir als Anerkennung der Gaben ihrer vier Elemente Wasser in einer Schale oder einem Kelch dar. Bei Zeremonien verwenden wir die Spitze einer Feder, um die Köpfe und Körper der Menschen zu bespritzen, und die Räume, die wir mit der Energie der Göttin segnen wollen.

Die See der Emotionen

Symbolisch repräsentiert Wasser unsere Emotionen, unsere individuellen Gefühle, die in unserem Emotional- oder Astralkörper und in den Astralreichen bewahrt werden, wo die kollektiven Emotionen und Gefühle aller menschlichen Wesen zu finden sind. So wie der Ozean mit Ebbe und Flut sind unsere Emotionen ständig in Bewegung. Manchmal sind sie still und ruhig und zu anderen Zeiten überfluten sie uns in großen Wellen, die drohen uns in Schmerz, Angst, Trauer, Kummer oder Wut zu ertränken. Emotionen können angenehm sein – positiv, oder schmerzhaft – negativ, und manchmal beides gleichzeitig.

Emotionale Energie ist ein wesentlicher Teil des menschlichen Erlebens. Sie gibt uns das Gefühl, in unserem Körper lebendig zu sein, und bringt Würze in etwas, was sonst eine trockene, leblose, mentale Lebenserfahrung wäre. Emotion ermöglicht uns, Leidenschaft und Begeisterung zu spüren und bringt Fülle in jedes Erlebnis. Sie sorgt dafür, dass wir uns im alltäglichen Leben genauso wie im Unerwarteten geerdet und präsent fühlen. Dadurch können wir empathisch sein und füreinander fühlen. Alle großen Übergangsriten im menschlichen Leben, jene Zeiten, zu denen wir am stärksten in unseren Körpern spirituell präsent sind, sind verbunden mit Emotion – wenn wir geboren werden und gebären, beim Sex, in Beziehungen, bei Hochzeiten und angesichts des Todes.

Während unseres menstrualen Daseins, gleiten wir auf natürliche Weise in einem rhythmischen Muster in unsere Emotionen hinein und wieder heraus. Dieses Muster wird durch den Anstieg und Abfall der Östrogenproduktion in unserem Körper beeinflusst und manchmal verursacht. Im Laufe jedes Zyklus erleben wir die Macht unserer Emotionen zu verändern, wie wir uns von einem Tag auf den anderen, ja sogar von einem Moment auf den anderen, fühlen. Männer haben einen anderen emotionalen Rhythmus, der sich in der Produktion des Testosterons im Körper und seinem Ausdruck in physischer und kreativer Aktivität wiederspiegelt. Zu verschiedenen Zeiten im Leben können wir in unseren Emotionalkörpern völlig polarisiert sein. Wir erleben die immer in Bewegung befindliche See der emotionalen Energie und fühlen uns hin- und hergeworfen von ihren Strömungen, die durch uns hindurchfließen. Zu diesen Zeiten gehören die Pubertät, das Erwachsen-Werden, die saturnische Rückkehr im Alter von etwa 28 Jahren, die Mid-Life-Crisis und die Menopause.

Im Lauf des Lebens versucht unser individuelles Seelenbewusstsein immer wieder sich über die Grenzen unserer genetischen und durch unsere Umwelt bedingten Konditionierung hinweg auszudehnen. Unsere Seele, die liebevoll, einschließend, großzügig und mitfühlend ist, strebt immer danach, sich durch das Medium unserer Persönlichkeit mehr und mehr auszudrücken. Unsere Persönlichkeit ist individuell und durch die Lebenserfahrung geformt. Wenn sich die Seelenenergie allmählich innerhalb der Grenzen unserer bestehenden Persönlichkeit ausdehnt, ist es so als würden die Grenzen der Persönlichkeit gedehnt werden, wie ein Ballon, der sich ausdehnt und strafft, wenn er mit Luft gefüllt wird. Die Emotionen, die ein wesentlicher Teil unserer Persönlichkeit sind, werden durch den zunehmenden Druck gezogen und gequetscht, und wir beginnen zu leiden. Unser Schattenselbst – alle unterdrückten Teile in uns, die aus unserem Unbewusstsein und unseren Emotionen entspringen – werden für uns und andere sichtbar. Die Starrheit unserer Persönlichkeit zeigt sich in unseren fixen Vorstellungen darüber, wie die Dinge sind, in unseren starren Glaubenssystemen, unseren festgefahrenen Gewohnheiten und Vorurteilen und unseren unumstößlichen Verteidigungsmustern. Diese Starrheit äußert sich als Strenge und Feindseligkeit, sowie in Form von Schuldzuweisungen und Vorwürfen anderen gegenüber. Von außen betrachtet haben wir den Eindruck, dass eine Person in diesem Zustand, unnachgiebig und kühl ist, oft von einem unterdrückten Zorn oder Kummer erfüllt, dem wir nach Möglichkeit ausweichen. Das Individuum wird isoliert und fühlt sich noch einsamer mit seinen Problemen. So bauen sich die dunklen Wolken auf, bevor der Sturm kommt, der den Regen frei setzt.

Es baut sich zunehmend Druck zwischen den Energien der Seele und der Persönlichkeit auf, der sich in etwas ausdrückt, was in der *Bhagavad-Gita* (einem sehr bekannten, uralten, spirituellen Text aus dem alten Indien) als das Schlachtfeld Kurukshetra, das Schlachtfeld der Emotionen oder des astralen Reiches bekannt ist. Dieses wichtige Stadium unserer spirituellen Entwicklung spielt sich immer in unserem Emotionalkörper ab, egal ob es unsere private Welt der Qualen ist, oder ob wir es mit anderen ausleben und sie in die Rollen unserer Lieblingsmonster und –dämonen drängen, unserer schlechten Mütter und Väter, Schwestern und Brüder. An einem gewissen Punkt in diesem Prozess gibt es eine Konfrontation zwischen dem *Engel der Gegenwart* und dem *Sitzenbleiber auf der Schwelle* oder Schatten. Sie treten einander oft in einer todernsten Entscheidungssituation gegenüber. Wer wird gewinnen? Unsere besten oder unsere schlechtesten Anteile? Manchmal tobt die Schlacht wochenlang, monatelang oder sogar jahrelang, bevor es zu einer Lösung kommt. Schließlich, und zwar schneller, wenn wir lernen uns dem Prozess hinzugeben, erleuchtet das Licht der Seele die dunklen Tiefen des Schattens, und enthüllt strahlende, glitzernde Juwelen, die unter Schichten von Schmerz und Leiden aus unserer Kindheit und darüber hinaus aus früheren Leben verborgen waren. Diese Juwelen kommen an die Oberfläche des Bewusstseins, so dass sie wieder wahrgenommen und in die Persönlichkeit integriert werden können. Es gibt keinen Gewinner, es gibt keinen Verlierer. Es gibt nur Frieden in unserem Herzen.

Die Seele kann in dieser Welt nicht ohne eine Persönlichkeit als ihr Mittel zum Ausdruck wirken. Integration ist der einzige Weg nach vorne. Zu der Zeit, die die Göttin für richtig hält, zerspringt die enge Schale der Persönlichkeit, oft durch eine Krankheit oder einen Unfall, und wird abgestreift, wie die Haut einer Schlange, und enthüllt ein zartes und verletzliches neues Selbst darunter.

Die Persönlichkeit erweitert sich und lässt zu, dass sich mehr der Seelenenergie ausdrückt. Sie wächst in eine neue erweiterte Form. Diese Zeit der Erweiterung ist als *Initiation* bekannt. Sie kennzeichnet das Ende einer alten Art zu Sein und den Anfang eines neuen Lebens. Sie ist immer gekennzeichnet durch den Ausdruck von Emotionen und das Gefühl von Freude.

Am Ende der Dritten Spirale der Ausbildung zur Priesterin von Avalon halten wir eine Selbstinitiations-Zeremonie ab, bei der jede einzelne in die Kraft ihrer eigenen Seele initiiert wird, um die Priesterin von Avalon zu werden. Denn diese Initiation muss von innen kommen, aus dem Selbst, von der Göttin. Sie kann nicht von anderen gegeben werden. Diese Zeremonie ist kraftvoll und spiegelt die innere, spirituelle Reise jeder Person wieder, die diese in der Gegenwart der Lady und anderer angehender und initiierter Priesterinnen unternimmt.

Alle Menschen, die auf dem spirituellen Pfad reisen, eine Priesterin von Avalon zu werden, werden zumindest eine und vermutlich mehrere Erlebnisse der Konfrontation zwischen dem *Engel der Gegenwart* und dem *Zögerer auf der Schwelle*, Seele und Schatten, erleben. Wenn wir uns mehr und mehr der Lady von Avalon hingeben, bringt sie uns von Angesicht zu Angesicht mit unseren Begrenzungen und Widerständen. Unsere persönliche Reise besteht darin zuzulassen, dass die verborgenen Gesichter unseres Schattenselbst mit all unseren unterdrückten Emotionen aus ihren unbewussten Verstecken auftauchen, damit wir die Juwelen integrieren können, die in seinen Tiefen verborgen liegen.

Viele Frauen erleben täglich Emotionen. Als ich eine blutende Frau war, schrieb ich einige Wochen lang die verschiedenen Emotionen auf, die ich täglich fühlte. Ich stellte fest, dass ich an einem Tag durch die ganze Bandbreite der Emotionen gehen konnte, von Freude über Wut zu Trauer und Glück. Oft war dies bestimmt von den Träumen der vorangehenden Nacht. Ich wachte erfüllt von einem bestimmten Gefühl auf, dass sich dann im Lauf des Tages austobte. Ein Alptraum konnte einen leidvollen Tag erzeugen, ein schöner Traum führte zu einem kreativen Tag. Es war für mich üblich, mindestens zweimal pro Woche zu weinen, und ich war kein unglücklicher Mensch. Das war mein natürlicher Rhythmus des emotionalen Ausdrucks. Ich denke, dass ich genauso bin, wie viele Frauen.

In der anglo-sächsischen Kultur sehen Männer Emotionen im Großen und Ganzen als eine negative Erfahrung an, sowohl den Ausdruck von Emotionen selbst als das Miterleben des emotionalen Ausdrucks von Frauen. Männern in kälteren Gegenden wird beigebracht, eine steife Oberlippe zu haben, stark und emotionslos zu sein, nicht schwach wie die Frauen. Dieser männlichen Konditionierung folgend, verleugnen patriarchale Religionen im Großen und Ganzen die positive Kraft der Emotion, und sehen sie als etwas, das kontrolliert, verdrängt und unterdrückt werden muss, um spirituelle Höhen zu erreichen. Zum Beispiel beinhaltet der Großteil der Meditationspraktiken das Ideal der Unterdrückung der Emotionen. Dazu wird eine Vielfalt von Techniken verwendet: die

Das Glitzern – Litha

Kontrolle der Atmung, Einschränkung der Bewegung oder das Einnehmen bestimmter statischer Yogaposen mit dem Körper, die als Asanas und Mudras bekannt sind. Diese Unterdrückung der Gefühle ermöglichet es dem Geist frei von emotionalen Inhalten zu sein, so dass wir uns über unsere physischen Beschränkungen erheben und die spirituellen Welten erforschen können.

Als Babys lernen wir im Schoß und in der Wiege, dass wir aufhören können physischen und emotionalen Schmerz, Angst, Frustration und Wut zu fühlen, wenn wir unseren Atem anhalten oder sehr flach atmen und unseren Körper steif machen. Dieser kindliche Verteidigungsmechanismus wurde von patriarchalen Religionen gekapert und als Meditation zu einer Kunstform erhoben, als Mittel den Beschränkungen des Körpers zu entfliehen. Unser natürlicher Zustand als Babys und als Erwachsene ist es, unsere Gefühle und Emotionen in einem natürlichen, rhythmischen Ausdrucksmuster frei fließen zu lassen. Patriarchale Spiritualität lässt das nicht zu und bevorzugt es, Emotionen als schlecht zu verteufeln. Emotion wird als etwas dargestellt, über das wir uns erheben müssen, wenn wir unser spirituelles Ziel erreichen wollen. Wie dem auch sei, ist die menschliche Emotion nicht verschwunden und es gibt auch nach 5.000 Jahren patriarchaler Versuche ihre Bedeutung zu verleugnen keine Anzeichen, dass sie verschwinden wird.

Tausend Jahre lang wurde uns in verschiedenen religiösen Lehren erzählt, dass die Welt ein Ort des Leidens ist und wir alles, was in unserer Macht steht, tun müssen, um dem Rad des Leidens zu entkommen und den Planeten zu verlassen, wenn wir sterben. Es wurde uns gesagt, dass wir uns selbst von der Welt fernhalten müssen, um spirituelle Höhen zu erklimmen, dass wir unsere sexuellen Begierden vergeistigen müssen, asketisch sein und uns üblicherweise von Frauen fernhalten müssen. Wir müssen Kontrolle über unsere niederen Chakren und unsere grundlegenden Emotionen erlangen.

Ich glaube das nicht. Für mich ist die Welt ein Ort großer natürlicher Schönheit und Fülle, die uns von einer großzügigen und liebevollen Göttin geschenkt wurde, die möchte, dass wir uns an ihr und ihrer üppigen Natur erfreuen. Ja, es gibt Leiden, aber im Großen und Ganzen wird es durch unser Festhalten an patriarchalen Idealen wie Gier, Wettbewerb und Selbstsucht verursacht. Die Göttin lehrt uns miteinander zu teilen, zum Wohle aller zusammenzuarbeiten, großzügig und liebevoll zu sein, uns an ihrem Planeten und einander zu erfreuen. Sie zeigt uns die Höhen der mystischen Erfahrung in unserem Körper, wenn wir uns gestatten, ihre Stimme zu hören und ihre Wege zu erkennen. Das Leben auf diesem Planeten ist ein wahrhaft einzigartiges und erstaunliches Geschenk von ihr an uns. Es ist der heilige Gral, den wir überall im ganzen Universum zu erfahren suchen würden, wenn wir nur verstehen könnten, welche Gelegenheit für spirituelle Praxis und Verwirklichung uns gegeben wird.

Können wir jetzt beginnen, neue Formen der Spiritualität zu empfangen, die nicht auf der überlieferten Weisheit des Patriarchats, auf männlichen Körpern und unserer Konditionierung beruhen? Können wir uns eine Spiritualität vorstellen, die den niederen Chakren einen hohen Wert beimisst? Dies sind die Stellen in unserem Körper, wo alles neue Leben empfangen, bewahrt, genährt und geboren wird, wo wir die Macht sexueller Energie, die Trennung und die Grenzen unseres Körpers aufzulösen, erleben, und wo unsere wundervollen Emotionen sitzen. Können wir sehen, dass diese Chakren gleich wichtig sind, wie jene im Kopf? Können wir erkennen, dass der Sitz der Seele in der Mitte unseres Körpers ist, im Herzen, und nicht im Kopf? Können wir uns eine Spiritualität vorstellen, in der Emotion und ihr Ausdruck Teil einer bereichernden mystischen Erfahrung sind, bei der wir die Erhabenheit des Göttlichen, die unermessliche Weite der Leere, nicht nur spüren sondern auch emotional auf eine Art fühlen können, die ihre Präsenz in unsere Realität bringt?

Ich glaube, dass es das ist, was uns eine erneuerte Göttinnen-Spiritualität bringen wird, wenn wir es zulassen können. Ich glaube, dass wir unsere alten Gewohnheiten zu wissen, wie die Dinge zu tun sind, loslassen und uns von der Göttin in neue Formen der Spiritualität führen lassen müssen. Diese neuen Formen werden Erfahrungen enthalten, die schon jetzt von vielen Frauen geteilt werden und die im Patriarchat abgelehnt wurden. Insbesondere werden unsere Emotionen eingeschlossen sein, die das Leben von vielen beherrschen. Wir sind ganz am Beginn der Rückkehr der Göttin und ihrer Mysterien. Sie bringt neue Formen der Spiritualität mit sich, die uns zu größeren Höhen und Tiefen ekstatischer, mystischer Erlebnisse führen werden. Wir brauchen keine Angst davor haben, das wenn wir das Alte loslassen, die Göttin nicht in neuer Form und in neuen Erfahrungen für uns da sein wird. Sie wird uns nicht verlassen, so wie wir sie verlassen haben.

Ich erhebe Anspruch auf eine neue Göttinnen-Spiritualität, die das Fühlen von Emotionen in unserem Körper und deren Ausdruck als einen natürlichen Teil unseres täglichen, menschlichen Lebens miteinschließt. Ich erhebe Anspruch auf wahrhaftige Inkarnation im menschlichen Körper und darauf physische, ätherische, emotionale, mentale und spirituelle Energien zu erleben. Ich erhebe Anspruch auf das Gebet als einen persönlichen Raum, um Emotion als Teil meiner spirituellen Erfahrung zu fühlen und von Schmerz und Leid geheilt zu werden. Ich erhebe Anspruch auf Zeremonien als einen Platz für den Ausdruck individueller und gemeinschaftlicher Emotionen aller Art.

Die Göttin hat die Emotionen erschaffen und liebt ihren Ausdruck.

Emotionen ausdrücken

Emotionaler Ausdruck ist sehr wichtig für unsere Gesundheit und unser Wohlbefinden und wenn er unterdrückt wird, führt das zu Erkrankungen und Krankheiten des Geistes, der Emotionen und des Körpers. Wenn unsere Emotionen ausgelöst werden, drücken wir sie auf physische Art aus – wir weinen Tränen der Trauer und der Freude, unsere Körper zittern vor Angst, unsere Hände und Körper verkrampfen sich vor Wut, wir lächeln vor Glück und wir tanzen vor Freude. Als Kinder lehrt man uns in westlichen Kulturen die Anzeichen negativer Emotionen hinter einer Maske der Kontrolle zu verstecken, unsere Tränen und das ängstliche Zittern unseres Körpers zu unterdrücken. Wir halten unseren Atem an, verkrampfen unsere Muskeln und beten, dass niemand sehen kann, was wir wirklich fühlen. Indem wir den Ausdruck unserer negativen Emotionen nicht zulassen, unterdrücken wir auch die positiven Emotionen, bis zu dem Punkt, an dem wir nicht mehr wissen, was wir fühlen, ob wir traurig oder fröhlich sind. Das Leben ist eine gedämpfte Erfahrung.

Durch Beratung, Psychotherapie, emotionale Regression, therapeutische Körperarbeit, Rebirthing, bewusst verbundenes Atmen, 1.001 Methoden, die sich in den letzten 30 Jahren entwickelt haben, können wir den natürlichen Ausdruck unserer Emotionen zurückgewinnen, und uns gestatten zu fühlen, was wir fühlen und es dann auszudrücken. Wenn uns bewusst wird, dass wir nicht sterben, wenn wir der Welt zeigen, was wir wirklich fühlen (denn das ist üblicherweise die Ursache unserer Angst), stellen wir fest, dass das Leben real und bedeutsam wird, oft das erste Mal seit unserer Kindheit.

Wir lernen unsere Emotionen in kreativen Ausdruck zu leiten. Statt dass uns unsere blockierten Emotionen davon abhalten uns selbst kreativ auszudrücken, können wir darüber schreiben, wie wir uns fühlen, unsere Wut, unseren Hass, unsere Angst, unsere Gefühle von Ablehnung, Isolation und Einsamkeit in wahren Worten ausdrücken. Wir können unsere Gefühle auf Papier zeichnen, unsere Emotionen als farbige Blöcke und Formen, Licht und Dunkelheit malen. Wir können unsere Monster und Dämonen formen und ihnen eine Gestalt und Züge geben, die wir erkennen. Wir können nähen und alle möglichen Kunsthandwerke herstellen, die mit Schönheit und Sehnsucht erfüllt sind. Wir können uns selbst in dreidimensionaler Form ausdrücken.

Während unserer Ausbildung als Priesterinnen schreiben und zeichnen wir täglich unsere Erfahrungen in ein Tagebuch und stellen viele Arten von Gegenständen her, nicht damit wir schöne Dinge haben, um damit Priesterin zu spielen, sondern weil uns das Herauslassen unserer Kreativität ermöglicht, einige unserer tiefsten Emotionen auszudrücken. Dies wiederum setzt mehr Kreativität frei. Wir lernen durch Erfahrung, wo unsere emotionalen Blockaden sitzen und fangen mit der Hilfe unserer Geschwister auf der Reise an, durch sie hindurchzubrechen. Als Priesterinnen geben wir uns selbst die Erlaubnis, unsere Gefühle und Emotionen auszudrücken und ermutigen andere dazu, ihre ebenfalls auszudrücken.

Reisen im Astralreich

Das Astralreich ist das Reich der Emotionen, aller Emotionen, die in der Welt ausgedrückt und unterdrückt werden und wurden. Es ist erfüllt von sowohl positiven als auch negativen Emotionen und das Reisen in den astralen Reichen kann uns zu Plätzen unglaublicher Schönheit und zu solchen voller Grauen führen. Wenn wir als Priesterinnen ins Astrale reisen, reisen wir immer mit Führerinnen auf bestimmten Pfaden, wo wir vor allen Arten der Böswilligkeit, die dort lauern könnten, geschützt sind.

In Visualisierungen verbinden wir uns mit unseren inneren Führerinnen und Hüterinnen, wann immer wir in die astralen Reiche reisen. Diese Führerinnen können menschlich oder andersweltlich sein oder Tierwesen. Wir fangen damit an, dass wir uns die Zeit nehmen, herauszufinden, wer diese Führerinnen für uns sind. Wir bitten sie zu uns zu kommen und sich uns bei der Meditation oder der Visualisierung zu zeigen. Innere Führerinnen können Priesterinnen von früher sein, wohlgesinnte Ahninnen, Verwandte, die hinübergegangen sind, oder Führerinnen, die wir aus anderen Inkarnationen kennen – Großmütter der amerikanischen Ureinwohner, keltische Heras, tibetische Mönche, Shamankas, und so weiter. Sie können allgemein bekannt sein, so wie Morgen la Fey oder White Eagle oder Mary, oder es können Leute sein, die uns anfangs unbekannt sind, uns aber vertraut werden, während wir mit ihnen durch die Anderswelt reisen. Sie sind immer da und warten auf uns, wann immer wir reisen.

Tierführer oder Totems sind oft jene Tiere, die sich zu uns natürlicherweise hingezogen fühlen und zu denen wir uns hingezogen fühlen. Wenn wir unsere Reise beginnen, sind sie da und warten darauf, uns in die Anderswelt zu begleiten. Unser Totem könnte eine Katze, ein Hund, eine Krähe, ein Pferd, ein Wolf, ein Löwe, ein Falke, ein Adler, ein Reiher oder ein Zaunkönig sein, oder ein mythisches Geschöpf wie ein Zentaur oder ein Greif. Sie gehen auf dem Weg voran und beschützen uns vor allem Schaden, während wir in psychischen Räumen reisen. Es ist notwendig, dass wir ihre sichere Gegenwart würdigen.

In den 1970ern und 80ern war astrales Reisen eine beliebte Beschäftigung für die der Magie zugeneigte, suchende Seele. Einige Bücher wurden dieser Kunst gewidmet, die mit Bildern beschrieben, wie man sich auf das Bett legt und sich selbst dabei zusieht, wie man den physischen Körper verlässt, um in die astralen Reiche zu reisen, wobei man mit dem physischen Körper durch eine Silberschnur verbunden bleibt. Das erste Ziel war fähig zu sein, den eigenen Körper von oben, von der Decke des Raumes, auf dem Bett liegen zu sehen. Von dort brach die Wagemutige in andere Welten auf. Die Menschen nahmen diese Art des psychischen Reisens begeistert auf, und stellten fest, dass sie durch Wände und Gebäude gehen, zu schönen Plätzen reisen und Freunde besuchen und später mit Hilfe der Silberschnur wieder in ihren physischen Körper zurückkehren konnten. Manchmal führte dieses astrale Reisen Menschen an Orte, die sie nicht besuchen wollten, oder brachte sie von Angesicht zu Angesicht mit Wesen, die bedrohlich oder bösartig waren, denn auch diese sind im Astralen beheimatet. Der Hype um astrales Reisen hat in den letzten paar Jahren nachgelassen, aber es gibt immer noch psychische Abenteurer, so wie die Mitglieder der Damanhur-Gemeinschaft in Italien, die astral in die Vergangenheit und die Zukunft reisen.

Man kann sagen, dass die Insel Avalon heutzutage nur in den astralen Reichen wirklich sichtbar ist, und um sie zu sehen, müssen wir psychisch dort-

Das Glitzern - Litha

hin reisen. Als Priesterinnen von Avalon genießen wir es zu den verschiedenen Gestalten von Avalon zu reisen, in denen es uns erscheinen kann, so wie die Paradiesinsel, die Schwaneninsel, die Glasinsel Ynys Witrin, die glückselige Insel, die westliche Insel der Toten oder das andersweltliche Avalon, den uralten natürlichen Gegenpart des heutigen Glastonbury. Unsere innere Vision von Avalon mag nicht mit der irgendeiner anderen Person übereinstimmen oder möglicherweise entdecken wir auch verblüffende Ähnlichkeiten in unseren Visionen.

Auf unseren astralen Reisen lassen wir zu, dass unser physischer Körper sich tief entspannt, so dass unser Bewusstsein leicht den Körper verlassen kann. Wir reisen auf verschiedenen Wegen nach Avalon, die nahezu immer eine Reise über das Wasser einschließen, über das Meer oder einen großen See. Wir reisen auf der Barke nach Avalon, begleitet von einer Feen(Fähr)person, oder wir fliegen auf dem Rücken eines Vogels dorthin – auf einem Schwan, einer Krähe oder einem anderen vertrauten Vogel. Wenn wir auf der Insel ankommen, werden wir immer von einer Führerin erwartet. Manchmal ist es ein Tier oder ein Vogel, manchmal eine Priesterin, oder eine Fee oder eine andere Person, die mit uns durch die Landschaft reist und bei uns bleibt, oder uns, abhängig von der Absicht unseres Besuches, anderen Führerinnen übergibt, bis zu unserer sicheren Rückkehr.

Das Folgende ist eine beispielhafte Astralreise auf dem Schwan zur Insel, um die Dame der Quellen und Brunnen zu treffen. Vielleicht möchtest du dir diese Visualisierung laut vorlesen und sie aufnehmen, so dass du bei der Reise zuhören und wirklich in ihren Geist eintauchen kannst.

Lege dich hin und mache es dir bequem. Spüre das Gewicht der Erde unter deinem Körper.

Entspanne dich. Lass alles los und lass dich in den Boden sinken.

Nimm deinen Atem wahr. Nimm wahr, wie die Luft einströmt und ausströmt. Spüre deinen Herzschlag.

Während du spürst, wie sich dein Brustkorb hebt und senkt, werde dir bewusst, dass du auf dem Rücken einer großen weißen, fliegenden Schwänin liegst. Die Schwanenflügel schlagen im Rhythmus deines Herzschlages.

Die Schwänin ist wunderschön. Lass dich in ihre weichen Federn sinken. Spüre ihre Kraft und ihre Stärke unter dir, während sie durch die Luft fliegt. Entspanne dich und genieße das Erlebnis.

Schau hinunter auf eine vertraute Landschaft und nimm wahr, wo du hinfliegst. Schau in den Himmel und zur Erde unter dir. Spüre wie die Luft an deinem Körper vorbeistreicht.

Vor dir liegt weit weg im Westen ein großes Gewässer. Du fliegst in seine Richtung und bald schon hinaus über das Ufer. Schau hinunter auf das Wasser.

Nimm wahr ob die Wasseroberfläche glatt oder aufgewühlt ist. Nimm die Farbe des Wassers wahr. Schau, was du unter der Wasseroberfläche sehen kannst.

Schau nach vorne und sieh eine kleine, hügelige Insel, die Schwaneninsel, die Insel Avalon, die sich aus dem Wasser erhebt. Deine Schwänin nähert sich der Insel und umkreist sie, bevor sie im Wasser vor dem Ufer der Insel landet.

Als du vom Rücken deiner Schwänin auf das trockene Land kletterst, bemerkst du, dass jemand auf dich wartet, eine Führerin und Gefährtin für deine Reise. Begrüße sie und stell fest, wer sie ist und wie sie aussieht.

Gemeinsam beginnt ihr einen Pfad entlangzugehen, der vom Ufer in die niedrigen Hügel der Insel führt.

Unterwegs kommt ihr an eine Weggabelung. Bei dieser Trivia oder diesem dreifachen Weg befindet sich ein Schrein der Lady. Nimm wahr, wie er aussieht und bringe der Lady an ihrem Schrein eine Gabe dar.

Entscheide dich, welchen der zwei Pfade du nehmen möchtest, den linken oder den rechten, den höheren oder den niedrigeren und gehe deinen gewählten Pfad entlang.

Während du den Weg entlanggehst, steigt das umliegende Gebiet allmählich an, und schließlich stellst du fest, dass du dich zwischen ansteigenden Hängen auf eine schmale Klamm zubewegst, durch die ein Bach fließt. Lausche dem Geräusch des fließenden Wassers, während du den Bach entlang gehst.

Du kommst um eine Ecke und vor dir fließt eine Quelle aus einer Öffnung im Boden und plätschert sanft in ein Becken. Deine Begleiterin bleibt stehen und wird auf dich an der Ecke warten, während du zur Quelle weitergehst. Du siehst Regenbogen, wo das Sonnenlicht auf das plätschernde Wasser fällt.

Knie dich neben das Becken und spritze Wasser auf dein Gesicht und deinen Körper. Nimm ein paar Schluck Wasser und spüre wie es dich reinigt und alle Giftstoffe entfernt – die physischen und die psychischen. Sobald du dich gereinigt fühlst, schaue hinunter in das Becken. Wie du ins Wasser schaust, siehst du dein eigenes Gesicht, das sich darin spiegelt. Schau dich an.

Dann erscheint ein anderes Gesicht neben deinem – das Gesicht der Lady. Schau ins Wasser und sieh wie sie aussieht.

Schau auf und sieh die Dame der Quelle neben dir stehen. Nimm wahr wie du dich fühlst. Tue, was immer sich für dich richtig anfühlt, um ihre Gegenwart zu ehren.

Das Glitzern - Litha

Sie lädt dich ein, dich mit ihr neben die Quelle zu setzen und dir zu gestatten ihre fließende, flüssige Energie zu fühlen.

Während du sitzt, schließe deine Augen und reise mit der Dame hinunter in die Quellwasser. Spüre wie du wie ein Fisch leicht durch das Wasser schwimmst, als wäre es dein natürliches Element.

Reise mit ihr hinunter ins Wasser und durch die Öffnung, aus der die Quelle hervorkommt, in die Erde. Spüre wie du durch breiter werdende Ströme tiefer in die Erde hinunter schwimmst, bis zu einer Höhle, in der sich ein großer unterirdischer Teich befindet.

Diese Wasser sind reinigend und heilend. Lass deine Emotionen ins Wasser fließen. Während du darin schwimmst, tauchen Undinen und Meerjungfrauen auf. Sie kommen, um mit dir zu spielen. Die Lady zeigt dir ihre geheimen Unterwasserorte und die Schätze, die darin verborgen liegen.

Nach einer Weile in diesem nassen Paradies kehrst du durch die Ströme an die Erdoberfläche zurück und stellst fest, dass du wieder neben der Göttin an ihrer heiligen Quelle sitzt.

Du kannst ihr Fragen stellen – alle Fragen, auf die du gerne eine Antwort wüsstest – über dein Leben, deine Beziehungen, deine spirituelle Richtung, deine Arbeit, über alles.

Lausche nach ihren Antworten. Nimm die erste Sache, die du hörst oder spürst. Das können Worte oder ein Bild sein. Wenn du es nicht verstehst, bitte die Göttin dir mehr zu erzählen.

Wenn sie damit fertig ist, mit dir zu kommunizieren, danke ihr für alles, was sie dir gegeben hat, für ihren Platz in deinem Leben, für ihr Geschenk der Emotion, für das Wasser, das du jeden Tag trinkst. Bitte sie um ihren Segen für die Gewässer der Erde.

Taste in deiner Tasche nach etwas Besonderem und gib es ihr als Geschenk.

Knie neben dem Becken, schau wieder hinunter auf das Wasser und sieh dein eigenes Spiegelbild. Wenn du wieder aufschaust, ist die Göttin verschwunden.

Schau dich noch einmal an diesem besonderen Ort um, schau auf das Wasser und die Quelle, und bedanke dich für dieses Erlebnis. Geh dann zu deiner Begleiterin, die an der Ecke auf dich wartet.

Gemeinsam macht ihr euch auf den Weg zurück, durch die Klamm neben dem Bach. Lausche auf die Geräusche des gurgelnden Baches und nimm wahr, dass die Hänge auf beiden Seiten allmählich flacher werden.

Gehe weiter bis du zurück zu der Trivia kommst. Danke am Schrein der Göttin für alles, was du erlebt hast und gehe dann weiter zurück zum Ufer, wo deine Schwänin auf dich wartet.

Danke deiner Gefährtin neben dem Wasser dafür, dass sie dich auf deiner Reise über das Land begleitet hat und klettere auf den Rücken deiner Schwänin. Lege dich auf ihren Rücken und spüre ihre weichen Federn unter dir. Fühle dich sicher und geborgen, während sie anfängt sich über das Wasser zu bewegen.

Langsam beginnen ihre großen Flügel zu schlagen und sie hebt von der Wasseroberfläche ab und steigt in die Luft über der Schwaneninsel auf.

Sie umkreist die Insel und du siehst hinunter und bemerkst die Trivia und die Klamm und die Quelle unter dir. Du bemerkst auch andere Teile der Insel, die du noch nicht besucht hast, aber es kann sein, dass du zurückkehrst, um sie in der Zukunft zu besuchen.

Dann wendet sich deine Schwänin nach Osten und fliegt über das Wasser. Schau hinunter auf das Wasser und nimm wahr, ob es ruhig oder aufgewühlt ist.

Du fliegst eine Zeit lang, dann siehst du vor dir das vertraute Festland. Während du das Ufer überquerst, schau hinunter auf das Land und sieh vertraute Landmarken.

Nimm den regelmäßigen Flügelschlag der Schwanenflügel wahr. Die Flügel heben und senken sich im Einklang mit dem Rhythmus deines Atems, der durch deine Nase oder deinen Mund ein- und ausströmt. Spüre wie du mit jedem Atemzug Energie genauso wie Sauerstoff einatmest und dadurch deinen Körper, deine Emotionen und deinen Geist belebst.

Nimm allmählich den Boden unter deinem Körper wahr. Während du einatmest, strecke deinen Körper von den Zehen bis zu den Fingerspitzen und bring dein Bewusstsein nach und nach zurück in den Raum.

Schreibe oder zeichne alle deine Eindrücke von der Lady und der Insel auf, bevor sie deinem Gedächtnis entschwinden.

Mystisches Eintauchen in die Wasser der Göttin

Ein Teil unserer Priesterinnen-Praxis besteht darin, mystisch in ihre heiligen Wasser einzutauchen. Dabei erfahren wir, dass wir nur winzige Tropfen im Ozean dessen, wer sie ist, sind. Unser Ziel ist es, eins mit ihr zu werden, uns mit ihrer Essenz zu identifizieren. Dies ist die mystische Vereinigung, wo es keine Trennung zwischen ihr und uns gibt. Wir werden eins mit unserer Mutter, so wie wir uns immer danach gesehnt haben. Wir baden in ihrer wässrigen Natur und erkennen unseren wahren Platz in ihrer Welt. Wir sind in ihr und von ihr – so wie sie in uns ist. In der Göttinnen-Spiritualität ist so wie im chinesischen Tao der

Das Glitzern - Litha

Weg das Ziel. Die Reise ist es, die zählt, wie wir unser Leben leben, eins und identifiziert mit ihr. Je mehr wir mit der Göttin durch unser tägliches Leben reisen, umso mehr begreifen wird, dass wir niemals getrennt von ihr sind. Sie ist immer bei uns. Es ist nur die Individualität unserer Körper und unsere Konditionierung, die uns daran hindern diese Tatsache in jedem Augenblick unseres Lebens zu erkennen.

Ihre mitfühlende Natur

Mitgefühl ist eine der großartigsten Qualitäten der Göttin, die wir lernen zu kultivieren. Mitgefühl für uns selbst und für andere. Als Kind und Jugendliche wurde ich ständig von meiner Familie dafür kritisiert, dass ich anders sei, dass ich zu empfindsam sei, dass ich prahle. Trotz all meiner Versuche mich zu verteidigen, nahm ich diese Kritik auf und internalisierte sie. Ich wuchs mit einem inneren Richter auf, der alles ansah, was ich tat und Fehler darin fand. Ich praktizierte verschiedene Formen von Spiritualität, die asketisch und streng zu Körper und Geist waren. Ich versuchte heiligengleich zu sein, scheiterte natürlich daran und machte mir dann selbst Vorwürfe wegen meines Scheiterns. Ich betrachtete auch andere mit einem kritischen Blick, und verurteilte sie für ihre Fehler anstatt ihre Erfolge zu ehren.

Als ich begann heilige Dramen zu schreiben, stellte ich fest, dass der innere Richter da war, auf meiner Schulter saß und sagte: *„Du kannst das nicht schreiben!"*. Die äußere Welt spiegelte den inneren Richter und sagte ebenfalls: *„Du kannst das nicht schreiben!"*. Zu dieser Zeit war mir die Gegenwart des inneren Richters bewusst. Ich wusste, dass er existierte und musste Stunden meiner Zeit darauf verwenden, seine kritische Stimme zu bekämpfen, denn in diesem Stadium war er hauptsächlich ein *er*, geformt nach dem Bild meines Vaters und aller weltlichen Patriarchen. Erst später begriff ich, dass versteckt hinter seinem ernsten Gesicht auch *sie*, meine Mutter, ebenfalls meine Kritikerin gewesen war.

Im Laufe der Jahre lernte ich trotz der Stimme des inneren Kritikers zu handeln, aber erst während meiner Erfahrung 1995 an Brustkrebs zu erkranken, schmolz dieser Richter schließlich dahin. Ich hatte eine Operation, bei der mein Knoten entfernt wurde, und dann Radiotherapie und Chemotherapie. Ich verlor alle meine Haare und eines Tages, als ich mich nach der Chemotherapie sehr krank fühlte, gab mir eine Freundin, Elizabeth Ur, eine Tiefengewebsmassage, die mir üblicherweise halfen das Erlebte zu erleichtern. Als sie mein Herz berührte brach tief aus meinem Inneren ein Schrei hervor:

„Was habe ich jemals getan, um das zu verdienen?"

Ich dachte, dass ich in meiner Vergangenheit etwas wirklich Furchtbares angestellt haben musste, um in der Gegenwart so viel leiden zu müssen. Es gab nichts derartig Schreckliches, was ich in diesem Leben getan hatte. Ich fing an

Avalon - Erste Spirale

zu weinen, und tiefe Schluchzer beutelten meinen Körper. Visionen kamen mir in den Sinn, dass ich eine der Frauen gewesen war, denen nach der deutschen Besetzung Frankreichs von ihren Mitbürgern der Kopf geschoren worden war, weil sie mit dem Feind geschlafen hatten. Mit meinem kahlen Kopf fühlte ich, dass ich eine jener Frauen gewesen war, die sich in einen deutschen Soldaten verliebt hatten, dass ich meine Gemeinschaft der Liebe wegen verraten hatte. Als die Deutschen sich aus Frankreich zurückzogen, wurde ich von meiner Gemeinde zum Sündenbock gemacht, mir wurde öffentlich der Kopf geschoren, ich wurde verprügelt und starb während dieses Erlebnisses. Für Handlungen, die den Status Quo in Frage stellten, von meiner Gemeinschaft zum Sündenbock gemacht zu werden, war auch in diesem Leben ein übliches Thema.

Ich fühlte Reue, weil ich andere verletzt hatte und fing an um Vergebung für alles zu bitten, was ich in diesem oder anderen Leben getan hatte, das anderen jemals Schmerz oder Schaden zugefügt hatte. Ich weinte eine lange Zeit und lies meinen Schmerz und meinen Kummer heraus. Dann kam ein wundervolles Gefühl von Mitgefühl und Selbstvergebung über mich. Ich vergab mir selbst dafür, andere verletzt zu haben, dafür ihnen in irgendeiner Weise geschadet zu haben, dafür versagt zu haben und dafür Menschen im Stich gelassen zu haben. Mitgefühl stieg in mir auf und der Richter löste sich in diesem Ausbruch alter, unterdrückter Schuld und Qual auf. Er/sie ist niemals zurückgekommen.

Ich glaube einer der Gründe, warum die Göttin mich durch diese Erfahrung von Krebs geführt hat, war, um diese tiefe Wunde in meiner Psyche zu heilen und damit mehr Mitgefühl in mir freizusetzen. Leute hatten zu mir gesagt, dass ich für mich selbst sorgen müsse, um mich vom Krebs zu heilen, aber ich stellte fest, dass ich nicht wirklich wusste, was sie meinten. Ich war großartig darin, mich um alle anderen zu kümmern, aber ich wusste nicht, wie ich für mich selbst sorgen sollte. Ich musste lernen, wie das geht. Während meiner Krebserfahrung bekam ich von vielen Menschen Liebe und ich lernte mich selbst zu lieben und für mich zu sorgen. Ich lernte, Mitgefühl für mich selbst zu haben und mir dafür zu vergeben, dass ich daran scheiterte, mein Leben meinen höchsten Idealen gemäß zu leben. Ich lernte, auch anderen ihre Fehler zu vergeben. Ich hörte damit auf, sie zu richten. Jetzt bin ich glücklich, viele Menschen zu lieben und von ihnen geliebt zu werden, und ich habe großes Mitgefühl für alle Lebewesen.

Als einen Nachtrag zu dem französischen Erlebnis, sah ich mir fünf Jahre nachdem ich mich an diese Geschichte aus einem vergangen Leben erinnert hatte, eine Fernsehsendung an, in der ältere französische Frauen über ihre Erlebnisse während des Zweiten Weltkrieges erzählten. Sie beschrieben, wie sie sich als junge Frauen in die freundlichen, höflichen deutschen Soldaten verliebt hatten, die in ihre Städte und Dörfer kamen, während ihre brutalen Ehemänner im Krieg waren. Sie hatten nichts anderes getan, als was die meisten Frauen tun würden, wenn sie nette Männer träfen und sich in sie verliebten.

Sie beschrieben, wie sich am Ende des Krieges die eigenen Leute gegen sie wendeten. Sie wurden durch die Straßen gezerrt und ihre Köpfe wurden geschoren. Man spuckte auf sie, missbrauchte, demütigte und erniedrigte sie. Manche Frauen starben an ihren Wunden und diese Frauen hatten mit ihrer Schande überlebt. Die Frauen glaubten, dass sie von ihren eigenen Männern zum Sündenbock gemacht wurden, weil diese selbst während des Krieges feige gewesen waren, und es ihnen nicht gelungen war die Deutschen aus Frankreich zu vertreiben. Anstatt für ihre eigenen Fehler geradezustehen, richteten die Männer ihre Frustration und ihre Wut auf die Frauen, die ein wesentlich weniger gefährliches Ziel waren. Ich war völlig gefesselt von dieser Sendung, wie jemand, der seine eigene Vergangenheit besucht.

Spielen wie ein Kind

Der Sommer ist auch eine wunderbare Zeit, um zu spielen und um uns daran zu erinnern wie es ist, ein unschuldiges, glückliches Kind zu sein, dass Spiele spielt, deren einziger Zweck ist, Spaß zu haben. Wenn unsere Kindheit unglücklich war und wir durch unsere Erfahrungen Schaden erlitten haben, ist es umso wichtiger das unschuldige Kind in uns zu befreien und sie/ihn herauszulassen, um wieder zu spielen.

Erfinde neue Göttinnen-Spiele. Lade deine Freunde dazu ein, mit dir zu spielen, so wie du es als Kind gemacht hast. Mache mit bei New Games, das sind Spiele, bei denen es weder Gewinner noch Verlierer gibt und die friedlich sind. Baue Sandburgen. Mache alberne Sachen. Mache ein Picknick, geh Bootfahren am See, wandere durch die Hügel, unternimm Ausflüge ans Meer. Feiere und spiele, und heile das Kind in dir.

Zwischen Litha und Lammas

Zwischen Litha und Lammas kommt auf Brigits Inseln der Sommer mit langen, warmen Sommertagen und blühenden Blumen in seine Fülle. Die ersten Früchte beginnen an den Sträuchern und Bäumen hervorzuquellen. Wir pflücken die reifen Himbeeren und Erdbeeren und überhäufen sie als köstliche Sommernachspeise mit Sahne. Das Getreide in den Feldern wächst und ist bereit für die Heuernte und für die Kornkreise, die heutzutage zwischen Juni und August regelmäßig in den Getreidefeldern des südlichen Großbritanniens auftauchen. Sie liegen nahe an uralten Plätzen der Göttin und sind Träger ungewöhnlicher und belebender Energien, wer auch immer sie erzeugt. Wir drücken unsere Gefühle aus und lassen unser wildes Selbst hervorkommen. Wir machen Ferien in diesem Land oder in ausländischen Gegenden und haben die Gelegenheit, uralte Kultplätze der Göttin in anderen Ländern zu besuchen, die unsere Priesterinnenreise bekräftigen. Ja, die Göttin wurde einst in jedem Land verehrt und wir helfen mit, sie ins menschliche Bewusstsein zurückzubringen.

Gestalte zu Hause einen Altar für Nolava, Göttin des Wassers, für die Dame der Quellen und Brunnen, für die Dame vom See, Vivienne, Nimue, für Gliten von den neun Morgenen, für Domnu, Mutter der Ozeane, Königin der Tiefe. Finde Statuen und Gegenstände, die für dich die Mutter des Wassers darstellen und schmücke deinen Altar mit Kelchen und Schalen mit Wasser, rotem und weißem Wein und/oder Fruchtsäften von Sommerfrüchten, mit Muscheln und Seegras.

Zünde an deinem Altar jeden Tag eine Kerze an und verbrenne Räucherwerk für Nolava, Domnu und Gliten. Fülle deinen Kelch mit Wasser von einem heiligen Brunnen in deiner Nähe, vom Chalice Well und oder der White Spring und trinke mit Dankbarkeit aus dem Becher der Göttin. Wechsle das Wasser in den Schalen täglich und gieße Gaben von Wasser über ihre Statuen. Singe und bete zu ihr für Hilfe, für Führung, in Dankbarkeit, für andere, die Hilfe brauchen, um Heilung für dich selbst und andere, für Visionen, und so weiter. Gestalte einmal pro Woche deinen Altar neu.

Schreibe oder zeichne jeden Tag deine Gefühle, Träume, Gedanken, Eingebungen und Visionen in dein Tagebuch – alles, was sich in dir abspielt –

Verbinde dich mit den Geschöpfen aus der Welt des Wassers, dem Lachs der Weisheit, den Robben, den Delfinen, den Walen, den Korrigans der Brunnen, den Meermenschen, den Selkies. Visualisiere bevor du einschläfst, wie sie dir helfen durch die Traumwelt zu reisen.

Nimm zu Neumond ein besonderes, zeremonielles Bad mit Kerzen, Blumen und Düften. Reinige dich und feiere die Kraft der Emotion in deinem Leben.

Fahre zu Vollmond ans Meer, an einen See oder einen heiligen Teich und nimm ein rituelles Bad in den Wassern der Göttin. Bade mit Freunden nackt unter dem Vollmond.

Nimm dir einen freien Tag, spiele mit deiner Familie und mit Freunden. Erhole dich von den Anstrengungen des Lebens. Sorge für dich.

Das Glitzern - Litha

Arbeite weiter an deinem Weiheversprechen an die Göttin.

Besuche zumindest einmal, wenn nicht öfter, eine heilige Stätte oder Gegend, die mit Domnu in Verbindung steht. Das sind Orte, an denen immer Wasser reichlich aus der Erde oder über die Erde fließt – Quellen, Brunnen, Bäche, Flüsse, Seen, das Meer. Danke für die Gaben des Wassers.

---

[1] Auf Deutsch erschienen unter dem Titel *Die Heilkraft des Wassers*.

… Avalon - Erste Spirale

Die Fülle

Lammas: Jahreskreisfest der großen Mutter

Lammas ist die Jahreszeit, zu der wir die Fülle Nolavas feiern, die schwangere und gebärende, höchst fruchtbare Muttergöttin, die uns mit einer unübertroffenen Großzügigkeit alles gibt, was wir brauchen. Lammas liegt um den ersten August herum, das ist auf Brigits Inseln zwischen der Heu- und Getreideernte, die Zeit zu der die schwangere Muttergöttin in ihre Fülle kommt und ihren Nachwuchs gebiert. Wir ehren die Mutter als Meisterin Glitonea von den neun Morgenen, als Madron, die Muttergöttin und als Ker, die Kornmutter, deren Ankunft vor über 8.000 Jahren die neolithische Revolution nach Europa brachte. Wir ehren die freigiebigen Kuh- und Hirschmütter. Wir ehren die Göttin als die Muttergöttin Maria, die im christlichen Glauben bewahrt wird.

Zu Lammas erscheint die Mutter in ihrer Fülle und gebiert die Früchte ihrer Natur, die überall rundherum in den Feldern und Wäldern, auf Pflanzen und Bäumen zur Reife kommen. Überall in Brigits Landen werden goldener Weizen, Gerste und andere Getreidesorten in den Feldern geerntet, die nun den Höhepunkt ihrer Schönheit und ihrer Komplexität erreicht haben. In den Feldern und Gärten wachsen Gemüse im Überfluss und wir pflücken und essen sie. Sie sind voll von Vitaminen und Prana (der Lebensenergie in Gemüse, das frisch von der Pflanze gegessen wird) und gut für unsere Gesundheit. Den Überschuss können wir aufheben und für die kommende Wintersaison lagern. Das Meer, das die Küste von Brigits Inseln umgibt, heizt sich in den Sommermonaten allmählich auf und wir schwimmen in den warmen Wassern der Göttin. Mit dem Fortschreiten des Sommers wird das grüne Gras im Sommerland länger und beginnt auf dem Tor zu verblassen. Es bleicht im Sonnenlicht von grün zu gold und beige. Wir gönnen uns weiterhin Erholung und feiern Hlafmass oder das Brotfest.

Zu Lammas feiern wir in Glastonbury die üppige Natur der Muttergöttin bei der fantastischen internationalen Goddess Conference. Zu der Zeit, in der ich das schreibe, ist sie in ihrem elften Jahr zu einem einzigartigen und sehr beliebten Leuchtfeuer der Inspiration für göttinliebende Menschen aus der ganzen Welt geworden. Hier kreieren wir viele Zeremonien und führen sie durch. Diese Zeremonien ehren die Göttin als Jungfrau, Liebende, Mutter und Greisin. Wir nehmen an uralten und völlig neuen Göttinnen-Traditionen teil und drücken uns kreativ aus. Wir tanzen, singen, weinen, lachen, haben Freude und erinnern uns, wie wir der Göttin und ihrem Volk dienen können.

Zu Lammas ehren wir Nolava, die Muttergöttin, in ihren vielen Formen. Wir würdigen und ehren die Mutterschaft als eine besondere Initiation der Frauen und die einzigartige Freude und Herausforderung, die unsere Kinder mit sich bringen. Wir lernen das Karuna oder die Mutterliebe der Göttin mit anderen zu teilen. Wir basteln Kornpuppen nach dem Bild der Kornmutter.

Die große Mutter Nolava ehren

Nolava ist die große Muttergöttin des Landes, das die Insel Avalon ist. Sie ist die Versorgende, die Nährende, die Erhaltende, die eine, die sich wirklich um jeden von uns kümmert, egal wer wir sind oder was wir tun. Sie ist die unendlich liebende Mutter, die alles sieht, alles über uns weiß und uns nicht verurteilt. Sie trägt uns monatelang in ihrem Schoß der Transformation und bringt uns mit großer Zärtlichkeit und Fürsorge zur Wiedergeburt. Wenn wir geboren sind, nährt sie uns mit der Milch ihrer liebevollen Güte. Wenn die Umstände mühsam und schwierig sind, hüllt sie uns in ihre sanfte Umarmung und flüstert uns Botschaften ins Ohr, die uns durch die dunkle Zeit tragen. Sie hält uns in ihrer Hand und wiegt uns, bis wir in ihrer Barmherzigkeit schlafen.

Die Muttergöttin hat einen ganz besonderen Platz in unserem Herzen. Während unsere menschlichen Mütter oft nicht unsere hochgesteckten Ideale erreichen können, ist die große Muttergöttin immer liebevoll und mit ihrem unendlichen Mitgefühl immer gegenwärtig. Wir sehnen uns nach dem Verschmelzen mit dieser Mutter, danach eins mit ihr zu werden, so wie ein Baby sich danach sehnt eins mit seiner menschlichen Mutter zu sein. Ihre Augen sind mit Liebe gefüllt, wenn sie tief in unsere Seele blickt und uns dort begegnet. Sie versteht, dass unsere negativen Handlungen die Folge unseres eigenen Schmerzes und Leidens ist. Sie hält uns immer in ihrer Umarmung und ist bereit uns mit ihrem Vergeben zu segnen.

So wie sie ihre menschlichen Kinder gebiert und nährt, gebiert Nolava fortwährend das Neue in allen Formen. Aus ihrem tiefen, unergründlichen Schoß

Die Fülle – Lammas

erschafft sie neue Formen, neue Wege des Seins und sowohl persönliche als auch gemeinschaftliche neue Ideen und Denkformen, die in Glastonbury Avalon entstehen. Innerhalb von Glastonburys heiliger Landschaft wird sie als eine gigantische, schwangere Muttergöttin gesehen, die auf den Wiesen des Sommerlandes auf dem Rücken liegt. Der Tor ist ihre milchgefüllte linke Brust, die zum Himmel hinauf ragt. Chalice Hill ist ihr schwangerer Bauch. Ihr Körper ist von Nordosten nach Südwesten ausgerichtet und sie gebiert fortwährend die Stadt und ihre Bewohner zwischen ihren gespreizten Beinen.

Geoffrey Ashe, der Autor und arthurianische Gelehrte, wies als Erster in „*King Arthur´s Avalon*" darauf hin, dass Glastonbury ein Ort ist, an dem regelmäßig Neues geboren wird. Es ist der Ort, an dem vor nahezu 2.000 Jahren die erste christliche Kirche in Britannien gegründet wurde. Sie wurde zwischen den Beinen der Mutter errichtet. Es ist der Ort, an dem der erste öffentliche, einheimische Göttinnen-Tempel auf Brigits Inseln gegründet wurde, seit die Anglo-Sachsen, das letzte eingewanderte Volk, das die Göttin verehrte, nach Britannien kam. Viele Menschen empfangen hier Inspiration von der Göttin. Neue Ideen tauchen auf, mit denen die Menschen in Glastonbury experimentieren. Dazu gehören neue Formen von Spiritualität und Gemeinschaft. Sie werden nicht notwendigerweise hier zur Blüte gebracht, aber sie werden hier geboren. Die große Mutter ist innerhalb der energetischen Struktur des Landes und der Gemeinschaft am Werk und sie trägt die goldenen Eier der Zukunft in ihrem geräumigen Schoß.

Meisterin Glitonea, die Mutter-Morgene, ehren

Ich bin Glitonea.
Sieh mich in der schimmernden Dämmerung.
Rosafarben, begrüßt vom Trällern der sanftkehligen Drossel,
Entfaltet sich summend der Tag, voll von Potential,
Erwacht in meine Fülle.
Von Augenblick zu Augenblick, reift die wachsende Freude der Ernte,
Alles Leben ist an einem einzigen Punkt balanciert,
Der lange Sommertag entblößt ihre Brust.

Ich bin sie, Mutter, Versorgerin.
In meinem Schoß wirst du genährt,
durch meine Geburtsschmerzen wirst du du selbst,
Und erlebst den Reichtum deiner eigenen Freuden und Leiden.
Mutter, Spiegel.

Avalon - Erste Spirale

Lass dich selbst wachsen,
Pflanze deine Wurzeln tief in meine Erde,
Stille dich an meinen Brüsten.

Als das goldene Korn wächst du in deine Fülle.
Wie das grüne Eschenholz beugst du dich den Notwendigkeiten
  des Lebens.
In Brand gesteckt von seinem Schmerz und seiner Rauheit
Geborgen in meinem mitfühlenden Herzen überstehst du die Stürme.
Weiße Hirschkühe begleiten mich,
Sanft liebkosen sie deine Verletztheit.
Genährt mit dem Besten, erlangst du Gleichmut,
Wirst stark.

Du versorgst dich mit der Kraft aller Elemente,
Bewässerst die Erde mit deiner Güte und deinem Mitgefühl.
Lass mich dich in die ruhige Wachsamkeit führen,
Funkelnde Lebendigkeit,
Das einzigartige Gefühl vollkommen präsent zu sein.
Alles ist eins.
Reife ist alles.
Begegne dir selbst in mir.

Immanenz.
Enthülle dein Gold.
Wahrer Schatz, makellos.

Juliet Yelverton

Meisterin Glitonea ist die Mutter-Morgene, die alle, die nach Avalon kommen, nährt und versorgt. Sie hilft uns das Ambiente und die Gegebenheiten zu schaffen, um einander zu lieben und füreinander zu sorgen, das Umfeld, das Interaktionen zwischen Menschen kennzeichnet. Als Frau ist sie in ihren Vierzigern, die Mutter zahlreicher Nachkommen, die sie an ihrer liebenden Brust säugt. Glitoneas Geschöpf ist die wunderschöne, weiße Hirschkuh, ein geheimnisvolles, andersweltliches Wesen, das oft mit der gebärenden Muttergöttin assoziiert wird. Immer wird sie von Apfelbäumen geschützt, wie sie in Avalon zu finden sind (siehe *The White Goddess*[1] von Robert Graves, Faber). Durch die Zeitalter und Länder von Arabien bis England hindurch, wurde die weiße Hirschkuh als Manifestation der Göttin anerkannt. Ihr Auftauchen symbolisiert eine Erscheinung der Mutter und ein Erlebnis des Mysteriums der menschlichen Seele. Manchmal kann man in den wilderen Ecken Glastonburys, in Feldern und bei Hecken, die entfernt von menschlicher Aktivität sind, einen Blick auf sie erhaschen. Glitoneas Vogel ist die Singdrossel, die ihre schönen Lieder im Garten und in den Feldern singt. Indem sie ihren Kopf in den Wind dreht, ruft sie die Sommerstürme.

Als Wetter ist Glitonea Hitze, die Intensität der Sonnenstrahlen zu Lammas, die Hitze, die sich zu Sommerstürmen aufbauen kann, die sich im Landschaftskessel herumwälzen. An den Südhängen der Hügel können in diesem nördlichen Land tropische Pflanzen wachsen. Glitoneas Farbe ist Gold, das Gold des Sonnenlichts auf reifendem Korn, das Gold von Weizenfeldern, das Gold des Landes, das vom Morgen- und Abendsonnenschein erleuchtet wird, das Gold von Blumen in Gärten und Feldern, wo die Üppigkeit der Natur ihren Höhepunkt erreicht. Sie ist die Eschenfrau und ihr Baum mit den vertrauten gekrümmten Ästen und dem cremefarbenem Holz ist an vielen Plätzen in Avalons heiliger Landschaft zu finden. In Überlieferungen von Skandinavien bis Irland ist die Esche der Weltenbaum, der vom Mittelpunkt der Erde bis ans Ende des Universums reicht, die inkarnierte Muttergöttin.

Die üppige Muttergöttin Madron

Madron ist die Mutter allen Lebens und man erinnert sich an sie im Wasser, das aus ihrem Erdenkörper entspringt, aus den Quellen und Brunnen, die nicht nur in Avalon zu finden sind sondern überall auf Brigits Inseln. Der berühmte Madron-Brunnen liegt ein kleines Stück außerhalb der kleinen Stadt Madron in Cornwall. Als Mike und ich vor zwanzig Jahren das erste Mal dort waren, um den Brunnen der Göttin zu besuchen, war die Quelle vernachlässigt und alte, graue Fetzen hingen in den Bäumen. Als wir drei Jahre später wiederkamen, freute es uns sehr zu sehen, dass der Brunnen jetzt gut gepflegt ist und farbenfrohe Bänder und Tücher die Äste vieler Zweige bedecken. Die Pilger sind wieder an den Brunnen der Göttin zurückgekehrt, und lassen ihre Heilgebete neben ihrem Wasser im Wind flattern. Madron und ihr Brunnen werden wieder geehrt.

Die walisischen Triaden liefern einige unserer frühesten Informationen über unsere britischen Göttinnen und Ahninnen. In einem Triplett wird Modron verch Avallach als Tochter der Linie von Avallach bezeichnet, der ein männlicher Vorfahre von der Insel Avalon sein soll. Da Avalon immer eine Insel der Frauen war, habe ich Modron oder Madron wieder als Mutter der Linie von Avallach, dem Volk Avalons, eingesetzt anstatt als Tochter. Von Morgen la Fey heißt es, dass sie die Tochter von Madron ist.

So wie eine vertraute Mutter, mit der wir jederzeit sprechen können, ist Madron, die Mutter, auch die große Leere aus der alle Schöpfung hervorgeht. Sie war am Anfang der Zeit da und wird an ihrem Ende da sein. Sie gebiert alle Dinge durch Manifestation. Sie gibt uns Leben, ihre materielle Fülle nährt und kleidet uns und gewährt uns Unterkunft. Alles, was wir haben, gibt sie uns aus ihrer überreichen Großzügigkeit heraus und wir, in unserer menschlichen Art, beanspruchen diese Geschenke, die uns freigiebig gegeben wurden, als unser Eigentum.

Wir ehren Madron, indem wir ihr danken, indem wir ihr unsere Dankbarkeit für alles, was sie uns gibt, zeigen. Wir bringen ihr an unseren persönlichen und gemeinschaftlichen Altären, an heiligen Plätzen in ihrer Landschaft, neben ihren Brunnen und Quellen, auf ihren runden Hügeln, in ihren tiefen vaginalen Tälern und in ihren Tempeln Gaben dar. Wir ehren sie auch indem wir ihre Fülle mit anderen teilen und anderen großzügig etwas von unserem eigenen Reichtum geben. Wir eifern ihrem großzügigen Wesen nach und geben ein Neuntel unseres Einkommens Einzelnen oder Gruppen, deren Göttinnen-Arbeit wir unterstützen wollen. Egal ob es darin besteht, den Armen, Bedürftigen und Kranken in diesem Land und in anderen Ländern zu helfen oder indem wir Projekte unterstützen, die mithelfen die Göttin in unser tägliches Leben zurückzubringen, so wie den Göttinnen-Tempel in Glastonbury und andere Göttinnen-Tempel.

Wie geben den Neunten jenen, die uns spirituelle Nahrung geben, all jenen Individuen, die unser Leben mit ihrer Liebe und Kreativität bereichern, die unsere Stimmung heben, die uns helfen, wenn wir niedergeschlagen sind, die uns anlächeln, die uns inspirieren. Göttinnen-Künstlerinnen, Autorinnen, Dichterinnen und Priesterinnen, die ihr und uns dienen, bekommen üblicherweise nicht viel bezahlt für alles was sie tun, oder müssen ihre Göttinnen-Arbeit dadurch ergänzen, dass sie nicht-spirituellen Tätigkeiten nachgehen. Wir müssen einander in unserer Göttinnen-Arbeit nicht nur emotional und spirituell, sondern auch finanziell unterstützen, denn wer sonst würde das für uns zu dieser Zeit tun? Wir müssen einander dabei helfen, mit unserer spirituellen Arbeit als Priesterinnen in die Fülle der Göttin zu kommen, damit wir unser Leben ganz im Dienst der Göttin leben können.

Die Praxis der Dankbarkeit

Die Praxis der Dankbarkeit von der ich rede, ist eine sehr schlichte, tägliche spirituelle Praxis, die unser Herz öffnet und uns ermutigt liebevollere, herzlichere und großzügigere Menschen zu sein.

Zünde jeden Tag eine Kerze an deinem Altar an und setze dich davor. Danke der Göttin für alles, was du im Leben hast, für den Tag selbst, für das Wetter, für den Regen, den Schnee, den Sonnenschein, für deine Familie und deine Freunde, für die Tiere und Vögel, für deine Arbeit, für die Möglichkeiten, die auftauchen, für die Menschen, die du triffst, für die Herausforderungen, denen du gegenüber stehst. Danke der Göttin für alles.

Die Fülle - Lammas

Es ist eine einfache, aber sehr wirkungsvolle Praxis. Diese Praxis kann erweitert und mit anderen, deiner Familie und deinen Freunden, geteilt werden. Im Folgenden beschreibe ich eine avalonische Variante der Ava-Zeremonie, in die ich erstmals von Dr. Apela Colorado, einem Ältesten und Professor für indigenes Wissen, auf der hawaiianischen Insel Maui eingeführt wurde. Ava, Awa oder Kava Kava ist eine polynesische Pflanze, die traditionellerweise mit Wasser gemischt wird, um ein leicht berauschendes und entspannendes Getränk herzustellen, das auch die spirituelle Wahrnehmung erweitert. Auf der Insel Avalon verwenden wir für diese Praxis den Saft von Äpfeln, die auf den Hängen der Insel angebaut werden.

Bereite eine große Schüssel mit köstlichem avalonischen Apfelsaft oder einer Mischung frischer Fruchtsäfte vor. Halte kleinere Schalen zum Eintauchen in die Schüssel und Tücher zum Abwischen der Schalenränder bereit. Setze dich mit deiner Familie, Freunden und Besuchern in einen Kreis. Beginne als Priesterin damit, dass du eine der Schalen in die Schüssel tauchst und sie mit Saft füllst. Halte die Schale in deinen Händen und rufe die Gegenwart der Göttin an. Bitte sie zu kommen und während des Rituals mit euch allen zu sein.

Sage ein Gebet des Dankes für die Früchte und die Säfte, die ihr trinken werdet. Gieße etwas Fruchtsaft aus der Schale in einen Kelch auf dem Altar, als Gabe für die Göttin. Bringe die Schale nach draußen und gieße den übrigen Saft als Trankopfer für die Göttin auf die Erde. Du kannst auch eine Priesterinnenschwester oder einen jungen Menschen bitten, die zwei letzteren Dinge für die Gruppe zu tun.

Wenn du zurück bist, tauche die Schale in die Schüssel, halte sie in deinen Händen und sage laut dein persönliches Dankgebet an die Göttin. Dazu gehört deine Dankbarkeit dafür, dass die einzelnen Menschen im Raum in deinem Leben gegenwärtig sind. Für die meisten Menschen ist es eine herzerwärmende Erfahrung, das zu hören. Danke für den Tag, für die Menschen in deinem Leben, für die Herausforderungen, denen du gegenüberstehst und für alles andere, was du ausdrücken möchtest. Wenn du mit dem Gebet fertig bist, trinke den ganzen Saft aus der Schale. Wisch den Rand der Schale mit einem Tuch ab.

Bitte die älteste Frau im Kreis vorzutreten. Tauche die Schale in die Schüssel und fülle sie zur Hälfte mit Apfelsaft. Bitte die Frau ihr Dankgebet zu sprechen, so dass alle es hören können. Wenn sie fertig ist, trinkt sie die Schale Apfelsaft. Nimm die Schale zurück und wische sie sauber.

Lade die Menschen ein vorzutreten, wenn sie dazu bereit sind, eine Schale Saft zu nehmen, ihr Gebet zu sprechen und zu trinken.

> *Sobald alle ihre Dankgebete gesprochen und getrunken haben, frage ob noch jemand ein weiteres Gebet sprechen möchte. Fahrt fort zu beten und zu trinken, bis der ganze Saft ausgetrunken wurde. Sprich ein abschließendes Gebet an die Göttin und danke ihr für ihre Gegenwart.*

Diese einfache Zeremonie ist eine wunderbare Art Menschen zusammenzubringen, um öffentlich ihre Dankbarkeit für alles, was sie im Leben haben, auszudrücken. In der ursprünglichen Ava-Zeremonie sind als Teil der Zeremonie andere Aktivitäten enthalten, so wie in die Hände zu klatschen bevor und nachdem man getrunken hat. Vielleicht möchtest du der Basis-Zeremonie etwas hinzufügen, und eigene Varianten entwickeln. Auf den pazifischen Inseln wird die Ava-Zeremonie üblicherweise am Ende eines Arbeitstages in der Abenddämmerung durchgeführt. Familie und Freunde kommen zu dieser Zeit zusammen, um sich zu entspannen und Dank zu sagen.

Ker, die Kornmutter, ehren

Ker ist die Kornmutter, die wir zu Hlafmass, dem Fest des Brotes, feiern. Der Anbau von Weizen, Gerste und anderen Getreidesorten, die gesammelt und durch die Wintermonate gelagert werden konnten, ermöglichte es frühen nomadischen Stämmen auf dem Land sesshaft zu werden und mit ihren saisonalen Wanderungen aufzuhören. Dieses Sesshaft-Werden führte zur Anhäufung von Nahrung und Besitz, der Entwicklung von Gartenbau und Landwirtschaft, der Rodung der weitläufigen einheimischen britischen Wälder, die dem Ackerbau weichen mussten, und der Entwicklung von Gemeinschaften. Als die Menschen in größeren Gruppen zusammenkamen und sich Gesellschaftsformen entwickelten, entfalteten sich auch religiöse Praktiken. Das führte mit der Zeit zur Errichtung der riesigen Holzstrukturen und der Hügel und Tempel aus Erde und Steinen des neolithischen Zeitalters, die wie der Schoß, die Brüste und der Körper der Göttin geformt waren und sie als die Mutter allen Lebens und des Todes feierten. Es war die große Blütezeit der neolithischen Kultur, vor dem 3. Jahrhundert vor unserer Zeitrechnung, vor über 5.000 Jahren. Dies war das letzte Mal, dass die Göttin auf Brigits Inseln wirklich verehrt wurde.

Das geerntete Getreide wird gemahlen, um alle Arten von Mehl zu erzeugen, die dann gekocht und zu Brot verarbeitet werden können. Brot ist seither ein Grundnahrungsmittel in vielen Kulturen auf der Welt. Ker ist die Urahnin, die wir als die erste Frau ehren, die bewusst Getreide angebaut und den gewachsenen Weizen geerntet hat. Wir ehren die Kornfrau, weil es in diesen frühen Zeiten die Frauen waren, die Samen, Wurzeln und Früchte gesammelt haben, aus denen sich später unser heutiges Getreide und unsere heutigen Gemüse und Früchte entwickelt haben.

Die besondere Funktion der Frau als Trägerin des Lebens wird von Agrargesellschaften durch den Brauch anerkannt, dass Frauen die Samen segnen, wenn sie sie aussähen, damit sie eine reiche Ernte hervorbringen. Wir können diesen Brauch in unserem eigenen Garten nachahmen und den Segen der Göttin geben, während wir die Samen sähen und die Zwiebel und Pflanzen in die Erde einsetzen. Wir arbeiten dabei im Einklang mit den Zyklen des Mondes. Frauen können die Erde auch mit ihrem reichhaltigen Menstruationsblut segnen.

In Ausgrabungen neolithischer Stätten wurden im ganzen alten Europa in den Überresten von Backstuben und Brotöfen Bildnisse von Vogel- und Schlangengöttinnen gefunden, die mächtige und bedeutende Positionen einnahmen. Die Korngöttin war durch die Zeitalter hindurch bedeutsam und wurde uns in verschiedenen Darstellungen überliefert: als Britannia, Brigit Ana, die eine Garbe Weizen hält, als römische Ceres, als griechische Demeter und als Virgo, die jungfräuliche Korngöttin, die in den Sternen sichtbar ist.

Zu Lammas backen wir in Erinnerung an Ker, die Kornmutter, spezielle Brotlaibe, die wie der Körper der Göttin geformt sind. Bei der Goddess Conference ist es unser wieder aufgenommener Brauch, jedes Jahr für alle Brotteig in der Gestalt der Göttin zu formen. Diese Brote werden gebacken und später bei einer Zeremonie in Dankbarkeit an Ker für das Korn, den Stoff des Lebens, den sie uns gegeben hat, gegessen.

Wir suchen auch die Kornfelder auf, in denen in den letzten 20 Jahren jeden Sommer Kornkreise von großer Schönheit, Komplexität und Vielfalt aufgetaucht sind. Obwohl sich die Skeptiker bemühen, sie als das Werk von Sonderlingen oder Künstlern abzutun, erstaunen und inspirieren sie weiterhin jene, die nach Bedeutung jenseits der Oberfläche der materiellen Welt suchen. Ich persönlich habe keine Ahnung wer oder was sie erzeugt, und ich mag die Tatsache, dass ihre Herkunft unbekannt ist. Durch die Kornkreise erleben tausende von gewöhnlichen Menschen das Mysterium der Göttin in den Kornfeldern von Brigits Inseln, und das ist großartig genug. Wenn wir ihr Mysterium erfahren, öffnen sich unsere Herzen und unsere spirituelle Reise beginnt.

Kornpuppen herstellen

Die einfachsten Kornpuppen, die zu Ehren der Kornmutter hergestellt werden, bestehen aus Getreidebündeln – Weizen, Gerste und Hafer, die von den Feldern, Straßenrändern und Hecken gesammelt werden. Binde das Bündel Getreide mit Wolle, Baumwolle oder Bändern etwas unterhalb der Mitte zusammen (1) und biege die oberen Enden der Halme darüber, um den Rock der Kornmutter zu formen (2). Binde das darüber geschlagene Bündel wieder zusammen, um die Taille der Mutter zu bilden und schiebe dann kleinere Getreidebündel hinein, um ihre Arme und den Kopf zu formen (3). Schmücke sie mit farbiger Wolle und Bändern.

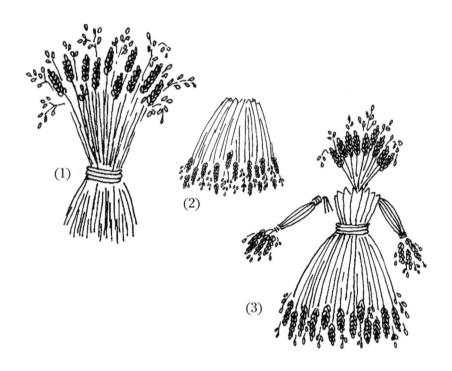

Speziell ausgesuchte Getreidehalme können auch zu komplizierten Mustern geflochten werden, um die traditionellen Kornpuppen herzustellen, die man immer noch bei Märkten im Sommer und in Ferienstädten bekommt.

Die Kuhmutter ehren

Zu den Geschöpfen der Muttergöttin gehören die Tiere, die in Herden umherwandern, von denen viele heute domestiziert sind wie die Kuh, die Ziege und das Schaf. Sie alle sind gehörnte Kreaturen, deren sich schlängelnde und spiralige Hörner und Geweihe in den Himmel hinauffragen und so die Erde und den Himmel verbinden. Die Domestizierung der Herden begann im neolithischen Zeitalter und die Milch, das Fleisch, die Häute und Knochen wurden als Nahrung, Kleidung, für Behausungen und als Schmuck für Menschen und ihre Heime verwendet. In nördlichen Gesellschaften, wo Nomaden noch immer den Wanderungen von Hirsch und Karibu folgen, ist das noch immer üblich.

Die Kuhmutter wurde auf Brigits Inseln lange in der Gestalt von Brigit, der Kuhmutter verehrt, aus deren Euter die Milchstraße am Himmel erschaffen wurde. Sie wurde als Hl. Bridget christianisiert, die Frau, die die Kühe molk. Sie ist auch als Mutter der Kühe, Mutter der Milch und die alte Kuhhirtin bekannt. In Yorkshire ist sie Verbeia, sie von den Kühen (*The Language of the Goddess*[2], Ma-

Die Fülle - Lammas

rija Gimbutas, Thames and Hudson). In weiblicher Gestalt erscheint sie als Dea Nutrix, die stillende Göttin, die zwei Babies mit Milch aus ihren Brüsten nährt.

Milch ist die Nahrung, die wir von unserer Mutter erhalten, wenn wir geboren werden. Sie ist mit all den Nährstoffen, Antikörpern und der Güte gefüllt, die wir brauchen, um nach der Geburt zu gedeihen und uns zu gesunden Kindern und Erwachsenen zu entwickeln. Dieses Wunder der Natur wurde viele Jahre lang in den westlichen Kulturen geschmälert, welche versuchten Frauen das Stillen abzugewöhnen. Es hieß Stillen sei unnötig, anstrengend und schmutzig.

Die heutige Milchproduktion basiert auf der Massentierhaltung von Kühen, auf der Notwendigkeit die Kühe ihre ganzes Leben lang trächtig zu halten, damit sie fortwährend Milch produzieren und auf der Schlachtung von Millionen unwillkommener Stierkälber jedes Jahr. Die überschüssige Milch aus dieser Industrie muss als Butter, Käse und Milchpulver verkauft werden. Frauen müssen somit die Nachricht empfangen, dass ihre Brust schlechter ist, damit sie den Produktionsüberschuss kaufen.

Zum Glück wurde im Westen das Stillen wieder als eine der vielen wahren Gaben unserer weiblichen Natur anerkannt, die vom Baby und von der Mutter gleichzeitig gefeiert werden soll, und die beiden Freude bereitet. Dennoch gibt es immer noch Widerstand gegen den Anblick von Frauen, die in der Öffentlichkeit stillen, so als würde es jene verderben, die einen Blick auf die Brust erhaschen. Außerdem wird unglücklicherweise das überschüssige Milchpulver jetzt an Frauen in Ländern der Dritten Welt verkauft, wo das Wasser, dass man zum Anrühren braucht, oft verschmutzt ist, was dazu führt, dass Babies und junge Kinder erkranken, an Durchfall leiden und sterben.

Wenn wir stillen, verbinden wir uns innig mit unserem Kind und stellen auf eine sehr physische Art eine Bindung zu unserem Baby her. Der Abstand zwischen unseren Augen ist perfekt für diese tiefe Verbindung von Seele zu Seele, die so wichtig ist für das Aufblühen der Liebe. Das Baby bekommt alles, was es in den ersten paar Monaten zum wachsen braucht, und für die Mutter stimuliert das Stillen die Oxytocin-Produktion, wodurch die Gebärmutter sich zusammenzieht und sich selbst vom Blutverlust heilt, und sich unser Körper entspannt. Wir fühlen uns sinnlich und reizvoll und sind verliebt in das Leben und in unsere Babies. Was für ein Geschenk diese Erfahrung ist.

Zu Lammas können wir die Kuh- und Kornmutter in der Landschaft bei der wundervollen heiligen Stätte in Avebury in Wiltshire aufsuchen. Dort formen ihr Kuhkopf und die Hörner den zentralen Steinkreis und die Beckhampton und West Kennet Alleen stehender Steine. Dieses Bild spiegelt die Form der weiblichen Eierstöcke und der Gebärmutter. In der weiteren Umgebung ist Silbury Hill, der größte von Menschen erbaute Hügel in Europa, der schwangere Bauch der Lammas Mutter. Laut Michael Dames in *"The Silbury Treasure"* (Thames and Hudson), wird der Vollmond, der sich zur Lammas-Zeit in den Wassern des umgebenden Grabens spiegelt, aus dem Schoß von Silbury Hill geboren.

> *Besuche die Gegend von Avebury zu Lammas und erlebe die große Göttin in der Landschaft, in den Mustern der Steine, in den üppigen Weizenfeldern und in den Kornkreisen, die oft in dem umliegenden Gebiet zu finden sind.*

Die Hirschmutter ehren

Die Hirschmutter ist ein Avatar der gebärenden Muttergöttin. Sie ist in schottischen und irischen Legenden als übernatürliche Frau bewahrt, die sich von einer Frau in eine Hirschkuh und wieder in eine Frau verwandeln kann. Von Oisin, einem der irischen Götter, hieß es, dass er der Sohn der Hirschgöttin Sadb sei. In früheren Zeiten wurden besonders der Rothirsch und das Rentier auf Brigits Inseln verehrt, weil ihnen jedes Jahr neue Hörner wuchsen und sie die alten abwarfen, welche für Zeremonien und Schnitzereien verwendet werden konnten. Die Überreste von Geweihen werden an vielen heiligen Stätten auf Brigits Inseln und ganz Europa gefunden. Manchmal sind sie mit Ocker, dem Blut der Göttin, vermischt und manchmal mit farbigem Lehm. Der Glaube, dass schwangere Hirsche menschlichen Wesen das Leben schenken, überdauerte die Jahrhunderte und war im 20. Jahrhundert immer noch im nördlichen Asien zu finden. Unter den Evenki stellt man sich die Mutter des Universums, Bugadi, als eine Hirschkuh oder Rentierkuh vor (*The Language of the Goddess*, Marija Gimbutas, Thames and Hudson). Lammas ist die Zeit, in der Hirschpriesterinnen, Hirschtänzer und Morris-Tänzer tanzen, um die Fruchtbarkeit der gebärenden Mutter zu ehren. Wir kleiden uns in Hirschhäute und tragen Geweihe auf unserem Kopf, um sie zu ehren.

Die Muttergöttin Maria ehren

Viele Frauen finden ihren Weg zur Göttin durch die Gestalt, in der sie in patriarchalen Religionen bewahrt wurde. Eine der bekanntesten ist die von Maria, der Muttergottes, die in der christlichen Religion immer noch verehrt wird, insbesondere im römisch-katholischen Bekenntnis, wo es derzeit Bestrebungen gibt sie zur Mit-Erlöserin gemeinsam mit Jesus zu erheben. Darstellungen von Maria zeigen sie oft als eine unterwürfige Frau, die den Kopf in einer passiven, untertänigen und definitiv nichtsexuellen Weise gesenkt hält. Dennoch sind viele zeitgenössische Statuen von Maria als Ganzes betrachtet wie eine Mandorla geformt bzw. rautenförmig. Dieses uralte Symbol der Göttin aus neolithischen Zeiten repräsentiert die Vulva der Göttin aus der wir alle in die Welt geboren werden. In diesem Bild stellt Marias unterwürfiger Kopf die Klitoris dar, die Quelle aus der viel unseres weiblichen sexuellen Vergnügens stammt. In der christlichen Bildersprache ist die Vulva der Göttin durchgehend, wenn

Die Fülle - Lammas

auch weithin unbemerkt, sichtbar und schließt oft Bilder von Jesus und den Heiligen ein.

Die ursprüngliche Macht und Autorität von Maria als Muttergottes wurde im Christentum stark geschmälert, aber viele einfache Menschen erfuhren in ihrer Praxis der Maria gewidmeten Andacht weiterhin ihre Liebe und ihr Mitgefühl. Obwohl im Zentrum des Glaubens eine Dreifaltigkeit männlicher Götter steht, hat das Christentum einige unterschiedliche Gesichter der Göttin in den oft dämonisierten Frauen der Bibel bewahrt. Da ist Maria, die jungfräuliche Mutter von Jesus, die wir als Maria, die jungfräuliche Muttergöttin zurückfordern. Es gibt die heilige Anna, die Mutter von Maria und Großmutter von Jesus, die die Göttin Anna ist, die greise große Mutter. Dann gibt es Maria Magdalena, die erlöste heilige Hure, die heute von vielen als mutmaßliche Frau von Jesus und Mutter seiner Kinder gesehen wird.

So wie die uralte Göttin ist die biblische Maria die Königin des Himmels, Königin der Erde und Königin der Hölle oder Unterwelt. Sie ist die gesegnete Jungfrau, der Meerstern, die allheilige Dame, die ehrwürdige Frau, die ewig Jungfräuliche, unsere liebe Frau, Madonna, schwarze Madonna, Gottesmutter. Dies alles sind frühere Titel der Göttin. In Wales wurde sie mit der dreifachen weißen Göttin durcheinander gebracht und wurde als weiße Maria bekannt. In Schottland war sie in der Gestalt von Bride gegenwärtig, die als Maria der Gälen bekannt ist.

Wohin auch immer wir reisen, gibt es Kirchen die der Hl. Maria geweiht sind. Dort können wir die Göttin Maria verehren, indem vor ihrem Bildnis Kerzen anzünden und zu ihr beten. Für die Mehrheit der römisch-katholischen Kirche ist Maria die Gottheit, die von den Menschen hauptsächlich verehrt wird. Sie wird als zugänglicher als Jesus oder Gott der Vater angesehen. Während die männlichen Gottheiten abgehoben vom täglichen Leiden sind, denkt man sich Maria immer nahe. Sie tröstet jene, die Hilfe brauchen, und ist bereit, bei den weiter entfernten männlichen Gottheiten Fürsprache für die Armen und Bedürftigen einzulegen.

In Glastonbury können wir Maria in der Mary Chapel finden, die im Zentrum der Ruinen der Glastonbury Abbey liegt. Diese Kapelle war der erste Teil der Abtei und wurde gemäß der heiligen Geometrie der Vesica Piscis gebaut. Dies ist die Mandorla, die entsteht, wenn sich zwei Kreise überlappen. Die Numerologie dieser Struktur drückt die Namen von Maria aus. Wir finden die Muttergottes in der römisch-katholischen Kirche in der Gestalt von *Our Lady St. Mary of Glastonbury* (Unsere Liebe Frau von Glastonbury). Hier gibt es eine wunderschöne Statue von Maria, die das Jesuskind in einem Arm trägt und eine avalonische Apfelblüte in der anderen. Maria ist auch in der Magdalene oder St. Margaret´s Chapel zu finden, die sich in der Magdalene Street befindet.

Zu Lammas erinnern wir uns an die in patriarchalen Gestalten versteckte Muttergöttin und besuchen ihre heiligen Stätten wo immer wir sie in der Welt finden können, angefangen von Chartres, dem Sitz der uralten gebärenden Mutter, über Ephesus, wo wir die Überreste des Tempels der Artemis Diana, der vielbrüstigen Mutter finden können, bis hin zu den vielen Schreinen am Wegrand, die Maria gewidmet sind, und die es in Irland und ganz Europa gibt.

Das mütterliche Geschenk des Lebens

Seit frühesten Zeiten ist das hauptsächliche Merkmal, durch das sich Frauen von Männern unterscheiden, die weibliche Fähigkeit neues Leben zu tragen und unsere Kinder aus dem inneren unseres eigenen Körpers zu gebären. Diese sehr physische Fähigkeit basiert auf der Natur unserer erstaunlichen menschlichen Körper und hat göttliche Dimensionen. Neues spirituelles Leben inkarniert sich durch das Medium unserer weiblichen Körper. Vor langer Zeit wurde diese Fähigkeit in allen Gesellschaften als heilig angesehen, als ein Geschenk der großen Mutter selbst, das sie den Frauen gegeben hatte, die nach ihrem Bild gestaltet waren. Zu Ehren dieser Gabe wurde die Muttergöttin oft als fruchtbare Frau mit großem schwangeren Bauch, Brüsten und Pobacken dargestellt. 99,9 % aller Figuren und Darstellungen aus dem frühen Paläolithikum und Neolithikum haben weibliche Formen.

Die Ankunft patriarchaler Kulturen in Europe im 5. und 4. Jahrhundert vor unserer Zeitrechnung brachte den ersten Schub männlicher Darstellungen und verleugnete die Heiligkeit der Frauen. Keiner weiß mit Sicherheit, warum diese beherrschenden Kulturen aufkamen, aber es kann damit argumentiert werden, dass es im Wesentlichen der männliche Neid auf die Vormachtstellung der Frau als Lebensgeberin war, die weltweit zu ihrem Aufstieg führte. Um den Frauen ihre angeborene Macht wegzunehmen, war es notwendig die weibliche Fähigkeit neues Leben zu gebären zu vereinnahmen und zu kontrollieren. Wenn die Fähigkeit der Frauen neues Leben auszutragen als ein heiliges Geschenk der Göttin angesehen wird, kann es keine Gewalt gegen Frauen geben. Es kann keine Vergewaltigung geben und keinen Krieg gegen Frauen oder unsere Kinder und unsere Werte. Eine Frau oder ihre Kinder zu verletzen ist in so einer Gesellschaft tabu. Es ist ein Angriff auf das Leben selbst. Eine Verletzung dieses Tabus führt zur Bestrafung nicht nur durch die Menschen sondern durch die Göttin selbst. Solch eine Handlung würde in einer göttinliebenden Gesellschaft nicht auf die leichte Schulter genommen werden. An irgendeinem Punkt der Geschichte haben Männer kollektiv diese Entscheidung getroffen und die Tabus gegen Vergewaltigung und Gewalt gegen Frauen wurden gebrochen. Statt der matrilinearen wurde die patrilineare Erbfolge eingeführt, genauso wie tausend andere Anschläge auf das Leben und die Freiheit der Frauen. Vielleicht ist dies die Zeit, die in vielen alten Schriften als der Sündenfall beschrieben wird.

In unserer heutigen Welt werden die uralten Tabus gegen das Verletzen von Frauen in jedem Augenblick gebrochen und wir sehen die furchtbaren Ergebnisse jeden Tag auf unseren Straßen und unseren Fernsehbildschirmen. Frauen können bei Nacht nicht in Sicherheit oder ohne Angst alleine auf den Straßen gehen. Wir werden in unserem Heim geschlagen, im Hort unserer Familie,

Die Fülle - Lammas

an den Orten, wo wir geehrt werden und uns sicher fühlen sollten. In den Kriegen der heutigen Zeit kämpfen zwar hauptsächlich Männer, aber die Mehrheit der leidenden Zivilbevölkerung sind Frauen, Kinder und alte Menschen – die unschuldigen Opfer. Sie werden in die Luft gesprengt und verkrüppelt, sie sterben zu Tausenden oder werden zu Sklaven und Flüchtlingen in ihrem eigenen Land oder im Ausland.

Leider werden in den heutigen Gesellschaften Frauen nicht mehr als heilig angesehen. Unsere Fähigkeit Leben auszutragen und Kinder zu gebären wird im Großen und Ganzen als rein physische Fähigkeit ohne spirituellen Inhalt angesehen. Es gibt keinen Grund uns zu ehren, eher im Gegenteil: wegen unserer angeborenen Fähigkeit neues Leben zu tragen, müssen wir immer noch kontrolliert werden. Wenn du selbst nicht gebären kannst, dann musst du, um Macht zu erlangen und zu behalten, diejenigen kontrollieren, die es können. Während der letzten hundert Jahre wurde der Akt der Geburt selbst manipuliert und kontrolliert, und zwar hauptsächlich von männlichen Ärzten und Geburtshelfern, die eher für ihre eigenen Bedürfnisse sorgten als für die physischen und spirituellen Bedürfnisse der Frauen und der Gesellschaft. Ihr Argument war und ist es noch immer: Warum sollen Frauen während der Geburt nicht bewusstlos gemacht werden, wenn sie dann keinen Schmerz fühlen? *„Wir können das alles für euch tun und es sicher machen."*

Mary Dalys großartiges Buch *Gyn/Ecology*[3] (The Women´s Press), liefert eine gute Darstellung, auf welche Weise die ursprüngliche Rolle der Frauen als Gebärende von der Ärzteschaft manipuliert und kontrolliert wurde, und zwar von der Zeit an als männliche Ärzte die Aufgabe von den Hexen, den weisen weiblichen Heilerinnen und Hebammen, übernahmen bis heute.

Tatsache ist, dass das Empfangen, Austragen und Gebären von Kindern die grundlegendste spirituelle Initiation für Frauen ist, die auf diesem Planeten erlebt werden kann. Es ist eine wahrhaftige Initiation, denn sie führt uns an den Ort, wo sich die Tore zum Leben und zum Tod weit öffnen und wir stehen der gähnenden Leere gegenüber, in die wir hineinfallen könnten. Wenn wir von diesem Erlebnis zurückkehren sind wir erfüllt von neuem Leben, unserem eigenen genauso wie dem unseres neugeborenen Babys. Eine solche Reise ist die Grundlage der meisten Initiationszeremonien und Übergangsriten, die in den vielen indigenen Kulturen der Welt durchgeführt werden, und die den Vorgang der Geburt nachahmen.

Ohne jeden Zweifel und trotz der vielen erstaunlichen spirituellen Erfahrungen, die ich in meinem Leben hatte, ist eine der großartigsten spirituellen Erfahrungen des Körpers, das Austragen und Gebären meiner zwei wunderbaren Kinder, Iona und Torquil, gewesen. Das größte Geschenk des Lebens in einem Frauenkörper ist es, dass neues Leben durch unseren weiblichen Körper empfangen und inkarniert wird, und es gibt nichts in der menschlichen Erfahrung von Frauen oder Männern, was dem gleich kommt. Dass heißt nicht, dass jene Frauen, die sich entscheiden keine Kinder zu haben, oder die aus physischen

Gründen keine bekommen können, irgendwie weniger Frauen sind. Ihre karmischen Entscheidungen bringen andere Initiationen hervor. Es soll auch nicht heißen, dass Männer den Frauen unterlegene Wesen sind, weil sie nicht gebären können, wiederum müssen sie sich anderen Initiationen stellen. Aber Mutterschaft ist die bedeutende weibliche Erfahrung und Errungenschaft, die nicht nur physisch, sondern auch emotional, psychisch und spirituell ist.

Frauen haben die unglaubliche Fähigkeit neues Leben zu empfangen, das physische, emotionale, mentale und spirituelle Medium zu sein, durch das sich nicht greifbarer, substanzloser Geist in die physische Realität inkarniert. Es ist eine erstaunliche Tatsache, doch scheinbar so gewöhnlich und alltäglich, dass wir nicht oft darüber nachsinnen wie wundersam es ist.

Zu bestimmten Zeiten im Leben ruft eine Seele aus dem großen Jenseits nach uns, nach der Frau und dem Mann, die ihre Eltern sein werden. Sie ruft uns auf, zusammenzukommen, um das Baby zu empfangen, das ihr Medium der Inkarnation und Manifestation sein wird. Dieses Rufen ist ein Prozess energetischer Anziehung, der die idealen Bedingungen schaffen wird, in die sich die Seele zur Erfüllung ihrer Bestimmung und ihres Karma inkarnieren kann, was immer das auch sein mag. Ich glaube, dass uns unsere Kinder dafür auswählen, wer wir sind, genauso wie wir uns bewusst oder unbewusst – manchmal unabsichtlich entscheiden, sie zu bekommen. Es ist eine gegenseitige Anziehung, die auch uns hilft, unser Karma zu erfüllen.

Die Seele ist ein individualisiertes Bewusstsein, sie ist das Medium für unseren individuellen Geist und unsere Lebenskraft und ich glaube, dass sie von Leben zu Leben fortdauert. Es gibt philosophische Dispute darüber, wann eine neue Seele sich vollkommen in der physischen Form inkarniert. Manche sagen bei der Empfängnis, andere sagen nach zehn Tagen oder drei Monaten im Mutterleib, und wieder andere sagen bei der Geburt. Wie auch immer belebt die Lebensenergie die Form, sobald die Eizelle der Mutter von der Samenzelle des Vaters durchdrungen wird und eine neue DNS-Konfiguration entsteht, die eine neue menschliche Form katalysiert. Diese vereinigte Zelle beginnt sich zu vervielfältigen, wächst täglich und nistet sich in der Wand der Gebärmutter ein. Während des Wachsens durchläuft sie alle Phasen der menschlichen Evolution von einem einzelligen Lebewesen zu einem Wasserlebewesen, das in der See der Gebärmutter gedeihen kann, bis sie schließlich zu einem Baby reift, das wir durch unsere Vulva gebären, und das dann fähig ist Luft zu atmen. An irgendeinem Punkt dieses Entwicklungsprozesses verankert sich die inkarnierte Seele im Körper des Babys. Sie trägt die Samen ihres vergangen Karmas und ihres zukünftigen Geschicks.

In vielen Fällen, so glaube ich, inkarnieren wir uns in Familien, mit denen wir eine Verbindung aus früheren Leben haben. Wir kennen oft unsere Eltern aus früheren Leben, wo sie unsere eigenen Kinder, Eltern, Brüder und Schwestern oder Geliebte waren. Das ist für viele indigene Völker eine allgemein bekannte Erfahrung. Manchmal sind wir wie Kuckuckseier und inkarnieren durch Familien mit denen wir keine frühere Verbindung haben, aber mit denen wir in der Zukunft verbunden sein werden. Mir ist aufgefallen, dass viele Priesterinnen und spirituell Suchende sich so fühlen. Wir sind Teil einer Diaspora der Seelen, die sich entschieden haben aus den traditionellen Gesellschaften in modernere Kulturen zu wechseln und die Weisheit der alten Wege mit sich bringen, um sie in einem neuen Land mit neuen Menschen zu erproben. Eines der am besten dokumentierten Beispiele dafür sind die vielen Tibeter, die während der chinesischen Invasion Tibets gestorben sind, und die sich nun im Westen, in westliche Körper und Kulturen inkarnieren. Sie bringen die Weisheit und die Traditionen des alten Tibet mit sich.

Die Freude von Empfängnis und Schwangerschaft

Vom Augenblick der Empfängnis an spüren wir den Beginn unserer Schwangerschaft oft als eine subtile Veränderung in unserem Körper, ein leichtes Spannen und eine Vergrößerung unserer Brüste, ein Gefühl von Müdigkeit oder eine Verschiebung unseres Fokus. Dann bleibt unsere Mondblutung aus und wir fühlen Übelkeit. Während der neun Monate oder zehn Monde unserer Schwangerschaft gelangen wir durch die Veränderungen in unserem physischen Körper in eine andere Art des Seins und Wissens. Der Brennpunkt unserer Aufmerksamkeit verschiebt sich von der Außenwelt auf die Innenwelt, in Richtung unseres physischen und emotionalen Körpers. Wir werden äußerst feinfühlig für unsere Emotionen und den emotionalen Zustand von anderen. Wir reagieren auf ihren Ärger, ihre Angst und ihre Trauer. Wir weinen aus nichtigen Anlässen. Unser Verstand zieht sich oft in den Hintergrund zurück, während unser Körper sich rundet und wir werden nachgiebiger und introvertierter. Wir wollen naturgemäß, dass sich unser Partner, unsere Familie und unsere Gemeinschaft um uns kümmern. Wir werden sanftmütiger, mehr wie die große Kuhmutter selbst. Wir gelangen an einen urtümlichen Platz in unserer Körperlichkeit, der direkt mit der Muttergöttin verbunden ist. Wir verbinden uns mit ihr über unser Herz, unsere Emotionen und unser urtümliches Reptiliengehirn. Das ist jener Gehirnstamm, der all unsere unbewussten Verhaltensmuster steuert und uns mit den Erinnerungen unseres stammesgeschichtlichen Erbes verbindet. Wir verbringen mehr Zeit damit, zu träumen und setzen unser Unbewusstes frei, so dass es uns enthüllen kann, was unter unserer mentalen Panzerung verborgen war. Oft erinnern wir uns an unsere eigene Geburt in diesem und früheren Leben. Unerwartet sehen wir unseren eigenen frühesten Wunden ins Gesicht und heilen sie.

Die Schwangerschaft ist eine intensive Reise für Frauen. Für manche bringt sie vollkommene Freude und wir treten in einen glückseligen Raum ein, wo wir uns glücklich und froh fühlen, manchmal das erste Mal seit unserer Kindheit. Wir finden Zufriedenheit im Meer unserer wohltuenden Hormone und genießen das ganze Erlebnis der Schwangerschaft. Andere Frauen hoffen und träumen, dass ihre Schwangerschaft leicht und wohltuend sein wird, und dann überkommen sie Übelkeit, Depression und Schwerfälligkeit, und sie haben das Gefühl ihre Unabhängigkeit und ihr Selbstsein zu verlieren. Wir fragen uns, wer jemals schwanger werden wollte, wenn es sich so anfühlt. In Ländern wo Schwangerschaft und Mutterschaft in das Leben einer arbeitenden Frau hineinpassen müssen, gibt es wenig Zeit unseren sich rundenden Bauch zu betrachten, aber im Westen widmen die Frauen ihren wachsenden Formen und ihrer veränderten Psyche oft mehr Aufmerksamkeit. Die Schwangerschaft kann eine Zeit tiefer Heilung sein.

Während sich unsere Babies in unserer Gebärmutter entwickeln, werden sie davon beeinflusst, wie wir unser Leben führen, davon was wir essen und in unseren Körper aufnehmen. Manchmal übernehmen wir unseren Babies zuliebe das erste Mal Verantwortung für die Gesundheit unseres eigenen Körpers. Wir hören auf Zigaretten zu rauchen, reduzieren den Alkoholkonsum und beginnen gesunde Nahrung zu essen. Wir lernen für unseren Körper und unser heranwachsendes Baby zu sorgen.

Während unsere Babies in unserem physischen Körper wachsen, wachsen sie auch in dem Energiefeld unserer Emotionen und unseres Verstandes als Erwachsene. Sie erleben das, was wir erleben. Der wachsende Fötus ist unserem Zustand von Glück, Angst, Ängstlichkeit oder Zorn ausgesetzt und kommt durch das Einströmen von Adrenalin in Bedrängnis. Das Baby nimmt unseren emotionalen Zustand als seinen eigenen an und beginnt sein Leben im Meer der Ängste, der Furcht und des Zorns, anstatt in seinem eigenen glückseligen Zustand. Das ist die Art wie Vererbung wirkt, die Art auf die Familienkarma durch die Generationen weitergegeben wird. Unseren Babies zuliebe sind wir auch für unseren psychischen Zustand während der Schwangerschaft verantwortlich, der nicht so einfach zu kontrollieren ist, wenn die Schwangerschaftshormone unseren Körper überschwemmen.

Als Mütter übernehmen wir, soweit wir können, Verantwortung für die Bedingungen, in die sich unser Baby inkarniert. Dennoch sollten wir das tun ohne uns noch mehr Angst und Schuld für das unvermeidliche Scheitern dabei, die perfekte Mutter zu sein, aufzuladen. Perfektion, wenn sie überhaupt etwas Menschenmögliches bedeutet, liegt darin, in jedem Augenblick zu sein, wer wir sind, anstatt in einem endgültigen und festgelegten Bewusstseinszustand zu sein. Wir geben unser Allerbestes und das ist gut genug.

Unsere Babies wählen uns danach aus, wie wir sind und das wird ihr Leben formen. Doch unser Verhalten ist nicht der einzige bestimmende Faktor in der Zukunft unserer Kinder. Ihre Entwicklung wird letztendlich davon abhängen, wie sie auf die Herausforderungen des Lebens reagieren, und dazu gehört es uns als Mutter zu haben. So ist es in der Natur der Göttin eingerichtet. Ein Baby zu haben ist eine wechselseitige Verantwortung, in die auf einer bestimmten Ebene die Seelen der Mutter und des Kindes, des Vaters und des Kindes und der Mutter und des Vaters einwilligen. Wenn wir erwachsen werden, ist es nur allzu leicht für uns, unseren Müttern und Vätern die Schuld dafür zu geben, was

Die Fülle - Lammas

uns während der Schwangerschaft, der Geburt und der Kindheit passiert ist, als sei dies die Ursache all unserer Leiden. Wir müssen Verantwortung für unsere Entscheidung übernehmen, uns mit dieser bestimmten Frau als Mutter und mit diesem Mann als Vater inkarniert zu haben, deren komplette Rolle nach der Geburt ins Spiel kommt.

Diese Faktoren reflektieren die weitere Verwandtschaft zwischen menschlichen Wesen und der großen Mutter. Sie stellt die schöne Welt mit all ihren Herausforderungen und Beschränkungen zur Verfügung, in die wir uns inkarnieren. Wir können ihr nicht die Schuld dafür geben, dass wir geboren wurden, auch wenn wir es vielleicht manchmal wollen. Wenn wir auf die Göttin schimpfen, wegen des Schmerzes, den wir erleiden, müssen wir anerkennen, dass wir ihre Mitgestalterinnen sind und die Dinge auch zum Besseren verändern können. Die Qualität unseres Lebens hängt von der Qualität unserer Seele ab und davon, wie wir auf die Herausforderungen entlang des Weges reagieren.

Die spirituelle Initiation der Geburt

Für das Baby ist die Geburt durch eine menschliche Mutter die Initiation in die Mysterien des physisch manifestierten Lebens auf diesem außergewöhnlichen Planeten Erde. Diese Erfahrung hat gewaltige Auswirkungen, die während unseres ganzen Lebens nachhallen. Von dem Moment unserer Empfängnis an, beginnen wir diese Samen für unsere zukünftige emotionale und psychologische Entwicklung zu säen. Diese karmischen Samen werden von Leben zu Leben durch das subtile ursächliche Medium unserer Seele weitergetragen, und durch unser genetisches Erbe ausgedrückt. Diese Samen drücken sich auch in den unwiderstehlichen Entscheidungen aus, durch die wir unsere zukünftigen Erfahrungen gestalten. Die karmischen Samen verankern sich in unserem Unbewussten durch Erlebnisse, die wir in synchronistischer Weise während unserer Zeit im Mutterleib haben. Sie spiegeln sich in der Art wie wir geboren werden wieder und darin, wie wir in der Welt während unserer ersten Lebensmonate empfangen werden. Die Samen reifen durch Interaktion mit der Welt während unserer ganzen Kindheit und bis ins Erwachsensein hinein und formen die Grundlage unserer Persönlichkeit und die Strukturen und Gewohnheiten der Person, als die wir in der Welt bekannt werden.

Was als ein kleines, aber bedeutsames Erlebnis bei der Geburt beginnt, so wie eine länger dauernde Geburt oder dass die Nabelschnur bei der Geburt um den Hals des Babys gewickelt ist oder eine Verzögerung beim Atmen, verallgemeinert sich im späterem Leben zu einer Aussage darüber, wie das Leben für uns ist, so wie: *„Ich kann hier nicht raus. Wenn ich versuche zu leben, werde ich sterben. Ich kann nicht atmen!"*. Diese unbewussten Lebensaussagen kommen später im Leben in stressigen Situationen an die Oberfläche und bestimmen unser Verhalten. Wir hören uns selbst diese Dinge sagen, wenn wir unter Druck stehen. Uns an das Erlebnis unserer Geburt zu erinnern und es uns bewusst zu machen, ist oft Teil unserer karmischen Heilung im späteren Leben.

Als Mütter versuchen wir während der Wehen und der Geburt die bestmöglichen Umstände für unsere Babies zu schaffen, aber häufig wird uns die Gestaltung dieser wichtigen Erfahrung von jenen aus den Händen genommen, die behaupten, nur für unser Wohl und unsere Sicherheit zu handeln. Ganz egal wie sehr wir versuchen, die besten Bedingungen für unsere Babies zu schaffen, haben unsere Babies außerdem ihr eigenes karmisches Programm. Während meiner ersten Schwangerschaft mit meiner Tochter hörte ich auf zu Rauchen und zu Trinken, aß nur die richtigen Nahrungsmittel, praktizierte Yoga und bereitete mich auf eine Hausgeburt mit Freundinnen vor. Nahe am Geburtstermin sprang ich über ein Beltane Feuer an der Spitze des Glastonbury Tor und bekam Wehen, die drei Tage lang dauerten. Nach drei Tagen waren sowohl das Baby als auch ich erschöpft. Da meine Tochter nicht aus eigener Kraft zur Welt kam, wurden wir schließlich ins Krankenhaus gebracht, wo sich herausstellte, dass sie in Steißlage war. Da ihr Zustand sich verschlechterte, hatte ich einen Notkaiserschnitt. Ah! Die wohlvorbereiteten Pläne...

Mittlerweile wurden viele gute Bücher über den Prozess der Geburt geschrieben. Sie enthalten Informationen über die Gesundheit von Baby und Mutter und über die Pflege für beide. Hier möchte ich mich auf den spirituellen Aspekt von Geburt und Mutterschaft konzentrieren. Viele Jahre lang haben medizinische Institutionen, Ärzte und Geburtshelfer versucht, die Spiritualität aus den Erfahrungen von Schwangerschaft und Geburt unserer Kinder auszuklammern. Oftmals wurde uns eingeredet, dass es für uns sicherer ist, uns in ihre Hände zu begeben, und dass es besser ist, ohne Schmerzen oder sogar ohne Bewusstsein zu gebären. Manche meinen, es wäre besser für uns, medizinische Eingriffe und Kaiserschnitte zu haben, als durch das Drama einer natürlichen Geburt zu gehen, das möglicherweise nicht in ihr planmäßiges Ablaufprogramm passt.

So wie mit unserer Menstruation, lohnt es sich zur Kenntnis zu nehmen, dass die Göttin uns nahe und in unserem Körper präsent ist, wenn wir schwanger sind und ganz besonders, wenn wir unsere Babies gebären. Während des Geburtsprozesses wird sie oft in Gestalt der Mutter sichtbar, während sie mit den Schmerzen kämpft oder sich in die tiefe Höhle der Geburt hinein entspannt. In dem veränderten Bewusstseinszustand, der mit der Geburt einhergeht, drückt die Mutter ihre wilde, urtümliche, unkontrollierbare Göttinnen-Natur aus, und das kann erschreckend sein für jene, die für unser Wohlergehen zuständig sind. Es wird argumentiert, dass die Göttin zur Sicherheit für Mutter und Kind um jeden Preis unterdrückt werden muss. Aber die letztendliche Macht über Leben und Tod von Kind und Mutter liegt bei ihr.

Glücklicherweise gab es in den letzten 20 Jahren durch die Arbeit einzelner, inspirierter Hebammen und Pionieren unter den Ärzten Veränderungen darin, wie die Geburt gesehen wird. Einer dieser Ärzte ist Dr. Frederick Leboyer, der das berühmte Buch „Geburt ohne Gewalt" geschrieben hat. Er war einer

Die Fülle - Lammas

der wenigen Ärzte, der die Kraft der Geburt erkannte und ehrte und die Notwendigkeit sah, sowohl für die Mutter als auch das Baby die richtigen Bedingungen für die Geburt zu schaffen. Er setzte sich dafür ein, dass die Geburt in einem Raum mit gedämpftem Licht und ohne den Einsatz von Medikamenten stattfinden sollte, und dass die Mutter dazu ermutigt werden sollte, tief in den ursprünglichen, vom alten, urtümlichen Teil des Gehirns gesteuerten Geburtszustand einzutauchen. Er sagte, dass die Nabelschnur nicht durchgeschnitten werden sollte, bevor sie aufgehört hatte zu schlagen, und dass das Baby ermutigt werden sollte aus eigenem Antrieb zu atmen, ohne Gewalt. Als männlicher Arzt in einer männlichen Institution stand es in seiner Macht die Art, in der die Dinge getan wurden, zu verändern und zwar auf eine Weise, die den Hebammen alleine nicht möglich war. Eine große Anzahl von Müttern hat von seinen Ideen profitiert.

Obwohl Mütter oftmals immer noch dazu gebracht werden in sterilen Krankenhäusern zu gebären, sind die Räume heute freundlicher und heimeliger geworden, Wassergeburten sind möglich und Hebammen sind den neuen Müttern behilflich. Es gab auch eine gewisse Anerkennung der Tatsache, dass Mütter während der Geburt in einen urtümlichen Zustand gelangen, der von der angeborenen Intelligenz unseres Körpers gesteuert wird. Die Weisheit der Göttin wird in unseren Körpern bewahrt und während der Geburt haben wir auf natürliche Weise Zugang dazu, wenn wir uns gestatten dorthin zu gehen.

Während wir gebären, erfahren wir die Kraft der Göttin in unserem physischen Körper, in den Kontraktionen unserer Gebärmutter, die sich als der kräftigste Muskel im menschlichen Körper entpuppt, wenn sie sich rhythmisch zusammenzieht und das Baby durch den Geburtskanal und aus unserer aufklaffenden Vulva hinauspresst. Wir erleben die Göttin in unseren Ängsten, in unserer Erschöpfung und in der ganzen Reise des Gebärens, die keiner anderen gleicht. Und mit jeder Geburt bringt sie uns von Angesicht zu Angesicht mit dem offenen Portal zum Tod und zum Leben.

Dies ist das ehrfurchtgebietende Mysterium der Geburt, dass wir im Augenblick der Geburt auch der Möglichkeit des Todes ins Auge sehen. Das kann der Tod unseres neugeborenen Babys sein oder unser eigener Tod, der gelegentlich vorkommen kann und auch vorkommt. Wenn sich das Tor zwischen den Welten weit öffnet, werden wir manchmal eingeladen und über die Schwelle auf die Insel der Toten gezogen und lassen die Welt und unser neugeborenes Baby hinter uns zurück. Manchmal kommen unsere Babies, schauen uns durch das Portal hindurch an und ziehen sich dann wieder zurück aus dem physischen Leben. Der Schmerz einer solchen Trennung ist gewaltig. Manchmal schauen wir einfach durch das Tor und sehen/fühlen das Paradies, den Ort von Liebe, Ewigkeit, Freude und Gnade. Manchmal schauen wir durch das Tor, sehen Dunkelheit und fürchten uns.

Wenn sich bei der Geburt das Tor weit öffnet, kommt ein Schwall ihrer göttlichen Energie aus der Anderswelt hinüber zu uns, mit einem Duft, der lieblicher ist als der von Rosen. Es ist der beste Duft der ganzen Welt und er hängt für Tage und Wochen an der Haut eines neugeborenen Babys. Er erfüllt den Raum und das Heim oder das Krankenhaus, in dem das Baby geboren wurde. Er segnet die Mutter und ihr neugeborenes Baby. Er segnet auch den Vater, die anderen Familienmitglieder und Freunde. Er hängt tagelang in der Luft und bringt den Segen der Göttin zu allen, die die andersweltliche Stimmung und den Duft erleben. Als Priesterinnen führen wir schlichte Zeremonien zur Danksagung durch, die die Mutter und den Vater ehren und das neugeborene Baby im Leben willkommen heißen.

Aber wie wir wissen, kommen nicht alle Schwangerschaften zu einem guten Ende, und nicht alle Babies werden gesund und heil geboren. Es kann so viel Herzweh auf der Reise zur Mutterschaft geben. Aus vielen verschiedenen persönlichen Gründen können wir gezwungen sein zu entscheiden, dass wir zu dieser bestimmten Zeit in unserem Leben kein Kind haben können. Es kann sein, dass wir uns für einen Abbruch entscheiden, etwas was für alle Frauen, die das Unglück hatten diese Erfahrung zu machen, traumatisch ist. Ich weiß von keiner Frau, die eine Abtreibung ohne Schmerz, Trauer und Kummer überstanden hat.

Auch eine Fehlgeburt ist jederzeit möglich und der Schmerz, ein Kind zu tragen und es dann zu verlieren lastet auf vielen Frauen. Dabei ist es ganz egal wie klein das Kind war und für wie viele Wochen oder Monate es da war. Wir werden von einer Seele berührt, der wir uns tief verbunden fühlen, egal wie kurz, und die Sehnsucht danach, dass diese Berührung zurückkommt, kann verheerend sein. Es kann auch sein, dass wir ein Kind austragen und dann ein Baby durch plötzlichen Kindstod verlieren. Es ist niederschmetternd durch den anstrengenden Geburtsprozess gegangen zu sein, und das Neugeborene voller Liebe begrüßt zu haben, nur damit einem das Baby einige Tage oder Wochen später wie von einer rachsüchtigen, lieblosen Göttin wieder entrissen wird. Was haben wir falsch gemacht, warum ist uns so etwas Schreckliches passiert?

Als Priesterinnen können wir unter solchen Umständen Zeremonien für die Eltern gestalten, die deren Gefühle von Trauer, Kummer und Schuld würdigen und ihnen helfen sich von ihrem geliebten Nachwuchs zu verabschieden, damit sie ihren Verlust bewältigen können. Dies sind kraftvolle und gefühlvolle Zeremonien.

Und nicht alle Frauen, die es gerne wollen, können schwanger werden. In diesen Zeiten, in denen die Hormone in unserem Körper und in unserer Umwelt aus dem Gleichgewicht sind, wird es für manche Eltern zunehmend schwieriger, Kinder zu bekommen. Östrogenähnliche Chemikalien in der Umwelt beeinträchtigen die Samenproduktion von Männern und stören die natürlichen Zyklen der Frauen. Eine größere Anzahl Frauen findet sich selbst kinderlos in ihren Dreißigern wieder und versucht zunehmend verzweifelt zu empfangen. Es ist eine Sache sich dafür zu entscheiden, keine Kinder zu haben und eine andere Sache sich Kinder zu wünschen und nicht in der Lage zu sein, sie zu bekommen. Die Frauen müssen sich den Folgen aus diesen Tatsachen stellen, entweder, indem sie an anstrengenden klinischen Programmen teilnehmen, die ihre Chancen der Empfängnis erhöhen, oder indem sie der Tatsache ins Auge sehen, dass sie möglicherweise nie empfangen werden. Beide Alternativen sind entmutigend. Als Priesterinnen hören wir den Schmerz unserer Schwestern und helfen ihnen, sich der Zukunft kreativ mit der Göttin an ihrer Seite zu stellen.

Die spirituelle Natur der Mutterschaft

Die Geburt ist nur der Anfang der lebenslangen Erfahrung, die die Mutterschaft ist. Nichts kann jemals die Verbindung zwischen Mutter und Kind, oder unser tiefgehendes Verlangen nach der Liebe unserer Mütter verschwinden lassen. Als meine Tochter geboren wurde, war ich nach dem Kaiserschnitt kaum bei Bewusstsein, als ich sie das erste Mal sah und in meinen Armen hielt. Dieser Augenblick ist unter den Besten meines Lebens. Ich sah in ihre Augen und wusste, dass ich sie seit dem Anbeginn der Zeit kannte. Es war ein tiefes und inniges Wiedererkennen der Seelen. Alles was ich wollte, während wir uns von der Operation erholten, war sie nahe bei mir zu halten. Ich spürte eine tiefe, heftige Tigerinnen-Liebe und fand heraus, dass ich, obwohl ich nicht an Gewalt glaube, bereit wäre zu töten, um sie zu beschützen.

Drei Jahre später, als ich mit meinem Sohn schwanger war, machte ich mir Sorgen darüber, was ich fühlen würde wenn er geboren war, dass ich möglicherweise irgendwie all meine mütterliche Liebe meiner Tochter geschenkt hatte. Auch mit ihm lag ich lange in den Wehen, ich war 37 Jahre alt, aber er kam im Krankenhaus auf natürliche Weise zur Welt. Ich kann mich immer noch daran erinnern, wie ich nach unten gegriffen habe und an den außergewöhnlichen Augenblick, als ich seine Kopfhaut fühlte, wie sie durch meine Vulva ragte. Es war ein unbeschreiblich wundervolles Gefühl und bald danach lag er in meinen Armen. Als ich ihn ansah, öffnete sich eine ganz neue Liebe für diesen wunderschönen Jungen in meinem Herzen und das war wundervoll. Ich fand heraus, dass meine Fähigkeit Liebe zu erfahren und zu fühlen grenzenlos ist.

Bevor wir Mütter werden, wissen wir normalerweise nicht, dass es einen Mutterclub gibt, eine einzigartige Gemeinschaft von Frauen, die alle in der einen oder anderen Weise die überwältigende, initiierende Erfahrung von Geburt und Mutterschaft gemacht haben. Bevor wir Mütter werden, erklärt uns niemand die unzähligen Arten in denen die Mutterschaft unser Leben verändern wird. Es ist ein offenes Geheimnis über das niemand wirklich spricht oder uns beibringt, damit umzugehen. Wir werden ermutigt dem Club beizutreten, obwohl wir die Regeln nicht wirklich kennen oder wissen, wie wir damit fertig werden. Niemand erzählt uns etwas über die Schwierigkeiten oder die Konflikte, die aufkommen werden, oder die erstaunliche Freude, die wir spüren, manchmal das erste Mal seit unserer eigenen Kindheit.

Avalon - Erste Spirale

Als meine Tochter etwa drei Wochen alt war, wurde sie krank. Sie trank an der Brust und dann erbrach sie sich. Zuerst dachte ich, sie hätte nur zuviel Milch zu sich genommen, aber als es andauerte, ging ich mit ihr zum Arzt. Es schickte uns ins Krankenhaus, wo wir zehn lange, einsame Tage verbrachten, in denen ich sehr viel Angst um mein Baby hatte und mich von meinen Freunden isoliert fühlte. Mir wurde gesagt, dass ihre Krankheit mit der Art zu tun hatte, in der ich sie fütterte. Ich stellte mich auf vegane Ernährung um, weil ich dachte, dass das, was ich aß, sie krank machte. Sie hörte auf krank zu sein und wir gingen nach Hause. Nach einer weiteren Woche wurde sie wieder krank und begann Gewicht zu verlieren. Ich konnte spüren, wie sie aus dem Leben glitt und konnte den Gedanken nicht ertragen, dass ich sie verlieren könnte. Ich fühlte mit allen Frauen, die ihre Kinder verlieren.

Die Rückkehr ins Krankenhaus war sehr beängstigend, weil keiner wusste, was mit meinem Baby geschah. Während der ersten Nacht betete und betete ich und handelte mit der Göttin, dass ich alles tun würde, was sie von mir verlangt, wenn sie meine Tochter retten würde. Ich betete mit größerer Intensität, als ich es in meinem ganzen Leben jemals getan hatte, bis zu dem Moment, in dem ich betete, dass sie mein Leben anstatt das meiner Tochter nehmen solle, wenn sie ein Leben brauche. Der Druck in meinem Herzen ließ nach und schließlich schlief ich neben meinem Baby ein. Irgendwann in der Nacht wachte ich auf und erinnerte mich an die biblische Geschichte von Abraham, der aufgefordert wurde seinen Sohn auf Gottes Altar zu opfern, um seinen Glauben zu beweisen. Ich war außer mir vor Zorn über die Falschheit dieser Geschichte, sie war eine Perversion natürlicher Gefühle. In der Welt der Göttin werden wir niemals aufgefordert unsere Kinder zu opfern, um unseren Glauben zu zeigen.

Am folgenden Morgen bekam meine Tochter eine Mahlzeit mit Barium und wurde dann geröntgt. Die Bilder zeigten, dass sich ihre Gedärme füllten, wenn sie Milch trank und sich dann in sich selbst verdrehten, wodurch sie den Milchfluss abschnürten. Weil die Milch nicht hinunter in den Darm rinnen konnte, kam sie wieder durch die Speiseröhre hoch. Wir wurden eiligst mit der Rettung ins Bristol Kinderkrankenhaus gebracht, wo sofort eine Notoperation durchgeführt wurde. Sie war sechs Wochen alt. Ich blieb mit ihr im Krankenhaus und saß dort stundenlang mit ihr an meiner Brust, wobei Schläuche aus jeder ihrer Körperöffnungen kamen. Sie heilte wirklich schnell, schneller als die Ärzte es vorhersagten, und von diesem Moment an nahm sie zu und wuchs normal.

Vor meiner Schwangerschaft hatte ich einige Jahre lang als Heilerin gearbeitet und ich glaubte wirklich an die Macht der Heilung in Bezug auf jede Art von Krankheit. Zu meiner großen Enttäuschung machte nichts, was ich tat als ich versuchte meine Tochter zu heilen, irgendeinen Unterschied in ihrem Zustand. Die Heilung klappte einfach nicht. Sie hatte ein mechanisches Problem, auf dass die heilenden Energien keinen Einfluss hatten, außer vielleicht, dass ihre Qual durch die Heilenergie gelindert wurde. Dieser Fehlschlag beim Heilen hatte eine tiefgreifende Wirkung auf mich und für einige Jahre danach hörte ich auf Heilkunst zu praktizieren. Meine Heilkunst hatte mich im Stich gelassen, als es am allerwichtigsten war. Jahre später, nach meiner Nahtoderfahrung durch den Krebs, kehrte ich mit einer reiferen und realistischeren Einstellung zum Heilen zurück. Ohne Schulmedizin wären weder ich noch meine Tochter am Leben und ich erkannte den wahren Wert des Geschenks, dass ich durch allopathische Medizin erhalten hatte. Die Schulmedizin wird sehr gut mit Krisen fertig und mit den praktischen Grundlagen unserer Körperlichkeit. Doch ich weiß auch, dass Heilkunst eine wirklich wichtige Rolle dabei spielt, uns zurück zur Gesundheit und Ganzheit und zurück zu einem seelenzentrierten Leben zu bringen.

Als Mutter habe ich entdeckt, dass meine Kinder meine größten Lehrer auf der Ebene meines persönlichen Verhaltens sind. Sie haben mir große Freude gebracht und mich viele Male an meine Grenzen und darüber hinaus geführt. Ich danke ihnen für diese großartige Reise der Liebe und Entdeckung. Kinder wissen genau, wo unsere wunden Stellen zu finden sind, wie sie uns aufziehen und das Messer in unserem Bauch herumdrehen können. Wie wir uns in diesen Augenblicken verhalten, ist ein Kennzeichen unserer Seelennatur und eine Frage der Gnade.

Unsere Beziehung zu unseren Kindern ist für jede Mutter einzigartig. Sie ist niemals statisch sondern verändert sich wenn unsere Kinder wachsen und sich entwickeln. Zu unterschiedlichen Zeiten auf dieser Reise zum Erwachsenwerden können wir einander näher oder entfremdet sein, Freunde oder Feinde. Die Zahl der Kinder, die wir haben, hat einen Einfluss auf das Maß an Aufmerksamkeit, dass wir jedem unserer Kinder schenken. Der Verlust eines Kindes durch Krankheit oder Unfall ist für jede Mutter die größte Wunde.

Als Priesterinnen gestalten wir Zeremonien, die die Mutterschaft in all ihren Formen feiern und das Band zwischen Mutter und Kind ebenso anerkennen, wie die Trennungsstadien, wenn das Kind älter wird. Dazu gehören die Entwicklung von Unabhängigkeit von der Mutter im Alter von sieben Jahren, das Feiern der Menarche, der Pubertät, des jungen Erwachsenenseins und das Verlassen des Heims.

Die Glastonbury Goddess Conference

Die erste Glastonbury Goddess Conference fand zu Lammas 1996 statt. Jetzt, in ihrem elften Jahr, ist die Konferenz ein echtes Füllhorn der Freude für göttinliebende Menschen aus der ganzen Welt. Sie wurde zu einer der wichtigsten Göttinnen-Veranstaltungen in der heutigen Welt und bringt Göttinnen-Rednerinnen, -Schriftstellerinnen, -Dichterinnen, -Künstlerinnen, -Darstellerinnen aller Art, und viele weibliche und männliche Teilnehmerinnen zusammen. Das fünftägige Ereignis beinhaltet viele der Göttin gewidmete Zeremonien, Rituale, Feiern, Vorträge, Workshops, Pilgerfahrten, Poesie, Geschichten-Erzählen, Musik, Gesang, Tanz und Mitwirkung für alle.

Avalon – Erste Spirale

Gemeinsam mit Priesterinnen anderer Pfade spielen die Priesterinnen von Avalon und jene in Ausbildung eine wesentliche Rolle und helfen dabei mit, die Eröffnungs- und Schlusszeremonien zu entwerfen und zu gestalten, sowie die täglichen Eröffnungszeremonien, die Reinigungs- und Vorbereitungsrituale mit den Elementen, die Hauptzeremonien der Konferenz, die der Jungfrau, Liebenden, Mutter oder Greisin gewidmet sind und die Zeremonien, die das Herz der Mysterien von Avalon erforschen. Im Lauf der Jahre hat sich die Rolle, die die Priesterinnen spielen, entwickelt und ist zu einem wesentlichen Teil der Konferenz geworden, als sich der Schwerpunkt zu einer unmittelbareren und offeneren Erforschung der Mysterien von Avalon verschoben hat. Die Goddess Conference wäre ohne den hingebungsvollen Dienst der Priesterinnen von Avalon nicht das erstaunliche Erlebnis, das sie ist, und ich danke öffentlich allen diesen wundervollen Frauen und Männern, die ihre Zeit, ihre Energie und ihr Talent bei dieser Veranstaltung in den Dienst der Göttin und ihres Volkes stellen.

Eine wundervolle Folgeerscheinung der Veranstaltung in Glastonbury ist es, dass Priesterinnen, die in anderen Ländern leben, diese Idee aufgenommen haben und in ihren eigenen Ländern Göttinnen-Konferenzen gestalten. Dazu gehören die Niederlande, wo die erste Göttinnen-Konferenz 2005 stattgefunden hat und Ungarn, wo die erste Göttinnen-Konferenz 2006 stattfinden wird.

Zwischen Lammas und Mabon

Mit der Fülle von Lammas beginnt die Ernte in den Feldern, Gärten und Kleingärten. Die Äpfel wachsen und reifen in den Obstgärten von Avalon, die Bäume sind schwer beladen vom Gewicht der Früchte. Das Korn in den Feldern wird geschnitten und die Stängel werden verbrannt oder untergepflügt, um die Erde während der Wintermonate fruchtbar zu machen. Die Tage werden kürzer während wir uns der Herbst-Tag-und-Nachgleiche nähern, zu der es jeweils zwölf Stunden Licht und Dunkelheit gibt. Die Sonne sinkt sichtbar tiefer am Himmel, doch der September kann noch die herrlichen, klaren, sonnigen Tage des Altweibersommers bringen. Die Vögel, die im Sommer zu Besuch auf Brigits Inseln waren, sammeln sich in Schwärmen und fressen große Mengen Futter, die ihnen bei ihren kommenden Reisen in den Süden, die in diesen Monaten beginnen, Kraft geben. Die Bäume sind noch grün, aber die Blätter rollen sich an den Rändern schon ein. Das Gras wird braun und goldfarben. In den Blumen und Bäumen beginnt der Saft in Vorbereitung auf den Herbst und die Einkehr nach innen langsam hinunter zu sinken. Kälterer Regen, der vom Südwesten mit kräftigen Winden hereingebracht wird, fällt.

Gestalte zu Hause einen Altar für Nolava, die Lammas-Mutter, für Ker, die Korngöttin, für Madron, die Mutter der Linie von Avallach

Die Fülle - Lammas

und für Meisterin Glitonea von den Morgenen. Schmücke ihn mit den Früchten ihres Überflusses – Getreide, Korn, Früchte, Blumen.

Zünde an deinem Altar jeden Tag eine Kerze an und verbrenne Räucherwerk für die Muttergöttin. Danke ihr und feiere ihre Geschenke. Singe und bete zur Göttin für Hilfe, Führung, in Dankbarkeit, für andere, die sie brauchen, um Heilung für dich selbst und andere, um Visionen, und so weiter. Gestalte einmal pro Woche deinen Altar neu.

Danke jeden Tag deiner menschlichen Mutter dafür, dass sie dich geboren hat und der Muttergöttin für all die Schönheit und Fülle, mit der sie dein Leben überschüttet. Praktiziere Dankbarkeit.

Schreibe und/oder zeichne jeden Tag deine Gefühle, Träume, Gedanken, Eingebungen und Visionen in dein Tagebuch.

Gehe zu Neumond durch die Kornfelder und Obstgärten, wo die Früchte der Göttin reifen. Kommuniziere mit der großen Mutter.

Teile zu Vollmond die Praxis der Dankbarkeit mit deiner Familie und deinen Freunden.

Besuche mindestens einmal, wenn nicht öfter, eine heilige Stätte oder Gegend, die mit der Muttergöttin assoziiert wird.

Bereite dich auf deine Weihezeremonie vor. Bist du bereit, dein Leben der Göttin und ihren Wegen zu weihen? Was wird das für dich in deinem Leben bedeuten? Was nimmst du auf dich? Wenn du nicht bereit bist, dich ihr hinzugeben, kannst du das erkennen und zurücktreten? Kannst du dich durch deine Ängste hindurch an den Ort völliger Hingabe bringen? Was wird der Lohn der Göttin sein?

Stelle dein persönliches Weiheversprechen fertig, dass du bei deiner Weihezeremonie zur Herbst-Tag-und-Nachtgleiche der Göttin geben wirst.

Stelle das Gewand fertig, das du bei der Zeremonie, in der du dich der Göttin weihst, tragen willst. Es soll geeignet sein für die kälteren Mabon-Nächte und eine Zeremonie im Freien mit Maske, Kopfschmuck, Kelch und Stab möglich machen.

Bereite dich vor der Herbst-Tag-und-Nachtgleiche, wenn du zu deiner Weihezeremonie nach Avalon reist, auf rituelle Art vor. Reini-

Avalon - Erste Spirale

ge deinen Körper, deine Emotionen und deinen Geist mit Luft, Feuer, Wasser und Erde. Komm´ mit einem offenen Herzen und sei bereit ihren Segen zu empfangen.

---

[1] Auf Deutsch erschienen unter dem Titel: *Die Weiße Göttin. Sprache des Mythos*. Robert von Ranke-Graves.

[2] Auf Deutsch erschienen unter dem Titel: *Die Sprache der Göttin*. Marija Gimbutas.

[3] Auf Deutsch erschienen unter dem Titel: *Gyn/Ökologie. Eine Meta-Ethik des radikalen Feminismus*. Mary Daly.

Die Ernte

Mabon: Jahreskreisfest der Mutter der Erde

Mabon oder die Herbst-Tag-und-Nachtgleiche ist das Jahreskreisfest der Mutter der Erde und liegt rund um den 21. September. Es ist die Jahreszeit, zu der wir die Ernte aus der fruchtbaren Natur unserer Mutter Erde feiern. Das Getreide wird geerntet, Früchte und Nüsse werden von den Büschen und Bäumen gepflückt und das Gemüse vom Boden aufgehoben, bevor der erste Frost eintrifft. Alles kann gelagert werden, so dass wir die Wintermonate hindurch, wenn wenig wächst, genug Nahrung haben. Wir feiern die Nolava der Erde von Avalon und Moronoe, die Morgene der Erde, die die Herbstwinde bringt. Wir ehren Brigantia, die Herrin des Landes, das Brigits Inseln ist. Wir ehren Banbha, Herrin des Landes vor der Flut. Wir ehren Ertha, unsere Mutter Erde und Gaia, die die Göttin des planetaren Körpers der Erde ist. Die Herbst-Tag-und-Nachtgleiche ist so wie die Frühlings-Tag-und-Nachtgleiche ein Gleichgewichtspunkt des Jahres, wenn für eine kurze Zeit die Tage und Nächte gleich lang sind, bevor wir uns auf die dunkleren Tage des Winters zubewegen.

Auf Brigits Inseln kann es im September immer noch warm sein, aber zur Zeit der Herbst-Tag-und-Nachtgleiche werden die Nächte kühl. Mabon zeigt das Ende des Sommers und den Beginn des Herbstes an, der in diesem wärmeren Sommerland zu Samhain voll zum Ausdruck kommt. Das Leben in den Pflanzen beginnt zurück in die Erde abzusterben. Die Tiere mästen sich an den Früchten der Ernte und füllen ihre Bäuche in Vorbereitung auf die kommenden Wintermonate, wenn das Futter spärlicher wird und viele von ihnen in sicheren Bauten und Löchern in der Erde überwintern werden. Die Wildtiere sind oft nächtliche Geschöpfe und ihr Fell wird dichter, wenn die Temperatur der Luft und des Landes abkühlt. Zur Tag-und-Nachtgleiche erhebt sich die Dame vom nebeligen See aus den feuchten Wiesengründen, die die Insel Avalon umgeben, und beginnt ihr nebeliges Haar um Baum und Stein zu winden. Ihre Strähnen hängen dicht über der Erde, wenn die Sonne im Westen untergeht und hüllen das geweihte Land bis zum Morgengrauen in weiße Schleier. Bei Sonnenaufgang, wenn die Wärme, die immer noch in den Sonnenstrahlen steckt, die Feuchtigkeit verdunstet, lösen sich die Nebel auf.

Zu Mabon ehren wir die Nolava der Erde und die Ernte ihrer Natur. Wir feiern das Land, auf dem wir leben, die wunderschöne Insel Avalon und die ganzen Inseln von Brigit. Wir erden alles, was wir im Laufe der vergangenen elf Monde gelernt haben, in einer speziellen Zeremonie, bei der wir uns der Göttin weihen. Mit unserer vollständigen Ausrüstung sehen wir uns als die Priesterinnen, die wir sein wollen.

Die Nolava der Erde ehren

Die Nolava ist die Erde unter unseren Füßen, die solide, materielle Welt, die wir alle für eine gewisse Zeitspanne bewohnen. Sie ist das Erdreich und die Felsen, die Hügel und die Täler, aus denen die heilige Landschaft Glastonburys und das andersweltliche Paradies von Avalon bestehen. Wir erleben sie, indem wir auf ihrer Erde gehen, indem wir uns auf ihren Boden legen, indem wir ihrem liebevollen Herzschlag tief in der Erde Avalons lauschen.

Glastonbury ist ein Ort besonderer energetischer Intensität und ich würde sagen, alles, was wir wirklich tun müssen, damit in unserem Leben Transformation sattfindet, ist über ihr Land zu schreiten, über ihren Erdkörper, die Hänge ihres Tor, Chalice Hill, Wearyall Hill, Windmill Hill und Stonedown. Alles, was wir brauchen, damit die Heilung anfängt, ist es sitzend oder liegend Zeit auf ihrem Boden zu verbringen, ihrer heiligsten Erde, und zuzulassen, dass die Energie der Göttin durch jede Pore unsere Körpers eindringt. All die spirituellen Workshops, die hier in Glastonbury stattfinden, sind nichts im Vergleich zu dem Wunder, Zeit auf ihrem geweihten Land zu verbringen und zuzulassen, dass die Energien der Göttin ihre Magie auf unsere Seele wirken.

In Glastonbury finden wir die verborgenen Pfade nach Avalon, indem wir vertraut mit ihrer natürlichen Landschaft werden, indem wir auf den Hügeln und in den Tälern gehen, die die heilige Insel bilden, indem wir die Formen ihres Körpers als Mutter, Liebende, Jungfrau und Greisin wahrnehmen, indem wir ihre Kurven und Winkel, ihre Höhen und Tiefen, ihre Quellen und Brunnen erforschen, indem wir uns auf ihren Körper legen und den Puls ihres Herzschlages im Land spüren. In Visionen reisen wir nach Avalon, indem wir physischen Pfaden folgen, mit denen wir durch unser regelmäßiges Gehen vertraut wur-

Die Ernte - Mabon

den, und unser Bewusstsein für die innere Landschaft, die jenseits der Form liegt, öffnen.

Viele angehende Priesterinnen leben an anderen Orten als Glastonbury, auf Brigits Inseln und dem Rest der Welt. Regelmäßig nach Glastonbury zu reisen, ist ein wesentlicher Teil des Prozesses zu lernen, eine Priesterin von Avalon zu werden. Es ist wichtig für die Ausbildungsteilnehmerinnen, Zeit damit zu verbringen, mit der natürlichen Landschaft hier vertraut zu werden. So dass du, wenn du nach Hause zurückgekehrt bist, die Landschaft in deiner Vorstellung erforschen und so bewusst nach Avalon reisen kannst, von wo immer du lebst.

> *Bemühe dich wann immer du kannst durch Glastonburys heilige Landschaft zu gehen. Beobachte die Natur der Göttin, die Einzelheiten der Formen ihres Körpers. Wenn du nach Hause zurückkehrst, visualisiere in deinen Meditationen detailliert, wie du durch die Landschaft gehst.*

Als Dame der Erde lehrt uns Nolava wie wir das Neue in der Welt manifestieren können. Sie zeigt uns, wie wir neue Ideen in Form bringen und unsere Träume in der materiellen Welt verankern, so dass sie Wirklichkeit werden anstatt Treibgut in unserem Geist zu bleiben. Im Drehen des Jahresrades sehen wir, dass Ideen als Inspiration im Norden empfangen werden. Sie bewegen sich weiter durch das Feuer der Kreativität im Osten, werden von unserer Sehnsucht im Süden angefacht und im Westen zur Manifestation gebracht.

Moronoe, die Morgene der Erde, ehren

> *Ich bin Moronoe von Avalon, Morgene-Mutter der Erde.*
> *Die Menschenwelt ruft wieder nach unserer Aufmerksamkeit.*
> *Nach Äonen des Vergessens, gibt es Bewegung entlang der Fasern der Erinnerung.*
> *Jetzt kommt die Stunde der planetaren Transformation.*
>
> *In mir finden alle Handlungen und Wesen ihr Fundament.*
> *Alle physischen Substanzen, Materien und Energien kehren zu mir zurück,*
> *Mutter, Mater, Materie, Material.*
> *Ich bin sie, die an der irdischen Pforte steht,*
> *Ich bin Zeugin deiner Werke, wie sie sich zu ihrer Manifestation entfalten.*
> *Große Beschützerin, ich wache über euch alle, besonders über jene, die mich ehren.*
> *Herbstkönigin, ich überschütte euch, die ihr mich liebt, mit den Segnungen der Ernte.*

Und doch ist mein Schmerz groß,
Bei meiner Rückkehr sehe ich die Verwüstung so vieler meiner heiligen Plätze.
Meine Erdgeschöpfe, Fuchs, Dachs, Wühlmaus und Maulwurf sagen mir, dass meine Erde verwundet ist,
Und ich höre ihr Weinen.

Ich kehre zurück um meine Erde zu heilen und wiederherzustellen.
Ich kehre zurück zu euch, die ihr mich liebt, durch euch, die ihr mich ruft.
Ich komme zurück durch das erderschütternde Bahnbrechen meiner Erddrachen,
Die meine Zerstörer sind.
Und durch meine elementaren Erdgnome und ihr tiefes Wissen.

Erde deine Träume in mir, Moronoe,
uralte Bewahrerin des Erdreichs und Hüterin all deiner Erinnerungen.
Seit undenklichen Zeiten, sind die Geschichten all deiner Leben in mir aufgezeichnet,
Gespeichert in Felsen und Kristallen, versiegelt in Steinen und Gebeinen
An heiligen Plätzen, wo deine Ahninnen gingen und für dich beteten.
So viel Energie und Magie liegt auf dich wartend in meinem tiefen Erdspeicher.
Durch meine Kristalle kann ich dich in deinem innersten Aspekt sehen, und du kannst zu mir sprechen.
Ich sehe wie eure Seelen nach mir verlangen, und ich gebe euch meinen Segen.
Ich bringe euch die intuitive Kraft, eure wesentliche, schöne Natur zu kennen,
auf dass ihr in Frieden auf meiner Erde wandelt.
Seid gesegnet.

Sally Pullinger

Moronoe ist die Morgene der Erde. Zur Erntezeit ist ihr Kleid orange und braun, in den Farben des Herbstes. Wie sie durch die Wälder und Haine wandert, verfärbt ihre Berührung die Blätter von Grün zu Orange, Rot und Gold, ein letzter leuchtender Schimmer vor den grauen Wintertagen. Wie ihre Schwester Cliton, die die Frühjahrs-Tag-und-Nachtgleiche regiert, trägt sie die Stille des Gleichgewichtspunktes, der die Herbst-Tag-und-Nachtgleiche ist. Im Zyklus des

Die Ernte - Mabon

Mondes ist sie der abnehmende Mond, und zieht uns in die Richtung der Dunkelheit und der inneren Welten.

Moronoe wird dargestellt als eine reife Frau in ihren Fünfzigern, Dame der Obstgärten von Avalon, wo zu dieser Zeit des Jahres die Äpfel im Überfluss reifen und bereit für die Ernte Rot und Gold vor dem Hintergrund der braunen Äste leuchten. In den Hecken findet man jede Menge Brombeeren, bereit zum Verspeisen in Apfel-Brombeer-Kuchen, reich in der Farbe und an Vitaminen. Moronoe ist auch die Buchenfrau und wunderschöne Vertreter ihrer Nachkommenschaft, Buchen und Rotbuchen, sind überall auf der Insel zu finden, besonders in Bushey Combe und in den Abteigründen. Sie ist stark, groß, elegant und voller Heilkraft.

Als Wetter ist sie der Wind, der besonders zu dieser Zeit des Jahres vom atlantischen Ozean herein weht, wenn der Altweibersommer schwindet und die Luft sich abkühlt. Jetzt drehen sich die Winde von Südwest nach Nord und bringen kältere Luft, die das Land und seine Bewohnerinnen abkühlt. Moronoe bläst zu nahezu jeder Jahreszeit und bringt warme und kalte Luft, aber beachtlich wird sie zur Herbst-Tag-und-Nachtgleiche, wenn ihre Winde regentragende Wolken und die Überreste von Hurrikans, die weit weg in der Karibik geboren wurden, herantreiben.

Die Amsel, die auch Schwarzdrossel genannt wird, mit ihrem wunderschönen Gesang gehört zu Moronoe. Sie kommt in unsere Gärten und klopft auf die Erde, wodurch sie vorgibt der Regen zu sein, und sucht nach Regenwürmern zum Fressen. Die Geschöpfe der Erde, die auf und in der Erde leben, gehören zu Moronoe. Darunter sind der Fuchs mit seinem orange-braunen Fell, der in der Morgen- und Abenddämmerung leise durch die Hecken schlüpft, und der Dachs, der seinen Wohnsitz jetzt auf die höher gelegenen Teile der Insel verlagert, weil die Herbstregen seine tiefer gelegenen Sommerwohnsitze bedrohen. Die Erdgnome gehören ebenfalls zu Moronoe und horten die Schätze der Göttin in Höhlen unter der Erde. Hier bilden sich ihre Kristalle in der Dunkelheit und liegen Jahrtausende verborgen und ungestört. Ihre Erdrachen schlafen in Avalon den Schlaf der Gerechten. Das letzte Mal war die Göttin im Jahre 1275 in Aufruhr. Die Erde bebte und der St. Michaels Turm auf dem Tor brach zusammen. Später wurde er aus stärkerem Stein wieder aufgebaut. Vielleicht wird sich die Göttin in diesen Zeiten der Veränderung wieder einmal erheben.

Als Morgene der Erde ist Moronoe die Beschützerin des Landes Avalon. Sie drückt ihr Unbehagen über die Art aus, auf die menschliche Wesen die Fülle der Erde missbrauchen. Sie fordert uns auf, uns klarzumachen, was wir der Erde, nicht nur in Avalon sondern überall auf der Welt, antun.

Wandere beim Herannahen der Herbst-Tag-und-Nachtgleiche in der Morgen- und Abenddämmerung über die Insel Avalon. Zu dieser Zeit glüht das Land durch die aufgehende oder untergehende Sonne mit goldener Intensität. Spüre die Erde der Göttin unter dir. Stelle deine Füße fest auf ihren Körper. Sende von deinem Herzen

Energiefasern durch deinen Körper, durch deine Beine und Füße in die Erde, so wie die Wurzeln einer großen Buche. Fühle, wie du in Nolavas Erdenkörper verwurzelt und geerdet bist.

Die Erntemutter feiern

Zu Mabon feiern wir die Erntemutter und die Früchte ihrer üppigen Natur. In den Obstgärten und Gärten pflücken wir die ersten Äpfel und Birnen von den Bäumen. Wir ernten das restliche Gemüse, bevor der erste Frost kommt und sammeln Früchte und Nüsse von Büschen und Bäumen. Die Getreidefelder sind alle abgeerntet und die letzte Garbe Weizen oder Gerste wird als Ernte-May geschmückt. Sie wird während des Herbstes und Winters in der Küche aufgehängt und im Frühling werden ihre Samen von den Frauen des Hauses zeremoniell auf die Erde gestreut, um im kommenden Jahr eine gute Ernte zu gewährleisten.

Mit unserer Familie, Freunden und Fremden veranstalten wir Erntefestessen bei denen wir den Reichtum der Erntemutter auf Altären und Esstischen ausbreiten. Wir drücken unsere Dankbarkeit für die Freigiebigkeit ihrer Erde aus und backen spezielle Brotlaibe, die in der Gestalt des Körpers der Göttin geformt und mit ihren Symbolen geschmückt sind. Wir teilen miteinander die Vielfalt der Erzeugnisse, die von ihrem Erdenkörper kommen.

Veranstalte zu Mabon ein Erntefestessen für deine Freunde und deine Familie und breite den Reichtum ihrer Natur aus, damit alle ihn sehen und feiern können. Backe spezielle Brote und koche nährende Gerichte. Lade Fremde dazu ein, mit dir am Tisch der Göttin teilzuhaben.

Die Mutter der Materie ehren

Die Mutter der Erde ist die Mutter aller Materie. Sie ist Mater, Materia, die Matrix – Mutter aller Formen. Erde oder Materie ist das dichteste der fünf Elemente. Es ist die Substanz aus der alle Dinge im Universum hervorgehen. Sie enthält alle grundlegenden Teilchen der Stoffe, aus denen die Atome und Moleküle bestehen, die die festen und gasförmigen Elemente bilden, aus denen unsere Welt besteht. Dazu gehören Kohlenstoff, Eisen, Kupfer, Schwefel, Wasserstoff, Sauerstoff, Calcium, Natrium, Aluminium und so weiter genauso wie die komplexen organischen Moleküle der DNS, die es ermöglichen, dass Leben entsteht und sich entwickelt. Das Wunder ist, dass wenn wir die innere Natur der Atome untersuchen, wir herausfinden, dass sie hauptsächlich aus Raum und Energie mit nur winzigen Mengen an Substanz im Kern bestehen.

Die Ernte - Mabon

Die Mutter der Erde ist die Schöpferin dieses Mysteriums durch das wir sehen, hören, berühren, schmecken, riechen und in einer dreidimensionalen Welt wahrnehmen können, was in seiner essentiellen Natur nahezu immateriell ist. Davon abgesehen ist Erde eines der beständigsten der natürlichen Elemente, die in ihrer Natur zu finden sind. Wie Einstein entdeckte, gilt $e = mc^2$, wobei e die Energie ist, m die Masse und c die Lichtgeschwindigkeit. Die Materie ist konstant, sie verschwindet niemals, sondern wandelt sich unter Abstrahlung von Energie und Licht in eine andere Form um, wenn sie Hitze, Druck oder Zusammenstößen ausgesetzt ist. Dies zeigt sich täglich im Körper der Sonnenmutter.

Vor tausenden von Jahren entstand der Planet Erde, als heiße Gase aus der Leere der Göttin explodierten, kondensierten und sich zu Materie abkühlten. Es wird angenommen, dass eine gewaltige, zentrale Explosion innerhalb des Gefüges von Zeit und Raum die Planetenkörper unseres Sonnensystems herausschleuderte. Diese Planetenkörper wanderten nach außen und bewegen sich immer noch mit großer Geschwindigkeit durch den Raum. Unsere Evolution als spirituelle menschliche Wesen findet auf der Oberfläche der Erde statt, die sich allmählich von außen nach innen abkühlt und durch das Universum rast. Unsere menschliche Erfahrung ist innig verbunden mit der Evolution der materiellen Körper sowohl der Erdmutter als auch der Sonnenmutter.

Innerhalb einer natürlichen menschlichen Lebensspanne erleben wir die Erde als alterslos und beständig. Ohne menschliche Eingriffe überdauern die Berge, Hügel und Täler, die den planetaren Körper der Göttin ausmachen, jahrhundertelang. Sie verändern sich langsam durch die Bewegung der tektonischen Platten und die Auswirkungen von Hitze und Kälte, Wind und Wasser. Menschliche Aktivität schafft Felder und Ackerland, errichtet Dämme, leitet Flüsse um, gräbt Bergwerke und versetzt Berge, doch die Erde bleibt immer noch bestehen als der Stoff, der uns das Leben ermöglicht.

Durch ihren Erdenkörper zeigt uns die Mutter der Erde, die Werte von Beständigkeit, Durchhaltevermögen und Ausdauer, insbesondere wenn es hart auf hart kommt. Sie zeigt uns auch den leeren Raum, der in allen materiellen Formen vorhanden ist, in dem die Energie ständig in Bewegung ist, und wo innerhalb ihrer Matrix Heilung möglich ist.

Ertha, unsere Erdmutter, ehren

The Earth is our Mother, we must take care of her...
Die Erde ist unsere Mutter, wir müssen für sie sorgen...

Die Zeilen dieses Liedes erinnern uns daran die Erde, die unsere Mutter ist, zu ehren und für sie zu sorgen. Ihr Körper ist dieser wunderschöne Planet auf dem wir leben und der Boden auf dem wir gehen. Wir sind durch den Zug der unsichtbaren Macht ihrer enormen Schwerkraft, der Wirkung ihres riesigen Gewichtes auf unsere zarten physischen Körper, aufs Engste mit ihr verbunden. Sie ist an ihrer äußeren Oberfläche dicht und fest, aber ihr Kern ist mit Feuer und Energie gefüllt. Ihr Erdenkörper besteht aus massiven Felsen, die sich über unvorstellbare Zeiträume gebildet haben. Dazu gehören harte und weiche Gesteine wie Granit, Sandstein, Kalkstein, Schiefer, Kalk und Ton, Sand und Sedimente, die vom Grund der Ozeane nach oben transportiert wurden und sich im Laufe der Zeit zu Erde, Boden, Erdreich und Materie verfestigt haben.

Als menschliche Wesen inkarnieren wir in physischer Form durch die Gunst der Göttin, die die Stoffe ihrer Erde, ihre natürlichen Elemente von Erde, Wasser, Feuer und Luft verwendet, um unsere menschlichen Körper zu erschaffen. Wir weilen eine Zeit lang auf der Oberfläche ihres Körpers und versorgen unsere materielle Form, indem wir die Früchte ihres Körpers essen, ihr Wasser trinken, uns an ihrem Feuer wärmen und ihre Luft atmen. Mit dem Tod kehren die Stoffe, aus denen unser physischer Körper bestanden hat, zurück zu ihrem Erdenkörper, so wie unsere Seelen zur Göttin zurückkehren. Wir existieren nicht ohne die Göttin und diese Verbindung zwischen uns wohnt unserer menschlichen Erfahrung inne. Wir können niemals von der Göttin getrennt werden, weil wir ein Teil von ihr sind. In der modernen Welt haben wir diese Tatsache, diese erste grundlegende Regel der Inkarnation, dass wir aus ihr gemacht sind, dass wir von ihr abhängig sind und dass das, was mit ihr geschieht uns direkt betrifft, nahezu vergessen.

Die Sehnsucht, die Erde zu beherrschen und zu zähmen und die Stoffe ihres Körpers für Gewinn auszubeuten, ist eine grundsätzliche Triebkraft innerhalb aller patriarchalen Kulturen. Die Erde, die der Körper der Göttin ist, wird einfach als Ressource gesehen, die es gilt auszuhöhlen, zu planieren und zu vergiften, um Profit zu machen und sich ihre Reichtümer anzuzeignen. Die Erde der Göttin, die uns großzügig zur Verfügung gestellt wurde als ein Platz, an dem wir alle uns des Lebens erfreuen können, wurde aufgeteilt und steht jetzt im Besitz von relativ wenigen reichen Leuten.

Das Verlangen ein Gebiet zu besitzen, tauchte im neolithischen Zeitalter auf, als sich die nomadischen Völker erstmals in Familien und Stammesgruppen auf dem Land ansiedelten und die Plätze, die sie bewirtschafteten, als Heim beanspruchten. Diese Stämme waren auf dem Land einheimisch und lebten auf den Gründen ihrer Ahnen in Harmonie mit der Erde und Mutter Natur. Grabhügel wurden an den Grenzen des Landes errichtet, das von verschiedenen Familiengruppen bewohnt wurde. In den feudalen Zeiten der normannischen Eroberung, im Jahr 1066 nach unserer Zeitrechnung, nahm der König das ganze Land in Besitz und gab große Teile davon an Prinzen und Führer, die in seiner Gunst standen. Trotzdem gab es immer noch etwas gemeinsames Land, wo die Menschen ihre Tiere weiden lassen konnten. Die Tatsache, dass das Land Eigentum von immer weniger und weniger Menschen wurde, führte zur Entwicklung einer stark hierarchischen und patriarchalen Gesellschaft mit einer landbesitzenden Adelsklasse an der Spitze und der Mehrheit der landlosen Armen oder einfachen Bürger an der Basis. Dies fand seinen Höhepunkt im 18. Jahrhundert, als die *Enclosure Acts* dazu führten, dass das Land eingezäunt, für privat

Die Ernte - Mabon

erklärt und für die Allgemeinheit unzugänglich gemacht wurde. Diese territoriale Hierarchie ist heute immer noch nachdrücklich vorhanden, nur dass die Armen weniger arm sind und mehr Menschen es sich leisten können, ihr eigenes Haus, ihr eigenes Stück Erde, zu kaufen. Das britische Parlament besteht immer noch aus zwei Häusern, dem Oberhaus (*House of Lords*) und dem Unterhaus (*House of Commons*). Alles Land gehört jemanden und es gibt nur wenige gemeinschaftliche Ländereien, die weit verstreut liegen. Die meisten davon sind Nationalparks, die dem Staat als Treuhänder gehören.

Die große Geißel der Welt im vorigen Jahrhundert war die Kolonialisierung fremder Länder durch kriegerische Invasion von Staaten, die Weltreiche aufbauten – Britannien, Spanien, Portugal und Frankreich. Dies führte zur Zerstörung vieler erdverbundener indigener Kulturen und Völker durch Gewalt, Krieg und Krankheiten. Unter vielen verschiedenen Deckmänteln werden die meisten der heutigen Kriege immer noch hauptsächlich um den Besitz von Erthas Land und die Rechte zur Ausbeutung von Mineralien, Öl und Gas, die unter ihrer Oberfläche liegen, ausgetragen. Dieses Verlangen danach, Kontrolle über die gewaltigen Kräfte ihres Planetenkörpers zu erlangen, ist eine riesige Anmaßung seitens der patriarchalen Gesellschaften. Sie hat ihren Ursprung in der männlichen Sehnsucht als allmächtig gesehen zu werden, fähig die Kräfte der Natur der Göttin herauszufordern und zu bezwingen, ja tatsächlich gottähnlich zu sein, geformt nach dem Bild Gottes selbst. In diesem Streben nach Macht hat der Mann versucht, die Frauen und andere Männer, mit denen er den Planeten teilt, zu kontrollieren und zu überwältigen. Der Mann hat die Göttin herausgefordert, die von allen Frauen repräsentiert wird, und hat sie erfolgreich aus unserem allgemeinen Bewusstsein entfernt, so dass wir in unseren Gesellschaften nicht wissen, wer sie ist und sie nicht ehren.

Die Auswirkungen dieser rücksichtslosen Ausbeutung der Ressourcen der Göttin sind weitreichend und möglicherweise vernichtend für die Menschheit. Überall werden wir uns allmählich der Folgen unserer Handlungen bewusst, des Anstiegs der Emissionen von Kohlenstoffdioxid, FCKW, FKW und anderer giftiger Gase in die Atmosphäre, der Verschmutzung von Erdreich, Flüssen und Ozeanen, der Ausrottung von Tieren- und Pflanzengattungen. Bewusst werden uns auch die Auswirkungen der globalen Erwärmung, das Abschmelzen von Eismassen, der Anstieg des Meeresspiegels und die Veränderungen im Wetterverhalten. Politiker entwickeln weiterhin vielfältige Strategien, um die Konsequenzen unseres Verhaltens zu vermeiden, und scheitern daran, Maßnahmen zu veranlassen, die die kommenden ungünstigen Veränderungen der Erde, die ihre eigene Wissenschaft vorhersagt, abwenden.

Es gibt noch Beispiele dafür, wie wir in Harmonie mit unserer Mutter Erde leben können. Rund um die Welt gibt es noch Nischen indigener Völker, die danach streben ihr Leben in unmittelbaren Einklang mit den Zyklen und Jahreszeiten von Mutter Erde zu leben. Wo eingeborene Völker durch Armut, Krankheit und Alkoholunverträglichkeit dezimiert wurden, gibt es jetzt Bestrebungen, sich an das alte Wissen über die Natur der Göttin und des Landes zu erinnern und es zurückzugewinnen. In Nord- und Südamerika, in Afrika, Australien, Asien und in Europa sammeln sich wieder einheimische Völker und knüpfen Kontakte zueinander, um die Erdweisheit, die nahezu vollständig verlorengegangen ist, zu retten. Dieses Buch ist ein Beispiel für eine solche Rückbesinnung innerhalb unserer eigenen einheimischen europäischen Kultur.

Dennoch sind wir in den Kulturen der ersten Welt alle untrennbar gefangen in den Machenschaften der patriarchalen Gesellschaft und jede Person muss ihren eigenen Weg zurück zu einer echten Beziehung mit der Göttin und ihrem schönen Planeten finden. Wir fahren unsere benzinhungrigen Autos, benützen unsere Waschmaschinen, schauen fern und arbeiten mit unseren Computern, die allesamt von der Ausbeutung der Rohstoffquellen ihres Körpers abhängen. In der heutigen Welt sind wir alle ein Teil des Problems – und die Lösung ist nicht leicht zu finden.

Wir müssen Ertha, unsere Mutter Erde, die die Grundlage unseres Daseins ist, wieder wertschätzen. Wir müssen das Erdreich in dem die Pflanzen wachsen wieder wertschätzen, jene reichhaltige rote, schwarze, weiße und gelbe Erde, die das Leben erhält.

Reinigen und Schmücken mit Erde

Genauso wie wir unseren Körper mit Luft, Feuer und Wasser reinigen, können wir ihn auch mit Erde reinigen, indem wir feuchte Schlammpackungen auflegen, die Minerale enthalten, welche Giftstoffe aus unserer Haut ziehen, während sie trocknen. Wir verzieren unsere Körper auch mit farbiger Tonerde und Pigmenten, die wir an speziellen Plätzen auf dem Körper der Mutter sammeln. In alten Zeiten wurden farbige Ocker häufig verwendet, um Göttinnen-Schnitzereien auf Steinen und Knochen zu verzieren und winzige Mengen davon, die zehntausende Jahre alt sind, sind heute noch sichtbar. Roter Ocker symbolisiert im Besonderen das Lebensblut der Mutter und wird zur Dekoration verwendet und um den menschlichen Körper und Skulpturen zu salben und zu markieren. Viele Göttinnen-Künstlerinnen bevorzugen es, bei ihren Malereien und Kollagen mit natürlichen Erdpigmenten zu arbeiten.

Kristalle

Kristalle entstehen in der Dunkelheit des Körpers der Mutter, doch ihre Schönheit wird nur durch Licht enthüllt. Sie haben viele inspirierende und heilende Eigenschaften. In unserem Zeitalter haben ihre einzigartigen Eigenschaften die Entwicklung von Radio, Fernsehen und Computern katalysiert und die Kommunikation zwischen allen menschlichen Wesen auf diesem Planeten revolutioniert. Sie haben uns erlaubt zu erkennen, dass wir eine Familie sind, die auf einem Planeten lebt. Da sie in der Dunkelheit tief im Inneren der Erde wachsen, repräsentieren sie symbolisch die Edelsteine, die in unserem Schattenselbst verborgen liegen, und darauf warten, dass sie an die Oberfläche gebracht und im Licht des Bewusstseins offenbart werden.

In den letzten 40 Jahren wurden tausende Tonnen von Kristallen zu unserem Vergnügen und unserer Freude aus dem Körper der Erde geholt. Es gibt Viele, die sagen, dass wir zu gierig sind, und damit aufhören sollten den Körper der Mutter auszubeuten, um Gewinn zu machen. Andere behaupten, dass die Kristalle ein heilendes Geschenk der Göttin sind, das speziell zu dieser Zeit enthüllt wurde. Jede Person muss ihre eigene Entscheidung treffen, ob sie Kristalle kaufen und verwenden will.

Gaia ehren

Gaia ist der griechische Name der Erdmutter, die allgemein bekannter wurde, als ihr Name von dem Wissenschaftler James Lovelock wieder aufgegriffen wurde. Laut Lovelock ist sie die Summe aller selbstregulierenden energetischen und physischen Systeme, die die materiellen, wässrigen, feurigen, luftigen und räumlichen Reiche des Planeten im Gleichgewicht halten. Gaia umfasst das planetare Ökosystem und inkludiert alle Beziehungen innerhalb und zwischen den verschiedenen Königinnenreichen in der Natur – die Reiche der Mineralien, Pflanzen, Tiere und Menschen und das spirituelle Reich, obwohl letzteres nicht unbedingt von der Wissenschaft anerkannt wird. Es ist das Gleichgewicht zwischen all diesen miteinander verbundenen ökologischen Systemen der Natur der Göttin, das die idealen Bedingungen für die Entwicklung des Lebens, insbesondere des menschlichen Lebens, auf diesem Planeten geschaffen hat.

In den letzten zweihundert Jahren ist die Weltbevölkerung exponentiell angestiegen, was in gleichem Maß die Ausbeutung der planetaren Ressourcen mit sich brachte. Diese Faktoren und unsere Unfähigkeit mit den Abfallprodukten unserer industrialisierten Gesellschaft fertig zu werden, bedeuten, dass erstmals menschliche Wesen Gaias ökologische Balance beeinflussen. In der Vergangenheit ist ihr planetarer Körper seinen eigenen Zyklen von kalten Eiszeiten und wärmeren Zwischeneiszeiten gefolgt, die es ermöglichten, dass sich eine große Vielfalt von Pflanzen und Tieren entwickelte. In ein paar kurzen Jahrzehnten verursachte menschliche Aktivität die Zerstörung von Ökosystemen, die tausende von Jahren für ihre Entwicklung brauchten. Durch unsere Handlungen zerstören wir die Erde, die unser Leben erhält.

Doch wenn wir längst verschwunden sind, wird sie noch da sein, und ihre selbstregulierenden Systeme werden ihre Welt in ein neues Gleichgewicht zurückbringen. Denn sie führt Regie und wir dürfen niemals die Tatsache vergessen, dass wir aus ihrem Körper geboren sind und unser Leben innerhalb der Zyklen und Jahreszeiten ihrer Natur leben.

Avalon - Erste Spirale

Brigantia, die Herrin des Landes, ehren

Brigantia war ursprünglich eine ländliche Göttin der vorrömischen britischen Völker. Sie ist die Göttin der Souveränität, und ihr Name bedeutet *Hochstehende*. Sie wird mit dem nördlichen Britannien assoziiert, wo ein großer Teil des Landes, das aus dem heutigen Yorkshire und den umgebenden Grafschaften von Lincolnshire über Cheshire nach Northumberland und zeitweise dem schottischen Tiefland bestand, einst Brigantia genannt wurde. Die ehemalige Göttin Brigantia hatte eine unmittelbare Verbindung zur ehemaligen Bride, Brid und Brigid und wurde häufig mit Viehherden, Wasser, Fruchtbarkeit, Heilung und Sieg in Verbindung gebracht. Sie war die schützende Muttergöttin eines dunkelhäutigen und schwarzhaarigen vorkeltischen Volkes, das die Brigantes genannt wurde, und vermutlich schon seit der Bronzezeit im nördlichen Britannien lebte. Dieses Volk war auch in Portugal und Österreich zu finden. Als die Römer im 1. Jahrhundert unserer Zeitrechnung einmarschierten, fanden sie einen riesigen brigantischen Stammesverband vor, der sich unter Königin Cartimandua (etwa 43 bis 70 n. Chr.) zusammengeschlossen hatte, die nach dem römischen Historiker Tacitus das lebende Symbol von Brigantia war. Cartimanduas Ehemänner kamen als Könige an die Herrschaft, indem sie diese lebende Verkörperung der Göttin heirateten.

Die Göttin Brigantia wurde von den Römern überliefert und das Monument, das mit größter Sicherheit Brigantia darstellt, wurde in einem gravierten Steinrelief auf dem Antonius-Wall bei Birrens in Dumfriesshire gefunden. Die Göttin ist dort mit den Attributen von Minerva dargestellt. Es gibt auch eine Widmung an sie in Irthington, in der Nähe von Carlisle, und eine Anrufung an sie als Caelestis Brigantie auf einem Altar bei Corbridge in Northumberland. Guy Ragland Philips hat ein Buch mit dem Titel „*Brigantia: A Mysteriography*" herausgegeben (Book Club Associates, 1976), das ihre Mysterien erforscht.

Heute erkennen wir sie als die Göttin des Landes von Brigits Inseln an. Wir können ihre Gestalt in der Kontur von allen Inseln Brigits miteinander sehen, wo sie als eine alte Frau erscheint, deren Gestalt der Greisin ähnelt, die auf dem Rücken des Schwanes in Avalon reitet. Jedes Mal, wenn wir über ihr Land gehen, erinnern wir uns an sie und ehren sie.

Banbha ehren

Einstmals vor langer Zeit gab es drei Königinnen, eine dreifache Göttin, denen Irland gehörte. Ihre Namen waren Eriu, Fodhla und Banbha. Die Insel Irland hat ihren Namen von Eriu und in alten Zeiten war Eire bekannt als das Land der Frauen. Eriu repräsentiert den jungfräulichen Aspekt der Göttin, Fodhla die Mutter und Banbha ist die Greisin. Banbha war bekannt als die Göttin des Landes der Frauen. Sie erinnert uns an die uralten Zeiten, als das Land der Göttin

Die Ernte - Mabon

und den Frauen gehörte, als Frauen Macht hatten und unabhängig waren. Sie wird auch die Göttin des Landes vor der Flut genannt und das bedeutet, dass sie sehr, sehr alt ist, älter als sich irgendjemand erinnern kann.

Weil alles Land der Göttin gehört und ihr seit Anbeginn der Zeit gehört hat, ehren wir Banbha und erinnern uns dabei wie alt das Land wirklich ist. Wir leben und gehen auf der Oberfläche des Landes, aber seine Form, Tiefe und Gestalt gehören der Göttin, und ändern sich nur langsam im Lauf der Äonen.

Das Land feiern, auf dem wir leben

Nicht jede, die eine Priesterin von Avalon werden will, wird das Glück haben, in dem kleinen ländlichen Städtchen Glastonbury in England zu leben oder wird dort leben wollen, obwohl sich dieser Ort für uns immer wie ein Zuhause anfühlen wird. Möglicherweise lebst du in den USA, Argentinien, Holland, Deutschland oder Schweden. Avalon ist ein Platz des Herzens, des erweiterten Bewusstseins. In einem veränderten Bewusstseinszustand können wir uns mit Avalon verbinden, wo auch immer wir leben. Eine der wichtigsten Wege nach Avalon ist, dass wir das Land kennen auf dem wir leben. Das gilt für Glastonbury und auch für jeden anderen Ort auf diesem Planeten.

Die Praxis über das Land zu gehen und damit vertraut zu werden, kann ausgeübt werden, wo auch immer wir leben, und ganz besonders, wenn es dort noch einige Überbleibsel der natürlichen Landschaft gibt. In anderen ländlichen Gegenden können wir nach den Formen des Erdenkörpers der Göttin suchen, wie sie auf und in der Erde liegt. Wir können die topographischen Karten ihrer Landschaft erforschen und ihre Brüste und Hüften finden. Wir können über ihren Kopf und ihr Haar, ihre Schenkel und Beine und ihre intimen Spalten gehen. Wir können sie in ihrer Totemform als Tier oder Vogel sehen, als Stute, Bärin, Häsin oder Katze.

Wir können auch in Großstädten und Kleinstädten nach ihr suchen, wo sie unter den Gebäuden und Straßen liegt, und die Formen ihres Körpers unter Schichten von Beton verborgen sind. Sie ist da und wartet darauf, in der Form des Landes erkannt zu werden, denn sie ist überall und an allen Orten. Wir suchen sie in alten Ortsnamen, in lokalen Sagen und Märchen, in verborgenen Hügeln und unterirdischen Flüssen, in Gärten und Parks. Wir gehen, sitzen und liegen auf der Erde, wo immer wir sie finden können und fühlen ihren Herzschlag. Wir ehren sie mit jedem Schritt, den wir machen.

Wenn wir das Land, durch das wir uns jeden Tag bewegen, ergründet und uns darauf eingelassen haben, nützen wir unsere Vertrautheit mit der Landschaft als Pfad nach Avalon. In Visionen folgen wir den Konturen ihres Körpers, um über die Schwelle des Bewusstseins hinüber in die Anderswelt der Göttin zu reisen.

Avalon - Erste Spirale

Was macht einen Platz heilig?

Ihre ganze Erde ist heilig, und doch fühlen sich manche Plätze heiliger an als andere. Manche Gegenden haben eine ästhetische Harmonie, die wir als schön und natürlicherweise heilig empfinden. Sie zu sehen, in ihnen zu gehen und in ihnen zu sitzen, hilft uns dabei, uns wieder ganz zu fühlen. Manche Orte, wie das Sommerland, das sich von Avalon zur See ausbreitet, sind von Natur aus weitläufig mit einem ausladenden Himmel und einem weiten Horizont. Andere, so wie die Berge und Täler von Wales und Schottland oder die Hochmoore von Derbyshire, Northumberland und Dartmoor sind wild und eindrucksvoll und erlauben uns, unsere eigene innere Wildheit und unser authentisches Wesen freizusetzen. Kraftplätze auf der Drachenlinie, so wie Glastonbury oder Avebury, haben eine besondere Energie oder Resonanz, die von allen wahrgenommen wird, die in ihre Aura eintreten, egal ob sie irgendetwas über diese Orte wissen oder nicht. Für manche ist diese Energie heilig und sakral, während sie sich für andere unbehaglich oder sogar bedrohlich anfühlt.

Manche von Menschen geformte Plätze, wie geformte Landschaften, alte Göttinnen-Stätten, Tempel und Kirchen haben eine Aura des Heiligen. Diese Aura steht sowohl mit dem Boden in Verbindung, auf dem sie errichtet sind als auch mit der Form der Gebäude selbst und den Aktivitäten, die in ihnen stattfinden. Gewisse Formen und Proportionen empfinden wir als harmonischer und erhebender als andere. Sie inspirieren die Seele. Dennoch sind viele von Menschen gestaltete Orte trist, kalt, hässlich, unpersönlich und unmenschlich. Was macht es aus, dass sich bestimmte Orte heiliger anfühlen als andere?

Paulo Coelho, der magische brasilianische Schriftsteller, beschreibt in seinem wundervollen Buch „*Schutzengel*" eine Vorstellung davon, was einen Platz heilig machen kann, die mich anspricht. Nach einer besonderen spirituellen Begegnung, die Paulo draußen in der Wüste hat, sagt Gene, sein junger Lehrer:

> „*An diesem Platz wurde die Energie der Seele der Welt gespürt....Und sie wird hier für immer spürbar sein. Es ist ein Ort der Kraft.*"

Die Vorstellung ist, dass genauso wie es Plätze gibt, die sich von Natur aus heilig anfühlen, Plätze auch durch die spirituellen Erfahrungen individueller menschlicher Wesen geheiligt werden können, wenn wir uns an einem bestimmten physischen Ort mit den größeren spirituellen Wirklichkeiten verbinden. Wenn eine Person an einer bestimmten Stelle des Planeten eine initiierende oder offenbarende, immanente oder transzendente Erfahrung des Göttlichen hat, die ihre Seelenenergie transformiert, dann wird die energetische Veränderung sich auf die Umgebung, in der sie stattfindet, auswirken. Jeder, der in Zukunft diesen Ort betritt, wird den Nachhall dieses spirituellen Ereignisses spüren und den Ort selbst als heilig erleben. Das wiederum kann einen initiierenden Effekt auf die neu angekommene Person haben, die ihrerseits die Möglichkeit hat, an diesem Ort eine spirituell erweiternde Erfahrung zu machen. Auf diese Weise vervielfältigt sich die Wirkung und verstärkt die Heiligkeit des Ortes. An Orten, an denen viele Menschen spirituelle Erlebnisse haben, so wie in Glastonbury Avalon und an anderen alten heiligen Stätten und Ahnengründen, lädt sich das Feld von Heiligkeit fortwährend wieder auf, wenn immer mehr Menschen dort spirituelle Erfahrungen machen.

Das Schöne an dieser Idee ist, dass sie uns ermutigt auf unserer individuellen spirituellen Reise weiterzumachen, im Wissen, dass unsere persönliche Suche nach größerer spiritueller Bewusstheit auch einen wohltuenden Effekt auf die Orte haben wird, die wir bewohnen und besuchen. In den kommenden Jahren werden spirituell Suchende die Auswirkungen unseres persönlichen Strebens nach Weisheit an den Orten, wo wir leben, beten und den Segen der Göttin empfangen, spüren und es wird sie auf ihrer eigenen Reise ermutigen.

Der Gleichgewichtspunkt der Herbst-Tag-und-Nachtgleiche

Neben der Frühlings-Tag-und-Nachtgleiche ist Mabon der zweite Gleichgewichtspunkt des Jahres, wenn es gleich viele Stunden Licht und Dunkelheit gibt. Wir feiern diesen Moment, indem wir wieder Rituale gestalten, die die rechten und linken Seiten unserer Körper und Gehirne, Geist und Materie ins Gleichgewicht und zur Ganzheit bringen. Im Herbst können wir eine der zwei Arten von Doppelspiralen gestalten, um sie zeremoniell zu begehen. Im ersten Beispiel sind die zwei Spiralen voneinander getrennt und bilden ein wunderbares Bild der Brüste der Göttin oder ihrer Augen, die uns ansehen. Im zweiten Beispiel sind die beiden Spiralen ineinander verschlungen und zusammenhängend. Vielleicht willst du erst mit Papier und Stift üben, diese Symbole zu erzeugen, aber ich werde den Prozess beschreiben, wie man ein großes Bild gestaltet.

Die Materialien und Anleitungen zur Vorbereitung sind dieselben wie beim Ritual für die Frühjahrs-Tag-und-Nachtgleiche. Wir beginnen damit, den Raum, in dem wir die Doppelspirale gestalten werden, mit Räucherwerk und Gaben zu reinigen und zu segnen. Wir messen die Abgrenzungen aus, wobei wir wissen, dass der Platz für die Spirale mit zwei Mittelpunkten mehr als doppelt so lang wie breit sein muss. Für diese Doppelspirale beginnen wir im Mittelpunkt der linken Spirale mit dem ersten Muster. Dafür verwenden wir Garn, Kreppklebeband oder Mehl, so dass wir Fehler machen und sie wenn notwendig ausbessern können. Wenn wir wollen, können wir diese Linien später durch etwas Dauerhafteres ersetzen. Egal woraus die Linie besteht, wir bewegen uns spiralförmig vom Mittelpunkt aus im Uhrzeigersinn oder im Sinne des Sonnenumlaufs und legen das Klebeband oder Mehl hinter uns aus. In der Abbildung unterhalb wird die Spirale wie aus weißem Mehl auf dunklem Untergrund, oder aus einem Stein heraus gemeißelt gezeigt.

Die Doppelspiralaugen der Göttin

Foosiya Miller

Wir bewegen uns spiralförmig nach außen und lassen zwischen den Linien genügend Platz, so dass man leicht dazwischen gehen und wenn möglich auch aneinander vorbeigehen kann. Wir fahren damit fort, bis wir den Rand unseres heiligen Raumes erreichen. Dann kreuzt die Linie die Mitte des Raumes und geht hinüber zur rechten Seite. Wir setzen unsere Mehl- oder Klebebandspur nahe beim äußeren Rand des Raumes fort. Wir beginnen uns entgegen dem Uhrzeigersinn oder entgegen dem Sonnenumlauf spiralförmig nach innen zu bewegen. Wir bewegen uns näher und näher zum Mittelpunkt hin und lassen wieder genügend Platz zwischen den Linien. Die linke und die rechte Spirale sollten die gleiche Anzahl von Windungen haben.

Die interessante Sache bei diesem Muster ist, dass egal in welchem Mittelpunkt wir beginnen, dem linken oder dem rechten, wir uns zuerst in Richtung des Sonnenumlaufs bewegen und die zweite Spirale dadurch erzeugt wird, dass wir uns entgegen des Sonnenumlaufs oder im Gegenuhrzeigersinn bewegen. Diese Eigenschaft hilft dabei, eine Erfahrung von Gleichgewicht zu erzeugen. Wenn die Doppelspirale fertiggestellt ist, segnen wir den Raum und beten für Gleichgewicht, bevor wir beginnen hineinzugehen.

Wir können irgendwo auf der Außenlinie beginnen, aber da es unsere Absicht ist, ins Gleichgewicht zu kommen, fangen wir üblicherweise in der Mitte zwischen der linken und der rechten Spirale an. Wir gehen neben der Linie und achten darauf, dass sie immer auf derselben Seite von uns bleibt und wir sie an keiner Stelle kreuzen. Wenn wir dieses Muster abgehen, stellen wir fest, dass egal in welche Richtung wir am Anfang gehen, wir uns im Gegenuhrzeigersinn in die Spirale hineinbewegen werden. Esoterisch gesehen ist die Bewegung im Gegenuhrzeigersinn verbunden mit einer Bewegung nach innen, in eine innere Erfahrung. So bewegen wir uns, während wir auf den Mittelpunkt der Spirale zugehen, auch in unsere eigene Mitte. Der umgekehrte Effekt kann erzeugt werden, indem die erste Spirale entgegen dem Uhrzeigersinn gezeichnet wird.

Wenn wir das Zentrum jedes Auges erreichen, bleiben wir stehen und machen eine Bestandsaufnahme davon, wo wir stehen, wir denken über uns selbst im Mittelpunkt nach. Dann drehen wir uns am Endpunkt der Linie um und beginnen im Uhrzeigersinn aus der Spirale hinauszugehen, wobei wir der Linie rund um ihre äußere Grenze herum folgen. Beim Gehen um die äußere Grenze stellen wir fest, dass wir jetzt auf der anderen Seite der Linie gehen, dann durch die Mitte zwischen den beiden Spiralen und wieder entgegen des Sonnenumlaufs in die zweite Spirale. Im Mittelpunkt bleiben wir wieder stehen. Dann wechseln wir der Linie folgend wieder die Richtung und bewegen uns im Sinn des Sonnenumlaufs aus der Mitte heraus.

Das Abgehen der Doppelspirale kann eine wirksame und kraftvolle Erfahrung des Ausbalancierens von innen und außen, links und rechts, weiblicher und männlicher Polarität sein.

Foosiya Miller

Bei der zweiten Art von Doppelspirale sind die beiden Spiralen miteinander in einer klaren, einfachen Form verflochten. Zu Beginn bewegen wir uns in einer Spirale von den Rändern unseres heiligen Raumes zum Mittelpunkt und befestigen dabei Klebeband am Boden oder streuen Mehl auf den Untergrund, wobei wir viel Platz zwischen den Windungen der Spirale lassen.

Wenn wir den Mittelpunkt der Spirale erreichen, lassen wir einen Spalt frei, ändern unsere Richtung und legen zwischen den Windungen der ersten Spirale eine zweite nach außen. Wir beenden die zweite Spiral an der Stelle gegenüber das Punktes an dem wir unsere Reise nach innen begonnen haben. Wir haben jetzt eine kreisförmig geformte Spirale, die von jeder Seite betreten werden kann, im Sinn des Sonnenumlaufs oder entgegengesetzt. Wir gehen vom Rand zum Mittelpunkt, wo wir wiederum eine Pause machen, bevor wir in der entgegengesetzten Richtung wieder hinausgehen. Das nochmalige Wiederholen dieser Bewegung bringt uns in Gleichgewicht und Harmonie.

Die Kunst der Manifestation

Manifestation ist eines der vielen täglichen Wunder des Lebens auf unserem Planeten. Wir, die wir unsichtbare Seelen sind, werden durch das Mittel der natürlichen Elemente der Erde, durch Luft, Feuer, Wasser und, am wichtigsten, die Materie unserer Welt sichtbar. Ohne die erstaunliche Natur der natürlichen Welt der Göttin könnten wir nicht Gestalt annehmen und hätten nicht diese große Bandbreite von Erfahrungen und Möglichkeiten für die Entwicklung unseres Bewusstseins, die uns hier in der physischen Welt zur Verfügung stehen. Dennoch wissen viele von uns nur wenig darüber wie Manifestation geschieht und wie wichtig es ist, dass wir unsere eigenen persönlichen Träume manifestieren.

Im Wesentlichen fängt alles, was manifestiert ist, als Idee im Bewusstsein eines Wesens an. Eine Idee kann aus dem menschlichen, individuellen oder kollektiven Bewusstsein, aus diskarnierten Wesen oder dem göttlichen Bewusstsein oder aus der Göttin selbst auftauchen. Eine Idee ist ihrem Wesen nach original, baut aber auf bestehenden Konzepten auf und nimmt in einem evolutionären Fluss Gestalt an. Egal wo die Idee entspringt, wird sie von menschlichen Wesen als Eingebung empfangen, als ein inneres Wissen, das über die Regenbogenbrücke oder Antaskarana von der Seele kommt und sich in unseren Gedanken und Gefühlen verankert, in unserem Gehirn und unserem Körperbewusstsein. Angetrieben von Sehnsucht wird eine Gedankenform geschaffen, die dann manifestiert wird durch die konzentrierte Aufmerksamkeit des Individuums oder der Individuen, die diese Aufmerksamkeit so lange halten wie es nötig ist, damit die Idee Gestalt annehmen kann.

Eines der interessanten Dinge an dieser Theorie der Manifestation ist, dass aufgrund unseres kollektiven Bewusstseins mehr als eine Person zur selben Zeit die gleiche Idee empfangen kann. Nicht jeder ist dann fähig diese Idee Gestalt annehmen zu lassen, aber manchmal passiert das. Deswegen gibt es oft Fälle wie beispielsweise den der zwei Wissenschaftler, die gleichzeitig an verschiedenen Orten auf dieselbe neue Theorie kommen, und einander des Diebstahls beschuldigen, obwohl keiner gestohlen hat. Es gibt auch das Phänomen, dass gewisse Ideen, Forschungsgebiete oder die Mode selbst, eine Zeit lang modern sind, und eine große Gruppe von Menschen ihre Aufmerksamkeit einer speziellen Idee oder Vorstellung oder einem bestimmten Stil widmen.

Im Laufe der Jahre habe ich einen kleinen Beitrag dazu geleistet, einige neue spirituelle Ideen und Organisationen zu manifestieren und ich teile mit dir hier mein Wissen über die Kunst der Manifestation. Damit will ich nicht behaupten, dass dies der einzige Weg ist, Dingen Gestalt zu geben, denn offensichtlich gibt es Menschen, die darin wesentlich fähiger sind als ich, so wie die Leute, die Straßen, Raketen und Bomben erschaffen und lebensrettende Wohltätigkeitsorganisationen. Ich teile mit dir das Wissen, das ich habe.

Meiner Erfahrung nach empfange ich von Natur aus leicht Ideen. Sie kommen als kleine Ideen, als Visionen oder flüchtige Eindrücke zukünftiger Ereig-

Die Ernte - Mabon

nisse, Orte und Menschen, die ich noch nicht tatsächlich gesehen habe. Sie kommen zu jeder Tages- oder Nachtzeit und in jeder Situation. Das war nicht immer so als ich jünger war, aber sobald ich meine spirituelle Richtung im Leben gefunden hatte, flossen die Ideen und fließen immer noch. Es kann sein, dass ich die Straße entlanggehe, mitten in einer Unterhaltung bin, oder ein Buch schreibe und plötzlich platzt eine neue Idee in meinem Kopf, wie eine Seifenblase in der Luft zerplatzt, und entlädt ihre Inhalte in meine Gedanken. Meine Fähigkeit, die sich durch Erfahrung entwickelt hat, ist es diesen winzigen Ideen zuzuhören. Während andere sie als Fantasterei oder als zu klein, um sich damit abzugeben, verwerfen würden, nehme ich sie wahr. Sie tragen eine erregende Energie, die sowohl inspirierend als auch beängstigend ist. Es ist diese beängstigende Energie, die mir sagt, dass sie wichtig sind und zu Ende gebracht werden sollten statt ignoriert zu werden. In gewisser Weise gilt: wenn sie nicht aufregend sind, dann kann ich sie ignorieren.

Ich empfange oft Informationen in dem Übergangszustand wenn ich morgens aufwache, und ich bringe Ideen vom Traumstadium in mein Wachbewusstsein. In dieser Zeit spricht die Göttin zu mir und ich höre ihre Stimme. Es ist auch die Zeit, in der ich unentwickelte Ideen in meinem Bewusstsein halte und ihnen gestatte, sich im Fluss der Energie dieses Zwischenzustandes zwischen dem Astralen und Ätherischen zu bewegen, um sich zu dem zu entwickeln, was sie werden wollen. Wenn ich zulasse, dass eine große Idee von der Göttin, beispielsweise eine neue Ausbildung für Priesterinnen von Avalon zu entwickeln oder die erste Goddess Conference auf Brigits Inseln zu veranstalten, sich in meinem Gehirn verankert, erhalte ich üblicherweise auch ein bis zwei Anweisungen, die, wie ich glaube, von der Lady selbst kommen. Das kann sein an diesem Tag mit einer bestimmten Person zu sprechen oder dieser Person einen Brief zu schreiben oder sie anzurufen, das Datum für eine zukünftige Veranstaltung festzulegen, eine Broschüre zu schreiben, einen Saal zu mieten, oder einen bestimmten Absatz in einem neuen Buch zu schreiben. Dies ist immer begleitet von der Anweisung, *„Mach das heute"*, großartig für eine von Natur aus Zaudernde. Diese Anweisungen sind üblicherweise kleine Schritte auf dem Weg zur Manifestation.

Es braucht immer Zeit bis sich Form manifestiert. Nichts taucht völlig ausgeformt aus der Leere auf. Ein Baby hat neun Monate im Mutterleib verbracht und braucht 20 Jahre und mehr um zur Reife zu kommen. Eine große Eiche fängt als Eichel an. Ein Gebäude fängt als eine Skizze auf einem Stück Papier an und es braucht Monate oder Jahre bis zu seiner Errichtung. Eine neue Spiritualität fängt mit der Liebe einiger Individuen zur Göttin an und könnte in der Zukunft eine weltweite Bewegung werden. Alles kommt durch kleine Schritte zur Manifestation und das gilt für alles, was wir erschaffen wollen. Alles, worum wir gebeten werden, ist es, stetig einen Fuß vor den anderen zu setzen und gelegentlich größere Sprünge zu machen, aber nichts was unmöglich ist.

Nachdem ich die Anweisungen gehört habe, schleicht sich oft Angst ein, die sich als Mangel an Selbstvertrauen ausdrückt – *„Ich kann das nicht machen,* *ich bin nicht gut genug, stark genug, würdig genug, und so weiter. Ich kann doch nicht einfach diese Person anrufen und sie das fragen!"* Angst erscheint unter dem Deckmantel von Ausflüchten – *„Ich mache das morgen, ich bin heute beschäftigt, ich habe keine Zeit"*, alles um etwas, was zu tun ist, hinauszuschieben. Hier kommt die Erfahrung ins Spiel. Wenn wir uns auf das Muster einlassen, Inspiration zu empfangen und ihr zu folgen, stellen wir fest, dass es funktioniert. In unserem Leben beginnen Dinge zu geschehen und unsere Kreativität entwickelt sich auf eine Art, die uns ein gutes Gefühl gibt. Das Leben wird einfacher. Sobald wir einmal erfahren haben, wie leicht das Leben ist, wenn wir unserer Intuition folgen, sparen wir uns eine Menge Zeit, die wir damit vergeudet hätten uns darum zu sorgen, welche Richtung wir im Leben nehmen sollen und ob etwas klappen wird oder nicht. Wir folgen dem Fluss unserer Intuition, den Anweisungen der Göttin für uns, und unser Leben verbessert sich. Wir erhalten nahezu unmittelbar Bestätigung, dass unsere Intuition für uns stimmig ist, und gelangen so zu mehr Vertrauen uns selbst und der Göttin gegenüber.

Bei allen Projekten, mit denen ich mich beschäftige, ist es meine Hauptsehnsucht die Göttin zurück in mein eigenes Bewusstsein und ins Bewusstsein der Welt zu bringen. Demzufolge befeuert meine emotionale Energie bzw. die Energie meiner Sehnsucht die Formen, die ich versuche zu gestalten, und erfüllt und erweitert die Gedankenformen bzw. die sich manifestierenden Ideen mit Energie. Viele Projekte verkümmern an diesem Punkt und sterben ab, weil wir uns nicht genug wünschen, dass sie sich realisieren. Es ist also wichtig, eine starke Energie der Sehnsucht zu halten. Dennoch, und das ist ein seltsamer Widerspruch, dürfen wir nicht zu sehr der Erfüllung unserer Sehnsüchte, der speziellen Form, in der sie in der Welt erscheinen sollten, verhaftet sein. Es kann sein, dass die Göttin ein anderes Resultat plant als das, welches wir ins Auge fassen.

Ich fokussiere meine Aufmerksamkeit fortwährend auf das laufende Projekt und halte die Gedankenform stabil, so dass sie sich mit kreativer Energie der Sehnsucht füllen und wachsen kann. Dann müssen auf einer täglichen Basis praktische Schritte unternommen werden, um die Gedankenform zu manifestieren.

Bei diesem Prozess der Manifestation kommen auch glückliche Zufälle und die Gnade der Göttin ins Spiel. Wir treffen zufällig jemanden, der wichtig für den Erfolg unseres Projektes werden könnte. Wir erhalten aus heiterem Himmel Informationen aus einer unerwarteten Quelle. Wir erleben viele Synchronizitäten und sind zur richtigen Zeit am richtigen Ort, damit sich unsere Projekte entfalten können. Alle diese Erlebnisse können Zeichen sein, dass wir auf der richtigen Fährte sind. Dennoch möchte ich ein Wort der Vorsicht äußern, ganz besonders hier auf der andersweltlichen Insel Avalon. Als Heim der Muttergöttin und Ort der Transformation ist sie ein einzigartig heikler Platz, um von hier aus das Neue zu manifestieren.

Woher wissen wir, dass die Ideen, die wir manifestieren wollen, die richtigen sind, die geschehen sollten? Wir können alles richtig machen und trotzdem unfähig sein, das zu erschaffen, von dem wir wissen, dass es passieren soll. Meiner

Die Ernte - Mabon

Erfahrung nach können wir, während wir im Schaffensprozess sind, niemals mit Sicherheit wissen, ob unsere Inspiration echt war. Das wissen wir nur im Nachhinein. In der spirituellen Welt scheint es recht oft so zu sein, dass die Dinge, die wir am meisten ersehnen, nur Trittsteine auf einem langen, gewunden Pfad sind, der so angelegt ist, dass er uns woanders hinbringt, als zu dem Ziel, dass wir selbst uns gesetzt haben. Wir können viel Zeit damit verbringen auf ein bestimmtes Ergebnis hinzuarbeiten, nur um herauszufinden, dass wir am Ende ganz woanders gelandet sind. Zum Beispiel kann es sein, dass wir jahrelang Ausbildungen machen, um Geschäftsführerin zu werden und letztendlich die Erfüllung unseres Herzens als Gärtnerin, Priesterin oder Heilerin finden, wobei uns manche unserer früheren Fertigkeiten zu Gute kommen, um die nun benötigten zu entwickeln. Das ist das Tao der Realität der Göttin, in der der Weg das Ziel ist. Das Wichtige ist die Reise.

Viele Menschen kommen in Glastonbury mit großen Plänen an, einen Einfluss auf diesen Platz auszuüben. Ich selbst habe das vor dreißig Jahren gemacht, als ich mit einer kleinen Gruppe gleichgesinnter spirituell Suchender ankam. In unserer jugendlichen Arroganz planten wir als spirituelle Gemeinschaft die dunklen Energien aufzuhellen, die Glastonbury in ihrer Gewalt zu haben schienen. Wir wollten die Schwingung Glastonburys verändern, Licht hereinbringen und hatten noch andere solcher hochgesteckter Ambitionen. Wir hatten keine Erfahrung mit oder Wissen über die Energien von Avalon, aber wir wollten diesem Ort unsere mentale Vision überstülpen. Wir glaubten, wir könnten die Art, wie die Dinge sind, verändern. Wir lagen so falsch. Innerhalb eines Jahres nach unserer Ankunft in Glastonbury hatte sich unsere Gruppe entmutigt in alle Winde zerstreut, emotional und mental gebrochen. Wir waren, ob wir wollten oder nicht, von der Göttin auf die Reise der Transformation geführt wurden. Es wäre viel besser für uns gewesen, wenn wir behutsam in die Schwingungen dieses Ortes eingetaucht wären, wenn wir zugehört hätten und langsam die Wege ihres Mysteriums kennengelernt hätten, aber wir waren jung und naiv. Durch die intensive Erfahrung damit, Fehler zu machen, habe ich heute gelernt, großen Respekt von den Energien von Avalon und der puren Magie der transformierenden Kräfte der Göttin zu haben.

Um also hier, an diesem Platz von Transformation und Wiedergeburt, Dinge zu manifestieren, heißt es den Regeln der Manifestation zu folgen und immer ein Ohr offen zu haben für die Sehnsüchte, Pläne und Absichten der Göttin für uns, die sich sehr von unserer eigenen beschränkten Perspektive unterscheiden können. Ich musste lernen, im Einklang mit den sich ständig in Bewegung befindlichen Energien von Avalon zu erschaffen, zu ruhen, wenn die Energie ruht, zu handeln, wenn die Göttin sagt „handle", schnell zu handeln, wenn die Energie intensiv schwingt und dabei immer einen stetigen ruhigen Fokus nach innen zu halten, mit der Göttin als Ruhepunkt im Herzen ihres wirbelnden Kessels. Schließlich ist sie die größte Expertin und Lehrerin im Reich der Manifestation. Sie hat das ganze Universum geschaffen und die Welt in der wir leben.

Avalon - Erste Spirale

Das Weiheversprechen

Die Herbst-Tag-und-Nachtgleiche ist die Zeit, zu der wir der Göttin bei einer speziellen Initiationszeremonie, die in der heiligen Landschaft Avalons stattfindet, unser Weiheversprechen am Ende des ersten Jahres der Priesterinnenausbildung ablegen und so eine Schwester oder ein Bruder von Avalon werden. Diese nun traditionelle Zeremonie wurde von der ersten Gruppe selbstinitiierender Priesterinnerinnen von Avalon geschaffen und wird jedes Jahr von Priesterinnen begleitet, die diese Zeremonie selbst schon erlebt haben. Bei der Zeremonie gehen wir durch den Schleier nach Avalon und erneuern unsere Erfahrung der natürlichen Elemente der Natur der Göttin. Die Zeremonie hat eine spezielle Form und jede Weihekandidatin muss sich mit Luft, Wasser, Feuer und Erde einlassen, bevor sie an diesem heiligen Ort laut ihre von Herzen kommenden Gebete an die Lady spricht und der Göttin ihr Leben weiht. Unsere Worte werden von jenen bezeugt, die vor uns aufgeregt, heilig, verletzlich und mit offenem Herzen an derselben Stelle standen. Die Zeremonie markiert den Abschluss der Ersten Spirale der dreijährigen Ausbildung zur Priesterin von Avalon.

Wie schon zuvor erwähnt, kam es uns wichtig vor, für diesen neuen Priesterinnenpfad eine Tradition zu schaffen, die so frei wie möglich von Regeln, Dogmen oder festgelegten Eiden, die von allen gesprochen werden müssen, ist. Wir bemühen uns nach Kräften innerhalb eines flexiblen Grundgerüstes von Lernen, Aktivitäten und Zeremonien Raum für individuelle Inspiration und Kreativität zu ermöglichen. Jede angehende Schwester/jeder angehende Bruder von Avalon schreibt ihr/sein eigenes Weiheversprechen, in dem sie/er sich selbst und ihr/sein Leben der Göttin weiht. Dies ist ein wichtiger Initiationsschritt auf unserer Priesterinnenreise, in der wir der Göttin unser Leben weihen, und im Wesentlichen hat es keinen Sinn ihre Priesterin zu werden, wenn wir nicht dazu bereit sind.

Viele Menschen fürchten die Vorstellung, sich irgendeiner höheren Macht hinzugeben als etwas, das den Verlust von Kontrolle, Eigenständigkeit und der eigenen persönlichen Kraft bedeutet. Das ist die Grundlage vieler patriarchaler, religiöser Kulte, in denen wir aufgefordert werden, unsere persönliche Autorität einem menschlichen Führer, dem, was in einem Buch geschrieben steht, oder dem, was von einer Hierarchie von Priestern gelehrt wird, zu unterwerfen. Hingabe wird im Sinn der machtdominierten Kulturen verstanden, in denen wir leben, und wir alle wissen, dass Macht über andere korrumpiert.

Innerhalb der Tradition der Priesterinnen von Avalon hat Hingabe[1] eine völlig andere Bedeutung. Hingabe erfolgt ausschließlich an die Göttin, wenn sie jeden Tag direkt zu uns spricht. Es gibt keine Hingabe an eine Führerin, keine Unterwerfung des individuellen Verständnisses unter ein geschriebenes oder gesprochenes Wort, das empfangen wurde, keinen Gehorsam gegenüber irgendeiner Hierarchie von Priesterinnen. Es geht um die Hingabe des Herzens ans Herz der Göttin, darum, ihr unser Vertrauen zu schenken. Die Macht mit der wir arbeiten, ist innere Macht, die Macht der Göttin in unseren Herzen und unserem Geist, die uns fortwährend zu größerer Liebe und größerem Mitgefühl, zu persönlicher Ermächtigung und Selbstvertrauen führt.

In unserem Weiheversprechen gehen wir die Verpflichtung ein, uns selbst zu erlauben, uns von der Göttin durchs Leben führen zu lassen. Das heißt nicht, dass wir unseren freien Willen aufgeben, oder wer wir sind, oder fortan nicht mehr zu tun was wir wollen. Stattdessen gehen wir die Verpflichtung ein, der Stimme der Göttin in uns zuzuhören, als der wahren Stimme unserer eigenen Seele, und wir beginnen ihrer Weisung zu folgen, in dem Glauben, dass die Göttin uns zu unserer größten Erfüllung führen wird.

Bei der Selbstweihezeremonie bereiten wir uns auf das Ablegen unseres Versprechens vor, indem wir uns mit den Elementen Luft, Wasser und Feuer reinigen, erfrischen und stärken. Wir erden unsere Weihe, indem wir die Wahrheit unseres Herzens laut vor der Göttin, wie sie sich in der Natur zeigt, aussprechen. Dies wird bezeugt von unseren Brüdern und Schwestern, die sich ebenfalls weihen, und von Priesterinnen von Avalon. Nach unserer Weihezeremonie sind wir bekannt als Schwestern oder Brüder von Avalon.

Zeremonielle Kleidung

Wenn wir unser Weiheversprechen ablegen, tragen wir die zeremoniellen Gewänder, die wir während des Jahres geträumt, gestaltet und zusammengesucht haben, und in die alle unsere Hoffnungen und Träume eingenäht sind. Jedes Gewand ist anders, erfüllt von der persönlichen Magie seiner Herstellerin. Wir tragen unseren Kopfschmuck, unseren Stab der Kraft und unseren Kelch der Liebe. Wir berücksichtigen das kältere Wetter und die Jahreszeit.

Zwischen Mabon und der Zweiten Spirale der Priesterinnen-Ausbildung

Zwischen Mabon und Samhain zieht der Herbst ins Land, die Tage werden kürzer und die Nächte kälter. Pflanzen verkümmern und beginnen abzusterben. Die Blätter auf den Bäumen färben sich zu Gold, Rot und Braun. Die Äpfel in den Obstgärten werden gesammelt. Wir ernten die restlichen Pflanzen, Gemüse und Früchte, bevor der Frost kommt. Regen, der von den starken südwestlichen Winden hereingebracht wird, beginnt zu fallen. Die Bäume fangen an, ihre Blätter zu verlieren. Nebel steigt aus den Wiesen des Sommerlandes und die heilige Insel wird in das weiche, weiße Haar der Göttin gekleidet.

Avalon - Erste Spirale

Gestalte zu Hause einen Altar für die Mutter der Erde. Schmücke deinen Altar mit den Früchten ihrer Ernte. Drücke deine Dankbarkeit an die Erdmutter, Brigantia und Banbha, an Ertha, Gaia und Moronoe aus, für das Geschenk des Lebens auf ihrem wunderschönen Planeten, das du hast. Feiere die Erde der Göttin.

Zünde an deinem Altar jeden Tag eine Kerze an und verbrenne Räucherwerk für die Erdmutter. Singe und bete zu ihr um Hilfe, Führung, für andere, die Hilfe brauchen, um Heilung für dich und andere, für Visionen, und so weiter. Gestalte einmal pro Woche deinen Altar neu.

Sinne in deinen Meditationen darüber nach, wie die Erde dich unterstützt und dir Leben gibt. Denke darüber nach, wie du sie unterstützen könntest.

Denke zu dieser Zeit über alles nach, was du im vergangen Jahr gelernt hast, als du bewusst durch die Erste Spirale gereist bist. Nimm wahr, wie du dich verändert hast.

Schreibe und/oder zeichne jeden Tag deine Gefühle, Gedanken, Eingebungen und Visionen in dein Tagebuch.

Beginne zu Neumond die Samen zu sammeln, die du im nächsten Frühling in einen Garten oder Blumentöpfe pflanzen kannst.

Veranstalte zu Vollmond ein Erntedankessen für deine Familie und deine Freunde und teile mit ihnen die Gaben der Göttin.

In dieser Zeit entscheidest du dich vielleicht, anschließend an die Erste Spirale der Priesterinnen-Ausbildung gleich mit der Zweiten fortzufahren. Vielleicht entscheidest du dich auch, das, was du gelernt hast, zu konsolidieren und wartest ein Jahr oder länger, bevor du mit der Zweiten Spirale weitermachst. Die Entscheidung liegt bei dir, aber viele Menschen bevorzugen es die Ausbildung mit den Schwestern und Brüdern von Avalon fortzusetzen, die sie gut kennengelernt haben.

Jetzt ist die Zeit, um deine eigene persönliche Praxis zu entwerfen und zu entwickeln, die dich auf deiner Reise, eine Priesterin der Göttin und von Avalon zu werden, motiviert. Die äußere Lehrerin tritt im Augenblick zur Seite und die innere Lehrerin kommt zum Vorschein.

---

[1] Anmerkung der Übersetzerin: Im englischen Original wird hier immer das Wort „surrender" verwendet, das sowohl mit Unterwerfung als auch mit Hingabe übersetzt werden kann. D.h. im Deutschen lässt sich der hier gemeinte Unterschied durch diese beiden Wörter ausdrücken.

Im Zentrum des heiligen Rades

Die Göttin des Zentrums

Jedes Rad besteht aus einer Felge, Speichen und einer zentralen Nabe, um die sich die Speichen und die Felge drehen. Die Speichen verbinden die Nabe und die Felge und wenn sich eine davon dreht, bewegt sich das ganze Rad vorwärts. Fehlt eines dieser drei Elemente, kann das Rad nicht zusammenhalten oder sich vorwärts bewegen. Jedes der Elemente ist wesentlich für die Funktion des Ganzen.

Für Priesterinnen von Avalon ist die Lady von Avalon, Nolava, immer in unserer Mitte zu finden. Sie ist die Nabe um die wir uns als Gemeinschaft und Individuen drehen. Sie ist die Göttin, die sich selbst durch die Landschaft von Avalon und die Energien der acht Zeiten des Jahres, als den Speichen auf dem Rad ihrer Natur, ausdrückt. Wenn wir bei Zeremonien mit der Lady in unserer Mitte im Kreis stehen, bilden die Priesterinnen von Avalon und alle jene, die sich der Lady geweiht haben, die Felge des Rades, ihren menschlicher Ausdruck in der Welt.

Bei der Nabe im heiligen Rad der neun Morgenen finden wir Morgen la Fey, von der Geoffrey von Monmouth sagt, dass sie die Leiterin der neun Schwestern ist. Und in der Mitte von Britannias heiligem Rad finden wir die Göttin Britannia, sie die Brigit Ana ist, die uralte Muttergöttin, die sich selbst durch die Zyklen ihrer Natur auf den ganzen Brigit´schen Inseln ausdrückt. Britannias Rad bezieht sich auf die Außenwelt der Brigit´schen Inseln, während sich das Rad Nolavas und das Rad der Morgenen auf die Energien und Kräfte der Innenwelt Avalons beziehen.

Während der ersten Spirale der *Im Herzen der Göttin* Ausbildung erleben die Teilnehmerinnen, welche Kraft es hat in Kreisen zu arbeiten, die Bedeutung unserer Freundschaften mit Frauen und Männern und die Herausforderungen, die aus diesen Beziehungen entstehen können. Wir lernen durch Erfahrung wie wir zusammenarbeiten können, um Göttinnen-Veranstaltungen und langfristige Projekte zu kreieren.

Nach Abschluss der Ersten Spirale werden die Kandidatinnen, die der Göttin ihr Weiheversprechen abgelegt haben, zu Schwestern und Brüdern von Avalon. Sie sind nun Schößlinge im Orchard[1] von Avalon, der größeren Gruppe selbstinitiierter Priesterinnen von Avalon, Priesterinnen von Avalon in Ausbildung und Priesterinnen in verwandten Ausbildungen. Sie nehmen an Veranstaltungen des Orchards und an zeremoniellen Kreisen bei der Glastonbury Goddess Conference und im Gastonbury Goddess Temple teil. Diese Aktivitäten geben uns die Möglichkeit, uns zur Feier der Lady zu versammeln, neue Formen von Göttinnen-Spiritualität auszudrücken und unser Wissen über sie in der Gesellschaft gleichgesinnter Menschen weiterzuentwickeln.

Nolava, die Lady des Zentrums, ehren

Auf unserer Reise zur Priesterinnenschaft, ist Nolava unser Zentrum, die Göttin, die wir von ganzem Herzen lieben. Sie ist die Lady, die uns aus der Ferne nach Avalon gerufen hat. Wir haben ihren Namen gehört, wir haben ihre Stimme gehört. Sie zieht uns wie ein Magnet zu der heiligen Insel. Wir reisen über weite Entfernungen hierher, um ihre Magie zu spüren, um ihre initiierende Berührung zu erleben. Sie bittet uns oft hierher zu kommen, um ihre Energien zu berühren und von ihr verwandelt zu werden. Sie bittet uns zu kommen und hier zu leben, um tief in ihre Mysterien von Leben, Liebe, Tod und des Raumes zwischen allen Dingen einzutauchen. Sie bittet uns, uns selbst zu gestatten, von ihrer Liebe verwandelt zu werden. Sie bittet uns, aus Avalon hinauszugehen und ihr Werk in der Welt zu tun. Sie ist unsere Inspiration, sie ist unsere Hoffnung, sie ist unsere Essenz, die Eine, die wir lieben.

Im Stofflichen ist Nolava das Land auf dem wir stehen, wenn wir über ihren Körper in den Hügeln Glastonburys gehen. Sie erscheint in den Formen des Landes als die Schwanenmaid, die von Nordost nach Südwest über die Ebenen der Sommerlande fliegt. Sie ist hier als die Liebende, die mit weitgespreizten Beinen wartet und bereit ist. Sie erscheint mit ihrem schwangeren Bauch als die große Mutter, die die Stadt gebiert und sie ist präsent als die Greisin, die auf dem Rücken ihres Schwanes reitet. Ihre vielen Qualitäten wurden in früheren Kapiteln beschrieben und ihre Entwicklungsgeschichte wurde im Schöpfungsmythos der Insel Avalon erzählt.

Ihre Farbe ist violett, die Farbe spiritueller Energie, und umfasst das zarte Flieder der ätherischen Welten, die violette Strahlung der himmlischen Reiche und das satte Lila von Königtum und Souveränität. Aus dem Zentrum von Avalon strahlt ihre violette Flamme hinaus in die Welt und erweckt Liebe zu ihr und dem weiblichen Göttlichen in vielen Formen in allem, was sie berührt. Von ihrer violetten Haut fließen heilende Emanationen nach außen, durch Avalon über die Wasser des Sees und des Meeres hinaus in die Welt, und bringen allen, die einen Blick auf ihre wundervolle Strahlung erhaschen, Hoffnung und Heilung.

Alles, was es braucht, um sie kennenzulernen, ist es Zeit mit ihr auf ihrem Körper zu verbringen, zu gehen, zu sitzen, über ihre Natur nachzusinnen und mit ihr zu sprechen. Sie wird das Übrige tun. Sie wird sich uns bekannt machen.

Sprich auf deiner Reise zur Priesterinnenschaft jeden Tag mit der Lady. Bitte sie um Führung, Weisheit und Einsicht, für dich, deine Familie und deine Gemeinschaft. Bitte sie um Hilfe, wenn du sie brauchst. Drücke jeden Tag deine Dankbarkeit für die Geschenke, die sie dir in deinem Leben gibt, aus.

Morgen la Fey ehren

*Ich bin Morgen la Fey, Lady von Avalon
die Weberin des Netzes,
die Hüterin der Mysterien.*

*Ich bin die Feenfrau, deren Kuss
dich bezaubern wird, wenn du dich windest
in meiner Umarmung. Ich bin das flackernde Zischen
der Magie, der Flug der Krähe im Nebel.*

*Ich bin die Gestaltwandlerin,
hier und dort in einem einzigen Moment.
Ich bin die Sternensaat im Apfel
der Spiegel im Kessel.*

*Ich bin das tiefe Lied deiner Seele,
der Traum vom Dazugehören, ich bin das grüne Feuer,
das im Herzen des Landes erwacht.*

Nimm meine Hand –

*In meiner Hand halte ich die Pfade der Konstellationen.
Ich bin der verborgene Weg der Weisheit, Herrin der Zeit.
Ich bin die Wandlerin zwischen den Welten,
die Grenze und der Eingang.*

Avalon - Erste Spirale

Ich bin die Heilerin mit Blatt, goldenem Lager und Schwert.
Ich bin Herrscherin hier, die Strahlende,
die dich über das Wasser nach Avalon bringt.

Rose Flint

Morgen la Fey, Morgene die Fee oder Morgene das Schicksal, ist die berühmteste der neun Morgenen. Sie wurde als König Arthurs Feen-Halbschwester unsterblich gemacht, und wird manchmal als die Lady von Avalon oder eine Inkarnation von ihr gesehen. In den frühen Legenden über Arthur ist sie eine Göttin, die Morgen, die Weise und ewige Nymphe genannt wird. Malory schreibt über sie in ihrer Jugend:

„Sie war... sehr fröhlich und verspielt; sie sang angenehm; obwohl dunkel im Gesicht, sehr wohlgestaltet, weder zu dick noch zu dünn, mit schönen Händen, perfekten Schultern, Haut weicher als Seide, einnehmender Art, lang und aufrecht im Körper; insgesamt wundervoll verführerisch und die wärmste und sinnlichste Frau in ganz Britannien."

Ladies of the Lake, Caitlin und John Matthews, (Aquarian Press)

In späteren Versionen der Legende wurde Morgen La Fey dämonisiert, wie so viele Göttinnen-Frauen vor ihr. Es hieß sie sei eine böse, hinterhältige, rachsüchtige Frau, die gegen ihren Bruder intrigierte. Wie dem auch sei, als Arthur im Sterben liegt, ist es Morgene zu der er zurückkehrt, um Trost und Heilung zu erhalten, während er in der Barke über den See nach Avalon reist.

Nach Geoffrey von Monmouth ist in der *Vita Merlinii*, Morgen die erstrangige der neun Schwestern, die auf Avalon weilen,

„...der Insel der Äpfel, die von den Menschen die glückliche Insel genannt wird..., weil sie alle Dinge selbst erzeugt. Aus eigener Kraft bringt sie Getreide und Trauben und Apfelbäume hervor.
Dort regieren neun Schwestern nach wohlwollenden Gesetzen......Sie, die die erste unter ihnen ist, hat größere Fähigkeiten in der Heilkunst und übertrifft ihre Schwestern an Schönheit. Morgen ist ihr Name und sie hat gelernt, welche nützlichen Eigenschaften all die Kräuter haben, so dass sie kranke Körper heilen kann. Sie beherrscht auch eine Kunst, durch die sie ihre Gestalt ändern und die Luft auf neuen Schwingen durchpflügen kann... Die Menschen sagen, dass sie ihren Schwestern Mathematik beigebracht hat."

Ladies of the Lake, Caitlin und John Matthews, (Aquarian Press)

Morgen la Fey ist wohl diejenige unter den neun Morgenen, die am meisten Erinnerungen heraufbeschwört. In Legenden und Geschichten ist sie als Morgana, Morgaine, Morgan und Morgenoe bekannt. Sie ist die Hüterin der Myste-

Im Zentrum des heiligen Rades

rien und führt uns tiefer und tiefer in ihre fesselnden Nebel. Sie ist die große Heilerin, die uns von unseren tiefsten Wunden heilen kann. Sie zeigt uns den Weg und winkt uns zu, ihr über das Wasser nach Avalon zu folgen. Den Legenden nach lehrt sie ihre Schwestern die Kunst der Mathematik, die all die grundlegenden Gesetze des natürlichen Universums umfasst, denn sie ist die Mutter von Zeit und Raum, die Weberin des Netzes, der Matrix des Lebens selbst.

Als Wandlerin zwischen den Welten und Lady der Barke bringt sie uns über das große Wasser nach Avalon, auf die andere Seite, in die Anderswelt, für zeitweilige Besuche und auch bei unserem Tod. Sie zeigt uns, wie wir erfüllt von ihrer Gnade in den Tod gehen. Sie ist die Zauberin, die uns in ein Leben voller Mysterium und Verzauberung führt. Sie ist eine Gestaltwandlerin und erscheint uns in verschiedenen Gestalten, als Jungfrau, Geliebte, Mutter und Greisin, als Priesterin, Feenfrau und Schicksal, als Tier und Vogel. Eine ihrer bekannten Siddhis oder spirituellen Gaben ist ihre Fähigkeit an mehr als einem Ort zur gleichen Zeit zu erscheinen.

Morgen, die auf der Insel Avalon lebt, ist die Feenfrau, die Entrückte, die nach ihrem Belieben auftaucht und verschwindet. Sie führt Sterbliche über die Schwelle in die hohlen Hügel, in die Feenreiche, um zu singen, zu tanzen und zu spielen und um die magischen Früchte der Anderswelt zu essen. Es kann sein, dass wir dort hundert Jahre oder mehr bleiben und möglicherweise niemals von dort zurückkehren. Morgen ist dunkel und schön, manchmal erscheint sie als sinnliche Frau und manchmal als bedrohliche Vettel. Sie wird von vielen als ein ziemlich furchterregendes Wesen angesehen, weil sie die hellen und dunklen Seiten der Göttin umfasst und uns beide Gesichter zeigen kann.

Morgen ist die Dame der Nebel oder Herrin des nebeligen Sees, die sogar heutzutage die magische Insel Avalon im Herbst und Frühling umgeben. Die Vorstellung der Nebel von Avalon hat für viele einen Reiz, was sich in der Beliebtheit von Marion Zimmer Bradleys *„Die Nebel von Avalon"* zeigt. Wir wissen, wenn wir nur unseren Weg durch die geheimnisvollen Nebel finden, werden wir Avalon betreten können und die Lady treffen. Morgana ist der Nebel, der in der Morgen- und Abenddämmerung aus dem Sommerland aufsteigt, zehn bis zwanzig Fuß in der Luft hängt und nur den Blick auf die Spitzen der Hügel und großen Bäume frei lässt. Sie verdichtet sich zu Nebel, der den ganzen Tag über im Kessel zwischen den Mendip Hills hängen kann. Ihre Nebel verbergen die magische Insel Avalon vor den Augen des Weltlichen.

Morgens heilige Geschöpfe sind die schwarze Krähe oder der schwarze Rabe und die schwarze Katze. Sie ist die Apfelfrau, die in Avalon das ganze Jahr über als heilig gilt, vom Winter, wenn die Zweige kahl sind, über die mit Blüten beladenen Zweige des Frühlings bis zum Erscheinen der roten und goldenen Äpfel der Unsterblichkeit im Herbst. Wenn wir in die Äpfel der Göttin beißen, essen wir die Frucht vom Baum ihres Wissens und könne so weise werden.

Der Kessel der Transformation gehört zu Morgen la Fey und alle, die nach Avalon reisen, werden bemerken, dass sie tief von ihrem heiligen Gebräu trinken. An manchen Tagen kann es süß und vortrefflich schmecken und an anderen eher eigenartig, voller Zutaten über die wir lieber nichts wissen wollen. Möglicherweise fallen wir unabsichtlich oder zielstrebig in ihren Kessel. Wir fühlen, wie wir außer Kontrolle geraten, weggeschwemmt und herumgewirbelt werden oder sogar in den trüben Tiefen unserer Emotionen untergehen, während die Göttin ihren Kessel rührt. Wir müssen mindestens ein Jahr und einen Tag, wenn nicht länger, in ihrem Kessel verbringen. Die richtigen Kräuter und Gewürze werden zur richtigen Zeit dazugegeben. Wenn wir Glück haben, steigen wir verwandelt und erneuert durch ihre lebensspendende Kraft aus ihrem Kessel auf, bereit für die nächsten Spiralen von Veränderung und Wachstum. Morgens wahre Energie ist im Punkt der Stille zu finden der im Zentrum des wirbelnden Kessels der Veränderung liegt. Ihr Geschenk ist es, dass sie uns zeigt wie wir zentriert bleiben können, wenn alles rund um uns herum sich in scheinbarem Chaos bewegt.

Wir ehren Morgen la Fey, wenn wir über das Land von Avalon gehen, wenn wir den hohlen Hügel des Tor erklimmen, wenn wir uns durch die Nebel bewegen, die die heilige Insel umgeben und wenn wir uns selbst in ihrem Kessel wiederfinden. In der Fünften Spirale der Priesterin von Avalon Ausbildung, dem *Priestess Enchantress Training* (der Priesterin-Magierin-Ausbildung), erforschen wir mehr von ihrer zauberischen Natur.

> *Bete täglich zu Morgen la Fey. Achte auf die Ängste, die du möglicherweise vor ihren transformierenden Kräften hast. Spüre ihre vielen Gesichter auf und bringe ihr Gaben dar.*

Die Göttin Britannia ehren

Britannia ist eine römisch-keltische Stammesgöttin wesentlich früheren Ursprungs. Sie ist die Schutzgöttin der Seele des britischen Volkes und des Landes von Brigits Inseln. Als die Römer im Jahr 43 unserer Zeitrechnung während der Herrschaft von Kaiser Claudius Britannien eroberten, benannten sie die neue Provinz nach der einheimischen Göttin Britannia. Sie assoziierten sie mit ihrer eigenen römischen Minerva, die eine Göttin der Weisheit und des Mondes war, und deren Totemtier, so wie das der walisischen Blodeuwedd, die Eule war.

Als Hadrian im Jahre 121 nach Britannien kam, vergrößerte er den römischen Einfluss stark und unter seiner Herrschaft wurde in York ein Schrein für Britannia errichtet. Er ließ etliche Münzen herstellen, mit sich selbst auf der einen Seite und dem Bild und dem Wort BRITANNIA, der Personifizierung Britanniens, auf der anderen Seite. Britannia wurde in klassischen Gewändern, auf einem Steinhügel sitzend dargestellt, den Kopf in Unterwerfung unter die römische Autorität leicht gebeugt. Sie hält einen Speer, der vielleicht wie bei Brigid ursprünglich ein Stab der Kraft war. Sie lehnt sich auf eine runde Scheibe, die üblicherweise als Schild beschrieben wird, die aber auch einmal die Sonnen-

Im Zentrum des heiligen Rades

scheibe, eine Trommel oder ein Tamburin gewesen sein könnte, wie sie auf vielen frühen europäischen Darstellungen der Sonnengöttin zu finden sind.

Um seine Besteigung des britischen Thrones im Jahr 287 unserer Zeitrechnung zu feiern, gab Carausius eine Münze heraus, die ihn selbst als den zukünftigen König darstellte, der von Mutter Britannia begrüßt wird, die im Stehen ihre Hand zu ihm ausstreckt. Eine andere Münze zeigt die heilige Hochzeit zwischen Carausius und der britischen Nation, Carausius Hand in Hand mit der Göttin Britannia. In diesen frühen Darstellungen trägt Briannia weder einen Helm noch eine Rüstung. Manchmal ist dargestellt, wie sie eine Standarte hält und sich an die Scheibe lehnt. Andere Münzen zeigen sie auf einer Kugel über Wellen sitzend. Diese Darstellungen gehören zu den frühesten Abbildungen der Göttin auf Brigits Inseln.

Erst im Jahr 1672 tauchte unter der Herrschaft von Charles I. Britannia wieder auf Halbpennys aus Kupfer und auf Viertelpennys auf – in einer Gestalt, die offenbar auf den früheren römischen Abbildungen basierte. Auf diesen Münzen ist sie auf einem Fels sitzend dargestellt. Sie blickt nach links, hält einen Olivenzweig in ihrer rechten Hand und einen Stab/Speer in ihrer linken Hand. Eine Scheibe/ein Schild lehnt an dem Fels. Das Schild zeigt eine Unionsflagge, die zufällig acht Teilungsstriche hat, so wie Britannias Rad des Jahres. Im Laufe der nächsten 100 Jahre trugen viele Münzen Bilder von Britannia mit kleineren Variationen, bis 1806, als Britannias Stab/Speer durch einen Dreizack ersetzt wurde und Wellen gegen den Fels schlugen, auf dem sie saß. Hinzugefügt wurde auch ein Schiff am Horizont. Im Jahr 1821 wurde erstmals der Löwe gezeigt, der an Britannias abgewendeter Seite sitzt und so wie die griechische Athene trug Britannia nun einen Helm. Im 19. und 20. Jahrhundert wurde ihr Bild in vielen verschiedenen Formen auf Münzen, in Zeitungen und Magazinen und hier besonders in Cartoons verwendet, wo sie üblicherweise politische Kommentare abgab.

Im Laufe der letzten 150 Jahre ist Britannia sowohl in stehenden als auch sitzenden Posen und vielen Variationen des Themas auf vielen Münzen aufgetaucht. Auf den heutigen Münzen, wie dem 50 Pence Stück, und auf den Siegeln von Goldbarren wird sie üblicherweise mit einem Helm und einem Dreizack in ihrer Hand dargestellt. Eine Sonnenscheibe/Schild mit acht Strahlen ist gegen sie gelehnt, ein Löwe ist an ihrer Seite und sie trägt einen Olivenzweig[2].

In den alten Darstellungen Britannias können wir einen Blick auf die Eigenschaften der früheren Göttin erhaschen, die von britischen Menschen anerkannt und geehrt wurde. Sie ist eine Frauengestalt, die einen Stab der Kraft trägt, und eine Sonnen- oder Mondscheibe an ihrer Seite hat. So wie Brigit ist sie eine Göttin der Sonne und des Mondes, sich selbst genügend mit dem Stab ihres geheimen Gefährten an ihrer Seite. Auf einem Fels sitzend, ist sie die Göttin dieser Inseln. Sie hat alle Charakteristika von Ana, der Muttergöttin dieses Landes, und von Brigit, die beide in meinen früheren Büchern beschrieben wurden. In *„The Ancient British Goddess"* zeigt die Zeichnung von Foosiya Miller Britannia als eine Frau, die auf einem Felsen sitzt und direkt den Betrachter ansieht. Ihr

Kopf ist unbedeckt und von einem Sonnenkranz umgeben. In einer Hand hält sie den Dreizack, eine Sonnenscheibe ist an ihrer Seite, und so wie die uralte Epona, die einst auch hier verehrt wurde, hat sie eine Garbe Weizen in ihrer anderen Hand. Die Sonnenlöwin sitzt an ihrer Seite, sie ist umgeben von fließenden Bächen und stehenden Steinen und zeigt auf diese Weise ihren Ursprung im neolithischen Zeitalter.

Als göttinliebende Menschen haben wir uns auf die lange Reise begeben, Britannia als die Stammesgöttin von Brigits Inseln zurückzugewinnen. Wir lernen mehr über sie, indem wir den Zyklen ihrer Jahreszeiten durch das Jahr folgen.

Wenn du dich in Großbritannien aufhältst, kannst du jedes Mal, wenn du Geld ausgibst, das Bild der Göttin auf Münzen und Banknoten wahrnehmen und ihr für den Reichtum danken, den sie in dein Leben bringt. Wenn du hörst, dass die inoffizielle Nationalhymne Englands gesungen wird, preise sie als Göttin dieses Landes und seiner Einwohner:

„*Rule, Britannia,
   Britannia rules the waves...*"

„*Herrsche, Britannia,
   Britannia beherrscht die Wellen...*"

Die Nabe und die Felge: Von der Kraft im Kreis zu sitzen

Eine der wichtigsten Praktiken, die sich aus der Frauenbewegung zur Erweckung eines kritischen Bewusstseins in den 1970ern und 80ern entwickelt hat, war das Sitzen im Kreis rund um einen freien Raum in der Mitte. Es fing damit an, dass sich Frauen trafen, um sich mit Anliegen von Frauen und dem, was zu dieser Zeit als die sieben Forderungen der emanzipatorischen Frauenbewegung bekannt war, zu befassen. In Glastonbury traf sich in den frühen 1980ern zwei Jahre lang eine Gruppe von 20 bis 30 Frauen alle 14 Tage zu einem Kreis, um über unsere Anliegen als Frauen zu sprechen. Obwohl einige Frauen von Natur aus extrovertiert und ausdrucksfreudiger als andere waren, hatten wir keine Leiterinnen und keine Hierarchie von Macht. Wir waren eine Gruppe Gleichgestellter und jede im Kreis hatte dasselbe Recht zu sprechen und gehört zu werden.

Wir lasen feministische Bücher und befassten uns mit entsprechenden Themen, wobei der Reihe nach jede Frau den Raum bekam, ohne Unterbrechung zu sagen, was sie dachte oder fühlte. Wir hörten ihr zu, anstatt mit ihr über ih-

Im Zentrum des heiligen Rades

ren Standpunkt zu diskutieren. Indem wir die Elemente der Eitelkeit aus der Diskussion entfernten, öffneten sich für uns völlig neue Wege der Kommunikation, die zu einer immer vielfältigeren Bandbreite von Ausdruck und Stellungnahmen führten. Der Raum, den wir jeder Frau gaben, erlaubte uns allen uns sicher genug zu fühlen, unsere Wahrheit auszusprechen. Wir teilten miteinander tiefliegende Geheimnisse, die niemals zuvor ausgedrückt worden waren. Wir stellten auch fest, dass oft jene Frauen, die in einem wettbewerbsmäßigen Gespräch normalerweise am schweigsamsten waren, die interessantesten Dinge zu sagen hatten. Es war eine sehr kraftvolle Zeit für uns, in der wir unsere Erfahrungen als Frauen und die Begrenzungen hinterfragten, die uns die patriarchale Gesellschaft auferlegte, in der wir lebten. Wir erforschten unsere Vorstellungen, wie unser Leben in einer Welt sein könnte, in der Frauen gleiche Rechte und gleiche Macht haben. Wir weinten und lachten. Wir hatten enorme Freude dabei uns einer neuen Freiheit zu öffnen.

Seit dieser Zeit hat sich die Idee, im Kreis zu sitzen, weiterentwickelt und wird heute in vielen Situationen verwendet, in denen Gruppen von Frauen, gemischte Gruppen oder reine Männergruppen einander als Gleichgestellte begegnen möchten. Die Mitte des Kreises kann leer sein oder es kann eine Kerze in der Mitte stehen, deren Flamme das einende Licht in der Mitte unterschiedlicher Ansichten repräsentiert. Bei Treffen von Priesterinnen haben wir üblicherweise einen runden Altar in der Mitte, der der Göttin gewidmet ist, und auf den die Teilnehmerinnen Gaben und Symbole der Präsenz der Göttin legen.

Die Praxis des Kreises beinhaltet die Entwicklung grundlegender Regeln. Zum Beispiel gibt es eine Moderatorin, die sicherstellt, dass alle die Möglichkeit haben ohne Unterbrechung zu sprechen; es gibt eine heilige Schale oder einen Sprechstab, die oder der wie in der Tradition der amerikanischen Ureinwohner weitergegeben wird; es gibt Menschen, die auf die Schwingungen achten und die Stimmung in der Gruppe im Auge behalten; es gibt Zeithüter, etc. Es gibt gerade zu dieser Zeit sogar eine Bewegung, die *The Millionth Circle* (der millionste Kreis) heißt und beabsichtigt das Zusammenkommen im Kreis in die konventionelleren Gebiete von Politik, Geschäftsleben und religiösen Treffen zu bringen. Siehe dazu „*The Millionth Circle: How to Change Ourselves and The World – The Essential Guide to Women´s Circles*"[3] von Jean Shinoda Bolen.

Das Großartige am Kreis ist, dass wir im Kreis alle gleich sind. Wir haben das gleiche Recht zu sein, zu sprechen und gehört zu werden. Wenn wir im Kreis sitzen, können wir einander unsere Gesichter sehen, wir können die Emotionen in unseren Gesichtern sehen, wir können die Freude und den Schmerz miteinander spüren. Wir können uns in einander einfühlen und einen Raum schaffen, in dem es sicher ist in einer oft feindseligen Welt unsere Wahrheit auszusprechen. Verschiedene Menschen im Kreis leben uns verschiedene, vielleicht effizientere Arten vor, wie man sich in schwierigen Situationen verhält und wir lernen neue Methoden, die wir für uns selbst nicht nur im Kreis sondern auch im Leben im allgemeinen ausprobieren können. Dies sind kraftvolle Erfahrungen, die auf einer grundlegenden Ebene unsere konditionierten Reaktionen darauf,

Avalon - Erste Spirale

dass wir in wettbewerbsorientierten, hierarchischen Kulturen erzogen worden sind, verändern. Diese Erfahrungen helfen uns unser authentisches Selbst freizusetzen. Wir stellen fest, dass wir fähig sind, unsere Herzen anderen menschlichen Wesen zu öffnen und unsere Verletzlichkeit zu zeigen. Wir werden darin bestärkt, wer wir sind.

Genauso wie wir im Kreis alle gleiche Rechte haben, gelangen wir durch Erfahrung auch zum Verständnis, dass wir alle gleiche Verantwortung tragen. Was in einem Kreis passiert, hängt von allen Einzelpersonen im Kreis ab, nicht nur von ein oder zwei Machern. Je mehr jede Person von ihrer eigenen Einzigartigkeit beitragen kann, umso reicher wird die Erfahrung des Ganzen. Wir lernen aus der Praxis Verantwortung für unser eigenes Erleben in verschiedenen Situationen zu übernehmen. Wir lernen, wie wir in der Gruppe eine Veränderung zum Besseren bewirken, und wir begreifen, dass es für eine Veränderung der Welt zum Besseren notwendig ist, dass sich jede und jeder von uns in diesem Prozess engagiert und es nicht anderen überlässt, etwas zu bewirken.

Als Lehrerin bevorzuge ich, wenn es möglich ist, und es ist fast immer möglich, im Kreis zu lehren. Obwohl ich Informationen und Erfahrungen anzubieten habe, möchte ich meine Erkenntnis zeigen, dass wir alle im Wesentlichen gleich sind. Wir alle haben verschiedene Gaben zu einem Kreis beizutragen, die das ganze Erlebnis bereichern. Ich lerne von meinen Ausbildungsteilnehmerinnen genauso wie sie von mir und voneinander lernen. Als eine Lehrerin der Transformation kann ich in einem Kreis jedes Gesicht sehen und kann spüren, wo die Menschen gerade sind, was in ihrem persönlichen Prozess passiert. Wenn wir neuen Konzepten und Erfahrungen ausgesetzt sind, kommt oft Angst hoch. Als Reaktion darauf ziehen wir unsere Energie zurück, werden aufgebracht oder wütend und diese Reaktionen können gesehen, angesprochen und beigelegt werden, so wie es gerade notwendig ist.

Ich erinnere mich, dass ich vor Jahren in Mircea Eliades Buch „Shamanism"[4] (Arkana) gelesen habe, dass er glaubt, dass es im Altai Gebirge lange bevor es einzelne männliche Schamanen gab, die uns jetzt bekannt sind, ursprünglich weibliche Schamaninnen gab, die in Gruppen zusammenarbeiteten. Mir gefällt diese Vorstellung. Bei der Entwicklung der Tradition der Priesterinnen von Avalon durch die Inspiration der Göttin, haben wir festgestellt, dass wir ebenfalls in Kreisen von acht oder neun Frauen und ein oder zwei Männern arbeiten, wobei viele verschiedene Menschen zum Ganzen beitragen.

Wenn wir uns in einem Lehrkreis oder für Zeremonien im Goddess Temple versammeln, haben wir in der Mitte einen Altar, der das heilige Jahresrad von Britannia mit seinen neun Richtungen darstellt. Zu Beginn jedes Lehrkreises geben alle ihre persönlichen Gaben auf den Altar in der Mitte, die für die Dauer des Kreises dort bleiben. Wir öffnen das Rad mit acht Priesterinnen, die der Reihe nach die Göttinnen und die Energien der neun Richtungen anrufen, beginnend mit der Göttin, die mit der Jahreszeit in Verbindung steht, zu der die Zeremonie abgehalten wird. Wenn die Zeremonie zu Litha, der Sommersonnenwende, stattfindet, dann bittet die Priesterin im Süden alle sich mit ihr zu

Im Zentrum des heiligen Rades

drehen und nach Süden zu schauen. Sie bittet alle, während sie Domnu hereinruft, gemeinsam mit ihr zu visualisieren, wie die Göttinnen des Südens mit ihren speziellen Eigenschaften und Energien in die Mitte des Kreises kommen, und *"Sei gegrüßt und willkommen, Domnu"*, zu wiederholen.

Dann drehen wir uns gemeinsam zurück und bringen Domnu in die Mitte des Kreises. Wir bewegen uns weiter ums Rad und die Priesterin im Südwesten bittet alle, sich mit ihr nach Südwesten zu drehen, ruft Ker an und bringt sie wieder mit den Worten *"Sei gegrüßt und willkommen, Ker"*, in die Mitte. Die dritte Priesterin ruft Brigantia oder Banbha aus dem Westen und so weiter rund ums Rad, bis wir zu Rhiannon kommen und sie aus dem Südosten hereinrufen. Nachdem die Göttinnen aus den acht Richtungen gerufen wurden, schauen wir zur Mitte, die unsere neunte Richtung ist. Die erste Priesterin ruft Britannia, die Lady von Avalon und die neun Morgenen in unsere Zeremonie. Wir öffnen auf diese Art das Rad bei Jahreszeitenzeremonien im Goddess Temple und am Beginn der Goddess Conference. Am Schluss des Rituals schließen die acht Priesterinnen das Rad, und drücken dabei unseren Dank an die Göttinnen der neun Richtungen aus.

Im Kreis sind die acht Priesterinnen gleich, es gibt keine Hohepriesterin oder einen Hohepriester mit endgültiger Autorität, denn die Göttin ist unsere Mitte. Was in einer Zeremonie passiert, hängt von uns allen ab und von den Gaben, die jede einzelne zum Altar der Göttin bringt. Es ist eine sehr aufregende Art Zeremonien zu gestalten. Wir wissen nie, was sich aus dem Zusammenspiel der Beiträge von jeder der acht Priesterinnen und allen anderen, die dabei sind, entwickelt. Durch dieses Verweben bekannter und unbekannter Elemente kommt die Göttin in ihre Zeremonie, so dass alle sie erleben können.

Außerdem sind bisher in unserer zeremoniellen Entwicklung die acht Priesterinnen keine festgelegte Gruppe, sondern sie ändert sich von Zeremonie zu Zeremonie. Die Acht bestehen aus jenen, die für eine bestimmte Zeremonie bereit, willens und verfügbar sind. Üblicherweise gehören erfahrene Priesterinnen und eine Handvoll Neulinge dazu. Auch wenn wir mit der Form der Zeremonie vertraut sind, müssen wir für die Energie in einer bestimmten Zeremonie immer achtsam und präsent sein. Es gibt wenig Platz für Mitläuferinnen. Je mehr wir in immer wieder anderen Kombinationen von Priesterinnen zusammenarbeiten, desto präsenter werden wir für die Göttin und manifestieren ihre Energie durch die Zeremonie.

Freundschaft zwischen Frauen

Es ist eine offensichtliche Wahrheit, dass Frauenfreundschaften einer der wichtigsten Aspekte unseres Lebens als Frauen sind. Unsere Beziehungen zu anderen Frauen nähren und stärken uns. Sie beeinflussen, wer wir sind und was wir über uns selbst als Frauen fühlen. Sie helfen uns, unsere oft stürmischen Emotionen auszudrücken, sie helfen uns zu erforschen und uns zu erinnern, wer wir sind und was wir werden könnten. Unsere Freundschaft mit Frauen hält oft ein ganzes Leben lang an, während sexuelle Beziehungen kommen und gehen. Sie sind ein Fels unserer Gemeinschaft als Frauen, aus dem neue Wege des Seins und unseres Selbstausdrucks entspringen können.

In einer E-Mail hat Gale Berkowitz über eine Studie an der Universität von Kalifornien berichtet, die den Titel „*Female Responses to Stress: Tend and Befriend, Not Fight or Flight*"(Weibliche Reaktionen auf Stress: Fürsorge und Freundschaft, nicht Kampf oder Flucht, Taylor S. E., Klein L. C., Lewis B. P., Gruenewald T. L., Gurung R.A.R. & Updegraff J.A. (2000) (Psychological Review 107 (3)) trägt. Die Studie zeigt, dass Frauenfreundschaften tatsächlich etwas ganz Besonderes und ein evolutionärer Vorteil für Frauen und die ganze Menschheit sind. Aus der Studie geht etwas hervor, was viele von uns aus Erfahrung bestätigen können, nämlich das es Stress abbaut, wenn wir täglich Zeit mit unseren Freundinnen verbringen. In der Studie wird die Theorie aufgestellt, dass Frauen auf Stress mit einer Kaskade von Gehirnchemikalien reagieren, die uns dazu bringen, mit anderen Frauen Freundschaften zu schließen und diese zu pflegen.

Bis diese Studie publiziert wurde, glaubten Wissenschaftler im Allgemeinen, dass bei Menschen unter Stress eine hormonelle Kaskade ausgelöst wird, die den Körper dazu bringt entweder standzuhalten und zu kämpfen oder so schnell wie möglich zu fliehen. Es soll sich dabei um einen alten Überlebensmechanismus handeln, der ein Überbleibsel aus der Zeit ist, als wir von Säbelzahntigern über den Planeten gejagt wurden. Heute vermutet die Forschung, dass Frauen ein wesentlich größeres Verhaltensrepertoire haben als nur Kampf oder Flucht. Bei Frauen wird als Teil der Reaktion auf Stress das Hormon Oxytocin ausgeschüttet, und das puffert die Kampf- oder Flucht-Reaktion und ermutigt die Frau, sich um die Kinder zu kümmern und sich mit anderen Frauen zu versammeln, anstatt zu fliehen. Wenn sie tatsächlich an dieser Fürsorge und Freundschaft teilnimmt, wird laut der Studie mehr Oxytocin ausgeschüttet, das den Stress weiter reduziert und eine beruhigende Wirkung hat. Diese beruhigende Reaktion kommt bei Männern nicht vor, weil das Testosteron, von dem Männer unter Stress große Mengen erzeugen, den Effekt des Oxytocins vermindert, während das Östrogen ihn anscheinend verstärkt.

Die Entdeckung, dass Frauen auf Stress anders als Männer reagieren, wurde in einem klassischen „*Aha!*" Moment gemacht, den zwei Wissenschaftlerinnen, Dr. Laura Klein und Dr. Shelley Taylor, teilten als sie eines Tages in einem Labor an der Universität von Kalifornien miteinander sprachen. Es gab einen Witz, dass die Frauen die in dem Labor arbeiteten, wenn sie gestresst waren, hereinkamen, das Labor putzten, Kaffee tranken und Verbindung herstellten. Wenn die Männer gestresst waren, zogen sie sich irgendwohin alleine zurück. Als sie über die unterschiedlichen Reaktionen auf Stress sprachen, wurde den Frauen bewusst, dass nahezu 90% der Studien über Stress mit Männern durchgeführt worden waren. Nur sehr wenige waren mit Frauen durchgeführt worden.

Sehr schnell fanden die beiden Doktorinnen heraus, dass die Wissenschaftler einen großen Fehler begangen hatten, indem sie Frauen nicht in ihre Forschungen über Stress mit einbezogen hatten. Die Tatsache, dass Frauen anders als Männer auf Stress reagieren, hat bedeutsame Auswirkungen auf die Gesundheit von Frauen und die Idee von *„Fürsorge und Freundschaft"*, die von Dr. Klein und Dr. Taylor entwickelt wurde, könnte erklären, warum Frauen durchwegs länger als Männer leben. Unsere Freundinnen helfen uns länger und besser zu leben. Die Gesundheitsstudie der Krankenschwestern der Harvard Medical School fand heraus, dass es für Frauen umso weniger wahrscheinlich war im Alter körperliche Beeinträchtigungen zu entwickeln, je mehr Freundinnen sie hatten. Umso wahrscheinlicher war es für sie hingegen, ein erfüllendes Leben zu führen. Tatsächlich waren die Resultate dieser Studie so signifikant, dass die Forscherinnen schlossen, dass es für die Gesundheit ebenso schädlich war, keine nahestehenden Freundinnen oder Vertraute zu haben, wie Rauchen oder Übergewicht. Als die Forscherinnen untersuchten, wie gut Frauen nach dem Tod eines Partners zurechtkamen, fanden sie heraus, dass sogar im Angesicht dieses allergrößten Stressfaktors Frauen, die eine nahestehende Freundin und Vertraute hatten, diese Erfahrung höchstwahrscheinlich ohne neue körperliche Beeinträchtigungen oder den dauerhaften Verlust von Vitalität überstehen würden. Diejenigen ohne Freundinnen hatten nicht immer so viel Glück.

Unsere Freundinnen sind eine wichtige Quelle von Liebe, Fürsorge, Trost und Inspiration und wir vergessen das auf unsere eigene Gefahr. Als göttinliebende Frauen geben wir einander Kraft auf unserer Reise in neue Wege des Seins, der Liebe und des Dienstes an der Göttin.

Die Unmenschlichkeit von Frauen gegenüber Frauen

So wie Frauen die Quelle einiger unserer wichtigsten unser Leben nährenden Freundschaften sind, können Frauen auch unsere größten Feindinnen sein, die uns bei jedem Schritt untergraben, und zwar durch Klatsch, Verleumdung, Eifersucht und offene, aber häufiger verdeckte Angriffe. Nahezu jede Frau, die ich kenne, einschließlich mir selbst zu verschiedenen Zeiten meines Lebens, hat im Geheimen Dinge getan, die darauf abzielten uns selbst besser dastehen zu lassen, während andere Frauen dadurch zu Fall gebracht wurden. Es ist schrecklich diese Tatsache zuzugeben, aber wir haben akzeptiert, dass diese Praxis ein normaler Teil unserer weiblichen Kultur ist, statt einer seltsamen Fehlentwicklung, einem Verteidigungsmechanismus, den wir in unserer Kindheit gelernt haben um uns davor zu schützen, dass wir uns klein und unbedeutend fühlen.

Phyllis Chesler hat ein ausgezeichnetes Buch darüber geschrieben, das *„Woman´s Inhumanity to Woman"*[5] (Plume Books 2003) heißt. Darin erforscht sie die dunklen Geheimnisse, die im Kern vieler Beziehungen zwischen Frauen liegen. Ich empfehle allen Priesterinnen und Frauen dieses Buch zu lesen.

Avalon - Erste Spirale

Phyllis enthüllt und benennt die Muster aus der Kindheit, die viele Beziehungen zwischen Frauen beherrschen – unser Bedürfnis gemocht zu werden, ausschließlich geliebt zu werden und unsere besten Freundinnen zu haben und zu behalten, indem wir gegen Eindringlinge intrigieren, und so weiter. Sie zeigt auf welche Weise die Töchter der Väter in einer patriarchalen Welt solche Verteidigungsmuster entwickeln, die unsere Beziehungen mit anderen Frauen als Erwachsene beherrschen und untergraben.

Bei dieser Tour de Force sticht Phyllis in das Wespennest, das oft im Mittelpunkt liegen kann, wo immer Frauen sich versammeln, sei es in der Frauenbewegung, der feministischen Bewegung oder der Göttinnen-Bewegung. Sie schreibt von ihren eigenen Erfahrungen wie sie als feministische Akademikerin und Forscherin viele Jahre lang persönlich erniedrigt und angegriffen wurde und zwar nicht hauptsächlich von männlichen Autoren sondern von Frauen innerhalb der Frauenbewegung, von denen sie sich einige Unterstützung erwartet hätte. Es ist eine seltsame und entmutigende Erfahrung, herauszufinden, dass es eher unsere Schwestern auf dem Weg sind, die versuchen uns zu zerstören, wenn wir neue Ideen initiieren und unsere Kreativität ausdrücken, als die Männer. Das soll nicht heißen, dass alles, was Pionierinnen des Feminismus und der Göttin tun, richtig ist, aber auf einer Entdeckungsreise wäre zu hoffen, dass wir eher Ermutigung und Unterstützung von unseren Schwestern bekommen als die ständigen Schüsse aus dem Hinterhalt oder schonungslose Verunglimpfung.

Phyllis untersucht, was dafür verantwortlich ist, dass wir uns auf diese Weise benehmen, wie und warum einzelne Frauen und Gruppen von Frauen wetteifernd darum kämpfen, auf der *richtigen* Seite zu stehen, uns selbst zu erhöhen und unsere Freundinnen für uns selbst zu behalten, indem wir andere Frauen erniedrigen. Anstatt zu feiern, dass unsere Schwestern sich bemühen eine frauenzentrierte Politik, Wissenschaft, Kunst, kulturelle und spirituelle Welt voranzutreiben, verbringen wir viel Zeit damit, anzugreifen und zwar häufig einsame, kreative Individuen oder Gruppen, die versuchen gegen die patriarchalen Gezeiten anzukämpfen.

In meinem eigenen Leben als Göttinnen-Lehrerin stellte ich mehrmals schockiert fest, dass ich Ziel bösartiger, persönlicher und pauschaler, versteckter und offener Attacken von Feministinnen, Priesterinnen und angeblich die Göttin liebenden Menschen war. Diese Frauen und Männer kennen mich üblicherweise nicht persönlich und meistens haben sie niemals mit mir gesprochen, aber sie fühlen sich in der Lage mich anzugreifen, nur weil ich einige Bücher geschrieben habe und ein kreatives Individuum bin, das in der Welt sichtbar ist. Die erste Goddess Conference in Glastonbury war das Ziel eines solchen bösartigen Angriffs von Frauen, die an einem Spiral Camp für Frauen in der Nähe teilnahmen.

Am Abend unseres allerersten Göttinnen-Banketts prozessierte eine Gruppe von Frauen aus dem Spiral Camp mit Bannern zu den Toren der Assembly Rooms um dagegen zu protestieren, dass wir von Frauen Eintrittsgeld verlang-

Im Zentrum des heiligen Rades

ten, um an unserer viertägigen Göttinnen-Konferenz teilzunehmen. Sie glaubten, dass es ihnen erlaubt sein sollte, gratis zur Konferenz und dem Bankett zu kommen. Sie behaupteten wir seien elitär. Sie sangen, so als ob wir es nicht wüssten:

„*Ihr könnt die Göttin nicht kaufen...*"

Diese Frauen erzwangen sich ihren Weg zum Bankett durch geschlossene Türen unter Androhung von Gewalt. Sie kletterten auf die Tische und trampelten auf dem Altar herum. Sie schmähten die Gäste, hielten ihnen Predigten und ängstigten Frauen und Kinder. Eine Frau sagte zu Tyna:

„*Das Problem mit dir ist, dass du weiß* (wahr), *bürgerlich* (Tynas Eltern waren Flüchtlinge aus Polen) *und heterosexuell* (wahr) *bist, und ein Haus besitzt* (unglücklicherweise mit einer ziemlich hohen Hypothek)."

In Wirklichkeit war keine dieser Behauptungen ein Grund für irgendeine Art von Verurteilung. Im folgenden Jahr griff das feministische Magazin *From the Flames* die Konferenz, mich und Tyna in jeder Ausgabe an, trotz der Tatsache, dass keine der Herausgeberinnen an der Konferenz teilgenommen hatte und nur vom Hörensagen schrieb. Nicht ein einziges Mal kommunizierten sie mit uns persönlich, um herauszufinden, was wir fühlten oder dachten oder um irgendwelche Fakten zu bestätigen. Aus irgendeinem Grund war es für diese Frauen leichter, die erste große Göttinnen-Veranstaltung auf Brigits Inseln und Tyna und mich als Individuen anzugreifen als das Patriarchat in der Welt – die Banken, den Waffenhandel, die multinationalen Konzerne und so weiter, die Dinge, die wirklich verändert werden müssen.

Sowohl Tyna als auch ich waren so entsetzt über dieser Erfahrung, dass wir lange und intensiv darüber nachdenken mussten, ob wir den Mut hatten jemals wieder eine weitere Göttinnen-Veranstaltung zu organisieren. Wir hatten für die Teilnehmerinnen eine erstaunliche Veranstaltung geschaffen. Wir hatten unser Allerbestes getan, aber das war für manche nicht genug. War es das wert weiterzumachen?

Nachdem wir lange in uns gegangen waren, entschieden wir uns weiterzumachen, aber als wir die zweite Goddess Conference planten, machten wir uns Sorgen darüber, woher die nächste Attacke kommen könnte. Unser erstes Jahr der Planung war eine Zeit von großer Freude und Aufregung, aber unser zweites Jahr war überschattet von unserer Angst, wieder angegriffen zu werden. Zum Glück passierte es nicht noch einmal in dieser Weise und die zweite Konferenz war auch wunderbar. Wir lernten aus dieser Erfahrung viel über unsere Grenzen und unser Wunsch, die Göttin zu lieben und ihr zu dienen so gut wie wir können, wurde stärker.

Es scheint so, dass keine von uns von dieser Erfahrung verschont bleiben kann. Wenn eine Frau versuchen sollte, sich selbst aus den Krallen patriarchalen Denkens zu erheben, scheint es unglücklicherweise so, als wäre da immer eine andere Frau, die versuchen wird sie zu Fall zu bringen. Offensichtlich ist das eine völlig selbstzerstörerische Strategie für alle Teile der Frauen- und Göttinnen-Bewegung, wo wir ganz bestimmt Ermutigung und Unterstützung auf der Reise brauchen, das Patriarchat zu transformieren.

Priesterinnen wurden in der westlichen Welt viele hunderte von Jahren nicht mehr geehrt. Wenn wir diesen Titel für uns selbst beanspruchen, heben wir automatisch unseren Kopf über die Brüstung und werden in der Welt sichtbar. Wir werden nicht unbedingt als das gesehen, was wir sind, sondern durch den Nebel der Projektionen anderer Leute. Sie projizieren auf uns, was sie glauben oder fürchten, dass dieser Titel bedeuten könnte. Im Großen und Ganzen werden Männer uns offen in der Öffentlichkeit angreifen, wo wir sie sehen können, wenn sie ihren Hohn und ihre Verachtung ausdrücken. Wir können auf diese Angriffe offen antworten. Frauen werden uns oft im Geheimen angreifen, so dass wir nicht wissen, woher der Angriff kommt, und deswegen ist es viel schwieriger damit umzugehen.

Wir hören Getuschel und Gerüchte von der Freundin einer Freundin, die sagt:

„Was glaubt sie, wer sie ist, dass sie sich selbst eine Priesterin von Avalon nennt? Was gibt ihr das Recht dazu? Sie glaubt wohl wirklich, dass sie etwas Besonderes ist!"

Meistens sprechen diese Frauen nicht direkt mit uns, so dass wir ihre Fragen beantworten können, weil eine Antwort auf diese Frage nicht erwünscht ist. Es reicht, die Integrität einer Frau in Frage zu stellen, sie in den Schmutz zu ziehen und zu zeigen, dass sie keine weiße Weste hat, anstatt ihr eine Stellung zuzugestehen, die weit über unseren Horizont hinausgeht. Es scheint wichtiger, sie von ihrer Gemeinschaft zu isolieren und sie zum Sündenbock zu machen als uns mit unseren eigenen zugrunde liegenden Ängsten, Fehlschlägen und unserem geheimen Einverständnis auseinanderzusetzen.

Als eine Gemeinschaft von Frauen sind wir auf einer langen Reise der Selbstheilung. Unter der Herrschaft des Patriarchats haben wir viele Verhaltensmuster, die unsere Entwicklung zur gleichgestellten Mehrheit der Menschheit untergraben. Wie für die Männer gibt es für uns viele Dinge, die wir in unserer Frauengesellschaft ändern müssen, und es fängt mit der Art an, in der wir miteinander persönliche Beziehungen pflegen. Im Wesentlichen müssen wir als Frauen aus unseren Kindheits-Komplexen herauswachsen und heilen, damit wir reifere Beziehungen führen können, in denen wir einander auf unserer herausfordernden Reise, wir Selbst zu werden, unterstützen und ermutigen können. Und ja, wir alle werden Fehler machen, wir werden uns nicht perfekt verhalten, wir werden Dinge falsch machen. In diesen Zeiten brauchen wir am allermeisten Unterstützung, um unsere unbewussten Muster zu verstehen und neue Verhaltensmöglichkeiten zu erkennen anstatt für unser Versagen dabei, dem Perfektions-Ideal anderer Leute zu entsprechen, verurteilt zu werden.

Die Heilreise der Frauen beginnt damit, dass jede einzelne von uns sich verpflichtet, niemals eine andere Frau oder einen anderen Mann zu untergraben. Wenn wir etwas zu sagen haben, sagen wir es ihr ins Gesicht. Wir reden nicht hinter ihrem Rücken über sie, wo sie unseren Projektionen gegenüber machtlos ist. Greife sie nicht privat an, während du ihr öffentlich ins Gesicht lächelst.

Sag deine Wahrheit, oder halt deinen Mund.

Es ist essentiell, das wir anfangen unserer eigenen Angst davor ins Auge sehen, jenen unsere Wahrheit zu sagen, die scheinbar stärker als wir sind, deren Mut aber nur die Ängste überdeckt, mit denen sie täglich leben müssen. Durch unsere Worte und Taten wird die Welt verändert.

Der Orchard von Avalon

Ursprünglich hatte ich mich entschieden, Menschen darin zu unterrichten, wie sie Priesterinnen von Avalon werden können, weil ich der Inspiration der Lady folgte und weil es Dinge gab, die ich weitergeben wollte. Ich war so sehr damit beschäftigt, die Ausbildung richtig hinzubekommen, dass ich völlig vergaß darüber nachzudenken was passieren würde, wenn die Priesterinnen das Training abgeschlossen hatten. Erst nachdem das erste Ausbildungsjahr zu Ende war, erkannten wir, dass die Priesterinnen natürlich in Kontakt miteinander bleiben und weiterhin zusammenarbeiten wollten. Rückblickend betrachtet liegt es auf der Hand, aber ich hatte einfach nicht über die Konsequenzen nachgedacht, die es haben würde, viele Jahre lang Priesterinnen auszubilden. Mit dem Ende jeder Ausbildung gibt es mehr Priesterinnen und heute gibt es 86 selbstinitiierte Priesterinnen von Avalon in der Welt, und 23 weitere in Ausbildung.

Heute ist der Orchard von Avalon die Gesamtgruppe, zu der alle Schwestern, Brüder und Priesterinnen der Göttin und von Avalon gehören können. Dazu gehören auch Frauen, die verwandte Priesterinnenausbildungen bei Frauen, die mit mir gelernt haben, so wie Suthisa Hein und Sandra Warmerdam in den Niederlanden, Samantha Linasche in Kalifornien und Sandra Roman in Argentinien, abgeschlossen haben. Wie schließen auch Priesterinnen ein, die sich im Laufe der Zeit aus eigenem Recht der Lady von Avalon geweiht haben. Im Orchard gibt es verschiedene Lichtungen und Haine von Priesterinnen, die miteinander in der Ausbildung waren, die nahe beisammen wohnen und so weiter.

Der Orchard hat seine eigene yahoo-Gruppe und seinen eigenen Newsletter, *Goddess Within*, der von Priesterinnen herausgegeben wird und Neuigkeiten und Informationen an Abonnenten weitergibt. Manche Priesterinnen sind aktiv im Orchard und in Glastonbury und andere bewegen sich an der Peripherie in der äußeren Welt. Sie sind als Priesterinnen hauptsächlich in ihren Heimatorten tätig und bleiben in Kontakt.

Nahezu von dem Moment an, als der Orchard begann, sich als eine autonome Gruppe Gleichgestellter zu treffen, brachen Konflikte zwischen den Leuten aus und wir wussten nicht, wie dir damit umgehen sollten. Wir waren mit vielen der üblichen Herausforderungen konfrontiert, die zwischen Frauen auftauchen. Dazu gehören Konkurrenz und Betrug wegen Männern, Verleumdung, Eifersucht, andere im Geheimen zu untergraben, Verlust von Vertrauen und Glauben; tatsächlich viele der Probleme, die von Phyllis Chesler in *Woman´s Inhumanity to Woman* aufgedeckt werden und früher schon beschrieben wurden. Wir stellten fest, dass es für ehemalige Ausbildungsteilnehmerinnen schwer war, sich von einem Lehrkreis zu einer Gruppe Gleichgestellter zu entwickeln. Es gab weiterhin Übertragungen und Projektionen auf ihre Lehrerin. Als eine Ansammlung ziemlich selbstreflektierter Frauen und Männer, die miteinander durch einen tiefgehenden Prozess gegangen waren, bemerkten wir, dass wir alle anfällig für automatische Verhaltensweisen sind und oft nicht wissen, wie wir miteinander gut umgehen. Manche Priesterinnen fühlten sich vom Orchard gänzlich abgestoßen und wollten sich nicht daran beteiligen Konflikte zu lösen, die sich anfühlten, als hätten sie nichts mit ihnen zu tun. Diese Priesterinnen leben nun völlig selbstgenügsam in der Welt und wir lernen, wie wir als größere Gruppe zusammensein können.

Der Orchard hat sich mittlerweile seit den frühen Tagen etwas beruhigt, ist aber gerade erst dabei sich zu einer voll funktionsfähigen Organisation zu entwickeln. Priesterinnen sind von Natur aus sehr individualistische Menschen. Sie wollen einfach nicht zu einer Gruppe gehören oder sich möglicherweise als Teil von etwas wiederfinden, dass andere einen Kult nennen könnten. Keine von uns will das. Wir alle glauben an unsere direkte persönliche Verbindung zur Göttin, die von niemand anderem vermittelt wird. Wir sind nun unterwegs herauszufinden, wie wir kooperieren und kreativ zusammenarbeiten können, um die Göttin zurück in die Welt zu bringen, und dabei unsere Individualität behalten können. Das Überwinden all dieser heiklen Stellen ist Teil der Entwicklung des Orchards.

Die Priesterinnen bleiben innerhalb des Orchards gute und manchmal lebenslange Freundinnen der Menschen, mit denen sie im gleichen Ausbildungsjahr waren. Sie treffen sich und arbeiten zeremoniell mit Priesterinnen aus anderen Jahren im Goddess Temple zusammen, bei der Goddess Conference, bei den Tribe of Avalon-Veranstaltungen in London und bei Priesterinnen-Pilgerfahrten zu anderen Orten und in andere Länder. Innerhalb des Orchards werden diejenigen, die das erste Jahr abgeschlossen haben, Schößlinge – Juniormitglieder des Orchards, bevor sie nach dem Ende des zweiten Jahres Äste werden und dann nach der Selbstinitiation als Priesterinnen von Avalon voll ausgewachsene Bäume.

Im Zentrum des heiligen Rades

Die Glastonbury Goddess Conference

REGENBOGEN-PFAD
Goddess Conference, Glastonbury

Wie nehmen den Weg zum Chalice Well während die Stadt erwacht
und uns aufnimmt, die Regenbogenschlange von uns, Frauen,
Hexen, Trommlerinnen, Priesterinnen, Heilerinnen, Mütter,
Künstlerinnen, Tänzerinnen, Töchter – die Sonne leuchtet am blauen Himmel
und Freude schimmert durch uns, eine Hitzewelle steigt auf.
Wir tragen neun Göttinnen, seelengewunden aus Weide,
neun Morgenen von der Insel Avalon reiten hoch
in Regenbogenfarben, prozessieren wieder
diesen geweihten Pfad durch heilige Erde und Wasser.
Vorbei an der weißen Quelle, hinauf in die grüne Weite
und den mühsamen Aufstieg zum Tor: langsam klettert der Körper,
die Seele steigt auf in die Winde, die Frauen feiern
ihren heiligen Pfad, einhundert Göttinnen-Banner fliegen.
Flaggen mit Regenbogenkraft und der Regenbogenschönheit von Frauen
in einem hellen Kaleidoskop der Farben, bewegen sie sich auf und ab
bis die Neun stehen als Krone von Licht, Regenbogenlicht,
das heilende Transformationen aus unseren Herzen ergießt,
ein strahlendes Netz der Liebe, das das Universum spinnt:
ein visionäres Gebet gesetzt gegen alle Kriege und alle Zerstörung,
gegen Verzweiflung und Gewalt, gegen allen Kummer und Schmerz
für jede der kostbaren, zarten, geliebten Welten der Erde
die in ihr Tag und Nacht ihr Leben voller Wunder leben.

Rose Flint

Die Glastonbury Goddess Conference ist eine fantastische, inspirierende und magische Veranstaltung, die jedes Jahr zur Lammaszeit in Glastonbury stattfindet. So wie schon beschrieben, fand die erste Konferenz 1996 als Folge einer direkt von der Göttin empfangenen Eingebung statt. Zu der Zeit, in der ich das schreibe, ist die Konferenz in ihrem elften Jahr. Aus der ganzen Welt kommen Teilnehmerinnen um das Füllhorn von Göttinnen-Pilgerfahrten, Zeremonien, Ritualen, Vorträgen, Workshops, Aufführungen, Ausstellungen, Kunst und Handwerk, Heilung, Poesie, Musik, Tanz, Gespräch, Lachen und Freude zu genießen. Tyna hat die Konferenz jetzt verlassen, um ihrer eigenen Kreativität zu folgen. Derzeit organisiere und leite ich die Konferenz selbst mit der Hilfe von Kreisen engagierter Priesterinnen von Avalon und anderer Traditionen und von Melissas, das sind wunderbare Menschen, die im Austausch für ein Konferenz-Ticket arbeiten, genauso wie Autorinnen, Dichterinnen, Künstlerinnen, Vortragende und Darstellerinnen.

Im Laufe der Jahre hat sich der Schwerpunkt der Konferenz entwickelt und verschoben. Als Tyna und ich damit anfingen, wollten wir einfach ein Forum für göttinliebende Frauen, die in Großbritannien leben, zur Verfügung stellen, damit sie ihre Göttinnen-Arbeit der Welt präsentieren konnten. Unser Ziel war es eine möglichst große Vielfalt an Ausdrucksformen und Informationen zu zeigen, von so vielen verschiedenen kreativen Frauen, wie wir einschließen konnten. Und viele wunderbare Frauen haben zum wachsenden Erfolg der Goddess Conference beigetragen. Das ist noch immer unser Ziel, aber im Laufe der Jahre hat sich unser Netzwerk an Kontakten erweitert und schließt nun göttinliebende Frauen aus anderen Ländern ein. Dazu gehören Australien, die Vereinigten Staaten von Amerika, die Niederlande, Ungarn, die Tschechische Republik und Italien. Sie alle haben der Konferenz Ideen und Begabungen zu bieten. Jedes Jahr feiern wir einen anderen Aspekt der Göttin, in einem vierjährigen Kreislauf von Jungfrau, Liebender, Mutter und Greisin.

Nach der Jahrtausendwende gab es immer mehr selbstinitiierte Priesterinnen von Avalon, die für das Durchführen und die Teilnahme an Zeremonien zur Verfügung standen. Durch Beschreibungen der eleusischen Mysterien in Griechenland wurde ich inspiriert, eine Goddess Conference zu entwickeln, die mehr auf Zeremonien basierte. Bei den eleusischen Mysterien reisten Pilger über mehrere Tage nach Eleusius, um die Mysterien von Demeter, der Kornmutter und Mutter der Natur, zu feiern. Der Höhepunkt war eine Zeremonie im Herzen der Mysterien, die niemand jemals enthüllte.

Im Jahr 2002 veränderten wir die Matrix, das Mutternetz der Konferenz, so dass auch die Konferenz eine fünftägige Pilgerfahrt wurde, bei der wir die Mysterien der Insel Avalon erforschen. Der Höhepunkt ist eine zentrale Zeremonie, die von der Magie der Göttin erfüllt ist. Weil die Goddess Conference in den Energien der Insel Avalon und in der Aura der Lady von Avalon stattfindet, schien es richtig, dass sich die Konferenz um den zeremoniellen Kreis der Lady von Avalon und ihre vielen Ausdrucksformen dreht.

Dadurch, dass die Konferenz eine Pilgerfahrt zur Göttin wurde, hat sie es Mitwirkenden und Teilnehmerinnen ermöglicht, mehr in die Energie der ganzen Erfahrung einzutauchen, wobei jede Person ihre eigene Energie und ihren eigenen Ausdruck in die ganze Mischung der Veranstaltungen einbringt. Diese Anteilnahme hat jeder von uns eine tiefe persönliche Erfahrung der Lady von Avalon gebracht. Im ersten Jahr war der Höhepunkt des Kreises der Mysterien eine tiefgründige Zeremonie im Goddess Temple, bei der die Pilgerinnen die Göttin als weiße, rote und schwarze Göttin trafen und von jeder ihren Segen erhielten. Im zweiten Jahr kamen die Pilgerinnen in die Gegenwart des Orakels der neun

Im Zentrum des heiligen Rades

Morgenen, der neun Schwestern von Avalon, und empfingen deren Weisheit. Im Jahr 2003 veranstalteten wir eine kraftvolle Heilzeremonie in einem Kreis von neunzehn Brides. 2004 nahmen wir Maeves heiligen roten Met auf und hielten eine ekstatische Tanzzeremonie ab. Die Reise in die Mysterien der Göttin geht weiter, entwickelt sich und wird jedes Jahr tiefgehender. Weitere Informationen und Bilder der Konferenz sind hier zu finden: www.goddessconference.com

Der Glastonbury Goddess Temple

Im August 1999 verbrachten Mike und ich nach dem Ende der Goddess Conference einen wohlverdienten Urlaub in Griechenland. An einem der Tage reisten wir zum Olymp, dem Berg, der das berühmte Heim der Götter und Göttinnen ist. Auf der langen Busfahrt fuhren wir über eine flache Ebene und konnten den Berg vor uns nicht sehen, weil er von Nebel umhüllt war. Als wir näher kamen, teilten sich die Nebel, genau wie es auch in Avalon passieren kann, und dort vor uns lag der wunderschönste Berg. Er hatte viele Gipfel, für jede Göttin des griechischen Pantheon einen. Obwohl er vom patriarchalen Zeus übernommen wurde, ist der Berg ursprünglich eine wunderschöne Landschaft der Göttin. Die Besucherinnen können immer noch einem gewundenen Pfad zwischen hohen Zinnen folgen. Daneben führt ein schnell fließender Bach ins Zentrum des Berges, wo eine heilige Quelle dem Boden entspringt.

Am Fuß des Berges sind die Überreste der Stadt Dion und unter den ältesten Ruinen sind einige Göttinnen-Tempel, darunter ein teilweise intakter Isis-Tempel. Nahezu überall, wo wir in der griechischen oder römischen Welt hinreisen, sind die ältesten Tempel immer Göttinnen-Tempel, während die jüngeren den Göttern geweiht sind. Ich bin zutiefst traurig, dass überall wo wir in der westlichen Welt hinreisten, die Tempel der Göttin immer zerstört waren. Sie erzählen von einer alten, weitverbreiteten göttinliebenden Kultur, die lange vergangen und vergessen ist.

An diesem Ort kam mir die Idee, einen zeitgenössischen Göttinnen-Tempel in Glastonbury für die heutige Zeit zu schaffen. Die Goddess Conference war für viele Frauen und Männer ein Höhepunkt des Jahres, wo wir alle zusammenkamen um die Göttin in all ihrer Pracht zu feiern. Wäre es nicht wundervoll, wenn wir uns genauso während des übrigen Jahres regelmäßig in unserem eigenen Göttinnen-Tempel versammeln könnten, um sie zu verehren? Wäre es nicht wundervoll, unseren eigenen heiligen Raum zu haben, der der Göttin geweiht war? Und wäre es nicht großartig, unseren Göttinnen-Tempel im ersten Jahr des neuen Jahrtausends zu erschaffen, um unsere Hoffnung, die Göttin ins öffentliche Bewusstsein zurückzubringen, zu verankern?

Obwohl es Göttinnen-Tempel in Indien und dem Osten gibt, hatte ich nur von einem einzigen Göttinnen-Tempel in der modernen westlichen Welt gehört. Dies ist ein offener Schrein in Arizona in den USA. Es war an der Zeit, unseren eigenen Goddess Temple in Glastonbury zu erschaffen. Als wir aus dem

Avalon - Erste Spirale

Urlaub zurückkamen, sprach ich mit Freunden über die Idee, einen Goddess Temple zu gründen. Ich berief ein Treffen von allen ein, von denen ich dachte, dass sie daran interessiert sein könnten diese Idee zu unterstützen.

Im Laufe der nächsten paar Monate trafen sich verschiedene Gruppierungen von Menschen, um die Idee des Goddess Temple voranzubringen. Wir verbrachten Stunden damit zu besprechen, was es bedeuten würde unseren eigenen Tempel zu haben, wie wir ihn finanzieren würden, wie wir ihn mit Personal versorgen würden, wie wir ihn dekorieren würden und so weiter. Wir eröffneten ein Bank-Konto und einige von uns richteten monatliche Daueraufträge für Spenden an den Tempel ein. Wir beschlossen am Montag, dem 29. Mai 2000 eine Eröffnungszeremonie mit Picknick für den Göttinnen-Tempel zu veranstalten. Auf dem Poster stand:

Triff dich bei der Eröffnungszeremonie mit Picknick für den Goddess Temple mit den göttinliebenden Frauen und Männern aus Glastonbury. Eine Gruppe Menschen hat die Vision, einen Goddess Temple in Glastonbury zu schaffen, der als ein heiliger Raum, wo die Lady von Avalon geehrt wird, öffentlich zugänglich sein wird. Wir sind in dem Prozess, Energie zu erzeugen, Menschen zu versammeln und Geld aufzubringen. Bis wir wirklich einen eigenen Tempel gebaut haben, haben wir uns entschieden, regelmäßige Goddess-Temple-Zeremonien an verschiedenen Plätzen in Glastonbury abzuhalten, um mitzuhelfen, diese Vision in die Realität zu bringen. Das ist unsere erste Zeremonie!

Während der Zeremonie werden wir in einer speziellen Wanne Samen säen, um die Samen unseres zukünftigen Goddess Temple zu symbolisieren, die wir anpflanzen. Wir werden auch eine Kollage unserer Visionen für den Goddess Temple herstellen.

Für diese erste Zeremonie schmückten wir den Miracles Room im Hof der Glastonbury Experience als einen Göttinnen-Tempel und hielten ihn den ganzen Tag geöffnet, damit Menschen kommen und in diesem heiligen Raum beten konnten. Viele Menschen kamen und nahmen an der Zeremonie teil, in der wir Samen für unseren zukünftigen Goddess Temple säten, unsere Beiträge zu einer Tempel-Manifestations-Kollage lieferten, zur Göttin beteten und für sie sangen, Erdbeeren aßen und Champagner tranken. Unsere erste Zeremonie war ein großer Erfolg.

Im Laufe der folgenden Monate wuchsen die Samen in der Wanne und blühten auf. Wir fingen an, für jedes der Jahreskreisfeste einen temporären Goddess Temple im Miracles Room oder im Georges Room in der Glastonbury Experience zu gestalten. Wir verwendeten die großen Weiden-Göttinnen, die für die Goddess Conference gestaltet worden waren, als Fokus für unsere Verehrung. Wir verbrachten einen halben Tag damit, um den Raum zu dekorieren, hielten ihn drei bis vier Tage lang für Gebet und Meditation öffentlich zugänglich und hielten eine öffentliche Zeremonie ab, um die Göttin des jeweiligen Jahreskreisfestes zu feiern. Am Ende der drei Tage räumten wir alles wieder

Im Zentrum des heiligen Rades

weg, brachten die Göttinnen-Statuen und -Bilder in einen Lagerraum und verstauten die Materialien und die Dekorationen. Mike Jones, der Manager der Glastonbury Experience, die Isle of Avalon Foundation und der Glastonbury Trust unterstützten uns während dieser ganzen Zeit, so wie sie es noch heute tun, und ermöglichten es uns, unser neues Unternehmen zu entwickeln. Ohne ihre Hilfe und Großzügigkeit wäre es viel schwieriger gewesen und wir sind ihnen dafür sehr dankbar.

Im September 2000 wurde die Coeur-Gruppe des Goddess Temple vom Management-Komitee der Glastonbury Assembly Rooms angesprochen und gefragt, ob wir daran interessiert wären, die Assembly Rooms als Goddess Temple zu nutzen. Die Assembly Rooms sind ein großes Gebäude, das im Besitz einer Gemeinschaft ist und das im Laufe der vorangegangen Jahre ziemlich heruntergekommen war. Nun war eine große Kapitalinvestition nötig, um das Dach zu reparieren, die Dämmung zu erneuern und so weiter. Dieses Angebot erschien uns wie eine Gelegenheit, die wir nicht verpassen sollten, weil es uns einen wundervollen, großen Raum für den Goddess Temple zur Verfügung stellen würde. Wir fingen an herauszufinden, was dazu nötig sein würde. Die Göttin schien uns zu sagen, dass wir diesen Pfad beschreiten und sehen sollten, wo er uns hinführte.

Sobald die Idee an die Öffentlichkeit kam, waren die Goddess Temple-Gruppe und ich im Besonderen einem Pfeilhagel von Zorn in lokalen Zeitungen und einem lokalen E-Mail Netzwerk in Glastonbury ausgesetzt. Die Idee eines Göttinnen-Tempels in einem Raum, der der Gemeinschaft gehörte, war für viele Menschen offensichtlich nicht akzeptabel und wir wurden beschuldigt, den Menschen die Assembly Rooms wegzunehmen, obwohl das Management Team zuerst an uns herangetreten war. Monate des Konflikts endeten in einer Abstimmung der Teilhaberinnen, die sich dafür entschieden, die Dinge in den Assembly Rooms so zu lassen, wie sie waren. Wir waren immer nur daran interessiert gewesen, das Gebäude zu übernehmen, wenn die Mehrzahl der Teilhaberinnen es wollte. Die Gemeinschaft insgesamt war jedenfalls nicht bereit für ein solches Unterfangen. Wir waren erleichtert, dass uns das Gewicht eines möglicherweise riesigen Bauprojektes mit entsprechenden Schwierigkeiten, das Geld aufzubringen, von unseren Schultern genommen worden war. Während dieser Zeit fuhren wir fort, Räume in der Glastonbury Experience zu dekorieren und zu den acht Jahreskreisfesten Zeremonien abzuhalten.

Im Sommer 2001 hörten wir, dass die alte Bridget-Kapelle in der Glastonbury Experience wegen andauerndem, unsachgemäßem Gebrauch geschlossen werden sollte. Die Bibliothek von Avalon sollte in den größeren Raum im Erdgeschoss umziehen und so würde die Ark (Arche), ein großer Raum im ersten Stock, leer sein und für den Goddess Temple zur Verfügung stehen. Es dauerte einige Monate, bevor wir in unseren eigenen Raum ziehen konnten, weil die Bauarbeiten in den unterschiedlichen Räumlichkeiten nicht enden wollten. Wir erhielten die Schlüssel zur Ark zur Wintersonnenwende und begannen mit unserer Renovierungs- und Dekorationsarbeit. Wir malten den Raum in Schattierungen von Lavendel und Violett aus und legten einen ebensolchen Teppich aus. Viele Menschen kamen, um zu helfen. Unter ihnen waren Alison Waite, Ark Redwood, Brian Charles, Colette Barnard, Geraldine Charles, Irene Sheppard, Jill Smith, Rachael Clyne und Sandra Brant und es baute sich Energie auf. Zu Imbolc 2002 eröffneten wir den Goddess Temple mit einer speziellen Einweihungszeremonie, bei der wir den Tempel der Göttin als Lady von Avalon für die Öffentlichkeit weihten. Im Lauf des ersten Jahres verankerten wir bei jedem der acht Jahreskreisfeste die Lady inniger in ihrem Tempel.

Es erschien uns wichtig, den Goddess Temple in erster Linie der Lady von Avalon zu weihen, weil wir in Glastonbury und Avalon leben. Wir holen die uralte Idee zurück, dass bestimmte Göttinnen unmittelbar mit dem Land, auf dem wir leben, verbunden sind. Wir ehren auch die neun Morgenen und alle Göttinnen auf Britannias heiligem Jahresrad. Unsere jahreszeitlichen Zeremonien basieren ebenfalls auf der Arbeit mit Britannias heiligem Rad, aber wir heißen im Goddess Temple auch Menschen willkommen, die die Göttin in anderer Gestalt und anderen Traditionen verehren.

Anfangs öffneten wir den Tempel zwei Tage pro Woche für die Öffentlichkeit. Er wurde von freiwilligen Melissas betreut, die sich um den Raum kümmerten. Seit dieser Zeit haben wir den Tempel schrittweise für immer mehr Tage pro Woche geöffnet und jetzt ist er üblicherweise an sechs Tagen pro Woche von Mittag bis vier Uhr nachmittags geöffnet. Der Goddess Tempel hat eine wunderbare Energie und ist ein Platz, an dem Menschen beten, meditieren, Kerzen anzünden, Botschaften an die Göttin hinterlassen, schlafen, singen und tanzen – was immer sie in diesem Raum bewegt. Viele Menschen, die Glastonbury besuchen, kommen in den Tempel. Oft erleben sie dort das erste Mal einen Raum der Göttin. Meist lieben sie die Farbe, die Dekoration, die Energie und den Frieden, den sie im Tempel finden.

Öffentliche Zeremonien finden zu jedem der acht Jahreskreisfeste statt, außerdem Heilzeremonien, Trancereisen und Orakel-Zeremonien zu den Neumonden und Vollmonden und andere Zeremonien zwischen diesen Mondphasen. Wir suchen immer Melissas, die uns helfen den Raum zu betreuen, und Menschen, die uns neue Ideen für Veranstaltungen vorschlagen und sie leiten. Wir wollen, dass der Tempel von göttinliebenden Menschen aller Glaubensrichtungen genutzt wird.

Am 18. Juni 2003 wurden wir nach Monaten des Diskutierens und Ausfüllens von Formularen von den herrschenden Kräften, der Registry of Places of Worship, offiziell als eine Andachtsstätte anerkannt. Wir glauben, dass wir der erste offiziell anerkannte, einheimische, öffentliche Göttinnen-Tempel in Europa seit mehr als etwa 1.500 Jahren oder vielleicht überhaupt sind.

Der Goddess Temple ist im Herzen der Priesterinnen und der Einwohner sowie in den Herzen vieler Menschen weltweit ein ganz besonderer Ort. Menschen aus der ganzen Welt reisen über tausende von Meilen weit, um den Goddess Temple zu besuchen und in den Energien der Göttin zu baden. Die folgen-

Im Zentrum des heiligen Rades

den Glaubensgrundsätze der Gemeinde haben wir bei der Registry of Places of Worship eingereicht:

1. *Wir glauben an die Große Göttin, die die Eine und die Vielen ist, die immanent und transzendent, persönlich und überpersönlich, gleichbleibend und veränderlich, lokal und universal, innerhalb und außerhalb all ihrer Schöpfung ist und sich durch den Zyklus ihrer Jahreszeiten und das Jahresrad offenbart.*

2. *Wir glauben, dass sich die Göttin durch ihre ganze Natur und das heilige Land manifestiert und durch Visionen und Träume, durch Wahrnehmungen und Erfahrungen, Imagination, Zeremonien und Gebet kommuniziert. Wir glauben, dass keine Form von Worten sie jemals umfassen kann.*

3. *Als das Volk der Göttin von Avalon glauben wir an die Göttin, die die Lady von Avalon ist, so wie sie sich durch die Landschaft, Mythologie und Kultur der Insel Avalon und in Glastonbury ausdrückt.*

Das Wunderbare an unserem Goddess Temple ist, dass es in der Göttinnen-Spiritualität keine Vorschriften darüber gibt, was wir im Göttinnen-Tempel tun können und was nicht. Es gibt kein Buch, dass uns vorschreibt, was wir glauben müssen, was bestraft wird und was verboten ist. Es steht uns frei, die Göttin auf die Art zu verehren, die wir wollen, sofern diese Art der Verehrung innerhalb der Gesetze des Landes, in dem wir leben, liegt und sie sich für uns richtig anfühlt. Es steht uns frei, unsere Spiritualität gemeinsam zu erforschen und auszudrücken.

Der Goddess Temple wird vollkommen durch freiwillige Spenden von Zeit, Energie und Geld erhalten und zwar von den Priesterinnen, dem Volk der Göttin von Avalon (Tuatha De Avalon) und der Öffentlichkeit. Wir haben Freunde des Tempels, die im Austausch gegen eine jährliche Spende zur Unterstützung des Tempels über Zeremonien und Veranstaltungen auf dem Laufenden gehalten werden. Wir haben Tempel-Madrons, die dem Goddess Temple großzügigerweise regelmäßige, monatliche Spenden zukommen lassen, genauso wie einzelne göttinliebende Menschen, die einmalig spenden. Wir haben einen Baufundus und planen in der Zukunft in größere Räumlichkeiten umzuziehen und unseren eigenen, für diesen Zweck erbauten, Göttinnen-Tempel in der Landschaft von Avalon zu erschaffen.

Gegenwärtig, und vor allem während der Sommermonate, wenn viele Besucher nach Glastonbury kommen, ist der Goddess Tempel bei Zeremonien überlaufen. Wir suchen jetzt aktiv nach neuen Räumlichkeiten, die Platz bieten sollen für einen größeren Tempelraum, kleinere Räume mit Schreinen, einen Seminarraum, Räume für Kreativität, Räume zum Träumen, einen Geburtsraum, einen Sterberaum, Schlafräume für Priesterinnen, Wellness-Einrichtungen, ein

Avalon - Erste Spirale

Café, ein Büro und Platz im Freien für Gärten, Steinkreise, heilige Hügel und andere Plätze. Wir haben damit begonnen, Geld für diese erweiterte Vision zu sammeln.

Inspiriert vom Glastonbury Goddess Temple und auch anderen göttinliebenden Individuen, wachsen jetzt Göttinnen-Tempel in den Niederlanden, Ungarn, Schweden und Australien, ein Freiluft-Sekhmet-Tempel in Nevada, USA und der Orange County Göttinnen-Tempel in Kalifornien. Wir hoffen, dass überall in Großbritannien und auf der Welt Göttinnen-Tempel aufblühen werden. Auf der Internetseite www.goddesstemple.co.uk gibt es mehr Informationen über den Glastonbury Goddess Temple, darüber wie man dafür spenden kann und Verbindungen zu anderen Göttinnen-Tempeln rund um die Welt. Die Postadresse lautet: *The Glastonbury Goddess Temple, The Courtyard, 2-4 High Street, Glastonbury, Somerset, BA6 9DU, UK.*

---

[1] *Orchard* bedeutet übersetzt Obstgarten, ist aber hier als Eigenname für diese Gruppe zu verstehen.

[2] Weitere Informationen über Münzen, die das Bild Britannias zeigen, sind hier zu finden: http://www.24carat.co.uk/index.html

[3] Dieses Buch ist unter dem Titel: *Der Millionste Kreis* auf Deutsch erschienen.

[4] Auf Deutsch erschienen unter dem Titel: *Schamanismus und archaische Ekstasetechnik.*

[5] Noch nicht auf Deutsch erschienen.

Zweite Spirale

Eine Priesterin der Göttin werden

Avalon - Zweite Spirale

Die Weihe zur Priesterin der Göttin

In der Ersten Spirale der Reise zur Priesterinnenschaft, geht es hauptsächlich darum, unsere persönliche Beziehung zur Göttin zu vertiefen, indem wir ihre verschiedenen Ausdrucksformen als Jungfrau, Liebende, Mutter und Greisin und als Mutter der Elemente kennenlernen, die sie uns zeigt, während das Jahr sich dreht. Wir nehmen an einer Serie von Zeremonien teil, die unsere Erfahrung ihrer natürlichen Welt verstärken und ihren Kreislauf der Transformation kennzeichnen. Sie zeigen uns, wie sich in der Natur und in unserem eigenen Leben Veränderungen ergeben.

Während der Zweiten Spirale lernen wir, wie wir wahre Herzenspriesterinnen der Göttin werden, und entwickeln unsere Gaben und Talente im Dienst der Lady weiter. Unser Lernfokus verschiebt sich darauf, wie wir am besten der Göttin, ihrem Volk und ihrer Natur dienen können statt uns selbst. Wir entwickeln die praktischen Fähigkeiten einer Priesterin der Göttin und haben die Gelegenheit, tiefer in die Mysterien ihrer Natur einzudringen. Während der Zweiten Spirale tauchen genauso persönliche Herausforderungen auf wie während der Ersten Spirale – und oft auf einer tieferliegenden Ebene.

Wir beginnen das Jahr damit unser Weiheversprechen, dass wir beim Abschluss der Ersten Spirale gegeben haben, aufzuarbeiten und zu vertiefen. Wir entwickeln unser Verständnis davon, was es heißt eine Priesterin der Göttin und von Avalon zu werden. Wir lernen Priesterinnenfertigkeiten, die in unserer täglichen Welt verlorengegangen sind, und erforschen, was es für uns heißt in der Welt aufzustehen und als Priesterin der Göttin wahrgenommen zu werden. Wir lernen die Fertigkeiten der Zeremonienleiterin, die fähig ist einen rituellen Rahmen zu schaffen, in dem sich die Energie der Göttin manifestiert. Wir lernen die Zeichen der Göttin in der Natur zu lesen und entwickeln unsere Intuition, indem wir mit Hilfe der Elemente der Göttin wahrsagen. Wir fahren fort, unser Einfühlungsvermögen in das Leiden anderer weiterzuentwickeln und lernen, wie wir echte Seelenratgeberinnen und spirituelle Freundinnen werden können. Wir reisen für Heilung, Führung und Seelenteilrückholung zwischen den Welten. Wir nehmen die alten Traditionen des Orakels und der Verkörperung der Göttin in Zeremonien und in unserem täglichen Leben wieder für uns in Anspruch. Wir erleben die transformierenden Kräfte des Labrynths – sowohl als universelles Göttinnen-Symbol als auch in der physischen Form, in der es auf den Hängen des Glastonbury Tor manifestiert ist. Wir planen und gestalten die Zeremonie, bei der wir uns als Priesterinnen der Göttin selbst initiieren.

Unser Weiheversprechen vertiefen

Der Göttin bei einer Zeremonie ein Weiheversprechen abzugeben, ist ein heiliger Akt. Dieser Akt hat Bedeutung und Kraft und initiiert uns in neue Bereiche der Hingabe an die Göttin und der Verbindlichkeit ihr gegenüber. Es sind nicht nur ein paar Worte, die wir auf ein Stück Papier geschrieben, auswendig gelernt, vor unseren Schwestern und Brüdern bei der Weihe ausgesprochen und dann in eine Schublade gelegt und vergessen haben. Ein Weiheversprechen ist eine lebendige Sache, etwas, mit dem wir täglich arbeiten, um unsere spirituelle Beziehung mit der Göttin zu entwickeln.

Nach der Weihezeremonie ist es für alle neuen Schwester und Brüdern von Avalon wichtig, auf einer täglichen Basis zu erforschen, was genau das Versprechen, das wir der Göttin gegeben haben, für uns bedeutet und welche Auswirkung es spirituell und praktisch auf unser tägliches Leben hat. Wir alle erwecken die Göttin zum Leben, indem wir sie verehren: durch die Handlungen, die ihr gewidmet sind, durch unseren kreativen Ausdruck, unsere Zeremonien, Lernen, Praxis, Kunst, Musik, Tanz, durch unser ganzes tägliches Leben. Die Göttin drückt sich selbst in der Welt durch ihre Natur aus und sie kann sich durch uns manifestieren, die wir sie lieben. Ohne uns hat sie keinen kreativen, menschlichen Ausdruck in der Welt.

Wir haben alle verschiedene Talente, Fähigkeiten und Lebensumstände durch die wir die Bedeutung unseres Versprechens ausdrücken können. Manche von uns sind Musikerinnen und können für die Göttin singen; manche sind Schriftstellerinnen und können Gedichte, Theaterstücke und Prosa für sie schreiben; manche sind Schauspielerinnen und können die Mythen und Energien der Göttin verkörpern; manche sind Künstlerinnen und können für sie malen, bildhauerisch gestalten oder Kunsthandwerk anfertigen; manche sind Heilerinnen und können mit dem Segen der Göttin heilen. Manche von uns sind alleinstehend, manche haben Familien, manche arbeiten Vollzeit, manche sind körperlich behindert oder krank. Bei der Erfüllung unseres Versprechens unter diesen vielen verschiedenen Umständen müssen wir alle lernen, die Stimme der Lady zu erkennen, die zu uns spricht. Wir alle müssen es wagen, nach ihren Anweisungen für unser Leben zu handeln und ihre Wünsche in der Welt auszudrücken.

Die Weihe zur Priesterin der Göttin

Wir lernen ihre Stimme zu hören, indem wir Zeit mit ihr verbringen, auf ihre Weisheit in uns lauschen und auf ihre Wahrheit für uns. Wir erkennen die Kraft, die es hat, nach ihren Anweisungen zu handeln, indem wir sehen was passiert, wenn wir dem folgen, was wir hören oder in uns spüren. Wir experimentieren in dem Wissen, dass sie uns niemals anweisen wird etwas zu tun, das uns oder jemand anderem schaden wird. Sie ist eine wohlmeinende, liebende Göttin. Dennoch wird sie uns zu den Punkten bringen, wo unsere Wunden verborgen sind, damit wir sie mit ihrer Hilfe in ihrer liebevollen Gegenwart heilen können.

Erneuere weiterhin deinen persönlichen Altar im Kreislauf der Jahreszeiten, und verbringe jeden Tag Zeit damit, zu ihr um Führung und Inspiration zu beten und danke ihr für alles, was sie dir gibt.

Der Abschluss der Zweiten Spirale führt uns zu einer zweiten Weihe und Initiation, bei der wir eine Priesterin der Göttin werden. Wieder ist es wahrlich kein leichter Schritt, und während der ganzen Zweiten Spirale werden wir von innerhalb und außerhalb hinsichtlich unserer wahren Bestimmung und Absicht infrage gestellt. Genauso werden wir hinterfragen, ob das wirklich der Weg für uns ist. Die Rolle einer Priesterin der Göttin ist hauptsächlich eine öffentliche Rolle, keine private Fantasie, und sie ist nicht für jede das Richtige. Möglicherweise ist es nicht das Richtige für dich. Wir können uns der Göttin hingeben und ihr unser Leben weihen ohne ihre Priesterin zu werden. Wir brauchen nicht das Gefühl haben, gescheitert zu sein, wenn wir uns dazu entschließen. Die Göttin wird andere Pläne für uns haben, wie wir ihr auf eine andere Art dienen können.

So wie in der Ersten Spirale ist es wichtig, während der Zweiten Spirale Unterstützung auf unserer Reise zur Priesterinnenschaft zu haben. Auch im zweiten Jahr der *Im Herzen der Göttin*-Ausbildung sind die Teilnehmerinnen in kleineren Unterstützungsgruppen zusammen, die zwischen den Ausbildungswochenenden in Kontakt bleiben.

Ein/e Priester/in der Göttin werden

Der Weg der Priesterin ist in erster Linie ein Weg der Hingabe an die Göttin in der Gestalt, in der wir sie kennen und lieben, als die eine, universelle Göttin, die alle anderen umfasst: die große Mutter, die Lady von Avalon, und auf Brigits Inseln Britannia, Brigit, Ana, Artha, Eostre, Rhiannon, Blodeuwedd, Elen, Olwen, Domnu, Ker, Madron, Brigantia, Banbha, Ertha, Keridwen, Sheela na Gig, Danu und Arianrhod und in anderen Ländern, unter vielen anderen, Astarte, Diana, Hekate, Demeter, Kali oder Inanna. In der Zeiten Spirale weihen wir uns der Göttin, so wie wir sie im Zyklus ihrer Jahreszeiten auf Brigits Inseln und in der

Landschaft Avalons kennenlernen, mit all ihrer ehrfurchtgebietenden, liebevollen, transformativen Kraft.

Unser erster großer Initiationsschritt auf unserer Priesterinnenreise war es, der Göttin unser Leben zu weihen und anzuerkennen, dass sie uns durchs Leben führt, wohin immer sie uns bringen möchte und mit allem, was das bedeuten könnte. Das ist eine bedeutsame Hingabe der Kontrolle des Egos an eine liebende, unsichtbare Kraft, und es braucht Zeit, Glauben und Erfahrung, um sich wirklich hinzugeben. Wenn wir es tun, wird die Göttin uns nehmen und uns umformen, und alles, was sie in unserem Leben berührt, verändern.

Darüber hinaus, dass wir unser Leben der Göttin weihen, erfordert die Rolle der Priesterin noch mehr individuelle Hingabe. Denn eine Priesterin der Göttin liebt die Göttin, das Volk und die Natur der Göttin und dient ihnen mit ihrem ganzen Herzen, Verstand, Emotionen, Körper und Seele so gut, wie sie es kann. Wir bieten der Göttin all unsere Talente, Fähigkeiten, unsere Persönlichkeit und unsere Seele dar, damit sie in ihrem Dienst feingeschliffen werden können. Wir geben ihr auch unsere Hemmungen, Ängste, Depressionen, Frustrationen, unsere Negativität, Einsamkeit, unseren Wiederstand gegen Veränderung und all die psychologischen und materiellen Requisiten und Abhängigkeiten, die wir benutzen, um zu verhindern, dass wir Schmerz fühlen. Wir bieten ihr alles in uns dar, was verwandelt werden muss, damit wir ihr besser dienen können.

Eine Priesterin der Göttin ist immer im Prozess des Werdens. Uns selbst ihre Priesterin zu nennen, bedeutet nicht eine endgültige Aussage über eine erreichte Leistung zu machen, es kennzeichnet den Moment unserer Initiation in das, was Priesterinnenschaft für uns, und für jene, denen wir hoffen zu dienen, bedeutet. Als Priesterinnen lernen wir fortwährend, entwickeln uns weiter, wachsen und verfeinern, was genau es bedeutet, eine Priesterin der Göttin zu sein. Dies ist ein wiedergewonnener, erinnerter und doch immer wieder neuer Weg des Dienstes an der Göttin für das 21. Jahrhundert. Während der Zweiten Spirale lernen und üben wir die Fertigkeiten der Priesterin und bereiten uns auf die Selbstinitiation vor, indem wir so handeln als wären wir bereits initiiert.

Die Rolle der Priesterin hat sowohl öffentliche als auch private Anteile. Es reicht nicht, uns selbst Priesterinnen zu nennen und die Gaben der Göttin zu unserem Privatvergnügen zu bewahren, obwohl ihre Gaben sicherlich unser persönliches Leben bereichern werden. Die Rolle der Priesterin ist in erster Linie eine öffentliche Rolle. Sie wird durch unsere unterschiedlichen Persönlichkeiten ausgedrückt, mit all unseren großartigen Qualitäten und auch unseren Unzulänglichkeiten, die in einem Prozess der Verwandlung sind. Unsere Absicht als Priesterinnen ist es, aus unserer Seelennatur heraus zu handeln, mit Liebe, Warmherzigkeit, Mitgefühl, Klarheit, Vision, Weisheit, Bewegung und Stille. Als Priesterinnen sind wir immer auf der Reise ganz zu werden.

Heute gibt es, wenn überhaupt, nur wenige offizielle Priesterinnenausbildungen, die wir als junge Frauen oder Männer beginnen und zu einer erwachsenen Priesterinnenschaft reifen können. Dieser Tage fangen wir alle dort an, wo wir in unserer persönlichen Lebensreise stehen, egal ob wir 23 oder 63 sind,

Die Weihe zur Priesterin der Göttin

wenn wir die Stimme der Göttin hören. Viele angehende Priesterinnen erkennen den Ruf der Göttin in der Lebensmitte, wenn aus einem materiell ausgerichteten Leben die Sehnsucht danach, einen Sinn im Leben zu finden, aufsteigt. Andere hören den Ruf der Göttin als junge Mädchen oder Burschen. Andere antworten, wenn sie Älteste werden. Möglicherweise sind wir reich an Lebenserfahrung, Liebeserfahrung und spiritueller Erfahrung. Möglicherweise besitzen wir viele bewährte Fertigkeiten. Möglicherweise ist unsere Erfahrung rudimentär und unsere Hingabe an die Göttin eher eine Sehnsucht als eine Praxis. Wo auch immer wir beginnen, wir sind immer auf dem Weg, ihre Priesterin zu werden und sie wird uns in ihren Dienst leiten und uns zeigen, wie wir es am besten machen können.

Wir können unsere Verbindung zur Göttin verstärken, indem wir täglich mit ihr kommunizieren. Das Folgende ist eine einfache spirituelle Praxis, bei der wir die Göttinnen von Britannias Rad täglich in unser Herz rufen. Du kannst mit der täglichen Zentrierungsmeditation beginnen, die in der Ersten Spirale beschrieben wurde, oder direkt mit der Anrufung anfangen.

Die Göttinnen auf Britannias Rad anrufen

1. Zünde an deinem Altar eine Kerze an und verbrenne Räucherwerk oder ein Räucherstäbchen.

2. Stehe zum Altar gewendet davor.

3. Anrufung der Göttinnen auf Britannias Rad
Bei dieser Praxis bist du das Zentrum des Rades und rufst die Göttinnen in dein eigenes Herz.

a) Wende dich in die Richtung, die der Jahreszeit entspricht. Zu Samhain beginnst du nach Nordwesten gewendet. Öffne deine Arme weit und rufe die Samhain Göttinnen in deinen Kreis – Nolava, die Greisin, die Vettel, die dunkle Göttin, Keridwen, die Todbringerin und Hüterin des Kessels, die Königin der Unterwelt, Sheela na Gig, die Hüterin des yonischen Portals, Beansidhe, die Eibenfrau und die Morgene Mazoe. Rufe ihre Geschöpfe – die große, weiße Sau, die Kröte und den Habicht und ihre Qualitäten von Tod, Transformation und Wiedergeburt. Visualisiere wie die Göttin in ihren verschiedenen Samhain-Gestalten auf dich zukommt, und in deinen Körper und dein Sein eintritt. Begrüße sie mit „Sei gegrüßt und willkommen, Greisin Keridwen!"

Lege am Ende der Anrufung deine Hände in der Mitte deines Brustkorbs, über deinem Herzchakra, aufeinander und nimm all die Energien der Göttin in deinen Körper auf.

b) Drehe dich im Uhrzeigersinn Richtung Norden, breite deine Arme aus und rufe die Göttin des Nordens, die Mutter der Luft herein – die Nolava der Luft, Danu, Anu, Aine, Arianrhod, Cailleach, die Gebeinfrau, die Steinfrau, die alte Frau des Winters, die Stechpalmenfrau, die Morgene Tyronoe mit ihren Geschöpfen der Luft – Adler, Bussard, Eule und Zaunkönig. *Rufe die Gaben der Luft, die Gaben des Windes, der durch unser Leben weht, Veränderung bringt und unseren Verstand von Gerümpel reinigt. Rufe den Winter und den Winterschlaf, Weisheit und spirituelle Energie herein.*

„*Sei gegrüßt und willkommen, Danu, Mutter der Luft!*"

Bring die Göttin des Nordens und ihre Energie in dein Herz und lege deine Hände über dem Herzchakra aufeinander.

c) Drehe dich nach Nordosten, breite deine Arme aus und rufe die jungfräuliche Göttin herein – Nolava, die Maid, Brigit, Bridie, Bride, die Weidenfrau und die Morgene Thitis mit ihren Geschöpfen – Schwan, weiße Kuh mit roten Ohren, Schlange und Wolf. *Rufe ihre jungfräulichen Qualitäten von Unschuld, Neuanfang, von der Schwelle, vom Erwecken herein, und Bridies Poesie, Heilung und verwandelnde Schmiedekunst.*

„*Sei gegrüßt und willkommen, Jungfrau Bridie!*"

d) Drehe dich nach Osten und rufe die Mutter des Feuers herein – die Nolava des Feuers, Artha, die große Bärin, Grainne, die Sonnengöttin, Eostre/Ostara, die Frühlingsgöttin, die Haselnussfrau und die Morgene Cliton mit ihren Geschöpfen – Bär, Hase, rote Henne und Katze. *Rufe ihre Gaben des Feuers, des Frühlings und des Ergrünens herein, rufe Energie und Begeisterung, Mut, Leidenschaft, Wärme und Schutz.*

„*Sei gegrüßt und willkommen, Mutter des Feuers, Artha!*"

e) Drehe dich nach Südosten und rufe die Göttin als Liebende herein – Nolava, die Liebende, Rhiannon mit den Vögeln, die weiße Stute der See, sie, die Souveränität ist, die Königin des Landes, Blodeuwedd, die Blumengöttin, Olwen vom weißen Pfad, Elen von den Wegen, die Maikönigin, die Weißdornfrau, die Göttin der Musik und die Morgene Thetis mit ihren Geschöpfen – weiße Stute, Taube und Schwärme kleiner Vögel. *Rufe die Gaben ihrer liebevollen Natur, ihrer freudvollen Sexualität und ihrer Sinnlichkeit herein.*

„*Sei gegrüßt und willkommen, Liebende, Rhiannon!*"

f) Drehe dich nach Süden und rufe die Mutter des Wassers herein – die Nolava des Wassers, Domnu, Göttin des Ozeans, Königin der Tiefe, die Dame der heiligen Quellen und Brunnen, die Dame vom See, Nimue, Vivienne, die Eichenfrau und die Morgene Gliten mit ihren Wassergeschöpfen – Wal, Delfin, Robbe und den Lachs der

Weisheit. Rufe ihr Geschenk aller Emotionen und ihr allumfassendes Mitgefühl herein.
"Sei gegrüßt und willkommen, Mutter des Wassers, Domnu!"

g) Drehe dich nach Südwesten und rufe die Muttergöttin herein – Nolava, die große Mutter, Ker, die Kornmutter, Madron, die Mutter des Geschlechts von Avallach, die Eschenfrau, Hirschfrau und Meisterin Glitonea von den Morgenen mit ihren gehörnten, domestizierten Geschöpfen – Kuh, Ziege, Schaf und Rotwild. Rufe die Gaben ihrer üppigen Natur herein, ihren Reichtum, ihren Überfluss, ihre Großzügigkeit und ihre liebevolle, nährende Fürsorge für alle ihre Kinder.
"Sei gegrüßt und willkommen, Muttergöttin, Ker!"

h) Drehe dich nach Westen und rufe die Mutter der Erde herein – die Nolava der Erde, Brigantia, Göttin dieser Inseln, Banbha, die Herrin des Landes vor der Flut, Gaia, Ertha, unsere Mutter Erde, die Buchenfrau und die Morgene Moronoe mit ihren Geschöpfen – Wildschwein, Dachs und Fuchs. Rufe die Gaben der Erde, Erdung und Zentrierung herein, die Geschenke der Erde, die alles Leben erhält, und alle Dinge zur Manifestation bringt.
"Sei gegrüßt und willkommen, Mutter der Erde, Brigantia!"

i) Wenn du damit fertig bist, die Göttinnen aus den acht Richtungen hereinzurufen, wende dich deinem Altar zu. Öffne deine Arme und rufe Britannia, die Schutzgöttin von Brigits Inseln und aller Menschen, die sich dort aufhalten, herein. Rufe sie, die die äußere Welt von Brigits Inseln regiert. Sieh sie auf einem Felsen umgeben vom Meer sitzen, mit ihrer Sonnenscheibe, ihrem Dreizack, einer Garbe Weizen und dem Löwen an ihrer Seite. Rufe ihre Gaben von Stärke, Unabhängigkeit, Mut und ihre Regentschaft über die Meere herein.
"Sei gegrüßt und willkommen, Britannia!"

j) Drehe dich nun in die Richtung, in der von deinem Heim aus gesehen, Avalon liegt oder in die Richtung des Tor und des Chalice Hill, wenn du in Glastonbury lebst. Rufe die große Nolava, die Lady von Avalon herein, die die Göttin der inneren Welten ist. Rufe sie als Göttin des geweihten Landes, als Morgen la Fey, Hüterin der Mysterien von Avalon, Weberin des Netzes, Gestaltwandlerin, Wegzeigerin, Feenfrau, Apfelfrau, Herrin der Zeit, Wandlerin zwischen den Welten, Heilerin, Herrscherin, die Strahlende, die Feenfrau mit ihren Geschöpfen – schwarze Krähe, schwarze Katze und Feen. Rufe ihre Magie und ihr Mysterium herein. Spüre wie sie in deinen Körper eintritt und schließe deine Arme über deinem Herzen.
"Sei gegrüßt und willkommen, Lady von Avalon!"

Füge dein eigenes Verständnis der Göttinnen, Geschöpfe und Qualitäten der Richtungen zu jeder der oben genannten hinzu.

Wenn sich das Jahresrad weiterdreht, fange deine Anrufung jeweils mit der Göttin der entsprechenden Jahreszeit an. Ändere die Richtung mit der du beginnst etwa zwei bis drei Wochen vor dem nächsten Jahreskreisfest, wenn sich die Energie anfühlt, als würde sie sich verändern. Beginne beispielsweise Anfang Dezember damit Danu anzurufen, dann im frühen Januar mit Bridie, und so weiter.

4. Sobald du die Göttinnen des Rades hereingerufen hast, sprich deine eigenen Gebete und bitte die Göttin um ihren Segen.

„Göttinnen von Britannias Rad
Nolava, Dame der Insel Avalon
Begleitet mich durch diesen Tag
Segnet, führt und beschützt mich
Und all jene, deren Pfad ich heute berühre."

Der Archetyp der Priesterin

Der Titel *Priesterin* beinhaltet nicht nur die persönliche Energie derjenigen, die diesen Namen annimmt, sondern auch archetyptische, überpersönliche Energie, die jenseits der gegenwärtigen Kultur, jenseits von Zeit und jenseits von Individuen existiert. Wenn wir den Titel *Priesterin* annehmen, nehmen wir auch die mythische Energie an, die jenseits der manifestierten Form liegt, und die sich über hunderte und tausende von Jahren angesammelt hat. Diese archetypische Energie ist viel größer als die individuelle. Sie ist mächtig. Sie heilt, katalysiert und verwandelt alles, was damit in Kontakt kommt, sowohl im Inneren der angehenden Priesterin, als auch in all jenen, deren Leben sie berührt. Wenn wir den Titel *Priesterin der Göttin* annehmen, bitten wir um Veränderung in unserem Leben. Wenn wir den Titel *Priesterin von Avalon*, dieser Insel der Transformation, annehmen, wird diese archetypische Energie doppelt verstärkt.

Eine der besten poetischen und archetypischen Beschreibungen einer Priesterin, die ich je gesehen habe, findet sich in Ariel Spilsburys wundervoller Broschüre *Guidebook for a Modern Priest/ess* (Handbuch für die/den moderne/n Priester/in) und ich zitiere daraus mit ihrer Erlaubnis. Ariel lebt auf Hawaii und beschreibt sich selbst als eine planetare Priesterin der Göttin.

„Ein/e Priester/in kann so gesehen werden: Sie/Er handelt aus tiefer Hingabe, um den Pfad zu pflegen, hält die Lampe hoch, hält den Spiegel, bündelt die Stille, übersetzt das Göttliche, kanalisiert den Energiefluss, reitet die Strömung, heiligt den Mond, entschlüsselt das Mysterium, vergegenwärtigt Schönheit, ist gelehrt in Sym-

Die Weihe zur Priesterin der Göttin

bolen, ist eine Stimme des Orakels, eine Bewahrerin der Gegenwart, eine Hüterin der Flamme, eine Trägerin des Kelches, eine Wächterin der Heiligkeit, verstärkt die Stille, katalysiert den Zusammenhalt, ist eine Wahrsagerin der Harmonie, fühlt die Stille, verbindet mit dem Licht, feiert die Töne, schreibt das Unbeschreibliche nieder, ist ein wiederhallender Speicher, eine Hüterin der Schlüssel, eine Chiffre der Mondsichel, entschlüsselt Träume, ist eine Dienerin des Memnos (der Erinnerung), des göttlichen Weiblichen......

Als Archetyp kann die Priesterin gesehen werden, als „Sie, die Bewahrerin der Schlüssel und Hüterin der Mysterien ist". Sie ist der weibliche Archetyp von Stille, Ruhe und zentrierter Präsenz... Der Weg der Priesterin ist der Weg der Hingabe, Hingabe an die göttliche Entfaltung der Seelen-Lotusblüte, die in ihr selbst und allen Wesen erblüht......Sie kreiert und bewahrt die Heiligkeit und Resonanz des Tempels. Dieser Tempel kann ihr eigener (Körper) sein, ihr Heim, ihr Arbeitsplatz, (ihr Göttinnen-Tempel) oder jeder andere Platz, den sie mit der Kraft der göttlichen Gegenwart heiligt. Durch ihre andächtige Konzentration wird die Priesterin die lebendige Flamme im Zentrum des Tempels......Sie ist eine lebende Verkörperung der immanenten Kraft der Ewigen Flamme von Liebe, Macht und Weisheit."

(Das *Guidebook for a Modern Priestess* kann über die Webseite von Ariel Spilsbury bestellt werden. Dort sind auch weitere Informationen über sie zu finden: www.arielspilsbury.com oder www.holographicgoddess.com)

Zusätzlich würde ich hinzufügen, dass eine Priesterin auch folgendes ist:

Eine Melissa, die im Tempel dient; sie unterstützt und fördert Frauen und weibliche Werte, ist Männern eine Herzensschwester, eine Hüterin der Natur der Göttin, eine Gaiamantikerin, Hüterin der Wildnis, wilde Frau, Wellenreiterin auf dem Ozean, empathische Zuhörerin, Hebamme der Seele, kreative Handwerkerin, heilige Künstlerin/Musikerin/Tänzerin, die Verkörperung der Ekstase der Göttin.

Denke darüber nach, welche Attribute der Priesterin du gerne zu den hier vorgestellten hinzufügen möchtest.

Das archetypische Priesterinnenselbst hereinrufen

Das Hereinrufen des archetypischen Priesterinnenselbst ähnelt dem Hereinrufen der Göttin in eine Zeremonie. Indem wir den Priesterinnen-Archetyp hereinrufen, öffnen wir unser Bewusstsein für eine umfassendere, liebevollere Energie und Wesensart als gewöhnlich. Wir öffnen uns für die wahre Energie unserer Seele. Es gibt verschiedene Arten, das zu tun. Für manche Menschen besteht das Hereinrufen der archetypischen Priesterin darin, ein Gebet zu sprechen und sie so in den Körper zu rufen. Wir bitten sie in unseren physischen Körper zu kommen und gegenwärtig zu sein, so dass wir mit den Augen der Priesterin anstatt mit unseren normalen Augen aus unserem Körper hinausschauen. Am Beginn jeder Gruppenzeremonie, die wir mit anderen Priesterinnen zelebrieren, reichen wir einander die Hände zum Kreis und zentrieren uns. Wir verbinden uns mit unserem Priesterinnenselbst und miteinander.

Das archetypische Priesterinnenselbst wird auch durch unsere Vorbereitungen für die Zeremonie in unser Bewusstsein und unseren Körper geholt, während wir unseren zeremoniellen Raum reinigen und klären, während wir unsere Priesterinnen Werkzeuge vorbereiten, während wir Kerzen anzünden und Räucherwerk verbrennen, während wir uns und unseren heiligen Raum räuchern, während wir uns mit Absicht und Bestimmtheit durch den Raum bewegen.

Sie wird hereingerufen, indem wir uns selbst als Priesterinnen kleiden. Einer der Gründe, warum in allen religiösen Traditionen der Priester/die Priesterin sich in ein spezielles Gewand kleidet ist, dass die Gewänder selbst einen bestimmten Archetyp ausdrücken. Zum Beispiel tragen christliche Priester eine schwarze Robe mit einem ringförmigen, weißen Kragen, die Shamanka hat ihre Felle und Federn und der buddhistische Mönch seine roten und safrangelben Roben. Die Priesterin von Avalon trägt ihr violettes oder vielfarbiges Kleid. Sie alle drücken Archetypen aus. Wenn zeremonielle Gewänder regelmäßig für spirituelle und zeremonielle Praxis verwendet werden, reichern sie Energie an, die zu einer Verbindung mit dem Archetyp wird. So rufen wir automatisch die archetypische Priesterin herein, wenn wir unsere Priesterinnengewänder anlegen.

Die folgende Übung kann mehr als einmal praktiziert werden.

> *Stehe vor deinem Altar. Richte deine Aufmerksamkeit auf deinen Atem und lass zu, dass dein Atem langsamer und tiefer wird. Nimm wahr wie dein Körper, deine Emotionen und dein Verstand ruhig werden, wenn du das tust.*
>
> *Erde und zentriere dich. Verwende dazu die tägliche Übung aus der Ersten Spirale, bei der du dich mit der Erde und dem entferntes-*

Die Weihe zur Priesterin der Göttin

ten Stern verbindest. Bring deine Energie in dein Herz und verströme die Energie deiner Seele durch deine Aura nach außen, in den Raum der dich umgibt.

Rufe dein archetypisches Priesterinnenselbst in deinen Körper und dein Sein. Rufe sie herein. Spüre wie sich deine Wirbelsäule aufrichtet und du größer wirst, wenn sie in deinen Körper kommt. Spüre sie einige Augenblicke lang in deinem Körper und lass diese Wahrnehmung intensiver werden. Vervollständige nach einiger Zeit den folgenden Satz mit ihrer Stimme,

„Ich bin sie, die ....",

beschreibe den Archetyp, den du trägst, beispielsweise: „Ich bin sie, die den Weg erleuchtet", „Ich bin sie, die Stärke ist", „Ich bin sie, die die heiligen Lieder singt", und so weiter.

Während du sprichst, höre den Namen des archetypischen Priesterinnenselbst, mit dem du verbunden bist. Dieser Name wird dir eine Vorstellung von den Priesterinnenqualitäten geben, die hereinzurufen du fähig bist. Du kannst auch ihren persönlichen Namen erfragen, indem du spontan den folgenden Satz vollendest,

„Ich bin........................".

Diese Namen werden Teil deines Wissens über dein Priesterinnenselbst. Sie können sich im Laufe der Zeit und der Umstände auch ändern.

Schaue als dein Priesterinnenselbst aus deinen Augen und deinem Körper. Nimm wahr, wie sich das anfühlt. Bete zur Göttin als ihre Priesterin.

Wenn du die ersten Male diese Übung ausprobierst, kann es sein, dass du von der Intensität der archetypischen Energie überrascht bist. Es kann sein, dass du entzückt bist von ihrer Gegenwart oder dass du die Energie bedrückend oder beängstigend findest. Dies ist eine energetische Erfahrung, und du bist möglicherweise nicht gewohnt, archetypische Energien in deinen physischen Körper zu ziehen. Sobald du dich an den Prozess und das Gefühl von ihr in deiner Haut gewöhnst, werden diese Energien heiterer und du wirst sie bereitwilliger begrüßen. Obwohl sich ihre Gegenwart intensiv anfühlen kann, ist ihre Energie immer positiv. Sie ist immer harmlos.

Das Leben als Priesterin der Göttin

Wir müssen in unserem Leben immer eine Balance zwischen unserem alltäglichen Leben als menschliche Wesen und jenen Zeiten, in denen wir als Priesterinnen tätig sind, finden. Es mag unsere Absicht sein, ein vollkommen priesterliches Leben zu führen, aber es gibt immer noch Zeiten, in denen wir Wäsche waschen und die Kinder zur Schule bringen. Während wir lernen Priesterinnen zu werden, spüren wir oft, dass die archetypische Priesterinnenenergie nur zu bestimmten Zeiten in uns kommt, wenn wir uns in einer Zeremonie oder in der Natur der Göttin öffnen. Wenn wir vor dem Altar der Göttin stehen und unsere Aufmerksamkeit bündeln, spüren wir eine Welle von priesterlicher Präsenz in unseren Körper kommen. Wir stehen aufrechter, unsere Körperbewegungen werden fließender, wir werden anmutiger, die richtigen Worte fliegen uns zu, wir wissen, was zu sagen ist. Wir spüren unser Priesterinnenselbst in unserem Körper. Der Archetyp ist hereingekommen und wir fühlen uns stark und erfüllt von Energie, fähig die Lady auf bedeutsame Weise hereinzurufen, so dass auch andere ihre Gegenwart spüren können.

Üblicherweise können wir die Präsenz der Priesterin für die Dauer einer Zeremonie oder einer besonderen Gelegenheit halten, aber es kann schwieriger für uns sein, diese Präsenz in der alltäglichen Welt aufrechtzuerhalten. Wir fühlen uns vielleicht nicht als Priesterinnen, während wir die Toilette putzen, im Supermarkt einkaufen oder im Bus sitzen.

Während der ganzen Zweiten Spirale, bei der wir die praktischen Fertigkeiten der Priesterin lernen, ist es auch unser Ziel, die Fähigkeit zu entwickeln, unser archetypisches Priesterinnenselbst für längere Zeit in unserem Körper zu halten und sie sofort auszudrücken, wann immer sie gebraucht wird. Wir lernen diese Fähigkeit, wenn wir unsere spirituelle Beziehung zur Lady vertiefen, und das erfordert Absicht, Zeit und Verbindlichkeit. Das ist die spirituelle Reise, auf der wir uns befinden und auf der wir uns immer mehr der Göttin annähern, so dass wir wahrhaftig ein Leben als Priesterin führen.

Praktiziere das Hereinrufen deines Priesterinnenselbst in deinen Körper. Erde und zentriere dich zuerst und rufe sie dann herein. Öffne das Rad Britannias, das vorher beschrieben wurde, und spüre wie du selbst aufrecht stehst. Rufe die Energien und Qualitäten der Göttinnen des Rades als Priesterin der Göttin.

Eine Priesterin von Avalon werden

So wie sie die vorher beschriebenen Merkmale und Fähigkeiten entwickelt, muss sich eine Priesterin von Avalon zusätzliche Fertigkeiten erarbeiten, die damit im Zusammenhang stehen, mit den speziellen transformativen Energien

Die Weihe zur Priesterin der Göttin

Avalons zu arbeiten. Eine Priesterin von Avalon ist eine Frau, die sich dafür entscheidet, einen Weg des spirituellen Dienstes zu verfolgen, bei dem sie sich der Göttin in Gestalt der Lady von Avalon, ihrem Volk und der Insel Avalon weiht. Die Energien Avalons sind insbesondere verbunden mit der Entwicklung von Liebe, Mitgefühl, Intuition und Unterscheidungsfähigkeit, um die alten karmischen Wunden zu heilen. Diese Energien katalysieren die Erweiterung des Bewusstseins und ermöglichen es uns, in unserem Leben mehr Liebe und Weisheit zu umfangen. Sie bringen uns Erfahrungen von Geburt, Heilung, Tod und Wiedergeburt, eine Verwandlung auf allen Ebenen des Seins. Um der Lady von Avalon vollkommen dienen zu können, müssen wir diese Energien in unserem eigenen Leben erfahren haben, damit wir wissen, wie sie sich anfühlen und welche aufwühlende Wirkung sie haben können, so dass wir anderen helfen können, die sich unvorbereitet mit denselben Erfahrungen konfrontiert sehen.

Dazu eine Priesterin von Avalon zu werden, gehört Veränderung in jeder Facette unseres Daseins. Dies bringt uns in Übereinstimmung mit der wahren Absicht unserer Seele. Wie wir alle wissen, passiert so etwas nicht über Nacht sondern mit jedem Atemzug, den wir nehmen. Die Göttin ist der Weg, sie ist das Ziel und sie ist die Inspiration für alles was wir tun. Wir müssen uns die Zeit nehmen, uns über mehrere Jahre angemessen für die Selbstinitiation in die Energien der Göttin und von Avalon vorzubereiten, anstatt zu denken, dass es etwas ist, was wir nach ein paar Ausbildungswochenenden in Anspruch nehmen können.

Wiederum trägt der Titel Priesterin von Avalon aus eigenem Recht transpersonale archetypische Energie, eine Energie, die alles mit dem die Priesterin in Kontakt kommt, heilen, katalysieren und transformieren kann. Zusätzlich zu den vorher beschriebenen Merkmalen der Priesterin ist eine Priesterin von Avalon auf dem Weg, Folgendes zu werden:

> *Eine, die das Herz öffnet, ein scheinender Spiegel, eine inspirierte Führerin durch die heilige Landschaft Glastonburys, Hüterin der heiligen Brunnen und Quellen, eine, die den Weg durch den Schleier des Mysteriums der Göttin zeigt, eine Führerin nach Avalon. Sie sagt aus allen Formen der Natur wahr, sie geht voran auf dem Weg durch das Labrynth ins Herzen der Göttin, ins Spiralschloss von Caer Sidi. Sie kennt die Pfade zur Unterwelt, den Eingang und den Ausgang. Sie bringt jene, die Heilung brauchen, über das große Wasser. Sie reist zwischen den Welten, um zu heilen und zur Seelenteilrückholung. Sie ist eine Seelenhebamme von Geburt, Tod und Wiedergeburt. Sie ist eine Heilerin und Meisterin der Transformation. Sie ist ein Orakel und eine Verkörperung der Lady.*

> *Füge wiederum weitere Qualitäten hinzu, sobald sie dir bewusst werden.*

Unsere Absicht auf dem Weg, eine Priesterin der Göttin und von Avalon zu werden

Wenn wir die Reise zur Priesterinnenschaft der Göttin beginnen, ist es wichtig einige Zeit damit zu verbringen, darüber nachzudenken warum wir das tun. Ist es nur der Glanz? Wollen wir in schönen Kleidern herumtanzen und als wichtig und geheimnisvoll angesehen werden? Geht es uns mehr um das Drumherum des Priesterinnenseins als um das Wesentliche? Zum Wesentlichen gehören spirituelle, psychologische und physische Arbeit, die tägliche Kommunion mit der Lady, die tiefgehende Heilung persönlicher Verletzungen, das Aufwaschen des Bodens und das Entfernen von Wachs aus Kerzenhaltern genauso wie in seidenen Roben umherzuschweben und lieblich auszusehen.

Was ist unsere wahre Absicht, wenn wir zuerst eine Priesterin der Göttin und dann von Avalon werden wollen? Es ist wichtig, dass wir diese Reise aus den richtigen Gründen machen und dass wir uns bewusst sind, warum wir sie machen. Im Folgenden spreche ich darüber wie ich meine eigene Absicht, eine Priesterin der Göttin zu sein, verstehe. Dies soll dich dazu inspirieren über deine eigene Absicht nachzudenken.

Ich bin eine Priesterin der Göttin, weil ich weiß, dass es mein Dharma, meine Lebensaufgabe (mein Schicksal, könnte man sagen) ist, mitzuhelfen Göttinnen-Bewusstsein in die Welt zurückzubringen. Ich spüre das tief in meinem Herzen, in meinen Knochen, in meinem Blut. Ich möchte, geführt von der Göttin, alles was in meiner Macht steht tun, um die Anerkennung der Göttin und ihres vielfältigen Segens in der Welt zu fördern. Da heißt nicht, dass ich missionieren oder die Göttin jenen aufzwingen werde, die einfach nicht daran interessiert sind, etwas über sie zu lernen. Aber für die, die hungrig nach dem Wissen über die Göttin sind, kann ich Informationen, Erfahrung, Zeremonien, Heilung, ein verständnisvolles Ohr und ein offenes, göttinliebendes Herz zur Verfügung stellen.

Ich glaube, dass ich mich speziell in dieser Zeit für diese Absicht, die Göttin zurück in die Welt zu bringen, inkarniert habe. Ich habe ein inneres Wissen von ihr als Erinnerung aus früheren Leben, in denen ich ebenfalls die Göttin in ihren verschiedenen Gestalten geliebt und ihr gedient habe. Das war an verschiedenen Orten, von Brigits Inseln bis Kreta, von Sumer bis Ägypten, von Tibet bis China. Ich glaube, dass ich großes Glück habe, mich an diese Erfahrungen erinnern zu können und die Gelegenheit habe, in dieser Zeit zu leben, in der in der Welt eine große Veränderung stattfindet und die Göttin zurückkommt, und dass ich eine Rolle bei ihrer Rückkehr spielen kann.

Als Ausdruck der Göttin im Inneren, glaube ich an die Heiligkeit von Frauen und ich glaube an unsere wesentlichen Werte und unsere Kultur, unsere lie-

Die Weihe zur Priesterin der Göttin

bevolle Natur, unsere nährende Güte, unsere natürliche Intelligenz, unsere innewohnende Spiritualität. Wir sind die Inkarnation der Göttin in der Welt und wir müssen als solche geliebt und geehrt werden. Ich möchte Frauen in der Welt fördern, damit unsere spirituellen und kulturellen Stimmen wieder gehört werden, so dass wir eine Veränderung in unserer entsetzlich aus dem Gleichgewicht geratenen Welt bewirken können und Gott den ihm angemessenen Platz einnehmen kann.

Ich bin eine Priesterin von Avalon, weil ich wiederum weiß, dass es meine Bestimmung ist, diesen uralten Titel für eine lebendige Priesterinnentradition zurückzugewinnen. Dies ist ein Teil des Wiedererscheinens der Göttin in der Welt. Die Lady von Avalon rief mich zuerst in einem Traum und forderte mich auf, nach Glastonbury zu kommen und hier zu leben, als ich bewusst noch nichts von ihrer Existenz wusste. Im Laufe der Zeit hat sie sich mir bekanntgemacht, und vor vielen Jahren habe ich mich ihren transformierenden Kräften hingegeben, anfangs mit großen Wiederständen und nun freiwillig. Sie hat mich dazu berufen ihre Priesterin zu sein, und ich habe geantwortet ohne wirklich zu wissen was ich tat. Ich erinnerte mich an frühere Leben in diesem geweihten Land, als ich die Lady von Avalon liebte und ihr diente. Ich erinnere mich auch daran, dabei gewesen zu sein, als patriarchale Mächte in die physischen Lande der Göttin kamen und mit Gewalt ihr Volk überwältigt und unterworfen haben.

Meine Absicht als Priesterin im Dienst der Lady ist es, ihre eindrucksvolle, liebevolle Natur und ihre heilende und transformierende Kraft zu zeigen, so gut ich es kann. Ich trachte danach fortwährend mehr über ihre Wege zu lernen und alles, was ich über sie herausfinde, an andere weiterzugeben. Ich ziehe Tag für Tag neue Informationen an ätherischen Fasern entlang durch den Schleier von Avalon und mache sie bewusst, während die Lady mir und anderen mehr und mehr über sich offenbart. Dies ist die Reise einer Gruppe von Seelen. Ich bin nicht die einzige. Viele von uns werden gerufen, um bei der Rückkehr der Göttin eine Rolle zu spielen. Meinem Wesen nach bin ich eine Initiatorin, und deshalb ist und war es meine Bestimmung neue Organisationen, Veranstaltungen, Ausbildungsprogramme, Strukturen und Tempel zu gründen, durch die die Lady von Avalon über menschliches Bewusstsein und Kreativität in die Welt hereinkommen kann.

Nimm dir die Zeit, über deine eigene Absicht nachzudenken, warum du zunächst eine Priesterin der Göttin und dann eine Priesterin von Avalon werden möchtest, wenn es das ist, wofür du dich entscheidest.

Verantwortlichkeiten, Praxis und Rituale einer Priesterin von Avalon

Genauso, wie wir auf unserer Reise zur Priesterinnenschaft die archetypischen Merkmale der Priesterin entwickeln, müssen wir auch an Veränderungen in unserer Persönlichkeit arbeiten, damit die Energien unserer Seele und der Göttin ungehinderter in unser Leben fließen können. Im Folgenden gibt es Vorschläge für die persönliche Entwicklung und die anzustrebenden Ziele, für alle jene, die den Pfad der Selbstinitiation als Priesterin der Göttin und von Avalon gehen wollen. Sie gelten weiterhin für alle Zweige des Orchard von Avalon. Sie werden voller Liebe und Verständnis dafür, was sie von uns verlangen, gegeben. Sie wurden viele Male tiefschürfend von Ausbildungsteilnehmerinnen diskutiert und bei Versammlungen des Orchard modifiziert. Sie bilden die Grundlage für die Praxis und die Ethik der Ausbildung zur Priesterin von Avalon.

Die Verantwortlichkeiten, die eine Priesterin von Avalon entwickelt

* *Mit persönlicher Integrität leben und handeln.*
* *Freundlich, ehrlich, mitfühlend, liebevoll und weise sein.*
* *Niemandem schaden.*
* *Uns selbst und allen anderen gegenüber Verantwortung für unsere Taten übernehmen, sowohl die positiven als auch die negativen.*
* *Bereit sein, mit den Konsequenzen unserer Fehler und Fehlschläge umzugehen.*
* *Alle Mitglieder des wachsenden Orchard von Avalon respektieren, ehren und unterstützen.*
* *Das Recht anderer respektieren, ihren eigenen Überzeugungen zu folgen.*
* *Kooperation mit anderen anstreben und nicht danach streben Konflikte zu erzeugen.*
* *Zwischenmenschliche Vertraulichkeit bewahren.*
* *Uns selbst jederzeit lieben und für uns sorgen.*
* *Unsere Grenzen kennen und innerhalb davon arbeiten, und wissen, dass wir in Wahrheit grenzenlos sind.*
* *Unterscheiden lernen, was real und was nicht real ist.*
* *Anmaßung vermeiden.*

Die Praktiken und Rituale, die eine Priesterin von Avalon entwickelt

* *Eine tägliche spirituelle Praxis aufrechterhalten und oft die Gegenwart der Lady von Avalon anrufen.*
* *Nach ihren Worten der Wahrheit lauschen und darauf antworten.*
* *Der Göttin ihren Anweisungen gemäß dienen.*
* *Bewusst im Fluss ihrer Energie und dem Rhythmus der Zyklen und Jahreszeiten ihrer Natur leben und uns auszudrücken.*
* *Der Göttin vertrauen, in dem Wissen, dass sie uns zu unserem eigenen Besten durch die Erfahrungen des Lebens leitet.*
* *Damit fortfahren unser Wissen und unsere Erfahrung der Göttin durch persönliches Studium und die Praxis ihrer Wege zu erweitern und das mit anderen teilen.*
* *Die Energien Avalons generieren und andere mit diesen Energien verbinden.*
* *Zeremonien aller Art im Fluss ihrer Energie und mit angemessener Vorbereitung und im Bewusstsein der Absicht leiten und dabei jedem sichtbaren und unsichtbaren Detail Sorgfalt und Aufmerksamkeit zuteil werden lassen.*
* *Jene unterstützen, die das dunkle Gesicht der Göttin erleben.*
* *In Namen der Göttin Trost und Heilung anbieten.*
* *Zu verschiedenen Zeiten im Goddess Temple und bei der Glastonbury Goddess Conference dienen.*
* *Die Ekstase der Göttin anstreben.*

Es ist wichtig, diese Verantwortlichkeiten, Praktiken und Rituale, auf deren Erfüllung wir während unseres Trainings und darüber hinaus hinarbeiten, immer wieder zu wiederholen. Manche davon sind leichter zu erfüllen als andere. Im Orchard wird anerkannt, dass wir in unserem Verlangen und unserer Fähigkeit, diese Ziele zu erfüllen alle an unterschiedlichen Plätzen sind, aber wir bewegen uns auf sie zu. Es gibt keinen äußeren Richter, der unseren Erfolg oder unser Scheitern dabei, diese Ideale zu leben, beurteilt. Es gibt nur unser eigenes mitfühlendes, nicht-urteilendes inneres Wissen darüber, wo wir in ihrem Dienst stehen. Dies ist ein erneuerter Priesterinnen-Weg des Dienstes an der Göttin als Lady von Avalon, und wir alle fangen dort an, wo wir sind.

Persönliche Arbeit

Schau dir an, auf welche Weise du dein Weiheversprechen als Schwester oder Bruder von Avalon bekräftigen und vertiefen kannst. Rufe täglich die Göttinnen auf dem Rad Britannias an. Überlege dir, welche archetypischen Qualitäten du als Priesterin der Göttin verkörpern willst. Überlege auch, welche du zu den hier gegebenen hinzufügen möchtest. Praktiziere das Hereinrufen deines archetypischen Priesterinnenselbst in deinen Körper. Beginne damit, an deiner Absicht dabei, eine Priesterin der Göttin und von Avalon zu werden, zu arbeiten. Überlege, wo du im Bezug auf die Rechte, Verantwortlichkeiten und Praktiken einer Priesterin von Avalon stehst. Ist das der Weg für dich?

Während der Zweiten Spirale arbeiten die Teilnehmerinnen, genauso wie während der Ersten, an ihrem Selbstweihe-Gelübde, dass wir am Ende dieser Spirale ablegen werden. Du wirst das Versprechen abgeben, die Göttin zu lieben, sie zu ehren und ihr als ihre Priesterin zu dienen. Du verwendest dazu wieder deine eigenen Worte, aber sie sollten etwas beinhalten wie:

„Ich weihe mich dir, Göttin, als deine Priesterin."

Göttinnen-Zeremonien und heilige Rituale gestalten

Zeremonien oder heilige Rituale zu gestalten und durchzuführen, ist eine der wesentlichen Funktionen einer Priesterin der Göttin. Wir leben in einer Welt, die bedeutungsvoller Zeremonien beraubt wurde. Es ist eine unserer Aufgaben als Priesterin, wieder Sinn ins Alltagsleben zu bringen und zwar durch tägliche Rituale und durch das Gestalten von Zeremonien für jene besonderen Momente im Leben, die speziell gewürdigt und mit der Energie der Göttin gesegnet werden sollen. Zu Ritualen gehört eine wiederholte Folge von Handlungen, die spirituelle oder weltliche Elemente enthalten können (sich die Zähne zu putzen ist ein tägliches Ritual). Eine Zeremonie hingegen ist immer eine spirituelle Praxis und kann rituelle Elemente beinhalten oder auch nicht.

Eine Zeremonie ist das Mittel, mit dem eine Priesterin bewusst die Bedingungen dafür schafft, dass sie selbst und andere die Energien der Göttin erfahren können, die sich innerhalb und zwischen uns allen bewegen. Wir lernen ein energetisches Gefäß zu schaffen, in das die Göttin hereingerufen werden kann, damit alle sie erleben können, jene, die aktiv am Hereinrufen beteiligt waren, und jene, die an der Zeremonie teilnehmen. Die Absicht einer Göttinnen-Zeremonie ist es immer, unsere direkte persönliche und unsere kollektive Beziehung zur Göttin zu vertiefen, zu segnen, zu verwandeln und zu heilen, und mehr vom Wesen der Göttin, ihrer Liebe und ihrem Mitgefühl zu offenbaren. Priesterinnen von Avalon rufen die Gegenwart der Lady von Avalon und ihr transformierendes, mitfühlendes Wesen an sowie die vielen Gesichter und Gestalten der Göttinnen auf dem Rad Britannias.

Da wir spirituelle Wesen sind, die sich in der physischen Welt der Göttin manifestiert haben, sind unsere Zeremonien aus ihrer Welt geformt, aus den fünf Elementen ihrer Natur – Erde, Wasser, Feuer, Luft und Raum und aus den entsprechenden Teilen unsere eigenen Natur, unserem physischen und ätherischen Körper, unseren Emotionen, dem Feuer unseres Geistes und unserer luftigen, spirituellen Natur. Das fünfte Element des Raumes ist die universelle und ursprüngliche Weiträumigkeit der Göttin, die Essenz aller Dinge, die sich manifestiert haben.

Zeremonien können individuell gestaltet werden, um persönliche Bedürfnisse und Absichten zu erfüllen, die von anderen bezeugt werden, oder sie können kollektiv für größere Versammlungen von einigen zehn oder hunderten von Menschen sein und gemeinsam mit anderen gestaltet werden. Egal welche Art von Zeremonie wir durchführen, es gibt grundlegende Fertigkeiten, die wir lernen müssen, um gute Priesterinnen zu sein. Dazu gehört die Fähigkeit, das archetypische Priesterinnenselbst in den Körper zu rufen, die im vorigen Kapitel beschrieben wurde; die Fähigkeit, innere Ruhe zu finden und sie zu halten, um einen heiligen Raum zu erschaffen; die Fähigkeit, auf unsere Intuition zu hören und danach zu handeln und die Fähigkeit, die Bewegung im Energiefeld der Göttin wahrzunehmen.

Stille erschaffen – einen heiligen Raum erschaffen

Eine wesentliche Fertigkeit der Priesterin ist die Fähigkeit, im Inneren Stille zu erzeugen, um einen liebevollen, heiligen Raum zu erschaffen, der zu allen, die sich in seiner Nähe aufhalten, ausstrahlt. Diese Stille ist keine Trägheit, es ist nicht die Passivität des Schlafes oder des leeren Hauses der Toten. Es ist eine achtsame Stille, ein tiefer Teich der Ruhe, der reagieren wird, wenn eine Blume sanft auf seine Oberfläche fällt oder wenn ein Stein hineingeworfen wird. Dann laufen Wellen über die Oberfläche, während es in der Tiefe ruhig bleibt. Diese Stille hilft, den unruhigen Geist und die Emotionen aller zu beruhigen, die in die Gegenwart der Priesterin kommen. Diese liebevolle Stille ist eine Ausstrahlung der Seele, die bewirkt, dass alle jene, die damit in Kontakt kommen, sich für die Seelenenergie öffnen. Sie werden in unserer Gegenwart ruhiger, weniger zurückhaltend, weniger abgeschirmt, offener. Sie fühlen sich sicher, fähig ihre Gefühle auszudrücken und ihre menschliche Verletzlichkeit zu zeigen, die Quelle unserer wahren Stärke. Unsere Stille ermutigt die Menschen durch synchronisierte Schwingung den Platz der Stille in sich selbst zu spüren und sich mit ihrer eigenen Seelenenergie zu verbinden.

Der einzige Weg die Stille zu erzeugen, die einen heiligen Raum erschafft, ist es, selbst still zu werden. Viele von uns finden es schwer diese Wahrheit zu akzeptieren, weil wir ein geschäftiges Leben führen und unser aktives Gehirn ständig schwatzt. Es gibt viele Meditationstechniken, die darauf abzielen, uns an diesen Ort der Stille zu bringen, und vielleicht bist du bereits mit ihnen vertraut. Hier möchte ich eine Methode mit der Göttin im Zentrum anbieten.

Göttinnen-Zeremonien und heilige Rituale gestalten

Sitze mit geradem Rücken vor deinem Altar und bringe deine Beine in eine angenehme Position. Schließe deine Augen. Während du dich ans Sitzen gewöhnst, richte deine Aufmerksamkeit auf die Gegenwart, nimm wahr wie du sitzt und was du tust. Achte auf deinen Atem, spüre und höre wie dein Atem aus deinem Mund oder deiner Nase in die Lungen hinein strömt und wieder hinaus. Spüre wie sich dein Bauch und dein Brustkorb mit dem Atem heben und senken. Werde dir bewusst, wie der Sauerstoff mit deinem Einatmen in deinen Körper strömt und wie verbrauchtes Kohlendioxid abgegeben wird, wenn du ausatmest. Nimm wahr wie flach oder tief du atmest. Zähle zwanzig Atemzüge lang deinen Atem.

Visualisiere vor deinem geistigen Auge die Göttin in einer Gestalt, die dir vertraut ist. Das kann die Lady von Avalon sein, Brigit, Rhiannon, etc. Sieh die Göttin so detailreich, wie es für dich möglich ist, stehend oder sitzend vor dir. Sieh ihre Gestalt und die Position ihrer Gliedmaßen. Sieh ihre Kleidung, ihren Kopfschmuck und was sie in ihren Händen trägt. Sieh ihr Gesicht und seinen Ausdruck. Spüre die Stille, die sie in sich trägt, sogar wenn ihr Körper in Bewegung ist. Wenn sich das Bild in deinem Geist stabilisiert hat, verschiebe es in dein Herz.

Spüre wie die liebevolle Stille der Göttin in dein Herz eintritt und deinen Körper erfüllt, so dass dein Körper und deine Aura ein stilles, strahlendes Zentrum werden, während das Leben rund um dich weitergeht. Halte dieses Gefühl der Stille so lange wie du kannst in dir. Das ist der heilige Raum der Göttin.

Halte weiterhin diesen Platz innerer Stille, öffne deine Augen und schau dich um. Schau, ob du diesen stillen Platz in dir bewahren kannst, wenn du die Augen offen hast. Spüre dabei weiter den Raum in deinem Inneren. Steh langsam auf und fang an dich zu bewegen. Spüre wieder den Raum in dir. Nimm dieses Gefühl von heiligem Raum in dein alltägliches Leben mit und halte es so lange du kannst.

Praktiziere diese Visualisierung über Wochen und Monate, damit dir das Gefühl von innerer Stille oder heiligem Raum vertraut wird. Mit der Zeit wird es dir möglich sein, dich willentlich an diesen Platz der Stille zu begeben wann du willst, insbesondere bei Zeremonien, bei denen du Priesterin bist und für andere dem Raum hältst. Wenn wir den Platz der Stille in uns immer besser finden können, können wir bewusst Stille oder heiligen Raum erzeugen, wenn wir als Priesterinnen tätig sind, so dass andere, mit denen wir in Kontakt kommen, diese Stille ebenfalls spüren können.

Wie schon in der Ersten Spirale gesagt, erschaffen wir einen heiligen Raum nicht durch die Fähigkeit, den äußeren Raum zu gestalten, durch das Anzünden von Kerzen und Räucherwerk, sondern indem wir heiligen Raum in uns erzeugen, der nach außen strahlt und von anderen wahrgenommen wird. Wir nehmen uns vor jeder Zeremonie die Zeit, Stille in unserem Inneren zu erzeugen und uns mit diesem inneren Raum zu verbinden, indem wir völlig konzentriert werden, wenn wir unseren Tempelraum herrichten, unsere Kerzen und unser Räucherwerk anzünden und zur Lady beten.

Genauso wie wir durch spirituelle Praxis die Stille im Inneren kultivieren, ist es auch wichtig den emotionalen Ausdruck zu kultivieren, damit die Emotionen sich nicht aufstauen und Krankheiten hervorrufen. Der Pfad der Göttin ist expressiv und kein Weg der unterdrückten Emotionen. Wir müssen unsere Gefühle auf regelmäßiger Basis ausdrücken, etwa indem wir mit unserer Familie, unseren Freunden oder erfahrenen Beraterinnen sprechen, indem wir den Tränen ihren Lauf lassen, Wut, Trauer und Freude angemessen ausdrücken, wenn wir sie fühlen, oder durch künstlerisches Schaffen aller Art sowie durch Musik, Bewegung, Gesang und Tanz. Indem wir unsere Emotionen herauslassen, entleeren wir uns und erzeugen einen psychischen Raum in uns, in dem die Stille der Göttin ein friedvolles Heim finden kann.

Indem wir innerlich ruhig werden, kultivieren wir Vertrauen in die Göttin, denn sie hat uns zu diesem Platz des Friedens gebracht. Unser Vertrauen in sie nimmt zu, wenn wir die positive Wirkung sehen, die die Göttin auf unser Leben hat. Wir stellen fest, dass wir nun gewisse Dinge als wahr erkennen, die nach weltlichem Ermessen unbeweisbar sind, die aber aus einem tiefen inneren Wissen kommen, das für uns wahr ist. All das ergibt sich daraus, dass wir die Stille in uns finden.

Sich im Fluss der Energie der Göttin bewegen

Eine andere wichtige und grundlegende Fertigkeit für alle Priesterinnen ist die Fähigkeit, vollständig mit dem Energiefeld der Göttin eins zu werden. Zuerst einmal müssen wir uns der Energiefelder prinzipiell und praktisch bewusst werden und durch die Entwicklung des siebten Sinnes ihre Bewegung und ihren Fluss spüren. Dann können wir selbst Energiefelder als Träger oder Gefäß für die Energie der Göttin erzeugen. Auf dem Weg das zu lernen gibt es mehrere Stadien, die auf der Fähigkeit, im Inneren Stille zu erzeugen, aufbauen.

Um Energie und ihre Bewegung zu verstehen, fangen wir mit einigen grundlegenden magischen Prinzipien an, die auf den inspirierten Lehren von Alice A. Bailey in ihrem Werk „*Treatise on the Seven Rays*" (Lucius Trust)[1] basieren. Ich habe die Lehren von Alice in meinen Zwanzigern intensiv studiert und sie bilden eine Grundlage für meine eigene Heilpraxis und meine zeremonielle Praxis. Ich habe diese Lehren im Laufe von 25 Jahren praktischer Erfahrung als Heilerin abgewandelt und mein eigenes Buch über Heilung veröffentlicht:

Göttinnen-Zeremonien und heilige Rituale gestalten

„Chiron in Labrys: An Introduction to Esoteric Soul Healing"[2] (Chiron im Labrys: Eine Einführung in esoterisches Seelenheilen).

Das erste Prinzip der Energie ist :
In der Natur der Göttin ist alles Energie, und Energie ist alles, was es gibt.

In der physischen Welt leben wir, bewegen uns und verbringen unser Dasein in einem ewigen, unendlichen, ineinandergreifenden System von Energien und Kräften, aus denen sich unser Universum zusammensetzt. Manche dieser Energien scheinen für unsere fünf Sinne massiv zu sein und Gestalt zu haben, aber wenn wir sie genauer untersuchen, lösen sie sich in Raum, Energie und nur eine winzige Menge Materie auf. Wenn wir die Atome untersuchen, die Grundbausteine unserer materiellen Welt, stellen wir fest, dass sie nur winzige Materieteilchen enthalten, die von Energie und Raum umgeben sind, welche die Illusion der Gestalt erzeugen.

Für die meisten von uns ist das Leben im Wesentlichen eine energetische Erfahrung. Niemand von uns konzentriert sich ausschließlich auf die materielle Realität. Obwohl wir alle gute Nahrung essen, sauberes Wasser trinken und reine Luft atmen müssen, um zu überleben, verbringen die meisten von uns den Großteil ihrer Zeit auf die nicht-physischen Welten unserer Gefühle, Emotionen und Gedanken konzentriert, wobei wir gelegentlich Blicke auf tieferliegende Welten dahinter und jenseits davon erhaschen. Wir alle werden fortwährend von Energien bewegt, beeinflusst und verwandelt, die obwohl sie physisch immateriell sind, unsere Handlungen prägen und unser Benehmen und unsere Erfahrungen bestimmen. Unsere Welt ist nicht solide, sie ist energetisch.

Das zweite Prinzip der Energie ist :
Es gibt einen kausalen Zusammenhang zwischen Bewusstsein, Energie und Form

Bewusstsein, Sein und Seele sind Wörter, die dieselbe Energie beschreiben. Bewusstsein ist die kohärente, integrale, präsente und unteilbare Matrix liebender Energie, die alle manifestierten Formen in unserem Universum teilen. Es ist, was ist – das SEIN. Das Bewusstsein ist in unterschiedliche Formen mit verschiedenen Graden von Komplexität gegliedert. Es gibt Wesen, die Galaxien und Planeten beseelen, Wesen, die sich als Bäume, Pflanzen, Tiere, als Kieselsteine, Felsen und Berge manifestieren. Es gibt inkarnierte menschliche Wesen, es gibt diskarnierte Wesen, es gibt Göttinnen und Götter. Die menschliche Seele ist sowohl individuell als auch kollektiv. Wir sind alle einzigartig wir selbst, wir haben individuelle Seelen, und doch sind wir alle eins und unteilbar und beinhalten dasselbe Bewusstsein, dass uns in Liebe vereint. Die Seele ist der Ausdruck des Lebens der Göttin. Es wird von Absicht regiert und ist durch Liebe motiviert.

Anscheinend haben alle Formen des Bewusstseins ein Zentrum, aus dem Energie nach außen strahlt, und erzeugen so ein Energiefeld, das sie umgibt. Dieses Energiefeld wird durch die Energiequalität des Wesens bestimmt, das in eine Form kommt. Innerhalb dieses Energiefeldes manifestiert sich eine physische Form und wird für uns sichtbar. Um eine materielle Form zu schaffen, muss Energie, die als Bewusstsein organisiert ist, präsent sein.

Das dritte Prinzip der Energie ist :
Energie folgt Gedanken und Gefühlen

Die Energie folgt der Richtung unserer Gedanken und Gefühle. So wie wir individuell und kollektiv denken und fühlen, ist die Welt. Wenn wir uns als Individuen beim Aufwachen deprimiert fühlen, wird der Rest des Tages üblicherweise von negativen Gedanken überschattet. Wir sehen die schönen Blumen rund um uns nicht oder die Sonne, die am Himmel scheint oder das Lächeln auf den Gesichtern der Menschen. Wir fokussieren uns auf das, was an uns und mit unserem Leben nicht stimmt und oft auch auf das, was an anderen Leuten schlecht ist. Wenn wir beim Aufwachen glücklich sind, sehen wir das Positive rund um uns, wir lächeln Fremde an, unsere Gedanken und Handlungen sind kreativ und wir sind optimistisch.

Die Art, wie wir die Welt erleben, ist beeinflusst durch die Vorstellungen und die Gedanken, die wir von der Welt und über die Welt haben. Wenn wir glauben, dass die Welt ein einsamer und beängstigender Ort ist, dann ist das oft das, was wir erleben, und unsere Erfahrung wird dazu neigen unsere Überzeugungen zu verstärken. Wenn wir denken, dass die Welt unsere Heimat ist, die uns die Göttin gegeben hat, dann werden wir sie ganz anders erfahren, als einen sicheren Ort, an dem wir immer geliebt werden. Viele unserer Vorstellungen, Gedanken und Gefühle über unser Leben und die Welt rund um uns entstehen durch Erfahrungen, die wir in unserer Kindheit machen und die die Samen des Karma verstärken, die wir in die Inkarnation mitbringen.

In einem verallgemeinerten Sinn helfen wir alle mit, die Welt durch individuelle und kollektive Gedanken, Gefühle und Träume zu kreieren. So wie wir denken und fühlen, ist die Welt. Wir mögen einen freien Willen haben, aber wir unterliegen auch den Auswirkungen des kollektiven Unbewussten, all unserer Gedanken und Gefühle. Wir werden von unbewussten Kräften beeinflusst und bewegt, über die wir als Individuen nur wenig Kontrolle zu haben scheinen. Unsere kollektiven Denkweisen, die Ansammlungen von Emotionen und Gedanken sind, erschaffen beispielsweise den Glauben, dass es in der Welt nicht genügend Nahrung für alle gibt. Aus dieser Denkweise entstehen die Einstellungen und Strategien, die die Realität erzeugen, dass reiche Länder zu viel Nahrung haben, die verdirbt, während Menschen in ärmeren Ländern verhungern müssen und dadurch die Vorstellung verstärken, dass es nicht genügend Nahrung für alle gibt. Eine Änderung der Denkweise *„Es gibt nicht genug zu essen...."*

Göttinnen-Zeremonien und heilige Rituale gestalten

in *„Es gibt genügend Nahrung für alle"* wird zu einer Änderung der Vorgangsweise führen, die verändern wird, wie die Dinge sind. Die Pläne, Hunger in den Ländern der Dritten Welt bis zum Jahr 2020 auszulöschen, sind ein Teil dieser veränderten Denkweise. Betroffene Individuen bauen eine Bewegung auf, um eine Bewusstseinsveränderung in den Überzeugungen, die wir über Nahrung und Schulden haben, herbeizuführen. Auf diese Weise sollen die Untaten, die aus diesen Überzeugungen resultieren, verändert werden.

Das ist die positive Seite dieses Energieprinzips. Es bedeutet, wenn wir unser Herz und unseren Verstand daran setzen, können wir verändern, wie die Dinge sind, indem wir kollektiv die Denkweisen ändern, die unsere Realität regieren. Solch eine Veränderung kann in der Art gesehen werden, wie die Göttin Schritt für Schritt ins menschliche Bewusstsein zurückkommt und dabei neue Denkweisen von Balance zwischen weiblichem und männlichem Ausdruck kreiert, die die Art verändern wird, in der das Leben auf dem Planeten der Göttin gelebt wird, und hoffentlich Leben retten wird.

Die positive Seite dieses Prinzips bedeutet auch, dass Individuen die Art, wie die Dinge für andere Menschen sind, verändern können. Eine Person, die einem positiven Traum folgt, kann einen Unterschied machen und die Welt verändern.

Das vierte Prinzip ist :
Alles was existiert, beginnt als Idee im Bewusstsein eines Wesens

Ideen steigen aus dem Bewusstsein auf, Ideen für alle Formen in der Natur und in allen menschlichen Schöpfungen. Das trifft von der Göttin bis auf uns selbst zu. Angetrieben von der Sehnsucht sammelt die Idee Energie, bis sie sich als Form konkretisiert. Das gilt für die kleinsten genauso wie für die größten Einheiten des Bewusstseins, vom Sandkorn bis zur Milchstraße am Himmel.

Alles, was menschliche Wesen erschaffen, beginnt als eine Idee ohne Form: jedes Gebäude, jede Maschine, jedes Essen, das wir zubereiten, alles was wir tragen, alles, was wir entwerfen oder organisieren. Das schließt unsere Göttinnen-Zeremonien ein. Wir fangen mit einer Idee an und bringen eine energetische Erfahrung in eine Form.

Das fünfte Prinzip ist :
Vorstellungskraft ist die schöpferische Fähigkeit des Bewusstseins

Die Energie folgt der Spur der Vorstellungskraft. Imaginationen sind nicht einfach die albernen Launen des Verstandes, die wir ignorieren sollten. Vorstellungskraft ist die schöpferische Fähigkeit des Bewusstseins, und wir lernen sie kreativ und spielerisch einzusetzen. Ihre aktive Imagination hilft der Priesterin die Bedingungen zu schaffen, in denen die Energie der Göttin von anderen gespürt und erlebt werden kann. Bei Zeremonien benutzen wir unsere Vorstellungskraft, um Energie zu visualisieren, zu erzeugen und die Energie zwischen der Göttin und uns selbst zirkulieren zu lassen. Wir verwenden unsere Vorstellungskraft auch, um durch die inneren Welten zu reisen und die Göttin in ihren vielen Gestalten zu treffen, um Heilung, Anweisungen und Offenbarungen zu erhalten.

Das sechste Prinzip ist :

Intuition ist die Kommunikation unserer Seele

Intuition ist unsere innere Führung, unsere Verbindung zu unserer wahren Seelennatur, und wenn wir ihr folgen, handeln wir aus dieser Wahrheit heraus. Intuition ist jener Bewusstseinszustand, der definitionsgemäß mit den Gesetzen der Natur der Göttin in Einklang steht. Es ist der Raum, wo Wahrheit ist. Diese Wahrheit wird uns direkt von unserer Seele über die Regenbogenbrücke kommuniziert. Die Regenbogenbrücke heißt auch Antaskarana und besteht aus mentalen und emotionalen Materialien. Intuition ist der Hausverstand, der alle unsere körperlichen und nicht-körperlichen Sinne in sich vereint und integriert. Sie kommt in Form von Visionen, Worten, Wahrnehmungen und innerem Wissen zu uns.

Wir entwickeln unsere Intuition durch spirituelle Praxis, die die Energiezentren im Kopf verbindet, und auch durch kreative Handlungen aus unserer Seele. Wann immer wir unser Herz und unsere Seele auf etwas richten, bauen wir die Regenbogenbrücke und rufen unsere Intuition hervor. Das kann jede Art von Kreativität sein, vom Schneidern bis zum Kochen, vom Malen bis zum Dichten, von Automechanik bis zum Motordesign, was immer wir gerne tun. Das ist einer der Gründe, warum es für uns so wichtig ist, im Leben unserem Herz zu folgen und das zu tun, was wir lieben, anstatt Dinge nur zu tun, um Geld und materielle Güter zu bekommen. Es ist auch der Grund, warum während der ganzen *Im Herzen der Göttin* – Ausbildung so viel Wert auf Kreativität gelegt wird und darauf, Abbilder von Göttinnen und Priesterinnen, Artefakte und Ausrüstungsgegenstände anzufertigen. Wenn wir spielerisch kreativ sind, oft das erste Mal seit unserer Schulzeit, und Dinge machen, die der Göttin gewidmet sind, entwickeln wir auch unsere Intuition.

Wir entwickeln unsere Intuition, indem wir ihre Existenz und Bedeutung anerkennen, indem wir auf sie hören und den inneren Mitteilungen folgen, die wir über uns selbst, andere Menschen, Situationen und anstehende Handlungen erhalten. Das Wunderbare ist, dass wir, sobald wir lernen auf unsere Intuition zu hören und ihr zu folgen, von unserer Umgebung sofort die Rückmeldung bekommen, dass unsere Intuition stimmt. Es ist unsere Wirklichkeit, und unser Leben beginnt auf eine neue und aufregende Art zu gelingen.

Göttinnen-Zeremonien und heilige Rituale gestalten

Den siebten Sinn entwickeln: Energie hören/wahrnehmen

Wir lernen durch die Entwicklung unseres siebten Sinnes nicht-physische Energie wahrzunehmen und zu spüren. Dieser Sinn ist eigentlich eine Kombination aus Hören, Spüren und Fühlen, ein Feingefühl für Energie verschiedener Schwingungen. Wie durch die Kirlian-Fotografie gezeigt wurde, haben wir alle eine Aura, eine energetische Strahlung, die von der Oberfläche des Körpers ausgeht und die wie wahrnehmen können.

> *Setze dich alleine in einen Raum und bringe deine Gedanken und Gefühle zur Ruhe. Spüre aus deiner Mitte die Strahlung deiner eigenen Aura, die Emanation deines Energiefeldes rund um dich. Wie weit strahlt deine Aura vom Körper aus? Ist es ein Zentimeter oder zwei oder zehn Zentimeter und mehr? Wie weit strahlt deine emotionale Energie aus? Sind es einige Zentimeter oder mehr als ein Meter? Wie weit strahlen deine geistigen Energien vom Körper aus? Sind es Zentimeter oder Kilometer? Spüre die Energie deiner eigenen Seele. Ist sie an einem Ort innerhalb oder außerhalb deines Körpers? Wie weit strahlt die Seelenenergie vom Körper aus?*
> *Wie nimmst du diese Energien wahr? Wo spürst und erlebst du sie in deinem Körper?*
>
> *Wiederhole diesen Vorgang an einem anderen Tag, wenn du gemeinsam mit anderen beisammen sitzt, aber schau diesmal auf die Aura und die Ausstrahlungen anderer Menschen. Fühle ihre Energiefelder und die verschiedenen Ausdrucksweisen ihrer Energie. Kannst du wahrnehmen, was sie fühlen und denken könnten, wie gesund sie sind, wie ihre Seelenverbindung ist? Experimentiere in verschiedenen sozialen Situationen. Manchmal ist es leichter, die Ausstrahlungen und Farben der Aura zu sehen, wenn die Person, auf die wir uns konzentrieren, vor einer hellen oder dunklen Wand sitzt oder wenn das Licht hinter ihr ist. Du kannst den Menschen immer sagen, was du tust, und sie bitten, sich zu einem Platz zu begeben, wo du mehr erkennen kannst. Nimm die Energiefasern, die Lichtfasern, wahr, die bestimmte Freunde miteinander verbinden. Trainiere diese neu entstehende Fähigkeit täglich.*
>
> *Wiederhole den Vorgang bei einem wissentlich spirituellen Treffen, beispielsweise in einer Priesterinnengruppe, bei einer Heilung oder in einer Meditationsgruppe. Schau ob du wahrnehmen kannst, wo die Energie der Menschen ist und was sie fühlen. Nimm die En-*

ergiefasern wahr, die alle im Raum miteinander oder mit der Lehrerin, wenn es eine gibt, verbinden. Nimm das Netz von Energiefasern wahr, das in dem physischen Raum, in dem ihr seid, einen energetischen Träger oder ein energetisches Gefäß zwischen euch allen bildet. Nimm andere Verbindungen wahr, etwa zum Altar oder zur Göttin in der Mitte. Nimm während des ganzen Treffens im Tagesverlauf wahr, wie sich die Energie im Träger oder Gefäß bewegt. Spüre das als ein sanftes Zupfen an den Fasern, die dich mit allen anderen verbinden. Dieses Zupfen bewirkt Veränderungen der Farbe und Beschaffenheit, in Empfindungen von Leichtigkeit oder Trübheit, Erschöpfung oder Aufmerksamkeit.

Wiederhole den Vorgang bei einer Zeremonie, und werde dir bewusst, auf welche Weise wir alle miteinander als Priesterinnen und Teilnehmerinnen verbunden sind. Spüre wie die Energieverbindungen stärker werden, wenn die archetypischen Priesterinnenenergien hereinkommen und dann, wenn die Göttin selbst hereingerufen wird. Nimm die Veränderungen im Energiefeld während der Dauer einer Zeremonie wahr. Benenne energetische Erfahrungen, wie das flüchtige Auftauchen einer Farbe, ein Nadelstich von Licht, eine Welle von Traurigkeit oder Freude oder Angst, damit sie nicht als nichts abgetan werden. So kannst du erkennen, dass diese subtilen Ereignisse wichtig sind und eine Bedeutung haben, die mitgeteilt werden kann. Nimm wahr, wo in deinem Körper du diese Energien spürst. Für manche wird es im Kopf sein, für andere in den Händen und für andere in dem breiten Bereich zwischen dem Solar Plexus und dem Herzen. Nimm wahr auf welche Weise sich die Energie bewegt, zaghaft oder kraftvoll, und wie sie sich manchmal dicht und manchmal luftig anfühlt und sich zu anderen Zeiten schnell bewegt. Nimm wahr, wie stockende Energie sich plötzlich aus keinem erkennbaren Grund bewegt und finde heraus, was man tun kann, um festgefahrene Energie in Bewegung zu bringen. Nimm wahr, wie frei du dich fühlen kannst, wenn die Energie dich umgibt und wenn du deine eigenen Hemmungen loslässt, während du gleichzeitig weiterhin das Energiefeld spürst.

Wie man aus diesen Vorschlägen sehen kann, müssen wir fähig sein unsere Aufmerksamkeit je nach Bedarf zu konzentrieren. Wir müssen ein Bewusstsein für immaterielle Energien entwickeln und die Fähigkeit, unsere Konzentration so lange wie notwendig zu halten. Das sind alles Dinge, die uns durch das Ausüben einer täglichen spirituellen Praxis zukommen.

Göttinnen-Zeremonien und heilige Rituale gestalten

Das Bewusstsein ausdehnen

Zu vielen archetypischen Priesterinnen-Eigenschaften gehört die Fähigkeit, bei Zeremonien und in der Natur völlig eins mit dem Energiefeld der Göttin zu werden, sich in seinem Fluss zu bewegen, eingeklinkt zu sein in seine spiralförmigen und manchmal chaotischen Bewegungen und zu spüren wie es anschwillt und abfällt, wie es aufbrandet und zur Ruhe kommt. Dafür muss der siebte Sinn entwickelt und unser Bewusstsein ausgedehnt werden, damit wir mehr von dem aufnehmen können, was energetisch rund um uns passiert, in dem Raum, in dem wir uns aufhalten, in den Menschen, mit denen wir beisammen sind, im Tempel, im Garten, auf der Lichtung und im Hain, im Tal, auf der Insel, im Land, auf dem Kontinent, auf dem Planeten. Ein Weg, um unser Bewusstsein auszudehnen ist es, unser physisches und psychisches Gehör zu entwickeln. Wir lernen wirklich den Geräuschen zu lauschen, die überall rund um uns ertönen, und den Energiefluss der Göttin in allem zu hören und zu spüren.

> *Sitze mit aufrechter Wirbelsäule ruhig irgendwo in der Natur, in einem Garten, einem Park, einem Wald, neben einem Bach, einem Fluss, in einem Tal oder auf einem Berg. Schließe deine Augen und erde und zentriere dich. Nimm die Fasern deiner Energie wahr, die sich tief hinunter in Mutter Erde und hoch hinauf in den Himmel ausstrecken. Nimm dich selbst als Brücke zwischen Erde und Himmel wahr und lass zu, dass deine Energie von deinem Herzen aus sanft in alle Richtungen ausstrahlt.*
>
> *Öffne dein Gehör und lausche auf die Geräusche menschlicher Aktivität und der Natur, die rund um dich ertönen – die nahen oder fernen Geräusche von Maschinen, Autos, Unterhaltungen, die Rufe der Vögel und der Tiere, die Geräusche des Windes, des Wassers und der Bäume. Dehne dein Hören soweit du kannst durch die Umgebung aus, um weit entfernte Geräusche zu erhaschen. Wenn du auf dem Land bist, dehne dein Lauschen über die Hügel und Täler aus und suche die Geräusche der Natur der Göttin. Wenn du in einer Kleinstadt oder Großstadt bist, spitze deine Ohren über die Grenzen des Siedlungsgebietes hinaus, um den Geräuschen der Natur draußen auf dem Land zu lauschen. Lausche dem, was du hören kannst. Nimm beim Zuhören wahr, wie sich dein Bewusstsein ausdehnt und mehr Raum umfasst.*
>
> *Öffne deine Augen, während du lauschend da sitzt und nimm alles, was du von der Nähe bis zur Ferne sehen kannst in dein Bewusstsein auf. Halte dein Bewusstsein so lange offen, wie du kannst.*

Wenn du diese Ausdehnung deines Bewusstseins trainierst, wird es etwas, das du überall und zu jeder Zeit machen kannst.

Probier das in verschiedenen Zusammenhängen und besonders bei Göttinnen-Zeremonien aus. Übe, die energetischen Fasern der Zeremonie in deinem Bewusstsein zu halten, und visualisiere den energetischen Träger, der alle Elemente der Zeremonie bewahrt. Spüre die Energiebewegung im Träger und fließe mit ihr. Lerne auf ihr Ansteigen und Absinken zu reagieren. Werde dir bewusst, wie die Energie dich aufruft, der Stimme deiner Intuition folgend zu handeln.

Der Intuition folgen

Wir lernen im Leben und bei Zeremonien auf die Stimme in uns zu hören, die sagt *„Sprich jetzt"*, *„Tu das jetzt"* oder *„Sing das jetzt"*, und wir reagieren darauf mit den entsprechenden Handlungen. Das wird sich für unsere Persönlichkeit oft beängstigend anfühlen, weil es uns in den Vordergrund stellt, so dass alle unsere möglichen Fehler sehen und hören können. Als Priesterinnen ist es wichtig, dass wir es wagen in der Öffentlichkeit unserer Intuition folgend zu handeln.

Als ich jünger war, fand ich mich jahrelang oft in Situationen, in denen ich zu ängstlich und eingeschüchtert war, um zu sprechen. Es fand beispielsweise eine Diskussion statt und ich spürte wie Energie in mir hochstieg und ich etwas sagen wollte. Augenblicklich spürte ich eine heiße Nervosität in meinem Bauch ausbrechen und den Wunsch zu sprechen. Mein Puls raste und meine Hände zitterten. Es wurde so intensiv, dass ich mich manchmal richtig krank fühlte, so als würde ich in Ohnmacht fallen oder mich vor aller Augen übergeben. Ich rutschte auf meinem Platz hin und her, kämpfte im Stillen diese innere Übelkeit nieder und scheiterte daran, meinen Mund zu öffnen. Dann ging der Augenblick vorüber, und meine Angst hatte mich davon abgehalten zu sprechen. Nach einem solchen Ereignis verbrachte ich viel Zeit damit zu bedauern, dass ich nichts gesagt hatte, und stellte mir immer wieder vor, was ich gesagt hätte und was dann passiert wäre, wenn ich gesprochen hätte.

Ich lebte viele Jahre mit meiner Angst, bevor ich es wagte, meine Wahrheit auszusprechen, insbesondere, wenn ich sehr nervös war. Im Lauf der Zeit experimentierte ich und lernte allmählich wie ich in Gruppensituationen sprechen konnte. Ich erkannte, dass es in Wirklichkeit besonders wichtig für mich war, meine Wahrheit auszusprechen, wenn das Gefühl von Nervosität in meinem Bauch und meinem Herzen aufstieg. Tatsächlich war dieses Gefühl ein Signal für mich, dass ich etwas zu sagen hatte, was von mir ausgedrückt und von anderen gehört werden musste. Ich fand heraus, dass es für mich, außer um gesellig zu sein, nicht nötig war zu sprechen, wenn diese Spannung nicht da war. Im

Göttinnen-Zeremonien und heilige Rituale gestalten

Lauf der Jahre ist diese konditionierte Nervosität zu einem Gefühl von Druck im Bauch und im Herzen geschmolzen statt zu wirklicher Angst zu werden. Trotzdem kann immer noch Nervosität hochsteigen, bevor ich in der Öffentlichkeit spreche oder Zeremonien durchführe.

Durch jahrelange Erfahrung beim Aufführen heiliger Dramen und Abhalten von Zeremonien habe ich gelernt, dass dieses ansteigende Druckgefühl für mich ein Signal ist, eine Aufforderung meiner Intuition, dass ich achtsam und bereit für etwas sein soll. Ich weiß nicht immer, was es ist. Der Druck ist ein Maß für das Energiefeld von dem ich ein Teil bin und kommt von dort. Wenn ich dem Signal des inneren Drucks folge und auf seine Aufforderungen reagiere, dann fließe ich mit dem Energiefeld, und das ist es, was die Energie von mir und von uns allen erfordert. Dieses intuitive Reagieren macht es möglich, das die Zeremonien tiefer gehen und zu kraftvollen Erlebnissen für alle, die dabei sind, werden.

Invokation der Göttin

Eine der wesentlichen Funktionen bei Zeremonien ist für Priesterinnen der Göttin und von Avalon das Anrufen der Göttin, von Britannia und der Lady von Avalon in vielen Gestalten. Invokation bedeutet *in die Gegenwart hereinrufen*, und das Anrufen der Göttin bedeutet eigentlich, die Göttin in unser Bewusstsein zu rufen und unsere Aufmerksamkeit auf sie zu richten. Unsere Aufgabe als Priesterinnen ist es, sie in eine bestimmte Zeremonie und den heiligen Raum zu rufen und diese Invokation zu halten, so dass sie sich über die Dauer der Zeremonie vertiefen und entwickeln kann. Es ist das Halten der Invokation über die Zeit, dass Kraft in eine Zeremonie bringt. Es ist eine esoterische Kunst, die dadurch gelernt wird, dass man sie praktiziert.

Es gibt verschiedene Arten die Anrufung zu üben, aber eine der unmittelbarsten besteht darin, die kreative Kraft der visuellen Vorstellung zu nutzen. Wir beginnen damit, die Göttin außerhalb von uns zu visualisieren. Wir sehen sie in einiger Entfernung von uns am vorgestellten oder tatsächlichen Horizont. Sie bewegt sich durch den Raum auf uns zu. Wir visualisieren die Göttin mit den uns vertrauten Charakteristiken, dem ihr eigenen Gesicht, ihrer Gestalt, Figur und Farbe. Wir sehen sie zum Beispiel als Bridie in Gestalt eines jungen Mädchens, das Weiß trägt, oder als Keridwen, die alte Greisin, mit ihrem alten, faltigen Gesicht, gekleidet in Schwarz, oder als die goldene, schwangere oder stillende Muttergöttin. Wir sehen die Göttin mit ihren heiligen Geschöpfen. Rhiannon reitet auf ihrer weißen Stute heran und ist umgeben von Wolken kleiner Vögel; Ker kommt mit ihren Herden gehörnter Hirsche, Rinder, Ziegen oder Schafe; Domnu schwimmt vom Ozean mit den Robben, Delfinen, Walen und mit dem Lachs der Weisheit heran; und Danu fliegt mit ihren Vögeln herein, mit den Adlern, Bussarden, Zaunkönigen und all den Geflügelten.

Avalon - Zweite Spirale

Wir beten mit gesprochenen oder gesungenen Worten zur Göttin und bitten sie zu uns zu kommen und bei uns gegenwärtig zu sein. Wenn wir zum Beispiel die Göttinnen aus dem Osten, von Ostara, der Frühlingszeit und des Feuers rufen, sagen wir:

„Ich rufe dich, Artha, große Himmelsbärin. Komm und sei hier bei uns. Sternengöttin, erleuchte uns mit deinem funkelnden Licht."

Während wir sprechen, visualisieren wir die Göttin als eine riesige Sternenbärin, die aus dem Himmel herunterkommt und sich auf uns zu bewegt. Wir spüren ihre Energie auf uns zukommen.

„Bärenmutter, Mutter aller menschlichen Wesen, komm und sei bei uns."

Wir sehen sie als die große Bärenmutter, die pelzige Mutter aller menschlichen Wesen. Wir erweitern das Bild auf ihre Qualitäten und visualisieren das Feuer, das in einem Stern ist, in unserer Sonne und in den Feuern, die auf der Erde brennen, den Feuern in Vulkanen, den Herdfeuern, den Feuern der Industrie, den Kerzenflammen. Wir spüren ihre Wärme auf uns zukommen.

„Artha, Mutter des Feuers, des Feuers im Himmel und auf der Erde, komm und sei hier in unserer Zeremonie gegenwärtig."

Wir rufen die Mutter des Feuers bei ihren anderen Namen. Wir rufen Grainne die Sonnengöttin herein, und ehren den Stellenwert ihres Sonnenscheins in unserem Leben.

„Grainne, Sonnengöttin, die du unserm Planeten alles Licht und Leben gibst, komm und sei willkommen hier. Empfange unseren Dank für die Wärme deines glühenden Körpers und deines lebensspendenden Lichts."

Wir rufen Ostara (Eostre) herein, die Göttin der Frühlingsfeuer, der Tag-und-Nachtgleiche, und sehen sie mit ihrem Hasen, der Henne und der Katze.

„Ostara, Göttin des Frühlings, Göttin des Ergrünens, wir heißen dein Feuer willkommen, das in deiner ganzen Natur hervorbricht, das grüne Feuer des Frühlings. Zu dieser Zeit der Tag-und-Nachtgleiche bitten wir dich alle Dinge ins Gleichgewicht zu bringen. Wir begrüßen deinen Frühlingshasen, deine Ostara-Henne und deine Katze."

Göttinnen-Zeremonien und heilige Rituale gestalten

Wir rufen die Morgene Cliton herein, die Lady des Feuers, und visualisieren sie vielleicht in einer Elementar- oder Devaform.

„Cliton, Lady des Feuers, bring uns das Feuer von Avalon. Bring uns deine Wärme, deine Vitalität, deine Kreativität, deine Leidenschaft, deine Begeisterung für das Leben. Bring uns eine klare Absicht."

Schließlich rufen wir die Nolava des Feuers herein und visualisieren sie in ihrer grünen und goldenen Form, wie sie auf uns zukommt und unseren Körper mit Energie erfüllt.

„Nolava des Feuers, Lady des Lichts, bring uns einen klaren Verstand und eine klare Vision, damit wir die Wahrheit deutlich sehen können. Erleuchte uns mit deinem Strahlen. Erfülle unsere Herzen, Seelen und Körper mit deinem liebenden Feuer."

Und so weiter. Die Invokation endet mit einem abschließenden Satz wie

„Sei gegrüßt und willkommen, Artha!" oder *„Sei gegrüßt und willkommen, Nolava des Feuers."*

Visualisiere wie die Mutter des Feuers den zeremoniellen Raum betritt und sich im Altar oder der Mitte des Kreises, in dem wir arbeiten, verankert. Spüre wie ihre Ausstrahlung das Zentrum erfüllt und wieder zum Horizont strahlt. Halte für einige Augenblicke den Raum der Invokation, bevor du dich, dem Rad folgend, weiter bewegst.

Bei der zeremoniellen Arbeit mit Britannias Rad rufen wir die Göttinnen des Rades für verschiedene Absichten auf verschiedene Arten. Bei saisonalen Zeremonien beginnen wir eine Reihe von Anrufungen mit dem Hereinrufen der Göttin dieser Jahreszeit. Wenn die Zeremonie etwa rund um Beltane stattfindet, beginnen wir das Rad damit zu öffnen, das wir als erstes Rhiannon hereinrufen und dann unsere Anrufung rund um das Rad im Uhrzeigersinn fortsetzen. Wenn die Zeremonie im September nahe der Herbst-Tag-und-Nachtgleiche stattfindet, beginnen wir damit Brigantia, die Mutter der Erde, aus dem Westen zu rufen und fahren danach im Uhrzeigersinn fort. Zuletzt rufen wir immer die Göttin des Zentrums herein, Britannia, die Lady von Avalon und Morgen la Fey.

Viele Zeremonien werden gestaltet, um spirituelle Energie in Form zu bringen und folgen einem Pfad der Manifestation in dichterem und dichterem Ausdruck. Dafür öffnen wir das Rad beginnend mit dem Luftelement im Norden und gehen dann rund um das Rad der Göttin über Feuer und Wasser zur irdischen Manifestation. Wir fangen unsere Invokation im Norden mit Danu an, fahren mit der Anrufung der Jungfrau fort, gefolgt von der Mutter des Feuers, der

Liebenden, der Mutter des Wassers, der großen Mutter, der Mutter der Erde, der Greisin und der abschließenden Anrufung im Zentrum des Rades. Gelegentlich reisen wir in Zeremonien nach innen ins Selbst und unsere inneren Erfahrungen oder entlassen etwas ins Geistige. Dann öffnen wir das Rad entgegen dem Sonnenlauf und bewegen uns entgegen dem Uhrzeigersinn um das Rad.

Egal ob wir die Göttin im Uhrzeigersinn oder gegen den Uhrzeigersinn angerufen haben, danken wir am Ende der Zeremonie der Göttin immer, indem wir uns im Uhrzeigersinn um das Rad bewegen. Auf diese Weise bringen wir uns in Einklang mit der Bewegung der Erde um ihre Achse und der Erde um die Sonne.

Die Rolle der Priesterin als Zeremonienleiterin

Eine Priesterin oder eine Gruppe von Priesterinnen hat während einer Zeremonie einige unterschiedliche Funktionen. In patriarchalen Religionen ist es die Aufgabe des Priesters derjenige zu sein, der mit Gott verbunden ist, und zwischen dem Göttlichen und der Gemeinde zu vermitteln. In der Göttinnen-Spiritualität ist es die Aufgabe der Priesterin die Rahmenbedingungen zu kreieren, die es anderen ermöglichen, eine unmittelbare Erfahrung der Göttin und Kommunion mit ihr zu haben. Dazu gehören die Gestaltung der Zeremonie, das Vorbereiten und Erzeugen eines heiligen und zeremoniellen Raumes, eine Begrüßung und Einführung zur Zeremonie, die Anrufung der Göttin, die Fähigkeit, im Inneren still zu werden und so Stille in anderen hervorzurufen, die Fähigkeit, einen energetischen Rahmen für die Zeremonie zu erzeugen und zu halten, mit dem Fluss der Energie mitzugehen, die Richtung der Zeremonie und die Energie zu lenken.

Eine gute Zeremonienleiterin ist sowohl Priesterin als auch Darstellerin und hat die Fähigkeit, sich emotional und energetisch mit den Teilnehmerinnen zu verbinden, so dass sie gemeinsam eine bewegende und bedeutsame Zeremonie kreieren können. Das ist eine Fähigkeit, die durch Praxis gelernt wird, so wie eine Schauspielerin lernt, ein Publikum emotional zu berühren. Während der ganzen Zeremonie wirkt die Priesterin, als ein Fokus für Energie, Absicht und Aufmerksamkeit und sorgt dafür, dass die Zeremonie leicht von einer Phase in die nächste fließt. Die Priesterin kultiviert die Fähigkeit, deutlich zu sprechen, ihre Stimme zu projizieren und Klang auf eine kreative Weise zu nutzen. Sie lernt, wenn nötig dynamische Energie einfließen zu lassen, warm und freundlich zu sein, Humor genauso zu nutzen wie Ernsthaftigkeit und selbstsicher und entspannt zu sein. Sie lernt insbesondere die Zeremonien zu genießen, weil sich das auf andere überträgt.

Göttinnen-Zeremonien und heilige Rituale gestalten

Zeremoniellen Raum kreieren

Ein zeremonieller Raum ist der physische Raum, den wir dafür widmen, darin unsere ganze Energie und Aufmerksamkeit der Göttin zuzuwenden. Es kann ein kleiner Raum in der Größe eines winzigen Altars sein, es kann ein ganzes Zimmer sein und wir können unseren zeremoniellen Raum auch von der Mitte unseres Kreises bis zum Horizont und darüber hinaus visualisieren. In dieser erneuerten avalonischen Tradition arbeiten wir mit letzterem. Wir visualisieren wie unterschiedliche Formen der Göttin vom Horizont auf uns zukommen und dann in alle Richtungen wieder hinausstrahlen. Der zeremonielle Raum, den wir kreieren, ist der, den wir erfolgreich in unserem Bewusstsein halten können. Das ist ein anderer Zugang als bei anderen paganen Traditionen und obwohl wir meistens im Kreis arbeiten, sind wir nicht durch den Kreis gebunden.

In der Wicca-Tradition und bei westlichen magischen Zeremonien zieht die Hexe oder der Magier einen Kreis um sich selbst und ruft die Energien und Gottheiten in den Kreis, in dem sie oder er stehen, um von diesen Energien berührt und transformiert zu werden. Es wird geglaubt, dass die Person im Kreis für die Dauer der Zeremonie vor unerwünschten äußeren Störungen geschützt ist. Diese Form der Zeremonie kam vermutlich zu den Zeiten auf, als pagane Zeremonien im Geheimen durchgeführt werden mussten und das Ziehen des Kreises eine wichtige Art psychischen Schutzes war.

Zusätzlich kann eine Magierin/ein Magier auch einen separaten Kreis ziehen und so einen zweiten abgegrenzten rituellen Raum vor ihr/sich erzeugen, in den bösartige Energien und Gottheiten gerufen oder beschworen werden. Die Magierin bleibt für die Dauer der Zeremonie außerhalb dieses Kreises und ist überzeugt, dass die Energien auf diese Art eingeschlossen bleiben und sie selbst vor den Kräften, die sie beschworen hat, geschützt ist.

In unserer erneuerten avalonischen Tradition haben wir einen anderen Zugang. Vor allem ziehen wir keine Kreise. Unserem Verständnis nach ist die Göttin lebendig und überall, an allen Plätzen und zu allen Zeiten, und das ist die Wahrheit. Sie ist die Eine in vielerlei Gestalt, die wir bei unseren Zeremonien anrufen oder wachrufen wollen. Wenn sie im Zentrum unserer Aufmerksamkeit ist und in alle Richtungen nach außen strahlt, ist es nicht nötig, uns von ihrer restlichen Schöpfung zu separieren. Sie ist mächtiger und liebevoller als alles andere was existiert und ihr Strahlen ist all der Schutz, den wir möglicherweise brauchen.

Viele unserer persönlichen und gemeinschaftlichen Zeremonien beruhen auf der Arbeit mit der Göttin und den Energien ihres heiligen Jahresrades, welches das Rad ihrer Natur ist. Wir stehen oder sitzen im Kreis und unsere Aufmerksamkeit ist ständig auf die Göttin in unserer Mitte fokussiert, aber es gibt keinen wirklichen Unterschied zwischen außerhalb und innerhalb des Kreises. Der Unterschied besteht nur in Form des physischen Raumes und darin, was wir fähig sind in unserem Bewusstsein zu halten. Wir sitzen im Kreis, um uns daran zu erinnern, dass wir vor der Göttin alle gleich sind, und unsere unterschiedlichen Qualitäten und Talente sind durch die neun Richtungen des Jahresrades ausgedrückt, acht rund um den Kreis und die neunte im Zentrum.

In unserer zeremoniellen Praxis rufen wir die Göttinnen der neun Richtungen und bitten sie zu uns zu kommen und bei uns präsent zu sein. So wie sich unsere Aufmerksamkeit der Göttin zuwendet, reagiert sie auf uns. Wir erleben sie durch Veränderungen im Bewusstsein, in unserem spirituellen Fokus und Gefühl, durch Zeichen und Symbole, in auftauchenden Synchronizitäten, durch Veränderungen in der Atmosphäre, in Visionen und Klängen und in der Inspiration. Wenn wir die Göttin wiederholt in einen bestimmten physischen Raum rufen, wird dieser Raum mit ihrer Energie aufgeladen und bewahrt sie in fühlbarer Form, die von Menschen, die den Raum betreten, spontan wahrgenommen wird. Der Raum wird heilig und ist Zeremonien, der Verehrung der Göttin und spiritueller Kommunion mit ihr gewidmet.

Das Gestalten von Göttinnen-Zeremonien

Zunächst einmal hängt die Gestaltung jeder Göttinnen-Zeremonie von ihrer Absicht ab. Jede Zeremonie braucht eine klare Absicht, ob es darum geht zwei Menschen in der Ehe zu vereinen oder die Göttin an ihren Jahreskreisfesten zu feiern oder die Lady zur Heilung einer bestimmten Person oder einer Gruppe von Menschen hereinzurufen oder für etliche andere verschiedene Absichten. Wir brauchen eine klare Absicht und einen klaren Fokus, auch wenn wir vielleicht nicht genau wissen, wie sich unsere Absicht manifestieren wird, etwa wenn wir uns für die Mysterien der Anderswelt der Göttin öffnen. Wir müssen ein energetisches Verständnis dafür haben, was wir in unserer Zeremonie versuchen zu erreichen, egal ob es in dem Prozess darum geht, spirituelle Energie zu manifestieren, oder ob wir danach streben, diese Energien zu berühren.

Zur Gestaltung jeder Göttinnen-Zeremonie gehört immer die Invokation der Göttin. Das kann die eine Göttin sein, oder sie kann einige verschiedene Gesichter haben, so wie wenn wir mit dem Rad Britannias arbeiten. Wir rufen sie an den Platz, den wir für ihre Verehrung vorgesehen haben. Zu einer Göttinnen-Zeremonie gehört fast immer die Verwendung ihrer natürlichen Elemente von Erde, Wasser, Feuer und Luft, um verschiedene Energien und Zustände des Seins und die Verwandlung dieser Formen ineinander, die Energie freisetzt, zu symbolisieren. Zum Beispiel können wir auf ein Stück Papier die Dinge schreiben, die wir in unserem Leben loslassen wollen, Dinge, die uns nicht länger nützen, und dann können wir das Papier anzünden. So wie das Papier verbrennt und sich in Hitze, Licht und Asche verwandelt, beginnen auch unsere Wünsche nach Veränderung ihre Reise des Loslassens und der Verwandlung. Wir arbeiten mit Luft in Form von Räucherwerk, Klang, Musik und so weiter; mit Feuer in Form von Kerzenflammen, Herdfeuer, Lagerfeuer, und so weiter; mit Wasser in Form

Göttinnen-Zeremonien und heilige Rituale gestalten

von heiligem Wasser, Meer, Milch, Wein, und so weiter; und mit Erde in Form von Schlamm, Kristallen, Blumen, und so weiter. All das nutzen wir in unseren Zeremonien und bei der Dekoration der Tempel der Göttin.

So wie ein gutes Buch brauchen gute Zeremonien einen Anfang, eine Mitte und ein Ende. Sie brauchen einen deutlichen Beginn, bedeutsamen Gehalt und Inhalt und einen Weg zu enden, einen Weg sich aus dem geborgenen, heiligen Raum wieder zurück in die Welt zu bewegen. Genauso wie ein heiliger Akt ist eine Zeremonie auch eine Darbietung, bei der sich die erweiterten Energien ausagieren, mit denen wir als archetypische Priesterinnen arbeiten. Bei der Zeremonie werden wir größer als wir es normalerweise sind. Als Darstellerinnen in einem heiligen Drama verkörpern wir die verschiedenen Energien der Göttin und kommunizieren mit den Teilnehmerinnen, so dass alle die Energien der Göttin erleben können. Als Priesterinnen erschaffen wir gemeinsam mit allen Teilnehmerinnen den Träger oder das spirituelle Gefäß, in dem die Energien der Göttin fließen und wahrgenommen werden können.

Es muss ein Gleichgewicht zwischen den expressiven und den rezeptiven Phasen einer Zeremonie geben. Auch sollen alle so weit wie möglich teilnehmen können, weil wir alle uns selbst unmittelbar mit der Göttin verbinden wollen. Es muss für die Teilnehmerinnen Gelegenheiten ihre Gefühle auszudrücken, Zeit für Tränen, Lachen, Liebe, Sehnsucht und Inspiration geben. Eine gute Zeremonie zieht uns in ihren Bann, ergreift unser Herz, unsere Emotionen, unseren Geist und unseren Körper und öffnet jeden Teil von uns für die Liebe der Göttin. Wenn wir von ihrem Segen erfüllt sind, werden wir freigegeben, um die Energie der Göttin in die Welt zu tragen.

Eine gute Zeremonie hat Energie, Emotion und Inspiration. Sie führt uns aus unserem alltäglichen Bewusstsein und unserer Komfortzone hinaus in die andersweltlichen Reiche der Göttin und ihre Gegenwart. Zur Zeremonie können Gebet, Poesie, Geschichten erzählen, inspirierte Worte, Visualisierungen, Trancereisen, Gesänge, Lieder, Drama, Musik, Bewegung und Tanz genauso gehören wie das Herstellen und Erleben symbolischer Formen und heiliger Objekte. Häufig ahmen wir die üppige Natur der Göttin nach, indem wir Geschenke verteilen, die die fortwährende Großzügigkeit der Göttin symbolisieren.

Zeremonien können überall stattfinden, aber ganz besonders in der Natur der Göttin, in ihren Tälern, an ihren Bächen, auf ihren Hügeln, in ihren Höhlen. Sie können auch in Wohnzimmern, Schlafzimmern, Küchen, an Arbeitsplätzen und in besonderen heiligen Räumen wie ihren Göttinnen-Tempeln stattfinden. Im Wesentlichen kann eine Göttinnen-Zeremonie jede Form haben, die wir wollen. Weil dies eine erneuerte Tradition ist, gibt es wieder einmal keine fixen Regeln, keine niedergeschriebene Thealogie oder Dogmen darüber, was bei einer Zeremonie gemacht werden kann und was nicht.

Die Worte für die Zeremonie können auf Papier niedergeschrieben und von der Priesterin und den Teilnehmerinnen abgelesen werden. Dafür müssen wir Zeit darauf verwenden, darüber nachzudenken, was wir sagen wollen und wie wir es auf die beste, poetischste und inspirierteste Weise sagen können. Das

Problem bei der Verwendung einer geschriebenen Form ist es, dass Worte allzu leicht nur Worte bleiben, denen es an Bedeutung mangelt, wenn sie nicht mit Gefühl und Einfühlung gesprochen werden. Es kann sein, dass wir mehr Zeit für den Versuch verwenden, an der richtigen Stelle im Buch zu bleiben, als uns dessen bewusst zu sein, was rund um uns passiert. Ich bevorzuge es, Zeremonien zu kreieren, die ein klares und einfaches Gerüst haben, dass es den Priesterinnen und Teilnehmerinnen ermöglicht, rund um die verschiedenen Themen der Zeremonie zu improvisieren. So gibt es die Freiheit von der Göttin im Moment inspiriert zu werden und ihre Worte, so wie sie empfangen werden, zu sprechen. Das braucht Übung und Selbstvertrauen.

Vorbereitung der Zeremonie

Es ist sehr wichtig, die Zeremonie vorzubereiten. Sobald die Zeremonie geplant ist, treffen wir uns und reinigen die zeremoniellen Gegenstände, die wir brauchen: Darstellungen der Göttin, Räucherwerk und Räucherschalen, Fächer, Räucherkohle, Zündhölzer oder Feuerzeuge, Kerzen und Kerzenhalter, Stäbe, Kelche, Kessel, Kristalle, Blumen und Vasen, Schriftstücke und Materialien, die wir möglicherweise während der Zeremonie brauchen. Wir sammeln heiliges Wasser. Wir reinigen unsere zeremoniellen Gewänder und bereiten sie vor – Robe, Kopfschmuck, Maske, Schleier und Gürtel. Wir reinigen uns selbst, baden unsere Körper und räuchern unsere Aura, um loszulassen, was wir vorher gemacht haben und uns von allen Energien, die nicht hilfreich sind, zu reinigen. Wir bereiten die Musik vor, die wir verwenden wollen, Glocken, Trommeln, Lieder, CDs und so weiter. Wir bereiten wenn notwendig ein Programm und Liedtexte vor, damit andere wissen, was passieren wird und mitmachen können. Wir bereiten Essen und Getränke vor, die Teil der Zeremonie sind, und alle Geschenke, die verteilt werden sollen.

Wir kommen eine Zeit vor der Ankunft der Teilnehmerinnen am Ort der Zeremonie an und reinigen und klären den physischen Raum. Wir lassen eine Glocke oder Klangschale ertönen und räuchern den Raum mit Räucherwerk. Wir breiten unsere zeremoniellen Ausrüstungsgegenstände aus und bereiten den Raum energetisch vor. Wir rufen unser Priesterinnenselbst herein. Wir ehren die Geistwesen des Ortes, des physischen Platzes der Zeremonie, in unseren Herzen und Gebeten. Wir bitten sie um Erlaubnis, unsere Zeremonie in ihrem Raum durchzuführen. Wir bitten sie um ihren Segen für uns als Zeremonienleiterinnen, für alle, die an der Zeremonie teilnehmen, und auch für die Zeremonie selbst.

Ein energetisches Gefäß für die Zeremonie erzeugen

Führe die folgenden Schritte durch, um ein energetisches Gefäß für die Zeremonie zu erzeugen, in dem die Energie der Göttin von anderen erlebt werden kann:

* *Plane die Zeremonie und bereite sie vor.*
* *Öffne dich für den inneren heiligen Raum, schaffe Stille in dir und strahle sie nach außen.*
* *Rufe dein Priesterinnenselbst in deinen Körper.*
* *Gehe spiralförmig, abhängig von der Absicht der Zeremonie im oder gegen den Uhrzeigersinn, durch den äußeren heiligen Raum des Tempels oder der Landschaft und lege bewusst eine Spur von liebevollem, goldenem Licht hinter dir, während du gehst. Verbinde, während du die Kerzen anzündest, die Blumen und heilige Objekte aufstellst, den Altar räucherst und die Priesterinnen sich gegenseitig räuchern, alles im Raum mit den Fasern aus liebevollem, goldenem Licht. Verbinde dich besonders mit den Darstellungen und Statuen der Göttin und öffne der Göttin dein Herz und deinen Geist, während deine Augen auf ihren Abbildern ruhen.*
* *Nimm alles im Raum in dein Bewusstsein auf.*
* *Lausche mit deinem siebten Sinn auf das Energiefeld, das erzeugt wurde, und nimm wahr wie es sich anfühlt. Visualisiere, wie das Netz der Verbindung zwischen allem, je nach Absicht der Zeremonie, einen goldenen Gral, Kelch oder Kessel als Gefäß für die weibliche göttliche Energie der Göttin formt.*
* *Bleibe dir des Energiefeldes, das du geschaffen hast, bewusst, während die Leute den Raum betreten und die Zeremonie beginnt.*
* *Rufe am Beginn der Zeremonie die Göttin an und sieh wie ihr Strahlen den zeremoniellen Raum und den Kelch erfüllt und in alle Richtungen ausstrahlt.*
* *Beobachte, fühle und lausche während die Zeremonie weitergeht auf die Bewegungen im Energiefeld. Manchmal wirst du vielleicht die Teilnehmerinnen bitten, sich bewusst über goldene Fasern aus Licht und Liebe von Herz zu Herz miteinander zu verbinden, und sie so mit dem zeremoniellen Netz aus Licht zusammenführen.*
* *Halte für die Dauer der Zeremonie die goldenen Verbindungsfasern in deinem Bewusstsein. Halte die goldenen Verbindungsfa-*

sern der Zeremonie, bis die Zeremonie beendet ist und die Menschen den zeremoniellen Raum verlassen.

* *Reinige und kläre den Raum, wenn die Zeremonie vorüber ist und lass dann die goldenen Fasern los. Sieh wie sie sich auflösen.*

Eine Zeremonie beenden

So wie eine Zeremonie einen guten Anfang und eine gute Mitte braucht, braucht sie immer auch ein gutes Ende. Wir schließen eine Zeremonie immer damit, dass wir den Göttinnen danken, die wir hereingerufen haben und deren Energien die Zeremonie gesegnet haben. Wir danken den Energien der fünf oder neun Richtungen. Wir danken den Geistwesen des Ortes dafür, dass sie uns gestattet haben, in ihrem Raum eine Zeremonie durchzuführen. Wir danken den Teilnehmerinnen dafür, dass sie da waren und der Zeremonie ihre Energie und Aufmerksamkeit geschenkt haben.

Sobald die Teilnehmerinnen den Raum verlassen haben, zerstreuen und reinigen wir die Energien, die wir hereingerufen haben. Wir tun das, indem wir den Raum mit Räucherwerk räuchern und eine Glocke, Klangschale oder einen Gong ertönen lassen. Dies bricht alle emotionalen Formen auf, die sich möglicherweise während der Zeremonie angesammelt haben und entlässt ihre Energie in größere Freiheit. Wir räumen unsere zeremonielle Ausrüstung fort und reinigen den Raum von weggelegten Zetteln, Kerzenwachs und anderen Überbleibseln menschlicher Aktivität. Schließlich lassen wir, bevor wir gehen, ein Geschenk für die Geistwesen des Ortes zurück.

Bezahlung für Zeremonien

Viele Menschen, die in patriarchalen Kulturen aufgewachsen sind, denken, dass Zeremonien großzügig verschenkt werden sollten, weil sie spirituelle Gaben sind, und dass keine Bezahlung dafür verlangt werden sollte. Sie sind der Meinung, dass spirituelle Arbeit nicht mit Geld beschmutzt werden sollte. Ich persönlich stimme diesen Ansichten nicht zu.

In traditionellen, erdverbundenen Kulturen war die Shamanka, die weise Frau, Heilerin und Priesterin hochangesehen aufgrund der lebenswichtigen Rolle, die sie für die spirituelle, emotionale und physische Gesundheit der Gemeinschaft spielte. Diese Frauen wurden von ihren Gemeinschaften durch Geldgeschenke und Naturalienspenden unterstützt. Dennoch werden heute auch in diesen Gemeinschaften viele spirituelle Älteste der Armut überlassen und nicht unterstützt. Sie müssen sich ihren Lebensunterhalt zusammenkratzen, auch wenn ihre Arbeit gefragt ist. Die Zeiten haben sich verändert, und das gemeinschaftliche Leben ist nicht mehr wie es war.

Göttinnen-Zeremonien und heilige Rituale gestalten

In der westlichen Welt werden die Göttinnen-Spiritualität und Priesterinnen kaum anerkannt, geschweige denn von ihren Gemeinschaften unterstützt. Um unseren Priesterinnenberuf auf Vollzeitbasis, statt nur Teilzeit, ausüben zu können, müssen wir in der Lage sein aus unserer Leistung ein Einkommen zu erzielen. Das gilt ganz besonders, wenn es keine organisierte Religionsgemeinschaft gibt, die uns für unsere Zeit und unser Engagement bezahlen könnte. Wir müssen für die Arbeit, die wir leisten, angemessen bezahlt werden, für die Zeit, die wir brauchen um Zeremonien vorzubereiten, durchzuführen und abzuschließen, für die Erfahrung und das Wissen, das wir mitbringen, und für die Heilung und Transformation, die wir möglich machen können. Die Göttin will nicht, dass wir arm sind.

Innerhalb des Glastonbury Goddess Temple verschenken Priesterinnen großzügig ihre Zeit und Energie, um die jahreszeitlichen Zeremonien zu kreieren, an denen viele Menschen teilnehmen. Es ist das Geschenk, das die Priesterinnen der Göttin und dem Tempel darbringen, und Spenden für den Tempel sind immer willkommen. Es ist nur möglich das so zu handhaben, weil der Tempel selbst von Madrons erhalten wird, die monatliche Fixspenden für den Tempel aufbringen, und weil Freunde des Tempels und Besucher ebenfalls spenden. Andere Zeremonien und Veranstaltungen werden auf Spendenbasis oder für einen kleinen Geldbetrag angeboten. Einzelne Priesterinnen können für persönliche Zeremonien wie Hochzeiten, Namensgebungen und so weiter, einen beliebigen Betrag verlangen. Ich habe eine Standard-Gebühr für solche Zeremonien, die auf der Zeit basiert, die ich benötige, um die Zeremonie vorzubereiten, durchzuführen und abzuschließen und die auch meine Erfahrung und mein Können honoriert.

Persönliche Arbeit

> *Praktiziere das Hereinrufen deines archetypischen Priesterinnen-Selbst, das Schaffen von Stille, das Erzeugen eines heiligen Raumes, dich im Fluss der Energie der Göttin zu bewegen, deinen siebten Sinn zu entwickeln, dein Bewusstsein auszudehnen, nach deiner Intuition zu handeln und die Göttin in individueller Form und auf Britannias Rad anzurufen. All das wird dir helfen dich darauf vorzubereiten, als Priesterin Zeremonien durchzuführen.*

---

[1] Auf Deutsch erschienen unter dem Titel „*Eine Abhandlung über die sieben Strahlen*", (Esoterische Psychologie Bd. 1 und 2, Esoterische Astrologie Bd. 3 und Esoterisches Heilen Bd. 4).

[2] Bisher nicht auf Deutsch erschienen.

Avalon - Zweite Spirale

Arten von Göttinnen-Zeremonien und Beispiele

Es gibt viele verschiedene Arten von Göttinnen-Zeremonien und im folgenden Abschnitt sind einige enthalten, um deren Durchführung Priesterinnen gebeten werden könnten. Anstatt eine detaillierte Beschreibung für jede Zeremonie für jede Gelegenheit niederzuschreiben, biete ich in der zweiten Hälfte des Kapitels Beispiele für einfache rituelle Gerüste an, die auf viele zeremonielle Situationen angewendet werden können. Bei der Einteilung in Kategorien passen einige Zeremonien offensichtlich in mehrere Kategorien, und die Auflistungen sind nicht vollständig.

Arten von Zeremonien
Übergangsriten

Während unseres Lebens als menschliche Wesen reisen wir alle durch ähnliche Lebensphasen, von der Geburt durch die Kindheit zum Erwachsensein, zur Elternschaft, Reife, Alter und Tod. Übergangsriten würdigen die Veränderungen, die stattfinden, wenn wir von einer Lebensphase in die nächste kommen, und werden für Individuen seitens der Familie oder der Gemeinschaft, zu der sie gehören, durchgeführt. Gesellschaften, die anerkannte Übergangsriten anbieten, sind kulturell reicher und stabiler als jene, die es nicht tun. Das zeigt sich in vielen westlichen Gesellschaften, wo der Mangel an anerkannten Übergangsriten für die Pubertät dazu führt, dass Jugendliche dazu gezwungen sind ihre eigenen, oft selbstzerstörerischen Übergangsriten zu erfinden.

Wir werden alle ins Leben geboren, in der Welt willkommen geheißen oder nicht und dann von unseren Eltern, Familien oder Gemeinschaften getauft. Manche Babies werden adoptiert oder zur Pflege in neue Familien gegeben.

Als Kinder sind wir vollständig von unserer Familie abhängig, aber mit zunehmendem Alter erlangen wir immer mehr und mehr Unabhängigkeit. Wir gesellen uns zu Gruppen von jungen Menschen, die in einem ähnlichen Alter wie wir selbst sind, und einen starken Einfluss auf unseren Sinn für Identität haben. An irgendeinem Punkt werden wir üblicherweise das Heim der Familie verlassen, um unsere Identität weiterzuentwickeln. Dazu gehört die Trennung von unseren Eltern und von allem was uns vertraut ist. Im Gegenzug kreieren wir ein neues Heim und eine neue Gemeinschaft. Viele von uns werden zu irgendeiner Zeit in der einen oder anderen Form eine eheliche Verbindung mit einem Partner eingehen und selbst Kinder haben. Es kann sein, dass wir mit diesem Partner ein Leben lang beisammenbleiben oder das wir uns von ihm trennen und eine neue Beziehung mit jemand anderem eingehen. Wir leben unser Leben, wir reifen, wir altern und wir alle sterben irgendwann.

Übergangsriten sind die Zeremonien, die die wichtigen Übergänge im Leben eines Individuums innerhalb einer Gesellschaft markieren. Sie geben dem Individuum das Gefühl, einen Platz innerhalb dieser Gesellschaft zu haben. Dazu gehören Zeremonien zur Namensgebung für Babies und Kleinkinder, Adoptionszeremonien, Zeremonien für junge Erwachsene, für das Verlassen des Heims, Hochzeit, Handfasting, Zeremonien für die Erneuerung von Versprechen, Trennung, Scheidung, zur Greisin werden, zur Weisen werden, Zeremonien für die Vorbereitung auf den Tod, Begräbnisse und Gedenk-Zeremonien.

Blutmysterien der Frauen

Die natürliche Fähigkeit von Frauen neues Leben zu empfangen, auszutragen und zu gebären, ist eines der wahren Wunder des menschlichen Daseins. Wir feiern unsere Blutmysterien während unseres ganzen Lebens als Frauen und während der Mutterschaft. Der Zyklus der Blutmysterien ist unmittelbar verbunden mit den Schwankungen in der Produktion von Östrogen, Progesteron, Testosteron und anderen Hormonen im weiblichen Körper. Die Zeremonien beginnen mit der Feier der Menarche bei Mädchen, die das Erscheinen der ersten Tropfen Menstruationsblut und den Übergang eines Mädchens zur jungen Frau kennzeichnet. Dann folgen viele Arten von Menstruationszeremonien, die die Kraft unseres Menstruationsblutes würdigen, die Verbindung unserer Blutung mit den Mondzyklen, die potentielle Gegenwart der dunklen Göttin im Körper vor und während der Menstruation und die Feier des menstrualen Blutes als Maeves roter Met, der ein tantrisches Lebenselixier ist.

Die natürliche Fähigkeit der Frauen jeden Monat ihr Lebensblut zu vergießen, wird in vielen männlichen Initiationsriten nachgeahmt. Dabei wird die lebensspendende Kraft des Blutes aus dem Schoß gewürdigt und junge Männer werden zum Zeichen, dass sie in ein neues Lebensstadium wiedergeboren werden, mit rotem Ocker oder Tierblut bestrichen. Wir können auch unseren Kon-

Arten von Göttinnen-Zeremonien und Beispiele

zeptionszyklus ehren und uns angemessen auf die Empfängnis und das Tragen von neuem Leben vorbereiten.

Das Mutter-Werden wird auf viele Arten gefeiert, angefangen mit der Bereitstellung von Zeremonien, die einen Weg für die neue Seele öffnen in die Inkarnation zu kommen, über Zeremonien für die Vorbereitung der Geburt selbst und das Danksagen für eine glückliche Geburt. Die Göttinnen-Spiritualität verwirft jeglichen Gedanken, dass die Mutter durch das Erlebnis der Geburt unrein sei. Im Gegenteil ist dies die Zeit, in der sie für die unmittelbare Kommunion mit der großen Mutter in ihrem eigenen Körper gewürdigt wird. Sie wird dafür gefeiert und geehrt in einem Zustand zu sein, in dem sie fähig ist die Energien der Göttin direkt mittzuteilen und zu übertragen.

Es ist auch sehr wichtig Zeremonien durchzuführen, die die Trauer und den Verlust würdigen, die damit einhergehen kein Kind empfangen zu können, eine Fehlgeburt zu haben, eine Schwangerschaft abzubrechen oder den Tod eines Babys oder Kindes zu erleben.

Frauen menstruieren im Durchschnitt vierzig oder mehr Jahre lang und unsere Erfahrungen im Laufe dieser Zeit variieren, abhängig von unserem Wissen, wie wir uns selbst in einem regelmäßigen Kreislauf den kreativen und destruktiven Energien der Göttin öffnen können. Das ist etwas, was uns in westlichen Gesellschaften üblicherweise nicht beigebracht wird, doch das beginnt sich gerade zu verändern, indem mehr und mehr Göttinnen-Frauen die Bedeutung ihrer natürlichen spirituellen und physischen Zyklen erkennen. Wir lernen durch Erfahrung. Meine eigene Einstellung zur Menstruation hat sich seit meinen jungen Jahren, als meine Periode „*the curse*"[1] hieß und vor allen anderen Augen versteckt werden musste, sehr stark verändert. Es dauerte bis zu meinen Dreißigern, dass ich die Kraft der Göttin im ganzen menstrualen Zyklus zu erkennen begann und lernte, die bewegende Gegenwart der Göttin in meinem Körper zu feiern. Das hat mein Leben, meine Sexualität und meine Kreativität reicher gemacht. Wie so viele in meiner Generation, lehrte man mich nichts darüber, und ich musste es selbst lernen, mit Hilfe meiner Forscherinnen-Schwestern und unmittelbar von der Göttin.

Als ich sexuell aktiv wurde, versuchte ich mein Menstruationsblut zu verbergen und verwendete Ausreden, um sexuellen Kontakt zu vermeiden, weil mir all das so peinlich war. Als ich viel älter war, lernte ich, dass mein menstruales Blut heilig ist. Es ist der rote Met von Mab der roten Königin, der jenen Ekstase bringen konnte, die Glück genug hatten ihn zu erleben und von seinen kraftvollen Ausstrahlungen gesegnet zu werden. Ich wünschte, ich hätte es die ganze Zeit gewusst. Ich wünschte, jemand hätte es mir erzählt.

Wenn wir in die Menopause kommen und zu den tiefgehenden physischen und psychischen Veränderungen, die mit dem Ende unserer gebärfähigen Jahre einhergehen, betrauern wir den Verlust unserer fruchtbaren Jahre und öffnen uns für unsere Kraft als Königin in unserem eigenen Reich. Siehe dazu *The Queen of My Self: Stepping into Sovereignty in Midlife*[2] von Donna Hennes (Monarch Press). Donna meint, dass es jetzt, wo unsere Gesundheit so viel besser ist und wir um so viel länger leben als unsere Vorfahren, eine Zeit im Leben gibt, zu der wir unsere gebärfähigen Jahre hinter uns gelassen haben, aber noch keine Greisinnen sind. Es ist eine Zeit, in der wir als die kraftvollen, kreativen, zuversichtlichen, intelligenten und sexuellen (wenn wir wollen) Königinnen geehrt werden können, die wir sind. Zu Greisinnen werden wir in einem späteren Stadium, wenn wir unsere physischen und anderen Kräfte verlieren, aber an Weisheit zunehmen und die würdigen Ältesten unserer Gemeinschaften werden.

Mysterien der Männer

So wie die Frauen Blutmysterien feiern, haben auch die Männer ihre Mysterien, aber sie stehen nicht mit der Gebärmutter in Zusammenhang. Der Mysterienzyklus der Männer ist weniger offensichtlich als der der Frauen, weil er unsichtbar ist und auf der Produktion von Testosteron, verwandten Hormonen und lebensfähigem Sperma im männlichen Körper basiert. Manche traditionellen Männer-Zeremonien haben Elemente der weiblichen Blutmysterien kopiert und Blut und andere rote Farben verwendet, um die Erfahrung des Gebärens und Geboren Werdens nachzuahmen. Die wahren Göttinnen-Mysterien der Männer scheinen mir in der fernen Vergangenheit verlorengegangen zu sein. Sie sind zu sehr damit vermischt worden, Krieger für den Krieg zu erschaffen, als friedvolle Hüter der Natur der Göttin. Die Männer-Mysterien sind ein Forschungsgebiet, das reif dafür ist, von göttinliebenden Männern entwickelt zu werden. Diese Form der Mysterien hängt davon ab, ein neues Verständnis dafür zu entwickeln, was es wirklich bedeutet in der heutigen Welt ein göttinliebender Mann zu sein. Es ist die Aufgabe der Männer, diese neue Art des Seins und die Mysterien, die dazu gehören, zu erfassen und zu entwickeln.

Die Mysterien von Beziehung und Sex

Wir können Zeremonien kreieren, die unsere Beziehungen ehren und unsere intimen sexuellen Beziehungen genauso mit einschließen wie die besonderen Beziehungen unter Familienmitgliedern und zwischen Freundinnen. Wir vertiefen unsere sexuellen Beziehungen, indem wir die Göttin und/oder den Gott in unseren Körper rufen, wenn wir auf zeremonielle Weise Liebe machen und das Göttliche in uns selbst und in einander ehren. Wir ehren die Gegenwart der Göttin in jeder von uns und erleben sie in unserer eigenen physischen und emotionalen Ekstase auf eine intime Weise.

Wir können Freundschaften aller Art feiern und wenn Beziehungen zu einer Herausforderung werden, können wir Zeremonien nutzen, um unsere Verletztheit zu offenbaren und auszudrücken, und als Hilfe, um die Zerwürfnisse zwischen uns zu heilen. Wir können die energetischen Fasern, die uns verbinden, verdeutlichen, indem wir physische Fäden aus Baumwolle oder Wolle, eine

Arten von Göttinnen-Zeremonien und Beispiele

Schnur oder ein Seil verwenden. Wir können symbolische Knoten aus Wolle entwirren und gleichzeitig festgefahrene Emotionen befreien. Wir können die Bande, die uns unerwünscht binden, wie schmerzliche Beziehungen und Erinnerungen, mit zeremoniellen Scheren oder Sicheln durchschneiden und so die Energie freisetzen, die uns einschnürt. Am Ende einer Beziehung können wir symbolisch und real die Eheringe und Gaben der Liebe und Freundschaft reinigen, indem wir sie in fließendes Wasser, Feuer oder den Rauch von Räucherwerk geben. Wir können sie ins fließende Wasser geben, ins Meer, wir können zusehen wie sie verbrennen oder wir können sie in der Erde vergraben, damit sie mit der Zeit in den Körper der Mutter zurückkehren.

Vergebung und Zeremonien, die Vergebung ausdrücken, sowohl für uns selbst als auch für andere, sind ein wichtiger Teil dabei, die Wunden in unseren menschlichen Beziehungen zu heilen. Vergeben bedeutet nicht vergessen oder über die Wunden, die zugefügt wurden, hinwegzusehen sondern erkennt an, dass es unsere eigenen Wunden sind, die uns dazu bringen andere zu verletzten. Unsere menschliche Unvollkommenheit und Fehlbarkeit bringt uns in den Zustand, in dem wir andere verletzen. Wir vergeben einander.

Saisonale Zeremonien

Eine der gebräuchlichsten Arten von Göttinnen-Zeremonien, die heute im Westen abgehalten werden, sind die acht Jahreskreisfeste – Imbolc, Ostara, Beltane, Litha, Lammas, Mabon, Samhain und Yule. Dies sind in erste Linie Sonnenfeste, die den Jahresumlauf der Erde um die Sonne markieren. Sie können auch zur Zeit des entsprechenden Neumonds oder Vollmonds gefeiert werden, beispielsweise das lunare Imbolc oder das lunare Beltane. Sie werden von vielen erdverbunden Priesterinnen, Neuheiden und Hexen gefeiert und werden von ihnen auch Sabbate genannt. Bei Jahreskreisfesten ehren wir die Erscheinungsform der Göttin, die sich uns zu dieser speziellen Zeit des Jahres offenbart, damit wir mehr über die Göttin lernen können. Saisonale Zeremonien werden üblicherweise in der Gemeinschaft gefeiert und sind eine Zeit zu der göttinliebende Menschen zusammenkommen, um sie zu preisen, ihre Geschichten zu erzählen, ihre Lieder zu singen und die Gaben der Göttin zu teilen.

Mondzeremonien

Schon lange war der Mond ein Symbol für die Göttin, die sich durch den Himmel bewegt, zum Vollmond hin zunimmt, zum Dunkelmond hin abnimmt und als Neumond wieder auftaucht. Die drei Phasen des Neumonds (zunehmenden Monds), Vollmonds und Dunkelmonds (abnehmenden Monds) reflektieren die dreifache Göttin mit ihrer weißen, roten und schwarzen Erscheinungsform. In Wirklichkeit können die Mondphasen leichter in fünf Abschnitte geteilt werden: Neumond, zunehmender Mond, Vollmond, abnehmender Mond und Dunkelmond. Diese Abschnitte spiegeln unsere Reise als heutige Frauen von Jungfrau zu Liebender, Mutter, Königin und Greisin. Die dazugehörigen Farben sind Weiß, Rot, Gold, Violett und Schwarz.

Der Mond symbolisiert den fruchtbaren Zyklus der Frauen und den kreativen Zyklus in Frauen und Männern. Bei Dunkelmondzeremonien, wenn es am Nachthimmel kein Mondlicht gibt, reisen wir nach innen, um unserer Dunkelheit zu begegnen, zu erkennen was in uns Heilung braucht und um zu träumen und das Neue zu ersinnen.

Bei Neumondzeremonien sähen wir die Samen der Zukunft, die Samen der Aktivitäten, die wir im kommenden Monat oder Jahr in Angriff nehmen werden. Bei Vollmondzeremonien feiern wir, wie die Nacht zum Tag gemacht wird und die psychische Energie ihren Höhepunkt erreicht. Wir holen die Mondenergie herein, um unseren Pfad im Leben zu beleuchten, zu reisen und unsere Kreativität in der Welt auszudrücken.

Heilungs- und Reinigungszeremonien

Die Heilung von Körper und Seele ist eine der wichtigsten Zeremonien, die wir als Priesterinnen der Göttin durchführen können. Richtig ausgeführte Heilzeremonien können dazu beitragen, dass große Veränderungen im Individuum stattfinden, für die es sonst Wochen oder Monate langsamer, allmählicher Heilung gebraucht hätte. Die Heilkraft der Göttin ist immens. Sie kann unsere Krankheit in Leichtigkeit verwandeln. Sie kann uns wieder ganz machen.

Ich selbst habe eine lebensverändernde Heilzeremonie erlebt, die für mich abgehalten wurde, als ich schwer an Brustkrebs erkrankt war. Eine Gruppe von Freunden hatte sich versammelt, um mir eine Heilung anzubieten. Ich ging sehr krank, verschlossen und entfremdet in diese Zeremonie. Ich fühlte mich von meiner Gemeinschaft isoliert und es war mir unangenehm dort zu sein. Während der Zeremonie wurden mir von Einzelnen und der ganze Gruppe viel Liebe und viele verschiedene Heilweisen angeboten. Ich ging beschwingt, offen, erfüllt von Liebe und im Herzen gestärkt aus dieser Zeremonie hervor. Ich war von der Isolation von meiner Gemeinschaft geheilt worden. Ich glaube, dass unserer Gesundheit zuliebe jede so eine Erfahrung mindestens einmal im Leben haben sollte. Das könnte uns alle verändern.

Persönliche Heilzeremonien haben Kraft, weil die Heilung des Individuums im Fokus der Aufmerksamkeit einer Priesterin und/oder einer Gemeinschaft ist. Häufig ist unsere Krankheit die Folge unserer Isolation von unserer Gemeinschaft, unserer Familie und unseren Freunden und schon dieses Wiederverbinden mit unserem Stamm ist heilsam. Durch den Segen der Göttin verdoppelt sich die Wirkung noch. Bestimmte Göttinnen wie Nolava und Bridie sind besonders mit dem Heilen assoziiert, und für jede Heilzeremonie kann die Kraft der Göttin hereingerufen werden.

Arten von Göttinnen-Zeremonien und Beispiele

Ein andere wichtiger Aspekt von Heilzeremonien ist das Reinigen und Heilen von Orten und Gegenständen. Wir können regelmäßig unser Heim auf zeremonielle Weise von unerwünschten Energien reinigen und frei machen. Mit dem Segen der Lady können wir Geister und übriggebliebene emotionale Energien aus der Vergangenheit austreiben. Wir können hartnäckige oder heftige negative Energien entfernen, indem wir sie in natürliche Gegenstände wie Steine, Kristalle, Hühnereier oder Holzstücke bannen. Diese Gegenstände werfen wir dann ins Feuer, in fließendes Wasser oder ins Meer, damit ihre Energie transformiert und frei gesetzt wird.

Wir reinigen und segnen unsere Heime, Gebäude, Büros, Tempel, Meditationsräume und Räume, die der Göttin geweiht sind. Wir weihen alle unsere Priesterinnen-Ausrüstungsgegenstände und Werkzeuge dem Dienst der Göttin.

Zeremonien mit den Elementen

Bei vielen Göttinnen-Zeremonien arbeiten wir physisch und symbolisch mit den vier Elementen. Luft repräsentiert den unsichtbaren Atem der Göttin und durch unser ständiges Atmen erkennen wir unsere Verbindung zueinander und zur Göttin. Luft wird für Reinigungszeremonien verwendet, im Fächern einer Vogelschwinge und der Bewegung des Rauchs von Kräutern und Räucherwerk. Klänge, die sich durch die Luft fortsetzen, können ebenfalls reinigen. Sie beleben, erfrischen, erfreuen und inspirieren uns. Ein Gong oder eine Klangschale können uns in einen Zustand bringen, in dem es nur Klang gibt, den Klang der Göttin.

Es gibt Feuerzeremonien, bei denen wir alles, was uns oder der Göttin nicht länger nützt, ins Feuer entlassen. Was wir weggeben wollen, wird durch Wörter, die wir auf Papier schreiben, Zweige oder ähnliches repräsentiert. Während das Feuer brennt, werden unsere Wünsche zur Wirklichkeit verwandelt. Zu Beltane springen wir über das Gemeinschaftsfeuer, um unsere Verbindung zu unserem auserwählten Liebsten zu zeigen. Zu Samhain und Imbolc gehen wir zwischen zwei Feuern hindurch, um uns vor und nach dem Winter zu reinigen. Wir gehen über das Feuer um uns stärken und um die angeborene Kraft unserer Körpers kennenzulernen, uns von Angst und Begrenzungen zu befreien.

Wasser ist ein offensichtliches Reinigungsmittel. Es wäscht und reinigt alles, was es berührt. Wasser symbolisiert die Emotionen. Sein Fließen stellt dar, auf welche Weise unsere Emotionen ebenfalls fließen sollen, mühelos wie ein murmelnder Bach und ruhig wie ein tiefer See, der von Bewegungen an der Oberfläche ungestört bleibt. Das Trinken von Quellwasser, das tief aus dem Inneren des Körpers der Mutter kommt, dient bei Zeremonien zum Reinigen, Erfrischen und Segnen der inneren Körper.

Die Erde ist unsere Heimat, der Ort auf dem wir leben und auf dem wir diese wundervolle Gelegenheit haben, uns selbst in physischer Form auszudrücken. Es gibt viele Arten von Erdzeremonien für die Kristalle, Sand, Steine und die fruchtbare, schwarze Erde der Göttin verwendet werden. Wir können unsere Körper bemalen, wir können Bilder der Göttin mit ihren Erdpigmenten malen. Wir können in Löcher in der Erde kriechen, wir können für Heilung und Regeneration in die Höhlen ihres Körpers klettern, wir können uns selbst mit Erde bedecken, wir können uns selbst in Vorbereitung auf Tod und Wiedergeburt eingraben.

Wir können durch ihre schöne, von Elementen erfüllte Landschaft wandern und auf ihrem heiligen Körper in zeremonieller Weise Pilgerfahrten unternehmen. Wir können ihre Welt zum Leben singen, uns mit den Elementen und Welten der Göttin verbinden und Gebete für die Heilung ihres Wassers, ihrer Luft, ihres Feuers, ihrer Erde, ihrer Pflanzen und Tieren, ihrer menschlichen und spirituellen Welten aussenden.

Gebetszeremonien

Gebete spielen eine wichtige Rolle auf unserem Pfad der Hingabe an die Göttin. Genauso wie wir Gebete in unserem Herzen oder laut sprechen können, können wir auch Gebetsflaggen herstellen. Sie werden mit Bildern der Göttin und Worten bedeckt und auf Bäume und Büsche gehängt. Dort flattern sie im Wind und tragen unsere Gebete fortwährend ans Ohr der Göttin. Wir können Bänder in Bäume binden oder Stoffstreifen, Stofffetzchen, von unseren alten oder neuen Kleidern reißen und sie mit Gebeten um Heilung für uns selbst und andere neben einem heiligen Brunnen in die Zweige hängen. Wir können auch Gebetsstäbe machen, indem wir Wolle um einen Stab wickeln und unsere Gebete für Heilung und Transformation hineinbinden. Wir stecken die Stäbe in den Boden oder legen sie auf unseren Altar. Wenn wir bereit dazu sind, verbrennen wir sie im transformierenden Feuer der Göttin.

Wir zünden Kerzen an und beten zu den heiligen Flammen der Göttin. Wir zünden Räucherwerk an und sprechen unsere Gebete in den Rauch, der sie einfängt, so dass sie zum Ohr der Göttin aufsteigen können. Wir verstärken den Rauch mit unserem Atem. Wir singen Gebete an die Lady. Wir tönen ihren Namen in vielen verschiedenen Formen:

„No...laa...vaaa..., Briii...deee..., Rhi...aaa...nnn...onnn..."

Für längerfristige Gebete pflanzen wir Büsche oder Bäume und legen unsere Gebete und geweihte Gegenstände in die Wurzeln. So wie die Pflanze oder der Baum wächst, gelangen unsere Gebete zur Reife.

Arten von Göttinnen-Zeremonien und Beispiele

Labrynth-Zeremonien

Während der letzen zehn Jahre sind Labrynthe als ein interessantes soziales und spirituelles Phänomen wieder im öffentlichen Bewusstsein aufgetaucht. Es wurden von Menschen aller Glaubensrichtungen neue Labrynthe geschaffen und alte wiederentdeckt. Labrynthe sind eine Methode nach innen zu unserem spirituellen Selbst im Zentrum zu reisen und uns dann wieder nach außen zu bewegen, wobei wir die spirituellen Gaben zurück in die Welt mitbringen. Die frühesten Labrynth-Designs von überall auf der ganzen antiken Welt sind Göttinnen-Labrynthe, die gestaltet wurden, um uns in die Gegenwart der Göttin zu bringen. Wir holen diese uralte Tradition, ein Göttinnen-Labrynth auf zeremonielle Weise zu durchschreiten, zurück. Bei dieser Zeremonie begegnen wir im Zentrum unserem Selbst und der Göttin. Richtig durchgeführt sind diese Zusammentreffen transformierend und lebensverändernd. Eines der größten Labrynthe, das heute zu finden ist, umkreist die Hänge des Glastonbury Tor.

Initiationszeremonien

Diese Zeremonien werden speziell dafür gestaltet, Initiationserfahrungen für die Teilnehmerinnen zu kreieren, die das Herz öffnen und das Bewusstsein erweitern. Dazu gehören die Selbstinitiationszeremonien am Ende von jedem der drei Jahre der Ausbildung zur Priesterin von Avalon. Diese Zeremonien führen die Teilnehmerinnen durch den Schleier von Avalon in einen veränderten Bewusstseinszustand, in dem wir uns unseren Ängsten stellen und unsere Hoffnungen bekräftigen können. Üblicherweise beinhalten sie das Erlebnis, die Göttin entweder in nicht-physischer Form oder von ihrer Priesterin verkörpert, zu treffen. Das führt zu einer Erweiterung des Bewusstseins und vertieft unsere Hingabe an die Lady.

Größere Gruppenzeremonien

Göttinnen-Festivals und Veranstaltungen wie die Glastonbury Goddess Conference und Goddess 2000 in den USA haben die Gelegenheit geboten, Gruppenzeremonien zu entwickeln, die eine große Anzahl von Menschen involvieren. Für die besten Ergebnisse müssen diese Zeremonien klar, einfach und sichtbar sein und die Teilnehmerinnen mit einschließen. Im Lauf der Jahre kamen bei der Goddess Conference unter anderem vor: viele Lammas-Feuer-Zeremonien, das Krönen der Greisinnen, das Feiern der Jungfrauen, Labrynth-Zeremonien, die Verkörperung der dreifachen Göttin, die Verkörperung und das Orakel der neun Morgenen, singend das Land beleben, Bridies Heilzeremonie, die Ekstase von Maeve und noch viele mehr. Dies waren kraftvolle, transformierende Erlebnisse für alle, die daran teilgenommen haben. Sie bieten wunderbare, gemeinschaftliche Erfahrungen der Göttin und ihrer Natur, und sie haben uns eine wundervolle Welt zeremonieller Abenteuer gezeigt, wenn wir unseren Visionen trauen können und den Mut haben, den Worten der Göttin folgend zu handeln.

Beispiele für Zeremonien

Häufig gewünschte Zeremonien

Zu den von Priesterinnen üblicherweise am häufigsten gewünschten Zeremonien gehören Hochzeiten und Handfastings, die Erneuerung von Versprechen, Namengebungsfeiern für Babies und Kinder sowie Beerdigungen. Auf Brigits Inseln sind viele Menschen unzufrieden mit dem Mangel an echter Bedeutung der Zeremonien, die für sie innerhalb der kulturellen Hauptströmung verfügbar sind, und suchen jetzt nach bedeutsameren Zeremonien, die ihre persönlichen Überzeugungen mit einschließen. Priesterinnen können von allen möglichen Menschen um die Durchführung von Zeremonien gebeten werden. Unter ihnen sind Anhängerinnen der Göttin genauso wie Menschen mit traditionelleren, mehr am kulturellen Mainstream orientierten Glaubensrichtungen. Ich selbst habe schon Ehesegnungen, Handfastings und die Erneuerung von Versprechen für Heiden durchgeführt, für Menschen, die ihr eigenes Glaubenssystem haben, für Menschen, die aus dem einen oder anderen Grund nicht in der Kirche heiraten oder wieder heiraten dürfen, sowie für ein Paar der Heilsarmee und für viele göttinliebende Menschen. Alle Zeremonien, die im Folgenden beschrieben werden, können dem jeweiligen Glaubenssystem der Teilnehmer angepasst werden.

Ehesegnung & Handfasting-Zeremonien

Der folgende Ablauf eines Ehesegens und einer Handfasting-Zeremonie zeigt die Art, in der die Elemente der Natur der Göttin sowohl symbolisch als auch materiell eingebunden werden. Die Zeremonie kann nur eine Ehesegnungs-Zeremonie sein oder auch ein Handfasting einschließen. Die Zeremonie kann für andere Gegenden und andere Göttinnenräder angepasst werden, und wenn gewünscht können auch Götter eingefügt werden. Sie stellt auch ein mögliches Grundgerüst für jene zur Verfügung, die ihre eigene Hochzeitszeremonie entwerfen wollen.

Arten von Göttinnen-Zeremonien und Beispiele

Ehesegnung & Handfasting-Zeremonie

*Hereinrufen der Richtungen und der Elemente
und Invokation des Göttlichen durch die Zeremonienleiterin*

*Reinigung durch Luft
Reinigung des Paares mit Räucherwerk
Erzählungen über die erste Begegnung des Paares*

*Reinigung durch Feuer
Umkreisen des Paares mit einer Kerzenflamme
Liebes-Geständnisse*

*Segnung durch Wasser
Teilen eines Kelches mit heiligem Quellwasser
Überreichung der selbst geschriebenen feierlichen Gelübde
Segnung und Austausch der Ringe*

*Segnung durch Erde
Handfasting mit Ring, Stab und Bändern, Hineinweben all
der Qualitäten, die die Ehe beinhalten soll*

*Schlusssegen
Schließen der Richtungen*

Einige Wochen oder Monate vor der Zeremonie trifft sich die Priesterin mit dem Hochzeitspaar, um eine gutes, harmonisches Verhältnis zu ihnen aufzubauen, so dass sie zufrieden mit ihrer Priesterin und der Form der Zeremonie sind. Die Priesterin geht mit dem Paar den Ablauf der Zeremonie durch und beschreibt, was bei jedem Abschnitt passieren wird und was das Paar und seine Gäste zur Zeremonie beitragen werden. Zu dieser Zeit kann das Paar über Veränderungen oder Erweiterungen, die es sich für die Zeremonie wünscht, nachdenken. Oft werden sie ein besonderes Gedicht, einen Text oder ein Lied haben, das sie inkludieren wollen. Die Priesterin hilft dem Paar, die spirituelle Natur dieser Zeremonie und die Kraft des Segens, den sie empfangen werden, zu verstehen. Das Paar wird gefragt, welche Gottheiten am Anfang der Zeremonie angerufen werden sollen, um bei der Zeremonie gegenwärtig zu sein und sie zu segnen, wenn sie einander ihre Gelübde ablegen.

Es werden Vereinbarungen über die Festlegung des Termins und die Zeit der Zeremonie getroffen und auch über den gewählten Ort für die Zeremonie, die im Freien oder drinnen, an einem speziellen, heiligen Ort stattfinden kann. Es wird entschieden, ob das Paar möchte, dass die Gäste ein Programm für die Zeremonie bekommen, und wer es gestalten und herstellen wird. Die Rolle etwaiger Kinder aus früheren Ehen in der Zeremonie wird besprochen, der Blumenschmuck, die Musik, etc., je nachdem, was gewünscht wird. Es liegt im Ermessen der Priesterin, wie viel von dieser Vorbereitungsarbeit sie gegen Bezahlung übernimmt und was davon dem Paar überlassen bleibt.

Zwischen diesem Treffen und der Zeremonie selbst soll das Hochzeitspaar die Gelübde, die sie einander ablegen wollen, in zweifacher Ausfertigung niederschreiben. Sie sollen sorgfältig erwägen, wozu sie sich einander gegenüber verpflichten wollen und für wie lange diese Vereinbarung gelten soll. Manche Menschen wollen ein Zeitlimit setzen, andere nicht. Die Versprechen können für beide Partner gleich sein, oder unterschiedlich. Es ist ihre Entscheidung, genauso wie die Zeitdauer ihrer Vereinbarung. Eine Abschrift jedes Gelübdes wird bei der Zeremonie dem Partner gegeben und eine wird behalten, um uns selbst in schwierigen Zeiten der Beziehung an die Verpflichtung zu erinnern, die wir eingegangen sind.

Wenn die Zeremonie eine Ehesegnung ist, wird das Paar gebeten ihre Gelübde und Eheringe und/oder die Geschenke, die sie austauschen wollen, mitzubringen. Wenn zu der Zeremonie auch ein Handfasting gehört, wird die Frau gebeten zusätzlich einen Reifen mitzubringen, und der Mann wird gebeten einen Stab mitzubringen; zwei Reifen, wenn das Paar aus zwei Frauen besteht; zwei Stäbe, wenn es zwei Männer sind. Die letzten Teile der Zeremonie werden für gleichgeschlechtliche Verbindungen abgeändert. Wenn gewünscht, kann das Paar Freunde und Familie bitten, auch einen halben Meter eines farbigen Bandes mitzubringen, um dem Handfasting ihren Segen hinzuzufügen. Der Reifen wird während der ganzen Zeremonie von der Frau getragen und kann aus Blumen, Kräutern, Holz, Weidenruten, etc. bestehen. Er symbolisiert die weiblichen Energien. Der Stab wird vom Mann getragen und kann aus Holz, Kristall, Metall, etc. bestehen und symbolisiert die männlichen Energien. Der Reifen und der Stab müssen größenmäßig zusammenpassen, weil sie während der Zeremonie miteinander verbunden werden.

Die Priesterin will vielleicht für sich selbst einen detaillierten Ablauf der Zeremonie aufschreiben. Der Ablauf kann vollständig niedergeschrieben werden, aber es könnte den Fluss der Zeremonie stören, wenn die Priesterin immer wieder in einem Buch oder auf einem Zettel nachschauen muss bevor sie spricht. Sobald die Priesterin die Form der Zeremonie verstanden hat, ist sie ziemlich einfach und wenn die Priesterin dem Grundgerüst der Zeremonie folgt, kann sie rund um die verschiedenen Themen der Zeremonie wie die Bedeutung des Segens von Luft, Feuer, Wasser und Erde frei improvisieren. Das erfordert Wissen, Erfahrung und Selbstvertrauen. Das Grundgerüst der Zeremonie kann angepasst werden, um gegebenenfalls vom Paar gewünschte Texte, Gedichte, Lieder und Musik einzuschließen. Die Zeremonie dauert zwischen 35 und 55 Minuten, je nachdem was die Priesterin sagt und was hinzugefügt wird.

Am Tag der Zeremonie kommt die Priesterin üblicherweise vor dem Paar am Veranstaltungsort an, um den Raum für die Zeremonie vorzubereiten. Unabhängig davon welche Form der Veranstaltungsort hat, ist der zeremoniel-

Arten von Göttinnen-Zeremonien und Beispiele

le Raum üblicherweise rund und kann durch den Raum selbst vorgegeben sein oder durch einen großen Kreis aus Blumen, Efeu, Blättern, Bändern und so weiter. Die vier Richtungen werden mit Symbolen für die vier Elemente gekennzeichnet. Sie werden auf kleine, geschmückte Altäre, Tische oder den Boden gelegt. Wind ist im Norden und dazu gehört ein feuerfester Behälter zum Räuchern, Räucherkohle, Räucherwerk und ein Federfächer. Feuer wird durch eine brennende Kerze repräsentiert. Wasser ist im Süden und wird durch einen Kelch mit heiligem Quellwasser repräsentiert. Bei Bedarf ist dort auch ein kleines Zierkissen für die Ringe. Erde im Westen wird durch eine Schale mit Erde oder Kristallen repräsentiert und durch die langen (mindestens jeweils 3 m) roten und weißen Bänder für das Handfasting. Alle anderen Gegenstände wie Blumen, Darstellungen der Göttin und so weiter können passend in den vier Richtungen platziert werden. Wenn der Kreis groß genug ist, kann in der Mitte ein Zentrumsaltar mit einer besonderen Statue sein oder wenn die Zeremonie in der Natur stattfindet, ein besonders ausgewählter Felsen, eine Quelle oder ein Teich. Wenn zu viele Gegenstände im Kreis sind, kann es für die Priesterin und das Paar schwierig sein, sich frei im Raum zu bewegen.

Für Menschen, denen die Arbeit mit den acht Richtungen des Rades von Britannia vertraut ist, können die acht Richtungen des Rades markiert werden, aber sonst wird ein vereinfachter zeremonieller Raum verwendet, in dem die vier Hauptrichtungen oder die vier Nebenrichtungen markiert werden. Manchmal wird ein Besen vor den Eingang zum Kreis gelegt, der in der Richtung der Jahreszeit liegt, oder wo immer es passt.

Während der Zeremonie befinden sich das Hochzeitspaar und die Priesterin mit ausgewählten Freunden oder Familienmitgliedern, die bei der Zeremonie mithelfen, im Kreis. Die Gäste sind rund um den zeremoniellen Raum, so dass sie alles hören können, was gesagt wird, und der Zeremonie angemessen beiwohnen können. Während der Zeremonie begeben sich das Paar und die Priesterin der Reihe nach zu jeder der vier Richtungen, um die entsprechenden Teile der Zeremonie durchzuführen.

Bevor das Paar und die Gäste ankommen, bereitet die Priesterin wie zuvor beschrieben den zeremoniellen Raum vor, indem sie den Raum reinigt und klärt, Kerzen anzündet und so weiter. Wenn die Priesterin Räucherkohle verwendet um das Räucherwerk zu verbrennen, dann wird die Räucherkohle kurz bevor das Paar eintrifft angezündet, weil es Zeit braucht bis sie vollständig glüht und bereit für den ersten Segen der Luft ist. Während sie den Raum vorbereitet, ruft die Priesterin ihr archetypisches Priesterinnenselbst herein und bittet die Geistwesen des Platzes um Erlaubnis die Zeremonie durchzuführen.

Wenn die Gäste und das Paar eintreffen werden sie von der Priesterin herzlich begrüßt. Oft wird das Paar in einem nervösen, unruhigen Zustand eintreffen und die Aufgabe der Priesterin ist es, ihnen zu helfen sich zu entspannen und sich auf das Ritual zu freuen, damit sie bei ihrer eigenen Zeremonie präsent sind und Freude daran haben.

Avalon - Zweite Spirale

Die Priesterin führt das Paar und die Teilnehmerinnen an der Zeremonie in den zeremoniellen Raum und bittet die Gäste rund um den Kreis zu sitzen oder zu stehen. Sie begrüßt alle und beschreibt die Form der Zeremonie. Sie bittet alle bei dem, was in der Zeremonie geschieht, präsent zu sein und erinnert die Gäste daran, dass sie da sind, um die Gelübde, die abgelegt werden, zu bezeugen und zu unterstützen. Sie beschreibt das Hereinrufen der Energien aus den vier äußeren Richtungen und bittet die Teilnehmerinnen sich vorzustellen wie die Göttinnen und Götter mit ihren Tieren und den elementaren Energien vom Horizont in den heiligen Raum strömen, wenn sie hereingerufen werden. Sie bittet sie, ihr dabei zu helfen, diese Energien hereinzurufen und ihr in jeder Richtung „Sei gegrüßt und willkommen!" nachzusprechen. Für die fünfte Richtung schauen wir zur Mitte und rufen die Gottheiten des Ortes, die Schutzgöttin der Priesterin, wie die Lady von Avalon, und die Gottheiten des Paares.

Die Gäste werden gebeten aufzustehen und die Zeremonie beginnt mit der Anrufung der Göttinnen (und wenn gewünscht der Götter) der vier äußeren Richtungen, beginnend im Norden. Da dies eine Zeremonie der Manifestation von Liebe, von einer Idee, in menschlichen und physischen Ausdruck ist, beginnen wir in der Richtung spiritueller Energie. Wir bringen das in die Manifestation, indem wir uns rund um das Rad von der Luft über das Feuer und Wasser zur Erde bewegen. Die Zeremonie bewegt sich die ganze Zeit in einer spiralförmigen, dem Sonnenlauf folgenden Richtung und bringt ständig Hoffnungen, Träume und Sehnsüchte zur Manifestation.

Die Priesterin bittet das Paar und alle Anwesenden sich mit ihr in den Norden zu drehen und zu visualisieren, wie die Wesen und Gottheiten des Nordens mit ihren spirituellen Luftqualitäten in den zeremoniellen Raum kommen und ihren Segen für die Hochzeit von der Frau mit dem Mann bringen. Sie beendet die Invokation mit den Worten,

„Sei gegrüßt und willkommen, Mutter der Luft, Danu!"

Die Priesterin bittet alle, sich mit ihr zur Mitte zurückzudrehen und die Energien des Nordens ins Zentrum des Kreises zu bringen. Dann bittet die Priesterin alle, sich mit ihr nach Osten zur Göttin des Feuers, der Erleuchtung und des Geistes zu drehen. Sie ruft die Energien des Ostens in den Kreis, damit sie ihren Segen zu der Hochzeit des Mannes mit der Frau bringen.

„Sei gegrüßt und willkommen, Mutter des Feuers, Artha!"

Alle drehen sich zur Mitte, um die Energien herein zu bringen. Dann bittet die Priesterin alle, sich mit ihr in den Süden zu drehen und die Energien des Südens, des Wassers, der Emotionen und Gefühle hereinzurufen. Sie bittet alle, diese Energien in den Kreis zu bringen, um die Verbindung der Frau mit dem Mann zu segnen.

„Sei gegrüßt und willkommen, Mutter des Wassers, Domnu!"

Alle drehen sich zur Mitte, um die Energien hereinzubringen. Danach bittet die Priesterin alle, sich in den Westen zu drehen und die Gottheiten und Energien des Westens, von Erdung und Manifestation, hereinzurufen.

„Sei gegrüßt und willkommen, Mutter der Erde, Brigantia!"

Arten von Göttinnen-Zeremonien und Beispiele

Die Priesterin bittet alle, die Energien in die Mitte zu bringen und dann mit ihr gemeinsam zur Mitte zu schauen. Sei ruft die Gottheiten und Energien des Platzes, ihre eigene Schutzgottheiten und die vom Paar gewählten Gottheiten herein.
„Sei gegrüßt und willkommen, Lady von Avalon!" (oder wer immer die Hauptgottheit für diese Zeremonie ist)
Mit diesen Anrufungen ist das energetische Grundgerüst für die Zeremonie eingerichtet, das Rad dreht sich, und die spiralförmige, transformierende Energie hat sich in Bewegung gesetzt.

Den Gästen wird gesagt, dass sie sich setzen können wenn sie wollen, und das Paar wird in den Norden des zeremoniellen Kreises gebracht. Die Priesterin beschreibt die Energien des Nordens und die Verwendung von Luft und Räucherwerk, um das Paar von unerwünschten Energien aus der Vergangenheit zu reinigen. Diese Zeremonie kennzeichnet den Beginn einer neuen Phase ihrer Beziehung und sie können die Vergangenheit loslassen, alte Wege des Seins, alte Beziehungen, etc., so dass sie auf klare Weise in diese neue Phase ihrer Beziehung gehen können. Das Paar wird, beginnend mit der Frau, nacheinander mit Räucherwerk geräuchert. Die Priesterin beginnt beim Herzen und führte den Rauch spiralförmig nach außen, um die ganze Vorderseite des Körpers einzubeziehen. Dann geht sie herum und räuchert den Rücken der Frau und die Seiten. Sei wiederholt den Vorgang für den Mann. Sie verwendet die Feder um die Auren völlig von fremden Energien zu reinigen und streicht diese hinunter in die Erde. Das hilft das Paar zu beruhigen, das üblicherweise ziemlich nervös ist. Die Priesterin bittet um den Segen der Luft für die Verbindung des Paares.

Die Priesterin bittet das Paar, sich zueinander zu drehen und einander von ihrer ersten Begegnung zu erzählen. Sie werden ermutigt, einander in die Augen zu schauen und laut zu sprechen, so dass alle sie hören können. Dies ist die erste Gelegenheit des Paares laut zu der ganzen Gesellschaft zu sprechen und während sie sich daran erinnern, wie sie einander das erste Mal sahen oder miteinander sprachen, löst sich einiges ihrer Nervosität.

Sobald sie beide gesprochen haben, bittet die Priesterin das Paar, sich mit ihr in den Osten des Kreises zu begeben und einander wieder anzuschauen. Die Priesterin nimmt die Kerze und hält sie oder gibt sie dem Paar, damit es die Kerze zwischen sich hält. Sie spricht über das Feuer und beschreibt wie die Wärme der Flamme Liebe und Leidenschaft repräsentiert und wie wichtig es ist, die Flamme der Liebe zu pflegen. Die Flamme steht auch für das Feuer des Verstandes, der Intelligenz, und die Priesterin spricht über das Teilen von Kreativität in der Beziehung. Sie bittet das Paar nacheinander ihre Handflächen über die Spitze der Flamme zu bewegen, so dass sie die Hitze und Wärme dieser Flamme spüren und sich in den kommenden Jahren an ihre Hitze erinnern. Die Priesterin umkreist das Paar ein- oder dreimal mit der Kerze und spricht ihrer Eingebung folgend wieder über das Feuer, Liebe, Kreativität und Leidenschaft und bittet um den Segen des Feuers für ihre Verbindung.

Während das Paar sich anschaut, bittet die Priesterin, dass sie einer nach dem anderen ihre Liebe zueinander gestehen, einander dabei anzusehen und direkt zueinander zu sprechen. Dieses Geständnis der Liebe kann vorbereitet worden sein, aber es soll ein spontaner und emotionaler, momentaner Ausdruck der Liebe von einer für den anderen sein. Viele Menschen weinen an diesem Punkt der Zeremonie und es muss Zeit für das Ausdrücken von Emotionen gegeben werden.

Die Priesterin bittet das Paar, sich in den Süden des Kreises zu begeben und spricht über Wasser, darüber wie es die Emotionen repräsentiert und darüber wie wichtig es für jede Beziehung ist, zuzulassen, dass die Emotionen fließen und ausgedrückt werden, anstatt sie zu verleugnen und aufzustauen. Das gilt für die glücklichen Zeiten genauso wie für die schwierigen Zeiten jeder Beziehung. Wiederum bittet sie das Paar, einander anzuschauen und gibt ihm den Kelch mit dem heiligen Quellwasser, damit sie ihn einander anbieten und aus dem gleichen Becher trinken können. Sobald sie aus dem Kelch getrunken haben, nimmt die Priesterin den Kelch und umkreist das Paar, wobei sie Tropfen von Wasser auf die Erde und das Paar sprengt und für den Segen des Wassers für ihre Verbindung bittet.

Danach spricht das Paar seine Ehegelöbnisse füreinander. Die Niederschrift der Gelöbnisse kann vom Paar selbst oder von der Trauzeugin oder dem Trauzeugen mitgebracht werden und wird jetzt dem Paar überreicht. Im Süden schauen die Partner einander an und legen nacheinander ihr Versprechen füreinander ab. Dabei übergeben sie eine Abschrift ihres Gelöbnisses dem Partner. Wenn im Rahmen der Zeremonie ein Handfasting stattfindet, bleibt das Paar im Süden und der Austausch der Ringe folgt hier. Wenn kein Handfasting stattfindet, begibt sich das Paar weiter in den Westen und der Austausch der Ringe findet dort statt.

Die Ringe können von der Trauzeugin oder dem Trauzeugen aufbewahrt werden oder sie können auf einem kleinen, geschmückten Kissen im Süden oder Westen platziert worden sein. Die Priesterin spricht über die Ringe und darüber, was ein Ring als Symbol für den Kreislauf des Lebens und für die Gemeinschaft bedeutet, die uns alle verbindet, und die das Paar miteinander und mit der Familie und den Freunden verbindet, die sich hier versammelt haben, um ihre Versprechen füreinander zu bezeugen. Die Priesterin hält ihre Hände über die Ringe und segnet sie. Dann bittet sie die Partner nacheinander etwas in der Art zu wiederholen wie:

> „Ich .... (Name) gebe dir .... (Name) diesen Ring als ein Zeichen meiner Liebe und als Symbol für das Versprechen, dass ich dir heute gegeben habe."

Während sie die Worte spricht, steckt eine Partnerin den Ring an den Ringfinger des anderen Partners. Der andere Partner wiederholt das dann.

Arten von Göttinnen-Zeremonien und Beispiele

Wenn sich das Paar nicht schon geküsst hat, ermuntert die Priesterin sie dazu:

„Ihr könnt einander küssen."

Die Priesterin bittet das Paar, sich in den Westen zu begeben. Sie spricht über die Erde und darüber wie wichtig es ist, ihre Gelübde in der physischen Welt zu erden und sie zu verwirklichen. Sie spricht über die Bedeutung der heiligen Hochzeit, der Vereinigung von Göttin und Gott innerhalb und zwischen dem Paar. Sie bittet das Paar den Gästen den Reifen und den Stab zu zeigen und sie hochzuhalten, damit alle sie sehen können. Sie beschreibt wie der Reifen die weiblichen Energien und die Vulva repräsentiert und der Stab die maskulinen Energien und den Phallus. Indem sie symbolisch verbunden werden, werden auch die Göttin und der Gott im Inneren in der heiligen Hochzeit vereint. Für eine gleichgeschlechtliche Verbindung wird der Wortlaut abgeändert, um die Verbindung zweier Reifen oder zweier Stäbe als einen heiligen Akt zu beschreiben.

Das Paar steht sich gegenüber und reicht einander die linke Hand. Die Frau stellt den Reifen auf die verbundenen linken Hände und hält ihn mit ihrer rechten Hand, der Mann schiebt den Stab mit einer rituellen Geste seiner rechten Hand durch den Reifen. Beide halten den Stab und den Reifen mit ihren rechten Händen zusammen. Die Priesterin nimmt zwei lange rote und weiße Bänder vom Westaltar und spricht über die Bedeutung der Farbe Rot, der Farbe der weiblichen Blutung, der Gebärmutter und des Lebens und über die Bedeutung der Farbe Weiß, der Farbe des Männlichen, des Samens. Bei gleichgeschlechtlichen Verbindungen können die Bänder rot und weiß sein, oder es können zwei weiße, zwei rote, ein grünes und ein weißes, ein grünes und ein rotes, oder andere Farben nach Wunsch sein.

Indem wir den Reifen und den Stab mit Bändern verbinden, kreieren wir symbolisch die heilige Hochzeit, die Vereinigung von Vulva und Phallus, von Göttin und Gott, die Vereinigung zweier Seelen. Die Priesterin verwendet das rote Band um den Reifen auf der Seite, die der Frau am nächsten ist an den Stab zu binden. Mit dem weißen Band bindet sie den Stab auf der Seite, die den Mann am nächsten ist, an den Reifen. Dann wickelt sie das rote und weiße Band abwechselnd durch den Reifen, um den Stab und die verbundenen linken Hände und bindet sie alle zusammen. Während sie das tut, bittet die Priesterin die Gäste mit ihr gemeinsam laut Qualitäten zu rufen, die das Paar empfangen soll, so wie Liebe, Glück, Reichtum, gute Gesundheit, Abenteuer, Kinder, Kreativität und so weiter. Wenn die ganzen Bänder verbraucht sind, bindet die Priesterin die beiden freien Enden des roten und weißen Bandes mit einer Masche zusammen. Wenn eine kleine Anzahl von Gästen selbst Bänder mitgebracht hat, werden sie eingeladen zum Rand des Kreises, neben den Eingang oder Besen zu kommen, um ihre Bänder auf den vereinten Reifen und Stab zu binden und dem Paar ihre persönlichen Segenswünsche auszusprechen. Bei vielen Gästen kann das für später aufgehoben werden, wenn die Zeremonie abgeschlossen ist. Wenn alle Bänder festgebunden sind, legt die Priesterin ihre Hände über und unter die verbundenen Hände, den Reifen und den Stab und erbittet den Segen der Göttin und/oder des Gottes für die heilige Vereinigung. Dann erklärt sie das Paar für verheiratet.

Die Priesterin löst dann die letzte rote und weiße Masche und bittet das Paar langsam die linken Hände loszulassen und sie zwischen den Bändern herauszuziehen, während sie den Reifen mit ihren rechten Händen halten. Während sie das tun, zieht die Priesterin die roten und weißen Bänder zusammen und zieht sie fest um Reifen und Stab. Dann werden die losen Enden mit einer neuerlichen Masche zusammengebunden. Der Reifen und der Stab, die nun fest miteinander verbunden sind, werden dem Paar übergeben, das sie für die Dauer ihres Versprechens aufbewahren soll. Wenn das Paar irgendwann in der Zukunft seine Versprechen erneuern möchte, können die Bänder abgewickelt und der Reifen und der Stab getrennt werden, bevor sie wieder mit neuen Bändern verbunden werden. Falls die Beziehung endet, können der Reifen und der Stab getrennt und der Reifen der Frau und der Stab dem Mann zurückgegeben werden. Die Bänder können in der Erde vergraben, verbrannt oder in die Zweige eines Baumes gebunden werden, um die Energien, die in der Beziehung festgehalten wurden, in den Wind zu zerstreuen.

Die Priesterin ersucht das Paar und die Gäste um ihre Aufmerksamkeit und bittet sie aufzustehen und dabei zu helfen, den zeremoniellen Kreis zu schließen und mit ihr gemeinsam die Worte *„Sei geehrt und Lebwohl!"* zu sprechen, nachdem jeder Richtung gedankt wurde. Beginnend mit dem Norden bittet die Priesterin alle sich nach Norden zu drehen, wenn sie den Geistwesen und Gottheiten des Nordens dafür dankt, dass sie präsent waren, um die Vereinigung des Paares zu segnen, *„Sei geehrt und Lebwohl, Mutter der Luft, Danu!"* Alle drehen sich zurück zur Mitte, dann bittet die Priesterin sie, sich mit ihr nach Osten zu wenden, wo sie den Geistwesen des Ostens dankt und mit *„Sei geehrt und Lebwohl, Mutter des Feuers, Artha!"* endet. Nachdem alle sich zur Mitte zurück gedreht haben, bittet die Priesterin sie, sich nach Süden zu wenden, wo sie den Geistwesen des Südens dankt und mit *„Sei geehrt und Lebwohl, Mutter des Wassers, Domnu!"* endet. Alle drehen sich zur Mitte zurück. Danach bittet die Priesterin sie, sich in den Westen zu wenden, wo sie den Geistwesen des Westens dankt und mit *„Sei geehrt und Lebwohl, Mutter der Erde, Brigantia!"* endet. Die Priesterin bittet alle, sich zum Zentrum zu richten, während sie den Geistwesen des Platzes, ihren eigenen Schutzgottheiten und den speziellen Gottheiten des Paares dankt. *„Sei geehrt und Lebwohl, Lady von Avalon!"* (oder die Hauptgottheit für diese Zeremonie).

Das Paar verlässt den zeremoniellen Kreis und nimmt den verbunden Reifen und Stab mit. Sie gehen durch den Eingang hinaus oder springen, wenn sie es wollen, über den Besen. Das ist ein überlieferter Brauch, bei dem der Besen das Hinausfegen des Alten und Hereinbringen des Neuen symbolisiert. Wenn es viele Gäste sind, können sie, nachdem das Paar den Kreis verlassen hat, ihre

Arten von Göttinnen-Zeremonien und Beispiele

Bänder bringen, um ihre Segenswünsche hinzuzufügen und ihre Bänder auf den verbundenen Reifen und Stab zu binden. Sie können dies aber auch im Lauf der weiteren Ereignisse des Tages machen.

Sobald das Paar und die Gäste weg sind, reinigt die Priesterin wieder den Raum, wobei sie sich im Uhrzeigersinn durch den Raum bewegt und eine Glocke läutet, einen Gong ertönen lässt oder mit Räucherwerk räuchert, um alle Energien, die sich angesammelt haben und die während der Zeremonie ausgedrückt wurden, zu zerstreuen. Die Priesterin dankt noch einmal den Geistwesen des Platzes, baut die Altäre ab und räumt den Raum vollständig.

Diese Form der Zeremonie kann zur Erneuerung der Versprechen vereinfacht und angepasst werden. Das Paar erneuert dabei seine Versprechen in einer ähnlichen oder andersartigen Zeremonie.

Namensgebungs-Zeremonien

Eine andere häufig gewünschte Zeremonie ist die Namensgebung für Kinder und Britannias Rad hilft das Grundgerüst für die Zeremonie zu kreieren.

Namensgebungs-Zeremonie für Babies oder Kinder

*Hereinrufen der Richtungen und der Elemente
und Invokation des Göttlichen durch die Priesterin*

*Segnung durch Luft
Hereinrufen der Ahnen der Familie
Segnung der Familie und der Paten mit Räucherwerk*

*Segnung durch Feuer
Jeder Elternteil und Pate zündet eine Kerze an und
gibt dem Baby/Kind ein Geschenk*

*Segnung durch Wasser
Heiliges Wasser wird auf die sieben Chakren des Kindes gegeben*

*Segnung durch Erde
Erde wird auf die Stirn, die Hände und Füße des Kindes gegeben
Namensgebung bei Luft, Feuer, Wasser und Erde*

*Schlusssegen
Schließen der Richtungen*

Ich werde die Zeremonie nicht so detailliert durchgehen wie die Hochzeits-Zeremonie, aber wie aus dem Ablauf ersichtlich ist, folgt sie demselben energetischen Grundgerüst wie die Hochzeits-Zeremonie. Diese Zeremonie ist kürzer als die Hochzeits-Zeremonie, weil die Aufmerksamkeitsspanne von Babies und Kindern viel geringer ist als die von Erwachsenen. Bei der Zeremonie bekommt das Kind einen Namen und wird von den Gottheiten und Elementen der Natur der Göttin gesegnet und bekommt auch spirituelle Begleiter, Göttinnen-Paten oder traditionelle Paten, die sich bereit erklären für das Kind während seiner Kindheit und Jugend einen spirituellen, inspirierenden, emotionalen und materiellen Fokus zu halten. Sie sind bereit, immer zum Wohle des Kindes zu handeln und sind die erste Anlaufstelle, wenn den Eltern etwas zustoßen sollte. Nach Wunsch können zum Programm wieder Lesungen von Gedichten, Musik, etc. hinzugefügt werden.

Die Zeremonie beginnt mit der Begrüßung durch die Priesterin und einer kurzen Beschreibung der Zeremonie. Die Familie und die Gäste werden gebeten in die Anrufung der Gottheiten der fünf Richtungen und jene, die von den Eltern und dem Kind (sofern es alt genug dafür ist) gewünscht werden, einzustimmen. Sie werden gebeten, sich der Reihe nach in die vier Richtungen zu wenden, sich zur Mitte zu drehen und nach jeder Anrufung *„Sei gegrüßt und willkommen, Gottheit!"* zu wiederholen. Während der Zeremonie wird das Baby von seiner Mutter, seinem Vater und/oder den Paten gehalten, je nachdem wie es von den Eltern mit der Priesterin entschieden wurde.

Im Norden stehend, beschreibt die Priesterin die Verbindung des Kindes mit den Vorfahren der Familie, und der Platz des Kindes innerhalb dieser Inkarnationsfamilie wird gewürdigt. Die Familie und die Paten werden mit Räucherwerk geräuchert, dabei werden ihre Auren in Vorbereitung dieses neuen Anfangs gereinigt. Die Priesterin gibt dem Kind eine Feder und bittet, dass es für sein ganzes Leben mit den Gaben der Luft und des Geistes gesegnet wird, mit Inspiration, Einsicht und Weisheit.

Nachdem sie sich in den Osten begeben haben, zünden die Eltern und die Paten nacheinander eine Kerze an und sagen ihren eigenen Namen. Sie beschreiben das Licht, das sie in das Leben des Kindes zu bringen hoffen, und an dieser Stelle können die Paten dem Kind ein besonders Namensgebungsgeschenk geben. Die Priesterin gibt dem Kind eine kleine Kerze und bittet, dass es für sein ganzes Leben mit den Gaben des Feuers gesegnet wird, den Gaben von Wärme, Licht, Intelligenz, Wahrheit und Kreativität.

Im Süden wird das Kind von der Mutter gehalten, während von der Priesterin Tropfen von heiligem Quellwasser auf jedes der sieben Chakren auf dem Körper des Kindes gegeben werden. So werden symbolisch die Energien des Kindes für das Leben auf diesem schönen Planeten erweckt. Die Priesterin gibt dem Kind eine kleine Flasche mit heiligem Quellwasser und bittet, dass es für sein ganzes Leben mit frei fließenden Emotionen, mit Liebe, Glück, Freude und Mitgefühl gesegnet wird.

Arten von Göttinnen-Zeremonien und Beispiele

Im Westen wird etwas Heimaterde des Kindes auf seinen Kopf, sein Herz, seine Hände und Füße gegeben, um das Kind dem Leben auf Mutter Erde zu weihen. Die Priesterin gibt dem Kind einen Kristall oder Stein und bittet, dass es sein ganzes Leben lang mit den Gaben der Erde, mit Erdung, Durchhaltevermögen und Ausdauer gesegnet wird und dass es immer im Dienst der Erde lebt.

Die Priesterin wendet sich zur Mitte und bittet die Gottheiten des Zentrums, dem Kind ihren Segen zu geben. Sei bittet um Glück, Gesundheit, ein langes, erfülltes Leben und dass es von einer liebenden Familie und Gemeinschaft umgeben ist. Die Priesterin gibt dem Kind einen kleinen Beutel, um die symbolischen Geschenke aufzubewahren, die sie zuvor gegeben hat. Dann benennt sie das Kind bei Luft, bei Feuer, bei Wasser und bei Erde.

Die Zeremonie endet mit der Danksagung an die Energien der vier äußeren Richtungen und die Gottheiten der Mitte. Die Familie und die Gäste stimmen ein und wiederholen *„Sei geehrt und Lebwohl, Gottheit!"* So wie bei anderen Zeremonien kann diese Form den Bedürfnissen der Familie entsprechend angepasst werden.

Begräbnis-Zeremonie

Diese Begräbnis-Zeremonie kann in einem Göttinnen-Tempel oder heiligem Raum, im Freien oder in einem Krematorium stattfinden. Da die Seele der Verstorbenen von der Erde in die spirituellen Reiche zurückkehrt wird bei dieser Zeremonie das Muster der vorigen Zeremonien umgekehrt. Die Gottheiten und Energien werden entgegen der Richtung des Sonnenumlaufs bzw. des Uhrzeigersinns angerufen und die Zeremonie selbst läuft ebenfalls im entgegengesetzten Uhrzeigersinn.

Musik spielt bei vielen Zeremonien eine wichtige Rolle und vielleicht nirgends mehr als bei einem Begräbnis, wo die Musik Erinnerungen an die Verstorbene wachrufen und dabei helfen kann, Emotionen von Trauer und Kummer freizusetzen. Sobald diese ausgedrückt wurden, kann für die Trauernden das Leben weitergehen. Auch die Lesung von Gedichten und Texten kann sehr hilfreich sein und an jeder Stelle innerhalb der Struktur der Zeremonie eingefügt werden.

Avalon - Zweite Spirale

Begräbnis-Zeremonie

*Hereinrufen der Richtungen und der Elemente
und Invokation des Göttlichen durch die Priesterin*

*Segnung durch Erde
Totenrede von Menschen, die die Verstorbene kannten*

*Segnung durch Wasser
Besprengen mit Wasser
Mitgefühl für die Trauernden*

*Segnung durch Feuer
Kerzen für die Verstorbene anzünden*

*Segnung durch Luft
Räuchern mit Räucherwerk
Entlassen der Verstorbenen ins Größere Leben*

*Schlusssegen
Schließen der Richtungen*

Die Priesterin bereitet den Raum für die Totenfeier vor, wenn möglich, indem sie einen runden, heiligen Raum kreiert. Die vier Richtungen sind mit Altären für die vier Elemente der Natur der Göttin markiert. Im Norden, oder wo immer es im verfügbaren Raum möglich ist, ist ein Platz für den Sarg mit dem Körper der Verstorbenen vorgesehen. Zusätzlich wird ein spezieller Altar für die Verstorbene gestaltet, auf dem ein großes Foto der Verstorbenen steht, das als Fokus für die Seele der Verstorbenen und die Trauernden dient. Auf dem Altar können auch Blumen und Lieblingsgegenstände, die mit der Verstorbenen in Verbindung stehen, platziert werden. Wenn die Trauernden mit dem Sarg den Raum betreten, wird passende Musik, die die Verstorbene geliebt hat, gespielt. Das kann alles von klassisch bis zur Popmusik sein. Zu dieser Zeit tragen die Familie und die Freunde üblicherweise große Trauer und Sorge, egal ob eine alte Person gestorben ist, die ein langes Leben gelebt hat, oder ob es ein unerwartetes und plötzliches Ereignis war. Sobald die Trauernden mit dem Sarg angekommen sind, sitzen sie im Kreis um den zeremoniellen Raum.

Die Priesterin heißt alle willkommen und stellt die Zeremonie vor, wobei sie bittet, dass alle mit ihr in die Invokation einstimmen. Sie bittet alle aufzustehen und sich mit ihr nach Westen zu drehen und ruft die Göttinnen und Energien des Westens, der Erde und der Inkarnation herein, inklusive der westlichen Insel der Toten. Nachdem diese Energien willkommen geheißen wurden, wendet sie sich entgegen dem Uhrzeigersinn in den Süden und ruft die Energien des Sü-

Arten von Göttinnen-Zeremonien und Beispiele

dens herein. Sie wendet sich zum Osten, wiederholt den Vorgang und anschließend macht sie dasselbe im Norden. Dann wendet sie sich zur Mitte und ruft die Göttinnen des Zentrums herein. Dabei schließt sie jene ein, die für die Verstorbene besonders wichtig waren. Anschließend kann nach Wahl der Familie einer der bekannten Göttinnen-Gesänge gesungen werden, damit alle einstimmen und durch das Singen Emotionen freisetzen können.

Bei der Segnung durch Erde wird von der Priesterin in das Leben der Verstorbenen auf der Erde eingeführt. In Totenreden von jenen, die die Person gut kannten, wird ihr Leben beschrieben. Das können Familienmitglieder sein oder Freundinnen, die von der Familie ausgewählt wurden. Jede Person stellt sich zum Sprechen in den Westen. Dieser Teil der Zeremonie konzentriert sich auf das Geschenk der Inkarnation und auf alles, was im Leben von der Verstorbenen erreicht wurde. Dieser Teil endet mit einem Lieblingsmusikstück der Verstorbenen.

Die Priesterin begibt sich für die Segnung durch Wasser in den Süden, um die Familie und die Freunde dazu zu ermutigen, ihre Trauer und ihr Gefühl von Verlust auszudrücken. Die Priesterin spricht über jene, die mit ihrer Sorge, ihren gemischten Gefühlen und vielleicht ihrer Wut zurückgelassen wurden, und versichert den Trauernden, dass alle Emotionen angemessen sind. Sie kann die Trauernden bitten, Geräusche zu machen, die diese Gefühle ausdrücken, und ermutigt Familie und Freunde dazu, einander beim Ausdruck ihrer Trauer zu unterstützen. Sie bittet die Göttin, sie in ihrem Kummer zu halten. Während die Trauernden Geräusche machen, besprengt sie die Priesterin mit Wasser. Im Anschluss daran wird eine passende Musik gespielt, die allmählich den Fokus vom Ausdruck des Schmerzes wieder zu der Verstorbenen und ihrer Reise zurück zur Göttin verschiebt.

Die Priesterin begibt sich für die Segnung durch Feuer in den Osten. Dort wird jede gebeten, für die Verstorbene eine Kerze anzuzünden, ein Licht, das ihr auf dem Weg aus ihrer irdischen Inkarnation zurück ins Geistige und zur Göttin leuchten soll. Die Priesterin spricht über das Licht, das Licht der Wahrheit und Inspiration und über die Feuer des Lebens. Die Trauernden werden gebeten, ihre Lichter gemeinsam hochzuhalten und die Seele vollständig aus dem Körper zu entlassen, sie gehen zu lassen, damit es sowohl für die Verstorbene als auch für die Trauernden weitergehen kann. (Wenn die Zeremonie in einem Krematorium stattfindet, kann der Sarg an diesem Punkt weggebracht werden.)

Die Priesterin begibt sich mit besinnlicher Musik in den Norden für die Segnung durch Luft. Sie bittet die Trauernden sich von der Verstorbenen endgültig persönlich zu verabschieden. Wenn es eine große Anzahl von Trauernden ist, räuchert die Priesterin mit Unterstützung den zeremoniellen Raum mit Räucherwerk und entlässt die Verstorbene energetisch zurück zur Göttin. Sie räuchert die Trauernden und reinigt ihre Auren von etwaigen stockenden Emotionen und Energien. Dieser Teil kann mit einem weiteren passenden Göttinnen-Gesang enden.

Avalon - Zweite Spirale

Die Priesterin bittet die Trauernden, ihr bei der Danksagung zu helfen und das Rad der Natur der Göttin mit ihr gemeinsam zu schließen. Sie fängt im Norden an und wendet sich in Richtung des Sarges, wenn er noch da ist. Sie dankt den Energien und Göttinnen des Nordens für ihre Gegenwart und bittet alle ihr nachzusprechen,

> *„Sei geehrt und Lebwohl ... (Name der Verstorbenen). Sei geehrt und Lebwohl, Danu."*

Sie bewegt sich in Richtung des Sonnenlaufs nach Osten und dankt den Göttinnen und Energien dieser Richtung,

> *„Sei geehrt und Lebwohl ... (Name der Verstorbenen). Sei geehrt und Lebwohl, Artha."*

Sie begibt sich in den Süden,

> *„Sei geehrt und Lebwohl ... (Name der Verstorbenen). Sei geehrt und Lebwohl, Domnu."*

Und dann in den Westen,

> *„Sei geehrt und Lebwohl ... (Name der Verstorbenen). Sei geehrt und Lebwohl, Brigantia."*

Dann wendet sich die Priesterin zur Mitte, gibt den Segen der Göttin des Zentrums und endet mit:

> *„Sei geehrt und Lebwohl ... (Name der Verstorbenen). Sei geehrt und Lebwohl, Lady von Avalon."*

Sie erteilt einen abschließenden Segen, bei dem sie die Rückkehr der Verstorbenen in die liebevolle Umarmung der Göttin bestätigt, und sie bittet die Lady mit der Familie und den Freunden der Verstorbenen in die Zukunft zu gehen.

Während der Sarg (wenn er noch da ist), die Familie und die Freunde den Ort verlassen wird passende Musik, möglichst wieder ein Lieblingsstück der Verstorbenen, gespielt. Nachdem alle gegangen sind, reinigt die Priesterin den Raum und räumt auf.

Arten von Göttinnen-Zeremonien und Beispiele

Persönliche Arbeit

Entwirf und gestalte eine Zeremonie deiner Wahl, bereite sie vor, kündige sie an und führe sie durch. Die Zeremonie soll für mindestens eine oder mehrere andere Personen sein, und du sollst dabei die Hauptpriesterin sein, die die Energie der Zeremonie hält. Du kannst andere Menschen bitten dir zu helfen, aber du leitest an, was passiert. Denke nachdem du die Zeremonie durchgeführt hast darüber nach, was passiert ist und überprüfe wie gut du deine Ziele erreicht hast, und wie du deine zeremonielle Praxis als Priesterin verbessern könntest. Bitte die Teilnehmerinnen um Rückmeldungen.

Gruppen von Teilnehmerinnen arbeiten zusammen und beginnen Ideen für die Selbstinitiationszeremonie zu sammeln, die am Ende der Zweiten Spirale stattfinden wird, und die sie für sich selbst gestalten.

---

[1] Anmerkung der Übersetzerin: *the curse* ist die im englischen Sprachraum teilweise immer noch gebräuchliche Bezeichnung für die Menstruation. Übersetzt bedeutet es „*der Fluch*". Im Deutschen gibt es (glücklicherweise) keinen entsprechenden Ausdruck.

[2] Nicht auf Deutsch erschienen.

Avalon - Zweite Spirale

Die Kraft des Schleiers
Zwischen den Welten reisen

Avalon ist ein andersweltlicher Ort, eine Paradiesinsel, die jenseits des Schleiers von Avalon existiert. Dieser Tage ist die Insel Avalon normalerweise unsichtbar für unsere gewöhnlichen menschlichen Augen, obwohl ihre Wirkung von denen gespürt werden kann, die sich an ihre Grenzen verirren. Die Insel wird für jene sichtbar, deren innere Sicht erweckt wurde, und ein Teil unserer Priesterinnen-Reise besteht darin, unsere inneren Sinne zu öffnen, so dass wir durch den Schleier sehen und uns durch ihn hindurch nach Avalon begeben können. Wir lernen bewusst und gezielt aus dieser materiellen Welt in die verzauberten Reiche der Göttin zu reisen.

Der Schleier von Avalon selbst ist ein ätherischer Schleier, ein Schleier der Perspektive und der Bewusstheit dessen, wie wir die Dinge sehen. Er ist wie Nebel, wie der dichte Nebel, der im Herbst und Frühling oft tief über dem Tal von Avalon hängt und die heilige Landschaft geheimnisvoll einhüllt. Er verbirgt vertraute Landmarken, verstärkt Geräusche und bewirkt, dass wir genauer auf die Pfade achten, die wir nehmen. Bei der örtlichen Bevölkerung von Somerset ist dieser Nebel als weiße Lady bekannt. Er steigt in der Morgen- und Abenddämmerung geheimnisvoll aus den feuchten Ebenen Somersets auf, zieht den Schleier der Göttin über die Landschaft, verbirgt ihre Schönheit und hilft uns dabei uns in ihren Nebeln zu verlieren.

Manchmal ist der Schleier Avalons dicht und undurchdringlich wie eine Nebelsuppe und zu anderen Zeiten ist er dünn und wir erhaschen Blicke auf eine andere Realität, die die magische und mysteriöse Insel Avalon ist. Dieses Dünner-Werden des Schleiers scheint in einem rhythmischen Muster vorzukommen, das auf den acht natürlichen Jahreskreisfesten und dem Neu- und Vollmond basiert. Dann ist es leichter nach Avalon zu gelangen und – wenn man aufpasst – sicher zurückzukehren.

Das Dünner-Werden des Schleiers ist auch persönlich. Es betrifft unsere individuelle spirituelle Entfaltung. Es kommt natürlicherweise vor, wenn wir beginnen unser Bewusstsein für die Existenz und die Realität der unsichtbaren Welten zu öffnen. Wir fangen an, das zu sehen und zu spüren, was vorher vor unseren physischen Augen verborgen war. Wir sehen die schimmernden ätherischen Fasern, die alles verbinden und alles Leben in Form halten. Wenn wir über Glastonburys sanfte Hügel gehen, erhaschen wir Blicke auf Wesen und Dinge, die heute physisch nicht da sind. Es kann sein, dass wir Strukturen aus einem anderen Zeitalter sehen, stehende Steine, Hügel, Tempel, Haine, oder Visionen von Gebäuden der Zukunft. Die Wesen, die wir sehen, können als verschwommene Gestalten auftauchen, als verstärkte Farben, als himmlische Düfte oder in vertrauteren Formen. Wir sehen Feen, Gnome, Elfen, Elementare, Devas, anderweltliche Kreaturen, Menschen, Göttinnen und Götter. Wir bitten diese Wesen uns auf unseren Reisen zu begleiten. Sie flüstern Worte der Weisheit in unsere Ohren, beantworten unsere Fragen und führen uns in eine neue Wirklichkeit.

Der trennende Schleier ist sowohl eine äußere als auch eine innere Realität. Er ist der nebelige Schleier Avalons, den wir ohne Erlaubnis und ein offenes Herz weder sehen noch durchschreiten können. Er ist auch der innere, ätherische Schleier, der die materielle Realität von den unsichtbaren Welten der Emotion, des Geistes, der Intuition und der Seele trennt. Wenn sich unsere Achtsamkeit entwickelt und unser Bewusstsein sich erweitert, werden auch diese inneren Schleier dünn und lassen es zu, dass diese feinstofflichen Energien des Herzens und des Geistes unser alltägliches Bewusstsein durchdringen.

Dion Fortune, die göttinliebende esoterische Schriftstellerin, lebte in den 1930ern eine Zeit lang im Chalice Orchard am Fuß des Glastonbury Tor. Sie beschrieb den Schleier Avalons als einen Feuerschleier, der den Tor umgibt und Avalon vom irdischen Glastonbury trennt. Dieses Feuer könne nur von Initiierten durchdrungen werden, der Uneingeweihte würde in den Flammen vergehen. Priesterinnen auf dem Weg zur Initiation müssen lernen, wie sie sicher durch den Schleier Avalons gelangen können, um den Ort der Transformation zu betreten und sich für Veränderungen zu öffnen.

Manchmal kann diese Reise eher wie der Durchgang durch einen Schleier von Tränen, Wut und Selbstzweifel wirken. Wir weinen, wenn tiefgehende Emotionen an die Oberfläche des Bewusstseins gebracht werden, während wir jenen Teilen unserer selbst begegnen, die lange unterdrückt und versteckt waren. Sie brechen in der alltäglichen Realität auf überwältigende Weise hervor. Wir weinen oft über den Kummer und die Süße unseres irdischen menschlichen Lebens und entdecken, dass in unpassenden Augenblicken unterdrückte Wut und Hass aus unserem Schattenselbst hervorquellen.

Es gibt auch einige Menschen, deren Auren und psychische Räume durch Lebenserfahrungen, durch Krankheit, Unfälle und Drogen, ernsthaft beschädigt wurden. Ihre inneren Schleier sind an manchen Stellen unberechenbar dünn. Wenn wir nach Avalon reisen, um die heilende Berührung der Lady zu empfangen, können Einzelne durch das Erlebnis, zu schnell durch den feurigen Schleier zu gehen, verbrannt werden. Vorsicht und Vorbereitung sind notwendig.

Reisen zwischen den Welten

Es gibt zwei Hauptarten des Reisens mit denen wir uns als Priesterinnen beschäftigen. Eine, über die ich schon früher geschrieben habe, beschäftigt sich damit physisch durch die wundervollen Landschaften der Göttin zu gehen, die überall auf Brigits Inseln und in der Welt zu finden sind. Wir gehen bewusst über ihren Körper und kommunizieren mit ihrer Natur. Wir können Avalon betreten, indem wir über die Hügel und durch die Täler gehen, aus denen die heutige Landschaft Glastonburys besteht, und indem wir Zeit mit der Göttin auf ihrer Erde verbringen. Es gibt Schlüsselorte auf der Insel, wo es leichter ist den Schleier zu durchdringen. Diese Orte zu finden ist Teil des esoterischen Wissens, das Priesterinnen erwerben, indem sie sich in der Landschaft selbst aufhalten, und dann physisch durch den Schleier Glastonburys nach Avalon gehen. Das braucht Zeit und Engagement von Seiten der angehenden Priesterin.

Die zweite Art des Reisens ist ein innerer Vorgang, bei dem wir uns durch einen veränderten Bewusstseinszustand in die Anderswelt Avalons begeben. Diese Art des Reisens ist ein innerer Übergang in einen anderen, erweiterten Seinszustand. Mit diesem erweiterten Bewusstsein gehen andere Wahrnehmungsfähigkeiten einher. Wir können Orte sehen, die wir nicht physisch besucht haben. Wir können Leute sehen, die normalerweise nicht für uns sichtbar sind, und wir können mit ihnen kommunizieren. Wir können die Gestalt wandeln, und uns aus unserer derzeitigen Form in eine andere psychische Form verwandeln, unter anderem unsere eigenen Inkarnationsformen der Vergangenheit und der Zukunft. Wir können uns in die Gestalt unserer Totemtiere und –vögel verwandeln. Wir können uns schnell bewegen, wir können fliegen und absichtsvoll über bekannte und unbekannte Landschaften reisen.

Der Zweck des Reisens

Warum wollen wir zwischen den Welten reisen? Warum wollen wir nach Avalon reisen? Ist es nicht genug zu wissen, dass es da ist, und dass wir gelegentlich durch Zufall darüber stolpern können?

Genauso wie der Lady zu dienen, ist es eine Aufgabe der Priesterinnen von Avalon, fähig zu sein, für uns selbst und andere bewusst in und durch das Land Avalon zu reisen. Wir reisen, damit wir die Lady selbst und die neun Morgenen gefahrlos treffen und uns tiefer mit ihnen verbinden können. Dasselbe gilt auch für all die heiligen Wesen Avalons, die Reiche der Feen und die Bewohner der westlichen Insel der Toten. Zu reisen ist ein Weg uns an die Welt zu erinnern, die

Avalon - Zweite Spirale

wir einst in physischer Form kannten. Wir reisen, um das gegenwärtige und zukünftige Wiederauftauchen der Insel Avalon zu bewirken.

Wir reisen nach Avalon, um die Insel selbst zu erforschen, ihre Hügel und Täler, ihre Gärten und Lichtungen, ihr geheimen Haine, ihre Quellen und Brunnen, ihre Tempel und Behausungen. Wir reisen, damit wir Zeit in der wunderbaren Gegenwart der Lady verbringen und uns in ihren violetten Strahlen baden können. Wir reisen in andere Bewusstseinszustände, in denen wir sie hören und sehen und ihre Weisheit leichter empfangen können. Wir reisen, um diskarnierte Freunde und Familienmitglieder, die starke Bande zu uns haben, zu treffen. Sie wachen über uns, während wir unser Leben führen, sorgen sich um uns und möchten mit uns kommunizieren. Wir reisen für Heilung, denn in diesen Ländern kann Nolava uns schnell zu unseren tiefsten Wunden bringen, die ihre Berührung augenblicklich heilen kann. Wir reisen um vergessene, verletzte Teile von uns selbst zurückzuholen, die weit weg auf der westlichen Insel der Toten liegen.

Methoden des Reisens

Verschiedene Kulturen haben verschiedene traditionelle Methoden, um den psychisch Reisenden in die Anderswelt zu befördern. Dazu gehören die Verwendung von Trommeln, Musik, Tanz, heiligen Gesängen, Masken, Rauch und natürlichen halluzinogenen Substanzen. In Sibirien ahmen die Schamanen das Reiten eines Pferdes zwischen den Welten nach, indem sie auf einen Baum oder eine Stange klettern. In Britannien reiten die Hexen unter dem Einfluss von Fliegenpilzen auf ihrem Besenstiel. In Südamerika nehmen Eingeborene Ayahuasca und andere wirksame Pflanzen ein, um vollständig ein Teil der natürlichen Welt zu werden, von der ihr Leben abhängt, und verwandeln sich in die Gestalt von Tieren und Vögeln.

Avalon ist ein mythisches Land, das gleich hinter dem Schleier liegt. Wir glauben, dass es einmal ein physischer Ort war und wir, die wir Priesterinnen werden wollen, versuchen Avalon in die materielle Welt zurückzubringen, damit die Göttin und alles, was sie ist, in unserer alltäglichen Welt verehrt und geehrt werden kann, wie es ihr zusteht. Auf unserem heiligen Pfad als Priesterinnen lernen wir bewusst rittlings auf der Grenze zu sitzen, den Schleier zu überbrücken, mit einem Fuß in Avalon und dem anderen Fuß in der materiellen Welt zu stehen. Deswegen nutzen wir in unserer Priesterinnen-Praxis verschiedene Methoden des Reisens ohne den Einsatz bewusstseinsverändernder Substanzen. Stattdessen verändern wir unseren Geist, indem wir durch den Einsatz von Musik, Gesang und Tanz den Fokus unseres Bewusstseins wandeln. Wir reisen in unserer Vorstellung zum Klang einer Stimme, einer Trommel oder zum Klang und Singen eines heiligen Liedes. Wir tragen beim Reisen einen Schleier.

Den Zugriff des Verstandes lockern

Westliche Kulturen legen sehr großen Wert auf den Verstand und auf die Kontrolle über die Welt. Es ist für die Einzelne oft schwierig den Verstand still werden zu lassen und seinen Zugriff auf das Bewusstsein zu lockern. So wie in anderen Religionen können wir den Verstand durch eine der vielen Meditationstechniken zur Ruhe bringen. Wir können uns auf den Atem konzentrieren, auf Yantras und Bilder der Göttin, auf die Wiederholung von Mantras und so weiter. Wir können auch Göttinnen-Gesänge singen, bei denen einfache Strophen wiederholt werden, was dazu führt, dass unser Herz sich öffnet und unser Geist dahinfliegt. Wir tönen die heiligen Namen der Göttin und verschieben unsern Fokus aus dem Verstand in andere Reiche. Wir tanzen für längere Zeit und lockern den Zugriff des Verstandes auf unsere Aufmerksamkeit. Wir tanzen zu vielen verschiedenen Arten von Musik, langsam, rhythmisch, schnell, ethnisch, zeitgenössisch, ekstatisch, fünf Rhythmen, was immer uns hilft, in unserem Körper präsent zu werden. Tanz bringt unser Bewusstsein in unseren Körper, so dass wir die Erde der Göttin unter unseren Füßen spüren, ihre Luft in unseren Körper atmen, ihr Wasser in unserem Blut und unseren Zellen fühlen und spüren wie sich ihr Kundalini-Feuer in unserer Wirbelsäule bewegt.

Dann sind wir bereit zu reisen.

Die Kraft des Schleiers

Etwas, was durch die letzten Jahre der Praxis sehr deutlich geworden ist, ist die Kraft, die für Frauen darin liegt, bei Zeremonien und während sie reisen einen Schleier zu tragen. Heutzutage ist das Tragen eines Schleiers oft ein Ausdruck der völligen Unterordnung von Frauen in männerdominierten Gesellschaften, insbesondere wenn das Tragen des Schleiers von Männern verlangt wird. Die Frau mit dem Schleier, der ihren ganzen Körper bedeckt und ihr Gesicht und ihr Haar verbirgt, wurde ein starkes Symbol der Unterdrückung und der Machtlosigkeit des Weiblichen in einer Gesellschaft und Kultur. Wie bei vielen anderen Göttinnen-Symbolen, derer man sich bemächtigt hat, glaube ich, dass das Tragen eines Schleiers ursprünglich Teil der spirituellen Praxis von Frauen war, ein Teil der Göttinnen-Mysterien, die gestohlen, korrumpiert und gegen Frauen verwendet wurden, um sie zu kontrollieren.

Ich beanspruche die Kraft des Schleiers als einen wesentlichen Teil der spirituellen Praxis von Frauen. Indem wir unser Gesicht und unseren Kopf zeremoniell mit einem Schleier bedecken, können wir leichter in veränderte Bewusstseinszustände kommen. Wir können zwischen den Welten reisen und wir können die Göttin verkörpern.

Avalon - Zweite Spirale

Beim Tragen eines zeremoniellen Schleiers gibt es zwei Aspekte. Der eine ist die Perspektive der Trägerin und der andere ist die Perspektive derer, die die verschleierte Frau anschauen. Wenn wir unseren Kopf mit einem Schleier bedecken, separieren wir uns aus der Perspektive der Trägerin automatisch von der Welt. Wir ziehen uns sofort nach innen zurück und werden uns unseres Körpers bewusst, und dessen, was in seinem Inneren passiert, dessen, was wir fühlen und denken. Wir schließen unsere Augen und fast augenblicklich richtet sich unsere Aufmerksamkeit auf unsere inneren Welten, auf unser inneres Selbst. Wir gelangen an einen abgeschiedenen Ort. Wir vergessen schnell, was um uns herum vorgeht, wenn wir die Töne und Energien der inneren Welt spüren und auf sie lauschen. Wenn wir durch den Schleier schauen, ist auch unsere Sicht auf die Welt verändert. Auch sie wird eine abgetrennte Sache.

Eine Frau zu sehen, die einen Schleier trägt, bringt immer einen Hauch von Geheimnis in die Geschehnisse. Wer ist die Frau hinter dem Schleier? Die Frau, die uns vertraut ist, verändert sich. Sie wird plötzlich unbekannt und unerkennbar. Unsere Augen versuchen den Schleier zu durchdringen, aber egal ob er dick oder dünn, aus festem oder durchscheinendem Material ist, sie bleibt undeutlich. Wir können den Umriss des weiblichen Gesichtes erkennen, aber wir können sie nicht allzu deutlich erkennen. Wir können sie mit unserem Verstand nicht ergreifen und festhalten. Sie wird zur Verkörperung all dessen, was in Frauen veränderlich und unkontrollierbar ist. Vom Blickpunkt des Betrachters aus, hat das unmittelbare Auswirkungen auf unser Bewusstsein. Unser Geist öffnet sich, während wir versuchen das Geheimnis der verschleierten Frau zu ergründen.

Auf Brigits Inseln erleben wir die zeremoniell verschleierte Frau am häufigsten als die verschleierte Braut, die den Tempel, die Kirche, die Synagoge oder das Standesamt am Tag ihrer Hochzeit betritt. Oft ist sie weiß verschleiert, wie Bride, oder vielleicht rot, wie bei einer Hindu-Hochzeit. Sie ist eine Frau, die durch ihren Schleier, der sie schöner erscheinen lässt, abgehoben ist. Sie erscheint als ein Geschenk der Göttin, das von allen, die sie erblicken, geschätzt und geehrt werden muss, ganz besonders von ihrem Bräutigam. An diesem, ihrem Hochzeitstag, sind alle Frauen anmutig und mysteriös, egal wie sie sonst im gewöhnlichen Leben sind.

Tänzerinnen, insbesondere die orientalischen Bauchtänzerinnen, können ebenfalls verschleiert sein. Der Schleier verstärkt ihren Zauber und ihre Sinnlichkeit. Bauchtanz ist ursprünglich ein Tanz der Frauen, der dazu dient die inneren Organe der Frau zu reinigen und zu heilen. Er ist besonders wohltuend für die Bäuche von schwangeren Frauen und die Babies, die in ihrem Bauch wachsen. Das Tragen eines Schleiers durch die Tänzerinnen offenbart die zeremonielle Natur dieser Tänze als einen Weg mit der Göttin im Innern zu kommunizieren und sie durch den Tanz zu verkörpern.

Für die Arbeit von Priesterinnen und das Reisen ist am besten ein halbdurchsichtiger Schleier geeignet, ein großer Kreis oder ein Rechteck aus leichtem, durchscheinenden Material, durch das wir nach außen sehen können,

Die Kraft des Schleiers – Zwischen den Welten reisen

dass unsere Form aber vor dem Betrachter verbirgt. Der Schleier soll wenig Gewicht haben, so dass wir keine Kopfschmerzen davon bekommen, und groß genug sein, dass er nicht hinunterrutscht, wenn wir uns bewegen. Die Farbe des Schleiers wird passend für den Zweck gewählt, zu dem er getragen wird, etwa abgestimmt auf die Farbe der Jahreszeit oder auf die Göttin, die wir anrufen. Das Anlegen eines Schleiers kann augenblicklich unser Priesterinnenselbst hereinrufen. Das Geschwätz unseres Verstandes lässt nach und verebbt, und wir finden den Platz aufmerksamer Stille in uns. Wir sind bereit für eine Zeremonie, wir sind bereit zu reisen.

Übe das Tragen eines Schleiers in verschiedenen Situationen, so dass du erleben kannst, wie es sich anfühlt, deinen Kopf und dein Gesicht leicht bedeckt zu haben. Achte darauf, wie es deine Wahrnehmung und dein Erleben beeinflusst. Trage einen Schleier, wenn du zur Göttin betest und wenn du das Rad Britannias öffnest. Das ist ein weibliches Mysterium, das du für dich selbst zurückgewinnen musst. Lege einen Schleier über deinen Kopf, wenn du dich auf das Reisen vorbereitest.

Männer auf diesem Pfad zur Priesterschaft wollen vielleicht auch mit dem Tragen von Schleiern experimentieren. Bisher haben die Männer in der Ausbildung aber lieber leichte Turbane verwendet, die als weiche Schleier über das Gesicht drapiert werden können.

In die Anderswelt reisen

Wenn wir in unserer Vorstellung in die Anderswelt reisen, verändert sich die Art unserer Wahrnehmung. Wenn wir mit unseren inneren Sinnen herumschauen, kann es sein, dass wir Farben spüren, Gerüche sehen, Energien hören, Emotionen ertasten und Erinnerungen schmecken. Eine wunderbare, lebendige und farbenfrohe Welt öffnet sich uns. Wir bewegen uns aus unserem alltäglichen Bewusstsein in die astralen und mentalen Sphären der Realität und darüber hinaus. Daraus besteht die Anderswelt. Wir verschieben den Fokus unserer Aufmerksamkeit und unseres Bewusstseins, so dass wir uns durch eine synchrone, energetische Schwingung mit den Wesenheiten und Energien der feinstofflicheren spirituellen Welten verbinden können.

Wir beginnen damit, uns zuerst in die astrale Sphäre zu bewegen, die im Wesentlichen die Welt der Emotionen ist, wo Energien und Farben intensiviert werden. Zur astralen Sphäre gehören alle möglichen Emotionen und Wesen, von den erhabenen über die wütenden bis hin zu den traurigen. Sie ist mit dem kollektiven Unbewussten der ganzen Menschheit verbunden und beinhaltet alle emotionalen Energien und Erfahrungen aller Menschen aus allen Zeiten. Aus diesem Grund ist es beim Reisen wichtig, auf vorgeschriebenen Pfaden mit beschützenden Wesenheiten an unserer Seite in die Anderswelt zu reisen. Wenn wir planlos reisen, ist es wahrscheinlicher, dass wir auf Schattenwesen treffen, die die unbewussten Welten durchstreifen und die nicht zu uns gehören, uns erschrecken könnten oder uns Schaden zufügen wollen. Abgesehen von besonderen Umständen werden wir immer von beschützenden Wesenheiten begleitet.

Nach Avalon reisen

Wir brauchen ein klares Ziel und eine Absicht, bevor wir unsere Reise nach Avalon beginnen, weil unsere Absicht das Ergebnis unserer Reise bestimmt. Das trifft zu, egal ob wir auf der Reise von der Stimme einer anderen geführt werden oder ob wir allein reisen oder andere führen. Wir können verschiedene Absichten haben: Neugier, mit unseren Führern und Totemtieren Verbindung aufzunehmen, ehemalige Priesterinnen, diskarnierte Verwandte, Freunde und Vorfahren oder die Lady selbst zu treffen. Wir können für Kommunikation, Heilung, Transformation und mit anderen Absichten reisen. Was immer es ist, sei dir dessen bewusst, bevor du anfängst. Das Reisen ist ein kraftvolles psychisches Erlebnis und kann starke Auswirkungen haben.

Um eine Reise zu machen, müssen wir an einem sicheren Ort sein, wo wir eine gewisse Zeit lang nicht gestört werden. Wir setzen oder legen uns bequem hin. Wenn wir uns hinlegen und durch die Reise geführt werden, ist es leicht einzuschlafen während wir uns tief entspannen. Wenn wir während der Reise wach bleiben wollen, ist es wichtig, dass wir sowohl entspannt als auch aufmerksam sind. Es ist besser vor dem Essen zu reisen als danach. Jene auf dem Pfad zur Priesterinnenschaft wollen vielleicht üben, für die Reise einen Schleier über ihre Köpfe zu legen.

Wir beginnen die Reise, indem wir unsere Augen schließen und unseren Körper entspannen. Wir lassen die Anspannung los, die wir alle in unseren Schultern und Armen, in unseren Beinen und Füßen und in unserem Bauch und Gesicht halten. Wir richten unsere Aufmerksamkeit auf unseren Atem und nehmen wahr, wie die Luft durch unsere Nase und unseren Mund hinein und hinaus strömt, hinein in unsere Lunge und wieder hinaus. Wir lassen zu, dass unser Atem sich verlangsamt und vertieft.

In Mythen und Legenden ist die Insel Avalon von Wasser umgeben, von einem großen See oder dem Meer. Wenn wir psychisch und in unserer Vorstellung reisen, beginnen wir unsere Reise an den äußeren Ufern des Sees, vom Festland aus, und schauen über einen Wasserstreifen zur Insel Avalon hinüber. Es gibt verschiedene Methoden über das Wasser zu reisen. Die gebräuchlichste ist die Barke von Avalon, das Boot, das wir vor unserem geistigen Auge sehen und das kommt, wenn wir die Glocke läuten, die wir am Ufer des Wassers finden. Das kann eine kleine, klingende Glocke sein oder eine große Glocke, die wir läuten, indem wir an einem Seil ziehen.

Die Kraft des Schleiers – Zwischen den Welten reisen

In der Barke ist ein Fährwesen oder Feenwesen. Es kann menschlich sein, jemand den wir kennen oder nicht kennen, eine Priesterin, eine Fee, ein Tier, ein Vogel oder ein mythisches Wesen. Sie können sichtbar sein oder mit einem Umhang, einer Kapuze oder einer Maske verkleidet. Wir können nicht immer sehen, wer sie sind. Um in der Barke über das Wasser zu reisen, müssen wir den traditionellen Preis dafür, mit der Barke in die Anderswelt gebracht zu werden, bezahlen. Wir nehmen eine Silbermünze aus unserer Tasche und geben sie dem Fährwesen. Wir stellen oder setzen uns in den Bug des Boots. Manchmal werden wir hier von einer Priesterin von Avalon oder einer der neun Morgenen begleitet, die uns willkommen heißt. Es kann auch sein, dass wir allein sind.

Die Barke beginnt über das Wasser zu gleiten und wir schauen in Richtung Avalon und sehen es so, wie es heute sichtbar ist. Dazu müssen wir Zeit damit verbracht haben, die Landschaft von Glastonbury Avalon aus dem weiten Umkreis der Somerset Ebenen aus, die heute die Insel umgeben, anzuschauen. Die Form der Insel verändert sich drastisch je nachdem, ob wir sie aus dem Nordosten oder Südwesten, dem Süden oder dem Norden betrachten. Wir achten auf das Wetter und stellen fest, ob es sonnig und klar oder wolkig und grau ist. Wir nehmen wahr, was auf der Oberfläche des Sees passiert, ob er glatt oder rau ist.

Während wir in der Barke sitzen oder stehen, schauen wir über das Wasser nach Avalon. Nebel steigt aus der Oberfläche des Sees auf und verschleiert unseren Blick. Bald können wir nicht mehr weiter als eine Handbreit vor unserem Gesicht sehen. Wir sind von dichtem, weißem Nebel umgeben. Wir nehmen wahr, was wir fühlen – Freude, Erwartung oder Angst. Nach einer Weile beginnt der Nebel sich aufzulösen. In der Dritten Spirale der Ausbildung zur Priesterin von Avalon lernen die Teilnehmerinnen wie sie die Nebel rufen und auflösen können, aber für jetzt reicht es, dass die Nebel kommen und sich nach einer Weile auflösen.

Die Reisende schaut über das Wasser zur Insel Avalon, die sich von der heutigen Gestalt verwandelt hat in die Hügel und Täler von Avalons natürlicher Landschaft aus der Zeit, bevor hier moderne menschliche Wesen lebten. Wir schauen, um zu sehen, wie die Insel in unserer Vorstellung aussieht und sehen das, was wir sehen, mit unserem inneren Auge. Bald kommt die Barke bei der Insel an und wir danken dem Fährwesen dafür, dass es uns über das Wasser nach Avalon gebracht hat.

Abgesehen vom Fahren mit der Barke gibt es andere Wege nach Avalon zu reisen. Wir können auf dem Rücken von Bridies großem, weißem Schwan fliegen, oder auf dem Rücken einer Morgene-Krähe. Wir können mit unseren eigenen Schwingen dorthin fliegen. Wenn wir fliegen, starten wir unseren Flug immer in einer vertrauten Gegend. Während wir darüber fliegen, erkennen wir vertraute Orte, die wir vielleicht noch nie von oben gesehen haben, die wir uns aber vorstellen können. Wenn wir zur Insel Avalon fliegen, die draußen im Meer liegt, fliegen wir immer Richtung Westen, denn Avalon ist die westliche Insel. Von der vertrauten Gegend aus fliegen wir über die Ufer des Sees oder des Meeres und hinaus über das Wasser. Wir nehmen wahr, wie das Wasser von oben aussieht, ob es ruhig oder rau ist, welche Farbe es hat, wie weit wir in seine Tiefen sehen können. Wir fliegen bis wir vor uns am Horizont den Punkt einer Insel sehen, die größer wird, wenn wir uns nähern. Unser Vogel bringt uns über die Insel, kreist darüber und landet im Wasser neben dem Ufer oder am Ufer, je nachdem was für ein Vogel es ist. Wir danken unserem Vogel, dass er uns über das Wasser nach Avalon gebracht hat.

Wir können auch in der Gestalt eines Fisches, eines Delphins, einer Robbe oder eines anderen Wasserwesens schwimmen. Manchmal kann es sein, dass wir uns der Insel Avalon zu Fuß durch feuchtes Sumpfland nähern, das in einem seichten Teil des Sees zu finden ist. Wir folgen den geheimen Fährten des kleinen Volkes, des Volkes von Avallach, den Ahnen von Avalon. Doch im Schilf kann man leicht vom Weg abkommen und in tiefe Teiche fallen oder sich ohne Führer verirren.

Wenn wir auf der Insel ankommen, werden wir von einer Priesterin, einer Führerin oder einem Totemtier erwartet, die bzw. das uns begleiten wird, wenn wir durch das Gebiet Avalons reisen. Wohin wir reisen und was wir sehen, hängt von der Absicht ab, mit der wir nach Avalon gekommen sind, und die wir deutlich in unserem Bewusstsein halten müssen, wenn wir aufbrechen. Die Insel Avalon mag von außen klein und kompakt wirken, doch wenn wir zwischen ihren Hügeln und Nebenpfaden wandern, kann sie sich ein eine riesige, weitläufige Landschaft öffnen. Oft hat sie dieselbe Ausdehnung wie die heutige Landschaft, aber ohne die modernen Gebäude, Straßen und Felder.

Wenn wir alles erledigt haben, was wir auf der Insel tun wollen, müssen wir sorgfältig in die alltägliche Welt zurückkehren. Wir begeben uns zurück ans Ufer. Wir danken unseren Führern dafür, dass sie uns auf unserer Reise begleitet haben. Wir steigen in die Barke ein, die auf uns wartet. Wir klettern auf den Rücken der Krähe oder des Schwans und heben in die Lüfte ab. Wir waten in den See und beginnen zu schwimmen. Wir reisen zurück über das Wasser des Sees oder des Meeres. Wenn wir mit der Barke zurückkehren, durchqueren wir wieder die Nebel, die vom Wasser des Sees aufsteigen, und kehren in die alltägliche Welt zurück.

Wir erreichen das Ufer des Sees, das Festland, die vertraute Gegend und wir danken dem Fährwesen oder dem Vogel, demjenigen, der uns über das große Wasser zur anderen Seite gebracht hat. Dann bringen wir langsam unser Bewusstsein in den Raum oder an den Ort zurück, an dem wir uns befinden. Wir erden uns durch Atmen und nehmen wahr, wie unser Atem in den Körper einströmt und aus dem Körper ausströmt, und jeder Atemzug füllt uns mit erneuerter Energie und mit Leben. Wir öffnen unsere Augen und sehen die vertraute Umgebung um uns herum. Wir berühren den Boden.

Wenn wir zurückgekehrt sind, schreiben wir die Einzelheiten unseres Erlebnisses auf, zeichnen sie oder halten sie in einem Tagebuch fest. Während wir schreiben, erinnern wir uns, was auf unserer Reise passiert ist, an die Worte, die

Die Kraft des Schleiers - Zwischen den Welten reisen

die Göttin uns gesagt hat, an die Worte unserer Totems, und erden so diese Erlebnisse, die unser Leben bereichern werden.

Wir können in unserer Vorstellung die Reise in völliger Stille unternehmen. Wir können zum Schlag einer Trommel oder dem Klang atmosphärischer Musik reisen. Wir können auch Teile unserer Reise körperlich darstellen. Wir können die Glocke real läuten. Wir können beim Fliegen die Arme wie Schwingen bewegen, unseren Körper nach vorne lehnen und unseren Kopf nach unten ziehen. Wir können auf die Barke steigen. Wir können über die Insel gehen, indem wir körperlich Schritte machen, während wir in unserer Vorstellung die innere Landschaft erforschen. Wir bewegen uns geführt von unserer Intuition.

Zur Insel der Toten reisen

Avalon als die Insel der Toten hat verschiedene Aspekte und Erscheinungsformen. Zuerst einmal ist es das ewige Paradies, zu dem wir, die wir mit Avalon verbunden sind, bei unserem eigenen Tod reisen, um eins mit der Lady zu werden. Es ist ein Ort des Übergangs, eine Ort der Heilung für jene, die kürzlich verstorben sind. Es ist ein Ort, wo die Lebenden mit geliebten Menschen, die vor uns hinübergegangen sind, und mit den Ahnen, die hier weilen, kommunizieren können. Avalon umfasst die Bardo-Zustände des Bewusstseins, die zwischen Tod und Wiedergeburt liegen. Die Insel der Toten ist ein Ort, wo wir jene Teile unseres Selbst finden können, die abgelegt, unterdrückt, vergessen und verleugnet wurden, und an die wir uns erinnern müssen, um ganz zu werden.

Das ewige Paradies

Die Erzählungen vom Tod König Arthurs vermitteln uns eine Vorstellung davon, was geschehen könnte, wenn wir unserem eigenen Tod ins Angesicht schauen. Als Arthur wegen der tödlichen Wunden, die er in der Schlacht von Camlan erlitt, im Sterben lag, wurde er von seinem Diener Barinthus zu den Ufern des Sees von Avalon gebracht. Dort wurde er von der Barke erwartet und über das Wasser nach Avalon gebracht. Er wurde, je nach der erzählten Version, von drei Feenköniginnen, drei Morgenen, drei Greisinnen oder drei Krähen begleitet. Morgen la Fey, die große Heilerin, behandelte seine Wunden, und bis zum heutigen Tag heißt es, dass Arthur in Avalon gemeinsam mit Königin Gwenhwyfar im Schlaf liegt und den Tag seiner Wiedergeburt erwartet.

In diesem Land war unser einheimisches, britisches Totenbuch lange vergessen. Das Wissen über die antiken Vorstellungen der Beziehungen von Leben und Tod und die Rituale, die sich aus diesen Vorstellungen ergaben, sind verschollen. Wir können überall in den Ruinen der neolithischen Monumente den Beweis für eine uralte Tradition sehen, die die Sterbenden und die Toten ehrt, wenn sie in die Umarmung der Mutter zurückkehren. Wir fangen gerade erst an, unsere eigenen Vorstellungen über das Wesen der Realitäten des Lebens zu formulieren, die wir aus unseren Erinnerungen und aus der lebendigen Wahrheit anderer Kulturen zusammentragen.

Was werden wir im Augenblick unseres Todes wahrnehmen? Wird die Lady ihre Barke für uns schicken? Wird Morgen la Fey im Bug stehen und uns über den See nach Avalon bringen? Werden wir der Lady von Avalon in all ihrer Pracht begegnen und eins mit ihr werden?

Eine der besten Praktiken, die ich kenne, die hilft uns auf den Augenblick des Todes vorzubereiten, ist die tibetische Praxis des *Phowa*. Sie ist in *„Das tibetische Buch vom Leben und vom Sterben: Ein Schlüssel zum tieferen Verständnis von Leben und Tod"* von Sogyal Rinpoche beschrieben. Ich beschreibe hier zwei adaptierte Formen für unsere Begegnung mit der Lady von Avalon. Phowa bedeutet die Übertragung des Bewusstseins. Diese Praxis muss uns in Fleisch und Blut übergehen, damit im Augenblick unseres Todes, der plötzlich kommen kann, unser Bewusstsein automatisch auf die Göttin übertragen wird.

In ihrer einfachsten Form beinhaltet die Praxis die folgenden Schritte:

1. *Zentriere dich selbst in deinem Herzen und strahle deine Energie aus.*
2. *Dann visualisiere vor dir im Himmel die Lady von Avalon, die Verkörperung von Liebe, Wahrheit, Weisheit, Transformation und Mitgefühl. Fülle dein Herz mit ihrer Gegenwart.*
3. *Sprich ein Gebet an die Lady, bitte sie dabei, dass all dein negatives Karma, deine destruktiven Emotionen und Blockaden geläutert und beseitigt werden. Bete um Vergebung für jeden Schaden, den du in deinem Leben verursacht hast, und darum, dass du diese Vergebung fühlst. Bitte darum, dass du eines guten und friedlichen Todes sterben darfst, der allen anderen Wesen nützen möge.*
4. *Stell dir vor, dass die Lady von Avalon von deinem Gebet so bewegt ist, dass sie mit einem liebevollen Lächeln antwortet und Liebe und Mitgefühl als Lichtstrom von ihrem Herzen zu dir schickt. Die Berührung ihrer Strahlen reinigt dich und läutert all dein negatives Karma und deine destruktiven Emotionen. Du siehst und fühlst dich selbst völlig in Licht gehüllt.*
5. *Du bist jetzt durch das Licht, das von der Lady strömt, völlig geläutert und gereinigt. Visualisiere, wie dein Körper, der selbst durch Karma kreiert wurde, sich völlig in Licht auflöst.*
6. *Der Lichtkörper, der du jetzt bist, schwebt in den Himmel und verschmilzt mit der Lady von Avalon.*
7. *Verweile so lange wie möglich in diesem Zustand des Eins-Seins mit der Lady.*

Bei der zweiten Form der Praxis reisen wir zur Insel Avalon, um eins mit der Lady zu werden.

1. *Erde und zentriere dich in deinem Herzen.*
2. *Sieh dich selbst, wie du an den Ufern des Sees von Avalon stehst und die Barke von Avalon aus den Nebeln auf dich zukommt. Morgen la Fey steht im Bug.*
3. *Besteige die Barke und reise mit Morgen la Fey über das große Wasser nach Avalon.*
4. *Bei deiner Ankunft auf der Insel wirst du dort von Nolava, der Lady von Avalon, erwartet.*
5. *Spüre die große Liebe, Weisheit und das Mitgefühl, die von ihr zu dir strömen. Spüre, wie sie dein Herz füllen.*
6. *Sprich ein Gebet an die Lady, bitte sie dabei, dass all dein negatives Karma, deine destruktiven Emotionen und Blockaden geläutert und beseitigt werden. Bete um Vergebung für jeden Schaden, den du in deinem Leben verursacht hast, und darum, dass du diese Vergebung fühlst. Bitte darum, dass du eines guten und friedlichen Todes sterben darfst, der allen anderen Wesen nützen möge.*
7. *Stell dir vor, dass die Lady von Avalon von deinem Gebet so bewegt ist, dass sie mit einem liebevollen Lächeln antwortet und Liebe und Mitgefühl als Lichtstrom von ihrem Herzen zu dir schickt. Die Berührung ihrer Strahlen reinigt dich und läutert all dein negatives Karma und deine destruktiven Emotionen. Du siehst und fühlst dich selbst völlig in Licht gehüllt.*
8. *Du bewegst dich auf die Lady zu und sie umarmt dich. Fühle dich selbst völlig in ihre Liebe und ihr Licht eingehüllt.*
9. *Du bist jetzt durch das Licht, das von der Lady strömt, völlig geläutert und gereinigt. Visualisiere, wie dein Körper, der selbst durch Karma kreiert wurde, sich völlig in Licht auflöst und mit der Lady von Avalon verschmilzt. Werde eins mit ihr.*
10. *Verweile so lange wie möglich in diesem Zustand des Eins-Seins mit der Lady.*

Reise zur Paradies-Insel, um die Ahnen zu treffen

Wenn du eine Reise machst, um die Ahnen auf der Paradies-Insel zu treffen, folge den Anweisungen, die vorher für Reisen nach Avalon gegeben wurden. Halte dabei klar deine Absicht, deine Lieben und/oder die Ahnen aus früheren Zeiten zu treffen. Diese Ahnen können Menschen sein, die du im Leben gekannt hast und die gestorben sind, oder es können deine eigenen früheren Inkarnationen sein, die aus der Vergangenheit zurückgekehrt sind, um deine Erinnerungen zu wecken, damit du verloren gegangenes Wissen zurückerlangen kannst. Es können alte Priesterinnen von Avalon oder Vorfahren aus alten Zeiten sein, die mit Avalon und dem geweihten Land verbunden sind, und die dir vielleicht etwas zu sagen haben, was du hören solltest. Diese Reisen können stark emotionale Erlebnisse sein. Unser Herz öffnet sich für die geliebten Menschen, die wir verloren haben, und für die mystischen Reiche, die jenseits des Todes liegen.

1. *Reise in deiner menschlichen Form über das Wasser nach Westen, entweder auf der Barke, auf dem Rücken eines Vogels oder indem du auf dem Rücken einer Robbe, eines Delfins oder Fisches durch das Wasser schwimmst.*
2. *Bei deiner Ankunft wirst du von einer Führerin erwartet. Das kann eine innere Priesterin, ein Totemtier oder –wesen sein. Diese Führerin begleitet dich auf deiner Reise die geliebten Menschen zu treffen, die bereits hinübergegangen sind.*
3. *Wenn deine Lieben und andere Ahnen erscheinen, öffne dein Herz für sie, und kommuniziere mit ihnen. Bitte sie um Vergebung und schenke ihnen deine. Viele sind nun erlöst von der Schwere ihres Karmas im Leben und nun frei ihre Wahrheit in einer Art auszudrücken, die für sie im Leben unmöglich war. Bitte sie um ihre Liebe und Weisheit. Fühle dich von ihnen geliebt und gesegnet.*
4. *Wenn die Kommunikation abgeschlossen ist, danke ihnen, verabschiede dich von ihnen, und kehre mittels der Barke, des Vogels oder Wasserwesens wieder zum Festland zurück.*

Für viele Menschen ist es ein freudvolles und emotionales Erlebnis, bei dem wir mit einem geliebten Menschen, der nun freigesetzt ist von den Beschränkungen der irdischen Inkarnation, sprechen können. Diese Erfahrungen können sehr heilsam sein. Vorfahren aus früheren Zeiten können uns mit Informationen über die Vergangenheit versorgen und fügen so Teile zu dem Puzzle hinzu, wer wir sind. Diese Erlebnisse sind energiegeladen und transformierend für das Individuum.

Der Ort des Übergangs

Meinem Verständnis nach ist einer der vielen Aspekte von Avalon, das es ein Ort des Übergangs ist. Es ist für viele, die in die Anderswelt hinübergehen, eine Zwischenstation auf der Reise in die spirituellen Reiche. Eine der Aufgaben einer Priesterin von Avalon ist es, einen offenen, liebevollen Herzensraum für jene zu halten, die vom Leben zum Tod hinübergehen, und ihnen dabei zu helfen, sich mit Anmut und Leichtigkeit aus ihrem physischen Körper in die geistigen Welten zu begeben. Oft muss eine sterbende Person wissen, dass es in Ordnung für sie ist, ihre Familie und ihre Freunde zu verlassen und ihre Reise ins Geistige fortzusetzen. So wie sie auf ihrer Reise in den Tod auf dieser Seite des Lebens von Familie, Freunden und Priesterinnen begleitet werden können, müssen sie auch wissen, dass sie jenseits der Grenze von geliebten Menschen erwartet werden, die vor ihnen gegangen sind. Kenntnis über individuelle Tode kannst du erlangen, weil du die sterbende oder tote Person persönlich kennst, aus den Medien oder durch Vision und Träume etwas erfährst.

Manche Priesterinnen sind speziell zur Arbeit mit den Sterbenden am Ort des Übergangs berufen, besonders wenn deren Tod plötzlich, unerwartet oder grausam war. Seelen, die auf diese Weise hinübergegangen sind, sind sich oft nicht bewusst, dass sie gestorben sind. Häufig sind sie durcheinander, verloren und verwirrt. Obwohl sie tot sind, können sie immer noch Hilfe von den Lebenden bekommen, die bewusst und in Trance nach Avalon reisen können, um mit ihnen zu kommunizieren. Priesterinnen können helfen ihnen zu erklären, was mit ihrem Körper passiert ist, können sie beruhigen, trösten und ihnen helfen durch den Schock hindurch und in die Welten des Geistes zu gelangen.

Ich glaube, dass Avalon nicht nur für jene offen ist, die seinen Namen kennen. Es ist nicht exklusiv, sondern ein allgemeiner Ort des Übergangs, der für viele zugänglich ist, die hinübergehen, besonders jene, die bei natürlichen und von Menschen verursachten Katastrophen in großer Anzahl sterben. Priesterinnen von Avalon halten den Raum für jene, die zu dieser Zeit hinübergehen, und trösten und beruhigen jene, die panisch sind, wenn sie gehen. Es ist Teil unserer Heilarbeit, für jene in spiritueller Not da zu sein.

Die Bardos von Avalon

Avalon umfasst die Bardo-Zustände des Bewusstseins, die zwischen Tod und Wiedergeburt liegen. Zuallererst ist es ein Raum für die Erkenntnis, dass eine Person gestorben ist. Es ist der Raum, um sich an die Taten des Lebens zu erinnern, die Zeit, in der unser Leben mit großer Geschwindigkeit an uns vorbeizieht und wir unsere Fehler und Fehlschläge, unsere Siege und Stärken sehen, und zu der wir um Vergebung, Heilung und Versöhnung bitten können. In manchen Traditionen heißt es, dass diese Phase des Sterbens drei Tage dauert, und dass der Körper während dieser Zeit ungestört am Platz des Todes liegengelassen werden sollte. Es ist ein Raum für die Anerkennung unseres Karmas.

Zu den Bardos gehört auch der Seins-Zustand des Reinen Landes, wo unser Bewusstsein sich nach Größe sehnt, nach völliger Vereinigung mit der Göttin. Es gehören auch die beängstigenden Bardo-Zustände dazu, wo unser Schatten weilt, und wo sich die ungelösten und nicht geheilten Teile unseres Selbst auf erschreckende Weise zeigen. Es ist der Ort, an dem wir das negative Karma erkennen, dass wir immer noch erfüllen müssen.

Avalon ist der Ort der Wiedergeburt, wo Entscheidungen getroffen werden, um neue Eltern für uns anzuziehen, damit wir wieder in die Welt inkarnieren können. In der tibetischen Tradition heißt es, dass die Reise durch die Bardo-Zustände des Bewusstseins vom Tod bis zur Wiedergeburt vierzig Tage dauert. Diese Anzahl kann wörtlich oder sinnbildlich gemeint sein. Mönche sitzen neben dem toten Körper der verstorbenen Person und lesen während dieser Zeitspanne laut den heiligen Text des *Tibetischen Totenbuches* vor, um zu helfen, die Seele des Verstorbenen durch die Bardos zu führen.

Priesterinnen von Avalon können sich entscheiden, einer ähnlichen Praxis für die Toten zu folgen. Sie können neben dem Körper sitzen und die Seele in ihrem Bewusstsein halten, oder auch wenn der Körper bereits begraben oder eingeäschert wurde.

Priesterinnen sind als Hebammen der Seelen tätig. Sie erforschen diese verschiedenen Bardo-Zustände im Leben und begleiten die Verstorbenen auf ihren Reisen zwischen Tod und Wiedergeburt. Die Erforschung dieser Bardo-Zustände ist Teil von weiterführenden Priesterinnen-Ausbildungen.

Das unfruchtbare Ödland der Insel der Toten

Die Insel der Toten ist auch der Ort, wo die verletzten, geschockten, abgetrennten, abgespaltenen Teile unserer Psyche zu finden sind. Wenn wir in unserem Leben traumatische Ereignisse erleben, sind diese oft so überwältigend, dass es für uns notwendig ist, einiges oder alles, was passiert ist, zu vergessen. Der Schock kann so groß sein, dass wir Teile unserer Erinnerung ausblenden, um uns selbst vor Schmerz zu schützen. Doch diese Erinnerungen verschwinden nicht einfach, sie werden in einen psychischen Bereich verbannt. Das ist das unfruchtbare Ödland der Insel der Toten, wo alles verfault und nichts wächst. Es ist ein heißer, stickiger Ort, an dem sich die Luft nicht bewegt. Hier sind die verlorengegangen Teile unserer selbst zu finden. Wir können für uns selbst und für andere Menschen zu dieser unfruchtbaren Insel der Toten reisen.

Um diese Reise zur westlichen Insel der Toten zu machen, brauchst du einen sicheren Platz, wo du eine Zeit lang nicht gestört wirst. Du kannst in Stille, zum Schlag einer Trommel oder zu unaufdringlicher, entspannender Musik reisen.

Die Kraft des Schleiers - Zwischen den Welten reisen

1. Sitze bequem auf einem Stuhl mit gerader Lehne ohne Armlehnen, so dass du deinen Körper und deine Arme leicht und ungehindert bewegen kannst.
2. Lege für die Reise einen Schleier über dein Gesicht. Schließe deine Augen und entspanne deinen Körper. Lass die Anspannung in deinen Schultern und Armen, in deinen Beinen und Füßen, in deinem Bauch und deinem Gesicht los. Richte deine Aufmerksamkeit auf deinen Atem und nimm die Luft wahr, die durch deine Nase und deinen Mund in deine Lungen einströmt und wieder ausströmt. Lass dein Atmen langsamer und tiefer werden.
3. Während dein Atem tiefer wird, nimm wahr, wie sich dein Brustkorb und deine Schultern im Atemrhythmus sanft heben und senken.
4. Visualisiere in deiner Vorstellung, wie sich dein Körper in den eines Vogels verwandelt. Deine Arme verwandeln sich in Flügel und deine Ellbogen bewegen sich etwas nach hinten, so dass sie sich wie zusammengefaltete Flügel anfühlen. Deine Füße werden zu Vogelfüßen. Dein Kopf wird ein Vogelkopf, der nach vorne gestreckt oder zu deiner Brust gezogen sein kann, je nachdem was für ein Vogel du wirst. Drehe physisch deinen Kopf von Seite zu Seite, während du dich psychisch im Raum umsiehst. Werde dir bewusst, dass sich deine Sicht verändert hat, weil deine Vogelaugen an der Seite des Kopfes sind, anstatt vorne. Finde heraus, was für eine Art von Vogel du bist. Du kannst ein großer oder kleiner Vogel sein, aber für die lange Reise, die du unternehmen wirst, könnte es weniger anstrengend sein, ein Vogel mit größeren Flügeln zu sein.
5. Sieh dich vor deinem geistigen Auge jetzt selbst als Vogel auf dem Stuhl hocken. Hüpfe vom Stuhl auf den Boden und gehe zum nächsten Fensterbrett, oder mach einen kurzen Flug dorthin. Hüpfe durch das nun offene Fenster und schaue herum auf die Aussicht, die vor dem echten Fenster liegt. Dann breite deine Arme physisch und psychisch zur Seite aus, um deine Flügel auszubreiten und erhebe dich in deiner Vorstellung als Vogel in die Luft.
6. Steige vom Fensterbrett als Vogel in die Luft auf und schau hinunter auf das Gebäude, in dem dein menschlicher Körper immer noch sitzt. Fliege höher hinauf und werde dir bewusst, von welchem Ort du weggeflogen bist. Das kann vom Land, einem Dorf, einer Kleinstadt oder einer Großstadt sein. Das Gebiet liegt jetzt ausgebreitet unter dir. Erkenne aus einem anderen Winkel vertraute Landmarken, drehe physisch deinen Kopf nach links und rechts und beuge deinen Nacken und deinen Kopf, um hinunter auf die Aussicht zu schauen.

7. *Beachte deine Orientierung in Bezug auf die Sonne und das Land oder die Stadtlandschaft unter dir. Verändere wenn notwendig deine Richtung und fliege über das Land nach Westen. Schau auf das Land unter dir hinunter. Es kann vertraut oder unbekannt sein. Werde dir bewusst, wie dein Vogelkörper fliegt. Lass zu, dass dein Körper sich physisch aus deinen Hüften und deinem Kreuzbein heraus mit der Bewegung der Flügel vorwärts und rückwärts bewegt. Bewege gleichzeitig deine Armschwingen vorwärts und rückwärts, so dass sich die Spitzen nahezu vor dem Körper berühren und sich dann so weit zurück wie möglich ausstrecken. Diese Bewegung des physischen Körpers erweitert den Brustkorb und die Lungen, verstärkt den Sauerstofffluss und baut im Körper dynamische Energie auf. Das wird dabei helfen, Erinnerungen aus dem Körper freizusetzen. Lass zu, dass dein Körper sich völlig dem Rhythmus des Fluges hingibt.*
8. *Nach einer Zeit bemerkst du vor dir am Horizont das Schimmern von Wasser, des Meeres, des großen Ozeanes im Westen und fliegst darauf zu. Bald passierst du die Uferlinie und siehst unter dir das Wasser, wie es das Land erreicht. Kleine oder große Wellen können gegen das Ufer branden. Beobachte genau, was du siehst. Dann fliege vom Festland über das Wasser nach Westen.*
9. *Schau auf die See hinunter, nimm ihre Farbe und ihren Zustand wahr. Nimm wahr, ob das Wasser klar oder schlammig ist und ob es ruhig und still ist oder ob es große Wellen gibt. Beachte das Wetter. Ist es sonnig, regnet es, ist es wolkig, windig oder stürmisch? Fliege hoch über dem Wasser und schau auf die Boote hinunter, die vielleicht über das Meer fahren. Schau hinunter in die Tiefen. Was siehst du dort? Fliege dicht über den Wellen und spüre die Gischt auf deinem Körper. Genieße das Erlebnis über das Meer zu fliegen. Sieh Fische im Wasser und wenn du möchtest, tauche hinunter und hole dir Fische als Nahrung.*
10. *Fliege, bis du weder neben dir noch hinter dir Land sehen kannst. Nimm wahr, welches Gefühl du dabei hast, nimm wahr, wie sich dein Körper anfühlt. Bewege weiter deinen Körper und deine Flügel und fliege weiter, sonst könntest du unabsichtlich ins Wasser fallen. Vielleicht haben deine Flügel genügend Spannbreite, dass du auf den Luftströmungen dahinsegeln kannst anstatt weiter mit den Flügeln zu schlagen. Sei der Vogel, der du bist. Fliege weiter, denn du fliegst zur westlichen Insel der Toten, und sie liegt weit draußen im Meer. Nimm wahr, ob du dich müde fühlst. Du bist jetzt so weit weg vom Festland, dass es leichter ist zu deinem Ziel zu fliegen, anstatt aufzugeben und zurück nach Hause zu fliegen.*

Die Kraft des Schleiers – Zwischen den Welten reisen

11. *Weit entfernt am Horizont bemerkst du einen kleinen Landpunkt, der allmählich größer wird, während du darauf zufliegst. Als du näher kommst, siehst du eine großteils flache, tiefliegende, sandige Landschaft mit einem Berg in weiter Ferne. Als du dich der Küste näherst, siehst du Sanddünen, die sich vor dir unter einer heißen Sonne dahinziehen. Das ist eine echte Wüsteninsel, es ist nichts Grünes zu sehen. Die Temperatur steigt an, als du die Grenze überquerst, und Hitzewellen steigen auf und berühren dich, während du über eine flache Wüstenlandschaft fliegst. Unter dir gibt es nichts als Sand, ohne Lebenszeichen. Du fliegst ins Innere der Insel weiter, und so wie du vorher auf allen Seiten von Wasser umgeben warst, bist du jetzt umgeben von einer endlosen Wüste. Das ist ein anderes Gefühl. Du fliegst Meilen um Meilen und suchst nach etwas.*

12. *Dann siehst du vor dir in der Ferne den Todesbaum, der aus dem Sand aufragt. Du fliegst darauf zu. Lande auf oder neben dem Todesbaum und falte deine Armschwingen an den Seiten deines Körpers. Nimm wahr, dass die trockenen, toten Äste des Baumes von allen möglichen seltsamen, eigenartigen Dingen bedeckt sind. Es gibt Kinderspielzeuge, grausig aussehende Teile von Fleisch und Knochen und unerwartete Gegenstände. Ein Ding oder einige Dinge auf dem Baum gehören zu dir, und du bist hier, um sie zurückzuholen.*

13. *Finde das Ding oder die Dinge, die dir gehören. Versuche dabei keine Urteile zu bilden, was diese Dinge von dir sein sollten, sondern lass zu, dass das, was mit dir kommen möchte, deins ist. Nimm dir Zeit. Durchsuche die Äste nach den Gegenständen, die dir fehlen. Wenn du sie findest, stecke sie sicher unter deine Schwingen, lege sie auf deinen Rücken oder halte sie in deinen Klauen. Wenn du sicher bist, dass du alles hast, was zu dir gehört, spreize deine Armschwingen und fliege von dem Baum los.*

14. *Fliege zu dem fernen Berg, den du gesehen hast, als du auf die Insel gekommen bist. Fliege höher und höher den Berg hinauf, bis du einen hohen Bergkamm findest, wo es eine Quelle und einen Teich mit klarem Wasser gibt, das in der Hitze glitzert. Fliege zu dem Bergkamm hinunter und trinke von dem Wasser. Falte und entfalte dabei deine Flügel nach Bedarf.*

15. *Wenn du dich erfrischt fühlst, starte von dem Bergkamm und begib dich auf die Heimreise. Fliege über die Wüsteninsel zurück nach Osten. Lass beim Fliegen zu, dass dein Körper sich von deinen Hüften aus rückwärts und vorwärts bewegt, so wie du es auf der Herreise gemacht hast. Deine Armschwingen bewegen sich auf und ab.*

16. Nach Meilen über Meilen von Sand, siehst du vor dir das Schimmern von Sonnenlicht auf dem Wasser. Die See liegt vor dir und du fliegst hinaus über die Uferlinie, hinaus über das Meer. Fliege nach Osten. Schau ein oder zweimal zurück, um zu sehen wie die westliche Insel der Toten hinter dir zurückbleibt bis sie nur noch ein Punkt im Meer ist, der schließlich verschwindet. Wieder bist du vom endlosen Meer umgeben. Nimm wahr, welche Beschaffenheit die See hat und wie der Wellengang und das Wetter sind. Schau hinunter in die Tiefen und sieh, was du sehen kannst. Sei dir der wertvollen Fracht bewusst, die du trägst und achte darauf, wie du dich fühlst.

17. Nach einem langen Flug siehst du vor dir einen dunklen Streifen, der allmählich wächst und die Umrisse von Land vor dir bildet. Fliege auf das Festland zu und überquere die Uferlinie zu einer von Leben erfüllten Landschaft. Nimm wahr, was du unter dir sehen kannst, Felder und Wälder, Flüsse und Teiche, Häuser und Behausungen, Anzeichen menschlicher Aktivität. Bemerke auf deinem Flug nach Osten Anzeichen einer vertrauten Landschaft, der ländlichen Gegend, des Dorfes, der Kleinstadt oder Großstadt, wo du deine Reise begonnen hast.

18. Schaue von hoch im Himmel hinunter auf das Gebäude, aus dem du aufgestiegen bist und fliege hinunter zu dem offenen Fenster. Lande auf dem Fensterbrett, und ruhe dich nach deinem langen Flug für einen Moment aus.

19. Begib dich dann durch das Fenster hinein und sieh deinen menschlichen Körper auf dem Stuhl sitzen. Fliege darauf zu. Schau dich selbst in deiner menschlichen Gestalt an und hole unter deinen Vogelschwingen, von deinem Rücken oder aus deinen Klauen die Gegenstände oder Fleisch- und Knochenstücke, die du auf dem Todesbaum auf der Insel der Toten gefunden hast, hervor. Bewege deinen Kopf und verwende deinen Vogelschnabel, um sie dort auf deinem menschlichen Körper zu platzieren, wo du eine Lücke oder eine leere Stelle sehen kannst, die darauf wartet gefüllt zu werden. Verwende deinen Schnabel, um die Lücken zu füllen und zu versiegeln. Glätte die Stelle und streiche darüber, bis die Nahtstellen und Narben verschwinden und es kein Anzeichen mehr gibt, dass einmal irgendetwas gefehlt hat.

20. Spüre ein letztes Mal deinen Vogelkörper, deine Flügel und Federn, deine gerundete Brust, deinen Kopf und deine Füße. Atme dein Vogel-Selbst in deinen menschlichen Körper. Nimm einige tiefe Atemzüge und werde dir deiner menschlichen Füße, deines menschlichen Körpers und deiner Arme, deines Kopfes und deines Atems bewusst. Spüre wie der Atem durch Mund und Nase

Die Kraft des Schleiers – Zwischen den Welten reisen

in deine Lungen einströmt und ausströmt. Fühle, wie du durch jeden Atemzug erfrischt wirst, und bringe allmählich dein Bewusstsein in den Raum zurück. Nimm wahr, wie du dich fühlst.

21. *Nachdem du in deinen Körper zurückgekehrt bist, schreibe, zeichne oder male deine Reise auf. Identifiziere die Teile von dir selbst, die verloren waren, und derer du dir möglicherweise nicht bewusst warst. Zeichne Bilder von den Stücken, die du am Todesbaum auf der Insel der Toten gefunden hast, und lass ein bewusstes Verstehen aufsteigen, was sie für dich bedeuten könnten. Lass zu, dass du dich an lang vergessene Erinnerungen erinnerst, und gestatte ihnen echt und bedeutsam für dich zu sein. Stelle Assoziationen und Verbindungen zu diesen Erinnerungen her, und heile die verlorenen, abgelehnten, verletzten Teile von dir, die du jetzt zurückgeholt hast. Lass deine Tränen fließen. Lass zu, dass dein Herz geheilt wird.*

Persönliche Arbeit

Übe es den Schleier Avalons wahrzunehmen, wenn du durch die heilige Landschaft gehst. Trainiere es, an deinem Altar, bei Zeremonien und für das Reisen einen physischen Schleier zu tragen. Reise in die Anderswelt, zur Insel Avalon und zur westlichen Insel der Toten. Reise, um die Göttin, deine Lieben und die Ahnen zu treffen. Praktiziere Phowa für dich und andere.

Reise zum unfruchtbaren Ödland der Insel der Toten, um dich selbst zu heilen.

Arbeite weiter an deinem Priesterinnen-Gelübde. Was möchtest du der Göttin sagen, wenn du dich selbst ihrem Dienst weihst?

Gruppen von Ausbildungsteilnehmerinnen arbeiten zusammen, um die Selbstinitiations-Zeremonie, die am Ende der Zweiten Spirale stattfindet, und die ihr für euch selbst entwerft, zu planen.

Avalon - Zweite Spirale

Wahrsagen
In der Gegenwart präsent werden

Laut Wörterbuch bedeutet wahrsagen[1] die Zukunft mittels einer Kristallkugel oder Kristallen zu sehen, zu prophezeien oder vorherzusagen. In diesem Kapitel erweitere ich die Bedeutung von wahrsagen, um verschiedene Formen der Weissagung einzuschließen, bei denen die wahrsagende Priesterin ihr Bewusstsein und ihre innere Sicht für die Gegenwart öffnet, um die Ursachen und Muster vergangener Ereignisse und ihre möglichen Folgen in der Zukunft zu erkennen. Grundsätzlich ist es eine Kunst, die auf Vision beruht, und bei der wir mit unserer äußeren und inneren Sicht in ein Wahrsage-Objekt schauen. Es gehört aber auch der Gebrauch anderer äußerer und innerer Sinne wie Hören, Tasten, Geschmack, Geruch und Intuition dazu.

Zu den unterschiedlichen Methoden, mit denen wir uns befassen werden, gehören das Lesen von Zeichen und Symbolen in der natürlichen Welt der Göttin, die Verwendung von Erde, Wasser, Feuer und Luft als Werkzeuge zur Stimulierung unseres Bewusstseins, die Interpretation von Träumen und die Arbeit mit überlieferten Wahrsage-Techniken wie Tarot und Astrologie. Wahrsagen ist eine Kunst der Priesterin, die es uns ermöglicht herauszufinden, was in unserem Leben und dem anderer Menschen aus einer weiteren Perspektive geschieht. Diese Kunst betrachtet gegenwärtige Ereignisse im Licht des größeren Ganzen dessen, wer wir sind. Das kann von unschätzbarem Wert sein, besonders wenn wir und andere in unserem Leben Herausforderungen gegenüberstehen.

Das Wahrsagen ist eine uralte Fertigkeit, die tausende von Jahren lang in der ganzen Welt von Australien bis Amerika und von Afrika bis Asien ausgeübt wurde. Es wurde verwendet, wann immer Individuen und Gemeinschaften sich bemühten zu verstehen, was in ihrem Leben und der Welt von einer höheren Perspektive aus geschieht. Die meisten menschlichen Wesen haben ein natürliches Talent für das Wahrsagen, haben sich selbst aber nie die Gelegenheit gegeben, diese Gabe der Göttin zu erforschen. Wahrsagen ist eine esoterische Kunst, die wir, so wie das Heilen durch Handauflegen, nur lernen können, indem wir uns selbst die Erlaubnis geben es zu versuchen und indem wir es dann ausüben. So wie bei anderen Künsten der Priesterin gehört dazu die Entwicklung des sechsten Sinnes der Intuition. Das Wahrsagen kann helfen Klarheit, Richtung, Heilung und Frieden zu bringen, wenn wir verwirrt und unentschlossen sind oder leiden. Es ist eine wirksame Kunst, die nicht auf die leichte Schulter genommen werden soll, da sie genauso zerstörerische wie heilende Auswirkungen haben kann, abhängig davon, wie sie verwendet wird. Dieses Kapitel enthält viele praktische Übungen, die dir helfen werden deine Fähigkeit des Wahrsagens zu entwickeln.

Für sich selbst Wahrsagen

Wir können für uns selbst wahrsagen, und wir können für andere Menschen wahrsagen. In gewisser Weise ist es leichter für jemanden anderen wahrzusagen, so wie es oft viel einfacher ist, die Probleme eines anderen Menschen und deren Lösung zu sehen, als die eigenen. Dennoch ist das Wahrsagen für uns selbst ein wichtiger Teil der Selbstentwicklung. Es ermutigt uns unsere Persönlichkeit und die Dinge, die uns zustoßen, aus einer anderen Perspektive zu sehen. Als ich in meinen Zwanzigern in Wales lebte, bekam ich ein Rider Waite Tarot-Deck und hatte zuerst keine Ahnung was die verschiedenen Bilder und Symbole bedeuteten. Ich fing an einige der wenigen Tarot-Bücher zu lesen, die damals erhältlich waren, unter anderem Mouni Saddhus *Tarot* (Allen and Unwin). Zwei Jahre und länger legte ich nahezu täglich die Tarot-Karten für mich selbst und versuchte zu interpretieren, was ich in den verschiedenen Bildern sah. Dadurch lernte ich allmählich die Bedeutung der Karten, indem ich sie zu meiner eigenen Erfahrung in Beziehung setzte.

Bestimmte Karten tauchten eine Zeit lang regelmäßig in den Lesungen auf und machten in der Abfolge verschiedener Legeweisen ihren Weg von der Zukunft in die Gegenwart und dann in die Vergangenheit. Egal wie stark ich die Karten mischte, um die Dinge zu verändern, die gleichen Karten tauchten immer wieder auf, als ich in meinem Leben mit einem bestimmten Problem zu tun hatte. Ich erinnere mich an eine Zeit, als der Turm in den Legungen immer wieder auftauchte, während mein Leben um mich herum in Stücke brach. Ich wollte, dass andere Karten wie der wohlmeinende Stern auftauchen, aber egal wie sehr ich wollte, dass sich die Dinge ändern, die Karten spiegelten genau was in meinem Leben wirklich passierte und sagten vorher, was in der Zukunft geschehen könnte.

Als ich täglich aus den Karten las und über ihre Bedeutungen meditierte, begann meine Intuition zu erwachen und ich fing an auf mein inneres Wissen zu hören. Ich lernte die Bedeutungen der Bilder und Symbole auf den Karten und meine Intuition benannte die Beziehungen zwischen den Karten und Ereignissen in meinem Leben. Meine persönliche Erfahrung bestätigte meine Intuition, die dadurch stärker wurde. Mein Glaube an Intuition als eine Quelle von Wahrheit, Wissen und Weisheit wuchs.

Durch diese täglichen Lesungen erkannte ich, dass das Tarot mir ein Muster von Bildern dafür lieferte, was in der Gegenwart geschah. Wenn ich das Muster nur lesen könnte, würde ich verstehen und einen klaren Blick auf das, was geschah, bekommen. Es war für mich hilfreich. Das wendete ich auch auf andere Wahrsagesysteme wie das *I Ching* oder *Das Buch der Wandlungen* (Richard Wilhelms Übersetzung) an, das in jenen Tagen populär wurde. Das I Ching war schwerer zu verstehen, weil es das Werfen von Münzen oder Stäben beinhaltete. Abhängig davon, wie sie fielen, las man die Interpretationen im Buch, aber deren Bedeutung war verschleiert und man musste darüber nachdenken. Dennoch gaben sie mir oft einen anderen Ausblick auf das, was in meinem Leben passierte. Es war ähnlich zum Tarot, aber anders ausgedrückt.

Das Studium dieser Wahrsagesysteme hat mir im Laufe der Zeit deutlich und wiederholt gezeigt, dass jeder Augenblick der Gegenwart alle Informationen enthält, die wir brauchen, um die Gegenwart, die Vergangenheit und die Zukunft zu verstehen, wenn wir nur die Informationen lesen können, die wir bekommen. Beim Wahrsagen geht es darum sein Bewusstsein in den gegenwärtigen Augenblick zu bringen und zu schauen, zu sehen, zu spüren, zu fühlen und zu hören, was da ist. Es können verschiedene Methoden des Wahrsagens verwendet werden, aber ihr Zweck ist es immer uns in die Gegenwart zu bringen, zu ermöglichen, dass sich unsere Intuition öffnet, und das zu lesen, was zu lesen verfügbar ist. Für uns selbst wahrzusagen ermöglicht es uns das, was wir als Bilder, Muster und deren Bedeutung sehen, durch persönliche Erfahrung wirklich zu verstehen.

Dich selbst in die Gegenwart bringen

Einer der besten Wege, um damit anzufangen wirklich die Gegenwart zu erleben, ist es uns selbst auf bewusste Weise in der Landschaft der Göttin zu erden und zu zentrieren. Dann öffnen wir unsere äußeren und inneren Sinne und passieren den Schleier in die Anderswelt, wo wir die Zeichen und Symbole rund um uns herum lesen. Zu der folgenden zweistündigen Übung gehört das Hinausgehen in eine natürliche, physische Landschaft. Sie ist einfach, kraftvoll und wirksam.

> 1. *Triff eine bewusste Entscheidung in eine schöne, physische Landschaft zu reisen, wo du planst die Anderswelt zu betreten. Wähle einen Ort, der etwas Besonderes für dich ist, den du liebst, und von dem du weißt, dass er friedvoll und erfüllt von der Schön-*

heit der Natur der Göttin ist. Beginne deine Reise an einem bestimmten Punkt. Das kann dein Zuhause sein, oder ein Ort, den du aufsuchst, oder auch dein Auto. Nimm Gaben von getrockneten Kräutern, Wasser und ein Tagebuch mit. Trage wenn nötig warme, wasserdichte Kleidung und ebensolche Schuhe.

2. *Fange damit an, dich selbst in der Landschaft zu erden und zu zentrieren. Verwende dazu die Methode, die in der Ersten Spirale beschrieben wurde. Sende aus deinem Herzen eine Lichtfaser hinunter ins Zentrum der Erde. Spüre wie sie zurückkehrt und die Energie der Erde in deinen Körper bringt und dein Herz damit füllt. Sende aus deinem Herzen eine Lichtfaser nach oben zu deinem Scheitel und durch deinen Scheitel hinaus zu dem entferntesten Stern, den du dir vorstellen kannst. Spüre wie die Energie des entferntesten Sternes zu deinem Herz zurückkommt und sich mit der Energie der Erde vermischt und vermengt. Spüre wie deine Seelenenergie in dein Herz strömt und in alle Richtungen ausstrahlt.*

3. *Biete der Göttin eine Gabe deiner Kräuter dar und sprich ein Gebet an sie. Bitte sie, auf deiner Reise bei dir zu sein, dir zu helfen durch den Schleier in die Anderswelt zu gelangen und deine Sinne für die Zeichen und Symbole ihrer Natur zu öffnen.*

4. *Wenn du von deinem Startpunkt losgehst, sieh wie du überall wo du hingehst, eine Faser von goldenem Licht zurücklässt, die in deinem Herzen verankert ist. Du hinterlässt diese Faser so wie eine Schnecke eine glänzende Spur hinterlässt, wo auch immer sie sich hinbewegt.*

5. *Gehe dorthin, wohin du dich geführt fühlst, wo immer deine Füße dich hintragen wollen. Achte während du gehst bewusst auf die Natur der Göttin, die Pflanzen, die Bäume, die Tiere, die Insekten und die Vögel. Schaue und lausche mit deinen äußeren und deinen inneren Sinnen. Wenn eine bestimmte Pflanze oder eine Baum deine Aufmerksamkeit anziehen, gehe hin und biete eine Gabe dar. Betrachte die Pflanze oder den Baum genau. Berühre sie, fühle ihre Energie. Frage sie, was sie dir sagen möchte, ob sie eine Botschaft für dich hat. Lausche nach den Antworten, die sie vielleicht gibt. Achte auf die Vögel, die vorbeifliegen. Achte darauf, wie sie deine Gedanken betonen oder dich aufrufen, aufzuwachen, und wahrzunehmen, was rund um dich vorgeht. Achte auf alle Tiere, die wie die Vögel deine Totemwesen sein können, die dir Nachrichten von der Göttin bringen. Öffne dich deiner Intuition, deinem inneren Wissen.*

6. *Gehe dreißig Minuten lang durch die Natur der Göttin.*

Wahrsagen - In der Gegenwart präsent werden

7. *Gehe zu einem Platz, der dich anzieht, wo du friedlich mit ihrer Natur kommunizieren kannst. Biete eine weitere Gabe von Kräutern dar, sobald du ihn gefunden hast. Rufe die Göttinnen auf dem Rad Britannias herein. Wende dich der Reihe nach in jede Richtung und rufe die Göttin in deinen Körper und dein Sein.*
8. *Setze oder lege dich bequem auf den Boden. Lass dich beim Sitzen tief in die Erde, in die Natur der Göttin, sinken. Öffne deine Sinne. Dehne dein Bewusstsein aus. Berühre die Erde, rieche die Gerüche, schmecke die Luft, öffne deine äußere und innere Sicht, lausche auf die äußeren und inneren Geräusche. Wenn du etwas spürst, richte deine Aufmerksamkeit darauf und erkunde es tiefgehender.*
9. *Werde dir bewusst, dass du auf dem Körper der Muttergöttin liegst. Spüre ihr sehr, sehr langsames Atmen unter dir. Spüre den langen, langsamen Puls ihres Herzschlages tief in der Erde. Lass ihre Weiträumigkeit in dein Bewusstsein und deine Emotionen. Liege eine Zeit lang auf der Erde und werde eins mit ihr und allem um dich herum. Öffne dich selbst für die Gegenwart. Achte auf Muster und Formen in den Ästen der Bäume, in Blumen, in Gräsern und in den Umrissen ihres Körpers. Erlaube dir selbst durch den Schleier in die Anderswelt zu schauen.*
10. *Werde dir der Spur von goldenem Licht bewusst, die dich mit deinem Startpunkt verbindet. Du beginnst überall das Netz des Schicksals zu spüren, die ätherischen Verbindungsfasern zwischen allen Dingen. Das sind hauchdünne violette Energiefasern, die ähnlich erscheinen wie taubehangene Spinnennetze im Herbst, doch feinstofflicher. Sieh wie deine Spur von goldenem Licht und die Ausstrahlung deiner Seele mit anderen Fasern des Netzes verbunden ist, wie deine Seelenenergie zu der Energiematrix des Planeten beiträgt und hilft ihre Gesundheit und Schönheit zu bewahren.*
11. *Wenn Gedanken über deine Leben in deinem Geist auftauchen, lass sie vorbeiziehen wie Wolken, die sich über einen blauen Himmel bewegen. Versuche sie nicht zu zensieren wenn sie auftauchen, aber entlasse deine Sorgen und Bedenken in die blaue Weite. Lass alle Dinge an dir vorbeiziehen. Sei still. Gib dir selbst die Möglichkeit eins mit der Göttin und ihrer ganzen Natur zu sein. Lass dich in die Gegenwart kommen, indem du deine Aufmerksamkeit ausschließlich auf den Augenblick richtest. So wie Ram Dass einst sagte: „Sei jetzt hier."*
12. *Öffne dich dafür, Antworten für dich zu hören.*

13. *Schreibe oder zeichne in dein Tagebuch was du spürst und fühlst. Lass zu, dass deine Hände sich über die Seite bewegen, wie sie wollen und schreiben oder zeichnen, was immer zu dieser Zeit geschrieben werden soll. Verzichte wieder auf Zensur. Schreibe deine Gebete nieder, deine Liebe zur Göttin, drücke deine Gefühle in Worten, Bildern und Farben aus, deine Hoffnungen und Träume für die Zukunft. Lege dich zurück und blicke in den Raum. Lass Frieden in deine Seele einkehren. Gestatte diesem Ort heilig zu werden.*
14. *Nach etwa einer Stunde schau dich um wo du gesessen bist, und finde etwas, das sich für dich bedeutsam anfühlt, eine Blume, einen Stein, einen Zweig, etc., das sich an diesen heiligen Ort und dein Erlebnis hier auf ihrem Körper erinnern wird. Wenn du stehst, blicke wenn möglich über eine weite Aussicht und sieh die Fäden des Netzes des Schicksals über die weitere Landschaft ausstrahlen.*
15. *Begib dich auf die Rückreise und nimm wahr, wie deine Bewegungen durch die physische Welt, Wellen in der energetischen Welt erzeugen. Biete an deinem Startplatz eine Gabe dar und danke der Göttin für alles, was du bekommen hast.*
16. *Lass die Ereignisse deiner Reise möglichst lange in dir präsent sein, wenn du nach Hause zurückgekehrt bist. Gib den Gegenstand von deinem heiligen Platz als einen Talisman auf deinen Altar. Jedes Mal, wenn du ihn anschaust, verbinde dich wieder mit dem heiligen Boden, wo du eins mit der Natur der Göttin warst. Behalte das Gefühl von Weiträumigkeit so lange in dir, wie du kannst.*

Wiederhole diese Reise im Lauf eines Jahres einige Male zu verschiedenen Jahreszeiten, damit du lernst das Gefühl von Weiträumigkeit in deinem Körper und deinem Geist zu erkennen, wenn es auftaucht. Der nächste Schritt ist es, dieses Gefühl bewusst unter anderen Umständen zu erzeugen, indem du dich selbst für die Gegenwart öffnest und deine Aufmerksamkeit und deine Konzentration auf den gegenwärtigen Augenblick richtest.

Für andere wahrsagen

Es kann sein, dass wir als Priesterinnen oft darum gebeten werden, für andere wahrzusagen, die Hilfe brauchen, um ihre gegenwärtige Situation und die auftauchenden Herausforderungen zu verstehen. Einzelne Priesterinnen werden bevorzugte Methoden des Wahrsagens haben, aber hier möchte ich vorschlagen, dass du mit den verschiedenen Methoden experimentierst, die in diesem Kapitel vorgestellt werden. Es ist nicht nötig, sich auf eine einzige Methode festzulegen. Besser ist es fähig zu sein, die Gegenwart in jeder Situation zu lesen, und die Werkzeuge zu verwenden, die gerade verfügbar sind. Die Fähigkeit die Gegenwart zu lesen, ist für eine Priesterin bei jeder Form von Energiearbeit wesentlich. Dazu gehören Zeremonien und Rituale, das Sprechen in der Öffentlichkeit, Heilungen und spirituelle Kommunikation unter vier Augen genauso wie das Wahrsagen.

Das Wahrsagen für andere Menschen kann ihnen Inspiration und Erneuerung bringen. Die Suchenden wenden sich an die wahrsagende Priesterin, um spirituelle Einsicht und Weisheit zu erlangen, ganz egal wie sie ihre anfänglichen Fragen stellen. Es gibt in vielen Menschen einen Hunger nach spiritueller Verbindung. Die wahrsagende Priesterin ist dazu da, auf diesen einzugehen und dabei zu helfen ihn zu stillen, genauso wie sie sieht, wann der richtige Mann oder die richtige Frau im Leben der Suchenden auftauchen könnten. Als Priesterinnen sind wir an die Ethik gebunden, nach der sich unsere ganze Arbeit als Priesterinnen ausrichtet, und im Folgenden beschreibe ich, wie das auf das Wahrsagen für andere zutrifft.

Die Praxis und die Ethik des Wahrsagens für andere

Die meisten Menschen wollen gesagt bekommen, was ihnen in der Zukunft passieren wird. Sie wollen insbesondere hören, dass die Zukunft besser sein wird als die Gegenwart. Viele lesen die täglichen Horoskope in der Zeitung und suchen Rat bei Wahrsagerinnen. Die Leute wollen wissen, wann sie ihren Seelenpartner treffen werden, eine neue Arbeit bekommen, ihr Heim verlassen, ihren spirituellen Weg finden, und wollen Auskunft über viele andere Sehnsüchte. Das Verlangen danach, die Zukunft zu kennen, kann so stark und unüberlegt sein, dass sie die Suchende verletzlich macht für emotionale und psychologische Manipulation und ebensolchen Missbrauch. Für uns als wahrsagende Priesterinnen ist es sehr wichtig, einen guten ethischen Standpunkt in Bezug auf jene einzunehmen, für die wir wahrsagen.

Unsere grundlegende Ethik als Wahrsagerinnen ist es, nichts zu tun, was einem anderen menschlichen Wesen schaden könnte. Wir sagen immer von einem positiven Standpunkt aus wahr, der die Suchende inspiriert und hoffnungsvoll in die Zukunft blicken lässt, egal, was sich im Rauch, der Flamme oder der Kristallkugel offenbart hat. Als Priesterinnen sagen wir von einem spirituellen Blickpunkt aus wahr. Wir betrachten das Leben der Suchenden von der Perspektive aus, dass sie eine inkarnierte Seele in der physischen Welt ist, und dass ihre Seele sie im Leben führt und leitet. Obwohl wir vielleicht über alltägliche Angelegenheiten sprechen, betrachten wir diese Angelegenheiten im Licht des Ewigen.

Wir sagen keine festgelegte Zukunft vorher, weil wir als menschliche Wesen alle freien Willen haben und unsere Handlungen unsere Zukunft verändern können. Wir sagen niemals den Tod oder Schaden für die Suchende vorher. Wir betrachten die Schwierigkeiten, denen wir alle im Leben gegenüberstehen, als Herausforderungen auf dem Pfad der Inkarnation. Wir helfen der Suchenden sie als solche zu sehen, anstatt als überwältigende Probleme, denen man nicht entrinnen kann und die nur durch Wunder gelöst werden können. Wir helfen dabei, die sich wiederholenden Lebensmuster zu enthüllen, die auf tief wurzelnden Wunden beruhen, damit sie geheilt werden können. Wir ermutigen die Menschen ins Zentrum ihres eigenen Lebens zu treten, anstatt Zuschauer beim Fest zu sein. Wir helfen ihnen Pfade in die Zukunft zu sehen, die die Suchenden nehmen können, um ihr Leben zum Besseren zu verändern.

Das Wahrsagen vorbereiten und ausüben

Um in einem Innenraum erfolgreich wahrsagen zu können, ist es gut sowohl sich selbst als auch den Raum vorzubereiten. Die Vorbereitung für das Wahrsagen im Freien kann anders sein, je nachdem wo wir sind, soll uns aber immer Zeit und Raum geben, uns mit der Landschaft und der Natur der Göttin zu verbinden, bevor wir uns für ihre natürlichen Zeichen und Symbole öffnen, so wie es in der vorangehenden Übung beschrieben wurde.

Eine Wahrsagesitzung drinnen findet am besten in einer Umgebung statt, die nur für heilende Zwecke wie Wahrsagen, Heilung, Meditation und Gebet verwendet wird. Alle diese Tätigkeiten erzeugen ein ruhiges, klares energetisches Grundgerüst, das es der Wahrsagenden ermöglicht ihre Aufmerksamkeit rasch zu fokussieren und sich selbst völlig in die Gegenwart zu bringen, wenn es erforderlich ist. Wenn eine Priesterin in diesem Heilungsraum wahrsagt, hat sie dort einen der Göttin gewidmeten Altar mit einer brennenden Kerze. Die Wahrsageobjekte, wie Rauch, eine Flamme, Wasser, ein Kristall, etc. sind auf einem Tisch, der entweder zwischen euch oder auf der Seite steht. Die Beleuchtung ist wichtig, weil die Wahrsagende in der Lage sein muss, ihre Aufmerksamkeit auf das Wahrsageelement oder Wahrsageobjekt zu richten und nach feinen Bewegungen Ausschau zu halten.

1. *Reinige dich selbst und den Raum physisch und psychisch, bevor die Suchende eintrifft. Verbrenne dazu Räucherwerk, erhitze ätherische Öle und/oder töne das Mantra OM oder läute Glocken, die den Klang und unsichtbare Schwingungen im Raum harmonisieren. Zwei Sessel gleicher Höhe stehen einander gegenüber. Dazwischen ist ein kleiner Tisch, auf den die Wahrsageobjekte gelegt werden.*

Wahrsagen - In der Gegenwart präsent werden

2. *Begrüße die Suchende warmherzig und freundlich, wenn sie im Raum, in dem du wahrsagen wirst, eintrifft. Hilf ihr, sich sicher und umsorgt zu fühlen. Die Menschen sind oft nervös, wenn sie zu einer Wahrsagesitzung kommen, weil die Antworten, die sie suchen, immer wichtig für sie sind, auch wenn ihr Interesse beiläufig zu sein scheint.*

3. *Jede Wahrsagesitzung beginnt damit, dass sich Wahrsagerin und Suchende direkt von Angesicht zu Angesicht gegenüber sitzen, so dass leicht Blickkontakt hergestellt werden kann. Schau der Suchenden in die Augen und frage sie, ob sie spezielle Fragen hat, auf die sie beim Wahrsagen Antworten bekommen will. Du kannst auch fragen, ob sie Hintergrundinformationen hat, die sie mit dir teilen will.*

4. *Sobald sie mit dem Sprechen fertig ist, frage, ob es irgendwelche Wesen, Göttinnen oder Führerinnen gibt, von denen sie sich wünscht, dass sie beim Wahrsagen präsent sind.*

5. *Sag der Suchenden, dass du dich zunächst selbst zentrieren und laut ein Gebet sprechen wirst, um die Sitzung zu beginnen. Schließe einen Moment deine Augen, erde und zentriere dich in deinem Herzen und strahle deine Seelenenergie nach außen in alle Richtungen.*

6. *Visualisiere vor deinem geistigen Auge eine Lichtfaser, die sich in einer Achterschlaufe von deinem Herzchakra zum Herzchakra der Suchenden bewegt und dann wieder zu deinem Herzchakra zurückkommt. Wiederhole diese Visualisierung beim Kronenchakra und beim Basischakra, so dass du mit der Suchenden über drei Achterschlaufen energetisch verbunden bist.*

7. *Erde und zentriere die Suchende, indem du sie hinunter zur Erde und hinauf zum Himmel verbunden siehst und auch, wie ihre Seelenenergie von ihrem Herzen nach außen strahlt.*

8. *Verbinde dein Herz mit deiner Seele und der Seele der Suchenden, und kreiere so ein Dreieck der Energie.*

9. *Sprich laut ein Gebet, bei dem du die von dir und der Suchenden bevorzugten Wesen, Göttinnen und Führerinnen willkommen heißt. Bitte sie dabei, dir in der Sitzung zu helfen, und bitte darum, dass alles, was offenbart wird, zum Besten der Suchenden ist. Spüre die Präsenz der Wesen in den Raum kommen. Dieses Gebet fokussiert und entspannt dich und die Suchende.*

10. *Öffne deine Augen und schaue in das Wahrsageobjekt vor dir. Richte deine Aufmerksamkeit vollkommen auf das, was du siehst. Öffne dein Bewusstsein für den gegenwärtigen Augenblick, so wie du es bei der vorherigen Übung draußen in der Na-*

tur gemacht hast. Sage laut, was du siehst. Lass die Fragen der Suchenden in dein Bewusstsein dringen, während du sprichst. Höre darauf, was deine Intuition dir darüber sagt, wie das, was du siehst, untereinander in Beziehung steht und was es für die Frage der Suchenden bedeutet. Sage, was du siehst.

11. Sprich bis es nichts mehr zu sagen gibt und frage die Suchende, ob das, was gesagt wurde, für sie bedeutsam ist. Nimm ihre Rückmeldung an. Wenn sie bestätigt, was du gesagt hast, nimm ihre Worte als Bestätigung, dass du fähig bist präsent zu sein, in dem was ist, und würdige, dass du lesen konntest, was in diesem Moment ist. Wenn sie dir sagt, dass das, was du gesagt hast, für sie nicht stimmt, klammere dich nicht an dein Bedürfnis recht zu haben. Lass es gut sein.

12. Schaue im Licht zusätzlicher Informationen, die dir die Suchende möglicherweise gibt, noch einmal in das Wahrsageobjekt. Gib dich nicht auf. Öffne dich selbst für die Gegenwart und sage noch einmal wahr.

13. Betrachte das, was du siehst, im Licht des Ewigen, aus dem größeren Bild davon, wer diese Person ist, nicht nur von den Einzelheiten ihres Lebens aus. Wenn jemand eine Wahrsagesitzung mit einer Priesterin aufsucht, geht es immer um einen inneren Hunger, einen spirituellen Durst, egal wie es präsentiert wird. Als Priesterin hast du die Erlaubnis, diesen spirituellen Hunger in den Vordergrund zu bringen und anzusprechen.

14. Wenn es nichts mehr zu sagen gibt, sprich laut ein Gebet des Dankes an die Wesen, Göttinnen und Führerinnen, die während der Wahrsagesitzung bei euch waren.

15. Im Anschluss daran will die Suchende möglicherweise etwas, was du gesehen hast, weiter besprechen oder sie verlässt die Sitzung. Entlasse alle energetischen Verbindungen zur Suchenden, und sieh, wie die Energiefasern zu deinen eigenen Chakras zurückkehren.

16. Reinige und kläre den Raum wenn die Sitzung vorbei ist mit Räucherwerk, Glocken oder indem du das Mantra OM tönst.

Mit den Elementen wahrsagen

Die vier natürlichen Elemente Luft, Feuer, Wasser und Erde stellen uns ein wunderbares Mittel zur Verfügung, unsere Aufmerksamkeit zu fokussieren, so dass wir uns selbst in den jetzigen Augenblick bringen können. Wir können die Elemente in kleiner, konzentrierter Form verwenden oder so wie sie in der Natur vorkommen. Zum Beispiel können wir mit Wasser wahrsagen, indem wir in eine Schale mit Wasser schauen oder in einen See. Die Vorbereitungsmethode, die oben beschrieben wurde, ist eher auf die konzentrierten Elemente anzuwenden als darauf, wenn du draußen in der Natur bist.

Mit Luft wahrsagen

Wir sehen die Bewegungen der Luft durch die Teilchen, die sich hindurch bewegen, insbesondere Rauchteilchen oder Wassertropfen. Eine der einfachsten Arten Rauch zu erzeugen, ist es Räucherwerk zu verbrennen, entweder in Form von Räuchersticks oder Räucherstäbchen oder indem wir Räucherwerk auf Räucherkohle verbrennen, wobei letzeres zu viel Rauch erzeugen kann, der uns oder die Suchende zum Husten bringen kann. Stelle sicher, dass es keinen Luftzug gibt, der den Rauch herumweht. Versuche nicht selbst in den Rauch zu atmen, weil auch das die Bewegungen unnötig stört. Die Suchende hingegen kann in den Rauch atmen.

Zünde das Räucherstäbchen oder die Räucherkohle am Beginn der Wahrsagesitzung an und gib Räucherwerk auf die Räucherkohle, nachdem du deine Energieverbindungen mit der Suchenden hergestellt hast. Während das Räucherwerk verbrennt, steigt Rauch auf, schlängelt sich nach oben, bewegt und dreht sich und im Rauch entstehen Muster.

Richte deine Aufmerksamkeit auf den Rauch und halte den Blick darauf gerichtet, während er sich bewegt. Lass zu, dass dein Bewusstsein sich nach außen öffnet und lies, was du in den Bewegungen des Rauchs siehst. Wende das, was du siehst, auf die Fragen der Suchenden an.

In der Natur bewegen sich ständig Wolken über den Himmel und wir können aus ihren Formen und Bewegungen wahrsagen.

Setze oder lege dich auf die Erde und schaue zu den Wolken, die vor dir oder über dir dahingleiten. Bringe dich selbst in die Gegenwart und lies Informationen aus den Wolken, wobei du deine eigenen oder die Fragen der Suchenden im Bewusstsein hältst.

Nutze an nebligen Tagen die Bewegungen des Nebels zum Wahrsagen, wenn er aus den feuchten Sommerlanden aufsteigt oder im sanften Wind dahinströmt.

Mit Feuer wahrsagen

Wir können mit Feuer in verschiedenen Formen wahrsagen. Dazu gehören auch Kerzenflammen. Wir stellen eine angezündete Kerze auf den Tisch zwischen uns und die Suchende. Wieder stellen wir sicher, dass es keine Zugluft gibt, die die Flamme zum Flackern bringt.

Schaue in die Kerzenflamme, und nimm die goldene Flamme, den glühenden Docht und die dunkle Zone wahr. Starre in die Flamme bis deine Augen defokussieren und dein Bewusstsein sich öffnet. Halte die Frage der Suchenden im Bewusstsein und sage wahr, was du in der Flamme siehst.

Es gibt andere Feuer aus brennenden Holzscheiten und Kohlen, aus denen wir wahrsagen können – Herdfeuer in Innenräumen, Feuer in einem Kessel, Lagerfeuer – große und kleine. Wir können jedes davon zum Wahrsagen verwenden.

Schaue in die Flammen, die flackern und brennen, nimm die Form, die Farben und die Bewegung der Flammen war. Öffne wieder dein Bewusstsein und lass Bilder, Charaktere und ihre Geschichten im Feuer auftauchen.

Schaue in das weiß-goldene Herz des Feuers, in das rote Glühen und spähe nach einer bedeutsamen Vision für dich selbst oder die Suchende.

Mit Wasser wahrsagen

Wasser wurde lange Zeit für das Wahrsagen verwendet und eignet sich, egal ob das Wasser still oder bewegt ist. Wasser kann man in eine größere Schüssel geben, die innen schwarz angemalt sein kann, damit es eine leere Oberfläche für Visionen gibt. Wir stellen die Wasserschale zwischen uns und die Suchende. Das Wasser kann geweihtes Wasser aus einem heiligen Brunnen sein oder Leitungswasser, dass du selbst segnest, je nachdem, was du bevorzugst. Das Wasser soll für jede Wahrsagesitzung frisch sein.

Schaue in das Wasser in der Schüssel. Betrachte als erstes die Reflektionen, die von der Oberfläche des Wassers zurückgeworfen werden, dein eigenes Gesicht und das der Suchenden. Schau was du siehst, während du dein Bewusstsein öffnest. Starre auf die Oberfläche des Wassers und lies die Spiegelungen.

Wahrsagen – In der Gegenwart präsent werden

Wenn du beim Wahrsagen bei einem bestimmten Aspekt tiefer gehen möchtest, schaue durch die Oberfläche des Wassers in die Tiefen der Schüssel und lass dein Bewusstsein mit der veränderlichen, wandelbaren Natur des Wassers spielen. Du kannst diese Vorgangsweise auch abwandeln, indem du das Wasser mit deinen Fingern oder einem Löffel aufwühlst, um Bewegung im Wasser zu erzeugen, wenn dir das hilft mehr zu sehen.

Gewässer in der Natur eignen sich wunderbar zum Wahrsagen. Das können Bäche, Brunnen, Flüsse, Seen oder das Meer sein. In ihre Stille und/oder ihre endlose Bewegung zu starren, ermöglicht es dem Bewusstsein sich auszudehnen und für Visionen zu öffnen. Wir können in die sprudelnden Wasser von Bächen und Wehren schauen, oder auf das Wasser von Flüssen starren, während es langsam oder schnell flussabwärts fliest. Wir können in die ruhigen Wasser von Brunnen schauen, wo wir uns selbst, die umgebenden Bäume und den Himmel gespiegelt sehen. Andere Gestalten können auftauchen und verschwinden, die neun Morgenen oder die Lady der heiligen Quellen und Brunnen selbst. Um unser Bewusstsein zu öffnen, können wir auf den Ozean blicken, wie er gegen das Ufer brandet, oder weit hinaus zum fernen Horizont schauen, wo das Wasser den Himmel trifft. Wie können auf die ruhige oder bewegte Oberfläche von Teichen und Seen schauen.

Bei einer Reise mit Teilnehmerinnen an der fortgeschrittenen *Priestess Enchantress* (Priesterin-Magierin) Ausbildung sind wir zum See von Llyn y Fan Fach in Wales gereist. Das ist ein Schöpfungsort, wo vor langer Zeit Nelferch, die Dame des Sees, von unterhalb der Wasser emporgestiegen ist und die Domestizierung von Tieren und der Natur ins Dasein gebracht hat. Außerdem brachte sie Wissen über die heilenden Eigenschaften von Pflanzen und Kräutern. Llyn y Fan Fach liegt hoch oben in den Hügeln südlich von Llandovery und ist an drei Seiten von hohen, grasbewachsenen Klippen umgeben. An dem Tag, an dem wir dort waren, erzeugte ein leichter Wind ein endloses Kräuseln der Oberfläche des Sees und Wassergeister und Undinen tanzten und spielten. Wir waren von ihren Bewegungen wie angewurzelt. Wie saßen eine Zeit lang am See und starrten hinein, und die ganze Umgebung begann ihre Form zu verändern. Die hohen Wände der Klippen fingen an sich zu bewegen und wir traten in die Anderswelt ein. Visionen tauchten auf und fegten über den See. Sie brachten uns Informationen und Einsicht.

In vielen Kulturen werden bestimmte Seen als Orte der Vision geehrt, besonders in östlichen Kulturen und bei amerikanischen Ureinwohnern. Die gegenwärtige Inkarnation des Dalai Lama wurde ausgewählt, nachdem die Lamas zu einem bestimmten See gereist waren, der für seine Wahrsage-Kräfte bekannt ist. Die Vision seines Geburtsortes tauchte im Wasser des Sees auf. In Mesoamerika werden bestimmte tiefe Teiche mit Wasser als Schöpfungs- und Wahrsageorte angesehen, wo zum Wohle der Menschen Visionen erscheinen. Wir können ebenfalls an all diesen Orten wahrsagen.

> *Schau auf das Wasser, den Bach, den Fluss, den Teich, den See oder das Meer und öffne dein Bewusstsein für das Wasser mit seiner endlosen, flüssigen Bewegung. Schaue auf die Oberfläche des Wassers, auf die Gischt, die rollenden Wellen, das fallende Wasser, das sich verändernde Licht. Lass dein Bewusstsein einlullen, wodurch du an tiefere Schichten herankommst und diese erweckst. Sage aus diesen Bewegungen wahr, sage aus der Stille wahr. Schau in die Tiefen des Wassers und sage für dich selbst und andere wahr. Nutze deine Intuition, um die Bedeutung zu interpretieren.*

Mit Erde wahrsagen

Es gibt verschiedene Methoden mit Erde wahrzusagen, für die verschiedene Formen des Elements verwendet werden. Kristallkugeln sind unter den gebräuchlichsten, es können aber auch einzelne Kristalle verwendet werden, insbesondere welche, die Phantome oder innere Strukturen enthalten.

> *Lege die Kristallkugel oder den Kristall vor dich hin und schaue hinein. Halte deine Aufmerksamkeit ununterbrochen auf die Oberfläche der Kugel oder des Kristalls gerichtet und stelle deine Fragen. Begib dich dann in seine Tiefen und schaue wieder auf die Muster und Bewegungen, die im Kristall auftauchen. Lass zu, dass sich Bilder formen, und nutze deine Intuition, um zu interpretieren was du siehst.*

Wir können andere materielle Objekte zum Wahrsagen verwenden, so wie einen Wahrsagespiegel. Das ist ein flacher, konkaver, verspiegelter Teller mit einer schwarzen Oberfläche, der speziell für das Wahrsagen entworfen wurde. Auf seiner inneren Oberfläche tauchen Bilder auf, wenn wir hineinschauen. Wir können Gruppen ähnlicher, natürlicher Gegenstände wie Zweige, Steine, Knochen oder Muscheln sammeln und sie auf die Erde werfen, wo wir aus den Mustern wahrsagen, die entstehen wenn sie fallen. Das ist eine überlieferte Wahrsagemethode bei vielen afrikanischen Kulturen.

So wie in der ersten Übung beschrieben, können wir uns auch für die natürliche Welt der Göttin öffnen, um für uns selbst und andere die Zeichen und Symbole wahrzunehmen, die uns die Göttin ständig präsentiert, wenn wir Augen haben, um sie zu sehen und Ohren um sie zu hören.

> *Gehe oft in die Natur und öffne dich für die Muster und Bilder, die immer direkt vor dir sind. Nimm die Krähen wahr, die an dir vorbeifliegen, während du an etwas Neues denkst, das du im Begriff bist zu erschaffen. Nimm wahr, wie die grünen Spechte dir eine Nachricht der Göttin bringen. Nimm den Schrei der Eule wahr. Nimm den*

Wahrsagen - In der Gegenwart präsent werden

Schmetterling wahr, der Verwandlung ankündigt, die Motte, die die Gegenwart einer Ahnin anzeigt, die Libelle, die das Tor zur Anderswelt öffnet. Erkenne deine Totemwesen und finde heraus, welche Bedeutung sie für dich haben.

Die Kraft von Träumen

Träume bringen uns in unser persönliches und ins kollektive Unbewusste und stellen eine der Arten dar, wie das Unterbewusstsein mit dem Bewusstsein kommuniziert. Sie sind eine Form nächtlichen Wahrsagens für uns selbst, bei der wir lernen können, unsere eigene Symbolik zu lesen und sie für uns selbst zu interpretieren. Wir können auch anderen dabei helfen, ihre Träume zu interpretieren. Träume liefern Informationen in Form von Bildern, Symbolen, Emotionen und Empfindungen, die offensichtliche, oder häufiger verschleierte Bedeutungen haben. Es ist nicht so einfach wie beispielsweise dass es bedeutet, dass es regnen wird, wenn du in deinem Traum eine Katze siehst, oder dass die Königin bedeutet, dass du von deiner Mutter träumst. Wir müssen alle die Bedeutung unserer eigenen Symbolsprache herausfinden. Einiges davon ist kulturell und universell, und wir haben es mit anderen gemeinsam, und manches davon ist einzigartig und offenbart sich nur für uns in dieser Weise.

Viele Träume beschäftigen sich damit, die Ereignisse des vorangegangenen Tages zu wiederholen, um diese Erfahrungen zu integrieren, während andere Träume uns wichtige Hinweise auf unsere inneren, unbewussten Welten liefern. Sie liefern uns Zerrbilder des Lebens, das wir kennen, der Menschen, die uns begegnen und der Ereignisse, die uns wiederfahren. Das alles wird auf seltsame Arten kombiniert, die Teile von uns selbst offenbart, die normalerweise vor unserem Blick verborgen sind. Träume können Erinnerungen an Erlebnisse sein, die mit Nostalgie für die verlorene Unschuld der Kindheit erfüllt sind. Sie können aber auch pochende Gefühle der Angst und des Schreckens vergessener Vorfälle bringen. Träume können Erinnerungen an vergangene Leben enthalten, die auf die Ursachen lebenslänglicher Wunden hinweisen. Manche Träume sind prophetisch und sagen zukünftige persönliche oder kollektive Erlebnisse vorher. Manche besonderen Träume sind inspirierend und ihre Botschaften kommen unmittelbar von der Göttin, von der Lady und der Welt von Avalon.

Trauminkubation war ein wichtiger Aufgabenteil vieler früherer Tempel. Es gab dort besondere Zellen, wo Priesterinnen und jene, die Heilung brauchten, schlafen und träumen konnten, bis ihnen Heilung oder ein bedeutsamer Traum zuteilwurde. Das Hypogeum in Malta ist ein Beispiel dafür. Es gibt dort kleine Schlafzellen im Herzen der unterirdischen Kammern. Der römische Tempel von Nodens bei Lydney im Wald von Dean, hatte kleine Zellen, wo Besucher schlafen konnten, um einen Heiltraum zu empfangen, manchmal unterstützt durch Kräuter und Schlangen. In Legenden heißt es, dass Bride´s Mound bei Glastonbury ein Portal nach Avalon war, wo Besucher bei der Gemeinschaft von Frauen, die hier lebte, blieben bis sie einen Traum empfangen hatten, der sie einlud, die heilige Insel Avalon zu betreten. Beim Wiedererschaffen unserer Göttinnen-Tempel für die heutige Zeit denken wir daran, solche Räume einzuschließen, um die Gegenwart der Göttin ins Leben zu träumen.

Jede träumt jede Nacht, aber wir erinnern uns nicht immer an unsere Träume. Die beste Art, unsere Erinnerung an die Träume zu verbessern, ist es einige Monate lang ein Traumtagebuch zu führen und die Träume im Augenblick des Aufwachsens festzuhalten.

> *Lege dein Traumtagebuch und einen Stift neben dein Bett, damit du die Erinnerung aufschreiben kannst, sobald sich deine Augen öffnen. Bewegung und das Verlassen des Bettes können verursachen, dass die Träume nahezu augenblicklich entschwinden. Schreibe deshalb gleich nach dem Aufwachen in dein Tagebuch. Zuerst kannst du dich vielleicht an gar nichts erinnern, aber allmählich fällt dir vielleicht ein Wort, ein Gesicht, eine Szene oder eine Situation ein. Während du aufschreibst oder zeichnest, was du gesehen hast, werden andere Teile des Traums wieder in deiner Erinnerung auftauchen.*

Achte darauf, wie der emotionale Inhalt unserer Träume beeinflusst, wie wir uns während des Tages fühlen. Ein Alptraum kann dazu führen, dass wir uns den ganzen Tag emotional verletzlich und ängstlich fühlen. Ein spiritueller Traum gibt uns ein Gefühl von Frieden und Freude, das all unsere Interaktionen mit anderen Menschen färbt. Sie können spüren, dass wir glücklich sind. Wir träumen von unseren Familien, unseren Freunden, von unserer Schulzeit, von verflossenen Liebhabern, von unseren Animus[2]- und Anima[3]-Projektionen.

Wenn wir auf unserem Pfad zur Priesterinnenschaft unterwegs sind, träumen wir davon, einen neuen Raum in unserem Haus zu finden, einen, in dem wir noch nie gewesen sind. Wir träumen davon, auf einen Berg zu klettern und erreichen neue spirituelle Höhen. Wir träumen davon, Menschen zu treffen und spüren, dass wir sie vorher schon gekannt haben. Das zeigt die Gegenwart unsichtbarer, spiritueller Gefährtinnen an. Das sind Menschen, die wir vielleicht in dieser oder anderen Inkarnationen gekannt haben, und die jetzt während unseres Lebens immer bei uns sind.

Träume können auch wesentliche Informationen über unseren Schatten enthalten, jene Teile von uns selbst, über die wir nichts wissen, und die normalerweise vor unserem Blick verborgen sind. Sie umfassen unsere unannehmbaren, unterdrückten und verletzten Aspekte. Wir träumen vielleicht von dunklen Gestalten, die böse Dinge tun und uns selbst oder anderen Schrecken und Gewalt bringen. Wir finden uns in einem Kampf auf Leben und Tod wieder, laufen verängstigt vor unbekannten Angreifern davon oder stellen fest, dass wir unsere Beine und Körper nicht bewegen können, wenn wir in der Nacht unsere Schat-

Wahrsagen – In der Gegenwart präsent werden

ten treffen. Wir müssen diese Schattenleute, die Teile von uns repräsentieren, erkennen und uns mit ihnen anfreunden. Die Erinnerung an unsere Träume hilft uns, diese versteckten Teile von uns selbst aus dem Unbewussten heraufzuholen, so dass sie im Licht des Bewusstseins geheilt und verwandelt werden können.

Wir können in unseren Träumen spirituelle Informationen empfangen, die wir auf die alltägliche Welt anwenden können. Viel von meinem eigenen Verständnis von der Göttin und den Lehren, die daraus hervorgegangen sind, sind dadurch entstanden, dass ich als allererstes am Morgen in dem Übergangszustand zwischen Schlafen und Wachsein meine Träume zurückgeholt habe. Ich wache langsam auf, gehe dann hin und her über die Schwelle und bringe neue Informationen von der Lady und von Avalon in die Welt. Zu dieser Zeit des Tages höre ich die Stimme der Göttin deutlich zu mir sprechen. Sie zeigt mir täglich, was sie möchte, dass ich tue. Ich höre ihre Worte und versuche ihren Anweisungen zu folgen. Ihre Worte handeln fast immer davon, kleine Schritte im Leben zu tun.

Viele Menschen haben prophetische Träume. Wir sehen uns selbst und andere in der Zukunft. Wir sagen aus unserem eigenen Bewusstsein wahr, sind aber oft nicht fähig unser Verhalten zu ändern, um zu vermeiden, was auf uns zukommt. Viele Menschen haben prophetische Träume von Umweltkatastrophen und solchen Unglücken, die durch Menschen verursacht sind. Wir sehen das Erdbeben, die Welle, die auf uns zukommt, die Bombe, die explodiert, die Türme, die fallen, den Flugzeugabsturz, aber zu unserer größten Frustration sind diese Bilder selten in einer Art, die nützlich dabei wäre Katastrophen zu verhindern. Was diese Träume zeigen ist, dass es eine Ebene der Realität gibt, wo es möglich ist in die Zukunft zu sehen. Es ist fast so, als ob manche Menschen in Träumen aus dem gegenwärtigen Moment aufsteigen, um das Kontinuum des Lebens von einer weiteren Perspektive aus zu sehen, die nicht an die Zeit gebunden ist. Sie sind fähig zu sehen wie vergangene, gegenwärtige und zukünftige Ereignisse alle jetzt stattfinden. Das ist der Raum, den wir beim Wahrsagen betreten. Hoffentlich lernen wir bei diesem Vorgang zwischen Vergangenheit, Gegenwart und Zukunft genau zu unterscheiden.

Nachdem ich gestern diesen Abschnitt über Träume geschrieben hatte, träumte ich früh an diesem Morgen, dass ich einen neuen Raum in unserem Haus fand. Es war eine riesige alte Küche, voll mit staubigem Geschirr, die immer schon da war, die ich aber noch nie betreten hatte, seit wir in das Haus gezogen waren. Ich hatte vergessen, dass sie da war. Sie schien ideal zu sein, um dort Workshops abzuhalten und Partys zu feiern. Im Haus war eine Schildpatt-Katzenmutter, so wie eine unsere Katzen, Twinkle, die vor einigen Jahren gestorben ist, und sie hatte einige Kätzchen in unterschiedlichen Farben bei sich. Eine Mutter mit fünf eher ungebärdigen Kindern kam von nebenan in die Küche und wir entschieden, sie mit ihr zu teilen, weil sie nur ein kleines Haus hatte. Ihr jüngster, zweijähriger Sohn war unglaublich musikalisch begabt und ein lieber Kerl. Liebe strömte aus seinen Augen zu mir und von mir zu ihm. Ich nahm das als ein sehr gutes Zeichen für heute und für dieses Buch, an dem ich bisher etwa zwei Jahre lang geschrieben habe.

So wie wir im wachen Leben bewusster werden, versuchen wir in unserem Traumleben bewusster zu werden. Hier sind Übungen, die helfen, dass das geschieht.

Nimm dir vor dem Einschlafen vor, dass du im Traum an deinem Körper hinunter und auf deine Hände schauen kannst. Wenn es dir gelingt deine Hände zu sehen, versuche sie vor dein Gesicht in die Höhe zu heben.

Schaue im Traum zu deinen Füßen hinunter. Wenn du sie siehst, schaue wo du stehst und wohin sie gehen. Sieh wie sich der Schauplatz von deinen Füßen ausdehnt und dir eine Traumaussicht auf das Leben gibt.

Übe, sobald du diese Dinge tun kannst, in deinem Traum Gegenstände zu verwandeln. Verwandle beispielsweise eine Baumart in eine andere, verändere die Farbe des Himmels, verwandle die Tiere vor dir.

Das alles sind Zeichen, dass du im Traum bewusster wirst und deshalb empfänglicher für aufschlussreiche Eingebungen. Wenn du geübt darin bist, deine eigene Gegenwart im Traum zu erkennen, versuche zu fliegen und erhebe dich in die Lüfte. Das ist eines der großartigen Traumerlebnisse. Erforsche Avalon und die Wesen, die dort leben, im Traum. Sprich mit ihnen, lausche auf ihre Botschaften, ihre Lieder und ihre spirituellen Lehren.

Versuche dich über die Zeitlinie zu erheben, um die Vergangenheit und die Zukunft zu sehen.

Zeichne deine Träume auf und studiere sie. Achte auf wiederkehrende Bilder und Symbole und setze sie zu deinem Leben in Bezug. Betrachte die Charaktere in deinen Träumen alle als Teile von dir, die dir etwas über dich selbst zu erzählen haben. Betrachte die Orte, die du in deinen Träumen besuchst, entdecke die alten Schauplätze, wo du vielleicht glückliche Zeiten erlebt hast oder wo Teile von dir bei traumatischen Ereignissen zurückgelassen wurden.

Betrachte deine Träume so, als handelten sie überhaupt nicht von dir, sondern nur von anderen, von Familie, persönlichen Bekannten oder Fremden.

So wie du an demselben Ort aufwachst, wo du einschläfst, kehre beim Einschlafen bewusst an den Traumort zurück, wo du warst, als du am vorigen Morgen aufgewacht bist. Lass dein Traumleben kontinuierlich werden, so wie dein Leben im Wachzustand kontinuierlich ist.

Tarot lesen

Das Tarot ist eines meiner Lieblings-Wahrsagewerkzeuge, weil ich es durchwegs genau und offenbarend finde. Heute gibt es hunderte wundervoller Tarot- und Wahrsagedecks. Man kann aus allen Arten von Bildern auswählen, und jede Person kann ein Deck finden, das sie anspricht. Eines davon ist das runde Motherpeace Tarot von Vicky Noble und Karen Vogel. Seine Themen und Symbolik wurden speziell für Frauen entwickelt. Es gibt auch viele neue Göttinnen-Decks. Frühere Decks verwenden überlieferte Bilder und Symbole, um Bedeutungen zu transportieren, während moderne Decks oft eine Symbolik, Kollagen und Fotos verwenden, die Assoziationen hervorrufen und die es der Wahrsagenden erlauben, ihre Imagination und Intuition zu öffnen.

Ein traditionelles Tarotdeck besteht aus 22 großen Arkana (Karten) und 56 kleinen Arkana, das sind insgesamt 78 Karten. Moderne Decks haben oft weniger Karten. Wie ich vorher schrieb, fand meine Einführung ins Tarot vor über 30 Jahren durch das Rider-Waite-Tarot statt, und ich verwende das gleiche Deck bis zum heutigen Tag gerne. Es ist erfüllt von den guten Schwingungen vieler Lesungen. Ich habe auch einige moderne Decks, die ich verwende, aber das ist immer noch mein bevorzugtes Deck und ich werde es hier beschreiben.

Das Rider-Waite-Tarot-Deck wurde das erste Mal 1910 in London von Rider & Company herausgegeben. Es wurde von Arthur E. Waite in Zusammenarbeit mit Pamela Colman Smith, einer amerikanischen Künstlerin, gestaltet. Waite war ein Mitglied des *Hermetic Order of the Golden Dawn*, einer okkulten Vereinigung dieser Zeit. Die Bilder für die großen Arkana basieren auf denen, die auf älteren Decks – wie dem Tarot von Marseille, das um 1700 von Jean Dodal in Lyon in Frankreich herausgegeben wurde – zu finden sind. Ursprünglich waren die kleinen Arkana einfach nummeriert und keine Karten mit Bildern. Die Bilder der großen Arkana hingegen gehen angeblich auf frühere Tarot-Decks und Spielkarten zurück, die von Zigeunern aus Ägypten nach Europa gebracht wurden. Es heißt, dass darin alte spirituelle Mysterien kodiert sind, die aus Atlantis gerettet wurden. Zu Zeiten religiöser Verfolgung stellten Spielkarten und Tarot-Decks das perfekte Mittel dar, solche Mysterien vor den Augen der Hexenjäger und des Weltlichen zu verbergen.

Das Rider-Waite-Deck wurde kreiert, um gewisse esoterische Prinzipien durch Symbole mitzuteilen. Waite gab Pamela genaue Anweisungen zum Inhalt der großen Arkana. Von den kleinen Arkana nimmt man aber an, dass sie Pamelas eigene Entwicklung waren, und es sind ihre einzigartigen Illustrationen, die die Weitergabe des Decks an die Nachwelt gesichert haben. Sie war die erste, die den kleinen Arkana durchgehend bildhafte Szenen zugeordnet hat, die deren prophetische Bedeutung spiegeln. Sie schuf unbeabsichtigterweise eine neue Tradition, so das bis heute die Mehrheit der zum Wahrsagen bestimmten Tarot-Decks ihrem System folgen. Waite beschrieb seine Interpretationen in seinem Buch *„Der Bilderschlüssel zum Tarot"*.

Die großen Arkana beschreiben die Reise der Seele durch das Leben, durch sich wiederholende Erfahrungsspiralen. Sie beginnt jeden Zyklus als der unschuldige Narr und beendet ihn hoffentlich als weiser Narr. Die großen Arkana beginnen mit dem Narren, gefolgt vom Magier, der Hohepriesterin, der Herrscherin, dem Herrscher, dem Hierophant, den Liebenden, dem Wagen, der Kraft, dem Eremit, dem Rad des Schicksals, der Gerechtigkeit, dem Gehängten, dem Tod, der Mäßigung, dem Teufel, dem Turm, dem Stern, dem Mond, der Sonne, dem Gericht und der Welt. Ihr Auftauchen bei einer Tarotlesung zeigt an, dass auf der Seelenebene der Suchenden etwas Wichtiges vor sich geht. Bei meinem spirituellen Aufenthalt in Wales habe ich häufig Legungen gelesen, die ausschließlich aus großen Arkana bestanden.

Die kleinen Arkana bestehen aus vier Sets von Karten – den Münzen oder Scheiben, den Kelchen, den Stäben und den Schwertern. Die Sets sind von eins bis zehn durchnummeriert und es gibt vier Hofkarten bei jedem Set, den Buben oder Pagen, den Ritter, die Königin und den König. Diese Karten haben eine patriarchale Tendenz, können aber trotzdem von göttinliebenden Menschen verwendet werden. Die Münzen beschäftigen sich mit der materiellen Welt, mit Arbeit, damit einen Lebensunterhalt zu bestreiten, Geld zu verdienen und so weiter. Die Kelche befassen sich mit der emotionalen Welt, mit Gefühlen, Verletzungen, Beziehungen, Familien, Freunden, Liebhabern und Ehepartnern. Die Stäbe beschreiben Eigenschaften des Verstandes mit seiner Kreativität und seinen Beschränkungen, wozu die Starrheit von Einstellungen und Glaubenssätzen gehört. Die Schwerter betreffen die Spiritualität, die Bestimmung und Richtung im Leben, das Wachstum der Seele und die Entwicklung des Bewusstseins. (Bei manchen Tarot-Systemen werden die Schwerter mit dem Verstand in Beziehung gebracht und die Stäbe mit dem spirituellen Willen, aber ich arbeite mit Stäben für Kreativität und den Schwertern für Spiritualität.)

Auf jeder der Karten sind individuelle Einzelheiten und Symbole, die zur Bedeutung der Karte beitragen, wenn sie in einer Lesung auftaucht. Die wahrsagende Priesterin muss jede der Karten studieren und einfach Dinge beachten, wie die Farbe, den Kleidungsstil oder den Hintergrund, die Position der Personen auf den Karten, die Richtung in die sie schauen und die Verbindungen zu benachbarten Karten anzeigen, was die Kleidung enthüllt und offenbart, welche Symbole sich wiederholen, wie Sonnen, goldene Pfade, Türme, Reihen, astrologische Symbole und viele andere Einzelheiten, die einen Einfluss darauf haben, wie die Karten gelesen werden.

Die Vorbereitung für eine Tarotlesung oder das Wahrsagen aus Karten ist die gleiche wie für andere Arten des Wahrsagens.

Eine Tarotlesung

1. *Erde und zentriere dich, verbinde dich durch Achterschlaufen mit der Suchenden und erde und zentriere sie. Verbinde dein Herz mit*

Wahrsagen – In der Gegenwart präsent werden

deiner Seele und der Seele der Suchenden. Rufe alle Wesen, Göttinnen oder Führer herein, von denen du möchtest, dass sie präsent sind.

2. Mische das Kartendeck und richte deine Konzentration und deinen Fokus auf die Karten. Teile das Deck in drei Teile und lege sie in einer anderen Reihenfolge wieder zusammen. Biete der Suchenden die Karten an und bitte sie, das Deck ebenfalls in drei Teile zu teilen und sie in einer anderen Reihenfolge wieder zusammenzulegen. Frage die Suchende, ob sie eine bestimmte Frage hat, auf die sie die Antwort wissen will. Dann bitte sie die Karten zwei weitere Male zu teilen.

3. Breite die Karte mit der Bildseite nach unten aus, und bitte die Suchende eine Karte zu wählen, die die Frage repräsentiert, die sie stellt. Diese Karte unterscheidet sich oft von der Frage, die von der Suchenden gestellt wurde und enthüllt eine Frage, die sie vielleicht vor sich selbst oder vor dir verbergen will. Gehe in der Lesung auf die Frage, die von der Karte offenbart wurde genau so ein wie auf die Frage, die dir gesagt wurde.

4. Lege die Karten beginnend mit der Oberseite des Decks mit der Bildseite nach unten zwischen dir und der Suchenden auf. Verwende dabei eine der vielen Legungen, die in Tarot-Büchern beschrieben werden. Ich verwende eine traditionelle Legung mit 11 Karten. Es ist besser, wenn du die Karten so gut kennst, dass du sie so auslegen kannst, dass sie zur Suchenden schauen.

5. Bringe wieder, so wie bei anderen Wahrsagemethoden, dein Bewusstsein vollständig in die Gegenwart und richte deine ganze Aufmerksamkeit auf die Karten und die Suchende.

6. Fange mit der Fragekarte an und lies, was du auf der Karte siehst. Bringe das Wissen ein, dass du über die Symbole auf der Karte hast, und sage, was du siehst. Verbinde die Frage mit der spirituellen Richtung und Absicht der Suchenden.

7. Drehe die Karten eine nach der anderen um und offenbare das nächste Stadium der Lesung. Beziehe was du siehst auf die Frage der Person und ihr Leben. Bringe die Karten zu ihrer Position in der Lesung und zueinander in Beziehung. Frage die Suchende, ob das, was du gesagt hast, für sie eine Bedeutung hat. Nutze dein Wissen, deine Intuition und Inspiration.

8. Schließe die Lesung, indem du den Wesen, die während der Lesung gegenwärtig waren, dankst.

Astrologie

Astrologie bezieht die Bewegungen der Sterne am Himmel auf das menschliche Leben auf der Erde. Sie ist eine visuelle und intuitive Kunst und basiert auf Wissen, das zumindest 4.000 Jahre zurückreicht. Astrologie wird von Wissenschaftlern als unwissenschaftlich und somit ungültig abgetan, während Millionen ihre Horoskope erstellen lassen. Astrologie ist eine weitere esoterische Kunst, die anerkennt, dass die Position der Sterne am Himmel im jetzigen Augenblick eine Reflexion von allem, was ist, darstellt. Wenn wir die Sterne lesen können, können wir die Gegenwart, die Vergangenheit, unser Schicksal und unsere Bestimmung wahrsagen.

Es gibt viele gute Bücher über Astrologie und viele gute Lehrerinnen dieser Kunst, und ich empfehle, dass alle Priesterinnen ein Verständnis für dieses tiefschürfende System von Wissen entwickeln. Es ist gut, das eigene Geburtshoroskop von einer qualifizierten Astrologin erstellen zu lassen oder zu lernen, wie man es selbst macht. Das Geburtshoroskop stellt uns ein Bild unseres Charakters, unseres Schicksals und unserer Bestimmung zur Zeit der Geburt zur Verfügung, das im Laufe unseres Lebens reifen wird. Diese Tabelle hilft uns zu verstehen, wer wir sind und warum wir sind, wie wir sind. Ich empfehle auch das Studium astrologischer Transite, die die derzeitige Position der Sterne am Himmel mit unserem Geburtshoroskop in Bezug setzen. Die Transite des Geburtshoroskops geben uns eine Vorstellung davon, was wir erreicht haben, was auf uns zukommt und welche Gebiete unseres Lebens wahrscheinlich von Veränderung, Heilung und Transformation betroffen sein werden.

Während unseres Lebens auf der Erde entfaltet sich unsere Seelenenergie in einigen verschiedene Rhythmen von Wachstum und Entwicklung. Jeder dieser Rhythmen ist durch die Absicht unserer Seele festgelegt und alle stehen miteinander in Beziehung. Umschlossen ist dieser ganze Prozess vom speziellen Lebenszweck, für den wir uns inkarniert haben. Das ist der Grund warum wir jetzt hier auf der Erde leben, unsere Bestimmung. Um unseren Lebenszweck zu erfüllen, folgen wir bestimmten Mustern und Rhythmen der Entwicklung, die uns selbst zu eigen und einzigartig sind. Sie sind aber auch verbunden mit denen anderer Menschen, wie Familiengruppen und Seelengruppen, Menschen, die sich in dieselbe Kultur und dieselbe astrologische Generation inkarnieren. Diese inneren Entwicklungsmuster werden unser ganzes Leben hindurch im Außen in den planetarischen Transiten unseres Geburtshoroskops gespiegelt. Zum Beispiel braucht Saturn 28+ Jahre um die Sonne zu umkreisen, und alle sieben Jahre haben die Saturntransite einen Einfluss auf uns, während sie zu unserem Geburtssaturn im Quadrat, in Opposition oder Konjunktion stehen. Wir erleben diese Transite durch auffallende Ereignisse in unserem Leben, entweder als etwas, das wir verursachen, oder als etwas, das uns anscheinend zustößt.

Alles was über astrologische Transite gesagt wird, ist gezwungenermaßen eine Verallgemeinerung und kann nicht in festgelegter Art auf ein Individuum

Wahrsagen - In der Gegenwart präsent werden

angewendet werden. Dennoch stellt es, mit Urteilsvermögen angewandt, ein Grundgerüst zur Erforschung unserer eigenen Entwicklung und der anderer Menschen zur Verfügung. Das ist wichtig für Priesterinnen, die ihre eigene psychologische und spirituelle Entwicklung beschleunigen. Wir brauchen oft eine Vorstellung davon, wie die Veränderung uns und auch andere betreffen wird.

Saturn hat einen starken Einfluss auf das menschliche Leben. Er ist ein großer Lehrer und setzt dem, was wir im Leben tun können, Grenzen. Saturn regiert die Zeit und lehrt uns über Grenzen und Begrenzungen und auch, wie wir uns von Begrenzungen frei machen können. Von der Geburt an dauert es etwa 28 Jahre, bis sich unser Bewusstsein völlig in das Leben in der physischen Welt inkarniert. Während der ersten sieben Jahre verankern wir uns im physischen Ausdruck. Wir wachsen und gewöhnen uns daran, physische Körper zu haben. Wir entwickeln unsere emotionalen und mentalen Fähigkeiten und legen die Grundlagen für unseren Charakter. Das erste Saturnquadrat kommt etwa im Alter von sieben Jahren. Das ist eine Zeit, in der das Kind aus der völligen Abhängigkeit von Eltern und Familie zu den ersten Ahnungen von Eigenständigkeit und Unabhängigkeit gelangt. Wenn wir mit etwa 14 Jahren in die Pubertät kommen, sind wir im emotionalen Ausdruck verankert, und unser Saturntransit ist in Opposition zu unserem Geburtssaturn. Im Großen und Ganzen sind unsere emotionalen Muster für zukünftige Beziehungen gelegt. Das heißt nicht, dass sie sich nicht verändern können, aber die sich wiederholenden Zyklen von Beziehung haben begonnen. Viele von uns bleiben an irgendeinem Punkt ihrer emotionalen Entwicklung stehen, und es kann viele Jahre dauern, diese Wunden zu heilen. Das ist die Zeit unserer oft traumatischen Jugend.

Es braucht normalerweise 21 Jahre, um die Fähigkeiten des Mentalkörpers zu entwickeln, obwohl es individuell wieder kürzer oder viel länger dauern kann, und wir lernen unser ganzes Leben lang weiter. Es kann sein, dass wir in der frühen Kindheit geistig beweglich sind und dann durch soziale und Geschlechtskonditionierung eingeschränkt werden. Oder unsere mentalen Fähigkeiten erweitern sich, wenn wir älter werden und lernen, mehr Vertrauen in uns selbst zu haben. Diese Zeit ist von einem weiteren Saturnquadrat im Alter von etwa 21 Jahren gekennzeichnet. Traditionellerweise würden wir zu dieser Zeit einen Türschlüssel bekommen, ein Zeichen unseres Übergangs ins Erwachsensein. Wenn wir 28 oder 29 werden, sind verschiedene Aspekte unserer Persönlichkeit im Prozess der Integration und wir werden ganz. Wir haben begonnen, das Wissen aus der Vergangenheit wiederzuentdecken, das in unserer Seele bewahrt wird, die Überbleibsel von Erfahrungen aus vergangenen Inkarnationen. Wir werden uns unserer Seelenenergie gewahr und können sie bewusst zum Ausdruck bringen. Das ist unsere erste saturnische Rückkehr, wenn der Saturn zu seiner ursprünglichen Position in unserem Geburtshoroskop zurückkehrt. Diese Konjunktion wird oft charakterisiert durch eine Krise im emotionalen, mentalen und oder physischen Leben eines Menschen. Es kann sein, dass die Persönlichkeit und die Seele einander jetzt an einem Platz begegnen, der esoterisch als das Schlachtfeld des Kurukshetra, oder Emotionalkörpers, bekannt ist. Das ist meist mit viel Aufruhr verbunden und kann sehr schmerzhaft sein.

Sobald diese Krise auf die eine oder andere Art gelöst wurde, sind wir üblicherweise glücklicher darüber wer wir sind, und was wir im Leben machen. Wir haben begonnen, unsere Begrenzungen zu verstehen und unsere Qualitäten als menschliche Wesen wertzuschätzen. Wir können uns aktiver ins Schöpferische und in die Zukunft bewegen, anstatt von vergangenen Erlebnissen regiert zu werden. Wir werden mehr wir selbst und sind weniger von unserer Familie und unserer kulturellen Konditionierung dominiert. Das Alter zwischen 28 und 35 Jahren ist eine Zeit, in der sich der Charakter festigt und sich in Richtung des Ausdrucks bewegt. Wir können nun wahrhaft in der Welt kreativ sein, mit dem Höhepunkt beim Saturnquadrat um die 35.

Die Midlife-Crisis beginnt zwischen 35 und 42 und setzt sich aus einem Satz größerer Planetentransite von Neptun, Uranus und Pluto zusammen, den alle menschlichen Wesen erleben. Diese äußeren Planeten umkreisen die Sonne in längeren Zyklen und können gemeinsam einen deutlichen Ruf der Seele – danach, ihre Bestimmung in der Inkarnation zu erfüllen – mit sich bringen. Das kann zu einer völligen Änderung der Richtung im Leben, größeren gesundheitlichen Problemen und/oder frühzeitigem Tod führen. Es heißt, dass das Leben mit 40 beginnt, und mit 42 erleben wir eine weitere Saturnopposition zu unserem Geburtssaturn, so wie bei der Pubertät. Die Zeit zwischen 43 und 49/50 ist eine Zeit der Aktivität und oft auch des kraftvollen Selbstausdrucks. Wir genießen das Leben während wir reifen und glücklich damit werden, wer wir sind. Die doppelte Saturnrückkehr mit 58 Jahren kündigt den Beginn der Königinphase bei Frauen und der Königphase bei Männern an. 14 Jahre später, wenn der Saturn wieder in Opposition zu unserem Geburtssaturn steht, werden wir Greisinnen und Weise.

Es gibt andere wirksame Planetenzyklen, die uns täglich und langfristiger betreffen. Da gibt es die schnell beweglichen Venus- und Marszyklen, die uns in kurzen Zeitabschnitten beeinflussen. Dann gibt es den zwölf Jahre dauernden Jupiterzyklus, der uns periodisch Glück und Gerechtigkeit bringen kann. Dann gibt es den 52 Jahre dauernden Chironzyklus, der uns mit 13, 26 und 39 Jahren Heilungserfahrungen bringt, die wir brauchen. Mit 50 bis 52 erleben wir unsere Chiron-Rückkehr, die uns von Angesicht zu Angesicht mit unseren lebenslänglichen Wunden bringt, den karmischen Knoten, die wir ins Leben mitgebracht haben, um sie aufzulösen. Das ist auch der Beginn der Menopause bei Frauen und Männern. Diese Zeit geht mit dem Verlust von Richtung und Gewissheit einher und bringt direkten Zugang zu den inneren Welten und die Akzeptanz des Alterungsprozesses und der Unabwendbarkeit des Todes. Auf Generationen bezogen, spiegelt der längere Zyklus der äußeren Planeten Uranus, Neptun und Pluto tiefe Veränderungen in der individuellen und kollektiven menschlichen Psyche.

Ich begriff die Kraft astrologischer Transite in meinen frühen Vierzigern, als ich entschied, mich vom Vater meiner Kinder nach einer kurzen, nicht sonderlich erfolgreichen Ehe scheiden zu lassen. Ich begann das Gerichtsverfahren, nach einigen Wochen erhielt ich das vorläufige und dann später das endgültige Scheidungsurteil. Ich hatte mich schon einige Zeit mit Astrologie beschäftigt, aber ich hatte mir eine Weile meine Transite nicht angesehen. Ich beschloss nachzuschauen, was auf dieser Ebene vorging und sah, dass am Tag meines Scheidungsurteils Uranus exakt in Opposition zu meinem Geburtsuranus war, was ungefähr mit 40 bis 42 Jahren passiert. In dem wunderbaren Buch „*Planets in Transit*" von Robert Hand (Whitfort Press) las ich, dass es bei der Opposition von Uranus zu Uranus sehr wahrscheinlich ist, dass eine Person eine Ehe schnell verlässt. Das hat mich wachgerüttelt. Ich dachte, ich hätte entschieden, wann ich mich scheiden ließ. Ich dachte, ich würde über mein Leben bestimmen. Ich begriff plötzlich, dass ich es nicht tat. Ich erkannte, wie viel von dem, was wir im Leben erleben, durch Kräfte bestimmt ist, die außerhalb von uns selbst liegen und uns unbewusst beeinflussen.

Es ist nicht so, dass die Planeten unser Leben regieren. Es ist so, dass sie die emotionalen, psychologischen, karmischen und spirituellen Kräfte reflektieren, die über unser inneres und äußeres Leben regieren. Wir sind uns dieser Kräfte meistens nicht bewusst. Ich verstehe nun, dass uns die Astrologie gute Anzeichen für die inneren und äußeren Kräfte liefert, mit denen wir uns als inkarnierte Wesen auf dem Planeten Erde auseinandersetzen müssen. Die Erde ist selbst ein Planet unter vielen, der in unserem Sonnensystem um die Sonne kreist. Als Priesterinnen und menschliche Wesen ist es unsere Aufgabe, uns selbst in Einklang mit diesen inneren und äußeren Kräften zu bringen und mit den energetischen Gezeiten und Flüssen zu arbeiten, anstatt – aufgrund unserer Ignoranz und unseres Mangels an Wissen – dagegen.

Als eine Wahrsagemethode ermöglicht es die Astrologie der Amateurin oder der professionellen Astrologin, in die Muster und Energien der Gegenwart zu blicken, die Vergangenheit zu enträtseln und die Zukunft zu enthüllen. Ich empfehle das Studium der Astrologie nachdrücklich allen Priesterinnen.

Persönliche Arbeit

Wende drei neue Arten des Wahrsagens, die du noch nie vorher ausprobiert hast, bei mindestens drei verschiedenen Menschen an.

Führe mindestens sechs Monate lang ein Traumtagebuch und schreibe deine Träume jeden Morgen auf. Lerne deine eigene Symbolsprache kennen.

Erwirb ein Tarot-Deck und fange an die Symbolik der Karten für dich selbst zu erforschen. Lies täglich eine Tarot-Legung und beobachte, was passiert.

Lass dir von einer Astrologin dein Geburtshoroskop erstellen und fange an mich mit Astrologie zu beschäftigen.

Arbeite weiter an deinem Weiheversprechen für die Selbstinitiation.

Die Gruppen von Teilnehmerinnen, die zusammenarbeiten, legen den Ablauf für die Selbstinitiationszeremonie am Ende der Zweiten Spirale fest.

---

[1] Das englische Wort *scry* ist hier offenbar spezifischer als das deutsche Wort *wahrsagen*.
[2] Innerer männlicher Archetyp.
[3] Innerer weiblicher Archetyp.

Eins sein mit der Lady
Orakel und Verkörperung der Göttin

Dies ist eines der kürzesten Kapitel des Buches, aber eines der wichtigsten. Darin gewinnen wir die Fertigkeit zurück, ein Orakel für die Göttin und auch eine Verkörperung der Göttin bei Zeremonien und Ritualen zu sein. Diese esoterischen Künste wurden jahrhundertelang von vielen indigenen Kulturen praktiziert, gingen in unserer eigenen Kultur aber völlig verloren. Ich glaube, dass es für uns Zeit ist, uns an diese heiligen Künste zu erinnern, um tiefe Wunden zu heilen und dadurch Inspiration und spirituelles Erwachen zu ermöglichen.

Einige Jahre lang stellte ich fest, dass ich bei Initiationszeremonien für Priesterinnen nahezu unbeabsichtigt die Göttin verkörperte. Es geschah nicht geplant, sondern durch das Erlebnis dabei zu sein, wenn Menschen ihre Gelübde an sie ablegten und zu spüren, dass sie wollte, dass ihren Neu-Initiierten etwas von ihr gesagt wurde. Sobald eine Person ihr Gelübde abgelegt hatte, purzelten die Worte der Göttin aus meinem Mund, und die Worte hatten Bedeutung für die Menschen. Diese Rolle wuchs im Lauf der Zeit allmählich, aber ich dachte nicht viel darüber nach und sprach auch mit niemandem darüber.

Als mir 2002 erstmals die Idee kam, dass ich die Göttin öffentlich bei einer Zeremonie verkörpern könnte, war sie aufregend und beängstigend zugleich. Es fühlte sich fast wie Überheblichkeit an, eine Beleidigung der Göttin, auch nur daran zu denken, dass ich sie offen verkörpern könnte. Obwohl oft beiläufig gesagt wird, eine bestimmte Frau sei eine Göttin, ist das in Wahrheit eine der Herabsetzungen der Göttin und ihrer Kräfte. Was üblicherweise gemeint ist, ist die Tatsache, dass wir die Göttin in uns tragen. Bei manchen ist das offensichtlicher als bei anderen. Ihre Energie ist ein Teil von uns, sie ist in uns, aber sie ist auch viel größer als unser menschliches Selbst. Immerhin hat sie die Erde, die Sonne, den Mond, die Sterne und alles, was ist, erschaffen.

Ich spürte ein Gemisch von Emotionen bei dem bloßen Gedanken, die Göttin in einer Zeremonie bei einer so großen Veranstaltung bewusst zu verkörpern. Die Heftigkeit meiner Reaktion sagte mir, dass an dieser Idee etwas Wichtiges dran war. Trotzdem war es so beängstigend, dass ich fast nicht im Detail darüber nachdenken konnte. Ich erzählte es niemandem, weil ich mich zu sehr schämte, so als würde ich mich selbst über andere stellen, und ich wollte das nicht tun. Ich hielt die Idee ein Jahr lang in meinem Bewusstsein zurück – aber sie wurde nicht schwächer.

Ich hatte über die antiken Orakel der Griechen und Römer gelesen, deren prophetische Worte von Königen, Führern und Politikern begehrt waren. Ich hatte über die Sibyllen gelesen, die bei ihren Prophezeiungen auf einem Dreibein oder einem Orakelstein über klaffenden Spalten in der Erde saßen, aus denen Qualm und giftige Dämpfe aufstiegen. Ich wusste Bescheid über die Orakelkammer in dem 5.500 Jahre alten Hypogeum in Malta, wo es eine in die Wand gehauene quadratische Nische mit bemerkenswerten akustischen Eigenschaften gibt. Tiefe Stimmen hallen wieder und tragen bis zum entfernten Ende verbundener Kammern auf anderen Ebenen. Man glaubt, dass das der Platz war, wo ein Orakel Träume interpretierte und die weisen Worte der Göttin sprach. Ich wusste, dass bei indigenen Kulturen von Sibirien bis Amerika Schamanen in Trance gehen und für die Ahnen oder die Götter sprechen. In der Gegenwart wusste ich vom tibetischen Orakel, das in Trance geht, um Fragen zu beantworten und auch von den tibetischen tantrischen Praktiken eine Gottheit zu verkörpern. Aber könnte ich die Göttin öffentlich hier in Glastonbury verkörpern? Wäre es in Ordnung, es zu versuchen? Hatte ich das Wissen, wie man es richtig macht? Hatte ich die Fertigkeit?

So wie bei allen diesen Abenteuern mit der Göttin, kommen die Ideen von ihr. Sie bittet uns, dass wir wagen Dinge zu tun, die in den patriarchalen Kulturen, in denen wir leben, hunderte und tausende Jahre lang nicht gemacht wurden. Vor langer Zeit hat das Christentum die Kräfte des Priesters von denen der Priesterin und Shamanka getrennt. Als Jesus der eine wahrhaftige Sohn Gottes genannt wurde, wurde gleichzeitig allen anderen die Macht, Gott zu verkörpern, aberkannt. Er war der einzige, der Gott sein konnte. Heute vermitteln männliche, christliche Priester zwischen den Menschen und Gott, aber sie verkörpern Gott nicht mehr für das Volk, obwohl die geheimnisvolle heilige Geistin[1] selbst sich auf heilsame Weise durch die Menschen bewegen kann.

Ich hielt mich so lange wie ich konnte zurück, bis eines Tages bei einer Diskussion über die kommende Göttinnen-Konferenz die Ideen den Priesterinnen von Avalon, Sally Pullinger, Tegwyn Hyndman und Alison Waite gegenüber aus meinem Mund herausplatzten. Ich erzählte ihnen von meiner Vorstellung davon, die Göttin bei einer Zeremonie zu verkörpern und sie wollten es sofort ebenfalls tun und wurden sehr aufgeregt. Sally ist ein Trancemedium und Tegwyn hat viel Erfahrung mit schamanischen Reisen. Ich hatte völliges Vertrau-

Eins sein mit der Lady - Orakel und Verkörperung der Göttin

en in ihre Fähigkeiten, weil wir in anderen Situationen schon einige kraftvolle Erfahrungen geteilt hatten. Plötzlich fühlte ich mich erleichtert. Ich musste es nicht alleine tun, wir konnten es miteinander versuchen und einander unterstützen. Wir beschlossen, dass Sally, Tegwyn und ich bei einer speziellen Zeremonie im Goddess Temple während der Konferenz die weiße, die rote und die schwarze dreifache Göttin verkörpern würden. Alison würde uns mit der Hilfe anderer Priesterinnen unterstützen.

Während der Zeremonie zündeten die Teilnehmerinnen zuerst Kerzen im Hof der Glastonbury Experience an, zogen ihre Schuhe aus und stellten sich auf einem inneren Stiegenaufgang an. Während sie darauf warteten, den Tempel zu betreten, sangen und spielten Musikerinnen, unter ihnen Lydia Lite, Oshia Drury, Julie Felix, Ruth Barrett und Allesandra Belloni, im Hof für sie. Dabei regnete es auf die Teilnehmerinnen hinunter. Am Ende der Stiege wurden den Teilnehmerinnen die Augen verbunden. Dies sollte ihnen helfen, in einen veränderten Bewusstseinszustand zu kommen. Dann wurden sie eine nach der anderen durch eine Reihe von Räumen in den Goddess Temple geführt. Die Augenbinden wurden ihnen abgenommen und sie wurden willkommen geheißen, mit Räucherwerk und heiligem Wasser gesegnet, bevor sie den inneren Schrein betraten. Hier saßen, in einer nebelgeschwängerten Atmosphäre, wir drei Priesterinnen, die dreifache Göttin verkörpernd, auf Thronen am Altar und die Teilnehmerinnen traten nach vorne, um mit den Göttinnen zu sprechen und ihren Segen zu empfangen.

Wir hatten uns am Nachmittag für die Zeremonie vorbereitet und in weiße, rote und schwarze Gewänder mit Kopfschmuck und Schleier gekleidet. Wir bemalten unsere Gesichter und umgaben uns mit Gegenständen und Bildern, die mit den Totemtieren und den Qualitäten jeder der Göttinnen assoziiert waren. Wir riefen die Energien der Göttinnen herein und saßen dann nebeneinander auf drei Thronen auf dem niedrigen, hell erleuchteten Altar. Die Menschen begannen in einem langen, anhaltenden Strom in den Tempel zu kommen. Es war für mich und uns alle eines der außergewöhnlichsten, demütig machenden und kraftvollsten Dinge, die ich jemals in meinem Leben getan habe. Die Energie der Göttin kam in den Raum und erfüllte ihn mit ihrer ehrfurchterregenden Präsenz.

Die Menschen, die in den Raum kamen, waren sich unsicher, was sie hier vorfinden würden, aber sobald sie in den heiligen Raum kamen, öffneten sie ihre Herzen der Göttin. Sie erzählten der Göttin ihre Geheimnisse, sie weinten, sie lächelten, sie wurden in andere Reiche des Daseins transportiert. Wenn die Menschen den Tempel voller Entzücken und/oder unter Tränen verließen, konnten jene, die gerade eintraten, die Kraft dieses Erlebnisses auf ihren Gesichtern und in ihren Körpern sehen, und öffneten sich selbst weiter für das, was vor ihnen lag. Nahezu jede Person, die in dieser Nacht durch den Tempel kam, gab sich dieser Erfahrung hin – der Gelegenheit, der Göttin in einer menschlichen Form zu begegnen. Es war wundervoll an dieser heilenden Zeremonie teilzunehmen, ein großes Privileg für eine Priesterin.

Die Stunden vergingen wirklich rasch, obwohl einige hundert Menschen durch den Tempel kamen. Nachdem spät in der Nacht die letzten Menschen gegangen waren, klettern wir vom Altar herunter und lagen erschöpft und völlig ekstatisch am Boden. Es war ein fantastischer Abend gewesen. Wir legten unsere Kostüme und den Kopfschmuck ab und drapierten sie auf den Thronen am Altar, wo wir gesessen hatten. Die Energie der weißen, roten und schwarzen Göttinnen hing immer noch in den Kostümen. Sie hielten eine solche Präsenz, dass es sechs Wochen dauerte, bis die Energie die Kleidung verlassen hatte, und wir sie vom Altar nahmen.

Das war ein unglaubliches Erlebnis gewesen, und ich wusste, dass andere Priesterinnen sehr gut imstande waren, anderen Menschen eine ähnliche Erfahrung zu bieten. Wir alle sehnen uns danach, der Göttin von Angesicht zu Angesicht zu begegnen, sie in Fleisch und Blut zu sehen und zu hören, und wir können lernen, das anzubieten, wenn wir den Mut dazu haben. Jene, die keine Ahnung haben, was es dazu braucht, könnten glauben, dass solch eine Erfahrung das Ego aufbläst und der Priesterin zu Kopf steigt, aber meiner Erfahrung nach ist es so ein zutiefst demütig machendes Erlebnis, dass für das Ego wenig zum Aufblasen über bleibt. Es ist ein absolutes Privileg, die Göttin zu verkörpern, ein Privileg von ihr und von den Menschen gewährt, die kommen, um sie in uns zu finden.

Die Verkörperung der Göttin ist ein zweigleisiger Prozess. Auf der Seite der Priesterin gehört dazu die Fähigkeit, die Energie und die Worte der Göttin zu übermitteln, anstatt ihrer eigenen. Es gehörten aber auch Sehnsucht, Verlangen und Glaube von Seiten der Teilnehmerinnen dazu. Je mehr die Teilnehmerin ihr Herz der Verkörperung der Göttin öffnen kann, umso kraftvoller wird das Erlebnis für sie sein. Bei dieser Öffnung des Herzens geht es nicht darum, die eigene Kraft an ein anderes menschliches Wesen abzugeben, das sie missbrauchen könnte. Es geht darum, sich der von der Priesterin verkörperten Göttin hinzugeben. Die Kraft bleibt immer bei der Teilnehmerin, die Kraft, Liebe zu empfangen und zu schenken.

Für viele Menschen ist Hingabe ein Gebiet voller Fallstricke, weil wir in der Vergangenheit missbraucht wurden und die Liebe, die wir gegeben haben, verraten wurde. Es mag mit Schwierigkeiten belastet sein, aber die Hingabe an eine Verkörperung der Göttin ist immer eine Hingabe an sie, an die Göttin, nicht an die Persönlichkeit des menschlichen Wesens, das vor uns sitzt. Allen Priesterinnen wird das beigebracht und es ist dieser Unterschied, der uns alle schützt.

Die Goddess Conference 2003 war den neun Morgen gewidmet, und neun Priesterinnen boten Orakel für die Menschen an, die die Orakelhalle in den Glastonbury Assembly Rooms betraten. Wieder war dies ein tiefgreifendes Erlebnis für die Priesterinnen, die orakelten. Die Priesterinnen bereiteten sich vor und andere Priesterinnen unterstützten sie als Torhüterinnen und Wegweiserinnen. Die Orakel saßen ein einem großen, nach außen blickenden Kreis in dem verdunkelten Raum. Außerhalb der Halle bereiteten sich die Teilnehme-

Eins sein mit der Lady - Orakel und Verkörperung der Göttin

rinnen darauf vor, vor das Orakel zu treten, und dachten über Fragen nach, die sie vom Orakel beantwortet haben wollten. Sie traten einzeln ein und wurden zum nächsten verfügbaren Orakel geführt, bis alle neun Orakel mit Einzelnen sprachen. Die Teilnehmerinnen waren, von dem was sie hörten tief bewegt und drückten ihre Gefühle wiederum in Tränen und durch Lächeln aus. Es war für viele eine heilende Erfahrung.

Bei der Goddess Conference 2004 hielten wir für die Konferenzteilnehmerinnen eine große Heilzeremonie ab, bei der 20 Priesterinnen Bridie, die Göttin der Heilung, verkörperten. Auch das war für viele eine tiefgreifende und bewegende Zeremonie. 2005 verkörperten bei der Eröffnungszeremonie die neun Priesterinnen des Zeremonialkreises der Konferenz neun Göttinnen auf dem Jahresrad. Jede von uns sprach zur Konferenz aus der Perspektive der Göttin, die wir verkörperten, über Liebe. Wir hielten diese Göttinnen in verschiedenen Formen für die Dauer der Konferenz. Bei der Zeremonie *In the Heart of the Mysteries* erschienen wir mit entblößten, bemalten Brüsten und Gesichtern, gemeinsam mit neun Priestern. Beim Beginn der ekstatischen Tanz-Zeremonie servierten wir Königin Maeves heiligen roten Met, der bei der Konferenz 2004 von meinem Partner Mike gebraut worden war. Mike kümmerte sich ein Jahr und einen Tag um den Met. Wir tanzten in Maeves Ekstase.

Während der letzten Jahre habe ich die Verkörperung auch alleine für kleinere Gruppen von Ausbildungsteilnehmerinnen praktiziert. Ich habe die Lady von Avalon für Ausbildungsteilnehmerinnen, die ihre Ausbildung abschlossen und sich selbst initiierten, oder die an Avalon-Workshops auswärts teilnahmen, verkörpert. Das ist wirklich ein Privileg für mich, weil ich die Lady so sehr liebe. Es ist auch ein Segen, jenen, die ich gut kenne, auf diese Art dienen zu können. Andere Priesterinnen verkörpern zu verschiedenen Zeiten ebenfalls die Lady.

In alten Zeiten gerieten Orakel der Göttin in Trance durch das Einnehmen heiliger Kräuter oder das Einatmen natürlich vorkommender Gase wie Ethylen, das einen süßen Geruch und narkotische Auswirkungen hat, die als Schweben oder körperlose Euphorie beschrieben werden. In Delphi kam dieses Gas tief aus dem Erdinneren und drang durch Spalten zur Pythia (Priesterin). Heute sind Priesterinnen fähig, ohne die Einnahme psychotropischer Drogen oder das Einatmen giftiger Gase in einen veränderten Bewusstseinszustand zu kommen. Unser Bewusstsein scheint sich in einem Stadium zu befinden, in dem das jetzt für mehr und mehr Menschen möglich ist, und ich ermutige Priesterinnen dazu, ihre übersinnlichen Fertigkeiten zu entwickeln, anstatt sich auf chemische Substanzen zu verlassen, die ihrer Gesundheit schaden können.

Bei der Feinheit dieser Dinge sehe ich einen Unterschied zwischen Orakeln und Verkörperung. Beim Orakeln kommen die Teilnehmerinnen üblicherweise mit einer oder mehreren Fragen zum Orakel der Göttin, die sie beantwortet haben wollen. Das Orakel öffnet sich für die Göttin, liest und spricht die Energie, die sie spürt. Sie spricht für die Göttin. Die Orakel-Energie reagiert auf Fragen. Zu einer Verkörperung der Göttin kommen die Teilnehmerinnen, um der Göttin tatsächlich von Angesicht zu Angesicht in menschlicher Form zu begegnen. Die Verkörperung der Göttin spricht in der ersten Person als die Göttin. Die Teilnehmerinnen können der Göttin ihre Wahrheit sagen und ihre Liebe zu ihr ausdrücken und empfangen eine direkte Übertragung der Energie der Göttin. Orakeln und Verkörperung können bei derselben Sitzung stattfinden, aber die Energie ist etwas unterschiedlich.

Es ist sowohl beim Orakeln als auch bei der Verkörperung wichtig, entweder von der Gruppe, für die man orakelt, Unterstützung zu haben oder von anderen Priesterinnen, die sicherstellen, dass der Raum ungestört von äußeren Energien bleibt. Die Priesterin wird in einen veränderten Bewusstseinszustand eintreten und braucht Schutz vor unerwünschten Eindringlingen. Es kann auch sein, dass sie Erfrischung braucht oder andere persönliche Bedürfnisse hat.

Vorbereitung auf das Orakeln und die Verkörperung

Bevor du anfängst, ist es wichtig zu wissen, für welche Göttin du als Orakel oder Verkörperung agieren wirst. Es kann die Göttin im Allgemeinen, die Große Mutter von allem sein, oder ein bestimmter Aspekt der Göttin, wie die Lady von Avalon, Bridie, Rhiannon, Ker oder Keridwen oder eine andere der Göttinnen auf Britannias Rad sowie irgendeine andere Göttin. Es hängt davon ab, welche Göttin gehört werden will, und was deine Absicht beim Orakeln oder der Verkörperung der Göttin ist. Verschiedene Göttinnen werden verschiedene Energien ausdrücken und Verschiedenes sagen und tun.

Als öffentliche Zeremonie sind sowohl Orakeln als auch Verkörperung dramatische Ereignisse. So wie bei jedem Ritual muss der Schauplatz sorgfältig vorbereitet werden. Das war unseren Urahnen bekannt. Ihre Orakel sprachen in eindrucksvollen Untergrundkammern, wie dem Hypogeum in Malta, oder über den felsigen Spalten in Tempeln, so wie das Orakel in Delphi. Der Tempelraum muss speziell vorbereitet werden, so dass der zentrale Fokus auf den Stuhl oder Thron gerichtet ist, auf dem das Orakel oder die Verkörperung vor dem Altar der Göttin sitzen wird. Weiche Kissen und Teppiche werden vor den Thron gelegt, so dass die Suchenden sich bequem vor die Priesterin hinsetzen oder vor ihr knien können. Die Suchenden können nach ihrem Belieben sitzen oder stehen, aber für viele gehört zur Hingabe an die Göttin eine Rückkehr zu einer kindlichen Unschuld vor einer physisch größeren Mutter. Kissen helfen dabei, diese Hingabe herbeizuführen.

Der Tempelraum muss mit Klängen und Räucherwerk gereinigt und geklärt werden. Das Licht ist wichtig, weil ein Tempel, der von flackerndem Kerzenlicht erfüllt ist, seine eigene spezielle Atmosphäre hat, die magische Erfahrungen hervorbringt. Das Licht kann gedämpft und geheimnisvoll sein, es kann aber auch ein sehr helles Licht auf den Thron gerichtet sein, der von Dunkelheit um-

Eins sein mit der Lady - Orakel und Verkörperung der Göttin

geben ist. Das Orakel kann auch völlig verborgen sein, und nur seine Stimme wird auf irgendeine Weise durch eine Art Trichter übertragen. Eine Verkörperung ist immer sichtbar.

Die Priesterin bereitet sich vor, indem sie mithilft den Raum zu schaffen, in dem sie auftreten wird, weil dies eine Aufführung genauso wie eine zeremonielle Aufgabe ist. Sie nimmt sich Zeit, sich mit dem Raum und dem Thron, auf dem sie sitzen wird, vertraut zu machen. Sie kleidet sich in zeremonielle Gewänder mit Kopfschmuck, Maske und/oder Schleier und nimmt bewusst ihre Rolle ein. Nochmals, das ist Theater und die Priesterin ist als Orakel oder Verkörperung üblicherweise verkleidet, damit jene, die kommen um sie zu treffen, weniger von einem vertrauten menschlichen Gesicht abgelenkt sind. Eine Vollmaske, bei der nur die Augen der Priesterin sichtbar sind, hat eine starke Wirkung, aber die Maske muss eine Mund-Öffnung haben, damit die Worte der Göttin deutlich gehört werden können. Es kann Stoff am unteren Teil einer Halbmaske befestigt werden, damit das ganze Gesicht verdeckt ist. Ein Gesicht, das völlig mit einem durchscheinenden Schleier bedeckt ist, durch den nur seine Kontur gesehen werden kann, ist auch eindrucksvoll. Eine Maske und ein Schleier gemeinsam verdecken das Gesicht der Priesterin fast vollständig, und das kann für ein Orakel passend sein. Das Gesicht der Priesterin kann auch mit Farbblöcken bemalt werden, die ihr übliches Erscheinungsbild total verändern.

Es gibt mehrere Phasen im Vorbereitungsprozess, denen die Priesterin nun folgen muss.

1. *Verbinde dich mit jenen, die dich während des Orakelns oder Verkörperns unterstützen werden, in einem Kreis. Ruft gemeinsam die Göttinnen an, die im Tempelraum verehrt werden, und rufe die Göttin herein, für die du orakeln oder die du verkörpern wirst.*
2. *Richte deine Aufmerksamkeit auf deinen Atem und lass ihn langsamer und tiefer werden. Beruhige deinen Verstand, deine Emotionen und deinen Körper.*
3. *Begib dich zum Thron und erde und zentriere dich. Verbinde dich mit der Erde und dem Himmel. Strahle deine Seelenenergie durch deine Aura nach außen in den Tempelraum.*
4. *Bringe deine Aufmerksamkeit vollkommen in den Augenblick des Jetzt.*
5. *Rufe im Stehen dein Priesterinnenselbst in deinen Körper. Rufe es in deinen Körper und dein Sein. Spüre wie sich deine Wirbelsäule streckt und du groß wirst, wenn dein Priesterinnenselbst in deinen Körper kommt. Spüre das archetypische Priesterinnenselbst vollständig in deinen Körper kommen und vervollständige den folgenden Satz,*
   „Ich bin sie, die .... "
6. *Setze dich auf den Thron. Strahle deine Seelenenergie aus.*

Die Praxis des Orakelns

Eine Suchende kommt mit Fragen im Sinn zu einem Orakel, die sie vom Orakel im Namen der Göttin beantwortet haben möchte. Die Kunst des Orakelns besteht darin, fähig zu sein, die Worte der Göttin an die Suchende zu hören und zu übermitteln. Für das Orakel kann das Hören und Aussprechen der Worte der Göttin eine fließende Erfahrung sein, wenn die Priesterin als eine Leitung oder ein Kanal für die Worte der Lady agiert. Manche Orakel müssen vielleicht bewusst auf die Stimme der Göttin im Inneren lauschen, ihre Worte verstehen und sie dann weitergeben. Die Worte der Göttin werden üblicherweise in der dritten Person gesprochen. Das Orakel kann sich vielleicht daran erinnern, was es gesagt hat, oder auch nicht.

Um diese Dinge tun zu können, müssen wir unsere Persönlichkeit mit all unseren persönlichen Vorlieben, Abneigungen, Einstellungen und Meinungen zur Seite stellen und den Raum unserer Seele betreten, der liebevoll, warmherzig, großzügig und mitfühlend ist. Je mehr wir fähig sind, die Energie unserer Seele zu erzeugen, sie nach außen zu strahlen und in den gegenwärtigen Moment zu bringen, umso mehr können wir den Griff lockern, den unsere Persönlichkeit auf unser Bewusstsein hat und wirklich für die Göttin sprechen.

1. *Sitze als dein Priesterinnenselbst auf dem Thron und öffne dein Bewusstsein für die Göttin, für die du orakelst. Bete zu ihr im Sinne folgender Worte:*

   „Lady, ich öffne mich für deine Weisheit und Wahrheit. Ich öffne mich für deine Liebe. Ich bete darum, für alle, die hierher kommen, deine Worte zu hören und zu sprechen. Ich bete darum, dass alles, was passiert, zum höchsten Wohl aller gereichen wird."

2. *Richte deine Aufmerksamkeit wieder auf den gegenwärtigen Augenblick und strahle deine Seelenenergie aus. Warte bis die erste Suchende eintrifft. Das kann einige Zeit dauern, aber lass zu, dass sich dein Bewusstheitszustand die ganze Zeit über vertieft. In Stille zu warten ist für Priesterinnen eine notwendige Fertigkeit.*

3. *Die erste Suchende tritt vor dich hin und steht, sitzt oder kniet vor dem Orakel.*

4. *Richte deine Aufmerksamkeit auf die Suchende und warte bis sie spricht.*

5. *Die Suchende stellt ihre Frage oder, wenn sie es nicht tut, kannst du fragen: „Hast du eine Frage?"*

6. *Höre der Frage zu und öffne dein Bewusstsein für die Göttin in dir.*

Eins sein mit der Lady - Orakel und Verkörperung der Göttin

7. *Schau der Suchenden in die Augen, auch wenn du ihre Augen nicht sehen kannst, und beantworte die Frage mit den Worten, die du hörst. Manchmal sind die gesprochenen Worte offensichtlich und geradlinig und manchmal sind sie kryptisch und geheimnisvoll. Du hörst dich vielleicht Dinge sagen, deren Bedeutung du nicht verstehst. Manchmal sprichst du vielleicht über etwas völlig anderes als die gestellte Frage, was auf die verborgene, unausgesprochene Frage abzielt, die die Suchende nicht gestellt hat. Vertraue der inneren Stimme deiner Intuition. Sprich für die Göttin, bis es nichts mehr zu sagen gibt, und schweige dann.*

8. *Warte, ob eine weitere Frage gestellt wird. Wenn ja, wiederhole den Vorgang, ziehe andernfalls deine Aufmerksamkeit von der Suchenden zurück und richte sie wieder auf deine eigene Seele. Du kannst eine körperliche Geste des Rückzugs in dich selbst machen, die andeutet, dass das Orakel vorbei ist.*

9. *Warte bis sich die nächste Suchende nähert, während du die ganze Zeit den Zustand deiner Bewusstheit vertiefst. Wiederhole den Vorgang für die nächste Suchende.*

10. *Es kann sein, dass du für eine Person orakelst oder für viele. Richte deine Aufmerksamkeit der Reihe nach auf jede Suchende und ziehe sie dann in dich selbst zurück. Bleibe in der Gegenwart und bei dem, was vor dir ist.*

11. *Wenn die letzte Suchende gegangen ist, danke der Göttin für ihre Präsenz.*

12. *Richte deine Aufmerksamkeit auf deinen Atem und atme tief. Bring dein Bewusstsein zurück in deinen Körper. Bewege deine Zehen und Finger und spüre deine Körperlichkeit.*

13. *Nimm deine Maske und/oder deinen Schleier ab, stehe auf und lege sie auf den Thron. Nimm dir Zeit, dein Zeremonialgewand abzulegen und dir andere Kleidung anzuziehen. Lege deine zeremonielle Kleidung auf den Thron und lass sie dort, bis sich die Energie aufgelöst hat. Trinke ein Glas Wasser.*

Üblicherweise wirst du dich vom Erlebnis des Orakelns aufgeregt und energiegeladen fühlen. Es ist ein großes Privileg für die Göttin zu sprechen. Vielleicht kannst du dich daran erinnern, was du gesagt hast, vielleicht auch nicht. Es kann auch sein, dass du dich sehr emotional fühlst. Es ist wichtig, dass du dich jetzt um deine eigenen physischen und emotionalen Bedürfnisse kümmerst.

Die Praxis der Verkörperung

Es ist ein großes Privileg und eine Ehre als eine zeremonielle Verkörperung der Göttin aufzutreten. Es ist eine Machtstellung, die von der Priesterin, die diese Rolle spielt, mit großem Respekt und großer Demut behandelt werden muss. Als eine Verkörperung spricht und agiert die Priesterin als die Göttin. So wie die Worte der Göttin zu sprechen, kann zur ihrer Kommunikation auch gehören, die Hände der Suchenden körperlich zu halten, eine heilende Berührung anzubieten und/oder die Suchende zu umarmen. Es gibt nichts was annähernd dem gleicht, von einer körperlichen Göttin in ihren Armen gehalten zu werden, die dich tröstet.

Der grundsätzliche Unterschied beim Herantreten an ein Orakel oder eine Verkörperung ist, dass in der Gegenwart einer Verkörperung die Suchenden ihre Wahrheit unmittelbar der Göttin in menschlicher Form sagen können. Sie sind nicht in erster Linie da, um Fragen an sie zu stellen, obwohl sie es tun können, wenn sie wollen. Sie sind da, um ihre von Herzen kommenden Gebete an die Göttin zu sprechen, um ihre Liebe und Verehrung für die Göttin und ihre geheimen Hoffnungen und Träume, ihre intimen Geheimnisse, auszudrücken. Sie können sie um ihre Weisheit bitten. Sie können sich ihr hingeben. Sie können sich ihrem Dienst als Suchende oder Priesterinnen weihen. Diese Hingabe an die Verkörperung ist ein Akt des Vertrauens von Seiten der Suchenden, der niemals von der Priesterin missbraucht werden darf. Es ist gleichfalls ein Akt des Vertrauens von Seiten der Priesterin, die daran glaubt, dass sie die Göttin erfolgreich verkörpern und ihre Worte für eine andere Person sprechen kann. Meiner Erfahrung nach finden die außergewöhnlichsten transformativen und lebensbereichernden Erlebnisse statt, wenn sowohl die Priesterin als auch die Suchende Vertrauen haben.

So wie beim Orakeln muss die Verkörperung ihre eigenen persönlichen Vorlieben und Abneigungen sowie ihre Einstellungen und Meinungen zur Seite stellen und den Fokus ihrer Aufmerksamkeit auf ihre Seele richten. Die Seele ist die Energie der Göttin innerhalb des menschlichen Wesens und indem wir uns bewusst mit dieser Energie verbinden, verbinden wir uns unmittelbar mit der Göttin. Wir sprechen als die Göttin und verwenden beim Reden die erste Person, „Ich, die Göttin", etc. Die Verkörperung ist für die Priesterin genauso ein außergewöhnlich kraftvolles Erlebnis wie für die Suchenden.

Es ist gut, einige Zeit bevor die Verkörperungs-Sitzung beginnt, der Gruppe der Suchenden Anweisungen zu geben, wie sie sich der Verkörperung der Göttin nähern sollen. Richte ihre Aufmerksamkeit aus, indem du sagst:

> „Wenn du wüsstest, dass du morgen oder in zwei Stunden (je nachdem, wann die Sitzung stattfindet) die Göttin von Angesicht zu Angesicht treffen wirst, wie würdest du dich vorbereiten?"

Eins sein mit der Lady - Orakel und Verkörperung der Göttin

Dieser einfache Satz macht die Menschen wach für die Verheißung dessen, was passieren wird, und sie beginnen sich für die Gelegenheit vorzubereiten. Manche Menschen sind aufgrund dieser Aussicht sehr aufgeregt, andere sind gleichgültig und manche werden plötzlich nervös. Es ist gut für die Menschen, wenn sie emotional bewegt sind, bevor sie in die Präsenz der Göttin kommen, weil sie offener für die Kraft des Erlebnisses sein werden.

1. *Sitze als dein Priesterinnenselbst auf dem Thron und öffne dein Bewusstsein für die Göttin, die du verkörpern wirst. Bete zu ihr im Sinne folgender Worte:*
   „Lady, ich öffne mich dir, deiner Liebe, deiner Weisheit und deiner heilenden Kraft. Ich bete, dass ich dich für alle, die hierher kommen, verkörpern möge. Ich bete, dass alles, was passiert, zum höchsten Wohl aller gereichen wird."
2. *Rufe die Göttin in deinen Körper und spüre wie sie über dein Priesterinnenselbst anfängt, in deinen Körper zu kommen. Dein Priesterinnenselbst hält die Präsenz der Göttin sicher in deinem Körper.*
3. *Spüre die Präsenz der Göttin in deinem Körper und strahle ihre Energie nach außen in den Tempelraum. Richte deine Aufmerksamkeit wieder auf den gegenwärtigen Augenblick.*
4. *Warte in der Stille auf das Eintreffen der ersten Suchenden. Das kann einige Zeit dauern, aber strahle die ganze Zeit die Energie der Göttin aus.*
5. *Die erste Suchende kommt und steht vor der Verkörperung. Diese Erfahrung ist üblicherweise sehr bewegend für die Menschen, weil sie die Wahrheit dessen, was vorgeht, erkennen und sich die Erlaubnis geben, der Göttin von Angesicht zu Angesicht zu begegnen. Manche Menschen werden sich hinknien und sich der Lady hingeben, andere werden aus Angst oder Ablehnung einen gewissen Abstand wahren und wieder andere werden ihren Widerstand gegen diese Erfahrung in ihren Worten zeigen. Egal wie die Suchende sich der Göttin nähert, strahle ihnen ihre liebevolle Energie entgegen.*
6. *Richte deine ganze Aufmerksamkeit auf die Suchende und halte ihr deine Hände mit der Handfläche nach oben entgegen, um zu zeigen, dass du die Hände der Suchenden halten möchtest. Nimm ihre Hände und strahle die Energie der Göttin aus. Warte, bis sie spricht und höre zu, was sie der Göttin sagen will. Wenn sie nicht spricht, kannst du fragen: „Was möchtest du mir sagen?"*
7. *Sprich als die Göttin in der ersten Person. Lass die Göttin deinen Körper bewegen. Bewege dich auf die Suchenden zu, wenn die*

Göttin es bestimmt, halte ihre Hände, schicke Heilungsenergie in verschiedene Teile ihres Körpers, so wie deine Intuition es dir sagt, und halte sie in deinen Armen, wenn Bedarf dafür entsteht. So wie beim Orakeln sind die gesprochenen Worte manchmal offensichtlich und gerade heraus und manchmal kryptisch und geheimnisvoll. Vertraue auf das, was du sagst, und strahle dauernd die Energie der Göttin zur Suchenden aus. Sprich als die Göttin, bis es nichts mehr zu sagen gibt und sei dann still.

8. Warte, ob die Suchende noch etwas sagen möchte. Sprich und handle nach Bedarf. Es ist üblicherweise offensichtlich, wenn die Sitzung zu Ende ist, weil die Göttin ihre Aufmerksamkeit von der Suchenden zurückzieht, und du kannst das in deinem Körper spüren. Du kannst eine körperliche Geste des Rückzugs ausführen. Sitze mit der Göttin, wenn die Suchende sich wieder entfernt.

9. Warte bis sich die nächste Suchende nähert und vertiefe die ganze Zeit deinen Zustand der Kommunion mit der Göttin. Wiederhole den Vorgang für die nächste Suchende.

10. Du kannst für eine Person oder viele Personen die Verkörperung der Göttin darstellen. Richte deine Aufmerksamkeit der Reihe nach auf jede Suchende und ziehe dich danach in dich selbst zurück. Bleibe in der Gegenwart, mit dem was in dir und vor dir ist.

11. Sobald die letzte Suchende gegangen ist, danke der Göttin für ihre Präsenz in dir.

12. Richte deine Aufmerksamkeit auf deinen Atem. Atme tief und bringe dein Bewusstsein zurück in deinen Körper. Bewege deine Zehen und Finger und spüre deine Körperlichkeit.

13. Nimm langsam deine Maske und/oder deinen Schleier ab, stehe auf und lege sie auf den Thron. Nimm dir Zeit, dein zeremonielles Gewand abzulegen und dir andere Kleidungstücke anzuziehen. Lege die zeremoniellen Gewänder auf den Thron und lass sie dort, damit sich die Energie ablösen kann. Trinke ein Glas Wasser.

Üblicherweise wirst du von dem Erlebnis, die Göttin zu verkörpern von Ehrfurcht erfüllt und inspiriert sein. Es ist ein großes Privileg als die Göttin zu sprechen. Vielleicht erinnerst du dich an das, was passiert ist, vielleicht auch nicht. Meistens wirst du tief bewegt sein und dich selbst emotional verletzlich fühlen. Sorge für deine persönlichen Bedürfnisse.

Persönliche Arbeit

Übe das Hereinrufen deines Priesterinnenselbst in deinen Körper gemeinsam mit Priesterinnenschwestern oder engen Freundinnen, die deine Reise unterstützen. Verbinde dich mit der Energie deiner Seele und lass die Göttin durch dich als ihr Orakel oder ihre Verkörperung sprechen.

Lege die Worte für dein Selbstweihegelübde fest, dass du am Ende der Zweiten Spirale vor der Göttin ablegst, und mit dem du dich ihr als ihre Priesterin weihst.

Die Gruppen von Ausbildungsteilnehmerinnen treffen letzte Vorbereitungen für die Selbstinitiations-Zeremonie, die zum Abschluss der Zweiten Spirale stattfinden wird.

---

[1] Das hebräische Wort *ruach*, das üblicherweise mit *Heiliger Geist* übersetzt wird, ist eigentlich feminin. Richtig wäre also generell *Heilige Geistin*.

Avalon - Zweite Spirale

Selbstinitiation als Priesterin der Göttin im Glastonbury Tor Labrynth

Der letzte Abschnitt der Zweiten Spirale der Ausbildung zur Priesterin von Avalon besteht darin, die Mysterien des großen dreidimensionalen Göttinnen-Labrynths an den Hängen des Glastonbury Tor zu erforschen. Dieses Labrynth ist eines der Portale zu den Mysterien der Göttinnen in der heiligen Landschaft von Glastonbury Avalon und alle Priesterinnen sollten irgendwann mit seinen Pfaden vertraut werden. Wir haben einiges über die Mysterien des Labrynths in der Ersten Spirale gelernt und hier, am Ende der Zweiten Spirale, erleben wir seine transformierende Wirkung, indem wir durch das Labrynth in der heiligen Landschaft schreiten. Durch dieses Labrynth zu gehen, ist ein spirituelles, emotionales und physisches Erlebnis und ein Träger oder Gefäß für die Selbstinitiations-Zeremonie als Priester/in der Göttin, die stattfindet, während die Ausbildungsteilnehmerinnen psychisch und physisch im Zentrum des Labrynths sind.

Ich habe die Wirkung der Wanderung durch das Glastonbury Tor Labrynth erstmals vor vielen Jahren in den frühen 1980ern erlebt, als ich eine Gruppe von Menschen, darunter Frauen aus der Glastonbury-Frauengruppe, an einem Beltane-Abend durch das Labrynth führte. Diese Nacht ist die Walpurgisnacht und es heißt, dass in dieser Nacht die Hexen fliegen. In diesem Jahr war es auch Wesak, der Vollmond im Skorpion, wenn die Sonne im Stier steht. Als wir losgingen schien die Sonne, es war ein milder Nachmittag. Während wir unseren Weg durch das Labrynth entlanggingen, kam Wind auf und Wolken rollten über das Sommerland herein. Als der Abend kam, verdunkelte sich der Himmel unheilverheißend, Blitze zuckten auf und Donner grollte. Wir wurden vom Regen durchnässt und Hagelkörner schlugen uns ins Gesicht, als wir die siebente Ebene des Labrynths umrundeten. Wir hatten einen Sturm zusammengebraut.

Andere Frauen, unter ihnen die verstorbene Monica Sjoo, waren an diesem Tag ebenfalls am Tor unterwegs und wir alle kamen beim St. Michael´s Turm völlig durchnässt und verängstigt von der Wucht des Sturmes an. Wir flohen von der Spitze des Tor und kamen einige Tage später zurück, um aus dem Labrynth bei ruhigerem Wetter hinauszugehen. Nach dieser Wanderung wurden vier von den Frauen, die gemeinsam durch das Labrynth gegangen waren, mit Töchtern schwanger. Ich war eine davon. Wir alle gebaren unsere Kinder mit nur einigen Monaten Abstand voneinander und wir führten das auf unsere Wanderung durch das Göttinnen-Labrynth zurück. Von da an kam die Legende auf, dass das Begehen des Labrynths dabei helfen würde, Töchter zu bekommen.

Als ich einige Male pro Jahr durch das Tor Labrynth ging, machte ich es mir zur Gewohnheit, jedes Mal mein Leben der Göttin zu weihen und mein Gelübde an sie abzulegen, während ich ging. Es war beim Wandern durch das Tor Labrynth, dass ich mich der Lady wieder und wieder als ihre Priesterin weihte, Jahre bevor ich auch nur daran dachte, andere darin zu unterrichten es auch zu tun. Während ich ging bat ich sie, mich nach ihrem Willen zu verwandeln. Einmal nahm sie mich beim Wort, als ich es tat, und führte mich durch die Reise mit Brustkrebs, die mich transformiert und mehr Liebe in mein Leben gebracht hat. Für mich ist die Wanderung durch das Labrynth nichts, was auf die leichte Schulter genommen werden sollte. Es kann gewaltige, lebensverändernde Folgen haben.

Die folgende Beschreibung der Pilgerfahrt durch das Tor Labrynth wurde erstmals in „*In the Nature of Avalon*" (Ariadne Publications) veröffentlicht. In jenem Buch sind auch Fotos der Pfade durch das Labrynth zu finden.

Die Pilgerfahrt durch das Glastonbury Tor Labrynth

Auf den Hängen des Glastonbury Tor gibt es sieben und mehr Ebenen von Terrassen, die den geheimnisvollen Hügel umkreisen. Manche dieser Ebenen sind leicht zu sehen und manche gingen teilweise durch Erosion verloren. Es heißt, dass das die Überreste eines großen dreidimensionalen Labrynths mit sieben Umgängen sind, das von den alten Völkern von Avalon geformt wurde und auf demselben Muster wie das kretische Labrynth basiert.

In Avalon ist das Labrynth der spiralförmige Pfad, der zum Schloss von Caer Sidi, auch bekannt als Caer Arianrhod, führt, dem sich drehenden Schloss der Arianrhod vom Silberrad. Am Himmel ist dieses Schloss die Corona Borealis, die Krone des Nordwindes. Mythologisch sind Ariadne und Arianrhod die gleiche Göttin. Ariadne regiert die inneren Welten, Arianrhod hingegen die obere Welt. Ihre Schwester in der Unterwelt von Annwn ist Nolava, die Greisin und

Selbstinitiation als Priesterin der Göttin

Hüterin des Kessels. Die drei Welten sind durch die Axis Mundi verbunden, die Weltenachse, die man sich manchmal als heiligen Berg vorstellt. Hier in Avalon ist das der Glastonbury Tor. In der Landschaft der Göttin ist der Tor die üppige Brust der Liebenden, die nährende Brust der großen Mutter und der weise Schoß der Greisin.

Die Anwesenheit eines riesigen und uralten Labrynths, das den Tor umkreist, wurde erstmals in den 1970ern von Geoffrey Russell angedacht. Er machte Zeichnungen des Labrynths, gab Luftaufnahmen des Gebiets in Auftrag und fertigte Sandmodelle des Tor an, um seine Idee zu beweisen. Er simulierte das Erdbeben von 1275, das den ersten St. Michael´s Turm der Kirche am Tor zerstörte, um zu zeigen, wie die Form der Terrassen durch die Bewegungen des Körpers der Muttergöttin betroffen wurde. Die Idee des Tor Labrynths wurde von Geoffrey Ashe in einer Broschüre mit dem Titel „*The Glastonbury Tor Maze*" (Gothic Image) weiter erläutert. Sie erschien erstmals 1979 und enthielt Anweisungen, wie man die Pfade des Tor Labrynth begeht. Gemeinsam mit Geoffrey Ashe und Freunden ging ich zu dieser Zeit das erste Mal durch das Tor Labrynth.

Ob das Tor Labrynth wirklich eine alte neolithische Stätte ist, kann diskutiert werden, aber da noch niemand unter den Terrassen gegraben hat, um es herauszufinden, gibt es keine Möglichkeit das sicher zu wissen. Im Lauf der letzten 20 Jahre wurde der Pfad durch das Labrynth aber von tausenden Menschen begangen. Manche gingen alleine und andere in größeren, zeremoniellen Gruppen. Ich habe persönlich viele hunderte von Menschen durch das Labrynth geführt, das heute in der physischen, ätherischen und spirituellen Realität existiert. Das Labrynth stellt eine Initiationserfahrung für die heutige Zeit zur Verfügung, bei der das Geheimnis der ewiglebenden Göttin berührt und erkannt werden kann. Wie bei jeder solchen magischen Reise, hängt die Tiefe der Erfahrung davon ab, wie weit wir uns für ihre göttliche Essenz öffnen können.

Auf dem Tor zieht sich das Muster des äußeren Labrynths in einem einzigen Pfad auf den verschiedenen Terrassen, die auf allen Seiten sichtbar sind, um den steilen Hügel. Der Pfad windet sich siebenmal rückwärts und vorwärts. Der Hauptteil des Tor liegt von Nordost nach Südwest gerichtet, und der Eingang zum Labrynth liegt innerhalb der Grenze des National Trust[1] am südwestlichen Ende des Tor, oberhalb der Wellhouse Lane. Der Eingang wird markiert durch einen entzweigebrochenen Quarzsandstein des Tor, der unmittelbar hinter einer Bank auf dem befestigten Pfad zum Tor liegt. Alle 180°-Wendungen im Labrynth werden an diesem südwestlichen Ende des Tor durchgeführt. Die am tiefsten liegende Terrasse ist Ebene 1 und die Terrasse, die die Spitze des Tor umkreist, aber nicht auf der Spitze des Tor liegt, ist Ebene 7.

Nachdem man durch den Eingang des Labrynths gegangen ist, erfolgt die erste Wendung nach links auf die Ebene 3, die von einem weiteren auffälligen Stein markiert ist. Dann folgt ein Muster von Ebenen in der Abfolge 3 2 1 4 7 6 5, das zwischen dem fünften und sechsten äußeren Umgang endet. Hier tritt die Reisende psychisch und in der Vergangenheit vielleicht physisch in den Körper des Tor ein. Das Zentrum des Labrynths ist in der Mitte des Tor und nicht auf der Spitze. Wenn wir psychisch in den Tor eintreten, gibt es zwei weitere Ebenen – die Unterwelt, wo wir unser Schattenselbst treffen, den monströsen Minotaurus unseres Unterbewusstseins; und die innere Höhle, wo wir, wenn wir Glück haben, einen Blick auf die Lady von Avalon erhaschen können. Miteinander ergibt das die heilige Zahl neun der neun Morgenen, die in Avalon weilen. Bei der Rückkehr aus dem Zentrum folgt der äußere Pfad derselben Route in umgekehrter Reihenfolge – 5 6 7 4 1 2 3.

Als zusätzlichen Beitrag zu dieser Erfahrung kann man jede der sieben Ebenen in Beziehung zu den sieben Hauptchakren oder Energiezentren des menschlichen Körpers setzen, zu den sieben planetaren Energiestrahlen/Energiequalitäten, die von Alice A. Bailey beschrieben wurden, und zu den sieben Elementen der Manifestation. Wenn wir die jeweilige Ebene entlanggehen, können wir unser Erleben mit dem passenden Chakra, Energiestrahl und Element in Beziehung setzen. Diese Symbole tieferer Wahrheiten sind keine Analogien sondern Katalysatoren. Sie sollten flexibel gesehen und nicht dogmatisch verwendet werden.

Ebene des Tor	*Element*	*Strahl/Energie*	*Chakra*
1	Erde	7./physisch	Basischakra
2	Wasser	6./emotional	Sexualchakra
3	Feuer	5./mental	Solar plexus
4	Luft	4./Intuition	Herzchakra/Anahata
5	Äther	3./Intelligenz	Kehlchakra
6	Elektron	2./Liebe-Weisheit	zwischen den Augenbrauen /Ajna
7	Proton	1./Kraft-Wille	Kronenchakra

plus zwei unsichtbare Ebenen der inneren Welt

8	Schatten	Unterwelt	zwischen 5. und 6. Chakra
9	Göttin	Innenwelt	Herz/Hridaya Chakra

Wenn wir ins Labrynth gehen und jede der sieben Ebenen durchlaufen, legen wir eine Schicht von uns selbst ab und lassen alles los, was wir in unserem Leben nicht länger brauchen. Dabei legen wir allmählich die Schleier ab, die unser inneres Sein verbergen. Eine zeremonielle Pilgerfahrt ins Zentrum des Tor Labrynths dauert vier bis fünf Stunden, und den Weg hinaus zu vollenden kann drei bis vier Stunden dauern. Als ich jünger war, ging ich an einem Tag hinein und hinaus, und brach am Ende einer langen Wanderung um einen steilen Hügel mit Schmerzen und fußwund zusammen. Heute nehme ich mir Zeit und gehe an einem Tag ins Zentrum des Labrynths. Ich bleibe psychisch in der Mitte des Labrynths, während ich körperlich vom Tor hinuntergehe, und komme dann an einem anderen Tag zurück, um den Weg hinaus zu vollenden. Ich

Selbstinitiation als Priesterin der Göttin

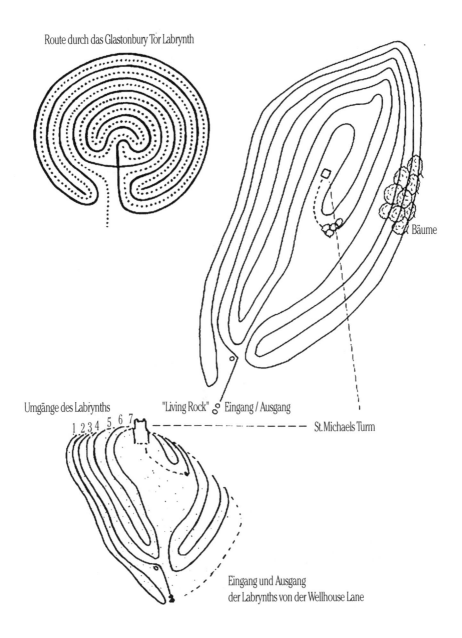

Route durch das Glastonbury Tor Labrynth

Bäume

Umgänge des Labrynths
1 2 3 4 5 6 7

"Living Rock" Eingang / Ausgang

St. Michaels Turm

Eingang und Ausgang
der Labrynths von der Wellhouse Lane

habe festgestellt, dass es den transformativen Prozess tiefer in die Psyche dringen lässt, wenn ich das Tor Labrynth auf diese Weise begehe. Im Zentrum verbringen wir Zeit damit, unser inneres Selbst zu betrachten, unseren Schatten zu integrieren und uns an diesem heiligen Platz mit der Göttin als Arianrhod, Ariadne und Nolava zu verbinden. Indem wir eine Zeit lang – einige Stunden, Wochen oder Monate – im Zentrum bleiben, gestatten wir der transformativen Erfahrung viele Schichten unseres Seins zu durchdringen.

Nach dieser Zeit im Zentrum ist es wichtig, dass wir unsere Schritte zurückverfolgen und aus dem Labrynth wieder hinausgehen. Dabei ersetzen wir die äußeren Schichten und vervollständigen diesen Initiationszyklus. Wir nehmen neue Einsichten mit uns in die Zukunft, und die Energie, die wir von der Göttin empfangen haben. Wir müssen dem Labrynth physisch genauso nach außen folgen, wie wir hineingegangen sind. Das kann nicht im Kopf oder mit dem Finger auf einem kleinen Labrynth getan werden. Es muss physisch durchschritten werden. Jene, die auf halbem Weg aufhören, bleiben buchstäblich inmitten eines psychischen Labyrinths gefangen, was Auswirkungen auf unser tägliches Leben hat. Wenn wir die Reise nicht innerhalb von Tagen oder Wochen vervollständigen, werden wir eines Tages feststellen, dass wir unsere Labrynthreise wirklich abschließen müssen.

Während wir durch das Labrynth gehen, kann es sein, dass in unserem Verstand Gründe auftauchen, warum wir die Reise aufgeben sollten. Plötzlich scheint es eine sinnlose Sache zu sein. Warum gehe ich um diesen blöden Hügel herum? Oder unsere Beine schmerzen fürchterlich, oder wir fühlen uns ängstlich, wütend oder enttäuscht. Es kann auch sein, dass ein anderes Lebensmuster hochkommt und sich uns in all seinen Farben präsentiert. Nimm wahr, wo im Labrynth diese starken Gefühle auftauchen. Wenn du die Reise ganz aufgeben musst, achte darauf auf welcher Ebene du zu dieser Zeit gehst und was die korrespondierenden Qualitäten der Energie und der Chakren sind. Setze die Gefühle mit Mustern und Widerständen in deinem täglichen Leben in Beziehung.

Das Tor Labrynth ist möglicherweise schon seit tausenden von Jahren hier, und im Laufe dieser Zeit hat auf den Hängen des Hügels viel Erosion durch das Wetter und durch menschliche und tierische Aktivität stattgefunden. Als Folge davon sind manche Terrassen nicht so leicht zu sehen und zu begehen wie andere. Die Terrassen auf der südlichen Seite des Tor liegen außerdem tiefer als jene auf der nördlichen Seite, vielleicht aufgrund des Erdbebens im Jahr 1275. Das heißt, dass es am nordöstlichen Ende des Tor einen Knick im Labrynth gibt. Dort ist die Verbindung zwischen der nördlichen Hälfte des Labrynths und den südlichen Terrassen ziemlich steil. An dieser Stelle musst du imstande sein genau festzustellen, welche Ebene welche ist, damit du deinen Weg findest. Schafe und Rinder grasen auf den Hängen des Tor und an manchen Stellen gibt es deutliche Trampelpfade, denen du vielleicht folgen möchtest. Blicke auf die weitere Aussicht, um sicher zu stellen, dass du zu jeder Zeit auf der richtigen Ebene der Terrassen bist. Zusätzlich ist ein Teil der tiefsten Ebenen des Lab-

Selbstinitiation als Priesterin der Göttin

rynths außerhalb der Grenzen des National Trust und der Pfad ist umgeleitet, um Privatgrund zu umgehen.

Trotz all dieser Hindernisse schien es mir immer wichtiger, das Muster des Labrynths zu gehen, anstatt sich darin hineinzusteigern, über welchen Boden man genau gehen muss. Die Pfade, die ich vorschlage, beruhen auf meinen Erfahrungen, das Labrynth viele Male durchschritten zu haben.

Das Glastonbury Tor Labrynth zu begehen ist eine initiierende Passage in die Mysterien der Insel Avalon. Es ist eine sehr körperliche Reise – eine lange Wanderung rund um einen steilen Hügel herum und es ist eine spirituelle, andächtige Praxis. Es ist eine mehrdimensionale Pilgerfahrt, die die sichtbaren und unsichtbaren Welten verbindet, und es der Suchenden ermöglicht, durch den Schleier zu gehen, der die alltägliche Welt der physischen Sinne von der mythischen Anderswelt trennt. Der Legende nach liegt der Tor auf der Insel Avalon, die auch als die westliche Insel der Toten bekannt ist. Hier liegt, bewacht von Gwyn ap Nudd, ein Eingang in die Unterwelt von Annwn, wo die Lady und die Geister der Ahnen Avalons weilen. Über die Axis Mundi ist hier auch die unmittelbare Verbindung zu den Sternen des Caer Arianrhod. Die unsichtbaren Wesen dieser beiden Welten können manchmal ziemlich deutlich in ihrer ätherischen Form gesehen werden. Manchmal tauchen sie auf den Hängen des Tor oder im Himmel über uns auch in Gestalt von Krähen, Habichten, Tauben, Schwänen, Kaninchen, Dachsen, Hunden und Menschen auf.

Es ist meine Überzeugung, dass wir, indem wir dieses Labrynth mit Andacht und auf rituelle Weise bis zur Mitte und wieder hinaus durchwandern, eine persönliche Verbindung mit den Ahnenwesen Avalons erwecken. Wir öffnen uns für Nolava, die Lady von Avalon, für Ariadne mit dem roten Faden, Arianrhod vom Silberrad, die neun Morgenen und die Wächter und die Gesellschaft von Avalon. Indem wir dieses Muster bei einer Zeremonie körperlich abgehen, stecken wir einen Schlüssel in ein uraltes Schloss und drehen ihn um. Als Folge davon öffnet sich ein Tor in unserer fernen Erinnerung und wir erhalten Zugang zu dem Wissen und der Weisheit der Ahnen.

Wenn wir als Vorbereitung für eine Initiations-Zeremonie in Begleitung anderer ins Labrynth gehen, ist es wichtig, dass wir uns gestatten, einige Zeit mit der Göttin und mit unseren eigenen Gedanken zu verbringen, während wir gehen. Wir können folgende Göttinnen-Mantras wiederholen:

Ariadne mit dem roten Faden, Arianrhod vom Silberrad,
auf dem Spiralpfad nach Caer Sidi öffne ich mein Herz für euch.

Maiden, Lover, Mother, Crone
Lady of Avalon, bring me home.

(Jungfrau, Liebende, Mutter, Greisin
Lady von Avalon, bringe mich heim.)

Ins Labrynth gehen

So wie bei allen Göttinnen-Pilgerfahrten tragen wir bei dieser langen Reise passende Kleidung und Schuhwerk. Bring Gaben von Kräutern und Blumen für die Göttin mit, Gebets-Bänder, eine Kerze und Streichhölzer, Räucherwerk, kleine Snacks für die Reise, beispielsweise einen Apfel, und eine Wasserflasche.

Die Tor Labrynth Pilgerfahrt beginnt in der Wellhouse Lane, die gleich hinter dem Eingang zum Chalice Well in der Chilkwell Street am unteren Ende des Tor liegt. Gehe zur White Spring hinauf und wenn offen ist, geh in das dunkle Reservoir, das heute als magischer, heiliger Raum dekoriert und erhalten wird. In der Wellhouse Lane selbst kannst du eine Wasserflasche mit einer Mischung von rotem Wasser vom Chalice Well und weißem Wasser von der White Spring füllen. Die Wasserauslässe dafür sind auf den gegenüberliegenden Seiten der Wellhouse Lane. Nimm einen Schluck Wasser und sage ein Gebet zum Beginn deiner Pilgerfahrt.

Unsere Lady von Avalon, Jungfrau, Liebende, Mutter, Greisin,
Lady des Tor, der roten und weißen Quellen,
Hier in deinem geweihten Tal bitte ich dich um deinen Segen
Wenn ich meine Pilgerfahrt in dein Labrynth beginne.

Ariadne, ich bete, dass ich leicht deinem roten Faden folgen kann
Durch alle Drehungen und Wendungen des Labrynths,
Dass ich dich vor mir auf dem Pfad sehen möge
Und indem ich folge, meinen Weg zu deiner Mitte finde.

Nolava, Greisin von Avalon und Annwn
Ich bete, dass ich sicher die Unterwelt betreten möge,
Von dem magischen Ichor in deinem Kessel trinke,
Und erneuert und inspiriert in die äußere Welt zurückkehre.

Arianrhod, ich bete dass dein himmlisches Silberrad
Über mir leuchtet auf meiner Reise durch das Labrynth
Während ich den Spiralpfad nehme, der nach Caer Sidi führt,
Und dich dort auf mich wartend finde, in der Mitte meiner Seele.

Segne mich und segne all jene, die in dein Labrynth reisen
Und bringe mich verwandelt durch die Schleier Avalons zurück.

Gib Wassertropfen als Segnung auf alle deine Chakras – Basischakra, Sakralchakra, Solar Plexus, Herzchakra, Kehlchakra, Ajna (zwischen den Augenbrauen) und das Kronenchakra und spüre wie die Lebenskraft in deinen Körper kommt. Gehe von der White Spring hinunter zum Eingang des Tor, der am

Selbstinitiation als Priesterin der Göttin

Fuß der Wellhouse Lane auf der linken Seite neben dem Berachah House liegt. Gehe die kurze Gasse hinauf, vorbei am Chalice Orchard, wo Dion Fortune einst lebte, und durch das Kissing Gate[2] in das Feld, wo der Teil des Glastonbury Tor beginnt, der Eigentum des National Trust ist. Gehe durch das Feld hinauf zu einem zweiten Kissing Gate, das auf den eigentlichen Tor führt. Gehe die Stiegen zur Bank hinauf und mach eine Verschnaufpause. Auf der anderen Seite der Bank sind Terrassen. Einige davon sind ein Teil des Labrynths und einige sind Teil einer Plattform, auf der das dreidimensionale Labrynth liegt. Das Eingangsmuster des Tor Labrynth ist uneben.

Das ist ein guter Ort, um einige Momente innezuhalten und darüber nachzusinnen, mit welcher Absicht du in das Labrynth gehst. Was in deinem Leben möchtest du gerne verändern? Was bist du bereit gehen zulassen? Was möchtest du in deinem Leben willkommen heißen? Bereite dich für deine Selbstinitiations-Zeremonie im Zentrum des Labrynth vor. Wenn du gemeinsam mit anderen gehst, möchtest du ihnen deine Absicht vielleicht sagen. Binde ein Band um dein Handgelenk, das für Ariadnes roten Faden steht. Fülle es beim Hineingehen mit deinen Gebeten und deinem Entschluss dich zu transformieren.

Das Labrynth betreten

Unmittelbar hinter der Bank befindet sich ein entzweigebrochener Quarzsandstein des Tor. Diese Steine markieren den Eingang ins Labrynth. Sie sind bekannt als Living Rock (lebender Felsen) oder Zodiacal Rock (Sternbild-Felsen) und es heißt, dass sie magische Eigenschaften haben und von einer Energie erfüllt sind, die manche Menschen mit ihren Händen als elektrische Ladung spüren können.

Um deine Reise ins Labrynth zu beginnen, klettere über die Bank und stelle dich nacheinander auf diese Steine. Verankere dich dabei im Energiefeld des Labrynths. Betritt das Labrynth von diesen Steinen aus, indem du in etwa 20 m Abstand parallel zum öffentlichen, befestigen Weg direkt den Hang hinauf gehst. Bleibe beim Begehen des Labrynths so weit wie möglich eher auf der Erde als auf Beton. Ein zweiter auffälliger Stein markiert die erste Wendung des Labrynths in die dritte Ebene. Berühre diesen Stein.

Erster Kreis – Ebene Drei Feuer/Solar Plexus/5. Strahl/ mentale Energie

Wende dich unmittelbar nach dem zweiten Stein nach links und nimm den schmalen Pfad, der über einen schmalen Kamm auf dem Drachenrücken führt.

Fang an, den Tor in Richtung des Sonnenumlaufs (im Uhrzeigersinn) zu umkreisen. Nach meiner Erfahrung ist das der Ort, wo wir wirklich Ariadnes roten Faden aufnehmen, der uns durch das Labrynth führt. Von hier an fühlt es sich so an, wie wenn es in der Erde eine elektrische Strömung gäbe, die den Pfad durch das Labrynth markiert. Sobald deine Füße den Boden berühren, folgen sie von alleine dem Labrynth-Muster. Alles was du tun musst, ist darauf zu vertrauen, dass dich deine Füße und Ariadnes Faden in die richtige Richtung führen werden!

Folge dem schmalen Pfad um den Hang des Tor bis er sich zu einer Terrasse erweitert. Für eine kurze Strecke kommen hier Ebene Zwei und Ebene Drei zusammen. Halte dich auf der rechten Seite der Terrasse, um den Unterschied zwischen Ebene Zwei und Drei anzudeuten. Wenn du um die Ecke kommst, kannst du die ganze nördliche Seite des Tor vor dir überblicken. Bleibe einen Augenblick stehen. Von hier aus kannst du die sieben Terrassen des Tor deutlich sehen. Manche sind vollständig erhalten, andere zeigen Anzeichen von Erosion und es gibt Stellen, wo höhere Ebenen zu tieferen hinuntergerutscht sind.

Schau zum entfernten Ende des Tor. Das ist der beste Ort, um die sieben Ebenen des Labrynths zu sehen und zu zählen und kann zu jeder Zeit als Bezugspunkt genützt werden, um zu überprüfen, dass du auf der richtigen Ebene bist. Die erste Ebene verläuft nahe bei der Hecke am Fuß des Hügels. Zähle die Unebenheiten am Horizont von Ebene Eins bis Ebene Sechs. Stelle sicher, dass du alle sechs Ebenen sehen kannst. Schaue auf die sechste Ebene und dann zu deiner Rechten die Flanke des Tor entlang und du wirst weiter oben Ebene sieben sehen, die etwa am halben Weg entlang des Hauptteils vom Tor liegt. Ebene Sieben setzt sich ein kurzes Stück weit fort und verliert sich dann, möglicherweise aufgrund der Erosion im Lauf der Jahrtausende. Visualisiere vor deinem geistigen Auge wie sich dieser siebente Pfad fortsetzt. Er verläuft parallel zur Ebene Sechs rund um die Spitze des Tor.

Schau wieder zum Horizont und zähle wieder vom ersten Level bis zum dritten Level. Schau die Terrassen zwischen deinem aktuellen Standort und der dritten Ebene am Horizont an. Nimm den direktesten Weg von hier nach dort und bleibe auf den am besten sichtbaren Terrassen. Es gibt einen undeutlichen Abschnitt in der Mitte dieser dritten Terrasse, aber wenn du deine Augen auf die dritte Ebene am Horizont gerichtet hältst, wirst du es schaffen.

Sobald du das nordöstliche Ende des Tor erreichst, folge der dritten Ebene um das Ende des Hügels, bis du auf den befestigten Weg kommst, der den Tor hinaufführt. Überquere diesen Pfad. Hier kommen die nördlichen und südlichen Teile das Labrynths zusammen, wobei die südliche Hälfte tiefer liegt als die nördliche. Hier sind alle Pfade zusammengequetscht und es gibt einen Knick im Labrynth, was bedeutet, dass du den Hügel hinuntergehen musst, um deinen Kreisgang durch das Labrynth auf der dritten Ebene fortzusetzen. An diesem nordöstlichen Ende des Tor gibt es eine deutliche Linie von Weißdornbäumen, die sich über eine Terrasse hinauslehnen. Diese Terrasse ist Teil der fünften Ebe-

Selbstinitiation als Priesterin der Göttin

ne des Labrynths. Während du hier den Tor hinuntergehst, zähle zwei Ebenen über dieser fünften Ebene und du wirst auf Ebene Drei sein.

Gehe weiterhin auf der dritten Ebene im Uhrzeigersinn um den Tor bis dorthin, wo die Terrassen wieder deutlich werden. Folge der dritten Ebene. Auf deiner linken Seite ist eine tieferliegende Terrasse und der Grenzzaun des Tor. Beim Weitergehen kommst du zu einem kleinen Wald auf der linken Seite der Terrasse weiter unten auf den Hängen des Tor.

Bleibe hier auf der dritten Feuerebene des Labrynths einige Augenblicke lang stehen. Nimm wahr, wie du dich fühlst. Achte darauf, wie sich dein Solar Plexus anspürt, nimm wahr, wie dein Verstand versucht alles auszutüfteln und sicherzustellen, dass du dich nicht verirrst. Nimm das mentale Geplapper in deinem Kopf wahr. Das ist Stoff der Ebene Drei. Was sind die mentalen Einstellungen, Angewohnheiten und Unbeweglichkeiten, die du im Labrynth hinter dir lassen möchtest? Zünde hier eine Kerze an und bewege deine Hand durch die Flamme. Danke dabei der Göttin für den Segen des Feuers.

Unsere Lady von Avalon, Göttin des geweihten Landes,
Nolava, Hüterin des Kessels von Annwn,
Ariadne mit dem roten Faden, Arianrhod vom Silberrad.
Ich danke für den Segen des Feuers in meinem Leben
Für das Sonnenfeuer, das unserem Planeten Leben gibt
Für die Feuer von Heim und Herd, die mein Herz erwärmen
Für die Feuer des Verstandes, die durch Inspiration verwandeln
Für die Feuer, die deinen Kessel der Regeneration anheizen
Für die spirituellen Feuer, die mich immer näher zu dir ziehen.
Ich übergebe deiner Flamme all die mentalen Gewohnheiten,
  die mir nicht länger dienen
Und öffne mich für deine feurige, kreative Natur
Lady des Feuers, Königin der Sonne und der Sterne
Gesegnet seien du und dein großzügiges Feuer
Sei gesegnet.

Gehe auf der Terrasse der dritten Ebene weiter, die sie sich zu einem einspurigen Pfad verengt, der leicht bergab führt bis kurz oberhalb des Waldstreifens. Nach dem Wald sinkt der schmale Pfad fast bis zur zweiten Ebene ab. Bleibe oberhalb der zweiten Ebene und suche deinen Weg zwischen Büscheln von Nesseln und Disteln bis die dritte Ebene wieder ziemlich deutlich sichtbar wird. Unterhalb von dir sind die zwei tiefer liegenden Terrassen des Labrynths und darunter ist die breite Plattform, auf der das Labrynth ruht. Sie reicht bis zum Grenzzaun. Auf dieser Seite des Tor gibt es einige parallele Mini-Terrassen, die auftauchen und wieder verschwinden. Mach dir nicht zu viele Gedanken darüber, ob du auf der Richtigen bist oder nicht. Folge der dritten Ebene entlang der südlichen Flanke des Tor bis du wieder das südwestliche Ende des Tor erreichst, fast bis du wieder bei deinem Startpunkt bist. Du kommst in einiger Entfernung über dem oberen Markierungsstein an, bei dem du deine erste Wendung nach links ins Labrynth gemacht hast. Du hast einen Rundgang um den Tor vollendet.

Zweiter Kreis – Ebene Zwei Wasser/Sakral-Chakra/6. Strahl/ emotionale und sexuelle Energie

Wende dich nach links und gehe hinunter zur Terrasse der zweiten Ebene und drehe dich um 180 Grad herum, so dass du auf deiner Spur auf einer tieferen Ebene zurückgehst. Gehe in die Richtung, aus der du gerade gekommen bist, so dass du jetzt entgegen dem Sonnenumlauf beziehungsweise entgegen des Uhrzeigersinns um den Tor gehst. Der Tor-Hügel ist jetzt zu deiner Linken und Ebene Eins und die niedrigeren Hänge des Tor sind zu deiner Rechten. Unseren zweiten Kreis um den Tor machen wir synchron auf der zweiten Ebene.

Folge der breiten Terrassenebene bis du die Mitte des kleinen Waldes erreichst und gehe geradewegs hinein. Dieser Wald hat viele kleine Pfade, die steigen und fallen und einander kreuzen. Im neolithischen Labrynth hätte sich Ebene Zwei am unteren Rand des Waldes fortgesetzt und Ebene Eins wäre unterhalb des Waldes in den Feldern gewesen. Um das Muster mit den sieben Pfaden unseres Labrynths zu bewahren, müssen wir Ebene Zwei und Eins innerhalb der Grenzen des Waldes halten. Gehe für Ebene Zwei diagonal durch den Wald hinauf. Für Ebene Eins geht man auf den tieferliegenden Stufen.

Folge den oberen Pfaden und bewege dich dabei allmählich höher und höher durch den Wald hinauf, bis du zwischen einigen hohen Kiefern aus dem Wald herauskommst. In den Sommermonaten kann der schmale Pfad durch diese schönen Bäume völlig mit großen Brennnesseln bedeckt sein. Wenn dem so ist, nimm den Pfad unterhalb davon. Jeder der beiden bringt dich auf eine flache Terrasse, die sich schnell verbreitert. Wenn du aus dem Wald herauskommst, ist auf der rechten Seite ein Zaun mit einem Feld unterhalb von ihm und auf der linken Seite eine Bank mit Ausblick zum St. Michaels Turm hinauf. Für eine kurze Strecke laufen die zweite und die erste Ebene zusammen. Halte dich für die zweite Ebene links.

Es sind einige kleine Pfade sichtbar, die diagonal die linke Böschung hinaufführen, einer davon neben einer schönen, großen Esche. Gehe an der Esche vorbei zu der Terrasse darüber und bleibe dann so nahe wie möglich am Rand der Hecke rechts von dir. Gehe um das nordöstliche Ende des Tor, vorbei am Gatter zu dem tieferliegenden Feld und dem Zaunübertritt, der der Eingang zum Tor ist.

Wenn du um das nordöstliche Ende des Tor gehst, fällt die Terrassenebene Zwei mit dem öffentlichen, befestigen Weg zusammen, der zum Tor hinauf führt.

Selbstinitiation als Priesterin der Göttin

Auf dieser nördlichen Seite des Tor ist der unterste Teil der Labrynths wieder außerhalb der Grenzen des National Trust, deshalb folgen hier Ebene Zwei und Eins für eine kurze Strecke demselben Pfad. Halte dich für Ebene Zwei links. Setze deinen Weg um die nordöstliche Ecke fort, und gehe dabei einige Meter auf dem befestigten Weg. An deiner rechten Seite ist eine Hecke. Der befestigte Weg wendet sich nach links und führt den Tor hinauf, aber der Weg des Labrynths bleibt auf derselben Ebene um den Tor. Für eine kurze Strecke ist der Pfad schmal, aber bald wird er zu einer deutlichen Terrasse. Auf der rechten Seite verläuft die Hecke hinunter zu der niedriger gelegenen ersten Terrasse, die wieder sichtbar wird. Gehe auf Ebene Zwei weiter, vorbei an einer Buschgruppe auf der rechten Seite bis sich die Strecke von Ebene Zwei vor dir entlang der nördlichen Flanke des Tor ausdehnt. Schaue zum Horizont, wo Ebene Zwei mit Ebene Eins darunter sich um das südwestliche Ende des Tor windet und gehe darauf zu. Mache am halben Weg auf dieser Seite des Tor auf Ebene Zwei eine Pause und ruhe dich einen Moment aus.

Nimm wahr wie du dich emotional fühlst. Vielleicht bist du glücklich oder traurig, nervös, aufgeregt, wütend, verwirrt, irritiert oder fühlst irgendeine andere Emotion oder gar nichts, das für dich wahrnehmbar wäre. Erlaube dir zu spüren, was du in diesem Moment fühlst. Welche Aspekte deines emotionalen und sexuellen Lebens bist du bereit wegzugeben? Nimm einen Schluck aus deiner Wasserflasche und gieß ein bisschen davon auf die Erde, als ein Trankopfer für die Göttin. Bitte um den Segen des Wassers auf deiner Reise durchs Labrynth.

Unsere Lady von Avalon, Göttin des geweihten Landes,
Nolava, Hüterin des Kessels von Annwn,
Ariadne mit dem roten Faden, Arianrhod vom Silberrad
Ich danke für den Segen des Wassers in meinem Leben
Für die Meere, Flüsse und Bäche und alle, die darin weilen
Ich bete, dass sie von aller Verschmutzung und allen Giften gereinigt werden mögen.
Ich danke für die Nebel, die Wolken und den lebensspendenden Regen,
Für die emotionalen und sexuellen Wasser, die mein Leben bereichern,
Für die spirituellen Wasser, in denen ich eins mit dir werde.
Ich übergebe deinem Kessel all jene emotionalen und
sexuellen Muster, die mir nicht länger dienen
Und öffne mich für deine zarte, flüssige Natur.
Dame vom See, Madron, Mutter des Wassers,
Lady der Quellen und Brunnen, Königin des Mondes,
Gesegnet seien du und deine lebensspendenden Wasser
Sei gesegnet.

Gehe auf der zweiten Ebene weiter und folge dem Pfad, der sich nach links um das südwestliche Ende des Tor windet und für eine kurze Strecke mit der dritten Ebene zusammenfällt. Halte dich auf der rechten Seite während die Terrasse breiter wird und abfällt. Diese zweite Ebene endet nahe bei den Labrynth-Eingangssteinen.

Dritter Kreis – Ebene Eins Erde/Basischakra/7. Strahl/ physische Energie

Wende dich nach rechts und gehe den Hang des Tor hinunter. Folge einem der schmalen Pfade, die die Terrasse queren, und drehe dich um 180 Grad zurück auf die tiefer gelegene erste Ebene des Labrynths. Zuerst ist die Terrasse breit und gut erkennbar, wie sie um das Ende des Tor herum führt, dann verengt sie sich, wenn die nördliche Flanke des Tor ins Blickfeld kommt. Voraus in der Hecke ist ein großer Dornenbaum, und ein kleiner Pfad neben ihm führt dich nahe an die Hecke heran. Folge diesem Pfad entlang der Hecke als die engste Annäherung an die erste Ebene, die wir hier nehmen können. Dachse, Füchse und Hasen bewohnen diesen Abschnitt des Tor und im Herbst wachsen Brombeeren in Hülle und Fülle. Die Gaben der Natur der Göttin liefern uns eine Stärkung für unsere Reise.

Etwa auf halbem Weg entlang der nördlichen Seite des Tor taucht die erste Ebene wieder als eine deutlich erkennbare Ebene neben der Hecke auf und kann unterhalb der zweiten Ebene, die du kürzlich entlanggegangen bist, leicht gesehen werden. Gehe weiter den nördlichen Hang entlang bis du zu einer größeren Mulde in der Seite des Tor kommst, die rechts von der ersten Ebene liegt. Eine Buschgruppe wächst über der Mulde und darunter ist eine schöne Esche in der Hecke am Rand eines avalonischen Apfelgartens. Kleine Obstgärten wie dieser bedeckten einst die Hänge des Tor und die ganze Insel Avalon.

Diese Vertiefung in der Erde kennzeichnet eines der psychischen Portale in den Körper des Tor und hat eine ganz besondere Atmosphäre, die nahezu immer friedlich ist. Es ist ein Platz, an dem sich gerne Kühe versammeln und auf dem manchmal Menschen campieren. Auf dieser Erdebene des Labrynths ist es möglich, sich mit einigen der elementaren Wesenheiten zu verbinden, die den inneren Kern des Tor bewohnen. Vielleicht möchtest du die folgende Visualisierung verwenden, um dich auf deiner inneren Reise zu unterstützen.

Selbstinitiation als Priesterin der Göttin

Visualisierung

Sitze oder liege bequem im Gras und spüre die Erde, die physische und ätherische Brust der Mutter, unter dir. Spüre wie sie dich unterstützt, dich hält und umarmt, so dass du niemals ins Weltall hinaus fällst. Lausche auf die Geräusche ihrer Natur rund um dich, die Tiere und Vögel, den Wind in den Bäumen. Spüre die Luft an deiner Wange und wie sie durch deine Nase oder deinen Mund einströmt und bei jedem Atemzug deine Lungen füllt. Lass zu, dass dein Geist sich entspannt und werde ruhig.

Visualisiere in deiner Vorstellung dich selbst, wie du einige Augenblicke zuvor die erste Ebene an der Seite des Tor entlang gegangen bist. Vor dir siehst du einen Eingang in den Tor und machst dich auf den Weg dorthin. Achte darauf, wie er aussieht und schau wie leicht oder schwer es für dich ist den Körper des Tor zu betreten. Im Inneren ist ein langer Tunnel, der unter den steilen Hang führt. Gehe in den Tunnel. Obwohl es kein Licht gibt, scheinen die Wände von sich aus zu leuchten. Während du gehst, hörst du das Geräusch gedämpfter Stimmen, die zu den Einwohnern des Tor gehören.

Vor dir wird das Licht heller, der Tunnel endet und öffnet sich in die Landschaft der Anderswelt. Schau dir die Aussicht vor dir an. Ein Pfad führt durch diese Landschaft. Gehe ihn entlang und schau dir dabei die Umgebung an. Das können Hügel, Täler, flaches Land, fruchtbare grüne Orte oder eine öde Wüste sein. Lass zu, dass da, was du siehst, dort ist. Inmitten dieser Landschaft ist ein großer, tiefer See mit klarem weißen Wasser, der Ursprung der roten Quelle, die am unteren Ende des Tor entspringt. Wenn du den See erreicht hast, beuge dich hinunter und schau dir dein Spiegelbild im Wasser an. Sieh dich selbst, wie du bist. Forme eine Schale mit deinen Händen, trinke dieses weiße Wasser, die Milch von der Brust der Göttin, und fühle dich erfrischt.

Eine grün gekleidete Frau reitet auf einer weißen Stute vorbei. Sie ist strahlend schön und umgeben von Schwärmen kleiner Vögel. Das ist Rhiannon auf ihrer weißen Stute der See, die zwischen den Welten reist, hinein in die hohlen Hügel und wieder hinaus. Rufe ihr zu und bitte sie für dich stehen zu bleiben. Du weißt, dass sie dich liebt, als sie dich ansieht und lächelt. Sie lädt dich ein, mit ihr zu reiten.

Steige auf die Stute und lege deine Arme um Rhiannons Taille. Spüre wie wunderbar es ist hinter ihr zu sitzen. Während ihr dahinreitet, fliegt die Landschaft zu beiden Seiten vorbei. Befrage sie über die Wesen, die du siehst. Sie beantwortet jede Frage. Nach einer Weile bringt sie dich zu einer großen Koppel, wo viele wilde Pferde bei-

sammen sind. Sie lädt dich ein, dir eines auszuwählen, dass du mit dir in die äußere Welt nehmen kannst. Wähle dein Pferd und freunde dich mit ihm an. Das Pferd gestattet dir auf seinen Rücken zu steigen und bald reitest du dein eigenes Pferd mit Rhiannon auf ihrer Stute an deiner Seite. Fühle dich frei und stark. Fühle, dass du die Welt durchstreifen kannst. Reite wie der Wind. Genieße das Erlebnis.

Nach einer Weile weißt du, dass es Zeit ist, diese magische innere Welt zu verlassen. Danke Rhiannon für das Pferd, das sie dir geschenkt hat, und beobachte sie, wie sie davonreitet. Reite dann dein eigenes Pferd zum inneren Ende des Tunnels unter dem Tor. Gehe den Weg durch den Tunnel zurück in die äußere Welt. Nimm wahr, wie du dich geistig, emotional und in deinem physischen Körper fühlst. Werde dir bewusst, wie dein Atem in deine Lungen einströmt und aus deinen Lungen wieder ausströmt. Spüre beim Atmen wie Luft und Prana in deinen Körper kommen und ihn mit Lebensenergie füllen. Spüre die Stärke des wilden Pferdes, dass du reitest und dass sich auf dein Kommando hin bewegt. Bringe langsam dein Bewusstsein in deinen Körper zurück und öffne deine Augen.

Schau auf die Landschaft, auf den grünen Mantel der Natur der Göttin und nimm ihre Schönheit wahr. Schau, ob du dein Pferd in der äußeren Welt noch immer sehen kannst. Danke hier auf der Erdebene des Labrynths der Göttin für den Segen der Erde und das starke, wilde Pferd, das ihr Geschenk an dich ist, und dich, wenn du Glück hast, auf seinem Rücken durch die übrigen Ebenen des Labrynths tragen wird.

Unsere Lady von Avalon, Göttin des geweihten Landes,
Nolava, Hüterin des Kessels von Annwn,
Ariadne mit dem roten Faden, Arianrhod vom Silberrad
Ich danke für all die Segnungen der Erde
Für die Berge, Felsen, Kristalle und Steine, die deinen
Körper formen, auf dem alles physische Leben wächst und gedeiht
Ich danke für deine wunderbare und üppige Natur,
Die alle versorgt, die auf der Erde weilen
Ich bete dafür, dass deine Erde leicht von allen menschlichen Giften gereinigt wird
Und rasch zu ihrem natürlichen unbelastetem Zustand zurückkehrt.
Ich danke für meine physische Gesundheit und Kraft
Für die Möglichkeit auf diesem schönen Planeten zu leben.
Und ich danke für dein Geschenk meines wundervollen, wilden Pferdes
Ich übergebe deiner Erde alle physischen Einschränkungen,

Die mir nicht länger dienen
Und öffne mich für gute Gesundheit und Vitalität.
Mutter Erde, Rhiannon, Königin des Landes,
Gesegnet seien du und deine großzügige Natur.
Sei gesegnet.

Geh weiter die erste Ebene entlang bis du zu einem Zaun kommst, der unmittelbar vor dir liegt und den Weg versperrt. Folge dem schmalen Pfad, der nach rechts eine kleine Böschung hinaufführt. Halte die Hecke links von dir bis du den befestigen Weg erreichst, wo sich die zweite und erste Ebene des Labrynths treffen. Bleibe auf der linken Seite des Weges. Folge ihm herum nach links, die Stiegen zum Kissing Gate hinunter. Geh durch das Kissing Gate, so als würdest du den Tor verlassen. Wende dich fast unmittelbar danach nach rechts, und umkreise den Fuß des Tor, vorbei an dem Feldgatter, wobei die Hecke an deiner rechten Seite bleibt, bis du zu einem hölzernen Zaunübertritt kommst. Klettere über den Zaunübertritt in einen kleinen Obstgarten mit Apfelbäumen und gehe auf Ebene Eins hindurch, bis du die andere Seite des Obstgartens erreichst. Im Herbst wachsen hier Brombeeren in Hülle und Fülle. Klettere über einen zweiten Zaunübertritt, der dich zurück auf das Gebiet des National Trust bringt.

Die Erste und Zweite Ebene vereinigen sich hier wieder in einer Terrasse. Gehe für Ebene Eins auf der linken Seite. Folge der Terrasse bis du den kleinen Wald erreichst. Wende dich hinunter in den Wald und folge den schmalen Pfaden diagonal den Hügel hinunter. Dieser schöne Wald kann sehr friedlich sein. Im Frühling wachsen darin wilde Blumen, und Vögel nisten in den Bäumen und singen. Im Sommer geben die Bäume Schatten, der vor dem heißen Sonnenschein schützt, und im Winter stellen sie einen Schutz vor Regen und Wind dar. Gehe auf den am tiefsten gelegenen Pfaden durch den Wald, wo die Baumwurzeln bloß liegen und wundervolle Muster bilden. Am Ende des Waldes kommst du bei einem schmalen Pfad heraus, der hinunter auf die breite Stufe der ersten Ebene führt. Gehe entlang der Ebene Eins bis zum südwestlichen Ende des Tor und vollende so diesen dritten Rundgang. Er endet fast genau gegenüber des Steins, der den ersten Eingang in die dritte Ebene markiert hat. Du hast die erste Ebene und deinen dritten Kreis des Labrynths abgeschlossen. Von hier aus steigt der Pfad des Labrynths den Tor hinauf zur vierten Ebene.

Vierter Kreis – Ebene Vier
Luft/Herzchakra/4. Strahl/Intuition

Der vierte Kreis ist der Ort der Balance im Labrynth, weil es den halben Weg auf unserer physischen Reise ins Zentrum des Labrynths markiert und synchron auf der vierten Ebene liegt. Es ist der Balancepunkt zwischen Erde und

Himmel, den physischen und spirituellen Welten. Das ist der Ort, wo menschliche Wesen leben, und wo das Herz und die Intuition regieren.

Wende dich am Ende der ersten Ebene nach rechts und geh den Weg zum Tor neben dem öffentlichen Weg hinauf. Er führt den Hügel hinauf und geht in eine Reihe von Stufen über. Die vierte Ebene beginnt auf halber Höhe des Hügels neben der Spitzkehre in den Stufen, wo der öffentliche Pfad sich zurück nach Südwesten wendet, wobei er den Hügel hinaufklettert. Von hier aus ist die vierte Ebene nur ein Schatten an der steilen abfallenden südlichen Seite des Tor. Sie ist verborgen durch Gruppen von Nesseln, Maulwurfshügeln, Dachs- und Kaninchenbauen. Schaue zum sichtbaren Horizont des Tor und du wirst die Baumspitzen des Wäldchens sehen, durch das du auf der ersten und zweiten Ebene gegangen bist. Du kannst von dort aus in etwa von der ersten bis zur vierten Ebene zählen. Halte dich parallel zur Grundlinie des Tor, gehe über die Seite des Hügels entgegen des Uhrzeigersinns um den Tor und ziele darauf ab, oberhalb des Waldes zu landen. Nach zwei Dritteln des Weges an diesem Hang entlang, näher zum Wald, taucht ein schmaler Pfad auf, der sich an die Seite des Tor anschmiegt. Er steigt über den Wald an und erweitert sich zu einer breiten Terrasse der vierten Ebene. Gehe weiter Ebene Vier entlang, bis du das nordöstliche Ende des Tor erreichst.

Hier musst du dir wieder deinen Weg durch den Knick im Labrynth suchen und dich zur Ebene vier auf der nördlichen Seite des Tor hinaufarbeiten. Klettere diagonal hinauf über das Ende des Tor bis du zu einer Schachtabdeckung kommst, die auf der vierten Ebene ist. Diese Abdeckung verbirgt einen Raum, der der Wasserbehörde gehört. Darin sind lauter Skalen und Räder. Manchmal kannst du hier das Geräusch von tosendem Wasser hören, wenn du dein Ohr auf den Boden legst. Die Brust der Mutter ist mit milchig weißem Wasser gefüllt. Du kannst auch bis zur vierten Ebene hinauf zählen, weil du weißt, dass an diesem Ende des Tor die zweite Ebene neben der Hecke liegt, dann folgen die dritte und die vierte Ebene.

Folge der vierten Ebene entlang der nördlichen Seite des Tor. Gehe parallel zu den tiefer gelegenen Ebenen. An manchen Stellen in der Mitte der nördlichen Flanke des Tor verengt sich die vierte Ebene und läuft mit der Dritten zusammen. Es kann sein, dass dich schmale Wildwechsel davon ablenken, dem Bogen der Terrasse zu folgen. Schaue zum westlichen Horizont und zähle die drei tiefer gelegen Ebenen, die du schon entlang gegangen bist. Schaue zur vierten Ebene über ihnen, die den Hauptkamm des Tor umrundet und halte darauf zu.

Spüre die Luft rund um deinen Körper, während du auf Ebene Vier weitergehst. Hier weht fast immer etwas Wind, wenn es nicht sogar ein ausgewachsener Sturm ist, der über die Hänge des Tor fegt. Spüre wie der Wind durch deine Haare und deine Kleidung fährt, der Wind, der die Wolken trägt, die Regen bringen, welcher die Erde fruchtbar macht. Nimm wahr wie die Luft, die du einatmest, deinen Körper belebt, dir Energie gibt. Das ist der Atem des Lebens, der

Selbstinitiation als Priesterin der Göttin

uns alle miteinander verbindet. Die Luft, die wir atmen, ist die Luft, die wir alle atmen.

Bleibe am halben Weg entlang dieser nördlichen Seite stehen und setze dich auf die Erde. Zünde ein Räucherstäbchen an und atme den Duft ein. Sprich ein Dankgebet an die Göttin für die Gaben der Luft.

Unsere Lady von Avalon, Göttin des geweihten Landes,
Nolava, Hüterin des Kessels von Annwn,
Ariadne mit dem roten Faden, Arianrhod vom Silberrad
Ich danke für den Segen der Luft in meinem Leben
Für den Himmel und die Vögel, die wie Engel fliegen
Für die Luft, die ich atme und die mich am Leben erhält.
Ich bete, dass die Luft von Verunreinigungen und Verschmutzung
*   gereinigt werde.*
Ich danke für den luftigen Herzensraum, wo Liebe blüht,
Für die Intuition, die mich mit der Stimme meiner Seele verbindet.
Für den Duft der Seele, der mich immer näher zu dir zieht.
Ich übergebe deiner Luft all jene Blockaden,
Die mich davon abhalten deine Worte zu hören.
Und ich öffne mein Herz für deinen Balancepunkt
Dame der Luft, Unsichtbare, heilige Taube des Friedens
Gesegnet seien du und deine liebevolle Gnade
Sei gesegnet.

Gehe weiter die vierte Ebene entlang und halte ich an der linken Seite der Terrasse, die näher an der Böschung des Tor liegt, und sich um den Hauptkamm des Tor windet. Die Ebene verengt sich zu einem schmalen Pfad, der einige Meter über dem zweiten Markierungsstein am Beginn des Labrynths herauskommt. Wenn du diesen Punkt erreichst, hast du die vierte Ebene vollendet. Von hier aus steigt der Pfad des Labrynths zur siebenten Ebene an.

Fünfter Kreis – Ebene Sieben Proton/Kronenchakra/1. Strahl/ spiritueller Wille

Wende dich nach links und gehe geradewegs den Hauptkamm des Tor hinauf. Klettere den Hügel hinauf. Wenn du über den Scheitel des Bergrückens gelangst, kommt der St. Michael´s Turm auf der Spitze des Tor in Sicht. Hier gibt es eine günstig aufgestellte Bank, auf die du dich setzen kannst, um wieder zu Atem zu kommen und über die flachen Sommerlandwiesen in Richtung des Meeres zu blicken. An klaren Tagen kann man von hier aus den Bristol Channel sehen und manchmal die walisischen Hügel, die weit weg auf der anderen Seite liegen. Die würfelförmigen Gebäude am Horizont gehören zu Hinkley Point, einem Atomkraftwerk neben dem Meer. Im Herbst und Frühling bedecken die Nebel der weißen Dame häufig das flache Land. Dann wird der Umriss der Insel Avalon sichtbar. Manchmal überflutet bei starkem Regen das Wasser der Flüsse und Rhynes die Felder. Dann ist das Gebiet von hier bis zum Meer mit großen Flutseen bedeckt. Man kann wieder die Form der alten Insel und das Binnenmeer sehen. Von dieser Höhe aus kannst du die Gestalt Nolavas, der Schwanenmaid, die über das Sommerland fliegt, in der Landschaft sehen. Wearyall Hill ist ihr langer Hals und Kopf, der sich nach Südwesten ausstreckt. Ihr Körper mit den ausgebreiteten Flügeln wird von den übrigen Hügeln Avalons gebildet.

Gehe von der Bank den Drachenrücken entlang zur Spitze des Tor. Vor dir zur Linken siehst du den ersten Teil der siebenten Ebene, die den steilen Oberteil des Tor umkreist. Nach einer kurzen Strecke versandet die Ebene aufgrund der Erosion. Diese Ebene des spirituellen Willens ist die steilste und kann manchmal am schwierigsten zu bewältigen sein, besonders bei Wind oder Regen. Dennoch ist es eine gute Ebene, auf der du die Natur deines spirituellen Fortschritts in einer sehr physischen Weise erfahren kannst. Es kann viel leichter sein, diesen Abschnitt des Labrynths barfuß zu durchwandern, sich direkt mit der Brust der Mutter, dem Schoß der Greisin zu verbinden, von Geist zu Erde und Erde zu Geist. Nackt kommen wir in die Welt und nackt verlassen wir sie.

Zweige etwa zehn Meter von der Bank entfernt nach links auf Ebene sieben ab und gehe sie entlang, wobei du den Tor im Uhrzeigersinn umkreist. Folge der allgemeinen Richtung der Ebene. Beginne über die flache Seite des Hügels diagonal hinauf zu gehen oder zu klettern. Es gibt leichte Andeutungen des Pfades, aber auf dem Boden ist nicht viel zu sehen. Gehe um die Schulter des Tor herum, wobei du parallel zu Ebene sechs kletterst, die du unter dir an dieser nördlichen Seite des Tor sehen kannst. Klettere höher und höher, aber stelle sicher, dass du nie ganz die Spitze erreichst. Im traditionellen Labrynth-Muster umkreist der siebente Umgang die Mitte, kommt aber nicht hinein.

Nimm wahr, wie du dich fühlst, während du über diesen steilen Hang gehst und bring deine Gefühle mit den Mustern deines spirituellen Lebens in Bezug. Bleibe einige Augenblicke stehen und schaue über die Landschaft rund um dich. Du stehst/sitzt/rutscht ganz in der Nähe der Brustwarze auf der Brust der großen Mutter in der Landschaft. Unten in Wellhouse Lane ist ihr Brustansatz. Ihre rechte Brust ist weniger deutlich, aber von hier aus immer noch sichtbar. Sie ist auf ihre rechte Seite gerutscht. Im Westen liegt der sanfte, runde, grüne Chalice Hill, der schwangere Bauch der Mutter. Jenseits davon ist die Stadt Glastonbury, die fortwährend von der Göttin geboren wird. Über Chalice Hill hinaus liegt zur Rechten Windmill Hill, der mit Häusern bedeckt ist. Er ist das untergehakte rechte Bein der Göttin. Im Südwesten ist Wearyall Hill, ihr ausgestrecktes linkes Bein, dessen Fuß neben Bride´s Mound in der Erde verschwindet. Im Nordosten sind ihre Schultern mit dem Kopf, der bei Stonedown hinunter in die Erde sinkt. Im Norden sind in der Ferne die Mendip Hills. Dort ist die

Selbstinitiation als Priesterin der Göttin

Domstadt Wells knapp unterhalb des hohen Fernsehmastes sichtbar. Wieder im Westen sind der Bristol Channel und die magischen Hügel von Brent Knoll, ein Ort für Brigits Feen.

Gehe weiter um das nordöstliche Ende des Tor herum und halte dich einige Meter unterhalb der Spitze des Tor. Halte an, wo der Boden ein bisschen flacher wird, und sprich ein Gebet.

Unsere Lady von Avalon, Göttin des geweihten Landes,
Nolava, Hüterin des Kessels von Annwn,
Ariadne mit dem roten Faden, Arianrhod vom Silberrad.
Ich danke für all den spirituellen Segen in meinem Leben
Für die Güte der Führerinnen, Hüterinnen und Beschützerinnen
Die mich auf meiner Lebensreise begleiten.
Ich danke für die spirituellen Einsichten, die du mir
Jeden Moment gibst, wenn ich sie nur erkennen kann,
Inspirationen, die mich leiten, um zu werden, wer ich wahrhaft bin.
Ich danke für diese Möglichkeit durch dein Labrynth zu gehen
Und deine Mysterien in Avalon zu erleben.
Ich übergebe deinem regenerierenden Geist all jene Teile
Die nicht länger meinem höchsten Wohl dienen
Und ich biete dir an, mein Leben in deinen Dienst zu stellen.
Königin des Himmels, kraftvolle Präsenz, Quelle von allem,
Gesegnet seien du und dein wunderbarer Geist
Sei gesegnet.

Bleibe in derselben Entfernung von etwa zwei bis drei Metern unterhalb des Gipfels und umkreise weiter die Spitze des Tor, wo der St. Michael´s Turm steht. Visualisiere die Tage der Vorzeit, als es hier statt des Turmes vielleicht einen Steinkreis, höhere Markierungssteine oder Pfosten gab. Oder noch frühere Tage, als hölzerne Plattformen die Körper der Toten trugen, die für eine Himmelsbestattung hoch hinauf auf die westliche Insel der Toten gebracht wurden.

Überquere an der südlichen Seite des Tor die öffentlichen Stiegen und gehe weiter auf derselben Höhe. Du kommst hier etwa 10 m südwestlich vom Turm auf flacheren Grund, der weiter den Drachenrücken entlangführt. Hier ist eine kleine Erdschulter, die du vom Turm Richtung Südwesten entlanggehst, auf der südlichen Seite der flachen Kuppe des Tor. Nach den Unannehmlichkeiten der steilen siebenten Ebene ist das ein guter Ort, um anzuhalten und eine Atempause zu machen. Schaut hinaus in den Süden und Osten, über den Glastonbury Tierkreis. Am südlichen Horizont markiert die große Säule des Hood Monument das dritte Auge des Stieres. Der übrige Tierkreis liegt von diesem Blickpunkt aus größteils unsichtbar in der Landschaft.

Der Tor ist ein Energiezentrum, wo sich viele Ley-Linien kreuzen. Von hier aus kannst du am Horizont etliche Markierungspunkte sehen, die der Spur der Ley-Linien über das Land folgen, unter anderem die hohe, dünne Kirchturmspitze der Kingweston Church fast genau im Süden. An klaren Tagen kann man im Südwesten am entferntesten Horizont gerade noch den großen Hügel von Cadbury Castle mit seiner flachen Kuppe ausnehmen. Man glaubt, dass dies der physische Ort des sagenhaften Camelot war, wo König Arthur und Königin Guinevere Hof hielten. Von Cadbury Castle kann man viel leichter den Tor sehen, der sich über die flachen Sommerlande im Westen erhebt.

Du hast die siebente Ebene und den fünften Kreis des Tor vollendet. Nur noch zwei weitere liegen vor dir!

Sechster Kreis – Ebene Sechs Elektron/Anjna-Chakra/2. Strahl/ Liebe-Weisheit

Wieder stimmen die Nummer der Ebene und des Kreises überein. Du gehst deinen sechsten Kreis auf der sechsten Ebene. Die Art wie diese geradzahligen Kreise miteinander übereinstimmen, scheint eine Bedeutung zu haben.

Wenn du von der kleinen Schulter auf der Spitze des Tor nach Südwesten schaust, wende dich um 90 Grad nach links, den südlichen Hang hinunter, so dass du auf dieser Seite des Hügels gerade hinuntergehst. Sobald du große Gruppen von Nesseln am Rand eines Gebiets erreichst, wo die Erosion und Kaninchen den Sandstein-Körper des Tor freigelegt haben, drehe dich noch einmal 90 Grad nach links. Du bewegst dich jetzt entgegen des Uhrzeigersinns um den Tor. Es gibt Wildfährten, die der schmalen doch erkennbaren sechsten Ebene folgen. Gehe am südlichen Hang des Tor auf derselben Ebene diese Fährten entlang, die zum nordöstlichen Ende des Tor hin ansteigen. Hier ist ein ziemlich großer Unterschied zwischen den südlichen und nördlichen Ebenen. Bevor du das Ende des Tor erreichst, klettere nahezu direkt den steilen Hang zu deiner Linken hinauf und erklimme den schmalen Grat an der Spitze. Die nördliche sechste Ebene sollte unmittelbar vor dir liegen, als eine deutliche Terrasse, die weiter um den Tor herumführt. Wenn du nicht hoch genug kletterst, kann es sein, dass du gegenüber von einer Bank herauskommst, die die Position der fünften Ebene markiert. Gehe von hier aus hinauf zur sechsten Ebene. Wenn du zu weit oben herauskommst, kannst du hinunterschauen und die sechste und fünfte Ebene deutlich unter dir sehen.

Beginne an der nördlichen Seite die sechste Ebene entlangzugehen. Wenn du um den Tor herum kommst, gerät die ganze nördliche Flanke ins Blickfeld und du kannst das entfernte Ende der sechsten Ebene ganz oben am Hauptkamm des Tor sehen. Du kannst auch die fünfte Ebene sehen, die von dort auf einer tieferen Ebene zurückkommt.

Schaue von dieser Seite des Tor aus über den Körper der Greisin in der Landschaft, die auf dem Rücken der Schwanenmaid sitzt. Der Tor, wo du bist, ist

Selbstinitiation als Priesterin der Göttin

ihr eingefallener Schoß, der mit dem weisen Blut der Äonen gefüllt ist. Die runde Form des Chalice Hill zur Linken ist ihre Brust. Fast im Norden kannst du die Häuser auf der Spitze von Windmill Hill sehen, der der Kopf der Greisin mit seiner sternenförmigen Krone ist. Unter dir und rechts von dir bei Stonedown ist der gebeugte Rücken der Greisin.

Öffne beim Gehen deine innere Sicht für Visionen, um zu sehen, was jenseits des Schleiers von Avalon liegt. Versuche durch den Schleier der alltäglichen Realität in das Reich der unsichtbaren Dinge zu blicken. Öffne dein Herz für die Liebe und Weisheit der Göttin und spüre ihre völlig bedingungslose Liebe, die jede Zelle deines Körpers und Seins erfüllt. Halte an einer Stelle dieses nördlichen Hanges an und sprich ein Gebet.

Unsere Lady von Avalon, Göttin des geweihten Landes,
Nolava, Hüterin des Kessels von Annwn,
Ariadne mit dem roten Faden, Arianrhod vom Silberrad.
Ich danke für deinen Segen in meinem Leben
Für die Visionen, die du mir in meinem geistigen Auge zeigst
Für die Worte, die du in mein Ohr sprichst
Für die Synchronizitäten, die deine Gegenwart offenbaren
Für die Schönheit dieser Welt, in der ich lebe
Die deine wahre Natur verbirgt und offenbart.
Ich übergebe deinem Mitgefühl alle Teile von mir,
Die mir nicht länger dienen.
Und ich öffne mich dafür, deine Liebe zu empfangen
Lady Alchemia, die du unedles Metall in Gold verwandelst,
Gesegnet seien du und deine liebevolle Weisheit
Sei gesegnet.

Vollende die sechste Ebene, indem du zum südwestlichen Ende des Hauptkammes des Tor gehst.

Siebenter Kreis – Ebene Fünf
Äther/Kehlchakra/3. Strahl/Intelligenz

Wende dich um 180 Grad nach rechts und schaue entlang des nördlichen Hanges bis dorthin zurück, wo du die sechste Ebene sehen kannst, die du gerade entlang gegangen bist, und die fünfte Ebene darunter. Beginne unterhalb der sechsten Ebene im Uhrzeigersinn über den Tor in Richtung des deutlichen Bogens der Terrasse der fünften Ebene zu gehen. Dieser kann man ziemlich leicht folgen. Weil es die letzte Ebene des Labrynths ist, ist das eine gute Gelegenheit zu überprüfen, wie es dir mit deiner ursprünglichen Absicht für das Durchschreiten des Labrynths geht. Wie fühlst du dich? Fühlst du dich vorbereitet für deine Selbstinitiation? Da dies die Ebene des Kehlchakras ist, öffne deinen Mund und singe oder töne Noten. Drücke deine Gefühle in Tönen aus. Es gibt hier ein gutes, starkes Echo zwischen diesem Ort und der rechten Brust der Muttergöttin auf der anderen Seite ihres Brustansatzes in der Wellhouse Lane.

Am nordöstlichen Ende des Tor läuft die fünfte Terrasse neben der Bank aus. Gehe von hier aus direkt den Tor hinunter bis zu einer Reihe von Dornenbäumen, die die fünfte Ebene auf der südlichen Seite des Tor markieren. Gehe unter diesen Baumwächtern entlang. In ihren Stämmen und Zweigen sind starke Geistwesen sichtbar. Diesem Teil der fünften Stufe kann man leicht folgen. Unter dir kannst du die vierte und die dritte Ebene und das Wäldchen sehen.

Gehe entlang der fünften Ebene bis du gerade über das Ende des tiefer gelegenen Waldes hinausgekommen bist. Vor dir und ein bisschen weiter oben ist eine Gruppe von Dornen- und Holunderbäumen. Gehe den schmalen Pfad, der von Nesseln und Disteln bewacht ist, hinauf. Unter dem kleinen Dornenbaum auf der rechten Seite ist ein großer, runder Quarzsandstein des Tor, der das Ende des äußeren Labrynths und den Eingang in die inneren Ebenen markiert. Berühre diesen Stein. Du wirst bemerken, dass überall auf seiner Oberfläche kleine Schnitzereien sind, die von früheren Pilgern zu dieser heiligen Stätte gemacht wurden. Der Baum selbst ist mit Bändern, Stofffetzen und Gaben an die Göttin bedeckt, die im Laufe der Jahre von Pilgern mit Gebeten darauf gebunden wurden.

Nimm dein eigenes Band, das du auf deinem Handgelenk mit dir durch das Labrynth getragen hast, und befestige es mit einem Widmungsgebet an einem der Bäume. Biete der Göttin auf dem Stein und auf der Erde eine Gabe von Kräutern und Blumen dar. Gieße als Trankopfer für die Lady etwas Wasser auf den Stein und auf die Erde.

Dies ist ein magischer Ort, wo es in alten Zeiten vielleicht einmal einen physischen Eingang in den Tor gegeben hat, der, wie wir wissen, heute immer noch voller Wasser und Tunnel ist. Hier ist es, wo die absichtsvolle spirituell Suchende, oder jene, die sich unabsichtlich aus der normalen Welt hierher verirrt haben, den Tor betreten können. Manchmal kamen sie nach Jahren in der Anderswelt mit weißen Haaren und verrückt zurück, oder, wenn sie Glück hatten, als erleuchtete und inspirierte Poeten.

Finde einen bequemen Platz zum Sitzen und sprich deine Gebete an unsere Lady von Avalon.

> *Unsere Lady von Avalon, Göttin des geweihten Landes,*
> *Nolava, Hüterin des Kessels von Annwn,*
> *Ariadne mit dem roten Faden, Arianrhod vom Silberrad.*
> *Ich danke für den Segen der Wahrheit in meinem Leben*
> *Dafür, dass du mir alles offenbarst, was gut, wahr und schön ist.*
> *Ich danke dafür, dass du mich sicher hierher gebracht hast*
> *Zu diesem Eingang in das Zentrum deines Labrynths.*

Selbstinitiation als Priesterin der Göttin

Und ich bitte, dass du mich in die innere Welt von Annwn begleitest.
Bleibe bei mir in der Dunkelheit, wohin ich gehe um meinen Schatten zu treffen
Und erleuchte meine Seele mit dem Licht von Caer Sidi.
Ich übergebe deiner Weiträumigkeit
All jene Anteile, die mir nicht länger dienen
Und ich öffne mich für dein strahlendes Licht
Lady von Avalon, offenbare mir deine wahre Natur,
Aller Segen sei mit dir und deinen Mysterien
Sei gesegnet.

Da das Glastonbury Tor Labrynth ein dreidimensionales Labrynth ist, nimmst du vielleicht an, dass sein Zentrum auf der Spitze des Tor liegt, aber das Tor Labrynth stellt auch eine Verbindung zu anderen Dimensionen der Realität her. Geoffrey Ashe hat als erster vorgeschlagen, es sei gut möglich, dass ursprünglich das Zentrum des physischen Labrynths in der Mitte des Tor war. Das entspricht meinem psychischen Erleben, nachdem ich es im Laufe vieler Jahre immer wieder gegangen bin. In Legenden heißt es, dass sich im Tor ein Eingang in die Unterwelt von Annwn befindet, der von Gwyn ap Nudd, dem Herrn der Unterwelt, bewacht wird. Hier in Annwn ist es, wo die Greisin Nolava ihren Kessel aufbewahrt. Der Tor führt hinauf zu Caer Sidi, Arianrhods Spiralschloss in den Sternen, wo sich ebenfalls ein magischer Kessel befindet. Indem wir das Zentrum des Labrynths mitten im Tor ansiedeln, erlangen wir Zugang zur Unterwelt von Annwn, zu den Sternen von Caer Sidi und zum magischen Göttinnen-Kessel der Regeneration und Inspiration.

Im kretischen Mythos hinterlässt uns die Hohepriesterin Ariadne einen roten Faden, dem wir in die Mitte des Labrynths folgen können und der uns zu dem monströsen Minotaurus führt, mit all seinen menschlichen, tierischen und göttlichen Eigenschaften und seiner Vorliebe für den Verzehr menschlicher Wesen. Während unserer Zeit im Zentrum des Tor Labrynths begegnen wir üblicherweise Elementen unseres persönlichen Schattens, die aus der Tiefe unseres Unterbewusstseins auftauchen. Dieses Erlebnis kann bewusst oder unbewusst sein, je nachdem wie sehr wir uns unserer selbst bewusst sind. Für viele Menschen beginnen, sobald sie im Zentrum des Labrynths sind, sofort Dinge zu passieren, wie Synchronizitäten, Einsichten, Ereignisse, Begegnungen. Es tauchen Erinnerungen und Gefühle auf, die nach Anerkennung schreien. Für andere ist der Initiationsprozess subtiler, aber das heißt nicht, dass er nicht stattfindet.

Die folgende Visualisierung dient dazu, dein Erlebnis im Zentrum des Labrynths bewusster zu machen. Dabei gehen wir durch die inneren Ebenen des Labrynths, die ich als das „Unterweltheim des Schattens" und das „Oberweltjuwel im Lotus der Seele" bezeichne.

Visualisierung

Sitze oder liege an einem bequemen Platz nahe diesem psychischen Portal in den Tor. Lass deinen Geist und deinen Körper sich nach der langen Wanderung durch das Labrynth entspannen. Blicke zum fernen Horizont und lass deinen Atem nach den Strapazen der Wanderung langsamer werden. Schließe deine Augen und lausche auf die Geräusche rund um dich, Vögel, Wind, menschliche Aktivität in der Landschaft unter dir und im Himmel. Richte deine Aufmerksamkeit dann auf dein Herz. Fühle wie es in deinem Körper schlägt und sei dir gewiss, dass alles gut ist.

Visualisiere dich vor deinem geistigen Auge, wie du vor einigen Minuten den letzten Abschnitt der fünften Ebene entlanggegangen bist. Sieh das Gras unter deinen Füßen und die Hänge des Tor, die unter dir abfallen. Vor dir siehst du einige dichte Dornen- und Holunderbäume. Beim Näherkommen sieh den großen Quarzsandstein, der jetzt mit tieferen, verschlungeneren Schnitzereien von Spiralen, Kreisen, Zacken, alten Göttinnen-Symbolen, verziert ist. Hinter dem Stein ist eine dunkle, höhlenähnliche Öffnung in die Erde. Gleich hinter dem Eingang steht ein Mann in der Höhle, der deinen Eintritt in den Tor versperrt. Nimm wahr, wie er aussieht und was du nach diesem ersten Eindruck für ein Gefühl zu ihm hast. Das ist Gwyn ap Nudd, der König der Feen und Herr von Annwn, Hüter des Portals in die Unterwelt der Göttin. Als du auf ihn zukommst, fragt dich Gwyn ap Nudd:

„Mit welcher Absicht betrittst du die innere Welt von Annwn?"

Lausche auf die Frage und gib ihm deine Antwort. Wenn du die richtige Antwort gegeben hast, wird Gwyn dir gestatten in den Körper des Tor einzutreten. Gehe in den langen, dunklen Tunnel, dessen Wände mit Schnitzereien von uralten Göttinnen-Symbolen verziert sind, die du mit deinen Fingerspitzen spüren kannst. Der Tunnel führt, in einer Spirale entgegen des Uhrzeigersinns um den innersten Kern des Tor herum, langsam tiefer in den Körper des Tor hinein. Beim Gehen kommst du ab und zu an einer Öffnung in der Tunnelwand vorbei, auf der, wie auf einem Bildschirm, Bilder erscheinen. Diese Bilder sind Aspekte deines Schattenselbst, die sich zeigen, damit du sie sehen kannst – das können Begebenheiten aus deiner Kindheit sein, Ereignisse aus deinem Leben, die dir Schaden zugefügt haben, nicht geheilte Wunden, Erinnerungen aus vergangenen Leben, Quellen von Schmerz, Angst, Kummer oder anderen schwierigen Emotionen. Erlaube dir zu sehen, was da ist. Nimm dir Zeit.

Selbstinitiation als Priesterin der Göttin

Möglicherweise erhascht du einen Blick auf Dinge, über die du kein bewusstes Wissen hast. Präge sie dir ein, damit du dich später daran erinnern kannst. Die Bilder, die du auf dieser inneren Reise siehst, sind jene Aspekte deines Unbewussten, die bereit sind, geheilt zu werden. Achte darauf, wie du dich emotional fühlst.

Wenn du den halben Weg durch diesen Schattentunnel bewältigt hast, fällt dir auf, dass der Tunnel heller wird, obwohl du immer tiefer in den Untergrund gehst. Du kannst jetzt den Weg vor dir sehen, der sich nach links windet. Am Boden des Tunnels siehst du einen roten Faden, den Ariadne für dich ausgelegt hat, um dich durch deine Ängste zur Mitte des Labrynths zu leiten. Nimm den roten Faden und lass ihn durch deine Hand gleiten, während du weitergehst. Erlaube dir weiterhin deine Schattenaspekte zu sehen.

Setze deinen Weg fort, bis du den Kreis um den Tor vollendet hast und feststellst, dass du am Rand einer riesigen lichtdurchfluteten Höhle in der Erde stehst. Die Wände sind mit Kristallen und Juwelen bedeckt und die Decke ist so hoch, dass du Lichtpunkte sehen kannst, die die Sterne am Nachthimmel sind. Hoch über dir kannst du das glitzernde Sternenfeuer des Spiralschlosses von Caer Sidi sehen. Dieser wundervolle Anblick bringt deinen Körper zum Beben. Am Boden der Höhle ist ein Teich mit bleichem, rötlichem Wasser, das weise Blut im Schoß der Greisin, das mit den weißen Quellwassern am Fuß des Tor hinaus fließt. Gehe zu dem Teich und knie dich daneben hin. Nimm einen Schluck und schmecke das süße Wasser der Weisheit der Göttin. Spritze Wasser in dein Gesicht. Gib Wassertropfen auf jedes deiner Chakren, um deinen Körper mit dem weisen Blut der Göttin zu beleben.

Wenn du vom Teich hochschaust, siehst du auf der anderen Seite die mit einer Kapuze verhüllte Gestalt einer Frau, die neben einem Kessel sitzt, der über einem kleinen Feuer vor sich hin brodelt. Es ist die Greisin Nolava, Hüterin des Kessels von Avalon/Annwn. Nimm deine Gefühle ihr gegenüber wahr. Während du sie beobachtest, dreht sie sich zu dir und nimmt ihre Kapuze ab, so dass du ihr Gesicht sehen kannst. Schau sie an. Ist sie dir vertraut? Hast du sie schon gesehen? Wo? Nimm wahr, wie du dich fühlst. Die Greisin Nolava winkt dich herbei. Du gehst um den Teich herum, und näherst dich ihr, während sie ihren Kessel der Inspiration und Regeneration umrührt. Du kannst ihr jede Frage stellen, alles, was du über dein Leben wissen möchtest – über deine Bestimmung im Leben, darüber wie du der Göttin dienen kannst und was sie von dir braucht. Lausche achtsam auf ihre Antworten. Bleibe einige Zeit bei ihr, fühle ihre Energie und ihre Präsenz.

Wenn du alles gehört hast, das du hören musst, rührt Nolava wieder ihren Kessel um. Während sie das tut, fliegt ein Tropfen des heißen, magischen Elixiers von ihrem Schöpflöffel und landet auf deinen Fingern. Instinktiv steckst du deine Finger zur Abkühlung in den Mund, damit du sie dir nicht verbrennst. Du schmeckst den wundervollen Inhalt ihres Kessels. Augenblicklich bist du mit Licht erfüllt, das von Caer Sidi zur Erde hinunter strömt. Die Erde antwortet, indem sie dunkles Licht zurück zum Himmel reflektiert. Deine ganze Sicht auf das Leben verschiebt sich. Du bist erfüllt mit Staunen über die Schönheit, die du rund um dich und in Nolavas Gesicht siehst. Dein Herz öffnet sich weit vor Liebe zu ihr und ihrer ganzen Schöpfung. Du fühlst wie du in der Mitte zwischen Erde und Himmel stehst und die zwei Energien im Gleichgewicht hältst. Dabei strahlst du Liebe in die Welt. Du hörst ihre Stimme sagen:

„Ich beanspruche dich als meine Enkeltochter
   (meinen Enkelsohn)
Nachfahrin der Linie von Avallach,
Alles ist gut und alles wird gut sein."

Du hast dich wieder mit deinen Wurzeln auf der Insel Avalon verbunden. Du bist verändert und wirst nie wieder dieselbe sein.

Bald ist es Zeit zu gehen. Danke der Greisin Nolava für alles, was sie dir gegeben hat, und sage ihr Lebwohl. Gehe über den Boden des Tunnels, vorbei am Teich mit dem Schoßwasser der Greisin, zurück zum Eingang des Tunnels. Wenn du den Eingang erreichst, drehe dich noch einmal um, wirf einen letzten Blick durch die Höhle und winke zum Abschied. Beim Hinausgehen aus der Höhle, spürst du plötzlich, wie du von den Füßen gerissen wirst und schnell durch die Dunkelheit emporschwebst. Nach einigen kurzen Augenblicken brichst du aus der Erde durch zu der Seite des Tor hervor, wo du am Anfang saßest. Nimm einige tiefe Atemzüge und öffne deine Augen. Schau dir rund um dich die Schönheit der Natur der Göttin an. Spüre ihre Präsenz überall um dich herum, in dir und über dir. Sei dankbar für alles, was du bekommen hast.

Du bist nun bereit, einige Zeit psychisch im Zentrum des Labrynths zu verbringen, während du den Tor tatsächlich physisch verlässt. Gehe an dieser Seite des Tor geradewegs hinauf zur Spitze, als Andeutung seines Zentrums. Bewundere den Ausblick.

Gehe dann auf einer der öffentlichen Routen den Tor hinunter – die kürzere Route führt dich zum nordöstlichen Ende des Tor, während die längere Route entlang des Drachenrücken nach Südwesten dich hinunter zur Wellhouse Lane und der White Spring bringt. Dort kannst du das erfrischende Wasser der White Spring trinken, und beim Chalice Well hineinschauen, um dich zu entspannen und deine Füße zu baden.

Während der Zeit, in der du psychisch im Zentrum des Labrynths bist, auch wenn du physisch vom Tor entfernt bist, versuche dir der manchmal subtilen Veränderungsprozesse bewusst zu bleiben, die sich ereignen. Bringe die Ereignisse in deinem Leben mit deiner persönlichen psychischen Position in den inneren Ebenen des Labrynths in Verbindung.

Selbstinitiation als Priesterin der Göttin

Im Lauf der Zweiten Spirale der Ausbildung zur Priesterin von Avalon planen die Teilnehmerinnen ihre eigene Selbstinitiations-Zeremonie, die durchgeführt wird, während sie psychisch im Zentrum des Glastonbury Tor Labrynth und physisch auf den Hängen des Tor sind. Die Zeremonie wird bei Sonnenuntergang im Licht von Kerzen, des Mondes und der Sterne durchgeführt. So wie beim Weiheversprechen, dass am Ende der Ersten Spirale abgelegt wurde, schreibt jede angehende Priesterin ihr/sein eigenes Gelübde, das ihre/seine Liebe und Hingabe und ihre Bindung an die Göttin als ihre Priesterin ausdrückt. Die Göttin kann die universelle Göttin sein oder die Lady von Avalon.

Bei der Selbstinitiations-Zeremonie nutzen die Teilnehmerinnen die Elemente Luft, Feuer und Wasser um einander zu reinigen und zu segnen, bevor sie sich erden und ihre Gelübde einer Verkörperung der Göttin ablegen. Weil die Teilnehmerinnen die Zeremonie selbst gestalten und durchführen, ist sie besonders kraftvoll und bedeutsam. Sie bringen dabei das Wissen und die Fertigkeiten ein, die sie während der Zweiten Spirale erworben haben.

Die Ausbildungsteilnehmerinnen werden in ihre neue Verpflichtung durch die Kraft ihrer eigenen Seele und mit dem Segen der Göttin initiiert. Diese Initiationszeremonie kennzeichnet eine tiefergehende Stufe der Hingabe an die Göttin, nämlich unser Leben als ihre Priesterinnen in ihren Dienst zu stellen, mit allem was das bedeutet, was in diesem Buch schon behandelt wurde. Eine Priesterin der Göttin zu sein, heißt sie zu lieben, zu ehren und ihr auf die Art zu dienen, die die Göttin unseren Fähigkeiten entsprechend wählt.

Sobald die Gelübde abgelegt wurden und die Zeremonie abgeschlossen ist, verbringen neue Initianden üblicherweise mindestens eine Nacht damit, mit der Göttin zu träumen, bevor sie während der folgenden Tage aus dem Labrynth hinausgehen.

Aus dem Labrynth hinausgehen

Es ist immer wichtig aus einem Labrynth genau so hinauszugehen wie hinein. Andernfalls bleibst du im Zentrum eines psychischen Labrynths mit alle den psychologischen Auswirkungen, die das beinhaltet. Nutze die Gelegenheit, bei deiner Reise aus dem Labrynth heraus auf jeder Ebene deine eigenen Gebete und Zeremonien für die Lady von Avalon, Morgen la Fey, Ariadne mit dem roten Faden und Arianrhod vom Silberrad zu kreieren. Zeige deine Dankbarkeit. Danke wiederholt für alles, was du auf deiner Reise und während deiner Zeit im Zentrum des Labrynths bekommen hast. Bitte um Hilfe dabei, neue Qualitäten mit in die Zukunft zu nehmen.

Stell dir vor, dass du, während du hinausgehst, Ariadnes rotes Fadenknäuel, das dir den Weg durch das Labrynth zeigt, wieder aufwickelst. Es ist dieser blutrote Faden, der uns immer unmittelbar mit der Göttin verbinden wird. Du gehst aus dem Labrynth, indem du die Route zurückverfolgst, die du auf einem Weg ins Zentrum des Labrynths genommen hast.

Gehe für deine Rückreise von seinem Zentrum aus dem Labrynth hinaus auf irgendeiner Route zur Ebene Fünf und hinauf zu dem Quarzsandstein des Tor, der das Zentrum des Labrynths und den Eingang in den Tor markiert. Er liegt verborgen in der Gruppe von Büschen, wo du deine Pilgerfahrt ins Labrynth beendet hast. Sprich neben dem Stein ein Gebet.

> *Unsere Lady von Avalon, Göttin des geweihten Landes,*
> *Nolava, Hüterin des Kessels von Annwn,*
> *Ariadne mit dem roten Faden, Arianrhod vom Silberrad.*
> *Ich danke für alles, was ich erlebt habe,*
> *Während meiner Zeit im Zentrum deines Labrynths.*
> *Ich bitte darum, dass der begonnene Prozess der Initiation weitergeht*
> *Um größere Einsicht, Weisheit und Freude in mein Leben zu bringen.*
> *Ich bete, dass ich dich wahrhaftig lieben und dir dienen möge*
> *Mit meinem ganzen Körper, meinem Herzen und meiner Seele.*
> *Beim Hinausgehen aus deinem Labrynth lasse ich*
> *All jene Anteile, die mir nicht länger dienen, hinter mir*
> *Und nehme mit mir in die Zukunft das Wissen,*
> *Dass ich deine Tochter (dein Sohn) bin.*
> *Jungfrau, Liebende, Mutter, Greisin*
> *Schütze mich, führe mich und segne mich, wenn ich aus deinem Labrynth hinausgehe*
> *Und in die Welt zurückkehre als deine Priesterin.*
> *Sei gesegnet.*

Fünfte Ebene – Erster Kreis
Äther/Kehlchakra/3. Strahl/Intelligenz

Gehe den schmalen Pfad zwischen den Nesseln hinunter, zurück zur Ebene Fünf, und gehe entgegen des Uhrzeigersinns um den Tor in Richtung des nordöstlichen Ende, bis du die Linie der Dornenbäume erreichst. Gehe am Ende der Bäume, wo der Knick zwischen der südlichen und nördlichen Seite des Tor ist, geradewegs den Hügel hinauf bis du die Bank erreichst, die auf der nördlichen

Selbstinitiation als Priesterin der Göttin

Seite die fünfte Ebene markiert. Gehe weiter die nördliche Flanke entlang und ziele auf das Ende der fünfen Ebene am entferntesten Ende des Hauptkammes des Tor. Oberhalb der fünften Ebene kannst du die sechste und siebente Ebene sehen.

Singe oder töne Noten, öffne dein Kehlchakra und drücke aus, wie du dich am Beginn der Reise aus dem Labrynth heraus fühlst. Denke während du gehst über die Dinge nach, die du zurücklässt, die dir nicht länger dienen und darüber, welche Qualitäten der fünften Ebene von Intelligenz, Wahrheit, Kreativität und Selbstausdruck du mit dir in die Zukunft nehmen willst. Dreh dich am Ende der fünften Ebene um 180 Grad nach links hinauf zur sechsten Ebene.

Sechste Ebene – Zweiter Kreis Elektron/Ajna Chakra/2. Strahl/ Liebe-Weisheit

Schaue die nördliche Flanke entlang bis zum Ende des Tor und zähle die Ebenen hinauf bis zur Sechsten. Gehe nun im Uhrzeigersinn die Seite des Tor entlang und folge der sechsten Ebene, die deutlich sichtbar oberhalb der Fünften liegt, die du soeben entlanggegangen bist. Während du die sechste Ebene entlanggehst, halte mit deinem inneren Auge nach Visionen von der Göttin auf ihrem heiligen Hügel Ausschau. Spüre wie ihre Liebe deinen Körper und dein Sein durchdringt.

Wenn du das nordöstliche Ende des Tor erreichst, verschwindet die sechste Ebene nahezu vollständig. Gehe über den Grat unmittelbar vor dir und dann etwa 4 m steil bergab. Halte dich etwas oberhalb der Linie der Dornenbäume auf der fünften Ebene, die du unter dir sehen kannst. Wende dich nach rechts und umkreise den Tor im Uhrzeigersinn. Du solltest bald auf die schmalen, aber deutlichen Fährten stoßen, die auf der südlichen Seite des Tor die sechste Ebene kennzeichnen. Sie bringen dich die südliche Seite des Tor entlang bis du oberhalb des freigelegten Bodens am Ende der fünften Ebene herauskommst. Wende dich von hier aus nach rechts und gehe direkt den Abhang hinauf zum Beginn der siebenten Ebene, der auf der schmalen Schulter neben der Spitze des Tor liegt, etwa 20 Meter vom St. Michael´s Turm entfernt.

Siebente Ebene – Dritter Kreis
Proton/Kronenchakra/1. Strahl/
spiritueller Wille

Umkreise den Tor entgegen des Uhrzeigersinns. Halte dich dabei südlich vom St. Michael's Turm und dem Hügel. Nach einigen Schritten befindest du dich auf der steilen südlichen Seite des Tor und musst dir vorsichtig deinen Weg über die Seite des Hügels bahnen, wobei du parallel zur Spitze des Tor bleibst. Überquere die Stufen des öffentlichen Weges, und setze deinen Weg um die Spitze des Tor zum nordöstlichen Ende fort. Bleibe hier stehen und denke daran, dir die Zeit zu nehmen, um die wundervolle Aussicht zu betrachten. Würdige den Pfad deines spirituellen Lebens und diesen Ort, an den er dich gebracht hat. Spüre die Kraft der Göttin und die Stärke deines eigenen spirituellen Willens, der dich zum Platz der Selbstinitiation als ihre Priesterin gebracht hat. Fühl dich wohl, sei mit dir zufrieden. Sinne über dein spirituelles Leben nach und darüber, wie du dein Weihegelübde an die Göttin erfüllen wirst.

Wenn du entgegengesetzt zum Uhrzeigersinn zum nordöstlichen Ende des Tor gehst, beginnt die siebente Ebene entlang des Hügel abzufallen, parallel zur sechsten Ebene, die du unterhalb sehen kannst. Nimm den Weg diagonal hinunter über den Abhang und halte dich wenn nötig an den Grasbüscheln fest. Das kann ein langer und schwieriger Abschnitt sein oder ein leichter Pfad für diejenigen, die Bergziegen sind. Wenn du über die Seite des Hügels kommst, erweitert sich der schmale, unsichtbare Pfad der siebenten Ebene vor dir zu einer sichtbaren Terrasse, die unterhalb des Tor-Kammes entlangläuft. Folge dieser Ebene bis sie auf dem Drachenrücken herauskommt und gehe bis zu ihrem westlichen Ende.

Von hier aus steigt der Pfad durch das Labrynth über das Ende des Hauptkammes des Tor an. Gehe an der Bank am Ende des Kammes vorbei und gerade hinunter über das südwestliche Ende des Tor, bis du den ersten deutlichen, schmalen Pfad erreichst, der nach rechts führt und den Beginn der vierten Ebene kennzeichnet. Diese Ebene liegt einige Meter oberhalb des Eingangssteins, der den Beginn der dritten Ebene markiert.

Vierte Ebene – Vierter Kreis
Luft/Herzchakra/4. Strahl/Intuition

Wende dich nach rechts auf die vierte Ebene und gehe im Uhrzeigersinn um den Tor. Die Böschung des Tor sollte dabei dicht an deiner rechten Seite bleiben. Wenn du um die Ecke kommst, sind vor dir am Horizont sie sechs sichtbaren Ebenen des Labrynths. Zähle sie wieder und suche die vierte Ebene. Gehe über den erodierten Abhang darauf zu. Denke auf der vierten Ebene an jene Herzensqualitäten, die du mit dir in die Zukunft nehmen möchtest, wie Liebe, Intuition und Verständnis. Sprich deine Gebete an die Göttin.

Am nordöstlichen Ende des Tor kommt die vierte Ebene neben der Schachtabdeckung des Kontrollraums der Wasserbehörde heraus. Lausche auf das Wasser und sei dir bewusst, dass du auf der Brust der Mutter gehst. Gehe gleich hinter der Abdeckung den Tor hinunter zur vierten Ebene auf der Südseite, die eine Ebene oberhalb der Fünften ist, die von der Linie von Dornenbäumen angezeigt wird. Gehe die breite vierte Ebene entlang. Das Wäldchen ist unterhalb zu deiner Linken. Dort wo es endet, verschmälert sich der Pfad und schmiegt sich an die Flanke des Tor. Gehe auf derselben vierten Ebene über die südliche Flanke des Tor durch die Buckel und Beulen in Richtung der Spitzkehre in den Stufen, die den Tor am südwestlichen Ende erklimmen.

Wenn du die Spitzkehre erreichst, wende dich nach links und gehe den Tor neben den befestigten Stiegen und dem Pfad zur ersten Ebene hinunter. Es gibt einige kleinere Geisterebenen hier, die durch die Erosion und Tiere entstanden sind, deswegen ist es nicht so einfach die drei Ebenen hinunter zu zählen. Das Labrynth ist an der Eingangsstelle ungleichmäßig angeordnet und die Linksdrehung zur ersten Ebene liegt gegenüber des Eingangssteines zur dritten Ebene auf der nördlichen Seite.

Erste Ebene – Fünfter Kreis Erde/Basischakra/7. Strahl/ physische Energie

Wende dich nach links auf die erste Ebene des Labrynths und beginne entlang der breiten Terrasse entgegen des Uhrzeigersinns um den Tor herum zu gehen. Achte darauf wie du dich physisch fühlst, während du die südliche Flanke des Tor entlanggehst, und darauf, wie geerdet du dich ganz allgemein in deinem Leben fühlst. Bete zur Göttin und bitte sie darum, dass gute Gesundheit jetzt und in der Zukunft ein Teil deines Lebens wird. Bete um fortwährende Heilung und darum, dass deine Seele vollständig in die physische Manifestation in der Welt kommt.

Die breite Terrasse endet nach etwa zwei Drittel des Weges und du näherst dich einem Zaun mit dem Wäldchen darüber. Nimm den schmalen Pfad hinauf zur Ecke des Waldes. Sobald du zwischen den Bäumen bist, nimm die unteren Pfade, diagonal hinauf durch den Wald. Schließlich wirst du höher oben am Hang neben der Ecke eines Zaunes auf deiner rechten Seite herauskommen. Du bist jetzt auf der untersten Terrasse des Tor, die noch innerhalb der Grenzen des National Trust liegt. Gehe diesen breiteren Pfad entlang bis du zu einem kurzen Zaun kommst, über den ein Zaunübertritt führt. Klettere über den Zaunübertritt in den kleinen Obstgarten mit Apfelbäumen und gehe hindurch. Klettere über den Zaunübertritt am anderen Ende und gehe durch das Feld weiter um den Tor herum, wobei du die Hecke zu deiner Linken bleiben sollte. Setze deinen Weg bis zum Kissing Gate, das der National Trust Eingang ist, fort und gehe hindurch auf den Tor.

Gehe die Stiegen hinauf und folge dem befestigten Weg, der sich nach rechts wendet. Sobald der befestigte Weg sich nach links den Hügel hinauf wendet, gehe geradeaus weiter auf das Gras. Gehe auf den zusammenlaufenden Ebenen Eins und Zwei. Folge der Hecke bei ihrem Abstieg rechts hinunter zur Ebene Eins. Gehe die erste Ebene einige Meter entlang, bis du zu der Senke im Abhang kommst, die das psychische Portal unterhalb des Tor anzeigt. Raste hier für eine Weile. Setze dich auf die Erde, spüre die Energien des Tor, des Körpers der Mutter. Erlaube dir psychisch den Körper des Tor zu betreten. Spüre wie seine Kraft und Energie deinen Körper durchfluten. Erinnere dich an das Pferd, das Rhiannon dir gegeben hat. Spüre dein Pferd unter dir, in dir. Es gibt dir Energie und Stärke. Bete zur Göttin. Bitte sie um ihren Erdsegen. Bitte, dass ihr Reichtum und Überfluss in dein Leben kommen.

Wenn du bereit bist, gehe weiter den Pfad der ersten Ebene entlang. Etwa auf halbem Weg entlang des nördlichen Hangs des Tor laufen die erste und zweite Ebene wieder zusammen. Halte dich rechts, nahe der Hecke. Gehe einen der kleinen Pfade hinunter, der dich näher an die tiefer gelegene Hecke zu deiner Rechten heranbringt. Folge dem schmalen Pfad entlang der nördlichen Flanke des Tor bis zu der Stelle, wo der Weg unter einem großen Dornenbaum auf deiner rechten Seite hindurchführt. Gehe weiter die erste Ebene entlang, die sich vor dir verbreitert und sich nach links um den Tor biegt. Gehe diese Terrasse entlang bis du die Bank mit den Labrynth-Eingangssteinen dahinter sehen kannst. Wende dich hier nach links vorbei an der Bank, und gehe entlang eines der schmalen Pfade eine Ebene weit die Böschung hinauf bis zur zweiten Ebene. Drehe dich um nahezu 180 Grad.

Zweite Ebene – Sechster Kreis Wasser/Sakralchakra/6. Strahl/ emotionale und sexuelle Energie

Die erste Stufe liegt jetzt unter dir. Umkreise auf der zweiten Ebene des Labrynths den Tor im Uhrzeigersinn. Halte dich links auf der Terrasse, die eine kurze Strecke mit Ebene Drei verschmilzt. Folge der zweiten Ebene, bis die nördlichen Seite des Tor ins Blickfeld kommt. Schau zum Horizont, zähle die sieben Ebenen und gehe auf das Ende der zweiten Ebene zu. Das ist eine Ebene oberhalb der Hecke.

Während du gehst, achte darauf wie du dich in diesem Augenblick emotional fühlst. Denke darüber nach, wie du deinen emotionalen Zustand in der Zukunft haben möchtest. Wie möchtest du deine Sexualität ausdrücken? Bitte die Göttin dir zu helfen, deine Emotionen und deine sexuelle Energie fortwährend auf kreative und positive Weise auszudrücken.

Am nordöstlichen Ende des Tor verschmilzt die zweite Ebene mit der ersten Ebene, bei dem befestigen Weg neben der Hecke auf der linken Seite. Folge dem Weg um das Ende des Tor herum, dabei soll die Grenzhecke links von dir bleiben. Gehe um das Ende des Hügels herum. Nachdem du eine kurze Strecke auf der südlichen Seite des Tor zurückgelegt hast, gibt es Pfade die zu der unteren Terrasse neben dem Außenzaun führen. Gehe einen dieser schmalen Pfade hinunter, dorthin wo die zweite und erste Ebene zusammenlaufen. Halte dich rechts bis du das Wäldchen erreichst. Bleibe wenn möglich auf dem Weg der zweiten Ebene, wenn du unter den hohen Kiefern hindurchgehst. Wenn der Weg mit Nesseln überwachsen ist, nimm einen früheren Pfad durch die Bäume hinunter. Halte dich beim Weg durch den Wald auf den höheren Pfaden, so dass du in der Mitte des westlichen Endes des Waldes herauskommst. Das bringt dich auf die sichtbare zweite Ebene. Gehe die Terrasse entlang bis du das südwestliche Ende des Tor erreichst, wo du dich nach rechts wendest und zur nächsten Ebene über dir hinaufgehst. Auf dieser Ebene des Labrynths gibt es schmale Scheinebenen und du kannst jede der nächsten zwei Ebenen nehmen, weil beide zur dritten Ebene führen.

Dritte Ebene – Siebenter Kreis Feuer/Solar Plexus/5. Strahl/ mentale Energie

Beginne damit den Tor wieder zu umkreisen, wobei du jetzt entgegen des Uhrzeigersinns auf der dritten Ebene gehst. Das ist dein siebenter und letzter Umgang des Labrynths beim Hinausgehen. Nimm wahr, wie du dich fühlst und was du denkst. Gehe die dritte Terrasse entlang in Richtung des Waldes am Horizont. Die zweite und erste Ebene liegen unter dir. Wenn du dich dem Wald näherst, verschmilzt für eine kurze Strecke die dritte Ebene fast mit der zweiten darunter. Bleibe wieder oberhalb der zweiten Ebene. Vor dir führt ein schmaler Pfad hinauf über den oberen Rand des Waldes. Halte auf diesen Weg zu und folge ihm über den Abhang oberhalb des Waldes bis dorthin, wo er auf eine breitere Terrasse der dritten Ebene stößt.

Nimm während du gehst deinen Bewusstseinszustand zu dieser Zeit wahr und den inneren Frieden oder was du sonst fühlst. Spüre die Weite in deinem Bewusstsein, wenn der Körper zu müde zum Denken ist. Schau, ob du wirklich in der Gegenwart bist, in diesem Augenblick, nur damit beschäftigt einen

Fuß vor den anderen zu setzen. Bitte die Göttin dir zu helfen, ein großzügigeres menschliches Wesen zu werden, so wie sie großzügig zu allen Wesen ist, die auf ihrem ergiebigen Planeten leben. Würdige alle Gaben, welche die Göttin dir, den anderen Wesen auf diesem Planeten und allen anderen im Universum schenkt. Bitte sie dir zu helfen, das Selbstvertrauen zu entwickeln, diejenige zu sein, die du mit dieser Weiträumigkeit in dir wahrhaft bist. Bitte sie dir fortwährend zu zeigen, wie du ihre Energie und Liebe in der Welt ausdrücken kannst, wie du helfen kannst das Wissen über sie in die Welt und ins menschliche Bewusstsein zurückzubringen und wie du in der Welt ihre Priesterin sein kannst.

Am nordöstlichen Ende des Tor gehe diagonal hinauf über den Knick zur höheren dritten Ebene, eine oberhalb der zweiten Ebene neben der Hecke am Fuß des Tor. Folge der dritten Ebene um die nordöstliche Seite des Tor auf die nördliche Flanke. Sobald du um den Hang herumgekommen bist, schaue auf die Ebenen, die sich über die nördliche Flanke des Tor erstrecken. Am südwestlichen Ende des Tor kannst die die erste Ebene nach links biegen sehen, über den großen Dornenbaum hinaus. Oberhalb davon ist die zweite Ebene, die für eine kurze Strecke mit der dritten Ebene verschmilzt. Gehe auf diese breite kombinierte Terrasse zu. Wenn du sie erreichst, folge der Terrasse herum nach links und halte dich dabei auf der linken Seite, während sie um die Ecke des Tor biegt. Die zweite Ebene fällt bald nach rechts hinunter ab. Folge der Krümmung des Hügels auf der dritten Ebene, etwas den Hügel hinauf und herum, bis du auf einen schmalen Pfad über den Kamm des Tor stößt, der dich neben dem Markierungsstein der dritten Ebene herausbringt. Berühre diesen Stein und erde deine Energie.

Drehe dich von diesem Markierungsstein nach rechts und gehe geradewegs den Tor hinunter zu dem Living Rock. Bleibe dabei auf dem Gras. Der Living Rock ist der erste Eingangsstein hinter der Bank. Steige auf diese Steine und klettere über die Lehne der Bank auf den Boden.

Du hast das Labrynth verlassen!

Raste einige Augenblicke auf der Bank. Stecke in deiner Vorstellung Ariadnes rotes Fadenknäuel in deine Tasche, um es sicher aufzubewahren. Sprich ein Dankgebet an die Göttin.

Unsere Lady von Avalon, Göttin des geweihten Landes,
Nolava, Hüterin des Kessels von Annwn,
Ariadne mit dem roten Faden, Arianrhod vom Silberrad.
Ich danke dir, dass ich sicher aus deinem Labrynth zurückgekommen bin,
　zurück durch den Schleier von Avalon in die äußere Welt.
Ich danke dir für alles, was ich von dir bekommen habe.
Ich bitte darum, die Erinnerung an dieses Erlebnis in die Zukunft
　zu tragen

Selbstinitiation als Priesterin der Göttin

Und all die Einsichten und die Weisheit, die du mir gezeigt hast.
Bleibe auf meiner Reise durchs Leben bei mir.
Möge ich immer deinen roten Faden vor mir ausgelegt sehen,
Der mich zu dir nach Hause führt.
Möge ich die Muster deiner Sterne am Nachthimmel erkennen
Und die Form deines Körpers in der Landschaft um mich herum.
Möge ich dich wahrhaft lieben und dir als deine Priesterin dienen.
Lady von Avalon, Jungfrau, Liebende, Mutter, Greisin,
Mein Herz gehört für immer und ewig dir.
Segne mich, sei gesegnet.

Gehe von der Bank den Tor hinunter zur Wellhouse Lane und der White Spring. Trinke etwas von den kühlen und erfrischenden roten und weißen Quellwassern und bade deine Füße.

Zwischen der Zweiten und Dritten Spirale

Am Ende der Zweiten Spirale ist es wichtig, dass du eine Bestandsaufnahme davon machst, was du bisher gelernt und erreicht hast auf deinem Weg eine Priesterin der Göttin zu werden. Üblicherweise wirst du durch viele Herausforderungen gegangen sein und viele verschiedene Erfahrungen gemacht haben. Erkenne an, wie sehr du dich verändert hast, seit du diese Reise begonnen hast. Sinne über die folgenden Fragen nach.

Bist du bereit nun die dritte Phase der Reise zur Priesterinnenschaft von Avalon zu beginnen? Ist es eher dein wahrer Pfad eine Priesterin der Göttin zu sein, die der Göttin in ihren vielen Formen geweiht ist, als eine Priesterin von Avalon, eine Priesterin des geweihten Landes? Ist das der richtige Weg für dich? Hast du die Zeit und bist du bereit die Verbindlichkeit einer täglichen spirituellen Praxis einzugehen, die im Laufe der Zeit intensiver wird?

Wenn du dich entscheidest, deine Ausbildung hier als Priesterin der Göttin abzuschließen, sei mit deiner Wahl sehr zufrieden. Erinnere dich an das Gelübde, das du abgelegt hast. Sprich täglich mit der Göttin, lausche auf ihre Stimme und bitte sie, dir weiterhin zu zeigen, auf welche Weise du ihr dienen kannst. Sie wird immer bei dir sein, dich in ihrem Dienst leiten, und wir in Avalon werden dich immer in unserem Herzen halten.

Wenn du dich entscheidest, mit der Ausbildung zur Priesterin von Avalon weiter zu machen, gibt es mehr persönliche Arbeit zwischen der Zweiten und Dritten Spirale zu erledigen.

Persönliche Arbeit

Suche nach Möglichkeiten, auf die du deine Selbstweihegelübde als Priesterin der Göttin bestätigen und vertiefen kannst. Denke darüber nach, welche archetypischen Priesterinnen-Qualitäten du dich nun imstande fühlst als ihre Priesterin zu verkörpern. Übe die Fertigkeiten, die du während der Zweiten Spirale gelernt hast mit so vielen anderen Menschen wie möglich und in verschiedenen Situationen, etwa dem Goddess Temple, bei der Goddess Conference und in deiner eigenen Priesterinnen-Praxis in deinem Heimatort.

Denke darüber nach, wo du jetzt in Bezug auf die Rechte, Verantwortlichkeiten und Praktiken einer Priesterin von Avalon stehst.

---

[1] Der National Trust ist eine gemeinnützige Organisation, die sich um die Erhaltung historischer Gebäude, Monumente, Gärten und anderer schützenswerter Stätten kümmert.

[2] Anmerkung der Übersetzerin: Das sind in England sehr gebräuchliche Konstruktionen, für die es keinen entsprechenden deutschen Ausdruck gibt. Es handelt sich um kleine Durchgänge für eine Person mit einer Schwingtüre. So ist es möglich auf eine Viehweide zu gehen ohne das große Tor zu öffnen. Das Kissing Gate stellt sicher, dass das Vieh auf der Weide bleibt.

Dritte Spirale

Eine Priesterin von Avalon werden

Avalon - Dritte Spirale

Die Praxis der Präsenz der Lady von Avalon

Samhain - Imbolc

Während der Ersten Spirale haben wir über das Jahresrad Britannias gelernt und uns selbst für die vielen Gesichter der Göttin und ihrer Natur auf Brigits Inseln geöffnet. Während der Zweiten Spirale haben wir die Fertigkeiten einer Priesterin der Göttin erlernt, wobei wir unsere Aufmerksamkeit nach außen gerichtet haben, auf die Menschen, denen wir als Priesterin der Göttin dienen werden. Während wir in der Dritten Spirale anfangen, unsere Priesterinnenfertigkeiten in der Welt auszuüben, wenden wir uns gleichzeitig nach innen, um uns immer tiefer mit der Lady von Avalon zu verbinden, und zwar durch die spirituelle *Praxis der Präsenz der Lady von Avalon*.

Die Vollendung der Dritten Spirale führt zu einer dritten Weihe und zur Selbstinitiation als Priesterin von Avalon. Wiederum dauert dieser Prozess ein Jahr, das uns mit unserem tiefsten, inneren Selbst konfrontieren wird, mit unseren Stärken und Schwächen, mit unserer Größe und unserem Wiederstand gegen Transformation, während wir der Göttin immer näher kommen. Die ganze Dritte Spirale hindurch werden wir inneren und äußeren Herausforderungen begegnen, die hinterfragen, was unsere wahrhafte Bestimmung und Absicht dabei ist, eine Priesterin von Avalon zu werden und ob das wirklich der Weg für uns ist. Eine Priesterin von Avalon arbeitet spezifisch mit den Energien Avalons, das sind Liebe, Unterscheidungsfähigkeit und Transformation, und dieser Weg ist nicht für jede bestimmt. Vielleicht ist es nicht dein Weg. Du kannst eine großartige Priesterin der Göttin sein, ohne eine Priesterin von Avalon zu werden. Wenn es das ist, wofür wir uns entscheiden, brauchen wir nicht das Gefühl haben, gescheitert zu sein, denn die Göttin wird Pläne für uns haben, wie wir ihr auf andere Weise dienen können.

Wir beginnen die Dritte Spirale damit, unser Selbstinitiations-Gelübde, das wir beim Abschluss der Zweiten Spirale abgelegt haben, zu überprüfen und zu vertiefen. Wir entwickeln unser Verständnis dafür weiter, was es bedeutet, ständig in dem Prozess zu sein, bei dem wir eine Priesterin der Göttin und von Avalon werden. Wir hören nie auf zu lernen, was es bedeutet ihr zu dienen.

Vertiefung unseres Selbstinitiations-Gelübdes

Nach der Selbstinitiations-Zeremonie ist es wieder wichtig für alle neugeweihten Priesterinnen der Göttin auf einer täglichen Basis zu erforschen, was genau das Gelübde, das wir abgelegt haben, für uns bedeutet, welche Auswirkung es spirituell und praktisch auf unser tägliches Leben hat. Wie können wir der Göttin mit unseren Begabungen und unserer Zeit am besten dienen? Sollen wir weiter eine Arbeit ausüben, die unsere ganze Zeit in Anspruch nimmt, uns wenig Freude bringt und uns nur einige Stunden pro Woche für unsere Arbeit als Priesterinnen übrig lässt? Oder sollen wir uns einen anderen Job suchen, vielleicht sogar unser Einkommen reduzieren, um unserem Glücksstern zu folgen? Sollen wir in Beziehungen bleiben, die uns nicht unterstützen, in denen unsere Partner fortwährend unsere Beziehung zur Göttin untergraben, oder sollen wir sie verlassen? Sollen wir den Sprung des Vertrauens wagen und uns in ein Leben begeben, das völlig von der Göttin geleitet wird? Was bedeutet unser Gelübde wirklich?

Wir hören weiter auf die Stimme der Göttin, indem wir Zeit mit ihr verbringen, auf ihre Weisheit für uns lauschen, auf ihre Wahrheit in uns. Wir lernen welche Kraft es hat, nach ihren Anweisungen zu handeln, indem wir es ausprobieren. Wir schauen was passiert, wenn wir dem folgen, was wir in uns hören oder spüren. Wir experimentieren mit unserer eigenen Verwandlung. Wir öffnen uns mehr und mehr für ihr liebevolles Wesen und geben uns den Gezeiten der Veränderung hin.

Die Praxis der Präsenz der Lady von Avalon

Sich dieser Tage eine Priesterin von Avalon zu nennen ist eine kühne Behauptung und erfordert Sicherheit in der Absicht und Hingabe, die nur durch tägliche Kommunion mit der Lady von Avalon selbst erlangt werden kann, damit wir herausfinden wer sie wirklich ist und die ehrfurchterregende Kraft ih-

Die Praxis der Präsenz – Samhain-Imbolc

rer transformierenden Liebe kennen lernen. Diese spirituelle Praxis der Präsenz der Lady von Avalon ermöglicht es der Einzelnen herauszufinden, ob es ihr bestimmt ist, eine Priesterin von Avalon zu werden. Die Praxis ist eine neunmonatige tägliche Übung, die sich entwickelt und intensiviert. Alle drei Monate erhöht sich die Zeit, die mit der Praxis zugebracht wird. Die Praxis findet ihren Höhepunkt in einer speziellen Selbstinitiations-Zeremonie als Priesterin oder Priester von Avalon.

Die Absicht der Praxis ist es, Priesterinnen die Präsenz der Lady von Avalon in ihrem Leben tiefer und tiefgehender erleben zu lassen. Zur Praxis gehört die tägliche Entwicklung vieler Fertigkeiten, die die Priesterinnenfähigkeiten und das persönliche Leben verbessern. Dazu gehören, Anrufung, Visualisierung, die Arbeit mit Imagination als kreativem Werkzeug, Trancereisen, Intuition, Selbstdisziplin, die Entwicklung eines spirituellen Willens, sich gleichzeitig der inneren und äußeren Welten bewusst zu werden, Energiearbeit, für die Liebe der Lady empfänglich zu werden und zu lernen, wie wir ihre liebevolle, strahlende Energie für Heilung und Erneuerung in die Welt übertragen können. Zur Praxis gehören Stehen, Sitzen, etwas körperliche Bewegung, Gebet und Singen.

Jede einzelne Praxis-Einheit dauert zwischen 25 und 45 Minuten, obwohl einige Menschen, die die Möglichkeit dazu haben, sich länger Zeit dafür nehmen können. Während der ersten drei Monate wird pro Tag eine Praxis-Einheit am Morgen durchgeführt, während der zweiten drei Monate sind es zwei Praxiseinheiten pro Tag, eine am Morgen und eine am Abend und während der letzen drei Monate sind es drei Einheiten pro Tag, wobei die zusätzliche Einheit zu Mittag kürzer ist als die am Morgen und am Abend. Das ist eine intensive persönliche Praxis, die Zeit und tägliches Engagement braucht.

Zum ersten Teil der Praxis der Präsenz gehören das Erden und Zentrieren im Selbst, so wie es täglich während der Ersten Spirale geübt wurde. Dann folgt das Anrufen der Göttinnen auf dem Rad der Lady von Avalon. Wir rufen sie in unseren eigenen Körper und unser Sein und atmen sie ein. Zum dritten Teil der Praxis gehört die tägliche Trancereise zur Insel Avalon, um Nolava, die Lady von Avalon, zu treffen. Jeden Tag nähert sich die Priesterin in ihrer Vorstellung der Insel Avalon aus der Richtung, die zu der Jahreszeit in Bezug steht, beispielsweise zu Samhain aus dem Nordwesten oder zu Imbolc aus dem Nordosten. Zunächst wird die Landschaft der Insel Avalon dabei ähnlich der natürlichen Landschaft Glastonburys mit ihren fünf Hügeln und Tälern visualisiert. Wir stellen uns diese Insel als umgeben vom Wasser eines großen Sees vor. Priesterinnen müssen in der Lage sein, das Aussehen der tatsächlichen physischen Gestalt der Landschaft von Glastonbury Avalon aus allen Blickwinkeln zu erkennen, und zwar aus einer Entfernung von ein bis zwei Meilen von der Insel. Die Form der Landschaft und insbesondere des Tor verändert sich drastisch, je nachdem, von wo aus in den umgebenden Ebenen des Sommerlandes man sie sieht.

Während der Praxis arbeiten wir mit drei Bildern der Lady von Avalon, die von Willow Roe und Thalia Brown gemalt wurden[1]. Mit jedem der drei Bilder arbeiten wir in einem der dreimonatigen Abschnitte der Praxis. Wir visualisieren die Lady in so vielen Einzelheiten wie möglich in der Gestalt, in der sie auf dem Bild dargestellt ist. Diese Visualisierung ist wichtig, weil sie den Verstand trainiert, Bild und Energie zu verbinden. Manchmal sagen Kursteilnehmerinnen: *„Aber das ist nicht, wie ich sie sehe."* In dieser Praxis geht es aber darum, dass wir lernen unseren Geist und seine Wünsche zu kontrollieren, genauso wie wir lernen, die Lady in der Gestalt zu sehen, die unser eigener Geist hervorbringt. Wir lernen energetische Formen aufzubauen, indem wir unsere Imagination nutzen, genauso wie wir mithelfen archetypische Energieformen aufzubauen, durch die sich die Lady in der Welt manifestieren kann.

Oft tauchen von dem Augenblick an, in dem wir die Praxis beginnen, persönliche Herausforderungen auf. Meiner eigenen Erfahrung nach, stand ich einige Tage nachdem ich angefangen hatte, Auge in Auge meinem Widerstand gegenüber. Obwohl ich vom Beginn der Praxis an erstaunliche innere spirituelle Erlebnisse mit der Lady hatte, stellte ich fest, dass ich sie einfach nicht jeden Tag machen wollte, ungeachtet dessen, dass ich mich verpflichtet hatte die Praxis neun Monate lang durchzuführen. Ich wollte sie machen, wenn mir danach war, nicht wenn ich an einem kühlen Herbstmorgen aus einem warmen, kuscheligen Bett aufstehen musste. Es fühlte sich schrecklich an, wenn ich mich jeden Tag gegen meinen Widerstand durchsetzte und mich zwang aus dem Bett zu klettern. Warum tat ich mir das an? Ich musste das doch nicht wirklich machen, um eine Priesterin von Avalon zu sein, oder?! Sobald ich mit der Praxis begonnen hatte, fühlte ich mich meistens ganz gut, aber damit anzufangen war schwierig für mich. Das war auch ein Muster in anderen Gebieten meines Lebens, wo ich die Dinge vor mir herschob, weil *„Ich tun will, was ich tun will, wenn ich es tun will, nicht wenn mir jemand sagt, dass ich es tun soll."* Obwohl es in Wirklichkeit niemanden da draußen gab, der mir irgendetwas befahl und die Dinge sofort erledigt werden mussten.

Ein Kampf zwischen verschiedenen Anteilen meiner selbst fand statt und ich wusste nicht, welcher gewinnen würde: das „Ich", das wusste, dass es eine wunderbare Sache war, sich jeden Tag mit der Lady auf ihrer Insel zu verbinden oder das „Ich", das tun wollte was es wollte, wenn ihm danach war. Die Praxis durchzuführen, hat mir geholfen von dem alten eigensinnigen „Ich" in das neue „Ich" zu gelangen, das der Lady dient.

Die Praxis der Präsenz liefert uns ideale Bedingungen dafür, unsere Muster auf bewusste Weise zu erleben. Sie zeigt uns deutlich, wer unser Leben regiert, ob es der Teil unserer Persönlichkeit ist, der seinen Willen durchsetzen will und alles dafür tun wird, oder der Teil, der sieht wie wir uns auf eine Weise verändern können, die es uns ermöglicht, mehr von unserer Seelenenergie auszudrücken. Während der ganzen neun Monate werden wir alle viele gute Gründe finden, warum wir die Praxis an bestimmten Tagen nicht durchführen sollten, aber meistens sind sie nur ein Ausdruck unseres Widerstandes. Dinge, die uns daran hindern, sind oft eine Folge davon, wie wir unser Leben organisieren, unser

Die Praxis der Präsenz - Samhain-Imbolc

Mangel an Vorbereitung oder unser Versagen darin, uns Zeit zu nehmen, die wir mit uns selbst und der Lady verbringen können. Es können auch Projektionen und Manifestationen unserer inneren Konflikte sein. Wir müssen darauf achten, was sie sind und wann sie vorkommen.

Während der ersten neun Monate, in denen ich das erste Mal die Praxis durchführte, versäumte ich während der ganzen Zeitspanne vielleicht drei oder vier Einheiten. Um aus dieser Praxis maximalen Nutzen zu ziehen, schlage ich vor, dass du nach Ähnlichem strebst. Manchmal ist es unmöglich die Praxis durchzuführen und es gibt keinen Grund dich dafür zu bestrafen, aber achte auf die Ursachen und mach weiter. Wenn sich die Umstände wiederholen, befrage dein Herz und beobachte genau deine Absicht mit der du die Praxis machst. Eine Priesterin von Avalon zu werden bedeutet, dass man jeden Moment jedes Tages Zeit in Kommunion mit der Lady verbringen will, und diese Praxis wird dich zu diesem Raum der Kommunion mit ihr bringen.

Für manche Menschen sind die ersten drei Monate der Praxis leicht durchzuführen, während andere es schwierig finden. Wir kämpfen dabei mit unserem Engagement und unserer persönlichen Hingabe. Viele Menschen erleben besonders während der zweiten drei Monate großen Druck, wenn sich die Praxis auf zweimal am Tag ausweitet. Der Druck kann sich in Gefühlen von Ängstlichkeit, Schuld, Fehlschlägen und der Unfähigkeit zu visualisieren oder Schwierigkeiten in der Ausbildung zu bleiben ausdrücken. All das sind Ausdrücke bewusster und unbewusster Wunden, die durch die Praxis an die Oberfläche kommen, damit sie geheilt werden können. Bringe diese negativen, selbstsabotierenden Emotionen zur Lady, wenn du sie täglich auf der Insel triffst. Bitte sie um Heilung und sie wird dir helfen.

Manchmal führen diese Gefühle dazu, dass Menschen die Praxis völlig aufgeben und sich aus der Dritten Spirale zurückziehen. Wenn du aufhören musst, mach dir deswegen keine Vorwürfe. Vielleicht ist es nicht die richtige Zeit für dich, die Ausbildung zu Ende zu führen und auf diese Art in dieser Weise eine Priesterin von Avalon zu werden. Vielleicht ist das nicht dein Weg. Es kann sein, dass du deiner eigenen Reise der Selbstinitiation mit der Göttin folgen musst, zu der es nicht gehört dieser speziellen, erneuerten avalonischen Tradition zu folgen. Du kannst es jedenfalls zu einem späteren Zeitpunkt wieder versuchen, die Dritte Spirale zu vervollständigen, wenn die Zeit für dich passt.

Nach einem anstrengenden mittleren Abschnitt wird die Sache während der letzten drei Monate oft leichter, obwohl die tatsächliche Anzahl der Praxiseinheiten weiter zunimmt. Die Priesterin sinkt in eine Kommunion mit der Lady von Augenblick zu Augenblick, was eine Quelle tiefer Freude, Inspiration und Dankbarkeit ist.

So wie bei der Ersten und Zweiten Spirale ist es wichtig auf deiner Reise mit der Praxis Unterstützung zu haben. Teilnehmerinnen der *Im Herzen der Göttin*-Ausbildung bleiben miteinander während der neun Monate in Kontakt, vergleichen ihre Erfahrungen miteinander und unterstützen einander in den schwierigen Zeiten. Sie werden auch von ihrer Ausbildungsleiterin und anderen Priesterinnen von Avalon unterstützt, die die drei Spiralen abgeschlossen haben. Während der neun Monate ist es, so wie bei den anderen zwei Spiralen, eine gute Idee ein Tagebuch zu führen, täglich deine Erfahrungen, Träume, Visionen und kreativen Eingebungen aufzuzeichnen, die du empfängst, während du die Praxis ihrer Präsenz durchführst. Denn die Göttin wird dir während der Zeit, die du mit ihr verbringst, viel geben. Viele Teilnehmerinnen sagen, dass die Dritte Spirale die erstaunlichste von drei erstaunlichen Spiralen des Lernens ist.

Einführung in die Praxis

Die ersten drei Monate der Praxis der Präsenz dauern von Samhain bis Imbolc. So wie bei den meisten Priesterinnen-Ausbildungen beginnen wir rund um Samhain, dem keltischen Neujahr. Das ist eine gute Zeit, um alte Wege des Seins zu verlassen und unsere Samen der Absicht in die Erde zu pflanzen, wo sie den Winter über schlafen, bevor sie im Frühling erwachen und im Sommer Früchte tragen. Die ersten drei Monate lang wird die Praxis, wenn möglich, als erstes am Morgen nach dem Aufstehen und vor dem Frühstück durchgeführt. Wenn die Dämmerung anbricht und der Himmel heller wird, visualisiere wie du selbst bei Tageslicht nach Avalon reist.

Wähle bevor du mit der Praxis beginnst einen Raum, in dem du regelmäßig deine Praxis durchführen wirst und kreiere deinen eigenen persönlichen, der Lady von Avalon geweihten Altar. Du musst wissen, wo in dem Raum die acht Richtungen sind und in welcher Richtung von diesem Raum aus Glastonbury/Avalon liegt. Halte für jede Praxis-Einheit eine Kerze, Räucherwerk und eine Glocke oder ein Glockengeläut mit einem klangvollen Ton bereit. Vielleicht profitierst du auch davon, die Praxis mit einem Schleier über deinem Kopf durchzuführen. Präge dir das erste Bild der Lady von Avalon ein, wie sie auf dem Goddess Conference-Banner dargestellt ist, so dass du weißt, wie sie im Detail aussieht.

Die Praxis der Präsenz

1. Zünde an deinem Altar eine Kerze und ein Räucherstäbchen an oder verbrenne Räucherwerk.

2. Erden und zentrieren (Praxis der Ersten Spirale)
Stehe verschleiert oder ohne Kopfbedeckung vor deinem Altar und zentriere dich energetisch:

a) Richte deine Aufmerksamkeit auf dein Herzchakra. Nimm einen tiefen Atemzug und visualisiere einen schmalen Lichtstrahl, der sich von deinem Herzchakra aus durch dein Basischakra am

Die Praxis der Präsenz – Samhain-Imbolc

Damm, deine Beine und Füße in die Erde hinunter bewegt. Sieh wie er durch Schichten von Erde, Felsen und geschmolzenem Gestein hindurch zum Zentrum der Erde vordringt. Spüre, wie du mit dem Zentrum der Erde, dem Körper unserer Mutter, verbunden und darin verwurzelt bist. Sieh, wie Energie aus dem Zentrum der Erde durch den Strahl hinauf zu deinem Herzen fließt und es mit der Energie der Erde füllt.

b) Visualisiere einen Lichtstrahl, der sich von deinem Herzchakra durch deinen Körper und den Scheitel hinausbewegt, zur Decke hinauf, durch die Decke hindurch, und durch das Dach hinaus in den Himmel über dem Gebäude, in dem du bist, hinaufsteigt. Sieh, wie er sich durch die Atmosphäre bewegt, weg von der Erde und schneller als das Licht an den Planeten vorbeirast, durch das Sonnensystem, über die Milchstraße hinaus und durch das Universum bis zum entferntesten Stern, den du dir vorstellen kannst. Spüre deine Verbindung zum entferntesten Stern und visualisiere, wie Energie von diesem Stern durch das Universum, durch den Scheitelpunkt deines Kopfes und hinunter in dein Herz fließt.

c) Spüre, wie die Energien der Erde und des Himmels sich in deinem Herzen treffen und vermischen. Breite deine Arme auf beiden Seiten deines Körpers weit aus und spüre, wie du den Raum zwischen Erde und Himmel überbrückst und die Energie deiner eigenen Seele – vermischt mit der Energie der Erde und des Himmels – von deinem Herzen aus horizontal in alle Richtungen verströmst.

3. Hereinrufen der Göttinnen auf dem Rad der Lady von Avalon (Zweite Spirale)
Bei dieser Praxis bist du das Zentrum des Rades und rufst die Göttinnen in deinen Körper und dein Sein im Zentrum.

a) Wende dich in die der Jahreszeit entsprechende Richtung. Zu Samhain beginnst du in Richtung Nordwesten. Breite deine Arme aus und rufe in deinen Körper Nolava die Greisin, die Vettel, die dunkle Göttin, Keridwen, die Todbringerin und Hüterin des Kessels, die Königin der Unterwelt, Sheela na Gig, die Dame der Nebel, die Beansidhe, die Eibenfrau und die Morgene Mazoe. Rufe ihre Geschöpfe herein – die große weiße Sau, die Kröte, den Habicht und ihre Qualitäten von Dunkelheit, Tod, Transformation und Wiedergeburt. Visualisiere, wie die Greisin in ihren verschiedenen Gestalten auf dich zukommt. Atme sie in deinen Körper und dein Sein und begrüße sie mit „Sei gegrüßt und willkommen, Greisin Nolava!" Lege am Ende der Anrufung deine Hände über deinem Herzen aufeinander und nimm alle Energien Nolavas, der Greisin, in deinen Körper auf.

b) Drehe dich im Urzeigersinn nach Norden, breite deine Arme aus und rufe die Nolava der Luft herein, die Mutter der Luft, Danu, Anu, Aine, Arianrhod, Cailleach, die Gebeinfrau, die Steinfrau, die alte Frau des Winters, die Stechpalmenfrau, und die Morgene Tyronoe. Rufe ihre Geschöpfe der Luft – den Adler, den Bussard, die Eule, den Zaunkönig, die Sylphen und Drachen der Luft. Rufe ihre Gaben der Luft herein, den Wind, der durch unser Leben weht, Veränderung bringt und unseren Verstand von Gerümpel reinigt. Rufe den Winter und den Winterschlaf herein, Stille, Weisheit und spirituelle Energie. Atme sie in deinen Körper und dein Sein. *„Sei gegrüßt und willkommen, Nolava der Luft!"* Bringe die Nolava der Luft und ihre Energien in deinen Körper, indem du deine Hände über deinem Herzen zusammenführst.

c) Drehe dich nach Nordosten, breite deine Arme aus und rufe Nolava die Jungfrau herein, die jungfräuliche Göttin, Brigit, Bridie, Bride, die Weidenfrau und die Morgene Thitis mit ihren Geschöpfen – den Schwan, die weiße Kuh mit den roten Ohren, die Schlange, den Wolf, das Einhorn und den Phönix. Rufe ihre jungfräulichen Qualitäten von Unschuld, Neubeginn, der Schwelle, des Erweckens, der Poesie, der Heilung und Bridies transformierende Schmiedekunst herein. Atme sie ein. *„Sei gegrüßt und willkommen, Jungfrau Nolava!"*

d) Wende dich nach Osten und rufe die Nolava des Feuers herein, die Mutter des Feuers, Artha, die große Bärin, Grainne, die Sonnengöttin, Ostara, die Frühlingsgöttin, die Haselnußfrau und die Morgene Cliton mit ihren Geschöpfen – den Bären, den Hasen, die rote Henne, die Katze, den grünen Specht, die Salamander und Feuerdrachen. Rufe ihre Gaben des Feuers, des Frühlings, des Grünens, von Energie und Begeisterung, von Kreativität, Mut, Leidenschaft, Wärme und Schutz. Atme sie ein. *„Sei gegrüßt und willkommen, Nolava des Feuers!"*

e) Wende dich nach Südosten und rufe Nolava die Liebende, die Göttin der Liebe, Rhiannon mit den Vögeln, die weiße Stute der See, Blodeuwedd, die Blumengöttin, Olwen vom weißen Pfad, Elen von den Wegen, die Maikönigin, die Göttin der Musik und die Morgene Thetis mit ihre Geschöpfen – die weiße Stute, die Taube, Schwärme kleiner Vögel und die Meerjungfrauen. Rufe die Gaben ihrer liebevollen Natur herein, ihre freudvolle Sexualität und Sinnlichkeit, ihr Blühen. Atme sie ein. *„Sei gegrüßt und willkommen, Nolava die Liebende!"*

Die Praxis der Präsenz – Samhain-Imbolc

f) Wende dich nach Süden und rufe die Nolava des Wassers, die Mutter des Wassers, Domnu, Göttin des Ozeans, Königin der Tiefe, die Dame der heiligen Quellen und Brunnen, die Dame vom See, Nimue, Vivienne, die Eichenfrau und die Morgene Gliten mit ihren Wassergeschöpfen – den Wal, den Delfin, die Robbe, den Lachs der Weisheit, Wassergeister, Undinen, Korrigans, Selkies und Wasserdrachen. Rufe ihre Gaben des Glitzerns, aller Emotionen und ihr allumfassendes Mitgefühl. Atme sie ein. „Sei gegrüßt und willkommen, Nolava des Wassers!"

g) Wende dich nach Südwesten und rufe die große Mutter Nolava, die Muttergöttin, Ker, die Kornmutter, Madron, Mutter der Linie von Avallach, die Eschenfrau, die Hirschfrau und die Morgene Glitonea mit ihren gehörnten Geschöpfen – den Kühen, den Ziegen, den Schafen, den Hirschen und der weißen Hirschkuh. Rufe ihre Gaben der Fülle, ihren Reichtum, ihren Wohlstand und ihre Großzügigkeit, ihre liebevolle Fürsorge für alle ihre Kinder. Atme sie ein. „Sei gegrüßt und willkommen, große Mutter Nolava!"

h) Wende dich nach Westen und rufe die Nolava der Erde, unsere Mutter Erde, Brigantia – Göttin dieser Inseln, Banbha – Göttin des Landes vor der Flut, Gaia unsere Erdmutter, die Buchenfrau und die Morgene Moronoe mit ihren Geschöpfen – den Eber, den Dachs, den Fuchs, Gnomen, Elfen und Erddrachen. Rufe die Gaben der Ernte, Erdung und Sicherheit, die Gaben der Erde, die uns alle am Leben erhält und alle Dinge zur Manifestation bringt. Atme sie ein. „Sei gegrüßt und willkommen, Nolava der Erde!"

i) Wenn du die Göttinnen der acht Richtungen hereingerufen hast, wende dich Richtung Avalon. Wenn du außerhalb Glastonburys lebst, finde heraus, wo Glastonbury von deinem Heim aus gesehen liegt und wende dich in diese Richtung. Wenn du in Glastonbury lebst, richte dich zum Tor/Chalice Well hin aus.

Breite deine Arme aus und rufe Nolava herein – Lady von Avalon, Göttin des geweihten Landes, Avallonia – Göttin der Äpfel, Morgen la Fey – Hüterin der Mysterien Avalons. Rufe sie herein als Weberin des Netzes, Gestaltwandlerin, Wegweisende, Apfelfrau, Herrin der Zeit, Wandlerin zwischen den Welten, Heilerin, Herrscherin, Strahlende, die Feenfrau mit ihren Geschöpfen – der schwarzen Krähe, der schwarzen Katze und den Feen. Rufe ihre Magie und ihr Mysterium herein. Atme sie ein. Spüre wie sie in deinen Körper kommt und schließe deine Arme über deinem Herzen. „Sei gegrüßt und willkommen, Nolava, Lady von Avalon!"

Füge dein eigenes Verständnis der Göttinnen, ihrer Geschöpfe und der Qualitäten der neun Richtungen hinzu.

Wenn sich das Rad dreht, beginne deine Anrufung mit der zur Jahreszeit passenden Göttin. Wechsle die Göttinnen etwa zwei bis drei Wochen vor dem nächsten Jahreskreisfest, wenn du spürst, wie sich die Energie der Göttin verändert, fange beispielsweise etwa Anfang Dezember an, die Nolava der Luft hereinzurufen, im frühen Januar Nolava die Jungfrau, und so weiter.

4. Setze dich bequem vor deinen Altar, entweder auf einen Sessel ohne Armlehnen oder auf den Boden. Halte deinen Rücken gerade, strecke dein linkes Bein aus und hake das rechte Bein unter. Schließe deine Augen.

5. Visualisiere, wie du eine Meile oder zwei nordwestlich Glastonburys am Ufer eines großen Sees stehst und über das Wasser nach Glastonbury schaust. Visualisiere die kleinen Hügel Glastonburys als Hügel auf einer Insel, die vom Wasser umgeben ist, das sich von deinem Standort bis zur Insel erstreckt.

Entlang des Seeufers gibt es Schilf und Pflanzen zwischen denen kleine Wasservögel auf der Oberfläche des Sees schaukeln. Nebelfetzen wabern über den See ohne deine Sicht zu verschleiern. Sieh vor deinem geistigen Auge die Landschaft Glastonburys, so wie sie heute wirklich von dieser nordwestlichen Seite aus aussieht, aber umgeben von einem großen See. Achte auf das Wetter in deiner Imagination – sonnig oder stürmisch, regnerisch oder windig, klar und ruhig oder wild.

Verändere zwischen Samhain und Imbolc deinen Startplatz am Ufer des Sees. Bewege dich jeden Tag in einem Bogen etwas weiter vom Nordwesten zum Nordosten hin. Die Form der Insel, die du jenseits des Wassers vor dir siehst, verändert sich, während du dich in diesem Bogen um den See bewegst.

6. Die Barke rufen
Visualisiere weiter den See und singe laut nach der Melodie, die du in der Ausbildung lernst, oder nach deiner einer eigenen Melodie. Es ist wichtig, dieses Gebet zu singen und nicht zu sprechen, weil es genauso wie die anderen zur Verfügung gestellten Lieder bewirkt, dass sich das Herz und die Kehle öffnen, wenn wir singen.

„Lady, Lady vom nebeligen See
Lady, Lady, schick deine Barke für mich"

7. Läute deine Glocke drei Mal und lass dein Bewusstsein dem Ton der Glocke jedes Mal bis zu seinem entferntesten Nachhall folgen.

8. Visualisiere vor deinem geistigen Auge, wie die Barke Avalons von links in dein Gesichtsfeld kommt und sich aus dem Schilf her-

Die Praxis der Präsenz - Samhain-Imbolc

aus auf dich zu bewegt. Die Barke hat ihren eigenen stillen Antrieb und wird von einem Feen(Fähr)wesen gesteuert, das dich über das Wasser nach Avalon bringen wird. Dieses Feenwesen kann ein Mensch, ein Tier oder ein anderweltliches Wesen sein. Finde es heraus (sieh es).

9. Wenn die Barke vor dir zum Halten kommt, klettere an Bord und gib dem Feenwesen eine Silbermünze aus deiner Tasche – das Fährgeld für die Überquerung des Wassers. Du kannst das in deiner Vorstellung tun oder körperlich, indem du deine Hand wirklich in deine Tasche steckst und eine Münze herausnimmt, die du vor dir auf deinen Altar legst.

10. Stelle oder setze dich in den Bug der Barke während sie über den See hinaus nach Avalon fährt. Wenn die Barke über das Wasser hinausgleitet, steigt Nebel vom See auf und verbirgt rasch den Anblick der Insel vor dir. Bald bist du von dichtem, weißen Nebel umgeben – den Nebeln von Avalon. Später während der neun Monate der Praxis wirst du lernen die Nebel zu rufen, aber in diesem Stadium der Praxis steigen die Nebel von selbst auf.

11. Die Nebel teilen
Visualisiere, wie du umgeben von Nebel im Bug der Barke stehst. Halte deine Hände körperlich in der Gebetsposition vor deinem Herzen und singe laut:

„Lady, Lady, teile die Nebel für mich
Lady, Lady, lüfte dein Geheimnis."

Sobald du mit dem Singen fertig bist, breite deine Arme weit aus und teile die Nebel mit deinen Händen. Während du mit geschlossenen Augen deine Arme ausbreitest, schau direkt nach vorn durch den geschaffenen Raum, zur Paradies-Insel Avalon jenseits des Wassers des Sees. Sieh, was du siehst.

12. Die Barke gleitet über das Wasser nach Avalon. Während sie sich dem Ufer nähert, schau, wie die Insel Avalon in deiner Vorstellung aussieht. Sie wird von ähnlicher Gestalt sein wie die heutige Realität, aber ohne die zeitgenössischen Gebäude, Gehöfte und Zäune. Es ist eine naturbelassenere, wildere Landschaft mit einigen Behausungen aus einer anderen Realität. Nimm wahr, wie sich der Ort anfühlt und achte wieder auf das Wetter.

13. Sobald du das Ufer erreicht hast, danke dem Feenwesen dafür, dass es dich über das Wasser nach Avalon gebracht hat. Klettere aus der Barke an Land. Das Ufer kann mit sanftem Gras oder wildem Gestrüpp bewachsen, steinig oder felsig sein. Es kann einen speziellen Platz geben, an dem die Barke anlegt oder du musst vielleicht an Land springen. Sieh, was du vor deinem geistigen Auge siehst. Achte auf die Vegetation rund um dich. Gibt es Pflanzen, Blumen, Apfel-Obstgärten, Wälder, einen Eichenhain oder ist das Land kahl und steinig? Sieh, was du siehst.

14. Gehe vom Ufer aus die steileren nordwestlichen Hänge der Insel Avalon hinauf und beginne die Insel zu erforschen. Vielleicht gehst du über den Boden, fliegst über ihn oder denkst einfach an einen Ort und wirst dorthin befördert.

15. Finde nach einer kurzen Weile einen Platz auf der Insel, der sich für dich besonders anfühlt – dieser Platz kann sich während der ersten drei Monate der Praxis verändern.

16. Setze dich in deiner Vorstellung auf die Erde, einen Baum oder einen passenden Sitzplatz. Sitze in der körperlichen Realität so, dass dein linkes Bein ausgestreckt und das rechte unter deinen Körper gehakt ist, wie es der Stellung der großen Mutter Nolava in der Landschaft Glastonburys entspricht. Lege deine linke Hand mit nach oben gerichteter Handfläche, so als würde ein Apfel darin liegen, auf dein linkes Knie. Lege deine rechte Hand in Herzhöhe auf die rechte Seite deines Körpers, wobei die Handfläche in einer Segensgeste nach vorne gerichtet ist. Das ist das Mudra der Lady von Avalon.

17. Anrufung der Lady von Avalon
Bete zur Lady:

„Oh Lady von Avalon, auf dieser, deiner heiligen Insel
Rufe ich dich an und bitte, dass du dich mir offenbarst."

Halte einige Augenblicke lang den Raum für das Gebet.

18. Lass deine Augen geschlossen und beginne deinen Körper rhythmisch nach links und rechts zu drehen. Bewege deinen ganzen Rumpf, vom Becken aufwärts, deine Arme sind locker zur Seite gestreckt. Schwinge sanft deinen ganzen Körper, die Arme und den Kopf von links nach rechts, während du laut die Lady von Avalon rufst.

„Lady von Avalon, Lady von Avalon, Lady von Avalon, ... etc."

Hebe langsam deine Arme, während du dich bewegst, bis sie oberhalb deines Kopfes im Rhythmus deines Körpers schwingen. Während du deinen Kopf von links nach rechts bewegst, halt deine geschlossenen Augen auf das Zentrum deiner Vision gerichtet, als

Die Praxis der Präsenz - Samhain-Imbolc

würdest du gerade nach vorne schauen. Beschleunige allmählich deine Bewegungen und Worte bis du ihren Namen so wiederholst:

„Lady, Lady, Lady, Lady, ... etc."

Drücke in deiner Stimme deine Sehnsucht danach aus, ihr zu begegnen.
Wiederhole ihren Namen und die Körperbewegungen mindestens 99mal.
19. Wenn du mit der Anrufung fertig bist, lass zu, dass dein Körper aufhört sich zu bewegen und spüre die Präsenz der Lady in dem Raum in deinem Inneren. Bilde mit deinen Händen wieder das Mudra der Lady – die Handfläche der linken Hand ausgebreitet, die rechte Hand in einer Geste des Segnens.
20. Gesungene Anrufung der Lady von Avalon
Singe für die Lady die Melodie, die du in der Dritten Spirale der Ausbildung lernst, oder erfinde deine eigene Melodie.

„Lady, Lady der Apfel-Insel
Lady, Lady der heiligen Quellen
Lady, Lady von Avalon
Offenbare dich mir.

Lady, Lady der Insel der Toten
Lady, Lady vom Paradies
Lady, Lady vom heiligen Land
Zeig mir dein Gesicht.

Lady, Lady des heiligen Grals
Lady, Lady des roten Kelchs
Lady, Lady des runden Kessels
Lüfte dein Geheimnis."

(Visualisiere, wie die Lady auf dich zukommt, während du dasitzt und singst)

„Lady, Lady mit dem Regenbogenlicht
Lady, Lady von violetter Farbe
Lady, Lady von Avalon
Offenbare dich mir
Zeig mir dein Gesicht
Lüfte dein Geheimnis."

21. Sieh die Lady von Avalon vor dir stehen. Visualisiere sie, wie sie auf dem Bild der Konferenz dargestellt ist, mit einem roten Kleid, das mit Göttinnen-Symbolen gemustert ist. Sie hat einen regenbogenfarbigen Glorienschein und eine Aura, die von Melissa-Bienen umgeben ist. In einem Hirschgeweih hält sie die Sonne auf ihrem Kopf und einen Schmetterling dazwischen. Sie hat langes nebeliges Haar und violette Haut.

22. Die Lady strahlt violettes Licht zu dir aus. Nimm ihr Licht auf. Spüre, wie dein ganzer Körper und dein ganzes Sein in den Segen ihrer violetten Strahlen eingetaucht sind. Absorbiere ihre Energie. Fühle wie ihr Segen dein ganzes Leben erfüllt. Halte diesen empfänglichen Raum so lange, wie du kannst.

23. Wenn du spürst, wie ihre Energie sich verflüchtigt, danke für den Segen ihrer Präsenz.

„Oh heilige Lady von Avalon
Danke für das Geschenk deiner Präsenz in meinem Leben
Begleite mich durch diesen Tag
Segne, führe und schütze mich
Und all jene, deren Weg ich heute berühre."

24. Bring deine Hände zu deinem Herzen und dann hinunter, um den Boden zu berühren und dich zu erden. Bring dein Bewusstsein in den Raum zurück.

Bei dieser Praxis gelangst du täglich in eine tiefere und tiefere Verbindung zur Lady von Avalon. Du öffnest dich für die Energien ihrer Natur. Du musst nicht über das Wassers des Sees zurückkehren oder das Rad am Ende jeder Einheit schließen, außer wenn du es möchtest. Deine Absicht als Priesterin von Avalon ist es, so eins mit den Energien Avalons zu werden, dass du mit einem Fuß in der physischen Welt und mit einem Fuß in Avalon lebst.

Zusätzliche persönliche Arbeit

Arbeite so wie bei der zweiten Spirale während der ganzen dritten Spirale an deinem Selbstinitiations-Gelübde, dass du am Ende dieser Spirale ablegen wirst. Du wirst dich dazu weihen, die Lady von Avalon als ihre Priesterin zu lieben, zu ehren und ihr zu dienen. Dafür wirst du wieder deine eigenen Worte verwenden, aber schließe etwas ein wie: „Ich weihe mich dir, Lady von Avalon, als deine Priesterin." Beginne während der ersten drei Monate über dein

Die Praxis der Präsenz - Samhain-Imbolc

Selbstinitiations-Gelübde nachzudenken. Was möchtest du der Lady von Avalon sagen, wenn du dich selbst in ihren Dienst initiierst?

Entwirf deine violetten Gewänder, den Kopfschmuck und die Maske, die du bei der Initiations-Zeremonie am Ende der Dritten Spirale tragen wirst, und beginne damit sie anzufertigen.

---

[1] Die Bilder stehen als kostenloser Download auf der Webseite des Arun-Verlages zur Verfügung.

Avalon – Dritte Spirale

Intensivierung der Praxis der Präsenz der Lady

Imbolc - Beltane

Zu Imbolc wird die Praxis intensiver, da sie zu zwei Einheiten pro Tag ausgeweitet wird – eine am Morgen, wenn die Sonne aufgeht und eine am Abend, wenn sich der Himmel verdunkelt. Bei der Ausbildung zur Priesterin von Avalon treffen sich die Teilnehmerinnen, um ihre Erfahrungen mit der Durchführung der Praxis zu besprechen, ihre Visionen und Inspirationen, ihre Widerstände und Herausforderungen. Das ist sehr hilfreich.

Intensivierung der Praxis

Während der zweiten drei Monate der Praxis beginnen wir unsere Reise zur Insel Avalon von Nordosten aus und bewegen uns allmählich um das Ufer des Sees von Avalon in den Südosten. Wieder verändert sich die Form der Insel drastisch, wenn wir uns durch diesen östlichen Abschnitt bewegen. Insbesondere der Tor ist hervorgehoben und sieht von manchen Blickwinkeln wie ein pyramidenförmiger Berg aus.

Der erste Teil der Praxis bleibt gleich wie in den ersten drei Monaten und dafür brauchst du wieder eine Kerze, Räucherwerk, eine Glocke und, wenn gewünscht, einen Schleier. Die Praxis verändert sich, wenn wir auf der Insel Avalon ankommen. Wir arbeiten mit einem neuen Bild der Lady von Avalon in der Gestalt von Morgen la Fey, so wie sie von Thalia Brown für die Goddess Conference gezeichnet wurde. Manche Menschen wollen bei einer der täglichen Einheiten wieder mit dem ersten Bild der Lady von Avalon arbeiten, aber mindestens eine Einheit pro Tag muss mit dem neuen Bild durchgeführt werden.

Sieh bei der morgendlichen Praxis, wie du dich der Insel im Tageslicht näherst. Bei der abendlichen Praxis sieh, wie du dich in der Dunkelheit über den See auf die Insel zu bewegst. Wie findest du deinen Weg? Gibt es Lichter oder Fackeln, oder kannst du beim Licht der Sterne und des Mondes sehen? Verbinde dich bei deiner Praxis mit dem tatsächlichen Mondzyklus, der dich in manchen Nächten mit Mondlicht versorgen wird. Achte darauf, wie du dich fühlst, wenn du die Insel im Dunklen erforscht.

Die Praxis der Präsenz der Lady von Avalon – Intensivierung

1. Zünde an deinem Altar eine Kerze und ein Räucherstäbchen an oder verbrenne Räucherwerk.

2. Erden und zentrieren

Stehe verschleiert oder ohne Kopfbedeckung vor deinem Altar und zentriere dich energetisch:

a) Richte deine Aufmerksamkeit auf dein Herzchakra. Nimm einen tiefen Atemzug und visualisiere einen schmalen Lichtstrahl, der sich von deinem Herzchakra aus durch dein Basischakra am Damm, deine Beine und Füße in die Erde hinunter bewegt. Sieh wie er durch Schichten von Erde, Felsen und geschmolzenem Gestein hindurch zum Zentrum der Erde vordringt. Spüre wie du mit dem Zentrum der Erde, dem Körper unserer Mutter, verbunden und darin verwurzelt bist. Sieh wie Energie aus dem Zentrum der Erde durch den Strahl hinauf zu deinem Herzen fließt und es mit der Energie der Erde füllt.

b) Visualisiere einen Lichtstrahl, der sich von deinem Herzchakra durch deinen Körper und den Scheitel hinausbewegt, zur Decke hinauf, durch die Decke hindurch, und durch das Dach hinaus in den Himmel über dem Gebäude, in dem du bist, hinaufsteigt. Sieh, wie er sich durch die Atmosphäre bewegt, weg von der Erde und schneller als das Licht an den Planeten vorbeirast, durch das Sonnensystem, über die Milchstraße hinaus und durch das Universum bis zum entferntesten Stern, den du dir vorstellen kannst. Spüre deine Verbindung zum entferntesten Stern und visualisiere wie Energie von diesem Stern durch das Universum, durch den Scheitelpunkt deines Kopfes und hinunter in dein Herz fließt.

c) Spüre, wie die Energien der Erde und des Himmels sich in deinem Herzen treffen und vermischen. Breite deine Arme auf bei-

Die Intensivierung der Präsenz - Imbolc-Beltane

den Seiten deines Körpers weit aus und spüre, wie du den Raum zwischen Erde und Himmel überbrückst und die Energie deiner eigenen Seele – vermischt mit der Energie der Erde und des Himmels – von deinem Herzen aus horizontal in alle Richtungen verströmst.

3. Hereinrufen der Göttinnen auf dem Rad der Lady von Avalon
Du bist im Zentrum des Rades und rufst die Göttinnen in dich selbst im Zentrum zu Imbolc.

a) Wende dich nach Nordosten, breite deine Arme aus und rufe Nolava die Jungfrau herein, die jungfräuliche Göttin, Brigit, Bridie, Bride, die Weidenfrau und die Morgene Thitis mit ihren Geschöpfen – den Schwan, die weiße Kuh mit den roten Ohren, die Schlange, den Wolf, das Einhorn und den Phönix. Rufe ihre jungfräulichen Qualitäten von Unschuld, Neubeginn, der Schwelle, des Erweckens, der Poesie, der Heilung und Bridies transformierende Schmiedekunst herein. Atme sie in deinen Körper und dein Sein. „Sei gegrüßt und willkommen, Jungfrau Nolava!" Lege am Ende der Anrufung deine Hände über deinem Herzen übereinander und nimm all ihre Energien in deinen Körper auf.

b) Wende dich nach Osten, breite deine Arme aus und rufe die Nolava des Feuers herein, die Mutter des Feuers, Artha die große Bärin, Grainne die Sonnengöttin, Ostara, die Frühlingsgöttin, die Haselnußfrau und die Morgene Cliton mit ihren Geschöpfen – den Bären, den Hasen, die rote Henne, die Katze, den grünen Specht, die Salamander und Feuerdrachen. Rufe ihre Gaben des Feuers, des Frühlings, des Grünens, von Energie und Begeisterung, von Kreativität, Mut, Leidenschaft, Wärme und Schutz. Atme sie in deinen Körper und dein Sein. „Sei gegrüßt und willkommen, Nolava des Feuers!"

c) Wende dich nach Südosten, breite deine Arme aus und rufe Nolava die Liebende herein, die Göttin der Liebe, Rhiannon mit den Vögeln, die weiße Stute der See, Blodeuwedd, die Blumengöttin, Olwen vom weißen Pfad, Elen von den Wegen, die Maikönigin, die Göttin der Musik und die Morgene Thetis mit ihre Geschöpfen – die weiße Stute, die Taube, Schwärme kleiner Vögel und die Meerjungfrauen. Rufe die Gaben ihrer liebevollen Natur herein, ihre freudvolle Sexualität und Sinnlichkeit, ihr Blühen. Atme sie ein. „Sei gegrüßt und willkommen, Nolava die Liebende!"

d) Wende dich nach Süden, breite deine Arme aus und rufe die Nolava des Wassers herein, die Mutter des Wassers, Domnu, Göttin des Ozeans, Königin der Tiefe, die Dame der heiligen Quellen und Brunnen, die Dame vom See, Nimue, Vivienne, die Eichenfrau und die Morgene Gliten mit ihren Wassergeschöpfen – den Wal, den Delfin, die Robbe, den Lachs der Weisheit, Wassergeister, Undinen, Korrigans, Selkies und Wasserdrachen. Rufe ihre Gaben des Glitzerns, aller Emotionen und ihr allumfassendes Mitgefühl. Atme sie ein. „Sei gegrüßt und willkommen, Nolava des Wassers!"

e) Wende dich nach Südwesten, breite deine Arme aus und rufe die große Mutter Nolava herein, die Muttergöttin, Ker, die Kornmutter, Madron, Mutter der Linie von Avallach, die Eschenfrau, die Hirschfrau und die Morgene Glitonea mit ihren gehörnten Geschöpfen – den Kühen, den Ziegen, den Schafen, den Hirschen und der weißen Hirschkuh. Rufe ihre Gaben der Fülle, ihren Reichtum, ihren Wohlstand und ihre Großzügigkeit, ihre liebevolle Fürsorge für alle ihre Kinder. Atme sie ein. „Sei gegrüßt und willkommen, große Mutter Nolava!"

f) Wende dich nach Westen, breite deine Arme aus und rufe die Nolava der Erde herein, unsere Mutter Erde, Brigantia – Göttin dieser Inseln, Banbha – Göttin des Landes vor der Flut, Gaia unsere Erdmutter, die Buchenfrau und die Morgene Moronoe mit ihren Geschöpfen – den Eber, den Dachs, den Fuchs, Gnomen, Elfen und Erddrachen. Rufe die Gaben der Ernte, Erdung und Sicherheit, die Gaben der Erde, die uns alle am Leben erhält und alle Dinge zur Manifestation bringt. Atme sie ein. „Sei gegrüßt und willkommen, Nolava der Erde!"

g) Wende dich nach Nordwesten, breite deine Arme aus und rufe Nolava die Greisin herein, die Vettel, die dunkle Göttin, Keridwen, die Todbringerin und Hüterin des Kessels, die Königin der Unterwelt, Sheela na Gig, die Dame der Nebel, die Beansidhe, die Eibenfrau und die Morgene Mazoe. Rufe ihre Geschöpfe herein – die große weiße Sau, die Kröte, den Habicht und ihre Qualitäten von Dunkelheit, Tod, Transformation und Wiedergeburt. Visualisiere, wie die Greisin in ihren verschiedenen Gestalten auf dich zukommt. Atme sie ein. Begrüße sie mit „Sei gegrüßt und willkommen, Greisin Nolava!"

h) Drehe dich im Urzeigersinn nach Norden, breite deine Arme aus und rufe die Nolava der Luft herein, die Mutter der Luft, Danu, Anu, Aine, Arianrhod, Cailleach, die Gebeinfrau, die Steinfrau, die alte Frau des Winters, die Stechpalmenfrau, und die Morgene Tyronoe. Rufe ihre Geschöpfe der Luft – den Adler, den Bussard, die Eule, den Zaunkönig, die Sylphen und Drachen der Luft. Rufe ihre Gaben der Luft herein, den Wind, der durch unser Leben weht, Veränderung bringt und unseren Verstand von Gerümpel reinigt. Rufe den Winter und den Winterschlaf herein, Stille, Weisheit und

Die Intensivierung der Präsenz - Imbolc-Beltane

spirituelle Energie. Atme sie ein. „Sei gegrüßt und willkommen, Nolava der Luft!"

i) Wenn du die Göttinnen der acht Richtungen hereingerufen hast, wende dich Richtung Avalon. Breite deine Arme aus und rufe Nolava herein – Lady von Avalon, Göttin des geweihten Landes, Avallonia – Göttin der Äpfel, Morgen la Fey – Hüterin der Mysterien Avalons. Rufe sie herein als Weberin des Netzes, Gestaltwandlerin, Wegweisende, Apfelfrau, Herrin der Zeit, Wandlerin zwischen den Welten, Heilerin, Herrscherin, Strahlende, die Feenfrau mit ihren Geschöpfen – der schwarzen Krähe, der schwarzen Katze und den Feen. Rufe ihre Magie und ihr Mysterium herein. Atme sie ein. Spüre, wie sie in deinen Körper kommt und schließe deine Arme über deinem Herzen. „Sei gegrüßt und willkommen, Nolava, Lady von Avalon!"

Füge dein eigenes Verständnis der Göttinnen, ihrer Geschöpfe und der Qualitäten der neun Richtungen hinzu.

Wenn sich das Rad dreht, beginne deine Anrufung mit der zur Jahreszeit passenden Göttin. Wechsle die Göttinnen etwa zwei bis drei Wochen vor dem nächsten Jahreskreisfest, wenn du spürst, wie sich die Energie der Göttin verändert, fange beispielsweise Anfang März an die Nolava des Feuers hereinzurufen, Mitte April Nolava die Jungfrau, und so weiter.

4. Setze dich bequem vor deinen Altar, entweder auf einen Sessel oder auf den Boden. Halte deinen Rücken gerade, strecke dein linkes Bein aus und hake das rechte Bein unter. Schließe deine Augen.

5. Visualisiere, wie du eine Meile oder zwei nordöstlich Glastonburys am Ufer eines großen Sees stehst und über das Wasser zur Glas-Insel, das ist Glastonbury oder Ynys Witrin, schaust. Zwischen dir und der Insel ist nichts als Wasser. Entlang des Seeufers gibt es Schilf und Pflanzen zwischen denen kleine Wasservögel auf der Oberfläche des Sees schaukeln. Nebelfetzen wabern über den See ohne deine Sicht zu verschleiern. Sieh vor deinem geistigen Auge die Landschaft Glastonburys, so wie sie heute wirklich von dieser nordöstlichen Seite aus aussieht, aber umgeben von einem großen See. Achte auf das Wetter in deiner Imagination – sonnig oder stürmisch, regnerisch oder windig, klar und ruhig oder wild.

Verändere zwischen Imbolc und Beltane deinen Startplatz am Ufer des Sees. Bewege dich jeden Tag in einem Bogen etwas weiter vom Nordosten zum Südosten hin. Die Form der Insel, die du jenseits des Wassers vor dir siehst, verändert sich ziemlich drastisch, während du dich in diesem Bogen um den See bewegst.

6. Die Barke rufen

Visualisiere weiter den See und singe laut nach der Melodie, die du in der Ausbildung lernst, oder nach deiner einer eigenen Melodie.

„*Lady, Lady vom nebeligen See
Lady, Lady, schick deine Barke für mich*"

7. Läute deine Glocke drei Mal und lass dein Bewusstsein dem Ton der Glocke jedes Mal bis zu seinem entferntesten Nachhall folgen.
8. Visualisiere vor deinem geistigen Auge, wie die Barke Avalons von links in dein Gesichtsfeld kommt und sich aus dem Schilf heraus auf dich zu bewegt. Die Barke hat ihren eigenen stillen Antrieb und wird von einem Feen(Fähr)wesen gesteuert, das dich über das Wasser nach Avalon bringen wird. Dieses Feenwesen kann ein Mensch, ein Tier oder ein anderweltliches Wesen sein. Finde es heraus.
9. Wenn die Barke vor dir zum Halten kommt, klettere an Bord und gib dem Feenwesen eine Silbermünze aus deiner Tasche – das Fährgeld für die Überquerung des Wassers. Du kannst das körperlich tun, indem du deine Hand wirklich in deine Tasche steckst und eine Münze herausnimmst, die du vor dir auf deinen Altar legst. Oder mach es in deiner Vorstellung.
10. Stelle oder setze dich in den Bug der Barke während sie über den See hinaus nach Avalon fährt. Wenn die Barke über das Wasser hinausgleitet, steigt Nebel vom See auf und verbirgt rasch den Anblick der Insel vor dir. Bald bist du von dichtem, weißem Nebel umgeben – den Nebeln von Avalon. Lass den Nebel in deinen Körper und dein Sein eindringen.
11. Die Nebel teilen

Visualisiere wie du umgeben von Nebel im Bug der Barke stehst. Halte deine Hände körperlich in der Gebetsposition vor deinem Herzen und singe laut:

„*Lady, Lady, teile die Nebel für mich
Lady, Lady, lüfte dein Geheimnis.*"

Sobald du mit dem Singen fertig bist, breite deine Arme weit aus und teile die Nebel mit deinen Händen. Während du mit geschlossenen Augen deine Arme ausbreitest, schau direkt nach vorn durch den geschaffenen Raum, zur Paradies-Insel Avalon jenseits des Wassers des Sees. Sieh, was du siehst.

Die Intensivierung der Präsenz - Imbolc-Beltane

12. Die Barke gleitet über das Wasser nach Avalon. Während sie sich dem Ufer nähert, schau, wie die Insel Avalon in deiner Vorstellung aussieht. Sie wird von ähnlicher Gestalt sein wie die heutige Realität, aber ohne die zeitgenössischen Gebäude, Gehöfte und Zäune. Es ist eine naturbelassenere, wildere Landschaft mit einigen Behausungen aus einer anderen Realität. Nimm wahr, wie sich der Ort anfühlt und achte wieder auf das Wetter.

13. Sobald du das Ufer erreicht hast, danke dem Feenwesen dafür, dass es dich über das Wasser nach Avalon gebracht hat. Klettere aus der Barke an Land. Das Ufer kann mit sanftem Gras oder wildem Gestrüpp bewachsen, steinig oder felsig sein. Es kann einen speziellen Platz geben, an dem die Barke anlegt oder du musst vielleicht an Land springen. Sieh, was du vor deinem geistigen Auge siehst. Was kannst du in der Dunkelheit sehen? Gibt es Lichter, die dich leiten? Achte auf die Vegetation rund um dich. Gibt es Pflanzen, Blumen, Apfel-Obstgärten, Wälder, einen Eichenhain oder ist das Land kahl und steinig? Sieh, was du siehst.

14. Gehe vom Ufer aus die nordöstlichen Hänge des Tor hinauf, der sich wie ein Berg vor dir auftürmt. Erforsche den Tor und gehe um die Hänge herum zum Tempel Avalons, dem Tempel der Lady. Schau, wo er sich befindet, nimm wahr, wie er aussieht und gehe hinein. Erforsche den Tempel Avalons. Achte auf seine Dekoration und finde die überdachte Laube in der Mitte des Tempels. Darunter stehen zwei einfache Throne, die einander zugewandt sind.

15. Sobald du dazu bereit bist, setze dich in deiner Vorstellung auf einen der Throne unter dem Baldachin. Sitze mit deinem linken Bein ausgestreckt und dem rechten unter deinen Körper gehakt. Lege deine linke Hand mit ausgestreckter Handfläche, so als würde ein Apfel darin liegen, auf dein linkes Knie. Lege deine rechte Hand in Herzhöhe auf die rechte Seite deines Körpers, wobei die Handfläche in einer Segensgeste, dem Mudra der Lady, nach vorne gerichtet ist.

16. Lass deine Augen geschlossen und beginne deinen Körper rhythmisch nach links und rechts zu drehen. Bewege deinen ganzen Rumpf, vom Becken aufwärts, deine Arme sind locker zur Seite gestreckt. Schwinge sanft deinen ganzen Körper, die Arme und den Kopf von links nach rechts, während du laut die Lady von Avalon rufst. Hebe und senke die Arme während du dich bewegst.

„*Lady von Avalon, Lady von Avalon, Lady von Avalon, ... etc.*"

Während du deinen Kopf von links nach rechts bewegst, halt deine geschlossenen Augen auf das Zentrum deiner Vision gerichtet, als würdest du gerade nach vorne schauen. Beschleunige allmählich deine Bewegungen bis du ihren Namen so wiederholst:

"Lady, Lady, Lady, Lady, ...etc."

Drücke in deiner Stimme deine Sehnsucht danach aus, ihr zu begegnen.
Wiederhole ihren Namen und die Körperbewegungen mindestens 100mal.

17. Anrufung der Lady von Avalon

"Lady von Avalon
In diesem, deinem heiligen Tempel
Rufe ich dich und bitte darum, in deine Gegenwart zu kommen."

Halte den Raum für das Gebet/die Anrufung einige Augenblicke lang.
18. *Wenn du mit der Anrufung fertig bist sieh/spüre die Lady in ihrem Tempel auf dich zukommen. Visualisiere sie so wie sie auf dem neuen Bild als Morgen la Fey dargestellt ist, mit dunklem Haar, violetter Haut und umflattert von Krähen.*
19. Gesungene Anrufung der Lady von Avalon

Singe für die Lady die Melodie, die du in der Dritten Spirale der Ausbildung lernst, oder erfinde deine eigene Melodie.

"Lady, Lady der Apfel-Insel
Lady, Lady der heiligen Quellen
Lady, Lady von Avalon
Offenbare dich mir.

Lady, Lady der Insel der Toten
Lady, Lady vom Paradies
Lady, Lady vom heiligen Land
Zeig mir dein Gesicht.

Lady, Lady des heiligen Grals
Lady, Lady des roten Kelchs
Lady, Lady des runden Kessels
Lüfte dein Geheimnis.

Lady, Lady mit dem Regenbogenlicht
Lady, Lady von violetter Farbe
Lady, Lady von Avalon

Die Intensivierung der Präsenz - Imbolc-Beltane

*Offenbare dich mir
Zeig mir dein Gesicht
Lüfte dein Geheimnis."*

20. Visualisiere wie sich die Lady dir gegenüber auf den Thron unter dem Baldachin des Tempels setzt. Sie sitzt in derselben Position wie du. Fühle ihre Präsenz und ihre violetten Emanationen.

21. Visualisiere strahlende Lichtbälle, die sich aus allen Richtungen des Raumes in den Körper der Lady bewegen und sie noch mehr erstrahlen lassen.

22. Sieh, wie ihre Energie direkt zu dir ausstrahlt. Absorbiere ihre Energie in deinen Körper und dein Sein. Fühle, wie ihr Segen dein ganzes Leben erfüllt. Fühle, wie du sie wirst. Fühle/sieh, strahlende Lichtbälle, die von überall aus dem Raum in deinen Körper kommen. Fülle deinen Körper mit Licht und strahle violettes Licht hinaus, dorthin, wo es in der Welt gebraucht wird. Übermittle ihre liebevolle violette Energie so lange wie du deinen Fokus halten kannst.

23. Wenn du spürst, wie deine Konzentration nachlässt und ihre Energie entschwindet, danke für den Segen ihrer Präsenz.

*„Oh heilige Lady von Avalon
Danke für das Geschenk deiner Präsenz in meinem Leben
Begleite mich durch diesen Tag/diese Nacht
Segne, führe und schütze mich
Und all jene, deren Weg ich heute berühre."*

Wieder kommst du in eine tiefere und tiefere Verbindung mit der Lady von Avalon, wenn du diese Praxis nun zweimal am Tag durchführst. Du öffnest dich für die Energien ihrer Natur. Du musst nicht über die Wasser des Sees zurückkehren, oder das Rad am Ende jeder Einheit schließen, es sein denn, du möchtest es. Genieße es!

Zusätzliche Persönliche Arbeit

Denke während der zweiten drei Monate weiterhin über das Gelübde nach, das du ablegen wirst, wenn du dich selbst in den Dienst der Lady von Avalon initiierst.

Beginne die violetten Initiationsgewänder, den Kopfschmuck und die Maske anzufertigen, die du bei der Zeremonie am Ende der Dritten Spirale tragen wirst.

Avalon - Dritte Spirale

Entwirf und kreiere eine Zeremonie für andere Ausbildungsteilnehmerinnen oder Freunde, die am letzten Wochenende durchgeführt wird, und deine Fähigkeit zeigt, die Energie der Lady von Avalon zu erzeugen und zu übertragen.

Vertiefung und Selbstinitiation als Priesterin von Avalon

Beltane - Lammas

Während der letzten drei Monate besteht die Praxis der Präsenz aus drei spirituellen Praxis-Einheiten pro Tag, mit einer längeren Einheit am Morgen, einem kürzeren Gebet zur Lady zur Mittagszeit und einer längeren Einheit am Abend. Für die längeren Einheiten brauchst du eine Glocke, einen Stab, eine Kerze, Räucherwerk und wenn gewünscht einen Schleier. Die letzten drei Monate sind dafür angelegt, das bewusste Erleben der Lady von Avalon in deinen Körper, dein Herz und deine Seele zu bringen. Dazu gehört auch vor jeder Mahlzeit Dankgebete an die Göttin für alles, was sie uns gibt, zu sprechen, häufig ihr Mantra zu wiederholen und dabei den ganzen Tag über ihre Erscheinung zu visualisieren.

*„Jungfrau, Liebende, Mutter, Greisin
Lady von Avalon, bring mich heim."*

*„Sei gegrüßt Nolava, Lady von Avalon
Göttin von Leben, Tod, Liebe und Transformation"*

Visualisiere während der letzten drei Monate die Lady von Avalon wie sie auf dem dritten von Willow Roe gemalten Bild dargestellt ist, mit ihrem violetten Kleid und violetter Haut. Du kannst bei einer Einheit auch mit vorhergehenden Bildern arbeiten.

Die Praxis der Präsenz der Lady von Avalon

Morgen- und Abendeinheit

1. Zünde an deinem Altar eine Kerze und ein Räucherstäbchen an oder verbrenne Räucherwerk.

2. Stehe verschleiert oder ohne Kopfbedeckung vor deinem Altar und zentriere dich energetisch:

a) Richte deine Aufmerksamkeit auf dein Herzchakra. Nimm einen tiefen Atemzug und visualisiere einen schmalen Lichtstrahl, der sich von deinem Herzchakra aus durch dein Basischakra am Damm, deine Beine und Füße in die Erde hinunter bewegt. Sieh, wie er durch Schichten von Erde, Felsen und geschmolzenem Gestein hindurch zum Zentrum der Erde vordringt. Spüre, wie du mit dem Zentrum der Erde, dem Körper unserer Mutter, verbunden und darin verwurzelt bist. Sieh, wie Energie aus dem Zentrum der Erde durch den Strahl hinauf zu deinem Herzen fließt und es mit der Energie der Erde füllt.

b) Visualisiere einen Lichtstrahl, der sich von deinem Herzchakra durch deinen Körper und den Scheitel hinausbewegt, zur Decke hinauf, durch die Decke hindurch, und durch das Dach hinaus in den Himmel über dem Gebäude, in dem du bist, hinaufsteigt. Sieh, wie er sich durch die Atmosphäre bewegt, weg von der Erde und schneller als das Licht an den Planeten vorbeirast, durch das Sonnensystem, über die Milchstraße hinaus und durch das Universum bis zum entferntesten Stern, den du dir vorstellen kannst. Spüre deine Verbindung zum entferntesten Stern und visualisiere wie Energie von diesem Stern durch das Universum, durch den Scheitelpunkt deines Kopfes und hinunter in dein Herz fließt.

c) Spüre, wie die Energien der Erde und des Himmels sich in deinem Herzen treffen und vermischen. Breite deine Arme auf beiden Seiten deines Körpers weit aus und spüre, wie du den Raum zwischen Erde und Himmel überbrückst und die Energie deiner eigenen Seele – vermischt mit der Energie der Erde und des Himmels – von deinem Herzen aus horizontal in alle Richtungen verströmst.

3. Hereinrufen der Göttinnen auf dem Rad der Lady von Avalon
Bei dieser Praxis bist du im Zentrum des Rades und rufst die Göttinnen in dich selbst im Zentrum.

Vertiefung und Selbstinitiation - Beltane-Lammas

a) Wende dich nach Südosten, breite deine Arme aus und rufe Nolava die Liebende herein, die Göttin der Liebe, Rhiannon mit den Vögeln, die weiße Stute der See, Blodeuwedd, die Blumengöttin, Olwen vom weißen Pfad, Elen von den Wegen, die Maikönigin, die Göttin der Musik und die Morgene Thetis mit ihre Geschöpfen – die weiße Stute, die Taube, Schwärme kleiner Vögel und die Meerjungfrauen. Rufe die Gaben ihrer liebevollen Natur herein, ihre freudvolle Sexualität und Sinnlichkeit, ihr Blühen. Atme sie in deinen Körper und dein Sein. „Sei gegrüßt und willkommen, Nolava die Liebende!" Lege am Ende der Anrufung deine Hände über deinem Herzen übereinander und nimm all ihre Energien in deinen Körper auf.

b) Wende dich nach Süden, breite deine Arme aus und rufe die Nolava des Wassers herein, die Mutter des Wassers, Domnu, Göttin des Ozeans, Königin der Tiefe, die Dame der heiligen Quellen und Brunnen, die Dame vom See, Nimue, Vivienne, die Eichenfrau und die Morgene Gliten mit ihren Wassergeschöpfen – den Wal, den Delfin, die Robbe, den Lachs der Weisheit, Wassergeister, Undinen, Korrigans, Selkies und Wasserdrachen. Rufe ihre Gaben des Glitzerns, aller Emotionen und ihr allumfassendes Mitgefühl. Atme sie ein. „Sei gegrüßt und willkommen, Nolava des Wassers!"

c) Wende dich nach Südwesten, breite deine Arme aus und rufe die große Mutter Nolava herein, die Muttergöttin, Ker, die Kornmutter, Madron, Mutter der Linie von Avallach, die Eschenfrau, die Hirschfrau und die Morgene Glitonea mit ihren gehörnten Geschöpfen – den Kühen, den Ziegen, den Schafen, den Hirschen und der weißen Hirschkuh. Rufe ihre Gaben der Fülle, ihren Reichtum, ihren Wohlstand und ihre Großzügigkeit, ihre liebevolle Fürsorge für alle ihre Kinder. Atme sie ein. „Sei gegrüßt und willkommen, große Mutter Nolava!"

d) Wende dich nach Westen, breite deine Arme aus und rufe die Nolava der Erde herein, unsere Mutter Erde, Brigantia – Göttin dieser Inseln, Banbha – Göttin des Landes vor der Flut, Gaia unsere Erdmutter, die Buchenfrau und die Morgene Moronoe mit ihren Geschöpfen – den Eber, den Dachs, den Fuchs, Gnomen, Elfen und Erddrachen. Rufe die Gaben der Ernte, Erdung und Sicherheit, die Gaben der Erde, die uns alle am Leben erhält und alle Dinge zur Manifestation bringt. Atme sie ein. „Sei gegrüßt und willkommen, Nolava der Erde!"

e) Wende dich nach Nordwesten, breite deine Arme aus und rufe Nolava die Greisin herein, die Vettel, die dunkle Göttin, Keridwen, die Todbringerin und Hüterin des Kessels, die Königin der Unterwelt, Sheela na Gig, die Dame der Nebel, die Beansidhe, die Eibenfrau und die Morgene Mazoe. Rufe ihre Geschöpfe herein – die große weiße Sau, die Kröte, den Habicht und ihre Qualitäten von Dunkelheit, Tod, Transformation und Wiedergeburt. Visualisiere, wie die Greisin in ihren verschiedenen Gestalten auf dich zukommt. Atme sie ein. Begrüße sie mit „Sei gegrüßt und willkommen, Greisin Nolava!"

f) Drehe dich im Urzeigersinn nach Norden, breite deine Arme aus und rufe die Nolava der Luft herein, die Mutter der Luft, Danu, Anu, Aine, Arianrhod, Cailleach, die Gebeinfrau, die Steinfrau, die alte Frau des Winters, die Stechpalmenfrau, und die Morgene Tyronoe. Rufe ihre Geschöpfe der Luft – den Adler, den Bussard, die Eule, den Zaunkönig, die Sylphen und Drachen der Luft. Rufe ihre Gaben der Luft herein, den Wind, der durch unser Leben weht, Veränderung bringt und unseren Verstand von Gerümpel reinigt. Rufe den Winter und den Winterschlaf herein, Stille, Weisheit und spirituelle Energie. Atme sie ein. „Sei gegrüßt und willkommen, Nolava der Luft!"

g) Wende dich nach Nordosten, breite deine Arme aus und rufe Nolava die Jungfrau herein, die jungfräuliche Göttin, Brigit, Bridie, Bride, die Weidenfrau und die Morgene Thitis mit ihren Geschöpfen – den Schwan, die weiße Kuh mit den roten Ohren, die Schlange, den Wolf, das Einhorn und den Phönix. Rufe ihre jungfräulichen Qualitäten von Unschuld, Neubeginn, der Schwelle, des Erweckens, der Poesie, der Heilung und Bridies transformierende Schmiedekunst herein. Atme sie ein. „Sei gegrüßt und willkommen, Jungfrau Nolava!"

h) Wende dich nach Osten, breite deine Arme aus und rufe die Nolava des Feuers herein, die Mutter des Feuers, Artha die große Bärin, Grainne die Sonnengöttin, Ostara, die Frühlingsgöttin, die Haselnussfrau und die Morgene Cliton mit ihren Geschöpfen – den Bären, den Hasen, die rote Henne, die Katze, den grünen Specht, die Salamander und Feuerdrachen. Rufe ihre Gaben des Feuers, des Frühlings, des Grünens, von Energie und Begeisterung, von Kreativität, Mut, Leidenschaft, Wärme und Schutz. Atme sie ein. „Sei gegrüßt und willkommen, Nolava des Feuers!"

i) Wenn du die Göttinnen der acht Richtungen hereingerufen hast, wende dich Richtung Avalon.

Breite deine Arme aus und rufe Nolava herein – Lady von Avalon, Göttin des geweihten Landes, Avallonia – Göttin der Äpfel, Morgen la Fey – Hüterin der Mysterien Avalons. Rufe sie herein als Weberin des Netzes, Gestaltwandlerin, Wegweisende, Apfelfrau, Herrin der Zeit, Wandlerin zwischen den Welten, Heilerin, Herrscherin,

Vertiefung und Selbstinitiation - Beltane-Lammas

Strahlende, die Feenfrau mit ihren Geschöpfen – der schwarzen Krähe, der schwarzen Katze und den Feen. Rufe ihre Magie und ihr Mysterium herein. Atme sie ein. Spüre, wie sie in deinen Körper kommt und schließe deine Arme über deinem Herzen. „Sei gegrüßt und willkommen, Nolava, Lady von Avalon!"

Füge dein eigenes Verständnis der Göttinnen, ihrer Geschöpfe und der Qualitäten der neun Richtungen hinzu.

Wenn sich das Rad dreht, beginne deine Anrufung mit der zur Jahreszeit passenden Göttin.

4. Setze dich bequem vor deinen Altar, entweder auf einen Sessel oder auf den Boden. Halte deinen Rücken gerade, strecke dein linkes Bein in der Haltung der Muttergöttin in der Glastonbury Landschaft aus. Schließe deine Augen.

5. Visualisiere, wie du südöstlich Glastonburys am Ufer eines großen Sees stehst und über das Wasser nach Glastonbury schaust. Sieh das Profil des Körpers der großen Mutter Nolava, wie sie vor dir als Wearyall Hill, Chalice Hill, der Tor und Stonedown auf der Erde liegt. Bewege dich während der letzten Monate allmählich um das Ufer des Sees herum nach Südwesten.

Entlang des Seeufers gibt es Schilf und Pflanzen zwischen denen kleine Wasservögel auf der Oberfläche des Sees schaukeln. Nebelfetzen wabern über den See ohne deine Sicht zu verschleiern. Sieh vor deinem geistigen Auge die Landschaft Glastonburys, so wie sie heute wirklich von dieser südlichen Seite aus aussieht, umgeben vom Wasser eines großen Sees. Achte auf das Wetter – sonnig oder stürmisch, regnerisch oder windig.

6. Die Barke rufen

Visualisiere weiter den See und singe laut:

„Lady, Lady vom nebeligen See
Lady, Lady, schick deine Barke für mich"

7. Läute deine Glocke drei Mal und lass dein Bewusstsein dem Ton der Glocke jedes Mal bis zu seinem entferntesten Nachhall folgen.

8. Visualisiere vor deinem geistigen Auge, wie die Barke Avalons von einer Seite deines Blickfelds aus dem Schilf heraus auf dich zukommt. Die Barke hat ihren eigenen stillen Antrieb und wird von einem Feen(Fähr)wesen gesteuert, das dich über das Wasser nach Avalon bringen wird.

9. Wenn die Barke vor dir zum Halten kommt, klettere an Bord und gib dem Feenwesen eine Silbermünze aus deiner Tasche – das Fährgeld für die Überquerung des Wassers.

10. Geh nach vorn und stelle dich in den Bug, während die Barke über den See hinausgleitet.

11. Die Nebel herbeirufen

Stehe mit ausgebreiteten Armen in der Barke, die sich über das Wasser bewegt, und halte deinen Stab in der Hand. Rufe in der Mitte des Sees in der geheimen Sprache die Nebel von der Oberfläche des Sees zu dir. Hebe deine Arme und visualisiere, wie rund um die Barke der Nebel aufsteigt.

„*Lady von Avalon, Nolava,*
Weiße Dame vom nebeligen See,
Ich rufe deine Nebel zu mir."

Nebel verbirgt rasch den Anblick der Insel vor dir. Bald bist du von einem dichten weißen Nebel umgeben – den Nebeln von Avalon. Lass die Nebel für eine kurze Weile in deinen Körper und dein Bewusstsein eintreten.

12. Die Nebel teilen

Halte deine Hände und deinen Stab in der Gebetsposition vor deinem Herzen und singe laut:

„*Lady, Lady, teile die Nebel für mich*
Lady, Lady, lüfte dein Geheimnis
Zeig mir dein Gesicht."

Sobald du mit dem Singen fertig bist, breite deine Arme aus, öffne sie weit und teile die Nebel mit deinem Stab. Schau über das Wasser zur Insel Avalon, während der Nebel verschwindet. Sieh, was du auf dieser südlichen Seite der Insel siehst.

13. Die Barke gleitet über das Wasser nach Avalon. Während sie sich dem Ufer nähert, schau, wie die Insel Avalon aussieht. Nimm wahr, wie sich der Platz anfühlt und achte wieder auf das Wetter. Am Morgen siehst du die Szenerie im Tageslicht. Am Abend liegt sie im Dunkeln, beleuchtet von etwaigen sichtbaren Lichtern, wie dem Mondlicht.

14. Danke dem Feenwesen dafür, dass es dich über das Wasser nach Avalon gebracht hat. Klettere aus der Barke an Land. Das Ufer kann grasig, steinig oder felsig sein. Es kann einen speziellen Platz geben, an dem die Barke anlegt oder du musst vielleicht an Land

Vertiefung und Selbstinitiation - Beltane-Lammas

springen. Sieh, was du siehst. Achte auf die Vegetation um dich herum.

15. Sieh im Mai und frühen Juni, wie du die Hänge des linken Knies der Muttergöttin oder den Schwanenkopf (Wearyall Hill) zur Spitze hinaufgehst, so dass du ihren restlichen Körper (Tor, Chalice Hill und Windmill Hill) vor dir liegen sehen kannst. Gehe über ihr Knie (Wearyall Hill) hinunter zur südwestlichen Basis ihres Schoßes (Chalice Hill), wo es einen schmalen Höhleneingang gibt, der in einen Tunnel führt. Gehe in den Tunnel.

Im späten Juni und Juli sieh, wie die Barke dich von Südwesten zur Insel Avalon bringt, zwischen die ausgestreckten Beine der Göttin gleitet und dich unmittelbar zu dem engen Höhleneingang bringt. Steige aus der Barke und gehe in den Tunneleingang.

16. Geh eine Zeit lang durch den Tunnel. Achte auf die Wände, darauf, ob du etwas sehen kannst und darauf, was du fühlst.

17. Schließlich öffnet sich der Tunnel in eine große Höhle mit einem Teich in der Mitte. Die Decke ist mit Lichtpunkten bedeckt. Es sind die Sterne des Universums. Gehe zum Teich, beuge dich hinunter und schau dein Spiegelbild im Wasser. Nimm einen Schluck Wasser und spritze Wasser auf deine Chakren. Wenn du möchtest, bade im Wasser.

18. Stehe mit geschlossenen Augen am Teich in der Höhle und rufe die Präsenz der Lady von Avalon an.

*„Lady von Avalon
In dieser, deiner heiligen Höhle
Rufe ich nach dir.
Ich bitte darum, in deine Gegenwart zu kommen."*

Halte einige Augenblicke lang den Raum für das Gebet/die Anrufung.

19. Wenn du deine inneren Augen öffnest, sieh neben dem Teich ein flackerndes Feuer, auf dem ein Kessel steht. Neben dem Kessel sitzt die von einem Umhang und einer Kapuze verhüllte Gestalt Nolavas, der Lady von Avalon. Sing für sie.

20. Gesungene Anrufung der Lady von Avalon

„Lady, Lady der Apfel-Insel
Lady, Lady der heiligen Quellen
Lady, Lady von Avalon
Offenbare dich mir.

Lady, Lady der Insel der Toten
Lady, Lady vom Paradies
Lady, Lady vom heiligen Land
Zeig mir dein Gesicht.

Lady, Lady des heiligen Grals
Lady, Lady des roten Kelchs
Lady, Lady des runden Kessels
Lüfte dein Geheimnis.

Lady, Lady mit dem Regenbogenlicht
Lady, Lady von violetter Farbe
Lady, Lady von Avalon
Offenbare dich mir
Zeig mir dein Gesicht
Lüfte dein Geheimnis."

21. Wenn das Lied zu Ende geht, nimmt die Lady ihre Kapuze und ihren Umhang ab und offenbart sich dir. Nimm wahr, wie sie aussieht. Sie erscheint in ihrer neuen Form oder vielleicht in einer neuen Verkleidung. Spüre ihre Gegenwart. Lausche darauf, was sie dir sagt.

22. Spüre, wie ihre Energie direkt zu dir ausstrahlt. Absorbiere sie in deinen Körper und dein Sein. Sie bedeutet dir, weiterzugehen und lädt dich ein aus ihrem Kessel zu trinken. Fühle beim Trinken, wie die magische Flüssigkeit deinen Körper durchdringt und ihn mit dem erstaunlichen Ichor der Lady füllt, der deine Wunden heilt, alle nicht hilfreichen Neigungen transformiert und all dein negatives Karma neutralisiert.

23. Fühle/Sieh Lichtbälle aus den Wänden der Höhle auftauchen, die sich in deinen Körper bewegen. Schaue hinauf zur sternenübersäten Decke. Sieh wie von überall aus dem Universum Licht zu dir kommt. Während sich dein Körper mit äußerem und innerem Licht füllt, strahle das violette und regenbogenfarbige Licht der Lady hinaus, dorthin, wo es in der Welt gebraucht wird. Während du ihr violettes Licht überträgst, töne ihren Namen.

Vertiefung und Selbstinitiation - Beltane-Lammas

„No...laa....vaa..."

Übermittle ihre liebevolle violette Energie so lange wie du kannst, von tief in ihrer heiligen Höhle in der Erde.
24. Wenn deine Konzentration nachlässt und ihre Energie entschwindet, danke für den Segen ihrer Präsenz.

„*Oh heilige Lady von Avalon*
Göttin der heiligen Höhle
Danke für das Geschenk deiner Präsenz in meinem Leben
Begleite mich durch diesen Tag/diese Nacht
Segne, führe und schütze mich
Und all jene, deren Weg ich heute berühre."

Mittagsgebet zur Lady

Dieses Gebet wird im Stehen durchgeführt und soll in der Mitte des Tages und zu jeder anderen von dir gewünschten Zeit durchgeführt werden. Wiederhole den Ablauf bei jeder Einheit dreimal mit den passenden Körperbewegungen und Mudras. Es ist wichtig den physischen Körper zu bewegen, weil das Energie in Bewegung bringt. Das Gebet kann mit offenen oder geschlossenen Augen durchgeführt würden, aber es ist gut zu versuchen, es mit voller Konzentration auf die Worte und Bewegungen auszuführen. Bewege dich langsam und meine wirklich jedes Wort, das du sprichst.

1. Beginne das Gebet damit, deine Hände aneinander zu halten, wobei die Handflächen einander in der Gebetsposition vor dem Herzen berühren. Hebe langsam deine zusammengelegten Hände bis über deinen Kopf und trenne sie dort. Reiche zum Himmel hinauf, lehne dich zurück und bete:

„*Lady, erwecke meine Seele.*"

2. Bringe deine ausgestreckten Hände hinunter zum Ajna Chakra, das zwischen den Augenbrauen liegt. Deine Handflächen zeigen nach vorne. Mache ein offenes, nach oben zeigendes Dreieck über dem Ajna, indem du die Spitzen deiner Daumen und Zeigefinger aneinanderlegst. Lege deine Daumen beim Nasenansatz ab.

„*Lady, öffne meine Sicht.*"

3. Drehe deine Hände um, bringe sie zum Mund hinunter, und strecke sie dann vom Mund ausgehend aus, so als wären sie der Atem, der aus deinem Mund ausströmt.

„Lady, sei in meinem Atem und all meinen Handlungen."

Mache mit den Unterarmen in Schulterhöhe einen Kreis nach außen und schließe die Hände wieder vor deinem Herzen.
4. Halte deine Hände vor dem Herzen in einer offenen Gebetsposition, als ob du einen Kelch hältst.

„Lady, fülle mein Herz."

5. Bringe deine Hände zum Solar Plexus hinunter, so dass sie übereinander liegen und die Handflächen nach oben zeigen.

„Lady, besänftige (oder befreie) meine Emotionen."

6. Beuge leicht deine Knie, während du deine Hände wieder ausbreitest und dann nach innen drehst, so dass sie deinen Bauch berühren und den Körper hinuntergleiten. Bilde ein nach unten zeigendes Dreieck, indem du die Spitzen deiner Daumen und Zeigefinger aneinander legst.

„Lady, segne meine Sexualität und Kreativität."

7. Beuge deine Knie stärker und bewege deine Hände hinunter über das Basis-Chakra und die Oberschenkel in Richtung der Knie, strecke deine Arme dann aus und kreise damit seitwärts nach außen. Strecke deine Beine und bringe die Hände in einem ausladenden Kreis wieder in die Gebetsposition vor dem Herzen.

„Und erde mich in deiner Liebe."

8. Wiederhole die Schritte 1-7 bei jeder Gebets-Einheit mindestens drei Mal.

Diese kurze Praxis öffnet das Herz und den Körper für die Energien der Lady. Sie wurde erstmals neben dem Chalice Well empfangen. Nimm dir Zeit für dein Gebet und genieße ihre Segnungen, die in deinen Körper und dein Sein strömen.

Selbstinitiation als Priesterin von Avalon

Die Vollendung der neun Monate langen Praxis der Präsenz der Lady von Avalon führt zur Selbstinitiations-Zeremonie als Priesterin von Avalon. In Glastonbury verbringen jene, die alle drei Ausbildungsjahre erfolgreich abgeschlossen haben, eine Nacht im Glastonbury Goddess Temple, um mit der Lady von Avalon zu kommunizieren und sich auf die Selbstinitiation vorzubereiten.

Während des folgenden Tages präsentiert jede Ausbildungsteilnehmerin eine Zeremonie, die sie während der vorhergehenden drei Monate vorbereitet hat, und die ihre Fähigkeit zeigt, die liebevollen und transformierenden Energien der Lady von Avalon zu erzeugen und zu übertragen. Diese Zeremonien finden an den verschiedenen heiligen Stätten in der Landschaft von Glastonbury Avalon statt. Sie stellen eine tiefe Verbindung zum Land her, das der Körper der Lady ist. Im Laufe der Jahre waren diese Zeremonien variantenreich und originell und boten verschiedene Erfahrungen der Energie der Lady in der Natur.

Die Selbstinitiations-Zeremonie findet im Glastonbury Goddess Temple statt. Sie ist eine kraftvolle und transformierende Initiationserfahrung, bei der die Kandidatinnen der Lady ihre Weihegelübde ablegen. Der Eindruck dieser Zeremonie bleibt für immer im Herzen der Priesterin und des Priesters von Avalon.

Nach der Selbstinitiation

Die Selbstinitiation ist ein kraftvolles, energetisches Erlebnis sowie eine herzöffnende und emotionale Weihe. Eile am nächsten Tag nicht zur Arbeit zurück, womit du alles wieder ins Unbewusste verschiebst. Nimm dir Zeit, um die Erfahrung zu integrieren.

Wieder ist es wichtig, sich daran zu erinnern, dass Selbstinitiation bedeutet anzufangen. Es heißt nicht, dass du den Prozess eine Priesterin von Avalon zu werden, abgeschlossen hast. Es bedeutet, dass du begonnen hast, die Priesterin der Lady zu werden und dass das Lernen niemals aufhört.

Betrachte während der folgenden Tage und Wochen Möglichkeiten, wie du dein Selbstinitiations-Gelübde als Priesterin von Avalon bestätigen und vertiefen kannst. Denke darüber nach, welche archetypischen Priesterinnenqualitäten du nun als Priesterin der Lady und von Avalon fähig bist zu verkörpern. Gib den Segen der Lady in vielen zeremoniellen und alltäglichen Situationen.

Denke darüber nach, wo du nun in Bezug auf die Rechte, Verantwortlichkeiten und Praktiken einer Priesterin von Avalon stehst.

Welche kannst du erfüllen und welche musst du fortfahren zu entwickeln?

Schau dir andere Bereiche deines Lebens an und integriere dein Wissen über und deine Erfahrung mit der Lady in diese Bereiche, von der Kunst zur Poesie, vom Lehren über das Heilen bis zur Darstellkunst, von deinem Heim zu deinem Arbeitsplatz. Wie kannst du die Göttin in der Welt ausdrücken? Was sind die einzigartigen Gaben, die du in ihrem Dienst ihrem Volk anbieten kannst? Wie kannst du andere mit deiner Hingabe an sie inspirieren?

Fahre damit fort zu studieren und durch Gebet, Hingabe und das Gehen in ihren heiligen Landschaften mehr über die Lady und ihre transformierenden Wege herauszufinden. Nimm an den fortgeschrittenen Priesterinnen-Ausbildungen zur Priesterin-Magierin (Priestess Enchantress) und Priesterin-Heilerin (Priestess Healer) teil. Unterstütze göttinliebende Menschen und nimm an Göttinnen-Veranstaltungen teil, wie der Glastonbury Goddess Conference, Göttinnen-Festivals in Holland, Ungarn, den USA, Australien und anderswo. Diene der Lady in ihren Göttinnen-Tempeln, die überall auf der Welt auftauchen. Drücke ihre Liebe jeden Tag und in allem, was du tust und bist, aus.

Persönliche Erfahrungen damit, eine Priesterin von Avalon zu werden

Seit die Ausbildung zur Priesterin von Avalon begonnen hat, haben über 90 Menschen sich innerhalb der *Im Herzen der Göttin*-Ausbildungsserie zu Priesterinnen und Priestern von Avalon selbstinitiiert. Sie sind eine erstaunliche Gruppe von Menschen, mit einzigartigen und interessanten Wesenszügen. Hier kommen einige von Ihnen zu Wort. Sie beschreiben, wie es ihr Leben beeinflusst hat, die Göttin zu entdecken und Priesterin von Avalon zu werden.

Katinka Soetens

Eine Priesterin von Avalon zu sein, hat mein Leben auf sehr viele subtile und offensichtliche Arten verändert. Es ist wie eine zusätzliche Dimension, die durch mein Leben fließt. Sie fühlt sich wie eine zweite Natur an, und ist so sehr Teil meiner Identität geworden, dass es schwer ist mir vorzustellen, ich würde mich nicht ihre Priesterin nennen.

Die Göttin hat mich mein ganzes Leben lang begleitet. Wenn ich zurückschaue, ist sie wie ein roter Faden, der mich geleitet und geführt hat. Ihre Liebe und ihr Mitgefühl sind grenzenlos und ich weiß, dass ich ihrem Ruf vertrauen kann. Ich wurde in Holland als liberale Protestantin erzogen und hatte schon als kleines Kind einen starken Sinn für das Spirituelle. Schon früh begann ich unseren Platz als Mädchen/Frau in der Gesellschaft und in der Welt infrage zu stellen, und auch als Teil einer Spezies, die offenbar so wenig Respekt und Rücksicht für die natürliche Welt hat, in die wir eingebunden sind. Es dauerte nicht lange, bis ich anfing, ein wenig über andere Religionen zu lernen und dann meinen Weg zu naturverbundener Spiritualität und Wicca fand.

Ich fühlte mich nie dazu hingezogen, Teil eines Covens zu sein, und so nannte ich mich viele Jahre lang eine einzelgängerische Hexe. Während dieser ganzen Zeit rief mich die Göttin auf immer stärkere und lautere Art zu sich zurück. Insbesondere während meiner Schwangerschaft und bei der Geburt meiner ersten Tochter und auch meiner anderen Kinder, zeigte mir die Göttin ihr Gesicht. Es fühlte sich richtig an, das weiter zu erforschen, und so begann die Suche. Sie führte mich schließlich 1999 zu meiner ersten Goddess Conference in Glastonbury, und obwohl ich nur einen Tag daran teilnehmen konnte, war es eine bahnbrechende Erfahrung. Im folgenden Jahr stellte ich sicher, dass ich länger bei dieser Veranstaltung dabei sein konnte und so hörte ich von der Ausbildung zur Priesterin von Avalon. Meine unmittelbare Reaktion darauf war Enttäuschung, weil es mir wie die Art von hierarchischer Struktur erschien, von der ich mich fernhalten wollte. Kam Spiritualität nicht aus diesem göttlichen Teil unseres Seins, das niemand anderen brauchte, um uns zu sagen, dass wir Teil der Göttin sind und dass sie Teil von uns ist? Sicherlich würden diese wundervollen Menschen und diese fantastische, magische Veranstaltung nicht in diese Richtung gehen, wenn ich gerade erst meinen Weg dorthin gefunden hatte?

Aber trotzdem hatte der Ausdruck Priesterin einen Klang und einen Sog, der in mir mit einem gewissen Verlangen nachhallte und sich mit meiner Liebe zur Geschichte und den alten Wegen in diesem geweihten Land verband. Bei der Konferenz 2001 zog die Göttin an meinem Herzen und gab mir den Anstoß (oder das Signal) von dem ich nicht wusste, dass ich ihn brauchte. 2002 fing ich die Ausbildung zur Priesterin von Avalon an. Es war seither immer eine lebensverbessernde und lebensverändernde Reise.

Als ich mich als Priesterin von Avalon selbstinitiierte, wusste ich, dass es das nächste Stadium auf dieser Reise war, bei der die Göttin mich sanft geleitet und geführt hatte, herauszufinden wie ich diesen Priesterinnenpfad gehen konnte, wie ich mich verändern und entwickeln konnte und wie ich immer näher an die Gegenwart der Göttin herankommen, oder vielmehr in ihre Gegenwart hineinkommen konnte. Es hat mir auf einer tiefen Ebene meiner Seele Zufriedenheit gebracht, die Göttin öffentlich und in meinem Herzen zu ehren, anzuerkennen, ihr zu dienen und nach Avalon heimzukommen, zur Lady und ihren Energien. Sie hat mein Herz geöffnet, und als eine Folge davon blüht meine Kreativität auf unerwartete und neue Weise. Ihre Priesterin zu sein, hat mir Heilung und ein besseres Verständnis und Anerkennung der feinstofflichen Energien und Verbindungen zwischen allen Dingen gebracht. Es hat mir geholfen, zu sehen und zu verstehen, mit welchen Mustern in mir selbst und in anderen Menschen und/oder Situationen ich arbeite. Manchmal hat mich diese Einsicht toleranter und liebevoller gemacht, zu anderen Zeiten entschlossener zu ändern, was verändert werden muss.

Mich selbst eine Priesterin von Avalon zu nennen, ist eine große Ehre und war ein nach Hause kommen, ein wundervolles Wiedergewinnen eines Wortes,

Persönliche Erfahrungen

eines Ausdrucks und auch einer Rolle in der Gesellschaft. Diese Rolle hat, wie ich jetzt weiß, nichts mir Hierarchie zu tun, trotz dessen, was die allgemeine Reaktion auf ein Wort wie *Priesterin* sein könnte. Es ist die Anerkennung einer Zusage, der Göttin zu dienen, ihren Weg zu gehen, aufzustehen oder aufzufallen und es anderen zu ermöglichen, ihre Energie zu erleben.

Abgesehen vom wundervollen Zurückgewinnen und Ehren dieses Teils unserer weiblichen Spiritualität, fühlt sich eine Priesterin von Avalon zu sein auch an wie ein wichtiger Schritt in Richtung des Wiederherstellens der Balance zwischen männlich und weiblich in unserer Gesellschaft. Es ist eine Art als menschliches Wesen gehört zu werden, Fürsprecherin für die Erde und alle ihre heiligen Geschöpfe zu sein. Es ist auch ein Weg sich mit allen Frauen durch die Jahrtausende zu verbinden, zurück zu den Zeiten als die Göttin (sowie die Frauen und die Erde) als Lebensspenderinnen geehrt wurden. Zu der Zeit als sie als Göttin von Tod und Wiedergeburt bekannt war, und nicht nur als ein hübsches, junges, machtloses Abbild akzeptiert wurde, das wir in unserer Kultur heute anscheinend verehren sollen, weil es sich sicher/unverbunden/seelenlos/kontrollierbar anfühlt. Es ist ein Bindeglied zu den Zeiten, von denen wir heute denken, dass es matriarchale Gesellschaften gegeben hat (was meiner Meinung nach eine patriarchale Art ist, eine egalitäre Daseinsweise zu beschreiben), eine Art und Weise die Empfindsamkeit und Heiligkeit aller Wesen anzuerkennen. Es ist wunderbar für mich, diesen Platz zu betreten, wo ich ein starke Verbindung fühle, einen Wiederhall in meinem Wesen, von etwas, was nicht mit Worten erklärbar oder mit Emotionen ausdrückbar ist, was mit der energetischen Verbindung zu diesen Zeiten, diesen Ahninnen und Energien und der Richtigkeit von all dem zu tun hat.

Nachdem ich Jahre lang das starke Gefühl hatte, dass ich nicht Teil eines Covens oder einer Gruppe sein wollte, war es für mich eine Erleichterung und ein großes Geschenk, ein Teil des Orchards zu werden, derer von uns, die sich Priesterinnen von Avalon nennen. Fähig zu sein, von mir nicht länger zu denken, dass ich da draußen mit meiner Spiritualität auf mich selbst gestellt bin, sondern in der Lage zu sein zu einer Gemeinschaft von Menschen zu gehören, die auf einem ähnlichen Weg sind und mich bei ihnen zu Hause zu fühlen, von ihnen und mit ihnen zu lernen, unter Menschen, die ebenfalls die uralte und manchmal neue Reise würdigen, die es ist eine Priesterin von Avalon zu sein. Das ist mir wirklich kostbar, so wie auf einer Klippe zu stehen, über den friedlich schaukelnden blauen Ozean hinauszuschauen, mit Sonne auf meinem Gesicht, eine Sommerbrise in meinen Haaren, dem Duft frisch geschnittenen Grases in meiner Nase, Lerchengesang rundherum und einem Herz, dass sich in Freude und Dankbarkeit öffnet, Zeremonien oder Rituale mit meinen Priesterinnen-Gefährtinnen durchzuführen.

Wenn man sich selbst eine Priesterin der Göttin und insbesondere der Lady von Avalon nennt, deren Energie transformativ ist, kommt die unleugbare Verantwortung seinen Worten Taten folgen zu lassen. Meiner Ansicht nach gibt es keinen Zweifel, dass du, um eine Priesterin von Avalon zu sein, dich aktiv entscheiden und dazu verpflichten musst, dafür zu sorgen, dass die Veränderungen passieren, die so dringend notwendig sind. Diese Veränderungen müssen auf einer inneren Ebene und in der äußeren Welt stattfinden, auf eine Art die keinen Schaden anrichtet, tief verwurzelt in der Liebe ist und transformierend sein wird. Ich lerne immer noch das zu tun, während ich meinen Priesterinnenpfad gehe.

Das bedeutet für mich, dass ich in meinen Beziehungen wahrhaftig sein muss, dass ich mit Integrität arbeiten muss, dass ich einen gewissen Teil meiner Zeit aktive daran arbeite, bzw. mich dem widme, etwas für die Anliegen zu tun, die so eng damit verbunden sind in Balance auf dieser Erde zu wandeln, mit Gewaltlosigkeit gegenüber Frauen, Kindern, Männern, der Umwelt und unseren Seelen. Wenn ich mich selbst eine Priesterin von Avalon nennen möchte, dann muss ich es versuchen, an diesem Platz der *Priesterin* zu sein, dieser archetypischen Energie, bei der ich mich so zu Hause fühle, die mich stärker macht und die so nährend für mich ist. Und das die ganze Zeit zu sein, nicht nur wenn ich meditiere oder Zeremonien durchführe. Um mich zu bemühen, in Verbindung mit der Energie der Göttin zu sein, mit ihrer Vibration mitzuschwingen, muss ich Verantwortung für meine emotionalen und körperlichen Muster und Handlungen übernehmen.

Es hat mein Leben über alle Maßen bereichert, im Energiefluss der Lady gehalten zu werden und ein Teil davon zu sein. Ich finde es sowohl wunderbar als auch anspruchsvoll Zeremonien und Rituale zu kreieren, die helfen, die Übergänge im Leben von Menschen zu würdigen, den Wechsel der Jahreszeiten feiern und mir und anderen ermöglichen die Göttin, so wie sie sich uns allen gegenüber ausdrückt, zu erleben. Genauso ist es wundervoll mir Zeit zu gönnen (und manchmal ist das für mich leichter, wenn es einen Grund dafür gibt, es ein Teil dessen ist, was ich als Priesterin tue) in Meditation zu sitzen oder zu gehen, so dass die hektische Natur meines Geistes und Wesens sich verlangsamt. Ich gebe mir Zeit innezuhalten und mich in den Fluss des wirklich Wichtigen einzuklinken, etwas, was im normalen Leben so leicht aus den Augen verloren werden kann.

Ich denke, das ist einer der Gründe, warum die Göttin mich zu sich zurück und insbesondere auf diesen Pfad der Priesterin von Avalon mit seinen Lehren gerufen hat, damit Dinge in mir selbst und der Welt befreit, geordnet, geheilt und gewürdigt werden, so dass das Licht der Göttin hell scheinen und das Bewusstsein für ihre Liebe sich verbreiten und wieder frei fließen möge. Sei gesegnet.

Katinka Soetens ist eine Priesterin von Avalon, Mutter von drei zu Hause unterrichteten Lieblingen, Partnerin von Tino. Sie leitet Kurse für aktive Geburt und ist eine Doula, eine Geburtsbegleiterin. Sie lebt in Cornwall und ist regelmäßig beim Zeremonialkreis der Göttinnen-Konferenz dabei.[1]

Persönliche Erfahrungen

Jaqueline Woodward-Smith

Als ich begann darüber zu schreiben, wie es mein Leben verändert hat, eine Priesterin von Avalon zu werden, dachte ich zuerst, dass es leicht sein würde, das zu beschreiben, aber je mehr ich versuche zu schreiben, desto schwieriger wird die Aufgabe für mich. Die Göttin verändert mich in jedem Augenblick und einen Augenblick in der Zeit einzufrieren und zu beschreiben ist nahezu unmöglich. Ich wollte sagen, dass die Göttin zu entdecken und eine Priesterin von Avalon zu werden mich völlig verändert hat, und natürlich hat es das, aber sogar das fühlt sich falsch an. In Wahrheit hat mir die Reise, die Göttin zu finden und eine Priesterin zu werden, geholfen näher heranzukommen an die, die ich immer gewesen bin, zumindest potentiell. Das *Ich*, das ich geworden bin und immer noch werde, das *Ich*, das den Funken der Göttin in sich trägt, war unter der Oberfläche immer da, so wie die Göttin in uns allen ist und darauf wartet gewürdigt und ins Dasein gesungen zu werden. Meine ersten Schritte entlang des Priesterinnenweges haben mir geholfen, dieses Lied zu singen.

Die Göttin zu finden war für mich keine Offenbarung. Es gab keinen plötzlichen Lichtblitz. Ich erinnere mich daran, dass ich über die Sommersonnenwendfeiern in Stonehenge in der Zeitung gelesen hatte und feststellte, dass meine eigenen Überzeugungen nahe derer zu sein schienen, die dort beschrieben wurden – der Glaube, dass wir das Göttliche in der Natur und in uns selbst finden können, und uns in den Kreislauf der Jahreszeiten einstimmen können. Ich beschloss mehr darüber herauszufinden und kaufte einige Bücher. In diesen Büchern las ich über die Göttin und mein Gefühl war es eher, mich zu erinnern als etwas zum ersten Mal zu entdecken. Es war, als ob ein vielgeliebter Freund gerade ins Zimmer zurückgekommen sei. „Oh ja, da bist du", dachte ich bei mir und las weiter im Buch. Wenn ich das schreibe, erscheint es mir jetzt unglaublich, dass sie auf eine scheinbar so weltliche Art zu mir zurückgekommen ist. Es war ein Gefühl von Trost und Heimkommen und doch auch ein Wissen, dass nichts jemals wieder dasselbe sein würde.

Bald danach, im Mai 2000, *wusste* ich plötzlich, dass ich nach Glastonbury gehen musste, wo ich zuvor erst einmal bei einem Tagesausflug vor 15 Jahren gewesen war und kaum jemals wieder daran gedacht hatte. Ich gab *Glastonbury* in eine Internet-Suchmaschine ein, die Glastonbury Goddess Conference tauchte auf, und meine Reise, eine Priesterin zu werden, begann, obwohl ich es damals nicht wusste. Ich war niemals zuvor irgendwo alleine gewesen und ich vermute, das war der Punkt, an dem die Transformation begann; den Mut zu finden, ins Unbekannte zu treten und zu vertrauen, dass alles in Ordnung sein würde.

In diesem Jahr war das Thema der Konferenz Brigit, die für mich unglaublich wichtig geworden war, und es fühlt sich stimmig an, dass meine erste Konferenz mit der Energie der Göttin der neuen Anfänge und des neuen Lebens erfüllt war, denn das ist es, was mir die Göttin gebracht hat. Ich fuhr im Jahr dar-

547

Avalon

auf wieder zur Konferenz, und setzte dazwischen das Lesen fort, aber ich fühlte mich zu keinem bestimmten Weg hingezogen. Es kam mir nie in den Sinn, dass ich dazu geführt werden würde, eine Priesterin von Avalon zu werden. Im Gegenteil, ich war ziemlich sicher, dass es das war, was ich nicht wollte, weil ich das Gefühl hatte, dass eine Priesterinnenschaft hierarchisch und unnötig war. Ich glaube immer noch, dass es für jede *religiöse* Gruppe leicht ist, dazu zu verfallen, auf hierarchische Art zu arbeiten. Dabei, eine Priesterin von Avalon und ein Mitglied des Orchard von Avalon zu sein, geht es aber genau so viel darum, neue Wege zu lernen wie wir in Gemeinschaft sein können, wie um alles andere. Ich glaube, dass uns von der Gesellschaft beigebracht wurde, miteinander im Wettbewerb zu stehen, anstatt einander wahrhaft zu unterstützen. Wie leben in einer Gesellschaft, die den *Kult des Individuums* verklärt und doch jede von uns kontrolliert, indem sie versucht uns dazu zu zwingen, dass wir uns eng definierten Stereotypen unterordnen. Das scheint mir eine Antithese zur Botschaft der Göttin zu sein, und als Priesterin von Avalon lerne ich Verhaltensweisen zu konfrontieren und zu hinterfragen, die uns als Individuen und als Gesellschaft von der Göttin wegführen. Diese Fähigkeit die Stimme zu erheben, zu wissen wann ich es nicht tue und zu glauben, dass wir die Dinge ändern können, ist eines der Dinge, das ich als Priesterin gelernt habe. Wie Maggie Kuhn sagt: „Sage, was du dir denkst, auch wenn deine Stimme zittert."

Über den Punkt, dass eine Priesterinnenschaft *unnötig* ist, denke ich immer noch viel nach. Ich glaube nicht, dass irgendjemand jemand anderen braucht, um zwischen ihm und der Göttin zu vermitteln, ich weiß aber auch, dass ich und viele andere berufen wurden, diesem Priesterinnenpfad zu folgen, und dass der Grund dafür mit der Zeit klarer werden wird. In der Zwischenzeit gibt es viele Menschen, die sich nach Zeremonien sehnen, die die Jahreszeiten und individuelle Lebensübergänge ehren, und nicht das Selbstvertrauen und/oder den Wunsch haben, ihre eigenen durchzuführen. Das ist Teil des Grundes, warum wir hier sind. Den Mut zu finden, diese Zeremonien anzubieten, war eine große Herausforderung für mich und eine, an der ich immer noch arbeite. Kathy hat mir einmal gesagt: „Du bist so stark, wie die Göttin weiß, dass du es bist." Und dieses Wissen hat mich dazu geführt, Dinge zu tun, die ich niemals für möglich gehalten hätte. Die Göttin weiß, welches Potential ich habe, auch wenn ich es nicht weiß, und ich vertraue ihr mich dorthin zu führen, wo ich hingehen soll.

Der Ruf mit der Priesterinnen-Ausbildung zu beginnen kam, als ich anfing mit meinem Freund Michael, der bereits ein Priester von Avalon war, eine Gruppe namens *Avalon in London* (jetzt *Tribe of Avalon* – Stamm von Avalon) zu leiten. Die Gruppe traf sich, um die Jahreskreisfeste des Jahresrades zu feiern. Zunächst einmal war ich unglaublich nervös, und trug kaum etwas bei, aber zum ersten Mal wusste ich, was ich tun wollte – für andere Gelegenheiten schaffen, bei denen sie die Energie der Göttin erleben und feiern konnten. Das war es, als ich erkannte, dass ich dazu geführt wurde, bei Kathy in Glastonbury die Ausbil-

Persönliche Erfahrungen

dung zu machen, damit ich die Fertigkeiten lernen konnte, die ich als Priesterin brauchen würde.

Ich fing mit meiner Ausbildung zu Samhain 2002 an und mein erstes Jahr war tiefgründig transformierend. Während wir uns im Jahreskreis um das Rad von BrigitAna bewegten, stellte ich fest, dass die Ereignisse in meinem eigenen Leben der Reihe nach die Energie der jeweiligen Göttin spiegelten, und mir viele Herausforderungen aber auch großartige Magie und Freude brachten. Meine erlernten Verhaltensweisen, sowohl die positiven wie die negativen, zeichneten sich deutlich ab und die Göttin führte mich dazu, mich und mein Leben in einer Weise anzuschauen, die mir nie zuvor zugänglich war. Es fiel mir auf, dass wenn ich mich weigerte eine Angelegenheit zu betrachten, ich dazu gezwungen wurde es zu tun. Rückblickend würde ich es nicht anders haben wollen. Es war wirklich eine Erfahrung, als ob ich in Cerridwens Kessel geworfen, auseinandergenommen und wieder zusammengesetzt worden wäre. Ich habe dabei eine Vorstellung davon bekommen, auf welche Arten die Göttin in unser aller Leben wirken kann. Ich lernte mich hinzugeben und zu vertrauen und ich lernte, dass alle Erfahrungen zu einem tieferen Verständnis von uns selbst führen können, und dass es nichts zu fürchten gibt. Das ist eine Reise, die sich für mich mit jeder Drehung des Rades und jedem Jahr der Priesterinnen-Ausbildung fortgesetzt hat, und mich tiefer und tiefer ins Herz der Mysterien der Göttin und so in mein eigenes Herz führt. Ich habe gelernt, mich für meine Kreativität zu öffnen, die ich viele Jahre zuvor aufgegeben hatte. Ich habe gelernt mich selbst als eine kraftvolle Frau zu akzeptieren, als jemanden, der etwas anzubieten hat. Ich habe gelernt mich der Göttin hinzugeben.

Ich glaube, dass die Göttin im Leben von jeder von uns anders wirkt, denn ihre Energie ehrt uns als Individuen mit unseren eigenen Gaben, die wir zum Priesterinnenpfad beitragen. Obwohl ich Brigit und alle Göttinnen des Rades tief in meinem Herzen halte, wurde ich dazu geführt mit Rhiannon zu arbeiten und meine Transformation durch meine Beziehungen, insbesondere die zu Männern, auszudrücken. Ich habe erkannt, dass die Gefühle, die ich für die Göttin habe, jene des Verliebt-Seins sind und dass sie immer für mich da sein wird, in einer Art und Weise, in der es andere manchmal nicht waren. Das hat mich dafür befreit, ehrlichere und gleichwertigere Beziehungen mit Männern zu entwickeln und mich zu einem tieferen und realistischeren Verständnis davon geführt, was Liebe ist. Das war für mich heilsamer als ich es mir vorstellen hätte können und hatte mich auch dazu befreit, meine Energie in andere Richtungen zu lenken, insbesondere auf meine Arbeit als Priesterin.

Meine Liebe zur Göttin hat alles verändert und nichts. Ich habe mehr, als ich jemals für möglich gehalten hätte, gelernt, und ich habe gelernt, wie wenig ich weiß. Ich finde das beides aufregend und befreiend, und ich freue mich darauf, meine Beziehung zur Göttin zu vertiefen und mehr über ihre Natur herauszufinden. Ich weiß, dass ich das Recht, mich selbst *Priesterin* zu nennen, mit jedem Atemzug und jedem Herzschlag verdienen muss und dass es keinen Teil von mir gibt, der von meinem Weg getrennt ist. Ich bin in jedem Augenblick eine

Priesterin, so lange wie die Göttin mich weiterhin ruft, ihr und jenen um mich herum zu dienen. Sie hat mir mehr Freude gebracht, als ich es jemals für möglich gehalten hätte.

Jacqui begann ihre Ausbildung zur Priesterin von Avalon 2002 und ist weiterhin in Ausbildung in Glastonbury. Sie leitet den Tribe of Avalon (www.pflondon.org), der mit dem Rad von BrigitAna in der heiligen Landschaft Londons und den britischen Inseln arbeitet.

Erin McCauliff

Was hat es für mich bedeutet eine Priesterin von Avalon zu werden? Es hat mein Leben verändert und ihm Bedeutung und Richtung gegeben. Es hat mir eine Möglichkeit gegeben, der Göttin zu dienen und meine Liebe zu ihr mit anderen zu teilen. Es hat mich dazu gezwungen, mich selbst auf einer tieferen Ebene zu betrachten wenn Dinge aus der Tiefe an die Oberfläche kommen, damit ich von ihnen lernen kann. Es hat mir das überragende Geschenk eines Kreises erstaunlicher Freunde, Frauen und Männer, gegeben, die lebendig sind, und die in ihrem Leben, ihrem Wachstum und ihrer Liebe zur Göttin verbunden sind. Es hat mich für so viel Spaß und Freude geöffnet.

Ich wurde von Amerika nach Avalon gezogen. Wie so viele erkannte ich meine eigene Vergangenheit in den Schriften von Marion Zimmer Bradley. Ich verfolgte meine eigenen Erinnerungen durch Trancereisen und Arbeit mit vergangen Leben, und meine Verbindungen mit dem Priesterinnen-Sein wurden wiederholt bestätigt. Ich wurde für ein Jahr und einen Tag Lehrling bei einer Shamanka. Als ich nach England zog, wusste ich, dass ich meine Verbindung nach Avalon erforschen musste, und siedelte mich im Südwesten an. Sobald ich davon hörte, dass Kathy Jones eine Ausbildung zur Priesterin von Avalon anbot, wusste ich, dass das „meins" war und spürte eine starke schwesterliche Verbindung zu ihr, als wir uns begegneten. Es gab in meinem Geist keinen Zweifel darüber. Ich gehörte hierher. Während meiner ganzen Göttinnen-Arbeit fühlte ich das weiterhin so. Es gab nie einen Zweifel darüber, ob ich auf dem richtigen Weg sei.

Ich nahm an der ersten Ausbildung im Jahr 1998/1999 teil. Meine Initiation beim Chalice Well unter einem Vollmond war ein unglaublicher Höhepunkt. Der Garten war voller Magie und außergewöhnlichem Leben und meine Verbindung mit der Göttin war vollständig.

Kurz danach wurde ich von einer Freundin, Brenda McNicholls, gebeten, zu einer kleinen Gruppe über die Göttin und den Weg, dem ich folgte, zu sprechen. Sie leitete verschiedene Kurse über keltische Spiritualität und Trancereisen und ermutigte mich dazu, das was ich liebte mit anderen zu teilen. Ich hatte immer extreme Schwierigkeiten damit vor Gruppen zu sprechen, und nahm

Persönliche Erfahrungen

sogar an unangenehmen Kursen teil, um damit fertig zu werden. Meine Schüchternheit verursachte mir Übelkeit und löschte alle Gedanken aus meinem Verstand und von meiner Zunge. Der Unterschied an diesem Abend war, dass ich einfach glücklich meine große Liebe teilte und als Priesterin der Göttin sprach. Ich sprach offen, es fiel mir leicht und ich leitete eine geführte Trancereise, um die Göttin zu treffen, die für die Teilnehmerinnen sehr berührend war. Bald danach bot mir Brenda an, für einige ihrer Kursteilnehmerinnen einen eintägigen Workshop über die Göttin und das Jahresrad zu halten, und dann einen Kurs mit vier Einheiten in Gloucester. Ich werde immer in ihrer Schuld stehen dafür, dass sie mich ermutigt und mir diese ersten herausfordernden Gelegenheiten gegeben hat. Ich hatte losgelegt, und jetzt weiß jeder der mich kennt, dass ich endlos reden kann, wenn ich einmal angefangen habe!

So kam es, dass ich fortwährend als Priesterin tätig war. Binnen kurzem leitete ich Handfastings und redete über die Göttin, wann immer ich gebeten wurde. Kathy bat mich bei der Goddess Conference mitzuhelfen und ehe ich mich versah war ich in der Zeremonialgruppe, rief vor 300 Menschen die Göttin herein und führte jede Zeremonie und Veranstaltung durch, zu der ich gerufen wurde. Und es ging mir wunderbar damit. Seit damals unterrichte ich jene, die nach der Göttin suchen, wie ich es tat, und leite das erste Jahr der Priesterinnen-Ausbildung gemeinsam mit Brian Charles. Was für ein Geschenk mir die Lady gegeben hat, sie mit diesen offenen Herzen zu teilen, die zu ihr nach Avalon gezogen werden.

> *Erin McCauliff leitet seit drei Jahren das erste Jahr der Ausbildung zur Priesterin von Avalon gemeinsam mit Brian Charles. Es ist ihr eine große Ehre zu erleben, wie Menschen in ihre Kraft treten und in der Liebe der Göttin erblühen. Sie ist beim Zeremonialkreis der Goddess Conference dabei. Sie arbeitet auch Vollzeit als Krankenschwester für Neugeborene und gibt Reiki für Menschen und Pferde. Sie lebt in der schönen Landschaft Devons mit ihren Katzen und führt ein gesegnetes Leben.*[2]

Brian Charles

Vorige Woche brachen neunzehn Menschen zu ihrem ersten Ausbildungskreis zur Priesterin von Avalon auf. Nur ein paar Jahre zuvor war ich an ihrer Stelle. Ich erinnere mich, wie nervös und mit welchem Gefühl großer Unwürdigkeit ich den Raum betrat. Ich war überzeugt, dass ich nichts zu geben hatte. Sicher, dass das alles ein Fehler war und die Göttin mich nicht wollte, es nicht sein konnte, dass sie mich wollte. Aber ich kam. Es schien das einzige zu sein, was ich tun konnte. Ich hatte sie gehört und als Antwort machte ich mich auf den Weg ihr Priester zu werden.

Avalon

Es ist schwer zu sagen, wann ich sie das erste Mal hörte. War sie in dem Filmmaterial, das zeigte wie eine junge Frau Blumen in Gewehrläufe steckte? Oder in Bildern von Greenham Common? Oder vielleicht in der Vision, die auftauchte, als ich Gras rauchend und dem Gesang der Vögel lauschend in einem verfallenen, verlassenen Dorf am Rand des Yorkshire Moores saß. Ich sah Frauen vorbeigehen, stolz und frei, sicher in ihrer Kraft. Es war wie nichts, das ich kannte, aber doch vertraut wie das Atmen. Hinter geschlossenen Augen sehe ich es immer noch und weiß, dass es ein großer Teil dessen ist, was mich antreibt. Nur ein Teil. Was ich an diesem ersten Wochenende begriff, stimmt für mich noch immer: Mein ganzes Leben war eine Vorbereitung. Es gab andere Fäden.

Ein Beispiel für einen solchen Faden war ein Buch von Geoffrey Ashe, das ich fand, während ich 1968 in der Whitechapel Bibliothek arbeitete. Ich hatte ebenfalls um diese Zeit herum einige Luftaufnahmen des Tor in einer Zeitschrift namens *Gandalf´s Garden* (Gandalfs Garten) gesehen, und dort wurde, wenn ich mich recht erinnere, der Tor als die Vulva der Göttin Britanniens beschrieben. So kamen innerhalb weniger Monate Glastonbury, Avalon und die Göttin gemeinsam in mein Bewusstsein. Sie sanken ein, nur um im Meer des beinahe Vergessenen herumzuschaukeln. Bis sie wieder auftauchten und nun, zu Einem verschmolzen, niemals wieder getrennt wurden.

Aber ich greife vor. Wenn ich damals dem Ruf gefolgt wäre, wenn ich zu dieser Zeit von drogenerfülltem Idealismus nach Glastonbury gekommen wäre, wäre ich nicht bereit gewesen. Es gab noch viel mehr, was ich tun musste. Wie Drogen nehmen und Trinken, wie die Bitterkeit unerreichter Ideale; wie Wahnsinn und der Verzweiflung nahe sein. All das stand mir bevor.

Mein ganzes Leben habe ich gesehen, in welcher völlig falschen Weise die Welt eingerichtet ist. Egal wie sehr ich mich verdrehte und deformierte, ich konnte nicht hineinpassen. Jahrelang versuchte ich es und jahrelang scheiterte ich. Nichts funktionierte. Ich schraubte mich in den Nihilismus, verleugnete alle Glaubensbekenntnisse und alle Überzeugungen und floh die Verdammnis, die ich als mein erkannte. Dann, anfangs schwach, begann die Göttin zu rufen. Als alleinstehender Vater kam ich in die Gesellschaft von Frauen und sah mit anderen Augen, hörte mit anderen Ohren und wurde ein Feminist – keine andere Analyse passt zu den Fakten. Ich las und las und las. Ich begann über die Göttin und ihre Rückkehr zu lesen, begann mich nach ihr zu sehnen und zu ihr zu beten. Niemals glaubte ich, dass sie mich hören, geschweige denn zu mir sprechen würde. Doch der Gott des Patriarchats hielt mich noch in seinem Zorn und davon betäubt sah ich kein Entrinnen. Also trank ich. Zusammenhanglos murmelte ich vor mich hin und taumelte in die Dunkelheit. Wo endlich meine Abwehr zusammenbrach, ich mich selbst traf, meine Seele sah. Nackt und allein musste ich von vorne beginnen.

So begann ich langsam zu klettern. Alte Glaubensvorstellungen und Einstellungen hatten nicht funktioniert. Die Beweislage war klar, egal was in der Welt verkehrt war, meine eigene Reaktion darauf hatte mich fast umgebracht. Ich wusste, dass ich den Weg finden musste, der für mich richtig war. Schließlich war ich fähig den Gott der Patriarchen klar zu sehen. Ich stellte fest, dass er keinen Einfluss mehr hatte und war fähig, meine Suche nach der Göttin fortzusetzen.

Schlussendlich fand ich sie. Oder besser gesagt, fand heraus, dass sie immer bei mir gewesen war – mich gehalten und beschützt hatte. Ganz am Anfang meiner Reise aus der Dunkelheit heraus bewirkte sie, dass mein und Geraldines Weg sich kreuzten. Seither sind wir Geliebte, Partner und Gefährten. Im Lauf der Jahre wurden wir immer mehr und mehr davon besessen, Glastonbury aufzusuchen. Wochenende um Wochenende fuhren wir von Dorset dorthin, gingen zum Tor hinauf, wanderten die High Street auf und ab – suchten einen Weg einen Zugang zur Göttin zu erlangen. Für mich war es, als würde ich etwas jagen, auf dass ich jenseits des Nebels einen Blick erhascht hatte. Immer wenn ich es fast ergreifen konnte, löste es sich auf. Aber jedes Mal war es eine Bestätigung, dass ich auf dem richtigen Weg war, egal wie unklar es erschien.

Dann, an einem Lammas-Tag, veränderte sich alles. Wir gingen zum Tor hinauf – wie üblich – und dann, plötzlich, erkannte ich, dass ich durch den Nebel gelangt war und Avalon betreten hatte. Ich kann Geraldines Geschichte von diesem Tag nicht erzählen, aber ich weiß, dass wir gemeinsam entschieden, dass die Zeit gekommen war uns dem Dienst der Göttin zu weihen. Zuerst würde sie, dann ich an der Priesterinnen-Ausbildung teilnehmen, und wir würden nach Glastonbury übersiedeln.

Nach großen Widerständen, zu denen es unter anderem gehörte, ein Haus im abgelegenen, ländlichen Wales zu kaufen, kamen wir schließlich in Glastonbury an und ich wurde ein Priester von Avalon. Ich kann die Veränderungen, die vor sich gingen, nicht beschreiben. Mein Leben hat eine Bedeutung und Erfüllung bekommen, die ich nicht einmal im Traum für möglich gehalten hätte. Tiefe Freue wohnt in meinem Herzen und ich lebe nicht länger in Angst. Obwohl die Probleme des Lebens immer noch real sind, überwältigen sie mich nicht mehr. Ich muss nicht mehr davonlaufen und mich in den Hügeln verstecken. Ich entdecke meine Kraft und lerne darin zu leben. Ich bin umgeben von Schönheit. Trotz all meiner vielen Fehler ist mein Herz mit Freude erfüllt und ich fühle mich wertgeschätzt und geliebt. Niemals muss ich mehr die schmerzhafte Einsamkeit von früher fühlen. Nach langen Jahrzehnten der Blockade beginne ich wieder zu schreiben. Ich unterrichte andere und erkenne den Wert meiner eigenen Erfahrung. All die Schwierigkeiten und Schmerzen der Vergangenheit haben einen Sinn bekommen. Täglich bekomme ich neue Herausforderungen und die Gelegenheit zu wachsen. Ich lerne meiner Intuition zu vertrauen und mein Herz zu öffnen. Ich habe Erfüllung gefunden. Meine Lebenszeiten im Exil sind vorbei und ich bin nach Hause gekommen.

Brian Charles ist seit einigen Jahren ein Priester von Avalon. Er ist ein Mitbegründer des und Zeremonienleiter im Glastonbury Goddess Temple und leitet derzeit gemeinsam mit Erin McCauliff das erste Jahr der Ausbildung zur Priesterin von Avalon. Seine Rei-

se durch Alkohol, Drogen und seine Erfahrung, ein alleinerziehender Vater zu sein, haben ihn dazu geführt, mit Männern am Rand der Gesellschaft zu arbeiten. Er konzentriert sich jetzt völlig auf seine Arbeit als Priester, schreibt, lehrt und leitet Zeremonien und Workshops. Seine Arbeit führte ihn in die ehemaligen kommunistischen Staaten nach Osteuropa, insbesondere nach Ungarn, einem Land zu dem er eine tiefe Verbindung spürt.[3]

Geraldine Charles: Ich bin nicht kreativ...

Der Ruf

Nun, wie würde ich es merken, wenn die Göttin mich rief?
Ich habe die Bücher gelesen, Ich habe mich jahrelang vergeblich verzehrt.
Vielleicht habe ich es verpasst – Ich war am Telefon
oder schaute wieder mal beim Laden an der Ecke vorbei.

Würde sie mich auf die Stirn küssen, wie Keridwen?
Juuhuu rufen, mir einen himmlischen Chor hinunterschicken
oder ein Bewerbungsformular mit der Post?
Oder würden am Himmel eines Tages Worte aus Feuer stehen?

Lasst Fröhlichkeit und Ehrerbietung sein, sagt sie.
Nun, wenn ich gefehlt habe, dann auf der Seite der Fröhlichkeit.
Es ist nicht überraschend, als der Ruf kam,
zupfte sie mich am Ellbogen für dessen Geburt.

Ich bin es, die sie will! Ich kann es noch immer nicht ganz glauben.
Ich bin es, die sie will – mit intaktem Skeptizismus,
Unehrerbietigkeit, so wie immer, an der Spitze –
Sie will mich als ihre Priesterin – Tatsache.

Sie ist nicht wie Gott der Vater, aber mit Titten,
Ich fühle mich nicht bewertet, sondern gehalten: Ich werde geliebt
   und geschätzt.
Ich bin ihre Priesterin fürs Leben, und darüber hinaus,
es macht nichts, dass ich ich bin und fehlerhaft.

© *Geraldine Charles, April 2006*

Persönliche Erfahrungen

Im frühen September 1977 heiratete ich meinen ersten Mann. Mit 19 hatte ich Angst, dass ich eine alte Jungfer werden könnte. Viele meiner Freundinnen hatten als brave katholische Mädchen, die wir waren, schon Babys. Manche hatten vergessen, dass sie vorher heiraten sollten, aber wir redeten nicht über sie.

Zwei Wochen nach der Hochzeit fand ich ein Buch namens *The Female Eunuch*[4] von Germaine Greer. Das Buch zu lesen brachte mir nicht einen, sondern viele lebensverändernde Momente. Ich erkannte, dass das, was mit meinem Leben falsch war, weniger mit mir zu tun hatte als mit der patriarchalen Gesellschaft in der ich lebte. Ich kann mich erinnern, wie ich auf und ab sprang, als ich es las. Trauriger Weise teilte mein erster Ehemann meinen riesigen, glücklichen Enthusiasmus nicht und drohte an einem Punkt das beleidigende Buch aus dem Fenster zu werfen (und mich hinterher), wenn ich nicht den Mund hielt über diesen Frauenbefreiungsunsinn und endlich damit weiter machte, eine anständige Ehefrau zu sein. Wie du vielleicht erraten kannst, hat diese Beziehung nicht sehr lange gehalten. Ich bereue die Ehe dennoch nicht, weil aus ihr meine zauberhafte Tochter Genevieve hervorging.

Ich hatte die katholische Kirche verlassen, als ich siebzehn war, obwohl ich in meiner Jugendzeit ziemlich aktiv war. Ich liebte das Ritual, die Farben und die Schönheit und wollte eine größere Rolle dabei spielen. Es schien jedoch nicht viel zu geben, was ich tun konnte – abgesehen davon eine Nonne oder eine brave katholische Ehefrau und Mutter zu werden – und ich geriet in eine Menge Schwierigkeiten, weil ich ständig Fragen stellte und mit den Priestern diskutierte (was 17jährigen Mädchen nicht zustand). Ich plante tatsächlich eine Nonne zu werden (eine Woche lang, nachdem ich die *Geschichte einer Nonne* im Fernsehen gesehen hatte!) und hungerte mich kurz aus, um interessant auszusehen. Ich glaube, ich erinnere mich daran auch auf dem Fußboden geschlafen zu haben anstatt in meinem bequemen Bett. Glücklicherweise überwanden mein eigener natürlicher Hunger und meine Sehnsucht nach Leichtigkeit diesen Asketismus.

Jahre vergingen und ich las mehr Bücher und wurde auch aktiv im radikalen feministischen Flügel der Frauenbewegung. Ich fand andere Bücher von Autorinnen wie Merlin Stone und Mary Daly und sehnte mich nach der Göttin, aber ich wusste nicht, wo ich sie finden konnte. Starhawks *The Spiral Dance*[5] half, aber ich wollte mehr. Wenn ich damals gewusst hätte, dass 19 Jahre vergehen würden, ehe die ersten beginnenden Sehnsüchte nach der Göttin ihren Höhepunkt im 20. – dem ersten Jahr der Priesterinnenausbildung – finden würden, wäre ich entmutigt gewesen. Aber nun weiß ich, dass diese lange Reise für mich notwendig war.

Einige Jahre lang immer wieder mal in Greenham Common zu leben, gab mir einen tieferen Einblick in die Göttinnen-Spiritualität – immerhin geht es wesentlich mehr um das, was du tust, als um das, was du sagst oder liest. Viele unserer Aktionen waren symbolisch und oft sehr magisch.

Avalon

Mein Lieblingslied aus diesen Tagen drückt für mich all das aus.

„Du kannst die Seele nicht töten
Sie ist wie ein Berg
Alt und stark
Sie geht weiter und weiter und weiter."

Naomi Littlebear Morena – „We have a Dream"

Meine Erinnerungen an die nächsten paar Jahre, 1984-89, sind ziemlich verschwommen, weil ich angefangen hatte, viel zu trinken. Die Jahre, die ich mich emotional nicht um mich gekümmert hatte, die ich den Schaden, den eine völlig unglückliche Kindheit angerichtet hatte, nicht reparierte, rächten sich. Erst als ich mich zu den Anonymen Alkoholikern schleppte, begann ich zu genesen und mein Leben wieder in den Griff zu bekommen. Und bis zum heutigen Tag habe ich seit 1989 keinen Alkohol mehr getrunken. Eines der guten Dinge, die sie dir bei den Anonymen Alkoholikern sagen ist, dass du dir eine höhere Macht suchen sollst, einen Gott, so wie du ihn verstehst. Als ich darüber nachdachte, erkannte ich neuerlich, dass ich ihn *als ihn* überhaupt nicht verstand! Zum Beispiel assoziiere ich bedingungslose Liebe nicht mit einem Vater sondern mit einer Mutter. So fing ich wieder an zu lesen und mich zu verzehren nach etwas, von dem ich dachte, dass ich es niemals haben könnte – einer Beziehung zur Göttin. Aber zumindest verstand ich, wie die höhere Macht für mich funktionierte. Wozu brauchst du Alkohol, wenn du eine Göttin haben kannst?

Ich las fürchterlich viel. Ein Buch pro Tag konnte vorkommen, sicherlich waren es vier oder fünf pro Woche, wobei ich meine Favoriten wieder und wieder las. Aber Bücher können meine Feinde genauso wie meine Freunde sein, und mich von der Welt und ihren Freuden und Herausforderungen fernhalten. Ich hatte lange geglaubt, ich sei eine Frau, die das Leben studiert, darüber liest und es verwaltet, und der Handarbeitsunterricht in der Schule hatte mich schnell davon überzeugt, dass ich kaum eine Nadel einfädeln konnte – so sehr, dass ich angesichts der Herausforderung beim Imbolc-Wochenende eine Bridie-Puppe zu Ehren der jungfräulichen Göttin zu nähen, der Gruppe und dem Universum im allgemeinen gegenüber rundheraus verkündete: „Ich bin nicht kreativ!"

Nun kreiere und erneuere ich fortwährend die Internetseite der Goddess Conference und viele andere, und die Leute sagen mir, dass sie schön ist. Ich habe auch fünf Jahre regelmäßig Plakate für den Tempel gestaltet, und Plakate und Kunstwerke für andere Organisationen angefertigt (alles auf meinem geliebten Computer). Ich schreibe auch Geschichten, Artikel und Gedichte und habe kürzlich begonnen, in Lyrik-Heften zu veröffentlichen. Ich habe mir seit diesem ersten Jahr fast jedes Jahr eine Bridie-Puppe gemacht – weil es mir Freude bereitet! Freunde lächeln, wenn ich ihnen begeistert über mein neuestes Projekt erzähle und sagen: „Aber du bist doch nicht kreativ, Geraldine!" Was bleibt mir übrig, als über mich selbst zu lachen?!

Persönliche Erfahrungen

Es ist interessant, wenn ich jetzt auf die Ausbildung zurückschaue und andere Punkte sehe, an denen ich mich dagegen gestemmt habe, meistens, weil ich nicht einsah, warum ich etwas tun sollte, was mir entweder dumm oder unnötig vorkam. In Wirklichkeit war es meistens etwas, was ich nicht gut konnte, oder was ich mich schämte zu tun. Dieser Tage mache ich weiter damit den Spaß zu genießen und kümmere mich nicht so viel darum, was andere Leute denken. Und ich verstehe die Gründe für diese Aktivitäten bei der Ausbildung und die Gründe für meinen Widerstand.

Eine andere große Veränderung ist noch im Entstehen. Ich habe jahrelang mit dem Computer gearbeitet und obwohl mir die Arbeit Freude macht, kam es mir nach und nach zu Bewusstsein, dass ich eine Veränderung wollte (nun, ich hatte um Transformation gebeten!) und jetzt mache ich eine Ausbildung als Beraterin und Psychotherapeutin. Emotionale und spirituelle Intelligenz erscheinen mir jetzt wichtiger als alles andere, denn ich habe viel zu lange den Verstand gegenüber der Seele und dem Körper bevorzugt. Ich habe vor eine wunderbare Zeit zu verbringen, wenn ich älter werde, mit Beraten, Lehren, Schreiben und Gestalten.

Wie kann ich dir erzählen, wie viel mir die Ausbildung zur Priesterin von Avalon bedeutet hat? Sie hat nicht nur die kreativen Schleusen geöffnet, ich habe auch so viel über mich selbst gelernt, mich dahin gestreckt, was ich beinahe tun kann – und dann die Grenze überschritten und weiter hinaufgereicht. Das Lernen und Verändern hat nicht mit der Ausbildung geendet, es dauert bis zum heutigen Tag an. Sobald der Prozess angefangen hat, scheint er unaufhaltsam zu sein – nicht, dass ich ihn anhalten möchte! Ich dachte immer: *„Ich möchte mehr wie sie sein – oder wie sie."* Heute möchte ich eher wie ich sein und erfreue mich an der Entdeckung dessen, wer ich wirklich bin.

Es gibt keinen gläsernen Deckel auf einem Göttinnen-Tempel: das Lernen, Kreieren, die Freude und das tiefe Erkennen der Göttin gehen immer weiter und weiter und weiter. Sie ist wie ein großes Gebirge – gerade wenn du denkst, dass du den Gipfel erreicht hast, dass es keine wundervolleren Erfahrungen, kein weiteres Lernen mehr gibt, siehst du den nächsten Gipfel locken!

Geraldine Charles ist eine Priesterin von Avalon, Mitbegründerin des Glastonbury Goddess Temple, Autorin und Web-Designerin. Jahrelang war sie die Webmistress der wunderschönen Internetseiten der Goddess Conference, des Goddess Temples und von Kathys eigener Internetseite. Als ausgebildete Beraterin und frühere Leiterin der Isle of Avalon Foundation, leitet Geraldine auch einen online-Fernkurs, mit dem Titel „Getting to know the Goddess" (Die Göttin kennen lernen).

Rose Flint

Es beginnt in der Kerzenflamme. Jeden Morgen zünde ich die Flamme auf meinem Altar an und entzünde den darauf antwortenden Funken in mir selbst. Jedes Mal, wenn ich die Flamme sehe, weiß ich, dass sie bei mir ist. Manchmal bin ich in Eile, zu schnell, spät dran, habe keine Zeit – aber immer halte ich inne, um diesen einfachen Akt des Glaubens auszuführen. Die Göttin zentriert mich, hält mich, gibt mir die Kraft schneller zu sein, wenn ich muss, wenn es das ist, was sie jetzt von mir will.

Ich habe gelernt, sie nicht nur in der Stille und Einsamkeit zu finden. Oder in der Gemeinschaft anderer, in deren Spiritualität die Lady im Mittelpunkt steht. Ihre Priesterin zu sein, hat mich in eine rauere Welt gebracht, eine andere Realität. Ich sehne mich immer nach den Sternen – nach Stille um in meinem Herzen zu sein – aber dafür wird es genug Zeit geben, irgendwann. Jetzt, solange ich noch jeder Energie folgen kann, bittet sie mich schnell zu sein.

Als ich die Ausbildung zur Priesterin machte, wollte ich einen Ort in mir selbst aktivieren, der sich verborgen hielt. Ich wollte mir selbst und der Welt gegenüber anerkennen, dass die Göttin meine Führung, mein Glaube und der Weg meines Herzens war. Ich wusste, dass sie Arbeit für mich hatte, aber ich wusste nicht, was es war. Ich wusste, es würde darum gehen die Göttin auf irgendeine Art zu vermitteln, sie in die Gemeinschaft zu bringen – denn das ist die Arbeit, der eine Priesterin nachgehen muss. Ich weiß jetzt, dass ich das – zumindest teilweise – tue, indem ich sie einfach in meinem Herzen halte. Meine Liebe zur Lady durchdringt meine Gedanken und Taten, aber es gibt drei Aspekte des Dienens, die ich als meine derzeitige Arbeit als Priesterin sehe – ich schreibe heilige Poesie, ich nutze die heilende Kraft der Dichtkunst in meinen Worten und ich bin Zeremonienleiterin.

Ich glaube, dass die Göttin die Eine und die mit den vielen Namen ist, und doch stelle ich immer noch fest, dass ich die Vermittlung von jemand bestimmtem brauche, jemandem der nahe und berührbar ist, jemandem, der versteht – und mich erwählt hat. Obwohl es einige Göttinnen gibt, deren Existenz mein Leben beeinflussen, ist es Bridget, die mir in meiner täglichen Arbeit am nächsten steht. Sie ist die Göttin der Poesie und Heilung, brennt mit Inspiration und Kunstfertigkeit, ist die Hüterin des Herdfeuers und des Schmiedefeuers. Feuer ist das Element der Dichterin.

Seit ich eine Priesterin wurde, hat sich mein Lebenswerk stark verändert. Ich war immer eine Künstlerin und Schriftstellerin, gewohnt die Welten meiner Vorstellung zu bereisen. Ich arbeitete als Tutorin für kreatives Schreiben, besuchte Schulen, vorübergehende Wohnsitze, hielt Vorträge. Ich bemerkte, wie die Kreativität oft helfen konnte, tief festgehaltene Gefühle, die manchmal lange unterdrückt worden waren, freizusetzen, sowohl bei Kindern als auch Erwachsenen. Oft war ich überfordert, eine Poetin, die versuchte mit den traumatischen Erlebnissen oder dem Kummer anderer Menschen fertig zu werden. Ich begann mich

Persönliche Erfahrungen

dafür zu interessieren, wie ich lernen konnte mit diesen Erfahrungen zu arbeiten und zur Zeit meiner Priesterinnen-Ausbildung machte ich auch eine Ausbildung als Kunsttherapeutin. Beides schloss ich 1999 ab. Seither habe ich Poesie mehr und mehr als Werkzeug zur Heilung genutzt und in so unterschiedlichen Situationen wie Chirurgie-Praxen, einem Wirbelsäulen-Zentrum, einer Neugeborenen-Intensivstation und im Bereich seelischer Gesundheit gearbeitet.

Ich weiß jetzt, dass das Brigids Arbeit ist. Sie hat mich viele Jahre lang dorthin geführt. Poesie und Heilung waren im Lauf der ganzen Geschichte miteinander verbunden, und erst in unserer modernen Zeit hat die Krankenpflege den Körper und den Geist von der Seele getrennt. Ich arbeite oft mit Menschen, die im Sterben liegen, oder lebensverändernde Unfälle oder Krankheiten erlebt haben. Wieder und wieder finde ich Menschen, die spirituell ausgehungert sind – Menschen, die nach Wegen suchen ihre Seele zu trösten, von der sie kaum wagen zuzugeben, dass sie sie haben, Menschen, die eine intensive Spiritualität haben, die sie nicht ausdrücken können. W. B. Yeats nannte Poesie die *„Stimme der Seele"* und ich denke, dass ihre metaphorische Sprache ein Portal in die Anderswelt öffnen kann, wo spirituelle Heilung stattfinden kann. Ich verwende Bilder aus der natürlichen Welt, um dieses Portal zu erschaffen, ermutige manchmal Menschen zu schreiben, lese manchmal einfach Gedichte vor. Immer ist die Lady mit uns. Ich würdige ihre Gegenwart im Raum und weiß, dass sie uns alle hält, während wir arbeiten.

Meine eigene Poesie hat sich durch die Göttin verändert. Manchmal schreibe ich unter Verwendung heiliger Formen, Anrufungen oder Gebete, die ich als Geschenke zum Tempel bringen kann, wenn wir Zeremonien für die Gemeinschaft eröffnen. Manchmal ist das Schreiben eines Gedichts selbst eine Meditation und das Gedicht transportiert dieses Gefühl dann zu demjenigen, der es liest. Ich verwende Poesie auch als Teil meiner Arbeit als Zeremonienleiterin, schreibe neue Texte speziell um sie jedes Jahr bei der Goddess Conference vorzutragen und kreiere auch Gedichte aus einigen der Erlebnisse, an denen wir alle zu dieser magischen Zeit teilhaben. Viel meiner Priesterinnen-Arbeit, die ich als Poetin mache, ist notwendigerweise einsam, aber wenn wir das Jahresrad mit den Göttinnen Britanniens feiern, habe ich Freude an der Priesterinnen-Arbeit, die mich in das Herz einer Gemeinschaft göttinliebender Frauen aus der ganzen Welt bringt. Die Konferenz ist für mich eine Zeit spiritueller Erneuerung, wo ich freudestrahlend hunderte Körper räuchere, Räume reinige und fege, aus dem Gleichgewicht Geratene tröste, singe (!), hole und trage, regungslos stundenlang sitze, Angst ins Auge schaue, vergesse zu essen, überall hin renne, erschöpft bin – und immer noch tanze. Es gehört alles zum Job.

Und jeden Tag und jede Nacht entzünde ich die Kerze.

Avalon

HEILENDE LIEBE
Goddess Conference, Glastonbury, Lammas

Wir haben einen Temenos in der abendlichen Halle gemacht,
die Altarkerzen entzündet, singende Stimmen gesetzt
und Kristallschalen innerhalb einer schattigen Stille
und Welle um Welle schwingt Süße in der Luft:
weiß wie Milch und Schwan – Bridgets Liebe
gerufen in diesen Augenblick durch Stunde um Stunde
eine Pilgerfahrt und Feier: ihre goldene Sonne
sitzt in uns und auf den Pfaden
die wir über dieses geweihte Land gegangen sind.
Neunzehn Priesterinnen geben Heilung
und in jeder Hand, jeder verbundenen Berührung
liegt die Verbindung von Bridget geschmiedet,
ihre Fürsorge für uns
eine Kette sanfter Flammen, in denen alle Schlacke
durch ihre Liebe verwandelt wird.

© Rose Flint 2004

Rose Flint ist eine Priesterin von Avalon, eine Dichterin und Künstlerin. Sie arbeitet als führende Autorin für das Kingfisher Projekt, das Poesie in die Gemeinde und das Krankenhaus von Salisbury bringt, und als freischaffende Tutorin für kreatives Schreiben. Unter ihren früheren Aktivitäten sind „Writing and Spirituality" mit Alison Leonard, „Landlines" mit Robert Minhinnick und „Poetry and Healing" mit David Hart. Ihre Posie ist in vielen Anthologien zu finden und es sind drei Gedichtbände von ihr erschienen: Blue Horse of Morning (Seren), Firesigns (Poetry Salzburg) und Nekyia (Stride).

Sally Pullinger

Ich kam erstmals 1981 nach Avalon und ließ mich hier schließlich 1984 nieder. Mein Ehemann Martin war 1971 gestorben und ließ mich in London alleine mit unserer Tochter Sophie zurück, die damals noch ein Baby war. Meine Trauer hatte mich dazu geführt, mich mit Martin in der Geistwelt zu verbinden und mich dann dazu gebracht, dass ich tiefer in diese Welt reiste. 1978 war ich ein ausgebildetes Trance-Medium, mein spiritueller Führer war ein tibetischer Mönch namens Chung Fu. Nachdem ich von klösterlichem Christentum durch Witwenschaft in eine selbst zusammengebraute Art von Buddhismus gereist war, kam ich im Alter von 35 Jahren auf der heiligen Insel Avalon mit drei Kin-

Persönliche Erfahrungen

dern, einer großen, polygamen Familie und einem Herzen voller Musik, Kristallen und der Geistwelt an.

Ich wurde in die magischen Energien von Avalon durch eine Reihe herausfordernder emotionaler und spiritueller Erfahrungen initiiert. Darunter waren das Auseinanderbrechen unserer großen, ausgedehnten Familie und der Zusammenbruch der Beziehung mit dem Vater meiner zwei Söhne. Meine emotionale und spirituelle Welt geriet in einen kontinuierlichen Prozess von Zerfall und Wiederaufbau. Es gab nur ein oder zwei Konstanten, die wichtigsten davon waren die Liebe zu meinen Kindern, meine Beziehung mit Chung Fu und die Gewissheit einer überdimensionalen Realität und eines Lebens nach dem physischen Tod. Im Jahr 2000 öffnete der tragische Tod der wunderschönen sechs Jahre alten Tochter meiner Freundin mein Herz zu einer unergründlichen Tiefe und in diesem Zustand rief mich die Göttin zu sich zurück. Obwohl ich Kathy schon viele Jahre gekannt hatte, fühlte ich mich plötzlich stark magnetisch zu ihr und der Reise mit der Göttin hingezogen. Jeder Schritt dieser Reise war und ist lebensverändernd und jede Veränderung in meinem Leben ist ein weiterer Schritt dieser außerordentlich segensreichen Reise. Obwohl das erst das sechste Jahr meiner Reise mit der Göttin als Priesterin von Avalon ist, fühle ich mich, als wäre ich in eine andere, größere Dimension der Zeit gestiegen, die Jahrhunderte der Vergangenheit, Gegenwart und Zukunft umspannt. Nachdem ich 24 Jahre lang an den Ufern von Avalon herumgeworfen wurde, fühle ich mich jetzt in der starken und zarten Umarmung der Göttin tief gehalten. Ich lebe mit meiner Familie auf dem Windmill Hill in Avalon, nordwestlich vom Tor, gleich neben dem Paradise Valley. Wir sind Nachbarn der uralten Morgenen und des Feenvolks von Avalon und von Füchsen, Dachsen, Hirschen, Bussarden und den heiligen Apfel-, Eichen- und Weißdornbäumen. Ich lebe mit meiner Tochter Sophie, die ebenfalls eine Priesterin von Avalon ist, meinen zwei dynamischen und kreativen Söhnen, Deshan und Jerome, und meiner Enkelin Gabrielle zusammen, eine aus der wachsenden Generation Jugendlicher, die die Göttin verehren.

2001 gründete ich *Vocalana*, einen kleinen Göttinnen-Chor, um meinen Liederkreis *„Singing the Wheel of BrigitAna"* zu singen. Ich schrieb diese Lieder während meiner Ausbildung mit Kathy, als ich danach strebte mich mit den Göttinnen auf ihrem Rad von Ana zu verbinden und versuchte, mir deren Qualitäten, Totemtiere, Kraftobjekte und Wahrzeichen einzuprägen. Die Freude, die ich fühle, wenn ein Lied durch meine Ohren aus dem Äther durchsickert, ist intensiv, und es war für mich eine große Erfüllung den Segen der Göttin für das Komponieren und Aufnehmen dieser Musik zu ihrer Ehre zu spüren. Ich habe Visionen davon, einen großen Göttinnen-Chor ins Leben zu rufen und auch eine Rockband ... *alles zu ihrer eigenen Zeit* ... Die Gründung des Glastonbury Goddess Temple und das Zusammenkommen einer Gemeinschaft von Priestern und Priesterinnen in Avalon hat in mein spirituelles Leben noch nie dagewesene Zentrierung und Zusammenhang gebracht. Dadurch dass die Po-

561

Avalon

pularität des Tempels zugenommen hat, sind heute jedoch die meisten Zeremonien, die wir in diesem schönen Raum abhalten, überfüllt.

Ich bin so inspiriert von den Möglichkeiten einen idyllischen, auf die Göttin konzentrierten Hafen und Tempel irgendwo in der Landschaft Avalons zu erschaffen. Die Aussicht darauf, völliges Eintauchen in den Dienst an der Göttin wählen zu können, ist unglaublich aufregend – sich den neuen Tempel mit allen potentiellen Einzelheiten von Aktivitäten rundherum vorzustellen, ein Wohngebiet, eine Konzerthalle, Einrichtungen für Musik, Therapieräume, Rückzugsräume, eine Fläche für Zeremonien im Freien, eine Schwitzhütte, Wasser-Attraktionen, Windkraft, Gärten für Nahrung, Kräuter und Blumen, Waldland und naturbelassene Orte, eine ganze Welt, die dem Leben der Seele im Dienst der Göttin gewidmet ist. Sobald wir das erfolgreich kreiert haben, werden solche Orte überall erblühen. Dies sind die Samen, die die Göttin gebiert und nährt.

Es ist eine absolut wundervolle Erfahrung Jahr um Jahr zu sehen, welche besonderen Menschen es dazu zieht mit der Göttin in Avalon zu reisen, die sich dann entweder hier ansiedeln und sich unserer wachsenden regionalen Gemeinschaft von Priesterinnen und Priestern anschließen oder in ihre eigenen Länder zurückgehen und dort ihre eigenen heiligen Räder und Traditionen gebären und andere dazu führen, sich an die uralten Göttinnen überall auf der Welt zu erinnern und sich wieder mit ihnen zu verbinden. Langsam aber sicher weben wir heilende Netze von Liebe und Eintracht im Namen der Göttin und bringen sie zurück in viele, viele Leben.

Als professionelles Trance-Medium verbringe ich einen großen Teil meiner Zeit in veränderten Bewusstseinszuständen. Die nährendsten, aufregendsten und erfüllendsten Erlebnisse, die ich hatte und weiterhin im Lauf meiner Arbeit als Priesterin von Avalon habe, sind jene, zu denen es gehört die Gegenwart der Göttin in uns einzuladen und anzurufen. Für mich bedeutet eine Priesterin von Avalon zu sein, mich mehr und mehr für die phänomenale Realität ihres Seins zu öffnen und für das sinnliche Erlebnis, wenn sie meinen physischen Körper, mein Herz und meinen Verstand übernimmt, und über jeden Schatten eines Zweifels erhaben zu wissen, dass sie Wunder in den Herzen und Seelen ihrer Priesterinnen und Priester wirkt, und in allen die willens sind, sich zu öffnen und sie aufzunehmen. Die Energien, die Liebe, die Lieder, die Worte und Segnungen, die ich durch ihre Priesterinnen gehört und erlebt habe, sind so kostbar, so tiefgehend heilsam und bewegend, und ich sehne mich nach immer mehr Gelegenheiten diese Arbeit zu machen. Meine abschließende Anerkennung muss Kathy gelten, für ihre initiierende und inspirierende Führung, ihren erstaunlichen moralischen Mut, ihre manchmal ungemütlich zutreffenden Wahrnehmungen und Reflexionen und ihre großzügige und unterstützende Freundschaft in meinen Leben. Ich hoffe, dass ich etwas zu ihrem sehr bedeutsamen bestehenden Werk im Dienst der Göttin beitragen kann. Sei gesegnet.

Sally Pullinger ist seit 28 Jahren ein Trance-Medium. Sie arbeitet mit ihrem Führer Chung Fu, einem tibetischen Mönch, Seelenheiler

Persönliche Erfahrungen

und spirituellen Lehrer. Seit ihrer Initiation als Priesterin von Avalon hat sie die Göttin in ihre Sitzungen gerufen und viele Zeichen ihrer Gegenwart und ihres Segens empfangen. Sie bildet nun andere dazu aus, unmittelbar mit ihren Führern und spirituellen Helfern zu arbeiten.

Sally ist auch eine vollendete Musikerin, Darstellerin und Lehrerin. Sie unterrichtet junge Musikgruppen, sowohl für Jazz als auch klassische Musik, leitet zwei Chöre und komponiert sowohl Chormusik als auch instrumentale Musik.

Heather Elizabeth Adams: Das Lied einer Priesterin

Ich stand auf dem Land der Abtei von Glastonbury, unter blauem Himmel an einem Tag voller Sonnenschein zur Sommersonnenwende 1996. Der Tor erhob sich in der Ferne über den Ruinen. Ich spürte ein Brummen in mir, das meine Knochen erschütterte, meine Stimmbänder vibrierten mit einem summenden Geräusch und mein Kopf schwindelte von dem energetischen Ansturm. Es schien als hätte ich mein ganzes Leben lang auf diesen Augenblick gewartet, einen Wendepunkt, eine Berufung, das Finden von etwas, wonach ich mich gesehnt hatte, aber ich war mir nicht sicher, was das alles bedeutete. Meine Emotionen überwältigen mich. Ich stand dort wie angewurzelt, regungslos und dankbar, dass die anderen Mitglieder meiner Reisegruppe in einiger Entfernung waren und meine Sonnenbrillen die Tränen verbargen, die meine Augen füllten. Ich zwang mich weiter durch das weiche Gras zu gehen, vorbei an der Lady Chapel, näher zu den Energien des Tor. Es würde heute, während unseres kurzen Aufenthalts von zwei Stunden, keine Zeit geben um ihn zu erklimmen, aber vor meinen Augen wurde mein Traum wahr, zu diesem heiligen Ort zu kommen und jedes Gramm seiner Magie zu spüren. In diesem Moment wurde das Brummen in mir zu einer Stimme und ich hörte sie: *"Du wirst große Dinge bewirken. Dein Schreiben wird anderen dienen und sie durch deine Worte lehren. Öffne dein Herz und deinen Geist und folge deinem von Legenden erfüllten Weg."* Ich fühlte in mir eine Ruhe, eine Gewissheit, einen Glauben an meinen Weg, den ich nie zuvor gekannt hatte. *Ich fühlte mich zu Hause.* Ich war von der Göttin berufen worden.

Drei Jahre später bereitete ich mich darauf vor von Chicago nach London zu ziehen, um ein neues Leben anzufangen. Meine zweistündige Pilgerfahrt nach Glastonbury hatte irgendwie energetisch eine Schnellstraße von Veränderungen in meinem Leben manifestiert, um mich auf meine Bestimmung vorzubereiten. Mein zukünftiger Ehemann war Engländer und als wir die Möglichkeiten für unsere Hochzeit besprachen, war mein erstes Gefühl, dass wir einen Weg finden mussten, um in Glastonbury zu heiraten. Es schien der perfekte Ort zu sein, unsere heilige Vereinigung in der Landschaft zu feiern, die zu den Tiefen meiner Seele gesprochen hatte. Tausende Meilen weit weg vor meinem Computer sitzend, begann ich meine Internet-Suche nach einer Frau, die die Zeremonie durchführen sollte. Ich *wusste*, dass es eine Frau sein musste. Klarer Fall, die erste Seite, die auftauchte, hatte einen Link zu Kathy Jones und so schickte ich ihr sofort eine E-Mail, um herauszufinden, ob sie daran interessiert war unsere Zeremonie durchzuführen. So begann unsere Beziehung und wieder einmal fügte sich alles zusammen wie die Teile einer Patchworkdecke, angenehm und vertraut.

Als wir uns das erste Mal mit Kathy trafen, um unseren Hochzeitssegen zu besprechen, bemerkte ich eine ihrer Broschüren über die Ausbildung zur Priesterin von Avalon. Mein Verlobter hob sie auf und sagte: *„Das wäre genau das richtige für dich!"* Ich stimmte zu und hatte das starke Gefühl, dass meine Verbindung zu Glastonbury gerade erst anfing. Kathy gestaltete für uns eine wunderbare Hochzeitszeremonie beim Chalice Well, wieder zur Sommersonnenwende, drei Jahre nachdem ich erstmals den geheimnisvollen Energien Avalons begegnet war. Als wir uns an diesem Tag von Kathy verabschiedeten, wendete sie sich zu mir und sagte: *„Ich werde dich bald wiedersehen."* Sie lächelte und ich spürte überall ein Prickeln, weil ich wusste, dass das, was sie sagte, prophetisch war. Ich wusste, dass es mir bestimmt war die Priesterinnen-Ausbildung bei ihr zu machen. Ich lächelte, nickte zur Antwort und sagte: *„Ja, das wirst du."* Einige Monate später zu Samhain begann meine Reise in die Mysterien der Lady von Avalon wirklich.

Meine Anreise zum ersten Ausbildungswochenende war etwas beunruhigend. Mein Ehemann setze mich bei einem örtlichen Gasthaus ab, wo ich ein Zimmer reserviert hatte. Als ich im Pub stand, informierte mich die Wirtin, dass sie meinen Raum an jemand anderen vermietet hatte, und dass ich es später noch mal versuchen solle. Sie bot mir an, für mich auf mein Gepäck aufzupassen, was ein sehr geringes Zugeständnis für dieses Ärgernis zu sein schien, und bot mir dann an, für mich in einem anderen örtlichen Hotel zu buchen, wenn keine Zimmer frei wurden. Ich *wusste*, dass ich zu diesem Zeitpunkt von der Göttin *geprüft* wurde, eine Prüfung für die Reise, die sich entfalten sollte. *„Wie sehr möchtest du in den heiligen Kessel meiner Mysterien eintreten?"*, schien sie zu sagen. Plötzlich fühlte sich die Reise, die mich von meiner Touristenzeit zu meiner raschen Verpflanzung in eine neue Kultur hierhergebracht hatte, wackelig und beängstigend an. Hier war ich, eine Amerikanerin in einem fremden Land, ohne einen Aufenthaltsort für das Wochenende und erfüllt von plötzlichen Tränen und Unsicherheiten über den Aufbrauch auf einen Lebensweg, der weit weg von meinem Reich akademischer Erfahrung war. Was tat ich hier? War ich verrückt? Wie konnte ich diese Ausbildung ein ganzes Jahr lang machen, wenn ich den Einheimischen nicht einmal zutrauen konnte eine Hotelreservierung einzuhalten? Ich stählte meinen Bauch im Inneren und flüsterte der Lady zu: *„Ich kann das tun."* Ich war schon mit schlimmeren Ängsten konfrontiert gewesen als diesen. Ich wusste irgendwie, dass alles gut werden würde.

Persönliche Erfahrungen

Ich sagte der Gastwirtin, dass ich von ihr erwartete, für mich bis zur Abendessenszeit eine Reservierung im Ort zu finden und dass sie, wenn notwendig, für meinen Transfer zum nächsten Hotel bezahlen solle. Sie war einverstanden. Krise gelöst. Dann ging ich hinüber, um am ersten Ausbildungswochenende teilzunehmen und blickte nie zurück. Ich hatte die erste Prüfung Keridwens, der Greisin von Samhain, bestanden und ihre Herausforderung zum Tod des Selbst angenommen, meinen tiefsten Ängsten zu begegnen, das Alte aufzuräumen um Platz zu machen, damit die Samen des Neuen wachsen konnten.

Nachdem ich meine anfänglichen Ängste, dass ich nicht akzeptiert werden würde, weil ich *Amerikanerin* war, anders fühlte, Lernende auf einem spirituellen Pfad in einem Land war, in dem ich nicht geboren worden war, erkannte ich schnell, dass meine Schwestern und Brüder mit ihren eigenen Gefühlen von Unsicherheit beschäftigt waren, mit ihren eigenen Gefühlen von vermeintlicher Unwürdigkeit, ihren eigenen Problemen dabei, ihren größten Ängsten auf diesem Weg der Selbstentdeckung und der Menschlichkeit zu begegnen. Ich fand eine unterstützende Gemeinschaft, in der wir die Schwierigkeiten und Freuden unserer Reise teilten, während wir tiefer in unsere spirituellen Forschungen tauchten, unser Selbstgefühl, und darin, wie sich das für jede von uns in unserer spirituellen Arbeit manifestieren würde.

Ich verbrachte die nächsten vier Jahre damit, mich in die Energien der Göttin zu versenken, an weiteren Ausbildungen teilzunehmen und meine Doktorarbeit rund um die Erforschung von Göttinnen-Mythen und Archetypen zu schreiben. Meine akademische und meine spirituelle Welt schienen scharf getrennt zu sein, aber im Inneren lernte ich den Abstand zu überbrücken, mein Herz und meine Seele für die kraftvollen visionären Erfahrungen zu öffnen, die ich hatte, während ich weiterhin mehr und mehr Informationen für meinen Verstand sammelte. Meine emotionalen Erfahrungen und meine Forschung schienen zum ganzheitlichen Verstehen zu verschmelzen, zum Wissen, zur göttlichen Einheit ihrer Mysterien. Eines meiner tiefgehendsten Erlebnisse hatte ich, als ich im Wasser der Vesica Piscis im Chalice Well Arm in Arm mit anderen Priesterinnen stand, die alle mit mir gemeinsam an einer Zeremonie der Goddess Conference teilnahmen. Als wir unsere Füße im Wasser in einem spontanen Tanz herumwirbelten, schienen die Energien sich in die Luft um uns zu schrauben. Ich spürte die nun vertraute Vibration der Energie der Göttin in meinem Körper, die durch meine Stimmbänder in eindringlichen Klängen herausbrach, in den Tönen meiner Schwestern widerhallte und damit harmonisierte. Wir kreisten und sangen und wurden eins, eins in uns selbst, eins miteinander, eins mit der Göttin. Ich weiß, dass sie mir in diesem Augenblick die glorreiche Euphorie ihrer Mysterien gezeigt hat, eine Vollendung, ein Gefühl absoluter Ruhe und Perfektion.

Nur einen Monat nach diesem tiefgehenden Erlebnis beim Chalice Well kam meine größte Herausforderung und meine Welt fiel auseinander. Eine meiner größten Ängste bewahrheite sich, als ich entdeckte, dass mein Ehemann mich betrog, und ich mich weigerte seine Forderung danach zu akzeptieren,

Avalon

ihn seine Affäre fortsetzen zu lassen. Auf die Gefahr hin alles zu verlieren, reichte ich die Scheidung ein. Es schien mir, dass meine Reise in England den Kreis vollendet hatte, der mich nach Chalice Well zurückbrachte, wo er begann. Nun sandte mich die Göttin in das Land zurück, in dem ich geboren worden war. Wieder einmal fühlte ich die Angst davor, verlassen zu werden, ohne ein *Zuhause* zu sein – denn England, die Lady von Avalon, die heilige Landschaft Britanniens, die Priesterinnen und Priester von Avalon waren alle mein *Zuhause* geworden. Ich fühlte, dass mich die Lady vielleicht verlassen hatte, und dass sie mich aus England *rauswarf* bevor ich bereit war zu gehen. Es war gut, dass an diesem Punkt eine meiner Mitpriesterinnen zu mir sagte: *„Siehst du denn nicht – du wurdest nicht hierher gerufen um deinen Ehemann zu heiraten oder auch nur deine Doktorarbeit zu schreiben. Du wurdest von der Göttin hierher gerufen, um die Ausbildung zur Priesterin von Avalon zu machen, und das hast du getan. Die anderen Dinge waren einfach nur ein Mittel, um dich hier zu behalten. Du hast alles gelernt, weswegen du hierhergekommen bist – und nun ruft dich die Göttin zurück in die USA, um deine spirituelle Arbeit dort fortzusetzen."* Ich spürte überall ein Kribbeln. Ich wusste, dass die Worte meiner weisen Freundin völlig wahr waren, und dass die Göttin durch sie sprach.

Mein englisches *Zuhause* zu verlassen war eine bittersüße Abreise, die an meiner Seele zerrte. Aber selbst als ich seine Ufer verließ, wusste ich, dass ich ein bisschen von Avalon mit mir mitnahm, das in mir lebt. Nun versuche ich die Gaben der Göttin auf meine eigene Art den Menschen zu bringen, die in den USA leben. Nur wenige Monate nach meiner Rückkehr in die Vereinigten Staaten begann ich Priesterinnen auszubilden und vertiefte mich mit großer Leidenschaft ins Schreiben. Da alle Verantwortlichkeiten nun einige Zeit *entfernt* worden waren, konnte ich mich darauf konzentrieren, die Grundlagen meiner Arbeit aufzubauen und mein Leben neu zu gestalten. Ich leite jetzt meine eigene Organisation, *The Sacred Sept of the Swan* (Die heilige Schwanensippe), die Ausbildungen, Online-Kurse, Veranstaltungen, Pilgerfahrten und Klausuren für jene, die Liebe zur Göttin empfinden, anbietet. Ich arbeite auch an zwei spirituellen Büchern, um die Früchte des *Wissens*, das ich durch meine Erfahrungen und Forschungen auf meinem Weg mit der Göttin gesammelt habe, zu teilen. Das jüngste Geschenk war, dass ich kürzlich angeworben wurde, um an einer nahegelegenen Universität zu arbeiten, und herausfand, dass andere in meiner Abteilung nicht nur über Kathys Arbeit Bescheid wussten, sondern auch selbst Anhängerinnen der Göttin waren. So erhielt ich eine neue Unterstützungs-Gemeinschaft, die es mir ermöglichte den Abstand zwischen meinem akademischen Leben und meinem spirituellen Weg noch besser zu überbrücken. Ich sehe jetzt sehr deutlich, wie das alles vorherbestimmt war, Teil des Stoffes ihres heiligen Bildteppichs. Ich stellte mich meinen dunkelsten Ängsten und Herausforderungen und wurde auf eine Art neugeboren, die mich für die vor mir liegende Arbeit vorbereitete. Durch mein Schreiben und Lehren hoffe ich anderen dabei zu helfen, ihren eigenen Weg zur Göttin zu finden, die Wahrheit ihrer Seelen zu finden, so dass auch sie lernen, das Loblied des Göttlichen Weiblichen zu singen, das in ihnen wohnt, während sie in heiliger Vereinigung mit der Göttin miterschaffen.

Wenn du dich einem Weg in ihrem Dienst weihst, gehst du die höchste Verpflichtung von allen ein – dir selbst gegenüber. Indem du Vertrauen in die Reise hast, dich deinen größten Lektionen und Herausforderungen mit Dankbarkeit, Gnade und Freude stellst, lernst du, wie du dich selbst, und so auch andere, besser heilen kannst. Obwohl ich das *wusste*, bevor ich meine Reise als Priesterin begann, hat die Göttin mir jetzt größere Reichtümer in meine Seele gegeben, die ich hervorholen und wie Diamanten glitzern lassen kann, Gaben ihrer Weisheit, um sie mit der Welt zu teilen. Ich habe keine Angst mehr davor, das zu tun. Egal was andere über meine Worte oder Gaben denken oder wie ich beurteilt werde, habe ich gelernt, mich selbst anzuerkennen, wie ein Leuchtfeuer in der Wahrheit meiner eigenen Kraft zu stehen, damit andere dasselbe lernen können. Genauso wie ich es versprochen habe, als ich der Göttin mein Gelübde als Priesterin von Avalon ablegte.

In den Augen der Göttin ist alles heilig, wir alle sind heilig, geliebt und würdig. Obwohl meine Stimme nur eine ist, die zwischen den Apfelbäumen ihres heiligen Obstgartens singt, muss ich immer noch die Melodie meiner Seele *singen*, die einzigartig ist und doch eins mit dem harmonischen Gesang von Allem, ein Teil der Legenden Avalons, die wiederentdeckt werden ….

> *Heather Adams lebt derzeit in Virginia, wo sie an der Universität lehrt, und schreibt zwei Bücher über die Göttin, die auf ihren spirituellen Erfahrungen und Forschungen basieren. Sie ist Gründerin der Organisation „Sacred Sept of the Swan", die jenen offen steht, die sich dem Weg der Göttin geweiht haben, und verschiedene Kurse und Klausuren anbietet. Sie kann unter castleeire@gmail.com kontaktiert werden.*

Sandra Roman

> *„Eine Medizinfrau, eine Frau echter Weisheit,
> ist eine, die lernt, wie sie ihre Beschränkungen
> in Kraft verwandeln kann.
> Nicht alles ist möglich.
> Aber alles ist möglich,
> wenn es ein wahrhaftiger Teil deiner Bestimmung ist."*

Ich habe diese Sätze in einem Brief geschrieben, den ich vor einiger Zeit an eine junge Frau geschickt habe. Sie klagte, weil sie nicht nach Glastonbury gehen „konnte", um eine Priesterin von Avalon zu werden. Durch sie erinnerte ich mich an die Zeit, als ich mich entschied, keine Opernsängerin zu werden. Ich liebe es zu singen und ich liebe es auf der Bühne zu stehen, schöne Kleider zu

Avalon

tragen, himmlische Töne aus meiner Kehle hervorzubringen und jede Menge Applaus und Bewunderung von den Menschen zu bekommen. Es klingt traumhaft, nicht wahr? Aber es ist nur ein kleiner Teil dessen, was wir von einer Person sehen, die einen sehr langen Weg geht. Eine Opernsängerin muss viel arbeiten, um eine solche zu werden. Sie kann nichts anderes tun, als viele Stunden lang sehr hart zu trainieren, zu lernen und zu üben. Sie muss besessen davon sein, sich um ihre Ernährung und ihre Gesundheit zu kümmern. In anderen Worten, sie muss ihr ganzes Leben dieser Sache widmen.

Also fragte ich mich: „*Will ich mein eigenes Leben wirklich ändern, um das zu tun?*" Die Antwort war offensichtlich: „*Nein.*" So entschied ich mich weiterhin als erfolgreiche Journalistin zu arbeiten und genug Geld zu verdienen, um mir schöne Kleider und ein sehr teures Auto zu kaufen, das für mich so wichtig war als wäre es mein kleines Baby. Ich war nicht glücklich über meinen Erfolg. Ich fühlte eine völlige Leere in mir. Ich wusste, dass die Art wie ich lebte nichts mit meiner wahren Aufgabe in diesem Leben zu tun hatte. Aber ich wusste nicht, was diese Aufgabe war, zu der ich mich vor meiner Geburt verpflichtet hatte.

Ich war die meiste Zeit meines Lebens agnostisch, obwohl ich katholische Schulen besucht hatte oder vielleicht auch gerade deswegen. Also musste die Göttin mich viele Male rufen, bevor ich bemerkte, dass sie es tat! Jedenfalls scheint es sehr seltsam zu sein, dass ein Mädchen, welches niemals an irgendeine andere als die materielle physische Welt geglaubt hatte, das innerhalb der Begrenzungen ihres eigenen Verstandes lebte, sich bewusst sein konnte, dass jede Person in ihrem Leben eine ganz bestimmte Aufgabe zu erledigen hat…

Meine erste Erfahrung der Göttin war etwas, was mir passierte, als meine Mutter Brustkrebs hatte. Ich war wirklich verzweifelt, weil die Ärzte kein einziges Wort der Hoffnung für uns hatten. Also erinnerte ich mich an einen wunderschön gearbeiteten Rosenkranz, den mir eine liebe Freundin einige Jahre zuvor geschenkt hatte. Ich nahm ihn in meine Hände und beschloss, Maria um Hilfe zu bitten.

„*Ich weiß nicht, ob es dich wirklich gibt.*", sagte ich zu ihr. „*Aber wenn du irgendwo im Universum bist, bitte, schicke mir ein Signal, das ich verstehen kann. Ich muss wissen, wie ich mich darauf vorbereiten kann, meiner Mutter zu helfen. Egal ob du mir gute oder schlechte Neuigkeiten bringst, ich muss wissen, was ihr zustoßen und wie ich ihr helfen kann.*"

Ich schluchzte und das Atmen fiel mir schwer. Ich durfte keinen Lärm machen, weil meine Mutter auf der anderen Seite der Wand im Nebenzimmer war. Sofort fühlte ich eine süße Ruhe in mir und spürte wie eine Brise frischer Luft meinen ganzen Körper umgab.

Meine Mutter wurde mit immens starken Therapien behandelt, aber schließlich wurde sie geheilt. Das war vor 17 Jahren und heute ist sie eine glückliche Großmutter und eine sehr hingebungsvolle Priesterin der Göttin.

Dennoch wusste ich bis dahin nichts über die Göttin oder dass Maria wirklich die Göttin sein konnte. Sechs weitere Jahre vergingen, bis ich eine Astrolo-

Persönliche Erfahrungen

gin traf, die mir von Marias Göttlichkeit erzählte und mir viele Bücher empfahl, in denen es um das heilige Weibliche ging. Sie lehrte mich auch das Motherpeace-Tarot zu lesen und im Lauf der Zeit wurden wir Freundinnen.

Während eines Ausflugs, den wir gemeinsam zu einem heiligen Ort in Argentinien unternahmen, erlebte ich etwas, von dem ich später erkannte, dass es der Ruf der Göttin war, ihre Priesterin zu werden. Wir fuhren um Mitternacht zu einem sehr geheimnisvollen Hügel. Ich war ängstlich und ziemlich aufgeregt gleichzeitig. Dann hörte ich eine Stimme in mir, die sagte: *„Du gehst jetzt wirklich zu einem Ort ohne Wiederkehr. Bist du sicher, dass du gehen willst?"*

Ich fühlte mein Herz auf eine andere Weise schlagen. In mir entstand das Gefühl, dass mich ein außerordentliches Abenteuer erwartete. *„Ja"*, sagte ich, ohne den Schatten eines Zweifels. *„Sag mir einfach, wo ich anhalten soll"*, fügte ich hinzu, als ich mich daran erinnerte, dass ich mit meinem Auto eine unbekannte Straße entlangfuhr. Die Stimme sagte mir, dass ich ein Zeichen zum Anhalten bekommen würde. Und ich fand es, als ich in das Gesicht meiner Freundin blickte. Sie sah so angsterfüllt aus. Sie sagte mir, dass sie eine Stimme in sich hörte, die ihr sagte, dass wir zu einem Ort ohne Wiederkehr gingen, aber sie hatte *„Nein"* geantwortet. *„Ich habe eine jugendliche Tochter, die mich wirklich braucht"*, sagte sie mit schwacher Stimme. Also kehrten wir zum Hotel zurück ohne die geringste Vorstellung davon zu haben, was das, was uns passiert war, bedeutete.

So wie viele Frauen meiner Generation war ich fasziniert von Marion Zimmer Bradleys Buch *Die Nebel von Avalon*. Aber diese Welt schien nur eine Fantasie in meinem Leben zu sein. Dennoch entschied ich mich einen Chatroom namens *Camelot* einzurichten, wo ich Vivian, die Dame vom See, war. Ein Jahr lang spielte ich jede Nacht mit einer Gruppe von Menschen, wir wären verschiedene Heldinnen, Helden, Götter, Göttinnen und andere Charaktere aus Legenden und Literatur. Wenn jemand mich fragte *„Wer bist du?"*, antwortete ich ohne Zögern: *„Ich bin von der heiligen Insel. Ich bin eine Priesterin von Avalon…"*. Ich kann mich nicht daran erinnern, wann dieses Spiel für mich ernst wurde. Eines Tages stellte ich fest, dass ich eine Art Lehrerin und Ratgeberin für viele Menschen geworden war, die mich um Hilfe und Heilung baten, obwohl ich mir selbst weder helfen noch mich heilen konnte.

Das *reale* und *virtuelle* Leben begannen sich zu vermischen, als wäre ich auf einer Barke, die mitten im Nebel ins Nirgendwo fährt.

In diesen seltsamen Momenten der Krise, entdeckte ich Kathys Internetseite und entdeckte zu meiner Überraschung, dass Fantasien ein wichtiger Teil unserer wahren Bestimmung sein können, wenn wir nur den Mut finden *„Ja"* zu sagen und den ersten Schritt ins wirkliche reale Leben zu springen. Ich hatte gedacht, dass ich dazu verdammt sei, ein schwarz-weißes Leben zu führen, während auf der anderen Seite der Welt eine Gruppe von Frauen miteinander eine farbenprächtige Möglichkeit schuf, auf dieser Erde lebendig zu sein.

Avalon

Ich konnte sie in Rot, Fuchsia und Orange gekleidet sehen, mit wundervollem Haarschmuck voller Blumen. Manche von ihnen schienen sehr stolz darauf zu sein, ihr bezauberndes graues Haar als Symbol ihres weisen Alters zu zeigen. Ich konnte ihre wunderschöne Kunst sehen: Zeichnungen, Banner, Skulpturen, Drehbücher. Ich konnte sie barfuß über das grüne Gras auf schönen grünen Hügeln tanzen sehen, wo sie den Mond, das Wasser, die Sonne und das ganze Dasein als unsere geliebte Muttergöttin ehrten. Ich war glücklich, solch kraftvolle Frauen gefunden zu haben und sagte ein weiteres *„Ja"*. Ich wollte etwas tun, um zu helfen eine wunderschöne Welt zu schaffen.

Ich wusste nicht genau, was es bedeutete eine Priesterin der Göttin zu werden. Aber ich konnte mir vorstellen, dass es bedeutete mein ganzes Leben ihrem Dienst zu weihen. Ich schrieb an Kathy und bewarb mich um einen Ausbildungsplatz. Als sie mich akzeptierte, entschied ich mich meine Wohnung und mein schönes, wohlgehegtes Auto zu verkaufen. Ich gab meine Möbel, meine Kleider, meine Bücher und alles weg, damit ich mit leichtem Gepäck die 11.000 Kilometer von Buenos Aires nach Glastonbury fliegen konnte.

Mein Ausbildungsjahr (das war die Dauer der Priesterinnen-Ausbildung, als ich daran teilnahm) war wesentlich schwieriger als ich es mir jemals hätte vorstellen können. Das Ringen mit der Sprache war nicht das einzige Hindernis, das sich mir entgegenstellte. Zu schnell war mein Geld aufgebraucht und ich arbeitete sehr hart, um meine Ausgaben abzudecken. Viele Male fühlte ich mich verwirrt, traurig und allein. Während des ganzen Jahres machte ich Pilgerfahrten zu den heiligen Stätten, wo ich mich an einige meiner vergangen Leben erinnern konnte und ich stellte mich meinen eigenen Ungeheuern und Geistern. Ich wandelte auf den dunklen Fährten meiner Seele, um nicht nur herauszufinden, was meine Aufgabe ist, sondern auch, wer ich wirklich bin und was mein Platz als eine Tochter der Göttin ist.

Nach meiner Initiation als Priesterin von Avalon sagte ich Lebewohl zu dem einzigen Ort, den ich als mein Heim anerkennen konnte. Ich verstand, dass die Göttin mich an dem heiligen Ort brauchte, wo sie mich gerufen hatte und meine heiliger Eid war es, zu ihr immer *„Ja"* zu sagen, wann immer und wo immer sie mich ruft.

Ich kam zurück in mein Land, wo es viel Arbeit für mich gibt. Sie besteht darin, anderen Frauen zu helfen, die so sind wie ich war, auf der Suche nach ihrer inneren Göttin, darum ringend ihre Schönheit in ihrem eigenen Leben wieder herzustellen. Ich liebe meine Arbeit als Priesterin, das Lehren, Zuhören, Begleiten, Abhalten von heiligen Zeremonien, Ehren des Landes und all der Göttlichkeit, die *„in mir und überall um mich herum"* wohnt.

Als Priesterin habe ich gelernt, dass mein Weg zur Göttin ein fortwährendes Lernen ist. Meine Arbeit als Lehrerin basiert auf meiner eigenen täglichen Lehrlingschaft. Ich habe gelernt zu akzeptieren und zu feiern, was immer sie mir an Lektionen schickt. Und ich habe auch gelernt, dass mich selbst zu heilen das Beste ist, was ich tun kann, um bei der Heilung meiner Schwestern und unseres geliebten Planeten mitzuhelfen.

Persönliche Erfahrungen

Ich brauche keine teuren Kleider oder Applaus oder das schnelle, ausgeklügelte Auto, um mich lebendig zu fühlen, weil ich das wahre Lied meiner Seele gefunden habe, und das ist die Göttin. Meine zeremonielle Maske und mein Gewand sind nicht frivol, sondern mein echtes heiliges Gesicht und meine göttliche Haut. Sie sind eine Art von Fahrzeug, das wir als Priesterinnen brauchen, um in die Anderswelt zu reisen.

Wenn du eine schöne Priesterin siehst, die ein kraftvolles Ritual durchführt, dann siehst du eine hinreißende Frau, vielleicht kein gewöhnliches Mädchen, sondern die magische Präsenz, die ihrem menschlichen Körper während der Zeremonie innewohnt. Um das zu werden, muss sie selbst sehr hart trainiert haben. Die Schönheit, die du siehst, ist das Ergebnis der vielen Kilometer die sie in die Dunkelheit ihres eigenen Bewusstseins gereist ist, um ihre wahre, strahlende Seele zu finden. Doch es ist so ein Abenteuer. Also zögere ich nicht „*Ja*" zu antworten, wenn mich jemand fragt: „*Willst du dein eigenes Leben wirklich ändern, um das zu tun?*"

Ich kann mir keine bessere Art vorstellen, in dieser wunderschönen und aufregenden Welt zu leben, die die Göttin erschafft und für uns bewahrt. Ich kann nicht verstehen, wie die Welt so viele Jahrhunderte ohne die Göttin und ihre Priesterinnen gewesen sein kann. Das kann kein echtes Leben gewesen sein.

Sandra Roman hat sich im Jahr 2000 als Priesterin von Avalon in Glastonbury selbst initiiert. Sie lebt in Buenos Aires, Argentinien, wo sie eine dreijährige Priesterinnen-Ausbildung für den Dienst an der Göttin des Südlichen Kreuzes lehrt. Sie leitet auch Workshops in Spanien, Uruguay und Chile. Ihre Internetseite ist unter www.losrostrosdeladiosa.com zu finden.

Sandra Warmerdam

Mein erster Besuch in Avalon war zu Beltane 2000 und ich kann es nur auf eine Art beschreiben: Es war wie nach Hause zu kommen! Die Natur Avalons zu sehen, die Landschaft, die weibliche Energie und natürlich den Glastonbury Tor, erweckte etwas in mir, was für eine sehr lange Zeit geschlafen hatte. An diesem Beltane-Fest saß ich die ganze Nacht lang mit einer weisen Greisin am Tor, und wir redeten die ganze Nacht. Vor mir sah ich einen Hügel auf dem Priesterinnen um ein Beltane-Feuer tanzten und feierten und das einzige, was ich mir dabei dachte, war, dass diese Frauen Priesterinnen sein mussten, die Beltane feiern. Weil es dunkel war konnte ich kein Foto machen, wollte es aber bei Tagesanbruch tun. Als der Himmel heller wurde, eine Ankündigung, dass die Sonne aufgehen würde, verschwanden der Hügel und auch die Priesterinnen. Erst dann erkannte ich, dass ich etwas hinter dem Schleier von Avalon gesehen hatte, etwas Altes, etwas, was tief in meiner Seele war.

Avalon

Seit dieser Nacht war es meine einzige Sehnsucht, der Lady von Avalon zu dienen und in ihrer Landschaft zu sein. Jahre später war ich wieder in Avalon und kaufte das Buch „In the nature of Avalon" von Kathy Jones und las über die Ausbildung zur Priesterin von Avalon. Alles fügte sich, das fühlte sich so gut an. Eine Energie vibrierte mit diesen Worten – Priesterin von Avalon, so vertraut, so sehr ich.

Die Ausbildung selbst war ein Wiedererkennen von Schwesternschaft, alten Freundinnen, vertrauten Namen der Göttin und am meisten der Lady von Avalon. Jedes Ausbildungswochenende war ein nach Hause kommen und eine Erinnerung an die Zeit, als Frauen der Göttin dienten. Ich fühlte mit Bestimmtheit, dass ich das schon zuvor getan hatte, ebenfalls dort in Avalon. Während der Ausbildung hatte ich das natürliche Gefühl, dass ich nach Avalon zurückziehen sollte, um der Göttin zu dienen, um eins mit ihr und ihrer Landschaft zu sein. Ich fühlte mich heimwehkrank wenn ich Glastonbury verließ und weinte. Das Einzige, was half, war, dass ich wusste, ich würde bald wieder zurückkommen.

An einem Punkt änderte sich das Gefühl und ich erkannte, dass ich Avalon in meinem Herzen mit mir nahm, und dass es nicht mehr länger nur ein Ort in Glastonbury war. In diesem Augenblick begannen zwei andere Reisen mit dem Ziel, die Göttin und die Lady in Holland zu finden. Hatten wir einmal unsere eigenen Göttinnen? Was können wir über sie herausfinden und welche Erinnerungen sind von ihnen übrig? Der andere Teil war eine Sehnsucht danach, Menschen zu helfen, insbesondere Frauen, sie zu heilen, sie nach Avalon zu bringen, um der Göttin zu begegnen und dieselbe Transformation zu erleben wie ich. Gemeinsam mit einer sehr lieben Freundin, Manon Gromp, die ebenfalls an Ausbildungen in Glastonbury teilnahm, gründete ich eine kleine Reiseagentur. Jedes Mal nahmen wir etwa sechs Frauen nach Glastonbury mit und lehrten sie über die Göttin, die Lady von Avalon und ihre Natur. Jedes Mal sahen wir, wie sich die Frauen veränderten, geheilt und stärker wurden. Sie kamen mehr in ihre eigene weibliche Kraft. Wir wurden gefragt, ob wir einen Ort für Treffen in Holland haben konnten, einen Platz um die Jahreskreisfeste der Göttin zu feiern, so wie sie es im Glastonbury Tempel gesehen hatten.

Als eine Priesterin von Avalon lernst du aus Erfahrung, dass du nur darum bitten und der Göttin vertrauen musst. Sie stellt alles zur Verfügung, was jene, die sie lieben, brauchen. So hatten wir nach sehr kurzer Zeit einen kostenlosen Büroraum, der in einen Tempel verwandelt werden konnte. Im ersten Jahr mussten wir weder Miete noch die Heizkosten, Wasser oder Strom zahlen. Zu dieser Zeit arbeitete ich an einem holländischen Rad, aber es war noch nicht fertig. Also fingen wir mit den Göttinnen Avalons in einem holländischen Rad an. An der ersten Zeremonie zur Herbst-Tag-und-Nachtgleiche 2003 nahmen 25 Frauen und ein Mann teil. Manon und ich riefen die Göttinnen herein und zur selben Zeit fand im Glastonbury Goddess Temple ein Treffen von Priesterinnen von Avalon statt, die uns ihre Energie schickten. Es war eine erstaunliche Erfahrung und die Menschen fühlten die Gegenwart der Göttin. Manon und ich fühl-

Persönliche Erfahrungen

ten uns von ihr getragen etwas so Großes mit so wenig Erfahrung zu machen, so voller Vertrauen, dass sie mit uns war.

Die Anzahl der Menschen wuchs mit jeder Zeremonie. Frauen wollten mitmachen, wollten wieder mit der Göttin verbunden sein. Schöne Frauen, voller Vertrauen, kamen, um uns zu helfen die Richtungen und die Göttin hereinzurufen. Sie wollten mehr über sie wissen. Wir beschlossen Workshops über die Göttin, ihre Energien und ihre Kraft anzubieten. Ich hatte keine Erfahrung darin, Workshops zu leiten und hatte natürlich jede Menge Zweifel, ob ich das tun konnte. Die Göttin hatte immer nur eine Antwort für mich: *„Vertraue mir einfach!"* Nach einigen Workshops entschied ich mich, für Menschen, die der Göttin dienen wollten, so wie ich es gelernt hatte, eine einjährige Ausbildung anzubieten. Sie begann zu Samhain 2004 und endete mit einer magischen Weihe in Avalon während der Herbst-Tag-und-Nachtgleiche 2005.

Gemeinsam lernten wir viel über die holländischen Göttinnen und ihre Energien. Die wichtigste Göttin ist Nehalennia. Sie ist die Göttin meines Landes, wie die Lady von Avalon. Indem wir über sie lernten, meditierten und sie feierten, fanden wir heraus, dass es viele Ähnlichkeiten zwischen Nehalennia und der Lady von Avalon gab. So viele, dass sie wie Schwestern sind. Aber sind sie das nicht alle?

Suthisa Hein, eine holländische Priesterin von Avalon und ich fanden einen ganz speziellen Platz im alten Land, mit einem Steinkreis, einem Mini-Tor, einem riesigen Labyrinth und einem mondförmigen Teich. Wir verliebten uns in den Ort und seine Energien. Wir entschieden eine Feier zu Ehren der holländischen Göttin zu veranstalten. Im Sommer 2005 luden wir Priesterinnen von Avalon ein, herzukommen und Nehalennia ihren rechtmäßigen Platz in Holland zurückzugeben. Wir hielten eine viertägige Konferenz ab, um den Menschen mehr über sie beizubringen. Erstaunliche göttinliebende Frauen schlossen sich der Schwesternschaft der Göttin an. Sie stellten ihre Talente und Energien zur Verfügung und gemeinsam feierten wir ihren Überfluss. Die Menschen erkannten einander und die Verbindung. Die Priesterinnen von Avalon überreichten ihre Flamme in einem Steinkreis des alten Landes den holländischen Priesterinnen, so dass sie wieder in unseren Herzen, Seelen und Leben zurück ist. Die Veranstaltung war ein großartiger Erfolg und wird nächsten Sommer wieder stattfinden.

Also wie hat es mein Leben verändert, eine Priesterin von Avalon zu sein? Nun ja, was hat sich nicht verändert, außer meiner Liebe zur Göttin?! Ich werde an jedem Tag herausgefordert, das Beste daraus zu machen. Jeder Tag ist ein neuer Anfang, eine neue Verbindung mit der Göttin. Ihre Priesterin zu sein hat dazu geführt, dass ich über die Göttin schreibe, es hat mich kreativer gemacht, ich male und forme Skulpturen. Es hat mich mit wundervollen, gleichgesinnten Menschen zusammengeführt, die ihr genauso sehr dienen wollen wie ich, und jeden Tag fühle ich mich von der Göttin geliebt.

In meinem Gelübde an sie sagte ich, dass ich versuchen werde die Göttin in mein eigenes Land zurückzubringen. Nun, mit viel Hilfe von anderen bin ich erfolgreich. Es gibt immer noch viel zu tun, aber zu sehen wie die Anzahl der Menschen wächst, die sich an sie erinnern, indem sie ihre Namen hören, wärmt mein Herz. Es macht mich stolz zu sagen: „*In diesem Leben bin ich eine Priesterin von Avalon in Holland!*"

Manchmal bin ich überwältigt von allem, was sie mir gibt und auf der anderen Seite von dem, worum sie mich bittet. Mein ganzes Leben wurde auf den Kopf gestellt. Aber ich liebe es und ich liebe sie, die Göttin mit den zehntausend Namen in Avalon und hier in Holland.

> *Sandra Wamerdam lebt in Holland und ist Mitbegründerin des holländischen Göttinnen-Tempels in Hellegom und der holländischen Göttinnen-Konferenz. Außerdem bildet sie Tempel-Priesterinnen aus. Mehr Informationen über ihre Arbeit sind unter www.avalon-mystic.nl zu finden.*

Samantha Linasche

Ich habe mich zur Jahrtausendwende als Priesterin von Avalon selbst initiiert. Es war eine kraftvolle und lebensverändernde Zeit für mich. Die Verbindungen die ich zur Landschaft von Avalon auf allen Ebenen, mystisch und weltlich, hergestellt habe, haben mein Leben grundlegend gewandelt. Bevor ich eine Priesterin wurde, ging es in meiner Beziehung zur Göttin mehr um das, was sie für mich tun konnte. Die Beziehung war ego-basiert, voller Illusionen. Nachdem ich eine Priesterin von Avalon wurde, stellte ich fest, dass es in meiner Beziehung zur Göttin darum geht, was ich für sie tun kann. Ihr Wesen ist die göttliche, weibliche Lebensenergie, die in mir und rund um mich wohnt, und in allen Menschen und Orten gegenwärtig ist. Ich schwor, der Lady zu dienen – unter welchem Namen auch immer sie mich ruft und in welches Land sie mich zieht. Sie nahm mich beim Wort. Wenige Wochen nach meiner Initiation musste ich aufgrund von Schwierigkeiten mit meinem Visum Großbritannien verlassen und in meine Heimat, Kalifornien in den USA, zurückkehren. Hier fand ich einen Weg ihr zu dienen, indem ich ein heiliges Rad für dieses Land entwickelte. Begründet auf vielen Jahren der Forschung und intensiver intuitiver Arbeit, gelang es mir das *Wheel of Place (Rad des Ortes)* zusammenzustellen. Ich bilde jetzt Priesterinnen und Priester des Ortes in San Jose, Kalifornien, aus.

Wer hätte gedacht, dass es für mich notwendig war, die USA zu verlassen und eine Priesterin von Avalon zu werden, um zurück in meine Heimat zu kommen, zu meinen eingeborenen Ahninnen und mich geistig mit dem Land zu verbinden? Ich habe schottische, Cherokee- und Osage-Vorfahren. Meinen Dienst an der Göttin, den ich jetzt hier, innerhalb des Landes der Miwok, Ohlone und Wintu-Völker, leiste, verbindet mich so tief mit diesem Land und dem Herzen Avalons. Die Göttin, die Elemente und den Weg richtige Beziehungen mit allen Dingen zu finden, wo immer ich hingehe, ist sehr kraftvoll und stär-

Persönliche Erfahrungen

kend. Meine Reisen führen mich jetzt sogar an weiter entfernte Orte wie Indien und immer noch stelle ich fest, dass ich überall zu Hause bin, wo immer ich mich mit dem Land und der Göttin verbinde. Egal ob ich oben am Glastonbury Tor stehe, in den uralten Rotholzwäldern Kaliforniens oder in einem tausend Jahre alten Tempel der Devi-Ma (Muttergöttin) im südlichen Indien, wo immer ich bin, ist Avalon an meinen Fingerspitzen, hinter jedem Atemzug und tief in meinem Herzen.

Mary Samantha Morg Anna ist eine Priesterin von Avalon und Begründerin und Leiterin der Ausbildung zur Priesterin des Ortes in San Jose, Kalifornien, USA. Sie ist auch Autorin, Mutter und Musikerin, die heilige Tänze lehrt. Sie arbeitet daran, ein Buch über die Göttin in Kalifornien herauszugeben und an einem musikalischen Projekt mit Priesterinnen-Rock-Musik. Informationen über die von ihr angebotene Ausbildung sind hier zu finden: www.templeofplace.com

---

[1] Seit dem ersten Erscheinen der englischen Originalausgabe dieses Buches im Jahr 2006 hat sich in Katinkas Leben einiges getan. Aktuelle Informationen (in englischer Sprache) gibt es auf ihrer Homepage: www.wix.com/soetens/katinka.

[2] Mittlerweile ist Erin als Krankenschwester in Pension, leitet alleine die ersten zwei Jahre der Ausbildung zur Priesterin von Avalon und lebt in Glastonbury.

[3] Brian Charles hat drei Jahre in Ungarn verbracht und sich zum Priester von Inanna geweiht. Infos über seine aktuellen Aktivitäten sind hier zu finden: www.houseofinanna.co.uk

[4] Auf Deutsch erschienen unter dem Titel: *Der weibliche Eunuch. Aufruf zur Befreiung der Frau.*

[5] Auf Deutsch erschienen unter dem Titel: *Der Hexenkult als Ur - Religion der Großen Göttin.*

Avalon

Im Herzen der Göttin
Priesterinnen-Ausbildungen

Die *Im Herzen der Göttin*-Serie von Priesterinnen-Ausbildungen, die derzeit von Kathy Jones, Erin McCauliff und anderen Priesterinnen geleitet werden, findet in Glastonbury statt und beginnt jedes Jahr zu Samhain im Oktober oder November. Es ist nun möglich, sechs Jahre lang Priesterinnen-Ausbildungen zu machen, die mit den Drei Spiralen der Ausbildung zur Priesterin von Avalon beginnen. Die Vierte Spirale ist das Göttinnen-Projekt (*Goddess Project*), eine Gelegenheit deine eigene, persönliche Göttinnen-Kreativität auszudrücken und mit Hilfe und Supervision dein eigenes Göttinnen-Projekt zu entwickeln. Die Fünfte Spirale ist die fortgeschrittene Priesterin-Magierin-Ausbildung (*Priestess Enchantress*) mit Kathy, für jene, die ihre Verbindungen zu Landschaft und Mysterium vertiefen wollen. Wir reisen dabei zu den magischen Landschaften im Südwesten von Brigits Inseln. Die Sechste Spirale ist die Priesterin-Heilerin Ausbildung im esoterischen Seelen-Heilen (*Esoteric Soul Healing*) mit Kathy. Weitere Informationen über diese Ausbildungen sind auf Kathys Internetseite www.kathyjones.co.uk zu finden.

Nach der Veröffentlichung dieses Buches ist es jetzt für geeignete Menschen aus anderen Ländern möglich, an der Priesterinnen-Ausbildung in Glastonbury auf eine neue Weise teilzunehmen. Es kann sein, dass es dir nicht möglich ist nach Glastonbury zu reisen, um an der erforderlichen Anzahl von Ausbildungswochenenden teilzunehmen, aufgrund von familiären Verpflichtungen, wegen der Reisekosten, deiner Gesundheit, und so weiter. Kathy und andere Priesterinnen bieten jetzt Unterstützung für Einzelne und Gruppen an, die gemeinsam lernen wollen, eine Priesterin der Göttin und von Avalon zu werden, obwohl sie von Glastonbury entfernt leben. Dazu arbeiten sie mit diesem Buch und der Struktur der Drei Spiralen der Priesterinnen-Ausbildung. Die Arbeit der Ausbildungsteilnehmerinnen und ihr Fortschritt werden durch Korrespondenz, E-Mail und Telefonate begleitet. Es gehören auch zwei Aufenthalte in Glastonbury im Laufe von jedem der drei Jahre dazu. Jede Spirale beginnt zu Samhain. Wenn du daran interessiert bist auf diese Weise eine Priesterin zu werden, kontaktiere bitte Kathy über ihre Internetseite.

www.kathyjones.co.uk

Nachwort der Übersetzerin

Mein Weg mit der Göttin begann 1996, bei einem Aufenthalt in der Toskana mit einer spirituellen Frauengruppe. Ich hörte deutlich den Ruf der Göttin, wusste, dass ich ihre Priesterin sein wollte, und hatte keine Ahnung, wie ich diesem Ruf folgen sollte. Wo war der Tempel, für den ich arbeiten konnte?

Ich fing zunächst damit an Vollmondfeiern für Frauen zu organisieren und dann zu leiten. Jahre später, nach einer Karenzpause und einer Ausbildung zur Integrativen Tanzpädagogin, begann ich Abende für Frauen mit dem Titel „Frauentanz – auf den Spuren der Göttin" anzubieten. Bei einem dieser Frauentanzabende leitete ich eine Trancereise zur Göttin Brigid. Eine der Frauen erzählte, sie habe die Göttin in Avalon getroffen. Das läutete eine Glocke in mir. Ich erinnerte mich, dass ich schon einmal irgendwo etwas über die Goddess Conference in Glastonbury gelesen hatte und suchte im Internet danach. Und da auf der Internet-Seite der Goddess Conference stach mir folgende Ankündigung ins Auge: „*Train to become a Priestess of Avalon!*"

Sofort kaufte ich das Buch von Kathy Jones, das nun hier auf Deutsch vorliegt, und begann es zu lesen. Nachdem ich die ersten Kapitel gelesen hatte, meldete ich mich für die Ausbildung an, ohne jemals zuvor in Glastonbury gewesen zu sein oder wirklich zu wissen, auf was ich mich einließ. Ich folgte meiner Intuition. Als ich das erste Mal nach Glastonbury fuhr und den Tor erblickte, hatte ich das Gefühl nach Hause zu kommen.

Kaum hatte ich Anfang November 2010 mit der Ausbildung begonnen, kam mir die Eingebung Kathy zu fragen, ob ich ihr Buch auf Deutsch übersetzen solle. Ich ignorierte das zunächst. Doch die innere Stimme blieb hartnäckig. Also gab ich nach und machte Kathy das Angebot, das schließlich dazu führte, dass Sie nun diese Übersetzung in Ihren Händen halten. Ich freue mich sehr, dass dieses wundervolle Buch sich nun auch einem deutschsprachigen LeserInnenkreis erschließen kann.

Avalon

Nach Abschluss der ersten zwei Spiralen habe ich mich im September 2012 in einer kraftvollen abendlichen Zeremonie an den Hängen des Tor der Göttin als ihre Priesterin geweiht. Meine Reise geht derzeit weiter mit dem dritten Ausbildungsjahr.

Ein besonderes Anliegen ist es mir, die Rückkehr der Göttin im deutschsprachigen Raum zu unterstützen. Mit gleichgesinnten Frauen habe ich in Österreich den Verein „Willendorferin – Initiative zur Stärkung von Frauen" gegründet, der im Mai 2012 die erste und im Mai 2014 die zweite Göttinnen-Konferenz in Wien veranstaltet hat. Voraussichtlich wird es weitere Konferenzen im 2-Jahres-Rhythmus geben.

Auf der Grundlage meiner Ausbildung in Glastonbury biete ich in Österreich eine einjährige Ausbildung zur Priesterin der Göttin an. Sie beginnt jeweils im September und führt an neun Wochenenden durch die Inhalte der ersten zwei Spiralen dieses Buches. Gemeinsam feiert die Ausbildungsgruppe die Feste im Jahreskreis und tritt mit der Göttin in ihren unterschiedlichen Aspekten durch Zeremonien, Meditationen, den Aufenthalt in der Natur, Trancereisen, Lieder, Tänze, Mythen und spirituelle Praxis in Verbindung.

In Wien und Umgebung leite ich Tempeltanzabende und Göttinnen-Seminare und stehe auch als Zeremonial-Leiterin für Baby-Segnungen, Hochzeiten, Trauerfeiern und andere Zeremonien zur Verfügung. Und es hat sich eine Gruppe zusammengefunden, die an der Gründung eines Göttinnen-Tempel in Wien arbeitet …

Weitere Informationen gibt es auf meiner Internet-Seite:
www.avalontempel.at

Hildegard Mondfeuertänzerin Kirchweger, Januar 2015

www.avalontempel.at

Unser aktuelles Programm, Vorankündigungen von Neuerscheinungen und Nachauflagen, Adressen von Visionssucheseminaren, Termine mit unseren Autoren, Leseproben, Inhaltsverzeichnisse, Textauszüge, Titelabbildungen und noch vieles mehr finden Sie auf unserer Homepage. Von dort aus gelangen Sie auch direkt zu unserem Onlineshop, wo Sie alle unsere Bücher versandkostenfrei (nur BRD) bestellen können.

www.arun-verlag.de

Alle Rechte, Lieferbarkeit und Preisänderungen der auf den Seiten 582-583 vorgestellten Bücher vorbehalten, keine Haftung für Satz- und Druckfehler. Der angegebene Ladenpreis in Euro gilt für die BRD zum Zeitpunkt der Drucklegung dieses Buches und kann sich u. U. im Laufe der Zeit ändern. Von Importeuren im Ausland festgelegte Euro- und SFR-Preise können abweichen. (Stand Mai 2015)

2. Auflage!

Das Standardwerk in der 6. Auflage!

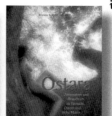

Björn Ulbrich & Holger Gerwin

Die Hohe Zeit

Rituale & Zeremonien für Hochzeit, Lebensbund und Familie

Die Autoren zeigen praxisnah, wie heute geheiratet wird: auf Waldlichtungen, auf Kultplätzen, im heimischen Garten und unterm Sternenzelt!

Eingängige Texte, aussagekräftige Bilder und eine ästhetische Gestaltung erschaffen einen hilfreichen Leitfaden zur Ausgestaltung der eigenen Feierlichkeiten.

Die Autoren schöpfen dabei nicht nur aus der eigenen Erfahrung, sondern zeigen Eheschließungen aus den verschiedenen naturreligiösen Strömungen (keltisch, germanisch, wicca, bäuerlich, ökumenisch christlich-heidnisch, indianisch ...).

128 Seiten, durchgängig 4-farbig bebildert,
A4, Broschur
ISBN 978-3-935581-79-0
€ 19,95

Romana & Björn Ulbrich

Dein Name sei...

Rituale und Zeremonien zu Geburt und Namensgebung

Für die Vorgeburtsphase, die Geburt, Namensgebung und die Taufe ist dieses Buch der geeignete Ratgeber, voller Ideen zur Ausgestaltung der Feierlichkeiten.

Aus dem Inhalt:

• *Wasserweihe*
• *Baumpflanzung*
• *Vergraben der Nachgeburt*
• *Sinngaben & Lebensleuchter*
• *Bedeutung von Namen und Bäumen*
• *Ritualbeispiele ...*

128 Seiten, durchgängig 4-farbig bebildert,
A4, Broschur
ISBN 978-3-935581-14-1
€ 19,95

Romana & Björn Ulbrich

Ostara

Zeremonien und Brauchtum zu Fasnacht, Ostern & Hohe Maien

Die Autoren zeigen praxisnah, wie man heute diese Jahreszeit sinnvoll und (natur-)spirituell feiern kann. Sie geben Anregungen, wecken Sehnsüchte, sie erweitern den Horizont und ermutigen, selbst tätig zu werden.

Inspirierend wirkt vor allem das einzigartige Bildmaterial!

128 S., durchg. 4-farbig, 220 Abbildungen,
A4, Broschur
ISBN 978-3-935581-13-4
€ 19,95

Björn Ulbrich & Holger Gerwin

Die geweihten Nächte

Rituale der stillen Zeit
Ein Ratgeber zur Gestaltung von Weihnachten

Jeder von uns feiert Weihnachten. Mit Baum und Schmuck und fetter Gans. Aber wer weiß denn noch, warum wir das alles machen? Und was wir anders machen könnten, damit das Fest wieder einen Sinn bekommt?

Dieses Buch bietet ein Füllhorn an Hintergrundinformationen, Brauchtum und Mythologie, aber auch Tipps und Hinweise für zeitgemäße naturreligiöse Weihnachtszeremonien – in der Wohnung wie unter freiem Himmel!

Das beginnt beim Ausschmücken von Adventskranz und Weihnachtsbaum, setzt sich fort bei Backrezepten für Sinngebäck und Gestaltungsvorschlägen für den Julbogen, erklärt den sachgemäßen und zeremoniellen Aufbau eines Julfeuers und gibt nützliche Hinweise für Mysterienspiele oder den Bau von Perchtenmasken.

128 S., durchg. 4farbig,
A4, Broschur
ISBN 978-3-935581-89-9
€ 19,95

3. Auflage!

3. Auflage!

3. Auflage!

4. Auflage!

Cambra Maria Skadé

verwurzelt fliegen

Von Wurzelkraft und Ahninnen – poetisch, wissens- und bilderreich, spielerisch und gleichzeitig tief in die Materie eintauchend. Fragen werden gestellt: Nach den Wurzeln und dem, was uns ausmacht.
Wo komme ich her? In welche Tiefen reichen meine Wurzeln? Was gibt mir Halt? Wo ist meine Seelenheimat? Cambra macht mit uns eine weite Wurzelreise, auf den Spuren der eigenen Geschichte, weiblicher Geschichte, unserer tiefen Erinnerungen, unserer Ahninnen, unserer Kraft und Kreativität.
Dabei findet sich ein reicher Nährboden, finden sich starke Wurzeln, die Flügel wachsen lassen. Weibliche Spiritualität entfaltet sich in Worten und außergewöhnlichen Bildern, die über dreizehn Monde hinweg entstanden sind. Das Buch gibt Anregungen für eigene rituelle und künstlerische Umsetzungen und lädt ein, sich auf Ahninnen- und Wurzelreisen zu begeben.

208 S., 384 farbige Abb., 22 x 29 cm, Hardcover, ISBN 978-3-86663-087-1
€ 24,95

Marija Gimbutas

Göttinnen und Götter im Alten Europa

Mythen & Kultbilder 6500 - 3500 v. Chr.

Gimbutas schildert auf wissenschaftlichen Grundlagen ein Weltbild, in dem das mitteleuropäische Neolithikum von einer Religion der „Großen Göttin" geleitet gewesen sei.
Sie beweist einen reichhaltigen Pantheon an Göttinnen anhand selten publizierter archäologischer Funde aus der vorindoeuropäischen Zeit.

Aus dem Inhalt:
• *Die Zivilisation des Alten Europa und seine Bedeutung*
• *Rituelle Kleidung & Maske*
• *Altäre und Figurinen*
• *Kosmogonische und kosmologische Motive*
• *Die Herrin des Wassers: die Vogel- und die Schlangengöttin*
• *Die Göttin des Lebens, des Todes und der Wiedergeburt*
• *Schwangere Vegetationsgöttin*
• *Der Jahres-Gott: Phallus, Stier und Dionysos*
• *Das heilige Kind*

312 S., 252 s/w-Fotos, 171 Zeichn., Hardcover, 22,0 x 27,5 cm, ISBN 978-3-86663-043-7
€ 29,95

Ulla Janascheck
Cambra Maria Skadé

Göttinnenzyklus

Von weisen Frauen, ihren Künsten und Wirkstätten

Gemeinsam mit Cambra hat Ulla Janaschek ein außergewöhnliches Orakelspiel entwickelt. Basierend auf dem astrologischen Tierkreissystem, ist ein Spiel entstanden, das Ausdrucksformen der Göttinnen aus verschiedenen Kulturräumen beinhaltet (die Planeten), Künste der weisen Frauen vorstellt (die Zeichen) und ihre Wirkstätten beschreibt (die Häuser). So entsteht ein dreifach gegliederter Zyklus, der zwar die astrologischen Themen beinhaltet, aber auch unabhängig davon betrachtet werden kann.
Auf das Spiel bezogen gibt es jeweils drei Entwicklungsstadien, die – je nachdem, wie die Karte fällt – Anregungen und Aufschluß über die jeweilige Situation der Fragenden geben können.

Set: Buch (272 S., 40 Abb., 17 x 24 cm, Broschur), 36 runde Karten, Schachtel
ISBN 978-3-935581-35-6
€ 34,95

Cambra Maria Skadé

Töchter der Mondin

In diesem Buch wird mit Gedichten, mythischen Geschichten, Bildern, Fundstücken und Objekten vom Lebenszyklus erzählt, der Weißen, der Roten, der Weisen Alten in uns, von den Jahresfesten, den Elementen und ihrer Energie.
Es sind sinnlich-magische Geschichten und Bilder, die den Weg zu Ahninnen, Begleiterinnen, Patinnen, zur Eigen-Macht, zur Schöpferinnenkraft zeigen, dazu, wie eine Frau selbstbestimmt, einfallsreich, lustvoll, ihr Leben leben kann.
Dieses mytho-poetische Gesamtkunstwerk eignet sich ganz hervorragend als Geschenkbuch – für andere und auch für sich selbst!

160 S., durchg. 4farbig, A4, Hardcover, ISBN 978-3-86663-086-4
€ 19,95